À margem
1

Erika Fatland
Nas alturas
Uma viagem pelo Himalaia

Tradução do norueguês Leonardo Pinto Silva
Editora Âyiné

Erika Fatland
Nas alturas –
Uma viagem
pelo Himalaya
Título original
Høyt. En reise i
Himalaya
Tradução
Leonardo Pinto Silva
Preparação
Pedro Fonseca
Revisão
Andrea Stahel
Projeto gráfico
CCRZ
Diagramação
Luísa Rabello
Imagem da capa
Paro Taktsang,
o Mosteiro do Ninho
do Tigre no Butão –
Fotografia de arquivo

Direção editorial
Pedro Fonseca
Coordenação editorial
Sofia Mariutti
Coordenação
de comunicação
Amabile Barel
Produção gráfica
Daniella Domingues
Conselho editorial
Simone Cristoforetti
Zuane Fabbris
Lucas Mendes

Esta tradução
conta com o apoio
financeiro da
NORLA.

A autora recebeu
apoio do Fundo
Literário de Não
Ficção e da Fundação
Fritt Ord, ambos
da Noruega, para
escrever este livro.

Os capítulos iniciais
foram escritos na
residência literária
do fundo literário
neerlandês
Letterenfonds,
em Amsterdã.

© 2020
Erika Fatland
Published by
agreement with
Copenhagen
Literary Agency ApS,
Copenhagen

© Primeira edição, 2024
Editora Âyiné
Praça Carlos Chagas
Belo Horizonte
30170-140
ayine.com.br
info@ayine.com.br

Isbn 978-65-5998-147-2

Sumário

9   Um mau presságio

13   Primeira Etapa

17   Rota da Seda 2.0
49   Alta tensão
75   Controle populacional no reino das fadas
89   Festa e fastio
105   Amor nos tempos do Talibã
131   Cruzando a fronteira
151   Paraíso sob toque de recolher
181   O campo de batalha mais alto do mundo
201   Sobre deuses e homens
219   O Pequeno Tibete
239   O vazio e a busca por sintonia
255   A nascente
277   O champanhe das montanhas
291   A princesa sem reino
315   Tesouros descobertos
329   O enigmático guarda-florestal
353   Felicidade Nacional Bruta
383   O leste selvagem da Índia
421   Pelo dia de amanhã

443	Segunda etapa
447	As meninas deusas
477	Apuros no cume
515	Relatos da capital
541	O príncipe que não quis ser rei
549	O leopardo-das-neves
571	O deus sequioso
595	*Terra nullius*
623	A paróquia perdida
639	O centro do mundo
653	A concubina chinesa
683	Via aérea para Shangri-Lá
707	O reino das mulheres
727	Agradecimentos
731	Bibliografia

Aos meus avós aventureiros:
Solfrid Grønnestad e
Erik «Bessen» Grønnestad (✝ 2019)
&
Ragnhild Fatland e
Ole Fatland (✝ 2020)

Um mau presságio

No início da manhã, uma multidão de tibetanos em festa se aglomerava pelo altiplano. Floquinhos de neve faziam piruetas pelo ar rarefeito. No meio do terreno havia um poste ligeiramente inclinado, sustentado por estacas, coberto com peles de iaque e bandeirolas votivas coloridas. Tinha mais de 25 metros de comprimento, o mastro mais alto do Tibete. Cordas compridas e resistentes foram atadas ao tronco grosso e estavam esparramadas no chão, à espera dos homens. Dois caminhões, que pareciam deslocados no meio das festividades, estavam de prontidão para ajudar.

Milhares de pessoas reuniam-se ali, muitas delas após dias cruzando o planalto tibetano de ponta a ponta para chegar à montanha mais sagrada em pleno *saga dawa*, o mês mais sagrado. Os budistas acreditam que todas as ações realizadas neste mês, boas ou ruins, têm seu efeito decuplicado. Nesta data especial, a mais sagrada de todas, o 15º dia do *saga dawa*, o mesmo dia em que o Buda nasceu e atingiu o nirvana, as ações são multiplicadas por cem.

As peregrinas usavam vestidos de lã tecidos à mão e camisas de seda, ornadas com pesadas joias de prata; os homens vestiam casacos de pele ou seda na altura dos joelhos e chapéus grandes. Os penteados elaborados e os trajes coloridos indicavam de onde procediam no Tibete, a distância que haviam percorrido. O mais impressionante, no entanto, não era a longa jornada que empreenderam, mas o fato de terem obtido as licenças, carimbos, e assinaturas necessários para cruzar as diversas fronteiras invisíveis dos distritos e passar pelos numerosos postos de controle para poder estar bem aqui, nesta manhã, enquanto o vento dispersava os flocos de neve. O governo chinês tem verdadeiro pavor das profundas convicções religiosas dos tibetanos porque não tem controle sobre elas, e redobra a atenção diante de eventos como este, em que fiéis de aldeias remotas se aglomeram aos milhares.

A opressão também se fazia presente. Batalhões de choque protegidos com joelheiras, capacetes, coletes à prova de balas, munidos de cassetetes e escudos, marchavam de um lado para o outro, em meio a crianças e bandeirolas votivas. Em volta do pequeno templo no topo da colina, com vista privilegiada do altiplano, policiais com cara de poucos amigos vigiavam a fila de peregrinos que vinham ser abençoados pelos monges, cuidando de que tudo corresse bem, a fila fosse respeitada, ninguém se demorasse muito conversando com um monge e o movimento fluísse de maneira satisfatória. Paramentados com túnicas vermelhas e amarelas e grandes chapéus, os monges estavam enfileirados um ao lado do outro; batendo tambores, soprando chifres ou encurvados sobre manuscritos fazendo suas preces a meia-voz.

Lá embaixo, no platô, a multidão lentamente dava voltas em torno do poste inclinado, segurando rosários [japamalas] e rodas de oração e murmurando o mantra mais sagrado: *Om mani padme hum, om mani padme hum.* Jovens e velhos se prostravam no chão, estendiam os braços acima da cabeça em prece, levantavam-se, davam alguns passos e tornavam e repetir o movimento. *Om mani padme hum.* Deixei-me levar pela corrente, dei a volta no poste no fluxo dos peregrinos, cercada de cores e orações. *Om mani padme hum*. O tempo parava, o tempo avançava, o tempo eram os flocos de neve rodopiando no ar.

No centro, os homens agora empunhavam cada um suas respectivas cordas. A multidão parou para vê-los içar o poste.

Ki-ki-so-so!, murmuravam os espectadores para encorajá-los, primeiro baixinho, depois mais alto: *Ki-ki-so-so! Ki-ki-so-so-lha-Gyalo!* Vitória aos deuses! Lentamente, o mastro foi subindo, ajudado pelos braços vigorosos e pelos dois caminhões, *so-so-so!* Quando ereto, minutos depois, os peregrinos explodiram em êxtase, *ki-ki-so-so!* Uma chuva de bandeirolas votivas de papel tomou conta do lugar, junto com *tsampa*, farinha de cevada torrada. Fiquei coberta de farinha, todos ficamos cobertos de farinha, e então a multidão começou a se mover novamente num grande oval ao redor do mastro: milhares de rostos largos e sorridentes, girando cada vez mais rápido, *ki-ki-so-so!* A atmosfera era eletrizante. Mais uma vez deixei-me levar pela multidão, contornando o poste, envolta em pura alegria e *tsampa* finamente moída.

Parei para tirar uma última foto antes de reencontrar Jinpa, meu guia, que estava esperando sob as bandeirolas do templo. Na verdade, eu não poderia me afastar dele mais de cinco metros, a polícia havia deixado bem claro na reunião de instrução da véspera; os estrangeiros tinham de estar sob rédea curta, mas Jinpa não era muito rigoroso em relação a isso, na prática me deixava fazer tudo que eu queria.

Saquei a câmera, fiz a foto e consegui imortalizar o poste em queda livre.

Fez-se um silêncio sepulcral. Todos pararam e se voltaram para o poste caído, possivelmente quebrado, que jazia torto no chão. Ninguém mais gritava *ki-ki-so-so*, ninguém mais arremessava *tsampa* nem bandeirolas pelo ar. Alguns estavam aos prantos. Outros apenas olhavam para frente, aturdidos.

Encontrei Jinpa, que estava de joelhos.

— Isso nunca aconteceu antes — disse ele, com um semblante devastado. — Nunca em trezentos anos. Já houve de o poste ficar um pouco torto, não exatamente na vertical, e isso sempre era interpretado como um mau agouro para o ano seguinte. Mas isso... Isso é um péssimo sinal. *Extremamente* ruim. Para todos nós que estamos aqui e para todo o Tibete.

No templo, os monges recitavam mantras com vozes sombrias e penetrantes, agora com os cenhos franzidos. Os homens, que minutos antes ergueram o poste e foram saudados como heróis, vagavam sem rumo e olhavam desacorçoados para o tronco caído.

Jinpa se levantou e me olhou nos olhos. Seu rosto estava lívido.

— Venha — disse ele. — Precisamos ir. Temos um longo caminho pela frente.

Primeira etapa
Julho a dezembro de 2018

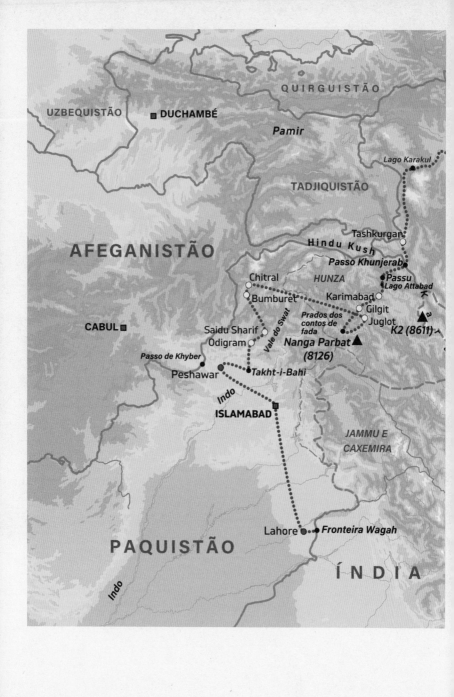

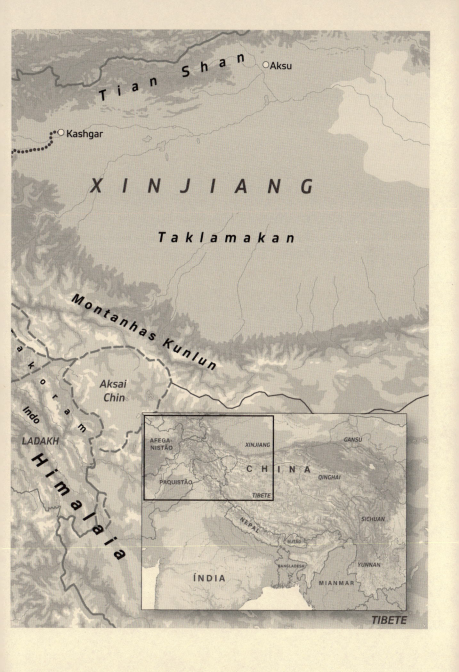

Se existe um paraíso na terra,
ei-lo, ei-lo, ei-lo.

Atribuído ao poeta
Hazrat Amir Khusrau

Rota da Seda 2.0

Onde começa e termina uma montanha, uma cordilheira, uma viagem?

Se alguém examinar as montanhas da Ásia num mapa geográfico — num mapa topográfico sem nomes —, verá a superfície da Terra, movimentos solidificados e ondas geológicas, padrões geométricos, fractais. Mas nenhum começo ou fim, nenhuma demarcação incontestável.

As montanhas que chamamos de Himalaia, que em sânscrito significa «Morada da Neve», estendem-se como uma enorme barreira côncava de maciços rochosos, geleiras e vales profundos entre o continente eurasiático ao norte, onde o relevo suave e deserto da Sibéria encontra as estepes e desertos do Cazaquistão, Mongólia e China; e o subcontinente indiano no sul — estendendo-se do Paquistão, no oeste, a Mianmar, no leste. Bem ao norte do Himalaia está o planalto tibetano, mais ao sul as montanhas terminam abruptamente, formando uma espécie de guarda-corpo de picos pontiagudos na divisa com a Índia e o Paquistão. Aqui, nestas encostas íngremes, há menos de um século existiram vários pequenos reinos montanhosos. A maioria deles já foi engolida por países grandes e poderosos; apenas o Reino do Butão sobreviveu. Assim como no mapa, o maciço de montanhas não tem um começo e um fim claramente definidos. No oeste, o Himalaia se conecta com as cordilheiras do Pamir, Karakoram e Hindu Kush. Seria mais correto, então, afirmar que a cordilheira começa no passo de Shibar, no Afeganistão, onde possivelmente termina o Hindu Kush, ou no Nanga Parbat no Paquistão, a montanha mais alta a oeste depois que o Himalaia deixa de ser conhecido por esse nome? No Quirguistão, o maciço do Pamir encontra as Tian Shan, Montanhas Celestiais, que no norte se fundem com as montanhas Altai e avançam pelo leste na cordilheira que ganha o nome de Sajan e morre no mar de Okhotsk, a leste. Pode-se então afirmar que o Himalaia de fato termina, ou possivelmente começa, no oceano Pacífico?

Numa perspectiva ainda mais ampla, é possível dizer que o Himalaia é um desdobramento da orogênese alpina, que começou a se formar entre sessenta e oitenta milhões de anos atrás, quando as placas tectônicas africana e indo--australiana colidiram com a Eurásia no norte, o que, por sua vez, levou ao afloramento das montanhas do Cáucaso, da cadeia Taurus, dos Alpes, dos Pirineus do Atlas e, even-tualmente, também do Pamir, Hindu Kush, Karakoram — e do Himalaia. Levando em conta toda a grande família de cordilheiras alpinas, o Himalaia e seus parentes próximos e mais distantes se estendem desde o Atlântico, a oeste, ao Pacífico, a leste.

Qualquer que seja a definição escolhida, ninguém diria que o Himalaia começa na antiga cidade da Rota da Seda de Kashgar, na província chinesa de Xinjiang, 1.270 metros acima do nível do mar, no meio da árida bacia de Tarim, o ponto mais extremo do oeste da China. Mas a minha *viagem* pelo Himalaia começou aqui, e o prólogo foi mais longo do que o planejado. Não poderia seguir pela estrada mais setentrional em direção às montanhas, em di-reção ao Himalaia, até ter em mãos o pedaço de papel que me daria livre trânsito ao Paquistão. A culpa pela demora era dos indianos, e eu que esperasse pacientemente.

Bem antes da data de partida, dei entrada no visto indiano, mas o processo era moroso e a embaixada pedia mais informações a cada vez: onde eu me hospedaria, por onde me deslocaria, por que meios, com quem, por que motivo estava indo para a Índia? Na reta final, o prazo já estava para se esgotar. Desisti da embaixada indiana e me concentrei na do Paquistão, mas lá também as coisas caminhavam bem devagar, devido a um feriado estendido ou algo do tipo. Talvez o visto pudesse ser emitido na semana seguinte, talvez na outra, não sabiam ao certo. Então, de repente, chegou o dia da partida e embarquei no avião para a China como planejado, e fui admitida no país com um passaporte de emergência. Meu passaporte principal estava entregue aos cuidados da embaixada do Paquistão em Oslo. Ao contrário de seus colegas ao sul das montanhas, os burocratas chineses foram exemplarmente eficientes e o pedido de visto foi processado sem demora, dentro do prazo previsto. Agora, eu estava retida em Kashgar, esperando que terminassem as férias do escritório consular do Paquistão em Oslo para reaver meu passaporte principal com o carimbo mágico e começar minha viagem pelas montanhas.

Essas são as vicissitudes do viajante contemporâneo. Hoje, o deslocamento em si é feito num piscar de olhos, o que o retarda é a burocracia. O mundo já não tem fronteiras, dizem, vivemos numa era globalizada, mas apenas para aqueles que possuem o passaporte e os documentos certos. Sobre o que os globetrotters aventureiros conversam quando estão juntos? Sim, o assunto é a papelada, consulados, emissão de vistos e trâmites de requerimento.

Enquanto esperava para seguir viagem, fui passear pelas ruas sonolentas de Kashgar. Na entrada da reluzente mesquita amarela de Id Kha, o marco mais importante da cidade, fui abordada por um policial austero:

— Passaporte! — vociferou ele. Hoje em dia, até para entrar na casa de Deus, é preciso portar o documento certo.

— Está no hotel — respondi.

— Então não pode passar — declarou ele. — A propósito, não é permitido tirar fotos dentro da mesquita — acrescentou laconicamente. — É rigorosamente proibido tirar fotos.

Dei meia-volta pela grande praça recém-restaurada. Sentado à sombra de algumas árvores, um grupo de homens de cabelos grisalhos ouviam o chamamento à prece de um telefone celular. No final da praça, no acostamento da via, três crianças chinesas agarravam-se cada uma à corcunda de camelos sarnentos, enquanto os pais documentavam diligentemente a façanha. Exceto por isso, o local estava deserto.

Um túnel pedonal conduzia ao outro lado da rua, este sim movimentado. Na penumbra, um novo controle de identidade estava à espreita. Os turistas chineses e eu passamos pelo detector de metais; apenas os uigures residentes precisavam fazer fila e eram submetidos à verificação. Familiarizados com a rotina, eles colocavam as sacolas na esteira, escaneavam a carteira de identidade e olhavam para a câmera. À luz do dia, na entrada da famosa cidade velha, havia outro controle de identidade. Mais uma vez, os agentes acenaram para que eu me adiantasse à fila de mulheres e crianças locais.

Uma barraca vendia suco de romã, noutras havia pães redondos e achatados, macarrão, carneiro grelhado e cozido, enquanto outras seduziam o freguês com suculentos melões, damascos amadurecidos ao sol e frondosos cachos de uvas. Um mar de lonas se estendia sobre o mercado de alimentos, e turistas chineses famintos se amontoavam em torno de monumentais caldeirões de carne. Kashgar é célebre por seus feéricos mercados, e toda a cidade é, de certo modo, um grande bazar; em todas as esquinas havia barracas vendendo algo para comer. As vendedoras usavam grandes vestidos floridos; os homens mais velhos usavam chapéus redondos coloridos. Hordas de turistas chineses documentavam a vida daquela gente exótica com lentes semiprofissionais de meio metro de comprimento. Muitos, inclusive, bem longe de casa: Kashgar é um dos postos avançados mais ocidentais da China, a cidade fica mais perto de Bagdá do que de Pequim.

Abri caminho pelas barracas de comida e desapareci num dos muitos becos estreitos. A cidade velha não parecia grande no mapa, mas logo me perdi nas ruas sinuosas e labirínticas. Por todos os lados, me vi cercada pelas tradicionais casas de adobe marrom-claras. Meninas com vestidos de princesa surgiram correndo para tocar no meu cabelo, gritando *ni hao* para mim, algumas delas até arriscaram um tímido *hello*.

Na soleira das portas, idosas sentadas bebericando chá sorriam e diziam *salaam* quando me viam passar.

A oferta de mapas era grande, mas todos eram de pouca ajuda. Os mapas não indicavam onde se estava, apenas mostravam diferentes possíveis rotas pelo labirinto de ruas: Rota 1, Rota 2, Rota 3. Ocasionalmente, eu seguia o fluxo de turistas chineses com bastões de selfie e bonés, mas na maioria das vezes eu me via cercada apenas por crianças sorridentes e avós de rosto enrugado. As ruas poeirentas serpenteavam de um lado a outro, cada passagem pitoresca parecia extraída do cenário das *Mil e uma noites*. Exceto pelos mapas e bastões de selfie, além de uma quantidade maior de camelos e burros, era assim que eu imaginava, ou melhor, que eu queria imaginar como seria Kashgar quase 2 mil anos antes, quando os comerciantes começaram a transportar seda, papel, especiarias e outros produtos cobiçados de leste a oeste, ao longo das rotas de caravanas.

No início dos anos 2000, a equipe de produção de *O caçador de pipas* estava à procura de um cenário mais seguro do que Cabul, e escolheu Kashgar, a maior e mais bem preservada cidade islâmica da Ásia Central. Hoje, talvez escolhessem algo mais autêntico. Se eu já não soubesse, não sei se teria reparado, pois o trabalho foi muito bem-feito, com notável apuro e respeito pela tradição. Todos os cenários eram perfeitos. Todas as paredes de barro eram perfeitas, sem uma só rachadura, sem um único desnível. Às vezes eu topava com escadarias que não levavam lugar algum, ou a vielas que abrupta e despropositadamente terminavam na muralha da cidade, pois até o traçado das ruas tinha sido drasticamente alterado. Exceto pelos bandos de crianças risonhas me seguindo, tudo era quase deserto ao meu redor.

Hoje, a famosa cidade velha de Kashgar não passa de um cenário artificial. Belo e exótico, mas indisfarçavelmente novo.

A evacuação e demolição da cidade velha começou em 2009. Segundo as autoridades chinesas, as casas da cidade velha não eram à prova de terremotos, por isso precisavam de reforma e modernização urgentes. Mas, em vez de reformar as muitas construções centenárias, os chineses, fiéis ao seu hábito, vieram com buldôzeres e puseram tudo abaixo. Mais de 65 mil casas foram demolidas e mais de 200 mil pessoas perderam seu teto. Muitas delas agora vivem em modernos cubículos em arranha-céus anódinos na periferia da cidade.

Depois de perambular por mais de uma hora, esbarrei no enorme portão da cidade, igualmente novo. Placas em uigur, chinês e inglês anunciavam que o portão se abria para a cidade velha de Kashgar. Os cinco A à esquerda do vão do portão indicavam que se tratava de uma atração turística cinco estrelas, uma honra conquistada em 2015, quando a renovada e elegante cidade velha foi concluída.

Do outro lado da rua havia um pequeno pedaço intacto da cidade velha original. Ali não havia absolutamente ordenamento algum. Quase todas as casas, construídas aleatoriamente, amontoadas uma por cima da outra, estavam parcialmente em ruínas. Os restos da muralha da cidade pareciam mais um deslizamento de terra do que uma parede, e monturos de lixo se acumulavam entre as casas. Na entrada, fui abordada por quatro policiais. Protegidos por um guarda-sol, eles estavam sentados fumando e sua única tarefa era, aparentemente, interceptar qualquer turista que tentasse entrar na velha cidade velha. Tentei descobrir por que não podia seguir adiante mas não tive êxito, os policiais só falavam chinês. Um grande cartaz ao lado alertava sobre a proibição em três idiomas, incluindo um arremedo de inglês: *Reminder: Dear Visitor, due to The Hathpace Folk House is dressing up, can not enter inside, please forgive me.* A confiança dos chineses nos tradutores automáticos parece não ter limites. Até turistas chineses eram impedidos, enquanto mulheres uigures com crianças pequenas eram autorizadas a passar.

Nada me impedia, porém, de *contornar* o último resquício da velha e dilapidada cidade de Kashgar. A princípio tive uma vaga esperança de encontrar outra entrada menos conspícua, mas a cada curva, a cada bequinho, por mas estreito que fosse, havia um policial montando guarda. De vez em quando, eu conseguia espiar pelas janelas das casas tortuosas e miseráveis. Atrás das paredes havia pessoas bebendo chá ou assistindo à TV. Emissora *estatal*, presumo. Assim como jejuar durante o Ramadã ou dar nomes islâmicos a bebês recém-nascidos, recusar-se a assistir à programação da televisão estatal agora constava no índex do governo chinês como sinal de extremismo religioso. Estatisticamente falando, havia uma boa chance de que alguns dos telespectadores esparramados em sofás nas favelas fossem chineses da etnia Han, deslocados de regiões mais centrais do Reino do Meio para ensinar à população muçulmana do Velho Oeste a viver uma vida moderna e de acordo com os ditames do partido.

Comparada à província de Xinjiang de 2018, a distopia orwelliana de *1984* parece um conto de fadas.

Meu primeiro encontro com o Himalaia foi intermediado pelo Pato Donald. Assim como minha jornada para a Ásia Central e todos os países que terminam em «istão» foi, de certa forma, motivada pelas muitas aventuras de Donald no «Longinquistão», esta expedição também foi profundamente inspirada pelo ilustrador Carl Barks. Quando criança, adormecia e acordava com Donald — sim, eu aprendi a ler com a ajuda do pato. Meu pai lia exclusivamente as revistas do Pato Donald para mim ao pé da cama, e, quando ele pegava no sono, o que acontecia com frequência, eu tinha de ler sozinha.

À medida que ia crescendo, me interessei por outros livros, e fiquei particularmente encantada com os atlas que tínhamos em casa. Não tínhamos um só globo terrestre, mas atlas tínhamos muito e eram grossos. Na minha imaginação, eu viajava por aqueles mapas, e em nenhum lugar do planeta os nomes eram mais mágicos do que no cinturão de montanhas branco-acastanhadas entre a Índia e a China: *Hindu Kush. Thimpu. Lhasa. Hunza. Catmandu. Siquim. Karakoram. Annapurna.* E o nome mais belo de todos: *Himalaia.* Nunca me cansava de repetir as sílabas para mim mesma. *Hi-ma-la-ia.*

Numa das minhas histórias favoritas de Patópolis, o Tio Patinhas está à beira de um colapso nervoso. É uma doença extremamente grave: ele não suporta mais ver nem ouvir falar de dinheiro. Donald e os sobrinhos acabam levando-o para o vale isolado de Trá-Lá-Lá, no alto do Himalaia, onde supostamente não há dinheiro. O vale é tão inacessível que eles chegam de paraquedas, mas Carl Barks faz com que todos os percalços valham a pena: eles encontram um paraíso terrestre, onde os habitantes são felizes, afortunados e harmoniosos.

Dificilmente outro lugar no mundo está mais impregnado em mitos do que o Himalaia. As montanhas do Himalaia foram o último reduto dos exploradores — até meados do século xx, os aventureiros ocidentais se disfarçavam de mercadores locais e peregrinos na esperança de chegar a Lhasa, a lendária capital do Tibete, e décadas depois de as bandeiras terem sido fincadas em ambos os polos, Sul e Norte, os picos mais altos do Himalaia ainda não tinham sido desbravados. Vem daí a aura de mistério em torno do lugar. Relatos de comunidades isoladas nos vales do Himalaia, em que ninguém envelhecia nem morria, em que todos conviviam harmoniosamente, em que a população tinha raros insights e era dotada de profunda sabedoria, eram vendidos aos borbotões nas livrarias de Paris, Londres e Nova York.

A aventura do Tio Patinhas em Trá-Lá-Lá foi breve. Ele leva consigo frascos de calmantes para o caso de uma recaída. A população local fica obcecada com as tampas das garrafas, consideradas um raro tesouro, com as quais começam a negociar mercadorias. Para resolver o problema, Tio Patinhas manda um avião despejar 1 bilhão de tampinhas sobre o vale. Os campos ficam cobertos de tampas, era bom demais para ser verdade. Os moradores ficam enfurecidos, e os patos não têm escolha a não ser fugir dali.

Aos dezenove anos, quando viajei pelo mundo pela primeira vez, o destino era óbvio: eu tinha de ir para o Himalaia. O encontro com as ruas caóticas de Catmandu, com suas lojas turísticas amontoadas umas sobre as outras, e com as aldeias tibetanas ao redor do Annapurna, com restaurantes que serviam pizza e espaguete, deixou em mim ao mesmo tempo uma certa decepção e um gostinho de quero mais. Muitos anos depois fui ao Butão e encontrei um Himalaia completamente diferente, mas ainda oferecendo os confortos da modernidade aos exploradores.

O Himalaia que descobri — e sabia por ter lido — era muito mais do que isso, muito mais do que o sonho paradisíaco de turistas espirituais e alpinistas. A diversidade cultural e linguística é enorme. Ao longo de séculos, pequenos e grandes grupos étnicos buscaram refúgio nos vales desolados e intransponíveis, e muitos permaneceram relativamente intocados quase até nossos dias. Os alpinistas escrevem sobre as montanhas que escalam e sobre suas próprias dificuldades; os exploradores quase sempre escrevem mais sobre si mesmos do que sobre as sociedades que «descobrem». O Himalaia não é apenas alto, mas também extenso; a cordilheira se esparrama por cinco países, da China e Índia, no nordeste, passando por Butão e Nepal até chegar ao Paquistão, no noroeste. Quais histórias de pessoas e de sociedades se escondem ali, nos lugares mais remotos, no alto dos vales e aldeias daquelas montanhas de nomes tão poéticos?

Em breve eu viajaria para longe e para cima.

Mas primeiro precisava conseguir o prometido visto. O feriado na embaixada paquistanesa em Oslo seguia seu ritmo lento, o tempo passou e chegou o domingo, dia do lendário mercado de animais de Kashgar. Tomei um táxi para fora do centro da cidade e segui o cheiro acre do gado, abrindo caminho pelos vendedores de melão e pelos açougueiros, até chegar aos animais vivos. Na entrada do setor de animais, fui abordada por três pernósticos policiais que apontaram para minha câmera.

— *No photos!* — balbuciaram um após o outro.

— *Why?* — perguntei, mas não obtive outra resposta senão a repetição da proibição. *No photos!* Não fazia sentido. O mercado de animais em Kashgar é conhecido por ser um dos melhores e mais coloridos do mundo. Os visitantes acorrem de longe, com malas carregadas de equipamentos fotográficos caros, para registrá-lo.

O interior do mercado fedia a couro, excremento e horror. Havia ovelhas e bois bem alimentados, bem como um ou outro burro ressabiado. Os animais à venda eram amarrados um ao outro, presos a cercas improvisadas ou espremidos em carrocerias. Por toda parte ouviam-se os gritos das pechinchas, pilhas de notas eram contadas e trocavam de mãos. Os homens tinham mãos ásperas e vestiam roupas sujas de trabalho; as mulheres usavam vestidos compridos, amarronzados de tanta sujeira, até elas. De vez em quando eu esbarrava em turistas chineses com nariz e boca escondidos atrás de máscaras brancas. Nenhum deles parecia dissuadido pela proibição de fotografar, e os fazendeiros tampouco se importavam em ser fotografados; estavam ocupados demais para isso. Os policiais se concentravam na guarita na entrada, a uma distância segura do estrume das vacas e ovelhas — e dos turistas.

Kashgar e comércio são praticamente a mesma palavra. A localização estratégica no sopé do Pamir significava que quem controlasse a cidade também controlaria as rotas comerciais a oeste, para a Pérsia, e ao sul, para a Caxemira. De Kashgar também partiam rotas de caravanas para Xian, a nordeste, e Cazaquistão, no norte. Marco Polo, que teria passado por aqui em sua jornada pela China no século XIII, a descreveu como «a maior e mais gloriosa»[1] cidade da região.

A história de Kashgar é tão longeva quanto turbulenta. Ao longo dos séculos, esteve subordinada ao reino greco-bactriano de Kush, a monarcas tibetanos, imperadores chineses, califados árabes, canatos mongóis e dinastias turcas. Os chineses só chegaram de fato no século XVIII: a província de Xinjiang e, portanto, também a cidade de Kashgar foram permanentemente incorporadas ao império chinês em 1757. Em chinês, Xinjiang significa «Nova Fronteira».

Hoje, Xinjiang é a mais ocidental e, de longe, maior província chinesa, maior até do que a soma dos territórios de Espanha, França, Alemanha e Grã-Bretanha. A província faz divisa com oito países — Rússia, Mongólia, Cazaquistão, Quirguistão, Tadjiquistão, Afeganistão, Paquistão e Índia — e tem um papel fundamental no surgimento da Nova Rota da Seda, ou The Belt and Road Initiative (BRI), nome oficial da menina dos olhos do governo chinês. O plano é

---

1   Marco Polo, *The Travels*. Londres: Penguin, 2016, p. 53

conectar a China com outros países asiáticos, bem como com Europa e África, a um grande emaranhado de novas estradas, ferrovias e rotas marítimas — uma «rota da seda» moderna que tem a China como principal fornecedora de equipamentos eletrônicos, roupas, empréstimos e mão de obra, baratos e em larga escala, para o resto do mundo. A China matou a charada: na era do hipercapitalismo, quando tudo está à venda e a livre concorrência é Deus, já não se constrói um império como antes. Por que ocupar o que se pode comprar? Por que subjugar alguém à força quando se pode inundar seus mercados com produtos mais baratos?

Embora tenha uma área proporcional à metade da Índia, Xinjiang tem uma população equivalente à de Pequim — cerca de 20 milhões de pessoas. A paisagem da Ásia Central é inóspita, e enormes áreas, como as montanhas Tian Shan e o Taklamakan, segundo maior deserto de areia do mundo, são inabitáveis. Nas últimas décadas, a proporção de chineses Han em Xinjiang aumentou acentuadamente, e pouco mais da metade dos habitantes ainda são uigures. Mais de 90% da população restante da China são chineses Han — hoje minoritários apenas nas províncias Xinjiang e Tibete.

Os uigures são um povo de língua túrquica com raízes na Mongólia e na região ao sul do lago Baikal, na Rússia. No século IX, depois que foram expulsos da Mongólia pelo Quirguistão Ienissei, eles se estabeleceram na região que compreende, entre outras, a atual Xinjiang. Aqui, fundaram o Reino de Qochor, também conhecido como Uiguristão. No século XIII, os uigures capitularam ante o exército assassino de Gengis Khan e, por centenas de anos, submeteram-se aos vários canatos mongóis subsequentes. Os uigures eram originalmente budistas e maniqueus, mas sob o jugo dos mongóis a população se converteu ao islã.

Os chineses suaram para manter o domínio sobre o novo território. No final da década de 1860, Yaqub Beg, um brutal senhor da guerra do atual Uzbequistão, assumiu o controle de grande parte de Xinjiang. Beg tiranizou a região por quase uma década até ser expulso pelos chineses. Nesse ínterim, os russos aproveitaram a oportunidade para ocupar o vale do Ili, no norte, e, dez anos depois, devolveram a área aos chineses — em troca de uma boa soma em dinheiro. Em 1912, seguindo-se à dissolução da dinastia Qing e à proclamação da Primeira República da China, Xinjiang foi, de certa maneira, abandonada à própria sorte. Mais uma vez, a Rússia não deixou a oportunidade passar. Na década de 1930, Xinjiang era quase uma colônia soviética. Os russos controlavam tudo, desde poços de petróleo até minas de estanho, o russo era a língua estrangeira mais falada e, de acordo com a boa tradição comunista, mesquitas foram convertidas em casas de reunião e teatros. O antigo consulado russo no centro de Kashgar ainda é um monumento à influência russa. O consulado agora dá lugar a um hotel barato, mas o suntuoso jardim, com direito até a estátuas de inspiração grega, pavilhões e fontes, evoca a grandeza do passado.

Durante o domínio da região pelos russos soviéticos, a população local passava por um despertar nacional. Os muçulmanos de língua túrquica voltaram a se referir a si mesmos como uigures, herdeiros do reino do Uiguristão, um nome que permaneceu adormecido por séculos. Alguns nutriam o antigo sonho de estabelecer o Turquestão, uma república própria para abrigar os povos túrquicos da Ásia Central, e no início da década de 1930 o Turquestão Oriental viu a luz do dia. Em 1934, apoiado pelo partido nacionalista chinês Kuomintang, um exército muçulmano atacou Kashgar. Milhares de uigures foram mortos nos combates, e com eles se foi a República do Turquestão Oriental. Dez anos mais tarde, ela ressurgiu brevemente no vale do Ili, norte de Xinjiang, apoiada ostensivamente pela União Soviética. A segunda República do Turquestão Oriental, que tinha moeda e exército próprios, abriu mão para sempre da independência quando Mao chegou ao poder, em 1949.

Nos últimos anos, a temperatura voltou a ferver no Velho Oeste da China, com ataques terroristas em sequência. Em março de 2014, por exemplo, um grupo de terroristas uigures esfaqueou passageiros ao acaso na estação ferroviária de Kunming, na província de Yunnan, a mais de 2 mil quilômetros a leste de Xinjiang. Trinta e uma pessoas foram mortas e mais de 140 ficaram feridas. Semanas depois, 43 pessoas morreram na explosão de um carro-bomba no mercado de hortifrútis de Ürümqi, maior cidade de Xinjiang. Em setembro do ano seguinte, mais de cinquenta pessoas foram mortas a faca numa mina de carvão em Aksu, no oeste de Xinjiang. Mais uma vez, os autores eram uigures.

Para esmagar os movimentos separatistas uigures, as autoridades chinesas puseram em prática contramedidas draconianas. Desde 2017, mais de 1 milhão de uigures foram levados sem julgamento a campos de detenção. As autoridades chinesas preferem chamá-los de «centros de treinamento vocacional», mas é mais adequado dizer que se assemelham a campos de concentração modernos, com direito a muros altos, arame farpado e torres de guarda. Ex-detentos relataram que eram forçados a cantar canções elogiando o Partido Comunista, enquanto os mais rebeldes são espancados, estuprados, passam fome ou são confinados em solitárias.

Há relatos de chineses Han que passam a morar com as famílias dos prisioneiros a fim de mantê-los sob vigilância e lhes ensinar valores chineses.

Na imprensa chinesa, os campos de detenção são retratados como um absoluto sucesso: não houve um único ataque terrorista em Xinjiang desde 2016.

No retorno do mercado de animais, fiz outra tentativa de visitar a mesquita Id Kha. O passaporte estava na bolsa, mas dei com a cara na porta. Uma placa informava que a mesquita fechava às sete da noite, o que na prática significava cinco da tarde. Como Xinjiang está tão a oeste, as pessoas aqui adotam um horário próprio, a hora de Xinjiang, duas horas a menos em relação ao horário de Pequim. Oficialmente, no entanto, toda a China acompanha o horário de Pequim, portanto a mesquita estava fechada.

No dia seguinte, nada de notícias da embaixada do Paquistão. O visto talvez fosse emitido em uma semana, talvez na semana seguinte. Comecei a perceber que minha estada em Kashgar poderia se prolongar muito e mudei de tática. Lembrei que uma amiga conhecia o antigo embaixador do Paquistão na Noruega. Entrei em contato com ela, que imediatamente enviou um e-mail para a embaixada. Funcionou como mágica: em poucas horas o passaporte visado estava a caminho de Kashgar por correio expresso. Em breve, muito em breve, a viagem aos vários reinos e comunidades do vale do Himalaia poderia começar.

Enquanto isso, visitei o Mausoléu Afãq Khoja, o local de peregrinação mais sagrado de Xinjiang. Localizado a poucos quilômetros do centro de Kashgar, o mausoléu, com sua grande cúpula e suntuosa entrada em arco, revestida de azulejos verdes e brancos, lembra edifícios semelhantes noutras cidades da Rota da Seda, como Samarcanda e Bukhara. Foi construído em 1640 para abrigar os despojos do mestre sufi Mohammad Yusuf por seu filho, Afāq Khoja, que também está enterrado ali. O mausoléu recebeu o nome do construtor, mas hoje é mais conhecido por abrigar o túmulo da Concubina Perfumada.

Reza a lenda que Iparhan, ou Xiang Fei, como era chamada em chinês, neta de Afāq Khoja, era tão linda e cheirosa que, assim que ouviu falar dela, o imperador Quianlong a tomou como concubina. A crer no mito, a beldade do oeste ganhou um belo aposento com direito a jardim particular, mas o luxo do palácio imperial não foi suficiente para aplacar a saudade que sentia de casa. Sem saber mais o que fazer para agradar a nova concubina, o imperador ficou aflito; construiu para ela uma mesquita e recriou uma aldeia uigur e um bazar muçulmano bem diante da sua janela. Finalmente, despachou emissários a Kashgar para que trouxessem um frondoso dão com frutos dourados. Xiang Fei então se deixou comover pela paixão do imperador e lhe foi fiel pelo resto da vida. Depois que morreu, seu corpo foi trasladado para Kashgar como símbolo de unidade nacional e do amor do imperador. A derradeira jornada de Xiang Fei teria durado três anos. A versão uigur, no entanto, termina em tragédia. Diz-se que o coração de Xiang Fei estava até aqui de ódio e vingança, e ela rechaçava as investidas do imperador com canivetes escondidos nas mangas dos vestidos. Preocupada com a segurança do filho, a imperatriz-mãe chamou Xiang Fei para uma conversa particular e lhe permitiu escolher entre se comportar adequadamente como uma concubina ou cometer suicídio. Uma versão diz que Xiang Fei foi envenenada, outra diz que ela fez como lhe sugeriu a sogra e se enforcou com um lenço de seda.

Hoje em dia, é a romântica versão chinesa que predomina. Xiang Fei empresta seu nome de restaurantes a frascos de perfumes; séries de TV, filmes e coreografias de balé foram feitas sobre ela, e seu túmulo é destino favorito de excursões guiadas. Muito provavelmente, o mito tem origem num personagem que realmente existiu, a concubina Rong, que veio do oeste da China para o palácio imperial em Pequim na década de 1760. A concubina Rong morreu enferma, aos 53 anos, e está enterrada em Pequim, a mais de 4 mil quilômetros da Concubina Perfumada. Se for assim, ninguém sabe de quem é a sepultura em Kashgar.

À direita do mausoléu estão fileiras de lápides de argila pisada. Originalmente, também havia sepulturas defronte ao mausoléu, porque os muçulmanos acreditam que é auspicioso ser enterrado próximo a santuários. Depois que o mausoléu se tornou um destino turístico popular, as tumbas foram removidas pelas autoridades chinesas e substituídas por um jardim de rosas. Num canto do jardim estava afixada uma placa: *Best spot for taking photos.* De preferência, os turistas devem voltar de Xinjiang levando em seus cartões de memória imagens de rosas, não de velhos túmulos ou de gado confinado.

E absolutamente nada do interior de mesquitas.

Finalmente me deixaram ver de perto as paredes douradas da mesquita de Id Kha. Um guarda examinou meu passaporte, outro coletou o dinheiro do ingresso, 45 yuans, cerca de 30 reais.[2]

---

2   Exceto quando expressos em dólar estadunidense, a tradução dos valores tomou por base a coroa norueguesa na proporção de 2 para 1 real. [N. T.]

— Não é permitido tirar fotos — disse a policial ao me entregar o ingresso e o troco.

— Não é permitido fotografar — informou o outro policial antes de devolver meu passaporte.

— É proibido fotografar — alertou um terceiro policial, que revistou minha bolsa antes de eu entrar no pátio da mesquita.

O recinto interno pode abrigar mais de 20 mil pessoas, o que faz de Id Kha a maior mesquita não só de Kashgar, mas de toda a China. No entanto, a mesquita em si, que tem seiscentos anos, é pequena e construída em madeira. Como manda o figurino, costumo cobrir a cabeça quando visito mesquitas, mas em Xinjiang isso é proibido. O mesmo vale para barbas longas e indumentária muçulmana. Sinais exteriores de fé muçulmana são um convite à «reeducação».

— Todos os dias, milhares de muçulmanos vêm aqui rezar — anuncia a agência de turismo chinesa Travel China Guide em seu site, mas, exceto por umas poucas dezenas de turistas chineses, a mesquita estava vazia. Grandes câmeras de vídeo, dúzias delas, estavam penduradas nas árvores do lado de fora, e em cada poste havia guardas vigiando.

— Nada de fotos — advertiu severamente um deles quando passei por ele ao sair da mesquita. Nos bancos lá fora, à sombra das verdes árvores decíduas, sentava-se uma longa fileira de idosos, como de costume. Eles tinham as mãos em concha diante do rosto e rezavam sussurrando. Talvez suplicassem por tempos melhores.

Com o número de rastreio, pude acompanhar a trajetória do passaporte de Oslo a Kashgar. No dia seguinte ao envio, o passaporte chegou a Hong Kong e comecei a me preparar para viajar rumo ao sul, na direção das montanhas.

De Hong Kong, o documento seguiu para Guangzhou e nada mais aconteceu. O passaporte ficou retido em Guangzhou. Entrei em contato com serviço de atendimento ao cliente, que me informou que o passaporte estava em Guangzhou, o que eu já sabia. Os dias se passaram e nada aconteceu. Digitei «Guangzhou» no Google e descobri que lá vivem 15 milhões de pessoas, quase três vezes mais do que a população da Noruega. Por que eu não tinha ouvido falar de Guangzhou? Pesquisei e descobri que Guangzhou também tinha sido uma parada importante na Rota da Seda. Enquanto Kashgar era o centro das caravanas de camelos, Guangzhou era o terminal marítimo.

E eu me encontrava o mais longe possível do mar.

Num dia qualquer, enquanto matava o tempo esperando o passaporte sair de Guangzhou, avancei alguns quilômetros a noroeste de Kashgar, em direção à fronteira com o Quirguistão. Antes plana e estéril, a paisagem de repente se transformou em dramáticas formações calcárias de milhares de metros de altura, aqui e ali cobertas de arbustos e cactos, manchas verdes em meio ao marrom. Ravinas profundas rasgavam o terreno, formadas por enxurradas e rios que outrora corriam do planalto tibetano em direção às planícies.

Foi essa paisagem inóspita e inexplorada que, em 1947, serviu de base para as árduas expedições do cônsul-geral britânico Eric Shipton, um montanhista talentoso que já havia participado de várias expedições relativamente bem-sucedidas ao Everest, embora até então ninguém tivesse conseguido escalar a montanha. Ele estava em busca de um arco de montanha gigante que certa vez vislumbrou ao longe no deserto montanhoso nos arredores de Kashgar. Na terceira tentativa, finalmente conseguiu encontrá-lo. Em uigur, o arco era conhecido popularmente como *Tushuk*

Tash, «Montanha Furada», mas hoje é mais conhecido como *Shipton's Arch*, Arco de Shipton. Até pouco tempo atrás, uma ilha, um oceano, um continente não estariam devidamente «descobertos» caso não fossem antes visitados e descritos por um europeu.

O Arco de Shipton, que entrou no *Guinness Book of Records* como o maior arco montanhoso natural do mundo, logo foi retirado do livro: ninguém sabia como chegar até ele. Apenas meio século depois, no ano 2000, uma equipe de expedição da *National Geographic* conseguiu encontrar a formação rochosa escondida, mas nunca esquecida.

Depois disso, foi construída uma estrada asfaltada que chega quase até o arco. No fim da via há um estacionamento e um centro de visitantes com banheiros e lojinha, e a polícia está sempre presente verificando os documentos de identificação de todos. O centro de visitantes fica a pouco menos de uma hora de caminhada até a formação rochosa, e ao longo da trilha há estações de descanso com bancos e mesas.

A trilha corta vales secos de rios, ladeados por formações calcárias tão repletas de buracos, círculos e linhas que quase parecem artificiais. O silêncio majestoso e magnífico, no entanto, só existia na minha mente, porque, como em toda a China, eu estava cercada por ruidosos chineses: alguns equipados como se fossem participar de uma expedição nos picos das montanhas, outros cambaleando ao longo do cascalho em roupas curtas e justas e sapatos de salto alto, embalados pela trilha sonora dos telefones celulares a todo o volume.

Uma ampla escadaria de madeira conduzia à plataforma de observação. Só quando subi é que tive a real dimensão do arco: ele se estendia até o vale, tão geométrico e tão perfeito que parecia obra de um grande mestre escultor. Pássaros negros divertiam-se planando nas correntes de ar no interior do vão, subindo e descendo em espirais; como se estivessem se exibindo para nós.

De repente, um dia, encontrei o prometido visto me esperando na recepção do hotel. Já estava quase desistindo; as montanhas pareciam um sonho distante e irreal, eu me acostumei a ficar parada, num só lugar, e passei a me sentir em casa em Kashgar.

Fiz um último passeio pelas ruas recém-restauradas e caóticas da cidade velha. Mais uma vez me perdi e acabei indo parar ao lado da estátua gigante de Mao na Praça do Povo. Erguida durante a Revolução Cultural, com seus 24 metros está entre as quatro maiores estátuas de Mao na China. Naturalmente, erguer uma estátua dessa dimensão não saiu barato, mas o conselho da cidade de Kashgar sabia o que estava fazendo e estimulou os cidadãos a contribuir com doações voluntárias. Quem não tivesse dinheiro podia doar cartões de racionamento. As pessoas, claro, colaboravam, quer pudessem pagar ou não. Assim que a meta foi atingida, outro problema surgiu: como encontrar material de construção suficiente no deserto? A estátua teve de ser transportada aos pedaços, dividida em dezesseis caminhões, do centro da China até Kashgar. Os operários passaram meses juntando as peças e erguendo o monumento, inaugurado em 1969. A inóspita área de concreto ao redor da estátua estava deserta. Numa pequena guarita um guarda solitário zelava pelo pai da República Popular da China.

Qual será o efetivo da polícia e dos serviços de segurança na China? Milhões de pessoas, decerto. Nos últimos anos, o país investiu mais em medidas de segurança doméstica do que no setor militar propriamente dito — e o orçamento de defesa da China é o segundo maior do mundo.

Estima-se algo em torno de 252,3 bilhões de dólares anuais.[3] Nos últimos anos, os valores aumentaram acentuadamente, mas o gasto em segurança interna foi ainda maior.

Naquela noite, a última em Kashgar, saí para caminhar perto do hotel, que ficava a poucos quilômetros da cidade velha, por uma área de prédios baixos de apartamentos. Os quarteirões eram organizados e bem conservados, com avenidas largas de seis pistas e uma faixa exclusiva para motocicletas e motonetas, incontáveis delas. Os ciclistas, que até poucos anos antes eram o próprio símbolo da vida urbana chinesa, chamavam a atenção por sua ausência, assim como os uigures. Para onde se olhasse só havia chineses Han, a maioria deles recém-chegados, presumivelmente. Ao longo dos meios-fios e canteiros centrais, em linhas retas e bem-ordenadas, haviam sido plantadas árvores e flores coloridas. Nas calçadas largas, famílias saíam para passear à noite. Enfileiradas diante de um prédio de apartamentos, garotas faziam exercícios aeróbicos instruídas por uma mulher de voz suave com um megafone. Ao contrário da cidade velha, onde as crianças eram numerosas, cada casal aqui só tinha um único filho.

Ninguém sabe exatamente quantos uigures estão confinados nos campos de reeducação, mas as estimativas variam entre 1 milhão e 1,5 milhão. Se elas estiverem corretas, significa que atualmente pelo menos um em cada dez uigures está detido. Todos os uigures que encontrei pelas ruas, no mercado de animais, na cidade velha, todos os uigures que trabalhavam

---

3   Informação retirada do site *Statista*. Disponível em: <https://www. statista.com/statistics/267035/china-military-spending/#:~:text =In%20 2020%2C%20China's%20military%20spending,estimated%20252.3%20 billion%20U.S.%20dollars>

no hotel em que me hospedei e nos restaurantes onde comi, em suma, absolutamente todos os uigures com quem travei algum contato conheciam alguém preso num campo.

Mas eu não podia fazer perguntas. A vigilância era acachapante. Conversar com uma estrangeira não era algo que passasse despercebido.

Como é possível perceber a opressão? O que eu teria percebido se já não soubesse o que sabia? E o que *realmente* percebi?

Ao longo de um rio estreito, turvo e fedendo a esgoto, havia uma aleia de árvores verdes e uma série de passarelas interconectadas. Os restaurantes e lojas ainda estavam abertos, apesar de já ser quase meia-noite, horário de Pequim, e por toda parte famílias, casais e grupos de amigos sentavam-se para comer, conversar e se divertir. Exceto pelos uigures vendendo espetos de churrasco e pão ázimo e pelo enorme contingente policial, o clima era como o de qualquer cidade interiorana da China.

Nesse cenário é preciso, porém, incluir tudo aquilo que não salta aos olhos e não se escuta. A última vez que estive em Xinjiang, três anos antes, muitas mulheres usavam xales coloridos. Agora, todas tinham a cabeça descoberta. Também não vi nenhum homem de barba comprida; os insistentes chamamentos diários do muezim já não ecoavam pela cidade cinco vezes ao dia, e a mesquita era ocupada apenas por turistas chineses.

Além disso, há o que ninguém quer ou se atreve a ver. Quando voltei para o hotel naquela noite, quatro policiais estavam debruçados sobre a mesa da recepção examinando uma lista de nomes. Ficou claro que estavam atrás de alguém, e, a julgar pela aflição no rosto da recepcionista, logo encontraram a pessoa ou as pessoas que procuravam.

Apressei o passo e me tranquei no meu quarto.

Ninguém vai embora de Kashgar despercebido. Ao sair da cidade, passei por três barreiras de segurança, e a cada vez minha bagagem passou por uma máquina de raio-x e meu passaporte e minhas impressões digitais foram escaneados. Os outros passageiros do veículo, uma família de Pequim, permaneciam sentados, enquanto eu e ônibus lotados de uigures passávamos pela verificação de segurança; as filas eram longas.

Fora isso, a estrada estava em ótimas condições e radares garantiam que o motorista se mantivesse estritamente dentro do limite de velocidade. Finalmente eu seguia rumo ao sul, para o Paquistão, para o Himalaia. Os passageiros chineses dormiam profundamente e eu também cochilei. Quando acordei, estávamos cercados por montanhas vermelho-ferrugem, e a família chinesa exigiu uma parada para fotos. A mulher da família, de cabelos tingidos no mesmo tom vermelho das montanhas, deixou-se fotografar de todos os ângulos imagináveis. Depois que seu marido entregou os pontos, ela me pediu que tirasse as fotos.

A cada curva, as montanhas ficavam mais altas e íngremes, e logo vislumbramos picos cobertos de neve. A mulher de cabelo ruivo exigiu outra parada para fotos. A paisagem ia ficando mais selvagem, o ar, mais rarefeito. Lembrei de Wilfred Skrede, um jovem norueguês que fez aquele mesmo caminho oitenta anos antes, em 1941. Os nazistas tinham invadido a Noruega, e Skrede estava a caminho do treinamento da força aérea no campo de Little Norway, no Canadá. Como era arriscado demais navegar pelo mar do Norte, a viagem até o Canadá era feita via Suécia, Finlândia, União Soviética e Xinjiang, atravessando montanhas dos atuais Paquistão e

Caxemira, até o porto de Singapura. Ao todo, a viagem durou mais de um ano, e, ao longo do percurso, Skrede foi preso várias vezes. Em Xinjiang, fraturou as costelas num acidente de carro e se recuperou em Kashgar graças à hospitalidade do cônsul-geral britânico Shipton, o mesmo do arco da montanha. O jovem norueguês passou um mês inteiro desfrutando da hospitalidade do cônsul montanhista — «recordo aqueles dias como dos mais felizes da minha vida», escreve Skrede em suas memórias. Quando a fratura estava mais ou menos consolidada, a viagem continuou para o sul, subindo as montanhas. O trecho de Kashgar a Tashkurgan foi feito a cavalo, levou onze dias e teve a escolta de guardas armados, pois o senhor da guerra local temia que o norueguês pudesse ser um espião. Quando os cavalos estavam cansados demais para prosseguir, devido ao ar rarefeito da montanha, eram açoitados no focinho até o sangue esguichar. Dessa forma, conseguiriam caminhar um pouco mais. Ossadas amareladas nas encostas eram testemunhas silenciosas dos animais que desistiram de completar a jornada.

«Durante séculos, as caravanas trafegaram entre Caxemira e Kashgar», anota Skrede, «e muitos têm para si uma travessia bucólica e bela, mas só quem cruzou o passo de Chichiklik já testemunhou o inferno que essa rota comercial representou para milhares de viajantes extenuados, que tanto padeceram sem ter um Alá que lhes valesse.»[4]

Agora, supondo que a papelada esteja em ordem, a viagem de Kashgar a Tashkurgan é facilmente feita em um dia, com almoço incluído e paradas para selfies. A rodovia Karakoram, uma conexão importante da Nova Rota da Seda, serpenteia como uma enguia de asfalto preto ao longo

---

4   Wilfred Skrede, *Over verdens tak*. Oslo: Gyldendal, 1955, p. 102.

das encostas das montanhas desde Kashgar até Gilgit, no Paquistão. No lago Karakul, onde montanhas azuladas e cobertas de neve se refletem na água, fizemos outra escala para fotos. Centenas de turistas chineses já se encarregavam de eternizar o cenário belíssimo. Quirguizes de rostos largos e olhos estreitos ofereciam passeios a cavalo, espetinhos, joias étnicas e posavam para fotos em trajes nômades, mas tivemos de seguir, ainda havia um longo caminho a percorrer. Até alguns anos atrás, era possível pernoitar em iurtes tradicionais do Quirguistão à beira do lago, como Skrede fez na década de 1940, mas as autoridades apertaram o cerco contra tanta licenciosidade e agora só é permitido dormir em estabelecimentos devidamente registrados. É possível abrir exceções, mas custam a partir de 3 mil reais.

O almoço, macarrão e grandes nacos de carne, era servido num cubículo num grande estacionamento. Nenhum dos passageiros sabia falar inglês, mas o motorista havia baixado um aplicativo de tradução no celular para se comunicar comigo. A mulher de cabelo tingido de ruivo pediu o aparelho emprestado e perguntou, em rápida sequência, de onde eu era, quantos anos eu tinha, se era casada, se tinha filhos, se não queria filhos e finalmente veio a pergunta que a estava consumido por dentro. Ela olhou para mim ansiosa enquanto a voz mecânica do aplicativo traduzia para o inglês: «Sua pele não queima?».

Balancei a cabeça negativamente. A mulher me olhou incrédula. Ela nunca saía do carro sem chapéu, cachecol e um casaco fino para se proteger do sol. Peguei o protetor solar na bolsa e lhe mostrei. Ela sorriu e tirou da bolsa um creme idêntico — fator cinquenta, inclusive.

Tashkurgan significa «Forte de Pedra». É um nome apropriado, pois a construção de 2.200 anos é a única atração turística do local. Originalmente havia uma cidade inteira aqui, mas tudo o que restava dos antigos habitantes eram pilhas de rocha abandonadas. Do forte também não restava muita coisa. Escadas novas e robustas de madeira, acompanhadas por uma série de sinais de alerta, conduziam ao topo das ruínas, das quais se avistavam o rio e o prado onde o gado pastava pacificamente. Um par de iurtes brancas reluzia na imensidão verde. Enquanto os uigures predominam em Kashgar e os quirguizes no lago Karakul, os tadjiques étnicos compõem o grupo majoritário em Tashkurgan. A maioria das mulheres usava chapéus chatos e tradicionais cobertos por um véu amarrado frouxamente sob o queixo ou no colo.

Fazia trinta graus na sombra e me arrependi de não ter aceitado o conselho da recepcionista e trazido uma sombrinha para me proteger. A cidade parecia modorrenta e silenciosa. Pequenas lojas davam para as ruas; crianças corriam ao redor, idosos alquebrados passavam o tempo fazendo companhia uns aos outros. Se o clima era assim agora, no meio da alta temporada, como seria aqui no inverno, quando a neve se acumulava e a estrada ficava fechada meses a fio?

A localização extrema de Tashkurgan, a mais de 3 mil metros acima do nível do mar, cercada por montanhas com quase o dobro da altitude, também tem sido sua razão de existir. Por quase 2 mil anos, o forte de pedra foi uma parada importante no trecho sul da Rota da Seda da China pelas montanhas Karakoram a caminho de Srinagar e Leh, na Índia.

Hoje, Tashkurgan está prestes a retomar essa importância. À primeira vista, Tashkurgan parecia uma típica cidade fronteiriça asiática, quadrada e fustigada pelo vento. Mas as estradas eram excepcionalmente boas e largas, com lindas rotatórias e excelente iluminação, e os prédios públicos eram chamativos e novos em folha. A nova sede do corpo de bombeiros em rosa-choque, por exemplo, era maior do que alguns dos hotéis. Os planos para um aeroporto internacional estão prontos, e em breve o caminho não será interrompido a cada inverno. No futuro, o objetivo é manter a fronteira com o Paquistão aberta durante todo o ano, e esse futuro está mais próximo do que nunca.

O ambicioso e caro Corredor Econômico China-Paquistão (CECP) ligará Kashgar à cidade portuária paquistanesa de Karachi com uma rodovia de alto padrão, e, mais adiante, também com uma ferrovia. As obras já estão bastante adiantadas. Em nenhum outro país a China investiu tanto em infraestrutura quanto no vizinho Paquistão. Assim que a estrada estiver concluída, os caminhões que partem do oeste da China poderão pegar um atalho atravessando o Paquistão para chegar aos cargueiros que aguardam no mar da Arábia, em vez de cruzar o interior da China até os portos chineses. Tashkurgan se tornará indiscutivelmente a cidade fronteiriça mais importante do Himalaia. As possibilidades são grandes e, nos últimos anos, empresários de toda a China se aglomeraram no pequeno posto avançado na esperança de fazer bons negócios num curto prazo muito promissor.

— Você não vai ver a dança? — perguntou a recepcionista admirada quando voltei para o hotel, suada e esbaforida depois de um longo dia sob o sol.

— Os outros turistas foram todos para a vila cultural assistir à dança. Achei que você estivesse lá também.

— Que dança? — perguntei.

—O espetáculo cultural de dança. Ninguém lhe contou? Acontece todas as noites e é muito popular entre os nossos hóspedes.

Para não dar a impressão de que não me interessava pelo espetáculo cultural de dança, fui até a vila cultural, que ficava na periferia da cidade. No caminho, conheci uma mulher que obviamente estava indo para o mesmo lugar, vestida em traje de gala, com um longo vermelho e um pesado colar de joias. Perguntei se ela já havia estado no Tadjiquistão e ela respondeu que não.

— Sou uma tadjique *chinesa* — explicou.

Meia dúzia de policiais e quatro soldados fortemente armados faziam a segurança no local. A mulher de vestido vermelho me convidou para entrar na típica casa tadjique ao lado. Como em qualquer casa tadjique, havia bancos ao longo das paredes e belas colunas de madeira esculpidas no meio da sala. Elogiei as almofadas lindamente bordadas.

— Estão à venda — esclareceu a mulher. — Quer comprar uma? Faço um desconto se comprar duas.

Uma vez que os tadjiques chineses são ismaelitas, a exemplo do povo irmão no Pamir, esperava encontrar uma foto emoldurada do Agacã, o líder religioso ismaelita, mas as paredes estavam reservadas exclusivamente para os líderes comunistas da China, de Mao a Xi. Do lado de fora, ecoavam tambores e gritos empolgados. O show tinha começado e a «noiva» e o «noivo» entraram na pista. Os turistas chineses, mais de cem, faziam o possível para capturar tudo com suas sofisticadas câmeras. Alguém acendeu a fogueira que representava as tradições zoroastrianas tadjiques, e estes começaram a dançar em círculos ao redor das labaredas bruxuleantes, iluminadas ainda mais por centenas de flashes.

Muitos moradores locais também compareceram para assistir à apresentação. Em Tashkurgan, quase nada acontecia à noite. Saí do festival folclórico e voltei para o hotel bem antes de a confraternização começar. A recepcionista havia avisado que o evento sempre terminava com chineses e tadjiques dançando juntos.

É assim, pensei comigo enquanto caminhava pelas ruas desertas e escuras, que as autoridades chinesas querem que os grupos étnicos se comportem. Danças e trajes folclóricos coloridos, uma exótica atração turística, puro folclore.

O hotel também estava silencioso e deserto. Caminhei até a varanda sob o céu estrelado da cidade fronteiriça e pedi uma cerveja.

A última durante muito tempo.

Alta tensão

No centro de Tashkurgan, defronte ao escritório de alfândega e imigração, um punhado de homens esperava nas sombras. Um sujeito de vinte e tantos anos veio até mim e se apresentou como Umair. O rosto pálido estava cheio de cicatrizes de acne, o cabelo encerado, preto como breu, reluzia.

— Você acredita em tudo que lê nos jornais? — perguntou ele depois das mesuras iniciais.

— Bem... — comecei eu.

— O 11 de setembro, por exemplo — interrompeu ele —, você acha mesmo que o filho de um bilionário da Arábia Saudita poderia ter ordenado aquilo? Eu sou engenheiro, estou lhe dizendo, e você pode conferir, se quiser, os engenheiros norte-americanos dizem a mesma coisa, aliás, sim, engenheiros de todo o mundo dizem exatamente a mesma coisa que eu: *As torres não poderiam ter desabado daquele jeito por causa de um avião!* O simples impacto não poderia gerar calor suficiente para derreter as estruturas de ferro e aço. Você faz ideia do calor necessário para derreter construções assim?

— Não faço a menor ideia — admiti. — Mas o Talibã também está por trás de uma série de ataques terroristas no Paquistão...

— Sim, tivemos ataques terroristas no Paquistão também — interrompeu Umair novamente. — E, sim, temos problemas com o Talibã, mas diga-me, de onde vem o Talibã?

Ele não esperou pela resposta, pois já tinha uma na ponta da língua:

— Sim, o Talibã foi criado pela Rússia e pelos Estados Unidos! — Ele me olhou pasmo. — Quase nenhum dos terroristas capturados são circuncidados, e as armas que usam nunca vêm daqui. Quer dizer, não sei o quanto disso é mesmo verdade — acrescentou mais adiante. — Só menciono esses simples fatos para você ter a sua própria opinião.

Mais e mais homens se aproximaram. Um dos recém-chegados ouviu dizer que eu era da Noruega.

— Estou noivo de uma garota meio norueguesa, meio paquistanesa — intrometeu-se ele. — Nos conhecemos em Islamabad quando ela estudava lá.

— Vocês pretendem morar no Paquistão ou na Noruega? — perguntei.

— Na Noruega, claro.

— Onde na Noruega?

— Ainda não sei bem, porque nunca estive na Noruega — disse ele. — Mas vou achar um bom lugar para nós, um lugar que seja bom para os paquistaneses morarem, um lugar com outros paquistaneses por perto.

— Não consigo entender isso — objetou Umair. — Por que se mudar para o exterior para ficar próximo de paquistaneses?

Foi preciso esperar do lado de fora por mais de uma hora até sermos escoltados pelos seguranças chineses, que garantiam que tudo corresse adequadamente: tínhamos de ficar direitinhos na fila, e conversar era estritamente proibido. A bagagem foi escaneada por uma máquina enorme, e então fomos autorizados a deixar a China.

Ao todo, éramos cerca de quarenta pessoas indo para o Paquistão naquele dia: paquistaneses carregados de bagagem, uma dúzia de chineses em viagem de grupo, vestidos de Gore-Tex da cabeça aos pés, e eu. Embarcamos nos micro--ônibus que estavam à espera. Encontrei um assento vazio na janela e sentei-me ao lado de Abdul, um estudante de medicina de Lahore. Os óculos e a barba espessa tornavam difícil adivinhar sua idade, mas ele tinha 24 anos, segundo disse, era solteiro e acabara de completar cinco anos de estudo em algum lugar no interior da China. Estava voltando para casa para completar o ano de estágio num hospital onde era possível entender o idioma.

— Por que você quis ser médico? — perguntei. Depois de mais de duas semanas na China, era quase inebriante poder me comunicar sem tanto esforço em inglês, e a pergunta soou meio rude.

— Meus pais queriam que eu fosse médico — respondeu Abdul. — Eu os respeito e confio que eles sabem o que é melhor para mim.

— Você acha que eles vão encontrar uma esposa para você também? — quis saber.

— Sim, confio neles, mas é claro que eles levam em conta meus desejos. — Ele olhou para baixo. — Alguns anos atrás eu conheci uma garota com quem pensei em me casar. Contei aos meus pais e eles autorizaram. Mas a história não teve um final feliz...

— Vocês não se casaram?

— Não. — Abdul deu um suspiro quase inaudível e mudou de assunto. — Quando se trata de história, você nunca sabe o que é verdade — disse ele. — Sempre haverá diferentes percepções, opiniões e teorias. Veja os judeus, por exemplo. Todo mundo diz que Hitler exterminou muitos judeus, muitos mesmo...

— Seis milhões — eu disse.

— Sim, muitos, como eu disse. Mas podemos supor que ele não matou tantos, só um bocado, e isso foi um acordo que os judeus fizeram com os Estados Unidos para que eles pudessem se estabelecer na Palestina? Durante o Império Otomano, nenhum judeu foi autorizado a se estabelecer na Palestina. Veja, não estou dizendo que *foi*, só estou dizendo que é uma possibilidade.

— Você já visitou os campos de concentração na Polônia? — perguntei.

— Não, só li sobre isso na internet. De qualquer forma, meu ponto é que sempre haverá muitas versões da história. Dizer que uma só é a correta não é boa coisa.

— Exatamente! — gritou um homem alto na casa dos trinta anos, de um dos assentos da janela do outro lado do corredor. Seu nome era Muhammed, descobri mais tarde, e ele estava prestes a concluir o doutorado em farmacologia na China.

— Hoje existem apenas duas histórias sobre o que está acontecendo no Paquistão — disse Muhammed. — Os norte-americanos, por exemplo, fizeram tudo certo ou tudo errado. E o que as pessoas vão pensar daqui a cem anos? O que é realmente certo e o que é realmente errado?

Não tive oportunidade de comer os lanches ordinários que tinha comprado, porque, entre uma e outra especulação sobre a relatividade inerente da verdade, Abdul e Muhammed me ofereciam comida de suas fartas lancheiras.

— Não gosto de comida chinesa — disse Abdul.

— Não, a comida chinesa é horrorosa — concordou o farmacologista.

— Nem de macarrão? — perguntei.

— Macarrão? É comida de criança! — Muhammed gesticulou como se se lambuzasse e riu com desdém.

— Passei a defender a cozinha paquistanesa durante meus anos na China — disse Abdul, entregando-me uma pilha de chapati caseiro, um disco de pão achatado feito de farinha de trigo, água e sal.

— Você sabia que os chineses comem cobras? — perguntou Muhammed.

— E cachorros e sapos e insetos? Eles comem *qualquer coisa*!

Felizmente, os dois jovens chineses sentados à nossa frente não entendiam uma palavra de inglês. Além disso, pegaram no sono assim que o motorista ligou o motor e ainda dormiam profundamente.

— Eu gostaria de ter uma conversa séria com esse aqui! — disse Muhammed, cutucando de leve o garoto paquistanês magro ao lado.

— Ele abandonou a escola para viajar pelo Paquistão e pela China vendendo pedras preciosas. Ele é jovem, deveria ir para a escola!

Como o menino não entendia inglês, Muhammed traduziu a conversa para ele. O menino sorriu timidamente e mostrou uma foto no celular, uma linda garota enrolada num xale grande e colorido.

—Estou apaixonado e agora meus pais arranjaram um noivado com ela — disse ele com orgulho. — Vamos nos casar em breve.

Muhammed sacudiu a cabeça desanimado.

— Ele está desperdiçando a própria vida e é estúpido demais para perceber isso!

A estrada se estendia em linha reta sobre um planalto cinza margeado por colinas cobertas de neve no topo. Pela discreta mas crescente pressão nas têmporas percebi que estávamos subindo. De vez em quando passávamos por pequenos rebanhos de cabras, burros e iaques, aqui e ali dois ou três iurtes brancos destacavam-se num campo, às vezes avistávamos um pastor solitário, mas na maior parte do tempo estávamos sozinhos na paisagem e no caminho. As placas recomendavam o máximo de quarenta quilômetros por hora, mas aqui obviamente não havia radares de velocidade. No último posto de fronteira chinês, dois jovens soldados vestindo grossos casacos de pele verificaram se todos os passaportes haviam sido carimbados naquele mesmo dia. Então fizeram um gesto para que seguíssemos em frente.

O último trecho era uma subida íngreme. A pressão contra as têmporas aumentou e os canais auditivos se encheram de bolhas de ar. Alguns minutos depois, estávamos na travessia de fronteira mais alta do mundo. Os paquistaneses aplaudiram entusiasmados assim que saímos da China e passamos sob o faraônico portal de concreto no lado paquistanês.

O motorista tomou a iniciativa de fazer uma parada de dois minutos para fotos. Assim que pus os pés fora do micro-ônibus, fui cercada por homens atarracados com barbas espessas, usando túnicas longas e largas e sandálias, todos querendo uma selfie com a pálida forasteira. Ao contrário do lado chinês, os paquistaneses podem ir até a passagem de fronteira, que se transformou numa popular atração turística. Ansiosos como crianças, os barbudos agitavam seus celulares, e eu sorria em todas as direções com rostos desconhecidos ao meu lado, até o motorista buzinar impacientemente e me resgatar dos flashes.

— Não está animada? — perguntou Abdul. Ele estava radiante enquanto descíamos para a estação de fronteira paquistanesa, localizada cem quilômetros vale abaixo.

— Sim, claro que estou animada — respondi educadamente.

— Estamos *extremamente* felizes de voltar para nossa terra natal — disse Muhammed. — Podemos respirar livremente, enfim. Na China, as pessoas são vigiadas o tempo inteiro. Agora estamos livres!

A estrada serpenteava íngreme pelo passo de Khunjerab, ao longo de um rio caudaloso, flanqueada por escarpadas montanhas marrons tão altas que não era possível divisar os picos da janela do micro-ônibus. *Khunjerab* significa «Vale de Sangue» em wakhi, idioma persa falado pelo povo wakhi no Alto Hunza e em Tashkurgan, bem como nos lados tadjique e afegão da fronteira. Nas montanhas, as fronteiras políticas raramente correspondem às linguísticas. O nome do vale é provavelmente inspirado nos ataques sangrentos às caravanas comerciais que passavam por aqui no auge da Rota da Seda.

O vale honra seu nome mesmo em tempos mais modernos: mais de mil trabalhadores morreram em deslizamentos de terra e outros acidentes durante a construção da estrada por onde passávamos. As obras foram concluídas na década de 1960, depois que o Paquistão e a China chegaram a um acordo sobre a linha fronteiriça. As negociações terminaram com a China cedendo uma área de pasto ao Paquistão em troca de um território de cerca de 5 mil quilômetros quadrados a nordeste. A terra cedida à China faz parte da disputada região da Caxemira. A Índia não reconheceu o acordo nem a fronteira, tampouco a divisa entre a Índia e a China foi ratificada: nas bordas do Himalaia, as fronteiras estão se desintegrando e se transformando em linhas segmentadas, contestadas e debatidas, vigiadas por soldados fortemente armados e ogivas nucleares. As escaramuças são muitas e têm o potencial de piorar bastante, mas entre o Paquistão e a China, que têm a Índia como inimigo comum, reinam a paz e a harmonia. O fato de os dois países terem selado um acordo de fronteira definitivo num estágio tão inicial da existência do Paquistão sedimentou a amizade bilateral, uma amizade que é constantemente renovada com generosos empréstimos chineses.

— O Paquistão cedeu território à China porque o governo temia que a União Soviética nos atacasse — disse Abdul. — O real pretexto da guerra no Afeganistão foram os portos paquistaneses no sul.

— É mesmo? — disse eu, admirada.

— Todo mundo sabe disso — disse Abdul, fazendo um muxoxo.

O caminho agora era montanha abaixo; a pressão nas têmporas diminuiu e desapareceu por completo. As encostas das montanhas eram aparentemente estéreis e desoladas, mas, de acordo com o guia, ali se escondiam espécies animais ameaçadas de extinção, como o carneiro-de-marco-polo, o cervo-almiscarado e o leopardo-das-neves. Já estava tão à vontade no micro-ônibus que rodava sem parar que fiquei surpresa quando Muhammed me disse que havíamos chegado à estação fronteiriça paquistanesa em Sost.

— Prometa que virá visitar a mim e minha família em Swat! — gritou ele antes de sumir de vista do pequeno e carcomido prédio fronteiriço.

Enquanto esperava na curta, mas caótica, fila de passaportes, um homem forte e ágil se aproximou de mim. Ele estava vestido de jeans da cabeça aos pés, seu cabelo era castanho-alourado e sua pele, bronzeada; parecia mais um mocinho de um filme spaghetti western do que um paquistanês típico.

— Sou Akhtar, seu guia — apresentou-se ele. — Faz cinco horas que estou aqui esperando. Nunca se sabe quando chega o ônibus da China.

Do lado de fora havia uma fila de caminhões grandes e coloridos, decorados com dragões, estrelas de cinema e citações do Alcorão. Eles esperavam uma carga da China para ser embarcada em navios. Não tivemos de ir tão longe, felizmente, e depois de cerca de meia hora chegamos a Passu, vilarejo onde Akhtar morava.

— Todos os guias com quem trabalhei na década de 1990 se casaram com estrangeiras — disse ele. — Um vive na Austrália agora, outro no Canadá, um terceiro na França.

— Ninguém quis se casar com você? — perguntei.

— Quis, mas eu já era casado — ele sorriu. — Além disso, não consigo me imaginar morando noutro lugar que não seja Passu. Aqui é o meu paraíso.

No inverno, cerca de quatrocentas almas vivem em Passu, mas no verão a população mais que dobra. A aldeia estende-se por uma planície junto ao rio, e, graças a intrincados sistemas de irrigação, é extraordinariamente exuberante. Batatas e outros vegetais eram cultivados nas pequenas hortas. As macieiras e ameixeiras estavam em plena floração, e os telhados planos estavam cobertos de damascos dispostos para secar.

Akhtar conhecia absolutamente todos os moradores da aldeia e cumprimentava efusivamente quem quer que encontrássemos pela frente. A maioria das mulheres tinha a cabeça descoberta, mas, ao contrário das mulheres em Kashgar, não se cobrir aqui era uma escolha, não uma obrigação. Muitos tinham a pele clara, alguns até olhos azuis, e a maioria tinha cabelos castanho-claros, descolorido pelo sol, como Akhtar. Assemelhavam-se às pessoas que eu conhecera na região do Pamir alguns anos antes, o que não era tão estranho, pois não estávamos longe da fronteira tadjique. Os wakhis de Hunza são próximos dos habitantes do Pamir do Tadjiquistão, de Tashkurgan, na China, e do Corredor Wakhan, no Afeganistão. Antes, eles podiam se visitar livremente e viver como um só povo que eram, mas agora estão separados por linhas vermelhas no mapa e rígidas regras de visto.

Montanhas inóspitas, de 6 mil a 7 mil metros de altura, cercavam a vila e compunham o cenário de um filme de ficção. Geologicamente, era possível dizer que eu já me encontrava no Himalaia — muitos especialistas consideram o Karakoram parte do Himalaia —, mas, semântica e linguisticamente, eu estava no Karakoram, nome do maciço montanhoso que se espraia desde a área fronteiriça entre Índia, Paquistão, China e até mesmo Afeganistão e Tadjiquistão, cerca de quinhentos quilômetros ao todo. *Karakoram* significa «Cascalho Preto» em turco, mas o nome não faz justiça às montanhas: nenhuma cordilheira do mundo abriga tantos picos de mais de 7 mil metros.

— Normalmente não damos nomes às montanhas com menos de 7 mil metros — explicou Akhtar, encolhendo os ombros. — São tantas...

As montanhas do Karakoram são reconhecidamente íngremes e intransponíveis. A segunda montanha mais alta do mundo, o monte k2, por exemplo, é muito mais difícil de escalar do que o Everest. Por muito tempo, Hunza foi uma das áreas mais inacessíveis do Karakoram, e há muitos mitos sobre o local e seus habitantes. Os caminhos que confluíam até aqui eram lendários:

«Logo pudemos divisar o branco do rio Hunza no desfiladeiro negro abaixo de nós», escreve o jovem Wilfred Skrede sobre a viagem pelo vale de Hunza, em 1941. «Tinha trezentos metros de profundidade e a parede da montanha era quase vertical. Em ambos os lados do vale, os picos das montanhas erguiam-se a milhares de pés acima. Shrukker e o menino tiveram de empurrar e arrastar os cavalos para que andassem. Montá-los estava fora de questão aqui. Nos contrafortes íngremes das montanhas havia muitas rochas se desprendendo. Sem disfarçar o orgulho, Shrukker contou sobre os muitos acidentes fatais que tiveram lugar aqui.»[5]

Ao longo dos séculos, os caminhos traiçoeiros foram a defesa mais importante do pequeno principado. Hunza está espremido entre o Tibete, a norte, a Caxemira, a leste, e o Afeganistão, a oeste, mas, como era muito difícil chegar até aqui, o emir local podia governar em paz. Os poucos viajantes ocidentais que conseguiam se aventurar inteiros até o advento da autoestrada, na década de 1970, descreveram Hunza como um Jardim do Éden, um paraíso terrestre — provavelmente ainda sob o efeito da descarga de adrenalina e endorfina decorrentes da travessia —, uma Shangri-Lá, um reino secreto nas montanhas habitado pelos descendentes de Alexandre, o Grande, um lugar onde as pessoas viviam de forma tão saudável, democrática e harmoniosa que envelheciam excepcionalmente bem e talvez alcançassem os 150 anos de idade.

---

5   Wilfred Skrede, *Over verdens tak*, op. cit., pp. 124-5.

— O decano da aldeia tinha 112 anos — relatou Akhtar. — Ele morreu ano passado. Minha avó tem quase cem anos e ainda está lúcida e em forma. Aqui as pessoas envelhecem, mas a nossa geração dificilmente envelhecerá — acrescentou resignado, acendendo um cigarro. — Nossa vida não é tão saudável. Deixei de fumar por seis meses, mas engordei tanto que comecei de novo.

No hotel simples onde fiquei não havia eletricidade nem internet. Uma alegre e numerosa família de Lahore garantia que eu não me entediasse.

— O que traz uma estrangeira a estas bandas? — a matriarca queria saber. — E qual é a sua impressão dos paquistaneses? Seja sincera! Qual sua opinião sobre o Paquistão? Seja mais sincera ainda!

A família inteira me encarava com expectativa.

— Acabei de chegar, então é cedo para dizer — expliquei diplomaticamente. Eles pareciam tão decepcionados com minha resposta que me apressei em acrescentar que tudo era muito, muito bonito aqui, que os paquistaneses eram pessoas muito, muito simpáticas e que o Paquistão era um país muito, muito promissor.

Adormeci cedo, apesar das discussões acaloradas envolvendo os hóspedes do quarto ao lado, e acordei igualmente cedo por causa das discussões acaloradas envolvendo as pequenas vacas montanhesas no pasto rente à janela.

Durante o café da manhã, Akhtar lançou um olhar carrancudo para os turistas de Lahore.

— Não entendo por que os paquistaneses vêm tanto aqui — disse ele com desprezo. Estritamente falando, ele também era paquistanês, mas sempre se referia a si mesmo como um wakhi de Hunza. Para Akhtar, o termo «paquistanês» era um pejorativo reservado para designar os nativos da populosa província do Punjab, no sul.

— As pessoas da cidade passam o dia inteiro sentadas em seus carros — reclamou. — Passu deve ser visitada a pé.

Para não passar por uma típica nativa da cidade grande, sugeri que fôssemos conhecer o glaciar de Passu depois do café da manhã. O caminho era rochoso e parcialmente coberto de mato, mas Akhtar, filho de alpinista que era, saltitava pelo vale com tal destreza que parecia ter molas sob os pés. Escalamos o último trecho de cascalho solto; procurei olhar para baixo o mínimo possível.

— Falta muito? — perguntei, quase sem fôlego.

— Não, já estamos chegando — respondeu Akhtar.

— Mas onde está o glaciar? — perguntei, confusa.

— Bem diante do seu nariz — disse Akhtar apontando para a enorme pilha preta de cascalho a apenas cem metros de distância de nós. Eu estava em busca de gelo e neve, mas o glaciar de Passu era completamente preto, coberto de seixos e areia. Karakoram fazia jus ao nome, afinal.

— Ali — disse Akhtar, apontando para o lago que se formou na foz do glaciar — ficava a geleira quando eu era criança. Não havia lago aqui nessa época. Dez anos atrás, ele se estendia até ali — ele apontou para um ponto mais ou menos no meio da encosta da montanha. — Três anos atrás, costumávamos trazer os turistas ao ponto em que nos encontramos agora. A partir daqui, podíamos caminhar até a geleira.

Riachos de água derretida escorriam do glaciar para o novo lago. O glaciar de Passu encolhe quatro metros por mês, e o derretimento está se acelerando. «Terceiro polo do mundo» é como os glaciares de Karakorum, Himalaia e

Hindu Kush costumam ser chamados. No total, existem mais de 54 mil geleiras na região montanhosa, e em nenhum lugar os maciços de gelo são mais densos do que no Karakoram; com exceção das regiões polares, o Karakoram é a região do mundo com maior densidade de geleiras. Só no Paquistão, existem mais de 7 mil glaciares, e cerca de três quartos das reservas de água do país estão armazenadas no gelo. O Himalaia, a morada da neve, é muito mais o lar do gelo.

Ou era. Agora, a maioria das geleiras está derretendo em velocidade recorde. Em média, 8 *bilhões* de toneladas de gelo derretem a cada ano, e nessa conta não estão incluídas as toneladas que não são substituídas por mais neve. O processo se retroalimenta e acelera a cada ano. É grande a probabilidade de que dois terços das geleiras tenham derretido até o final do século. Essas geleiras abastecem os rios mais importantes e maiores da Ásia, incluindo o Indo, o Ganges e o Mekong, e as consequências do derretimento serão catastróficas. Em primeiro lugar, os habitantes das áreas montanhosas, cerca de 200 milhões ao todo, serão afetados pela seca, mas absolutamente todos os que dependem da água dos rios mencionados sofrerão, 1,5 bilhão de pessoas no total. As mudanças drásticas no ecossistema não levarão apenas a uma escassez geral de água, mas também a um aumento do risco de deslizamentos de terra e inundações. Ainda que o volume possa permanecer constante, o regime de águas será muito mais desigual: a estiagem será seguida de inundações, que por sua vez serão seguidas de mais estiagem.

Em suma, será muito mais perigoso viver nas montanhas e ao longo dos leitos dos grandes rios.

*

Com uma classificação de 4,8 de 5 estrelas no Google, o lago Attabad é uma das atrações turísticas mais populares da região. Várias avaliações exaltam a beleza do lago e o descrevem como «um dos mais belos lagos do Paquistão». Outras mencionam excelentes condições para esqui aquático, canoagem e pesca. Cercado por montanhas fotogênicas, o lago turquesa é, de fato, assombrosamente bonito, e, de olho na oportunidade, empreendedores oferecem passeios de barco e alugam jet-skis; na orla, um restaurante panorâmico está sendo construído.

Sob a superfície pristina da água, porém, escondem-se estradas, escolas, mesquitas, lojas e restaurantes, até aldeias inteiras. Pois o lago de Attabad é, na verdade, um acidente geográfico bem mais recente.

Em 4 de janeiro de 2010, o vilarejo de Attabad foi atingido por uma gigantesca avalanche. A aldeia inteira foi soterrada sob as massas de terra, e cerca de vinte pessoas perderam a vida. O deslizamento de terra foi tão grande que represou o rio Hunza e deu lugar a um lago. Em junho, antes que o governo começasse os trabalhos de drenagem, ele tinha 22 quilômetros de comprimento e 100 metros de profundidade. Mais de quatrocentas casas desapareceram sob a lâmina d'água, e 6 mil pessoas tiveram de ser evacuadas. Todas as aldeias ao norte da represa natural ficaram sem conexão rodoviária por anos; tanto as pontes quanto as estradas estavam submersas, e quase todo o comércio com a China foi interrompido.

— Até em Passu muitas casas ficaram debaixo d'água — disse Akhtar. — Durante cinco anos precisamos fazer uma viagem de barco de três horas para chegar à autoestrada.

Akhtar contava inúmeras histórias sobre aldeias que desapareceram em avalanches ou inundações. Passu estava originalmente do outro lado do rio, mas, em 1964, a aldeia inteira foi soterrada por um deslizamento de terra. Não houve vítimas, mas os habitantes precisaram se mudar para a margem oposta.

A avalanche sobre Attabad foi um desastre previsto. Em agosto de 2009, o Serviço Geológico do Paquistão fez um levantamento geológico na área, e os pesquisadores concluíram que Attabad estava numa zona de alto risco. Uma sucessão de terremotos deixou as massas de terra instáveis, e o desabamento era só uma questão de tempo. Os geólogos recomendaram às autoridades locais a evacuação dos habitantes das áreas mais expostas, mas nada foi feito, e alguns meses depois a terra desmoronou.

Como a estrada original estava submersa, a nova estrada para Karimabad, nossa próxima parada, passava por quatro túneis novinhos em folha construídos pelos chineses, os chamados «túneis da amizade Paquistão-China». Originalmente, a cidade se chamava Baltit, mas em 1976, depois que todos os principados do Paquistão foram dissolvidos pelo primeiro-ministro Ali Bhutto, ela foi renomeada Karimabad em homenagem a Sua Alteza o xá Carim Agacã, o líder religioso ismaelita. A maioria da população de Hunza é ismaelita, um ramo do islã xiita para o qual a educação e a ciência têm grande importância. Os ismaelitas rezam apenas três vezes ao dia, muitos não jejuam durante o Ramadã, e um número reduzido de mulheres cobrem a cabeça.

— O Agacã diz que, se você tem dois filhos, um menino e uma menina, e só pode mandar um deles para a escola, então você deve priorizar a menina — disse Akhtar.

No Paquistão, mais de 40% da população adulta é analfabeta, mas em Hunza esse número é inferior a 20%. Entre os jovens, praticamente todos sabem ler e escrever, até as meninas, e, por incrível que pareça, havia um ginásio feminino perto do hotel onde eu estava hospedada. A escola, financiada pela Fundação Aga Khan, era limpa e bem conservada, com áreas verdes, prédios modernos, mesas de pingue-pongue e uma quadra de badminton. Nas escadas que levavam ao prédio do internato, três meninas estavam sentadas fazendo trabalhos escolares juntas. Estavam todas no 12º ano e tinham um semestre e meio pela frente.

— O que vão fazer quando se graduarem? — perguntei.

— Vou ser engenheira — disse uma.

— Vou estudar economia e negócios — respondeu a outra.

— Vou começar a faculdade de medicina em Lahore — disse a terceira.

No lado oposto da cidade ficava a única carpintaria do Paquistão dirigida por mulheres. A carpinteira-chefe, Bibi Amina, uma senhora enérgica de cabelos castanhos e olhos penetrantes, mostrou-me o local. Ela tinha 33 anos e trabalhava havia dez anos na carpintaria, que foi criada com o apoio de embaixadas estrangeiras e organizações sem fins lucrativos, mas que havia muito já dava lucro.

— Por que quis ser carpinteira? — perguntei.

— Para escapar da pobreza — ela respondeu sem rodeios. — E fazer algo diferente.

A oficina era espaçosa e abrigava enormes serras, bancadas de plaina, tábuas grossas e rebarbadoras.

— É difícil? — perguntei.

— Não, não para mim — respondeu Bibi. — Sei fazer o que for: móveis, portas, casas inteiras, sei fazer de tudo.

— Você tem família?

— Sou casada e tenho um filho de três anos. Meu marido trabalha como cozinheiro em Abu Dhabi, então só fica em casa durante as férias.

— Não deve ser tão fácil ter um marido que passa tanto tempo ausente — comentei sutilmente. — Você não sente muita falta dele?

— Não, está tudo bem assim! — garantiu Bibi. — Quando ele está em casa é que é um problema!

— Você enfrentou alguma reação por ter escolhido uma profissão tão pouco convencional para as mulheres? — ainda perguntei. Apesar de Hunza ser uma das áreas mais liberais do Paquistão, notei que todos os que trabalhavam nos hotéis, restaurantes e lojas eram, sem exceção, homens.

— No começo houve algumas dificuldades, e muitos homens nos diziam que esse é um trabalho masculino, que mulheres não deveriam fazer isso, que vai de encontro à nossa religião e nossa cultura — disse Bibi. — Mas agora somos reconhecidas, então as coisas estão indo bem.

— Você quer que seu filho seja carpinteiro, como você? — perguntei finalmente.

— Oh não, eu tenho planos maiores para ele! Ele vai ser arquiteto. É uma boa profissão. É melhor projetar casas do que construí-las!

Acima das casas e hotéis de Karimabad despontava o antigo palácio de verão dos emires. «Despontava» e «palácio» talvez não sejam os termos mais apropriados. Construído com materiais simples como madeira e pedra, não era particularmente grande nem impressionante. As paredes grossas e sólidas eram revestidas de adobe, e, nas pequenas salas com decoração rústica, os assentos ficavam no chão, ao longo das paredes. Antes da dissolução dos principados, o norte do Paquistão estava dividido entre sete autocratas, e o emir de Hunza era um deles. As partes mais antigas do palácio tinham mais de setecentos anos, enquanto as melhorias recentes, que incluíam vitrais coloridos e um telefone a disco, datam do período britânico. Pendurado na parede estava um arcabuz russo, um remanescente do grande conflito político que caracterizou a região no final do século XIX, quando os impérios britânico e russo disputavam a influência na Ásia Central. A luta pelo poder entrou para a história como *O Grande Jogo*, expressão imortalizada em *Kim*, célebre romance de Rudyard Kipling.

Hunza só se tornou uma peça importante no início do grande jogo de poder depois que a Rússia subjugou a maior parte da Ásia Central, incluindo os atuais Uzbequistão e Turcomenistão. No verão[6] de 1889, correram rumores de que o capitão russo Bronislav Grombtchevsky visitara o emir em Hunza, que o encontro foi muito cordial e que outros ocorreriam. Os britânicos consideravam Hunza parte de sua esfera de interesses — algo que de maneira nenhuma significou um impedimento para os russos no passado — e decidiram agir. Se conseguissem invadir Hunza, para desespero dos britânicos, os russos teriam um atalho para chegar à joia da coroa, a tão cobiçada Índia. Em agosto do mesmo ano, o agente britânico Francis Younghusband foi enviado a Hunza para uma conversa séria com o emir. O emir não estava só num processo de aproximação com o

---

6   A tradução manteve as estações do ano correspondentes ao hemisfério norte. [N. T.]

inimigo: tinha também ordenado os assaltos sistemáticos às caravanas comerciais que vinham de Leh, no norte da Índia, para Yarkand, na China.

Younghusband tinha apenas 26 anos, mas já era um explorador experiente. Poucos anos antes, percorrera sozinho a rota de Pequim à Caxemira, atravessando a Manchúria e o deserto de Gobi, bem como o famigerado passo de Mustagh, nas montanhas Karakoram, que até então só havia sido transposto em duas ocasiões. Pela façanha, Younghusband, então com 24 anos, foi eleito o membro mais jovem a ingressar na Royal Geographical Society. Quando partiu para Hunza, também havia ascendido na hierarquia militar e sido promovido a capitão. Younghusband era um explorador da velha escola britânica, destemido e tenaz. Observava rigorosamente a etiqueta britânica e insistia em tomar banhos frios diários sempre que possível, mesmo que isso significasse que primeiro seus servos teriam de abrir buracos no gelo.

Dias depois de Younghusband e sua comitiva entrarem em Hunza, um mensageiro chegou trazendo um convite inesperado: o capitão Grombtchevsky convidava seu rival para um jantar! No dia seguinte, os dois cavalheiros se encontraram para uma refeição que consistia em sopa, cozido e grandes quantidades de vodca, no acampamento russo nas montanhas Karakoram. O encontro foi histórico: pela primeira vez, representantes das duas partes se encontravam em campo enquanto serviam a seus respectivos impérios. O tom foi surpreendentemente franco, e Grombtchevsky confirmou abertamente as suspeitas que tiravam o sono dos britânicos: não havia nada que os russos desejassem mais do que invadir a Índia, admitiu ele quase se vangloriando. Younghusband não deixou de notar que o Pamir, uma das poucas áreas da Ásia Central ainda não ocupada pela Rússia, estava assinalada em vermelho no mapa de Grombtchevsky.

Depois de beber juntos e trocar histórias de aventuras dois dias a fio, os dois contendores seguiram caminhos separados.

«Nós e os russos somos rivais, mas tenho certeza de que os oficiais russos e ingleses se valorizam mais do que indivíduos de nações com as quais não são rivalizamos», Younghusband observa no best-seller *The Heart of a Continent*, acrescentando: «Ambos apostamos alto, e não faria o menor sentido tentar esconder isso.»[7]

No entanto, Younghusband omite convenientemente um detalhe crucial. Logo após o agradável encontro, ele quase despachou Grombtchevsky e sua comitiva para a morte. Os russos queriam seguir para Ladakh, que estava sob controle britânico. Younghusband persuadiu os quirguizes locais a lhes sugerir um caminho tão perigoso quanto impossível de ser percorrido, uma rota que não levava a lugar nenhum e conduziria os russos por planaltos e montanhas sem pastagens. Os cavalos pereceram pelo caminho e todos os cossacos da companhia sofreram queimaduras de frio; por pouco a comitiva não sucumbiu antes de chegar ao destino. Quase um ano depois, Grombtchevsky ainda mancava de muletas. Ele nunca soube que o responsável por tê-lo extraviado foi o homem que recebeu para jantar. Décadas depois, quando estava em seu leito de morte, até enviou uma carta ao antigo rival, bem como um livro que havia

---

7   Francis Younghusband, *The Heart of a Continent. A Narrative of Travels in Manchuria, Across the Gobi Desert, through the Himalayas, the Pamirs, and Chitral 1884-1992*. Nova York: Charles Scribner's Sons, 1896, p. 272.

escrito sobre suas aventuras na Ásia Central. Younghusband estava então no auge de sua carreira — presidia a Royal Geographical Society e colecionava medalhas e comendas. Grombtchevsky também subiu na hierarquia e se tornou tenente-general, mas os revolucionários de 1917 o despojaram de tudo o que possuía e o deportaram para a Sibéria. Apesar de tudo, ele ainda conseguiu, passando antes pelo Japão, chegar ao local onde nascera, na Polônia que ressurgia das ruínas, onde veio a falecer em 1926, aos 71 anos.

Os encontros com Safdar Ali, o emir de Hunza, foram menos agradáveis. Younghusband ficou impressionado com a tez clara do emir, de cabelos quase avermelhados, mas a admiração parou aí. Quanto mais se encontravam, mais o britânico se irritava com a completa falta de modos do emir. Safdar Ali reconheceu sem reservas que estava por trás dos ataques às caravanas comerciais, mas só estava disposto a interromper os saques caso os britânicos lhe dessem uma compensação financeira — afinal, o espólio dos ataques constituía sua principal fonte de renda. Com o tempo, Younghusband percebeu que as exigências absurdas não se deviam nem à coragem nem à fraqueza de caráter do emir, mas eram fruto de seu completo alheamento: «Ele imaginava que a imperatriz da Índia, o tsar da Rússia e o imperador da China eram apenas chefes de tribos dos arredores. [...] Ele e Alexandre, o Grande, eram iguais. Quando lhe perguntei se já tinha estado na Índia, ele respondeu que grandes soberanos, como ele e Alexandre, nunca deixariam seu próprio país!».[8]

O emir se comportava de maneira tão rude que Younghusband por fim se recusou a encontrá-lo. Isso não

---

8   Younghusband, *The Heart of a Continent*, op. cit., p. 286.

impediu o emir de enviar constantemente mensageiros ao emissário da rainha britânica para pedir mais presentes, como alforjes e sabonetes; até a tenda em que Younghusband dormia ele queria. Ter assassinado o próprio pai e atirado dois irmãos de um penhasco para tomar o poder dois anos antes tampouco contribuiu para melhorar a impressão que Younghusband tinha de Safdar Ali.

Pouco antes do Natal, Younghusband deixou Hunza irritado, sem ter obtido do emir uma promessa concreta.

Dois anos depois, em 1891, os russos ocuparam o Pamir. Younghusband, que fazia um reconhecimento na área naquele verão, acordou certa manhã com mais de vinte cossacos e oficiais russos cavalgando em direção à sua tenda. Três dias antes ele havia ceado com eles e brindado à rainha Vitória e ao tsar Alexandre, mas agora o tom era diferente. Os russos anunciaram que ele estava em território russo e lhe pediram que se retirasse. Safdar Ali insistia em saquear caravanas comerciais da Índia, o que de modo algum distensionava a situação. Os britânicos decidiram «fechar a porta» da Índia de uma vez por todas. Com um exército de pouco mais de mil homens, eles dominaram o principado vizinho de Nagar e marcharam sobre Hunza. Safdar Ali percebeu que os russos não viriam em seu auxílio, como havia muito esperava, e debandou para Kashgar com suas esposas, filhos e todos os tesouros que havia saqueado.

Os britânicos instauraram seu meio-irmão, Muhammad Nazin Khan, no trono e mantiveram a supremacia sobre Hunza até a Índia se libertar de seu jugo, em 1947.

— O guia do palácio de verão disse que os presos políticos não passavam mais de uma semana na prisão, mas isso não é verdade — disse Akhtar quando voltávamos para o centro de Karimabad. — Até 1974, um ano antes de todos os reinos serem abolidos no Paquistão, um homem de Passu foi confinado na masmorra do emir por seis meses. A propósito, você notou o tamanho dos silos de grãos?

Fiz que sim com a cabeça.

— Nós, do Alto Hunza, tínhamos de pagar pesados impostos ao emir — continuou Akhtar. — Se vínhamos com uma cabra pequena, mandavam trazer uma maior. Ele nunca estava satisfeito. Os impostos iam não apenas para o emir, mas também para seus guarda-costas e outros habitantes daqui do sul. Ninguém podia deixar o território do emir sem autorização, especialmente nós do norte.

Entramos no café mais próximo e nos sentamos. Akhtar era um bom amigo do proprietário, Didar Ali, um sexagenário abastado.

— Olhe só, uma cafeteira italiana! — observei eu, apontando para a imponente máquina que ocupava metade da bancada do bar.

— Sim, mas não temos eletricidade suficiente para fazê-la funcionar! — riu Didar Ali. — Temos uma hidrelétrica aqui, construída por noruegueses na década de 1990.

— Ainda funciona? — quis saber.

— Claro — assegurou Didar às gargalhadas — Pelo menos 10% dela, sim!

— Como era o último emir? — perguntei depois de tomar meu cappuccino, feito numa cafeteira moka com leite desnatado.

— Quando eu era jovem, saía por aí dizendo palavras de ordem contra o emir — disse Didar. — «Queremos liberdade», eu gritava. Mas os mais velhos desejavam manter o sistema como era, eles acreditavam que, fosse como fosse, a democracia não era real. Aliás, o grande jogo nunca acabou. Ainda está em andamento, mas os jogadores foram

substituídos. Em vez dos britânicos, hoje temos os norte-
-americanos, enquanto os chineses ocuparam o lugar dos
russos.

— Em Passu, estamos cogitando mudar toda a aldeia para longe da estrada — interveio Akhtar. — Já está
complicado demais com o trânsito e os paquistaneses, e só
vai piorar.

— Pessoalmente, acho bom o investimento chinês na
região — disse Didar. — Quando eu estava em Kashgar, na
década de 1990, havia mais camelos do que carros ali. Agora
a cidade está irreconhecível. É incrível o que os chineses
conseguiram fazer! Depois do 11 de Setembro, os estrangeiros pararam de vir aqui e muitos hotéis faliram. Graças
à estrada que os chineses construíram, agora pelo menos os
turistas paquistaneses vêm.

— Até demais, se você me perguntar — disse Akhtar
sarcasticamente. — Por um período, administrei um hotel
em Passu, e hospedávamos quase exclusivamente cidadãos
paquistaneses. Eles sempre reclamavam da comida, sempre
tinha alguma coisa errada. Deixamos de oferecer toalhas,
porque eles as levavam embora ou usavam para engraxar os
sapatos. Usavam até os lençóis. Não entendo por que eles
vêm aqui, apenas ficam dentro dos carros reclamando que
só há montanhas por toda parte.

— Eu admiro a União Europeia! — continuou Didar,
imperturbável. — Pense no que poderíamos ter conseguido
aqui na região se soubéssemos cooperar! Paquistão, Índia,
Irã, Afeganistão, quanto potencial!

— Talvez vocês devessem chegar a um acordo sobre
as fronteiras primeiro? — observei.

— Como a Índia acredita que Hunza e Gilgit-Baltistão, ou seja, praticamente todo o norte do Paquistão, devem

ser considerados parte da Caxemira, não pertencemos nem mesmo ao Paquistão, estamos apenas sob administração paquistanesa — reclamou Didar. — Só podemos votar nas eleições locais e não nas nacionais.

— O lado positivo é que não precisamos pagar impostos — disse Akhtar.

— Quase ninguém paga impostos mesmo — suspirou Didar.

À noite, a última em Hunza, subimos até Duikar, famoso mirante com vista panorâmica de Karimabad. A cobertura de nuvens que pairava como uma cortina na frente das montanhas desde que chegamos havia acabado de se abrir. Atrás se descortinavam inteiros o pico Hunza e o Dedo de Moça, e em frente estavam o pico Dourado e do Rakaposhi, que, com seus 7.788 metros, era o ponto culminante de Hunza. A vista era tão incomparável, tão sublime, tão grandiosa que até um dicionário de sinônimos não seria suficiente para descrevê-la. Como o sol estava se pondo, a luz e as cores mudavam constantemente; num instante o céu estava rosa-salmão, no próximo parecia ouro derretido. A japonesa ao meu lado também não parava de se maravilhar com o cenário. Deve ter tirado umas mil fotos. De vez em quando, deixava escapar um *OOOOhh!* que mais parecia um rugido.

Ainda me arrependo de duas coisas nas viagens ao Himalaia. Uma delas é não ter ficado mais tempo em Hunza.

Controle populacional no reino das fadas

A estrada até o Prado dos Contos de Fadas é considerada uma das mais perigosas do mundo, e com razão. Os próprios fazendeiros locais escavaram a via, que serpenteia como uma linha de costura pela encosta íngreme e propensa a desmoronamentos. A largura mal deixava passar um jipe, o acostamento não existia, cada curva era fechadíssima, e, a cada vez que cruzávamos com um jipe descendo, o motorista tinha de dar ré, equilibrando-se no limite, com metade da roda projetando-se sobre o precipício.

A certa altura, o motorista teve de descer para resfriar o motor com água fria, e meus nervos se acalmaram um pouco.

— Qual é a parte mais difícil no seu trabalho? — perguntei ao motorista. Chamava-se Alifdin e parecia ter quinze anos, mas fazia dez que subia e descia a encosta da montanha cinco ou seis vezes por dia.

— Nenhuma — assegurou Alifdin, sentando-se ao volante novamente. Fechei os olhos.

A viagem levou uma hora e meia que mais pareceu uma semana e meia. Quando desci do jipe, estava encharcada de suor, embora ainda não tivéssemos caminhado um metro sequer. No entanto, os últimos quilômetros até o Prado dos Contos de Fadas tiveram de ser percorridos a pé — não porque não fosse possível construir uma estrada até o fim, mas para que os agricultores locais não perdessem seu sustento. Um carregador solícito pegou minha mochila e Akhtar foi procurar um acompanhante. Ao longe, pude avistar os picos cobertos de neve do Nanga Parbat, a porção mais ocidental do Himalaia.

O primeiro europeu a mencionar o Nanga Parbat foi o botânico e explorador alemão Adolf Schlagintweit. Em meados do século XIX, ele incursionou pelo Himalaia e Karakoram a fim de realizar pesquisas científicas sobre as montanhas e o campo magnético da Terra. Com os nativos, aprendeu que a montanha em forma de M, que na verdade faz parte de uma cordilheira de vinte quilômetros de extensão, tinha dois nomes: Nanga Parbat, que em urdu quer dizer «Montanha Nua», e Diamir, que na língua local significa «Rei da Montanha». Schlagintweit continuou para o norte através de Hunza e do passo Khunjerab. O plano era voltar para a Alemanha via Turquestão e Rússia, mas ele não foi além de Kashgar, onde, acusado de ser um espião chinês, foi decapitado pelo brutal emir. Schlagintweit tinha 28 anos.

Desde então, o Nanga Parbat tirou a vida de muitos outros alemães. Embora não existisse nenhum acordo, no século XX as montanhas mais altas do Himalaia e do Karakoram foram distribuídas de forma mais ou menos equânime entre várias nações europeias: os britânicos tomaram o monte Everest, os italianos se especializaram no K2, os franceses se concentraram no Annapurna, enquanto os alemães se fixaram no Nanga Parbat, o Rei da Montanha.

O pico do Nanga Parbat se eleva 8.125 metros acima do nível do mar e é o nono mais alto do mundo. Na década de 1930, durante a ascensão do nacional-socialismo na Alemanha, escalar o Nanga Parbat tornou-se uma obsessão, a prova final da masculinidade, o símbolo maior da superioridade ariana e da *Kameradschaft*. As primeiras seis tentativas de chegar ao cume ceifaram mais de trinta vidas e foram todas malsucedidas. Somente em 1953, poucas semanas depois de Edmund Hillary e Tenzing Norgay terem escalado o monte Everest, um ser humano fincou pela primeira vez uma bandeira no cume do Nanga Parbat. Por causa do mau tempo, o líder da expedição ordenou uma retirada, mas o austríaco Hermann Buhl, de 29 anos, desafiou a ordem e continuou a escalada sozinho. Sem oxigênio e roupas adequadas, chegou ao cume às dezenove horas do dia 3 de julho. Já era tarde para descer, e ele foi obrigado a passar a noite em pé, sem saco de dormir e barraca, a uma altitude de mais de 8 mil metros. Quando chegou ao acampamento na manhã seguinte, congelado, exausto e desidratado, seu rosto era o de um homem velho. Quatro anos depois, Buhl foi arrastado por uma avalanche a uma altitude de 7.300 metros, depois de quase alcançar o cume do Chogolisa, no Karakoram. Seu corpo nunca foi encontrado.

Desde então, o Nanga Parbat foi escalado várias vezes, mas ainda é considerado uma das montanhas mais perigosas do mundo. Para cada três alpinistas que chegam ao topo, um morre — somente o Annapurna, no Nepal, tem uma taxa de mortalidade mais alta do que as montanhas do Himalaia —, por isso o Nanga Parbat foi apelidado de *Killer Mountain*, Montanha Assassina. As autoridades vêm tentando coibir o uso do macabro apelido, que, depois dos terríveis eventos no verão de 2013, ficou ainda mais apropriado.

Na noite de 22 de junho de 2013, dezesseis terroristas armados invadiram o Nanga Parbat Base Camp depois de uma caminhada de dois dias. Anunciaram que eram do Talibã, da Al-Qaeda, e forçaram alpinistas, guias, carregadores e cozinheiros a sair das tendas. Dez alpinistas estrangeiros foram executados na mesma noite.

Não tínhamos ambições de chegar ao topo do Nanga Parbat, nosso objetivo era o muito menos exigente *Märchenwiese*, o Prado dos Contos de Fadas. Diz-se que o local recebeu o nome de um grupo de alpinistas alemães que, na década de 1950, se encantaram com as planícies verdes e a vista inigualável do Nanga Parbat. Sendo estrangeira, fui escoltada até o fabuloso prado por um guarda armado. O governo não queria mais correr riscos — a escolta era gratuita, mas não opcional. Meu guarda se chamava Bartak, um homem alto e magro de quase quarenta anos, com uma longa barba castanha, olhos amigáveis e uma Kalashnikov bem azeitada.

Eu era a única estrangeira na trilha e, pela primeira vez, seguia na frente dos demais. A todo momento eu ultrapassava jovens suados e ofegantes oriundos das grandes cidades ao sul; sem exceção, todos tocavam música a todo o volume em seus celulares para abafar o silêncio da montanha. Jovens da aldeia ofereciam cavalos aos andarilhos mais corpulentos. Os cavalos raramente ficavam ociosos por muito tempo. Uma linha contínua de caixas de suco, invólucros de goma de mascar, pacotes de salgadinhos vazios e embalagens de chocolate corria paralelamente à trilha.

— Eles vivem no lixo e morrem no lixo — comentou Akhtar, enojado.

O prado fazia jus ao nome. Era coberto de grama verde brilhante, rodeado por choupos e oferecia uma vista fabulosa da Montanha Assassina. Barracas e cabanas rústicas, dezenas ao todo, estavam prontas para receber os turistas. Enquanto bebíamos sopa de lentilha fumegante numa das modestas lanchonetes, gritos e berros ecoavam do outro lado do Prado dos Contos de Fadas.

— Você está com sorte — disse Akhtar, empurrando a tigela de sopa para o lado. — Venha!

Fui atrás dele e deparei com o tumulto de galopes e rebatidas. Apinhados em telhados e rochedos, homens da aldeia acompanhavam e gritavam a cada ponto marcado. Akhtar e eu encontramos um local tranquilo numa encosta e nos instalamos para assistir à partida de polo. Os jogadores não se comportavam como se seguissem alguma regra; os tacos acertavam tanto bola quanto os adversários, que se empurravam e brigavam a todo instante. De repente, sem aviso, alguém mandou a bola em nossa direção. Atrás dela vinha o tropel de cavalos. Akhtar e eu saltamos de pé e disparamos colina acima, mas os cavalos eram mais rápidos e logo estávamos cercados de cascos e rabos por todos os lados. Os espectadores riram tanto que quase caíram dos telhados.

À noite, tive a companhia de três homens na casa dos trinta vindos de Islamabad. Eles acenderam uma fogueira e nos sentamos sob o céu estrelado para falar da política paquistanesa.

— O novo primeiro-ministro, Imran Khan, é um cara legal — disse um deles, de cabelo comprido e jaqueta de couro.

Khan tinha sido empossado primeiro-ministro dias antes. Quando jovem, foi um dos jogadores de críquete mais bem-sucedidos do mundo e capitaneou a seleção nacional do Paquistão na vitoriosa campanha da Copa do Mundo de Críquete de 1992. Quatro anos depois, fundou o partido Pakistan Tehreek-e-Insaf, Movimento Paquistanês por Justiça, e ao longo dos anos se estabeleceu como uma voz dissidente na vida política do país. Em 2018, seu partido teve uma eleição esmagadora e conquistou 110 das 269 cadeiras parlamentares.

— Ao contrário de outros políticos, Imran Khan não está interessado em dinheiro — afirmou o sujeito de jaqueta de couro. — Poderia ter ganhado milhões quando se divorciou da primeira esposa, que era muito rica, mas ele não quis. Eles se divorciaram porque ela não aguentava mais morar no Paquistão, enquanto ele queria fazer algo pelo país. Muito decente. A outra ex-esposa, por outro lado... Ela agora é escritora.

— De que tipo de livros? — perguntei.

Os homens riram, envergonhados.

— Livros que não são adequados para crianças — explicou o homem ao lado, que tinha uma barba curta e espessa. — Ela começou a escrevê-los depois que conheceu Imran Khan, se é que você me entende. Ele é um playboy, esse é o grande defeito dele.[9]

Ele não dava a impressão de achar essa fraqueza tão grande assim.

— Você já provou a água de Hunza? — perguntou o primeiro. — É bem famosa, é muito boa, melhor que aguardente!

— Não bebi uma gota de álcool desde que pus os pés no Paquistão — respondi.

— Como assim, não bebeu? — o terceiro me olhou, admirado. — Coitada! Poderíamos lhe oferecer um pouco, mas infelizmente só temos maconha.

---

9   Em 10 de abril de 2022, Imran Khan foi primeiro líder paquistanês destituído do cargo após uma moção de desconfiança do Parlamento. Em janeiro de 2024, foi condenado a 10 anos de prisão por «ter contraído casamento ilegal e contrário aos preceitos do islã». [N. T.]

— Que tipo de muçulmanos são vocês, afinal? — perguntei brincando.

— Existem muçulmanos fortes e muçulmanos fracos — explicou o barbudo. — Nós somos relativamente fracos. No Paquistão, você pode conseguir tudo o que quiser, desde que conheça as pessoas certas.

— Espero que Imran Khan liberalize o país e o torne menos rígido — observou o amigo.

— Ele não tem uma esposa muito religiosa agora? — perguntei. — Ela não anda por aí de burca e tal?

— *Ela* é bem religiosa, sim. Mas ele não. Felizmente!

O ar fresco da montanha me deixou com sono e adormeci cedo. Quando me enfiei no saco de dormir, a fogueira se transformou em discoteca. Os três camaradas deviam ter trazido alto-falantes de Islamabad.

No dia seguinte, Akhtar me apresentou a um amigo, Mursalin Khan.

— Mursalin gostaria de lhe mostrar a aldeia — disse ele. — Eu sou um homem e não tenho parentes aqui, então não posso entrar.

— E eu posso?

— Sim, claro. Você é mulher.

Mursalin tinha rosto estreito, nariz adunco, barba basta e olhos sulcados. Aparentava bem mais de cinquenta anos, mas tinha apenas 34, segundo disse, a mesma idade que eu. Falava um bom inglês e, como a maioria das pessoas aqui, vestia uma jaqueta estofada e *shalwar kameez*, uma vestimenta tradicional do sul da Ásia que consiste numa camisa ou túnica longa e folgada e calças compridas e largas, e é usada por homens e mulheres.

A aldeia ficava atrás de uma cerca logo acima do campo de polo, e tudo além dessa cerca pertencia a um mundo oculto.

— Depois dos dez, onze anos, as mulheres não podem mais sair da aldeia — explicou Mursalin. — Quando descem para trabalhar na lavoura, desviam do caminho para não serem vistas.

Mursalin me levou até sua casa, uma cabana simples de madeira com chão de terra batida. A esposa, a cunhada e um punhado de filhos de várias idades estavam sentados do lado de fora, encostados na parede. Eles nos olharam sorrindo, mas em silêncio. Nenhum falava inglês.

— Minha esposa trabalha com planejamento familiar — disse Mursalin. — É um programa novo que o governo pôs em prática. As mulheres aqui não costumam trabalhar, mas acho bom que ela tenha essa ocupação. Eu confio nela e ela confia em mim.

— Quantos filhos você tem? — perguntei.

Ele pensou um pouco.

— Cerca de oito. *Nós* não fazemos controle de natalidade, ou seja, aceitamos os filhos que temos.

Por ordem de Mursalin, a filha mais velha serviu um lassi azedo feito em casa e depois chá com leite adoçado. A esposa, que segundo Mursalin tinha 35 ou 36 anos e já tinha cabelos grisalhos sob o comprido xale, virou-se para nós e sussurrou algo para o marido.

— Ela queria saber se você é casada — Mursalin traduziu.

Balancei a cabeça confirmando, e a esposa me perguntou se eu tinha filhos e há quanto tempo era casada.

— Minha esposa me deu permissão para ter outra esposa, uma estrangeira — disse Mursalin abruptamente.

— Precisa ser estrangeira? — retruquei.

— Sim, não quero me casar com outra nativa. O plano é me mudar para o exterior, trabalhar duro, ganhar muito dinheiro e ajudar minha família aqui.

— Você tem alguma preferência em termos de país? — perguntei em seguida.

— Não, ela pode ser de qualquer lugar. Japão, França, Alemanha, Coreia... Não é tão importante, desde que encontremos o tom certo e nos respeitemos mutuamente.

— O que você acha que a estrangeira vai pensar a respeito de você já ter mulher e oito filhos aqui no Paquistão?

— Terei de encontrar alguém que seja tolerante — disse Mursalin. — A compreensão mútua é importante. Ontem acompanhei uma alemã, mostrei a ela as montanhas daqui. Enquanto caminhávamos, contei sobre o meu plano, como faço com você agora. Ela ficou muito brava e disse que tinha namorado em casa, e depois se recusou a falar comigo. Foi muito estúpido ter ido embora assim. Não entendo por que ela ficou tão brava.

Ele balançou a cabeça e então me olhou nos olhos:

— Pergunte a ela! Vamos lá, pergunte a ela você mesma!

— Como assim? — Olhei para ele, confusa.

— Pergunte a ela, pergunte a minha esposa se ela permite que eu tenha outra esposa.

— Você permite que seu marido tenha outra esposa? — perguntei obedientemente, e Mursalin satisfeito traduziu.

A esposa assentiu sorrindo.

— Por quê? — perguntei, e Mursalin traduziu.

— É assim no islã — ela respondeu. — Um marido pode ter quatro esposas.

— Ela é mais religiosa do que eu — explicou Mursalin. — Ela reza, jejua e segue as regras. Eu faço o meu melhor, também, mas não sou tão bom assim. Seja como for, acredito que o mais importante é ser uma boa pessoa. Você é cristã?

Balancei a cabeça negativamente.

— Qual a sua religião, então?

— Não tenho religião — respondi.

Mursalin olhou para mim estarrecido e explicou a situação aos familiares. Seguiu-se uma discussão acalorada.

— Disseram que você é livre para escolher o islã — traduziu Mursalin. — Porque você acredita em Deus, certo?

— Não, acho que não — disse eu.

— Então como você explica tudo isso? — perguntou Mursalin abrindo os braços. — O sol, a lua, um dia como este? Por que vivemos, por que morremos? Pode me dizer?

Naquelas circunstâncias, eu não podia.

— Exatamente! — disse Mursalin, triunfante. — É aqui que a ciência falha. A única explicação lógica é que existe um Deus. E o islã é a melhor religião, nem é preciso dizer, porque é a última. A mais correta. Tudo está no Alcorão, até a Bíblia e Jesus e outras religiões são mencionados. Você não acredita de verdade que o homem evoluiu do macaco, acredita? Um disparate desses! O Alcorão diz que o homem foi criado por Deus e a mulher surgiu da costela do homem. Essa é a única explicação lógica.

Em seguida ouvi uma longa explicação sobre os rituais de oração e o momento exato de cada prece.

— Falta muito para a próxima oração? — perguntei esperançosa.

Mursalin consultou o relógio.

— Vinte e cinco minutos — disse ele, sem dar indícios de que estivesse ansioso por isso. Ao contrário, ele me levou para um passeio pela parte alta da aldeia e me mostrou as terras que possuía, os animais que lhe pertenciam e as pessoas que trabalhavam para ele.

— Eles são do norte — explicou. — Paguei muito dinheiro, centenas de milhares de rúpias, para que viessem trabalhar para mim. Se quiserem ir embora, terão de me reembolsar essa quantia. Além disso, pago a eles cerca de 2 mil rúpias por ano.

Fiz os cálculos de cabeça. Mil rúpias equivaliam a aproximadamente trinta reais.

— Não é muito — comentei.

— Não, mas eles também têm direito a alimentação e residência. Tenho responsabilidade não apenas pelos meus trabalhadores, mas também pelas famílias de cada um. Quando um deles vai casar uma filha, por exemplo, costumo oferecer 10 mil rúpias de dote. Também pago as despesas médicas se alguém adoecer.

As casas diante das quais passávamos eram pequenas e simples, quase sem mobília, e por onde caminhávamos havia galinhas, vacas, cabras e crianças pequenas. No chão diante de uma das casas estava deitado um menino seminu, de cinco ou seis anos, olhando para o alto com os olhos arregalados. As moscas zumbiam ao seu redor como nuvens negras.

— Ele nasceu assim — comentou Mursalin. — Passa o tempo inteiro deitado.

Ao sairmos da aldeia, o muezim chamou para a oração, mas Mursalin continuava não aparentando pressa. Em vez de à mesquita, ele me levou a um platô nos arredores da vila, onde havia uma vista panorâmica para o oeste do

Karakoram e o Hindu Kush. Entre as duas cordilheiras, o rio Indo serpenteava como uma tripa amarronzada. Do outro lado da aldeia descortinavam-se o Nanga Parbat e o Himalaia, que dali se estendia mais a leste pela Índia, Nepal e Butão até o monte Namcha Barwa, no Tibete, o extremo oriental do Himalaia, a mais de 2 mil quilômetros de distância. Espremido entre esses três maciços montanhosos, os mais altos do mundo, o Prado dos Contos de Fadas despontava como um reino mágico, petrificado e ultraconservador.

Quatro ou cinco homens barbados estavam dispersos pelo platô quando chegamos. Todos olhavam atentamente para a tela dos seus celulares. Nenhum sinal de modernidade era capaz de ultrapassar as cercas do Prado dos Contos de Fadas, ali era o único lugar onde os moradores tinham algum contato com o mundo exterior.

Mursalin insistiu em me seguir de volta ao complexo de cabanas e não hesitou quando Akhtar perguntou se não gostaria de jantar conosco. Enquanto esperávamos pela comida, Mursalin desapareceu. As lentilhas foram servidas e já estavam mornas quando ele finalmente voltou. Com um sorriso maroto no rosto, ele sacou do bolso da jaqueta uma garrafa de Coca-Cola cheia de um líquido turvo e, com uma mesura cerimonial, serviu um copo a cada um de nós. O gosto lembrava uma grapa barata e aguada.

— Água de Hunza — sussurrou Mursalin, olhando em volta com cautela. — Comprei há alguns dias, mas não tive oportunidade de beber até agora. Saúde! — Ele levantou o copo e engoliu o líquido amarronzado. — Ah! Deliciosa, não é?

Akhtar torceu o nariz, mas não disse nada. Eu aquiesci com a cabeça educadamente.

— Vamos brindar ao Paquistão! — disse Mursalin, e tornou a encher os copos. — E a Imran Khan! O Paquistão precisa de novas forças. Precisamos de um novo Paquistão. Saúde!

Festa e fastio

Desde o Prado dos Contos de Fadas e do Nanga Parbat, o Himalaia se estende a leste em direção à Índia, mas entre Índia e Paquistão há apenas duas passagens de fronteira, e a mais próxima ficava uma boa distância ao sul, em Lahore. Foi-se o tempo em que as caravanas comerciais podiam cruzar livremente os desfiladeiros e as fronteiras nacionais. Diz-se com frequência que o mundo está ficando cada vez menor e sem barreiras, mas as fronteiras nacionais provavelmente nunca foram tão rígidas quanto agora. Entre o mapa e o terreno não há dúvida do que vale: as linhas vermelhas abstratas do papel são zelosamente observadas na vida real por câmeras, sensores de movimento, guardas armados, muitas vezes também por barreiras físicas como arame farpado, cercas, muros. Mesmo neste canto esquecido do mundo, muito acima do dossel das árvores, onde as linhas vermelhas são substituídas por linhas tracejadas — obscuras, controversas e não ratificadas —, as quase fronteiras do mapa ainda são esculpidas em granito, petrificadas numa disputa congelada entre duas nações que um dia foram uma só.

Como não era possível seguir a leste da cordilheira, rumei para o oeste, na direção do Afeganistão, do Hindu Kush, um tortuoso desvio de rota a caminho da travessia oficial da fronteira, em Lahore. Mas onde começa e onde acaba de verdade uma cordilheira?

Talvez bem aqui.

Na aldeia de Juglot, quarenta quilômetros ao sul de Gilgit, os rios Gilgit e Indo se fundem, e aqui as cadeias de montanhas Hindu Kush, Himalaia e Karakoram se encontram — ou se separam. Uma placa enferrujada nos informava sobre a geografia do local: estávamos de costas para o Hindu Kush, na margem esquerda do rio Gilgit tínhamos a vista do Karakoram, enquanto as montanhas à direita do Indo e do Gilgit pertenciam ao Himalaia. Os rios eram turvos, as montanhas eram estéreis, íngremes e acastanhadas, apenas o asfalto preto, subsidiado por empréstimos da China, contrastava com todos os tons de marrom.

Eu não saberia apontar a diferença entre as cordilheiras. Um lado da montanha era confusamente semelhante ao outro, mas Akhtar afirmou que o Karakoram, a *sua* montanha, se destacava pela beleza.

À tarde, os picos marrons que se elevavam em ambas as margens do rio Gilgit e pertenciam a suas respectivas cordilheiras estavam cobertos por nuvens cinza-escuras. Elas se precipitaram e, em poucos minutos, a torrente transformou a estrada de cascalho num mar de lama. Não demorou para empacarmos num engarrafamento. Centenas de metros adiante, um grande deslizamento de terra bloqueou o caminho com pedregulhos e pilhas de cascalho. Dezenas de homens haviam descido de seus carros para ver de perto a avalanche e agora admiravam as massas de rocha com os braços cruzados. As mulheres permaneceram nos carros, cobertas e invisíveis. Uma hora depois, um trator solitário veio em nosso socorro e, passadas mais algumas horas, quando já escurecia, a estrada foi liberada.

Quando recordo minha jornada pelo Himalaia tenho a sensação de ter passado a maior parte do tempo no assento de carros, em estradas esburacadas, empoeiradas, estreitas e sujeitas a deslizamentos de terra. Em muitos lugares, a velocidade máxima era de quinze, não mais que vinte quilômetros por hora, o trajeto se arrastava enquanto o sol deslizava lentamente pelo firmamento; no dia seguinte, a mesma coisa, e assim transcorriam semanas e meses, na verdade a própria vida naquelas paragens, enquanto os motoristas e eu éramos lentamente cobertos por uma fina camada de poeira e as montanhas desfilavam através das janelas sujas dos carros, cada uma mais alta, mais íngreme e mais amarronzada que a outra, à esquerda o Hindu Kush, à direita o Karakorum.

Os bloqueios policiais e militares eram um avistamento bem-vindo. A caminho de Chitral, nosso próximo destino, fomos parados dezesseis vezes, e em todas tivemos de responder as mesmas perguntas sobre nacionalidade, número do passaporte, número do visto e número de telefone. Na tarde do dia seguinte, chegamos ao passo de Shandur, sede do campo de polo mais alto do mundo. Durante uma semana de julho de cada ano, o gramado se transforma numa colcha de retalhos colorida feita de tendas, cavalos, cavaleiros e espectadores, mas agora, em agosto, a planície estava nua e deserta, exceto por um punhado de iaques pastando e dois jovens soldados que garantiam que todos os estrangeiros que por ali passavam estivessem absolutamente dentro da lei.

Muitas horas depois chegamos a Chitral, onde precisei me registrar de novo, dessa vez na delegacia da polícia, num pequeno escritório assinalado *Registro de Estrangeiros*. Atrás de pilhas de folhas soltas, um pequeno burocrata de óculos preenchia os formulários à mão. As prateleiras estavam cheias de resmas de papel empoeirado amarradas com elástico. Na parede atrás pendia um grande pôster com um gráfico de barras, uma estatística de todos os estrangeiros que visitaram Chitral a partir da década de 1990. Após o ataque terrorista às Torres Gêmeas, em 2001, os números despencaram e nunca mais voltaram ao patamar de antes.

De posse de mais um visto e sob nova escolta armada, rumamos para o sudoeste, em direção à fronteira afegã, em direção ao Cafiristão, a Terra dos Infiéis. A estrada que conduzia até lá, a um dos lugares mais inacessíveis e remotos do Paquistão, era ainda mais estreita do que o normal, ladeada por despenhadeiros íngremes que se projetavam até o leito do rio. Originalmente, o Cafiristão compreendia uma área contígua no noroeste do Paquistão e no leste do Afeganistão e era habitado por povos politeístas de pele clara e olhos azuis, cerca de 60 mil pessoas ao todo. Segundo a lenda, eram descendentes de Alexandre, o Grande, e seu exército, que derrotou Poros, o rei do Punjab, em 326 a.C. Alguns linguistas acreditam que os grupos étnicos no Cafiristão devem ser ainda mais antigos e se originaram de uma das primeiras levas migratórias das tribos indo-arianas, antes que a onda principal viesse do oeste, cerca de 3.500 anos atrás.

Em 1893, esses grupos étnicos acabaram em lados opostos da divisa de aproximadamente 2.500 quilômetros traçada por Henry Mortimer Durand, então ministro das Relações Exteriores do Raj britânico, que hoje perfaz a fronteira porosa entre o Afeganistão e o Paquistão. A Linha Durand seccionou impiedosa e aleatoriamente grupos étnicos, clãs e famílias: aqueles que estavam a oeste do marco invisível ficaram sob o domínio do emir afegão, enquanto aqueles que viviam a leste eram considerados súditos da rainha Vitória. Alguns anos depois de a linha ser traçada, o emir do Afeganistão, Abderramão Cã, ordenou um ataque aos infiéis do seu lado da fronteira e os obrigou a se converterem ao islã, provavelmente a última conversão forçada em massa da história. Para marcar a conclusão da missão, o emir determinou que a região mudasse o nome de Cafiristão para Nuristão, Terra dos Iluminados.

O povo kalash escapou da conversão em massa porque vivia no lado britânico da fronteira, no atual Paquistão, nos três vales remotos de Birir, Rumbur e Bumburet. Os kalash são hoje os únicos remanescentes do Cafiristão e constituem o menor grupo étnico do Paquistão, apenas cerca de 4 mil pessoas ao todo.

Chegar a Bumburet era como chegar a outro país. Até as casas eram diferentes, construídas em madeira, com intrincados caixilhos de janelas e portas. No topo, a maioria tinha uma varanda arejada, coberta por telhados de zinco inclinados. Os homens se vestiam como em qualquer outro lugar no interior do Paquistão, com calças largas e túnicas leves e arejadas, enquanto os trajes kalash femininos eram diferentes de tudo que eu já tinha visto antes. Elas usavam vestidos pretos decotados, decorados com estampas grandes e intrincadas em cores vivas como turquesa ou amarelo, adelgaçado na cintura com um largo cinto bordado. Por baixo do vestido, usavam calças pretas largas, também bordadas no mesmo suntuoso padrão. Prendiam os cabelos com duas tranças grossas e uma mais fina na testa. A trança fina era esticada para trás e colocada sob o elaborado enfeite de cabeça com contas, que tinha um formato circular, à guisa de uma coroa. Um arremate de pérolas coloridas e búzios pendia do adereço e terminava no meio das costas; em volta do pescoço usavam pesadas joias de pérolas. Andavam com as costas eretas, sozinhas ou em pequenos grupos, tão chamativas em seus vestidos coloridos e joias que era como se protestassem veementemente contra a invisibilidade das mulheres no país em que viviam.

Já estava escuro quando chegamos à hospedaria singela, e, para a decepção de Akhtar, era tarde demais para conseguir o famoso vinho caseiro kalash. Sacudi as fezes de rato do lençol e adormeci imediatamente.

No dia seguinte, seguimos o burburinho das pessoas e fomos parar numa casa que fervilhava de gente. Akhtar perguntou se poderíamos entrar e fomos gentilmente recebidos, nos ofereceram dois banquinhos e serviram panquecas grossas recém-assadas e queijo caseiro esfarelado. Uma jovem vestida com um tradicional vestido kalash com bordados verdes sentou-se ao nosso lado. Chamava-se Zaina Bibi, tinha 27 anos, rosto redondo e simpático e sorriso brilhante.

— Pergunte-me qualquer coisa que queira saber, pode perguntar qualquer coisa, e eu responderei da melhor maneira possível — disse ela num bom inglês. — Você andou muito chão para nos visitar, então não pode ir embora sem esclarecer todas as suas dúvidas.

Não foi preciso insistir.

— Por que tanta gente aqui? — perguntei.

— Meu primo morreu em Karachi há umas duas semanas. Morreu do nada, ninguém sabe por que foi tão repentino. Ele está sepultado no templo ao lado. — Zaina apontou para a grande casa de madeira adjacente. — Há duas semanas, pessoas de outras aldeias vêm aqui dançar para o falecido. Os mais próximos apenas choram, enquanto os idosos entoam canções tristes. Os parentes têm de sacrificar cabras e vacas para alimentar os convidados das aldeias vizinhas. Funerais são muito caros, é preciso sacrificar cem cabras, às vezes até mais. É muita gente! Antes, um ano depois da morte fazíamos *gandaos*, grandes estátuas de madeira que simbolizavam os mortos e eram enterradas junto com o corpo, mas quase ninguém mais tem dinheiro para isso.

— Para fazer a estátua de madeira?

— Não, não para a estátua, para a festa! No primeiro aniversário da morte, a família do falecido tem de convidar toda a aldeia para um banquete. A propósito, quando uma menina morre, ninguém dança, todo mundo só chora. No caso das meninas, o velório dura apenas um dia.

— Por que vocês dançam para os mortos? — perguntei em seguida.

— Hmmm, na verdade não sei. — Zaina coçou a cabeça e pensou. — Nossos anciãos dizem que é uma tradição antiga, e devemos perpetuá-la assim, sem tentar mudá-la, senão nossa cultura desaparecerá. Em breve teremos um festival da colheita em que todos dançamos — acrescentou ela. — Depois da festa podemos comer nozes, uvas e milho, mas não antes. No verão costumamos dançar todas as noites, mas, depois que meu primo morreu, não dançamos mais. Quem sabe possamos dançar novamente esta noite? Espero que sim!

Sorrindo, ela serviu mais chá para mim e abasteceu o prato com mais queijo.

— Enfrentamos muitas dificuldades por causa dos nossos vizinhos e do Talibã — disse ela num tom grave. — Há alguns anos, eles vieram aqui, mataram nossos pastores e roubaram nossas cabras. As autoridades dizem que não podem nos proteger, que é melhor não criarmos animais. Muitos venderam o rebanho inteiro. Eu estudei em Peshawar, fiz mestrado em nutrição. Lá, fui aconselhada a não dizer a ninguém que sou kalash, então dizia que vinha de um lugar distante e me vestia com roupas paquistanesas normais. A vida em Peshawar era solitária. É melhor aqui, junto dos meus. De agora em diante é aqui que vou ficar.

— Muitos kalash se converteram ao islã? — perguntei.

— Sim, muitos amigos meus se tornaram muçulmanos e mudaram para outros lugares agora, Islamabad, Karachi, Lahore — respondeu Zaina. — Coitados dos pais dessas pessoas. Os meus ficariam muito tristes se eu me convertesse. Não somos ricos, e meus pais tiveram de vender cabras e vacas para que eu e meus irmãos pudéssemos estudar. Voltar para cá foi uma maneira de retribuir a eles. Mas acontece que os muçulmanos vêm até nós e dizem que vamos para o inferno após a morte, que somos *kuffar* [plural de cafir], infiéis, que o paraíso está reservado para os muçulmanos. Às vezes pergunto se alguém já voltou do paraíso para contar, daí eles se zangam e dizem que estou zombando da crença deles e ameaçam me matar. De minha parte, acredito que o mais importante é fazer coisas boas enquanto vivemos. Também acreditamos que a alma vive após a morte. Se alguém praticou boas ações, a alma encontrará paz. Caso não tenha praticado boas ações, sua alma ficará atormentada e não terá paz.

Saímos de casa e a atividade lá fora era intensa. Um grupo de homens estava decorando a praça com glitter e faixas coloridas para o festival da colheita, e grupos de crianças dançavam alegremente. Duas jovens observavam os preparativos no canto do pátio.

— Ela só tem dezoito anos, mas acabou de se casar — disse a mais velha, apontando com a cabeça para a mais nova, que caiu na gargalhada ao ouvir que seu estado civil era o assunto da conversa.

— Casamento arranjado? — perguntei.

— Não, nós não fazemos isso aqui — riu a mais velha.
— Eles fugiram juntos!

— Como se conheceram? — perguntei, dirigindo-me à nubente de dezoito anos. Akhtar traduziu a pergunta, e a garota caiu na gargalhada novamente. Ela levou um bom tempo para se recompor para responder, mas, entre risos e gargalhadas, contou que ele era policial e havia servido na aldeia. Durante dois anos eles trocaram mensagens, namoraram em segredo e, por fim, fugiram juntos. Ou melhor, *ela* que fugiu, para a casa dos pais do noivo, como era o costume, e depois eles se casaram.

— Minha vida era boa antes, mas agora é ainda melhor — disse ela enrubescendo e caindo na gargalhada novamente. — Sinto falta da minha família, claro, mas meus sogros são como se fossem meus pais.

À noite, as mulheres da aldeia se reuniram para dançar. A pequena pista de dança era escura e empoeirada; mal consegui admirar os vestidos esvoaçantes das mulheres. O acompanhamento consistia num único tambor, o ritmo era simples, mas cadenciado. Mais e mais mulheres se aglomeraram, e em grupos de três elas corriam em círculos ao redor da praça, girando em seu próprio eixo, meio cantando, meio gritando *AAAAAaaaah!* repetidamente. De tempos em tempos, os grupinhos se transformavam em longas colunas de mulheres que lentamente se moviam de lado na escuridão, como um só corpo, numa só voz, uma única e longa vogal.

Na manhã seguinte, dei um passeio pela aldeia. Bumburet estava encravada entre dramáticas colinas íngremes e verdes. A certa altura, a estrada fez uma curva perto do rio; em 2015, a antiga estrada foi soterrada num deslizamento que destruiu dezenas de casas e lojas. Em todos os lugares, as mulheres estavam ocupadas costurando ou lavando vestidos para o festival da colheita, e crianças felizes dançavam e pulavam sem esconder a ansiedade.

Depois de visitar o museu local, reencontrei Zaina. Em sua mão ela segurava uma sacolinha com xampu e uma escova de cabelo. A água escorria das duas longas tranças.

— Fui à casa de banho perto do rio lavar o cabelo — explicou. — Somente homens e crianças podem se lavar em casa. Nós, mulheres, temos de descer até o rio.

— Por que é assim? — perguntei.

Zaina deu de ombros.

— É uma regra antiga. Deve ter a ver com a nossa religião, eu acho. No verão é bom, mas no inverno nem tanto, porque temos de carregar água quente daqui até a casa de banhos.

Sorrindo, ela me convidou para visitar sua casa.

— Puxa, desculpe a bagunça, a casa está tão suja. — Ela passou a mão pelo assoalho de madeira brilhante e impecavelmente limpo. — Costumo esfregar o chão a cada duas semanas, mas ultimamente temos tido problemas com o abastecimento de água.

Nos cantos estavam duas camas de solteiro, nas paredes havia prateleiras com comida e utensílios simples de cozinha.

— Parece que a maioria das pessoas aqui casou-se bem jovem, mas você não? — reparei.

— Não, eu não... Recebi vários pedidos de casamento quando era mais jovem, mas respondia que seria preciso esperar. Eu queria estudar primeiro, fazer um mestrado. Mas os meninos não esperaram, nenhum deles esperou. Agora todos têm três ou quatro filhos.

Uma mulher pequena e corcunda vestida com um vestido kalash puído entrou na sala. Ela tinha orelhas e nariz grandes, bochechas encovadas e lábios tão finos que mal se viam. O cabelo brilhante ainda era escuro e estava preso com tranças finas. Sobre as tranças ela usava a tradicional coroa colorida.

— Esta é minha avó, Jamki — explicou Zaina.

Cumprimentei educadamente a anciã, que sorriu e apertou minha mão.

— Quantos anos a senhora tem? — perguntei.

Zaina traduziu a resposta para mim:

— Ela não sabe quantos anos tem. Talvez tenha cem. Talvez tenha oitenta.

— Era diferente viver aqui na sua juventude? — continuei perguntando. A anciã irrompeu numa gargalhada áspera e seca. Então começou a contar, com uma voz aguda e debilitada:

— Quando eu era jovem, nossas roupas eram feitas de lã! Elas eram muito pesadas e demoravam um ano inteiro para serem feitas. Tínhamos sapatos de couro e não fazíamos chapati, como agora. Fazíamos pão com nozes e também curry com nozes. Todos eram extremamente fortes e não havia escola aqui. Eu me casei quando tinha doze, talvez catorze anos. Os anciãos da aldeia foram à casa dos meus pais e disseram a eles que eu precisava me casar. Meus pais não tinham muito a dizer. Todos eram pobres na época, e o Paquistão não era independente. Éramos governados pela família real local, que vinha do Afeganistão. Eles eram muçulmanos e tomavam nossas colheitas, assassinavam quem bem quisessem e faziam coisas horríveis com nossas meninas. Eles nos forçavam a trabalhar como escravos e tentaram nos converter ao islã. Naquela época, tínhamos de fazer nossas festas nas montanhas, escondidos. Havia pouco para comer e dávamos aos nossos filhos um purê feito de peras e abóboras secas. Subíamos para os campos com os animais de manhã cedo e lá ficávamos até a noite. Hoje em dia, as meninas ficam em casa o dia todo. Ainda assim, acho que havia mais amor naquela época. O pouco que tínhamos era compartilhado. Hoje em dia, as pessoas só pensam em si mesmas e os jovens não dançam mais, não como nós.

— Quantos deuses vocês têm? — perguntei. No museu, aprendi que o povo kalash cultua doze divindades diferentes.

— Só temos um deus — respondeu a avó de Zaina. — Mas temos canções próprias para a noz, para a uva, para o damasco, para a neve, e assim por diante. Temos muitas canções!

— Por que as mulheres não podem se lavar em casa?

— Somos tão cabeludas! — disse a anciã, com uma risada rouca. — Se tomarmos banho a casa toda ficará cheia de cabelo! A higiene é importante. O mesmo vale para o parto e para a menstruação. Temos casas específicas para isso, e as casas são extremamente limpas. Lá é melhor para as mulheres. O que acontece na casa das mulheres é segredo para os homens, eles não têm acesso. É o nosso mundo secreto.

Alguns kalash que conheci tinham cabelos alourado e olhos azul-acinzentados, como os habitantes de Hunza, mas a grande maioria tinha cabelos pretos como carvão e olhos castanhos. As análises de DNA não indicam parentesco entre o povo kalash e os gregos. No entanto, o mito de que o povo kalash descende do exército de Alexandre, o Grande, é renitente, e já foram escritos inúmeros artigos com títulos românticos como «Os filhos perdidos de Alexandre, o Grande». Talvez inspirado por tanto, o governo grego fez

100

um grande esforço para ajudar o pequeno povo pagão do Hindu Kush. Graças ao apoio da Grécia, as mulheres kalash agora têm casas amplas e confortáveis para abrigá-las quando não podem estar no lar; além disso, os gregos custearam biblioteca, escola e museu nos vales kalash. O homem por trás da mobilização grega, o professor Athanasios Lerounis, visitou o povo kalash regularmente por quinze anos, e conhecia o idioma tão bem que desenvolveu uma forma escrita de kalash, até ser sequestrado pelo Talibã, em 2009. Um de seus dois guarda-costas foi morto durante o sequestro. Após sete meses em cativeiro, Lerounis foi libertado mediante o pagamento de um vultoso resgate e, desde então, por motivos de segurança, jamais retornou aos três vales do povo kalash.

Ninguém sabia quando começaria a celebração do *uchaw*, o festival da colheita. Alguns afirmavam que a dança começaria às oito horas, outros diziam que seria às dez horas, e outros ainda tinham a certeza de que seria às doze horas. No início da manhã, foi realizada uma breve cerimônia com preces e degustação de queijo para os pastores das cabras, mas era exclusiva para os homens.

Na dúvida, fui ao pátio de dança logo após o café da manhã. A pista, de concreto, também um presente do governo grego, estava cheia de crianças correndo com doces na boca. Turistas italianos fotografavam avidamente as crianças de todos os ângulos imagináveis, mas ninguém estava dançando e ninguém sabia dizer quando a celebração começaria. Uma dúzia de policiais paquistaneses fortemente armados se espalharam pela pista de dança e pelas colinas ao redor a fim de dissuadir qualquer terrorista que se aproximasse.

Ao longo da manhã, homens e mulheres com roupas de festa lotaram a pista de dança. Os homens enfeitaram seus chapéus de feltro com penas e flores, enquanto as mulheres exibiam seus *kupas*, uma faixa larga e comprida que cobre quase toda a cabeça, adornados com pérolas e conchinhas, ainda que estivéssemos tão distantes do litoral.

— Estão esperando um político — afirmou Akhtar. — Quando ele chegar, a festa começa.

Em algum momento da tarde, Wazir Zada, o primeiro representante da minoria kalash no parlamento de Khyber Pakhtunkhwa, finalmente apareceu. Os kalash só foram reconhecidos como grupo étnico pelo governo paquistanês no ano anterior, portanto era a primeira vez que tinham representante na assembleia regional.

Zada posou para fotos com um punhado de turistas, fez um breve discurso, participou cerimoniosamente de uma dança e se apressou para ir embora. Só consegui alcançá-lo quando ele estava quase saindo da aldeia, e fui direto ao ponto:

— Quais são os principais desafios que os kalash enfrentam hoje?

— É a primeira vez na história que um kalash ocupa uma cadeira no parlamento regional — respondeu ele. — Vou trabalhar para preservar a nossa cultura, do contrário ela pode desaparecer. Como você deve ter notado, a estrada aqui não é muito boa, esse é um grande desafio. Mas por outro lado também é uma vantagem, porque mais pessoas poderiam vir para cá e não temos capacidade de receber tanta gente. De onde você é?

— Noruega — respondi.

— Oh, que maravilha! — disse Zada. — Recebemos muita ajuda de nossos amigos na Itália. Vamos tirar uma foto juntos. — Ele pegou o celular, tirou uma selfie e saiu correndo, à maneira dos políticos.

A pista de dança agora fervilhava de pessoas. A dança foi como na noite anterior, só que os dançarinos eram muito mais numerosos, assim como os percussionistas. As mulheres caminhavam lentamente em círculos, de braços entrelaçados, entoando em coro: *AAAAAaaaaaaah!* Os homens também formavam grupos de três ou cinco, os jovens aceleravam e esbarravam nas fileiras de mulheres, gritando e rindo. A aldeia havia se transformado num só corpo desorganizado e caótico, uma profusão de energia, música e cor.

Akhtar e eu tínhamos uma viagem de sete horas pela frente, seguiríamos para o vale do Swat naquela tarde, e, relutantemente, eu disse adeus à dança, às risadas, aos tambores, aos vestidos bordados e aos sorrisos de contentamento.

Na delegacia perto da ponte, deixamos oficialmente o vale kalash e nos despedimos do guarda armado, que logo se encarregaria de proteger outros estrangeiros. Agora, as mulheres pelas quais passávamos na beira da estrada se esquivavam de nós quando nos aproximávamos, tudo que conseguíamos ver eram suas costas e os longos xales escondendo as cabeças. Depois de algumas horas, à medida que avançávamos para o sul, o xale dava lugar a uma burca que escondia todo o corpo. Sempre acompanhadas por um homem ou um menino, mais pareciam um lençol ambulante e disforme, sem poder olhar de lado, com uma tela de algodão servindo de filtro entre elas e o mundo.

A lembrança das felizes e coloridas kalash, seus tambores e sua dança, vinho e música, já havia começado a esmaecer. Foi como se por um breve momento eu tivesse estado noutro país, numa Shangri-Lá pagã. Gradualmente, as estradas tornaram-se menos íngremes, mais largas, melhores; passamos zunindo por dois túneis que levaram mais de trinta anos para serem construídos, e, de repente, estávamos no Swat. A paisagem era verde e exuberante, brumosa, mas as ruas estavam estranhamente vazias, todas as lojas e restaurantes estavam de portas fechadas. Nas esquinas havia montes de cabeças de cabra e peles de ovelha murchas, restos da matança em massa do dia; o sangue ainda escorria pelas calçadas. Os muçulmanos também comemoravam neste dia, o primeiro do *Eid al-Adha*, e aqueles que tinha condições abatiam uma ovelha ou uma cabra em honra a Ibrahim, ou Abraão, como é conhecido entre judeus e cristãos, que não precisou sacrificar o filho Ismael (no judaísmo e no cristianismo, é o filho Isaac que é poupado). Embora os nomes sejam diferentes, o final feliz é comum às três grandes religiões monoteístas: tudo não passou de uma provação a que Deus submeteu seu servo fiel, e um cordeiro foi imolado no lugar do menino; o sacrifício humano já não era necessário.

Presumivelmente, todos estavam em casa agora, incluindo os cozinheiros dos restaurantes, dos hotéis e das lanchonetes, reunidos com parentes próximos e distantes, em torno de ensopados de cordeiro fumegantes. A noite caía. Ainda não havíamos encontrado um lugar para comer e tínhamos uma longa estrada pela frente. Avistamos homens caminhando pelo acostamento e no meio das ruas, todos vestindo longas túnicas brilhantes; mulheres já não havia à vista, apenas pilhas de peles de ovelha murchas e cabeças de cabra com as bocas escancaradas, sangue escorrendo, túnicas esvoaçantes e faróis que se aproximavam no contrafluxo e nos ofuscavam.

Amor nos tempos do Talibã

Na semana anterior, Muhammed, o farmacologista que conheci no micro-ônibus da China para o Paquistão, ligou e mandou mensagens de texto diariamente para saber quando eu poderia visitá-lo. Ele morava na vila de Odigram, alguns quilômetros a oeste de Saidu Sharif, a capital do Swat, mas jamais fui capaz de perceber onde Saidu Sharif terminava e Odigram começava. Dirigimos por uma rua comprida com prédios em ruínas, lixo, tráfego caótico e fiação ainda mais caótica, e em algum momento a rua mudou de nome, saímos da área urbana e entramos no vilarejo. Odigram, chamada Ora pelos gregos, é mais conhecida por ter sido conquistada pelo exército de Alexandre, o Grande, em 326 a.C.

Muhammed nos recebeu efusivamente. No ônibus, ele usava jeans e jaqueta de couro, mas agora vestia um casaco marrom-claro e calças largas. Akhtar e o motorista foram conduzidos a um quarto de hóspedes anexo à casa, de frente para a rua, enquanto eu segui porta adentro. Os cômodos ficavam em torno de um átrio amplo e arejado, mobiliado com bancos baixos e uma mesinha. No canto, sob um teto mas sem paredes, havia uma cozinha simples. Num dos bancos, sob um cobertor, deitava-se o velho pai de Muhammed, tão pequenino e frágil que dava a impressão de que desapareceria a qualquer momento nas dobras do tecido. A mãe de Muhammed me deu um beijo de boas-vindas no rosto, e também vieram me cumprimentar a jovem esposa de Muhammed, bem como sua irmã e seu irmão. O átrio estava cheio de crianças, mas ninguém se preocupou em apresentá-las a mim. A cunhada de Muhammed, que estava de saída, praguejava enquanto vestia a burca.

— Está tão quente — reclamou ela. — Aperta cabeça e atrapalha a visão.

— É a nossa cultura — interrompeu Muhammed. — Aqui as mulheres se vestem assim. Foi assim desde sempre.

— Você está com fome, quer comer? — perguntou a mãe, sorridente, e Muhammed traduziu. Recusei polidamente, mas mesmo assim as mulheres começaram a remexer na cozinha e logo trouxeram suco de manga feito na hora, bolos, salada de frutas e chá com leite adoçado.

— Ela não está comendo direito, ofereça mais comida a ela! — reclamou o ancião enrolado no cobertor.

O irmão mais novo de Muhammed chamava-se Ahmed e tinha trinta anos. Vestia jeans e camiseta, usava óculos de aros finos, tinha um rosto estreito e oval e a barba aparada. Ele sorriu para mim:

— Então quer dizer que você é norueguesa? — Foi mais uma constatação do que uma pergunta.

Assenti.

— Fantástico! — Ahmed estalou as mãos com entusiasmo. — Estou fazendo um doutorado sobre o antropólogo norueguês Fredrik Barth!

— É mesmo? — retruquei admirada. — Também sou antropóloga, Fredrik Barth foi meu grande herói! Tive a sorte de encontrá-lo algumas vezes, e foi como conhecer Deus! Sobre o que você está escrevendo?

— Comparo o que Barth escreveu sobre o vale do Swat na década de 1950 com a situação atual — Ahmed explicou apaixonadamente. — Todo aquele contexto em que ele escreveu agora é outro! Na época, Swat era um reino independente e não estávamos subordinados nem ao Paquistão nem ao Afeganistão, mas até a cultura é completamente diferente agora. Barth descreve costumes dos quais nunca ouvi falar. As instituições sociais, a forma como os cônjuges ficam juntos, tudo é diferente! Barth cita, por exemplo, algo chamado *hujra*, um lugar onde os homens mais destacados da sociedade costumavam se reunir à noite. A tradição era exclusiva do Swat, mas não existe mais. As mulheres tinham seu *gudar*, mas nem ele existe mais. Nem eu tinha ouvido falar de nada disso até ler Barth!

Ficamos sentados conversando bastante sobre Barth e suas viagens, e também sobre sua teoria mais famosa, de que a identidade e a autoconsciência cultural são estabelecidas na fronteira, no encontro e no contraste com outro grupo estrangeiro, a qual desenvolveu após seu trabalho de campo no vale do Swat. Muhammed havia saído para entreter Akhtar e o motorista no quarto de hóspedes. O restante da família, incluindo as crianças, acercou-se de nós e ficou observando com silenciosa curiosidade. As mulheres faziam questão de que nossas xícaras estivessem sempre cheias até a borda.

— O Swat ainda é uma sociedade muito conservadora — disse Ahmed. — Nossas mulheres não têm uma vida fácil.

— Elas nunca protestam? — perguntei.

— Protestam? — Ele riu secamente. — Não, a ideia de protestar nem passa pela cabeça delas.

Uma menina de cinco anos, sobrinha, subiu em seu colo e sussurrou algo em seu ouvido.

— Ela diz que você é muito bonita — traduziu Ahmed. — Quer saber como você faz para ter um cabelo tão bonito e tão claro.

— Diga a ela que ela também é linda — disse eu.

— O mesmo destino triste aguarda essa garotinha — suspirou ele. — Ela vai se casar e ficar confinada dentro de casa. Ela não tem opções.

— Só se todos disserem a ela que as coisas serão assim — eu disse.

— É verdade — concordou Ahmed. — Vou dizer a ela que ela precisa estudar e arrumar um emprego! A propósito, queria lhe apresentar à minha esposa, ela também fala inglês. — Ele acenou para uma jovem que estava sentada num banco ao longo da parede, a poucos metros de distância da família. Seus olhos eram escuros e amendoados e ela estava vestida com um traje tradicional de tecido leve. Um delicado xale bege pendia frouxamente sobre seus longos cabelos.

— Venha aqui, Sara, sente mais perto de nós! Você pode falar inglês com ela, ninguém mais aqui vai entender o que vocês conversarem!

— Sim, venha aqui sentar-se conosco — eu disse. Por fim, ela ficou à vontade para se aproximar.

— Estamos casados há cinquenta dias — sorriu Ahmed. Seus olhos faiscavam.

— Como se conheceram? — perguntei.

— Ótima pergunta! — Ahmed riu com vontade. — Mal nos conhecíamos quando nos casamos!

— Então foi um casamento arranjado?

— Não, não, foi um casamento por amor, o primeiro da família!

— Mas vocês não se conheciam? — perguntei intrigada.

— Não!

— Como se falavam então? Pelo celular?

— Ok, ok, deixe-me explicar — disse Ahmed. — Precisamos voltar para 2009. Para escapar do Talibã, que então controlava o vale do Swat, toda a família da época vivia num campo de refugiados. No campo, conheci a irmã mais velha de Sara, que era estudante e trabalhava como voluntária nas horas vagas. Ela enfrentou muitas dificuldades, mas nunca desistiu, e fiquei fascinado com sua coragem. Como também era estudante, fiz algo inédito: pedi o telefone dela, e consegui! A partir daí conversamos muito. Falávamos de todos os assuntos possíveis. Educação, vida, tudo. Quando comecei a procurar uma companheira para a vida toda, a irmãzinha dela também queria encontrar um marido e descobrimos que éramos feitos um para o outro.

— Então você conheceu Sara por intermédio da irmã mais velha dela?

— Sim, sim, exatamente! — disse Ahmed, maravilhado. — Mas ela era muito jovem quando a conheci, era uma criança.

— Não estou conseguindo entender — confessei. — Como você conheceu Sara então? Você conversava com a irmã dela, não era isso?

— Sara dormia na mesma cama da irmã mais velha, então fiquei conhecendo as duas ao mesmo tempo! Desde o início fiquei realmente impressionado com Sara. Ela parecia sensível e inteligente. Para qualquer pergunta que eu fizesse, ela tinha uma resposta. Ela queria fazer alguma coisa da vida. Seu maior desejo era ser útil à humanidade.

— Como você gostaria de ser útil à humanidade, Sara? — perguntei.

— Servindo a ele — disse Sara sorrindo para Ahmed.

— Tenho muito orgulho dela — disse Ahmed. — Ela é uma pioneira! É a primeira da família a se casar por amor. Foram dois anos de luta para conseguir se casar comigo.

— Nosso costume é casar com familiares — explicou Sara. — Quase briguei com meu primo para não me casar com ele.

— Eu também tive de batalhar — disse Ahmed. — Durante um ano e meio foi um sofrimento diário. Só meu pai me apoiou. Ele disse que eu deveria me casar com quem eu quisesse.

— Quando vocês se encontraram cara a cara pela primeira vez? — perguntei, curiosa.

— Em 2016 — respondeu Ahmed. — No Dia dos Namorados. Ela tinha um véu escondendo o rosto, então só consegui ver seus olhos, mas mesmo assim fiquei completamente apaixonado. Nos encontramos numa sorveteria. Ela veio acompanhada da irmã, porque uma mulher não pode andar sozinha por essas bandas. Exatamente um ano depois, no Dia dos Namorados, também a pedi em casamento. Liguei para ela e perguntei se gostaria de casar comigo, e ela não disse nada, só chorou. A resposta mesmo só veio depois de um mês. Foi um mês bem longo, isso foi! Eu estava com tanto medo de que ela dissesse não! Na verdade, pensei que ela nem fosse responder. O primo passou esse tempo inteiro a importunando e dizendo que queria se casar com ela. Mas então ela disse sim! Eu pulava de um lado para o outro de tanta felicidade!

— O primo veio ao casamento? — perguntei. Imaginei que o clima na família deveria estar tenso.

— Não, está louca? — Ahmed arregalou os olhos. — Depois que nos casamos, nós, homens, não temos mais contato com as primas, e as mulheres perdem o contato com os primos. Eu nem tenho os números de telefone das minhas primas. De mulheres, nós, homens, só podemos ter contato com irmãs, cunhadas, mães e sogras. Assim como filhas e eventualmente netas, é claro. E só. Aqui é assim, rigoroso demais.

Ele olhou em volta. Muhammed ainda estava lá fora com Akhtar e o motorista.

— Ninguém da família sabe o que lhe dissemos agora — sussurrou ele com uma piscadela de olho. — Como falamos inglês, ninguém aqui entendeu o que conversamos.

— O que vocês contaram à família, então? — perguntei.

— Contamos que nos conhecemos na faculdade e que estudamos juntos — disse Sara, rindo.

— Ela era só uma criança quando eu estava na faculdade, mas eles não sabem desses detalhes — disse Ahmed. — Eles nunca estudaram. Sara é a primeira da nossa família a ter um mestrado, em sociologia. Tenho muito orgulho dela!

— Como foi se mudar e morar com a família de Ahmed? — perguntei a Sara.

— Difícil — disse ela, comedida. — A cultura, as pessoas, a família, tudo foi difícil. Ainda é difícil.

— Qual é a dificuldade? — Ela olhou fixamente para o chão e não respondeu.

— Pode falar! — insistiu o apaixonado recém-casado. — Eu posso sair, se você quiser, para deixar você mais à vontade. Pode dizer o que acha, não esconda nada!

Mas Sara não quis falar e silenciosamente olhou de lado.

— Você tem mestrado, mas não trabalha — constatei. — Não é entediante ficar em casa?

— Sim, é muito chato — confirmou Sara, novamente me olhando nos olhos.

— Eu sei que ela está entediada — revelou Ahmed, que lecionava sociologia paralelamente ao doutorado. — Falamos muito sobre isso quando estamos sozinhos. Em nossa sociedade, não é fácil para as mulheres conseguir um emprego. Essa é a nossa cultura, infelizmente. Nossa cultura nos obriga a fazer muitas coisas que na verdade não gostaríamos de fazer. Hoje, por exemplo, tive de acordar Sara muito cedo, apesar de ela estar cansada por ter servido os convidados ontem até bem tarde. Eu queria deixá-la dormir mais, mas meus pais insistiram, eles tinham mais convidados para receber. Então o que eu fiz? Sim, eu a acordei, mesmo contra a minha vontade.

— Você não gostaria de trabalhar, Sara? — perguntei.

— Sim! — A resposta veio imediata e determinada. — Quero lecionar na universidade.

— Existem poucas professoras na nossa área — admitiu Ahmed. — Três ou quatro, talvez. Mas não é comum. Eu gostaria de deixá-la trabalhar, mas não é tão simples assim.

— Você já tem mestrado — disse eu me dirigindo a Sara. — Não quer tentar um doutorado também?

— Oh, sim! — Ela abriu um sorriso e encarou o marido.

— Há muitas mulheres no Paquistão cursando um doutorado — disse Ahmed. — Mas aqui nesse fim de mundo... Não é fácil.

— Vocês não podem simplesmente se mudar para Islamabad, por exemplo? — perguntei.

Ele balançou a cabeça.

— Não, provavelmente não. A cultura é muito forte. Mudar daqui está fora de cogitação.

— Mas talvez ela possa trabalhar, para não ficar o dia inteiro sozinha se entediando — eu disse. — Isso não é vida.

Sara olhou esperançosa para o marido.

— Certo — sorriu Ahmed. — Ela irá trabalhar. Eu prometo que sim.

Sara ficou radiante.

— Sabe — disse Ahmed —, é a primeira vez que nos sentamos ao redor desta mesa e conversamos juntos, Sara e eu. Aqui costumamos apenas comer. O clima não é bom nesta casa, ela só recebe ordens. É o tempo todo «pegue isso, pegue aquilo, vá ao bazar, faça isso, faça aquilo». Minha esposa não está feliz aqui, mas a esposa de Muhammed está ainda mais triste. Ela é maltratada, principalmente por ele. Ele bate nela.

Nesse instante, Muhammed entrou pela porta e, como para comprovar o que o caçula acabara de dizer, foi até a esposa e lhe deu um tapa forte na nuca antes de vir sentar-se ao meu lado.

— Você não deve bater nela — eu disse.

— Por que não? — Muhammed deu um sorriso forçado. — É a nossa cultura. As esposas devem ser espancadas, devem ser contidas, como molas. Caso contrário, elas disparam e ficam fora de controle. Como isso aqui — disse ele, apontando para uma bicicleta infantil que estava encostada na parede. — As molas devem estar pressionadas para que funcione direito, todas as peças devem estar bem apertadas.

— Sua esposa não é uma bicicleta — objetei.

Ahmed gritou de alegria e me pegou pela mão.

— Exatamente, exatamente!

— É a nossa cultura — repetiu Muhammed, irritado.

— A cultura é apenas uma desculpa esfarrapada para maltratar sua esposa — eu disse, e Ahmed se empolgou:

— Sim, sim, exatamente, é isso mesmo! A cultura não passa de uma desculpa esfarrapada!

Antes de partir, prometi a Ahmed e Sara que, depois de um ano, voltaria a entrar em contato para saber se Ahmed havia cumprido a promessa de deixar Sara trabalhar. Nunca recebi resposta.

O Talibã paquistanês, Tehrik-e-Taliban, foi fundado em 2007 e, no mesmo ano, assumiu o controle do conservador vale do Swat. Sob o governo do Talibã, que durou dois anos, as meninas foram proibidas de estudar, a xaria foi introduzida e quem infringisse as leis corria o risco de ser enforcado em praça pública. Muito tempo depois de os militares paquistaneses expulsarem o Talibã de Swat, simpatizantes e células individuais continuaram ativas no Paquistão, particularmente no noroeste, na fronteira com o Afeganistão. Em 2012, Malala Yousafzai, posteriormente vencedora do Nobel da Paz, foi baleada na cabeça por um talibã no vale do Swat por ter defendido publicamente o direito das meninas à educação. O Talibã foi à guerra não apenas contra o que considerava uma cultura ocidental e anti-islâmica, mas contra o próprio patrimônio cultural. No outono de 2007, o Buda Gigante de 1.500 anos de Swat foi destruído pelo Talibã paquistanês. O rosto foi seriamente danificado, mas felizmente nem todas as cargas explodiram. O alto-relevo, importante destino de peregrinação no passado, era o segundo maior Buda da Ásia Central, superado apenas pelas estátuas gigantes do vale de Bamiyan, no Afeganistão. Estas também foram explodidas pelo Talibã, em 2001.

Não havia estrada até o local, então Akhtar e eu tivemos de escalar pedregulhos e caminhar por trilhas tomadas de mato para chegar até lá. No caminho, passamos diante de uma chácara com burros e cabritos balindo. O proprietário, um senhor de idade, musculoso e de rosto enrugado e curtido, nos seguiu em silêncio até o último trecho. Ele não falava urdu e Akhtar não dominava o idioma do lugar, mas sem a ajuda do velho homem jamais teríamos encontrado o Buda Gigante, por maior que fosse. Levitando, com as pernas em posição de lótus e uma expressão distante e pacífica no rosto, foi esculpido na parede de rocha em algum momento do século vi. Mal era possível identificar onde começava o trabalho de restauração dos arqueólogos italianos e onde terminavam os contornos de 1.500 anos de idade. O trabalho de restauração levou anos e havia sido concluído semanas antes.

Apesar das tentativas do Talibã de apagar o passado, havia vestígios físicos do apogeu budista em todo o vale do Swat. Nas ruínas do mosteiro de Takht-i-Bahi, um dos sítios arqueológicos mais importantes do Paquistão, encontrei o arqueólogo Muhammad Usman Mardavi e, juntos, subimos as encostas íngremes sob o sol escaldante. Havia muita gente nas ruínas do mosteiro; muitos carregavam potentes caixas de som, botijões de gás e cestas de piquenique. No pátio do que deve ter sido o prédio principal, bandos de jovens dançavam alegremente no calor sufocante, gritando a plenos pulmões. O lixo se acumulava entre as ruínas, que obviamente eram um lugar popular para celebrar o Eid.

— Apenas 30% da área foi escavada — explicou Mardavi, apontando para as colinas pontiagudas que nos cercavam. — Não sabemos o que se esconde ali embaixo, porque ainda não chegamos tão longe. O Takht-i-Bahi se estendia por sessenta hectares e abrigava mosteiros, estupas, isto é, edifícios funerários budistas, e celas de meditação subterrâneas, bem como inúmeros edifícios seculares. Algumas construções tinham três andares e, observando a estrutura, descobre-se que são à prova de terremotos. As pessoas que ergueram tudo isso devem ter sido engenheiros muito habilidosos, porque nesta área do Hindu Kush os terremotos são constantes. O mosteiro esteve em uso até o século vi, quando começou o declínio do reino de Gandhara.

— O Paquistão tem uma história incrivelmente rica — comentei.

— Sim, naturalmente, as pessoas vivem aqui há mais de 12 mil anos — respondeu o arqueólogo. — Ao todo, são mais de 87 mil sítios arqueológicos catalogados no Paquistão. Poucos deles foram escavados, escavá-los todos teria um custo bilionário. Sem falar no trabalho de manutenção...

Ele lançou um olhar reprovador para a orgia de churrascos e danças.

— Todas as antigas civilizações floresceram nas margens dos rios — continuou Mardavi. — Os egípcios tinham o Nilo, os sumérios, o Tigre. No rio Indo, floresceu a civilização do Indo. Das quatrocentas cidades antigas conhecidas nas margens, apenas Harappa e Mohenjo-Daro foram escavadas. As pessoas que lá viviam tinham um peso padrão e um sistema de escrita que não era pictográfico. Usavam pedras e tijolos nas construções e tinham sistemas avançados de drenagem. Fico pensando se elas não eram mais inteligentes do que nós...

— Quando o islã chegou aqui? — perguntei o mais alto que pude para abafar a música pop paquistanesa que trovejava das inúmeras caixas de som.

— Em 1023, quando Mamude de Ghazni atacou o vale do Swat — respondeu o arqueólogo. — Antes dessa época, os habitantes daqui eram budistas e hindus. O budismo veio para cá muito cedo, há mais de 2 mil anos, e, por muito tempo, Swat foi um dos destinos de peregrinação mais importantes para os budistas de toda a região. As pessoas vinham de longe para aprender com os mestres que residiam aqui, sim, alguns vinham até da China. Muitos, inclusive eu, acreditam que o Padmasambhava, também conhecido como Guru Rinpoche, nasceu aqui em Swat no século VII. Ainda não descobrimos exatamente onde, isso ainda é um mistério. O Padmasambhava levou o budismo tântrico para o Himalaia, o Tibete e o Butão. Você o encontrará em todos os lugares na sua viagem pelas montanhas.

Eu já ansiava por voltar às alturas e dizer adeus aos bloqueios de estrada, aos engarrafamentos caóticos, às mulheres-fantasma mudas, aos guardas armados e aos homens que me encaravam fixamente. As montanhas não estavam longe, os picos cobertos de branco se elevavam no horizonte, mas as montanhas também abrigam os vales e desfiladeiros, as nascentes dos rios e as cidades nos sopés.

Peshawar, localizada ao sul de Takht-i-Bahi, é uma das cidades mais antigas do sul da Ásia. Sua história é um verdadeiro livro didático das dinastias da Ásia Central: foi o lar de persas, gregos, indianos, turcos e afegãos, e governada por budistas, hindus, muçulmanos, sikhs e cristãos. Devido à sua localização a leste do estratégico passo de Khyber, um dos poucos lugares onde é possível atravessar as inóspitas montanhas do Hindu Kush, Peshawar tem sido uma importante escala na rota comercial entre o subcontinente indiano e a Ásia Central e, portanto, também um objetivo natural para exércitos invasores. Estiveram aqui, por exemplo, Mamude de Ghazni, que introduziu o islã no vale do Swat, e, centenas de anos depois, as hordas mongóis de Gengis Khan. Alexandre, o Grande, e seu exército também atravessaram o passo de Khyber a cavalo e, embora o enorme império não tenha sobrevivido à morte de seu poderoso comandante militar, durante séculos o grego permaneceu como idioma administrativo em Peshawar. Muitas das estátuas budistas do período têm semelhanças impressionantes com as estátuas dos deuses na Acrópole.

O escritor norte-americano Paul Theroux, notório ranzinza, descreve Peshawar com bons olhos em seu clássico *O grande bazar ferroviário*. «Eu poderia me estabelecer ali de bom grado», escreve ele, «me abancar numa varanda e envelhecer admirando os pores do sol no passo de Khyber.» Não é pouco em se tratando de Theroux.

Obviamente, muita coisa aconteceu em Peshawar desde que o escritor de viagens norte-americano visitou a cidade, na década de 1970. Ou talvez seja mais correto dizer que muito pouco aconteceu. Os antigos prédios coloniais pareciam ainda mais dilapidados do que as casas da cidade velha de Havana, mas, ao contrário da capital cubana, onde o tempo realmente parou, pelo menos arquitetonicamente falando, horrendos prédios de concreto estão surgindo entre as casas de madeira em Peshawar. As pessoas não habitam mais as casas decrépitas, mas muitas ainda são usadas como armazéns. Em algum momento do passado, talvez até na década de 1970, quando Paul Theroux passeava pelos bazares e sonhava em envelhecer aqui, a cidade deve ter sido bela e colorida, com suas casas de alpendres arejados e fachadas elaboradas. Hoje, porém, está em ruínas, atolada em lixo e envolta por um anárquico sistema de fiação. Os fios se entrelaçam uns nos outros de maneira caótica, mais parecem uma teia de aranha grossa e ameaçadora; são tantos que se tornam parte da cena urbana como uma instalação artística permanente. É um milagre que os blecautes de eletricidade não sejam tão comuns.

As ruas sinuosas do Qissa Khwani, o bazar do contador de histórias, eram tão caóticas quanto o resto da cidade, um cadinho de cores e cheiros. No entanto, a seleção de mercadorias era bem-ordenada: cada rua era dedicada a um tipo de produto. Numa rua vendiam-se apenas utensílios de cozinha, noutra apenas especiarias, uma terceira era dedicada ao vestuário feminino. Todos os vendedores eram homens, mesmo nas lojas que exibiam calcinhas de renda e sutiãs sensuais. Sendo a única ocidental no bazar e a única mulher sem véu, causei um rebuliço. Por onde eu passava, os vendedores acenavam e chamavam por mim. Na rua dos utensílios de cozinha, um homem na casa dos quarenta se aproximou de nós, chamou Akhtar de lado e teve com ele uma conversa séria. Pelos demorados olhares que os dois me dirigiam, concluí que eu devia ser o assunto.

— O que ele disse? — perguntei depois que o homem se afastou.

— Nada — esquivou-se Akhtar.

— Vamos lá, o que ele disse?

— Ele estava preocupado com a sua segurança — respondeu, contrariado. — Ele acha que aqui não é seguro para você. Ele nos aconselhou a sair daqui o mais rápido possível.

De repente, comecei a enxergar perigo em potencial em todos os lugares. Homens que se aproximavam demais, apesar de haver espaço de sobra na calçada. Homens que espreitavam atrás de janelas e vitrines. Estariam escondendo facas em seus coletes? Talvez pistolas? Teriam uma metralhadora à espreita ao lado do caixa registradora? Num dos muitos postos de controle no caminho para a cidade, a polícia nos ofereceu escolta armada gratuita, mas recusei. Os guardas apenas atrairiam mais ainda a atenção para mim, pensei, mas por outro lado não era possível me tornar mais conspícua do que já era. Teria cometido um erro ao recusar a escolta?

Na saída do bazar, mais um homem se aproximou de nós e começou a falar com Akhtar. Ele tinha uma barba avermelhada e óculos grossos e gesticulava ansiosamente.

— Ele diz que existe um templo hindu no quintal e quer saber se gostaríamos de visitá-lo — traduziu Akhtar.

— Você acha que é seguro? — perguntei.

— Absolutamente — Akhtar foi enfático. — Ele vem das montanhas, como eu. Da Caxemira.

Fomos conduzidos ao quintal, onde havia um antigo templo de Shiva. Tinha a forma de uma cúpula oval e era cinza, quase preto, devido à poluição do ar, e estava abarrotado de lixo. Em frente havia um pequeno templo sikh branco, brilhante de tão limpo e exemplarmente bem conservado. As mulheres da família receberam calorosamente a mim e Akhtar. Nenhuma tinha a cabeça coberta, e as mais novas estavam maquiadas com batom e esmalte. Numa pequena elevação do lado de fora da casa, recostado em almofadas, estava um homem magro de cabelos brancos. Seu nome era Saeed Muhammad e, segundo ele mesmo disse, tinha setenta anos, mas devia ser mais velho, pois havia participado da fuga da Caxemira em 1947:

— Nosso pai nos trouxe aqui — disse o homem, com uma voz aguda e um pouco trêmula. — Eu era pequeno, então não me lembro de muita coisa. Nasci em Jammu, na parte sul da Caxemira. Nós, muçulmanos, fomos mortos pelos hindus. Eu me lembro dos assassinatos, dessas coisas eu me lembro. Lembro de como foi triste dizer adeus à nossa casa, ao nosso país, a tudo o que tínhamos. Além dos animais, não levamos nada conosco. Na fuga, tivemos de nos esconder durante o dia, nos escondíamos nas margens dos rios e na floresta. À noite, nos deslocávamos lenta e cuidadosamente. A família toda fugiu junta, meus três irmãos, minhas quatro irmãs, tios e tias. Caminhamos por mais de duas semanas.

O ancião sorriu melancolicamente. Uma jovem nos trouxe chá de leite e biscoitos.

— Todos os meus irmãos estão mortos — continuou Saeed Muhammad enquanto sorvia o chá fumegante. — Sou o único da família que se lembra de onde viemos. A Caxemira é um paraíso. Na Caxemira, as pessoas não bebem tanto chá como aqui, bebem leite. De tanto chá minha pele escureceu. Sinto falta da Caxemira todos os dias, eu lhe digo. Lá é mais fresco, aqui é tudo diferente, tivemos de aprender a viver aqui. Quando chegamos, ganhamos uma casa e tudo de que precisávamos dos pachtos que moravam aqui. Achávamos que poderíamos voltar para casa em breve, mas agora já não acredito nisso. Oxalá haverá uma solução para o conflito. Se Deus quiser.

A partição da Índia e do Paquistão em 1947 levou àquele que é possivelmente o maior e mais dramático deslocamento populacional da história da humanidade. O Punjab, uma das regiões mais populosas da Índia, com grande número de muçulmanos, hindus e sikhs, foi dividido em dois. Cerca de 14 milhões de pessoas acabaram no lado «errado» da nova fronteira e tiveram de fugir de casa. Sikhs e hindus deixaram o Paquistão aos milhões, enquanto um número semelhante de muçulmanos do lado indiano da fronteira fugiu para o Paquistão. Os refugiados usavam todos os meios de transporte que estivessem à mão: trens, ônibus, carros, bicicletas, cavalos, burros, camelos, as próprias pernas — e muitos não conseguiram fugir. O número de mortos em decorrência da partição varia de 200 mil, a confiar na estimativa do governo britânico, a 2 milhões. A quantidade exata deve estar entre ambos.

O Paquistão, que significa «Terra dos puros», tem sido marcado por distúrbios desde o ano de seu conflituoso nascimento, 1947. Disputas entre clãs, golpes militares, corrupção generalizada e rixas fronteiriças com a Índia deixaram sua marca no jovem país. A fronteira porosa com o vizinho devastado pela guerra, o Afeganistão, às vezes é caracterizada pelo livre trânsito de refugiados — bem como pelo fluxo de extremistas e armas. Em 1979, após a invasão soviética do Afeganistão, centenas de milhares de refugiados escapavam pelo passo de Khyber para Peshawar todos os meses. Nos anos 2000, após os ataques às torres gêmeas de Nova York e a subsequente invasão do Afeganistão, dessa vez liderada pelos Estados Unidos, o Paquistão mergulhou no caos interno. Em 2009, no auge da crise, terroristas e insurgentes realizaram mais de 2.500 ataques. Mais de 30 mil pessoas, a maioria civis, pereceram em ataques terroristas no Paquistão nos últimos vinte anos, principalmente na conturbada área da fronteira noroeste, mas os ataques se espalhavam por todo o país. Ninguém estava em segurança. Somente no bazar Qissa Khwani, em Peshawar, extremistas realizaram dois grandes atentados, primeiro em 2010 e depois em 2013.

Cada vítima resulta em centenas de familiares dilacerados. Mães, pais e avós, esposas, maridos, irmãos. Há também tias, tios, primos, amigos, colegas de escola e vizinhos — centenas de milhares no total.

Um dos ataques mais sangrentos e brutais da história moderna do Paquistão ocorreu em 2014. Na manhã do dia 14 de dezembro, pelo menos seis terroristas armados invadiram uma escola primária em Peshawar e executaram a tiros 132 alunos.

Um dos mortos era Omar, de catorze anos.

Voltando ao hotel depois de minha visita ao bazar, conheci o pai de Omar, Fazal Khan, um homem de fala mansa, olhar gentil e bigode grosso e bem cuidado. Ele falou sem parar desde o momento em que se sentou à mesa até se levantar, exatamente uma hora depois.

— Escolhi mandar meu filho para a Escola Pública do Exército porque achei que lá era mais seguro — disse ele em inglês, idioma que domina com perfeição por ter morado anos no exterior. — O Paquistão era um lugar muito inseguro na época, as bombas explodiam constantemente. A Escola Pública do Exército é dirigida pelos militares, e a segurança ali *costumava* ser boa. Nenhuma mulher de burca era admitida, por exemplo. Cada vez que as crianças tinham de fazer uma atividade que não fosse rotineira, por exemplo, tomar uma vacina, visitar um museu, nós pais tínhamos de assinar uma autorização. Mas, no dia em que aconteceu o ataque, eles estavam tendo aula de primeiros socorros no auditório sem que fôssemos informados e sem que isso constasse no planejamento anual. Todo o resto estava no plano anual, cada mínima atividade. Normalmente, as aulas de primeiros socorros eram apenas para os alunos do 11º e 12º anos, mas por algum motivo todas as turmas foram convocadas. A aula começou às dez horas. Às dez e quinze, os terroristas invadiram o auditório. Me responda uma coisa: como é que o major que estava lá dentro escapou de ser morto sem um arranhão? Sem um único arranhão? Se os terroristas quisessem atacar o exército, ele seria um alvo óbvio, facilmente reconhecível em seu uniforme. Mas ele escapou sem um arranhão...

Pedi água e chá para mim, Fazal não quis nada. Nós éramos os únicos no pequeno restaurante do hotel.

— Sou advogado e agora lidero um grupo de pais —
continuou Fazal. — Todos têm o direito de saber o que
aconteceu com seus filhos. Antes do ataque, a polícia havia
sido avisada pela inteligência de que um atentado estava
para acontecer, que um grupo de terroristas planejava um
ataque à Escola Pública do Exército. Há apenas uma Escola Pública do Exército em Peshawar. Depois que soube-
ram dessa informação, deveriam ter duplicado o número de
guardas, mas em vez disso reduziram o contingente de vinte
para apenas dois. Eu e a maioria dos outros pais estamos
convencidos de que o ataque foi planejado pelo governo.
É tudo um teatro. Devemos pelo menos ter direito a uma
investigação adequada. Quase quatro anos se passaram e
ainda não conseguimos que a justiça fosse feita.

Perdi a conta das vezes que sentei diante de interlo-
cutores e ouvi quase exatamente as mesmas palavras e acu-
sações, proferidas com a mesma tristeza e dor atemporais,
mas num idioma diferente, num país diferente. No dia 1º de
setembro de 2004, um grupo de terroristas fez mais de mil
alunos e professores reféns na Escola nº 1 em Beslan, no
norte do Cáucaso. No terceiro dia, as forças especiais russas
invadiram a escola, e mais de trezentas pessoas, a maioria
crianças, foram mortas no conflito e no caos que se seguiu.
Nos anos seguintes, estive em Beslan semanas, meses a fio,
fiz várias viagens ao lugar, e sempre era convidada a visitar
casas em que os quartos das crianças permaneciam intocados, como cápsulas do tempo de uma infância perdida, das
vidas destruídas. Conheci mães que iam ao cemitério todos
os dias; suas vidas também foram interrompidas.

Em setembro de 2004, elas já não viviam, apenas exis-
tiam. Um dos pais que conheci havia se mudado para o

cemitério para passar com a filha morta todo o tempo livre de que dispunha.

As forças especiais paquistanesas invadiram a Escola Pública do Exército quinze minutos após o ataque, mas não conseguiram evitar que a ação terrorista se transformasse numa carnificina. A maioria das crianças foi morta no auditório, por rajadas de metralhadoras.

— Muitas perguntas ainda estão sem resposta — ressaltou Fazal. — As autoridades não sabem nem responder quantos terroristas estiveram envolvidos no ataque. Oficialmente, a resposta é seis, mas as crianças que sobreviveram declaram um número maior, de 8 a 24. Organizei protestos e manifestações, não apenas pelas vítimas do ataque à escola, mas por todas as vítimas do terrorismo em todo o Paquistão. Invisto todo o meu tempo nisso, não consigo mais trabalhar, não consigo me concentrar. Felizmente, as finanças estão em ordem, então não tenho de me preocupar com dinheiro. O governo não gosta de mim e me processou por atividades antipatrióticas. A pena máxima é de mais de dez anos, mas não tenho medo. Nossa luta continua, embora eu tenha passado de otimista a realista. Não acredito mais que conseguiremos justiça, mas ainda assim devemos tentar. Devemos fazer *tudo* que esteja ao nosso alcance. Absolutamente tudo.

Dizem que o tempo cura todas as feridas, mas já deixei de acreditar nisso. Todas as vezes que voltei a Beslan, a situação de muitos dos parentes enlutados era ainda pior: as mães ficaram doentes, deprimidas, amarguradas, os pais começaram a beber. Como Fazal Khan, muitos deles passaram o tempo tentando encontrar respostas para tantas perguntas sem respostas. Como isso pôde acontecer? Por que as autoridades não conseguiram impedir? E a pior pergunta de todas: *eu* poderia ter salvado a vida do meu filho se tivesse agido diferente?

— Estava no tribunal quando soube do ataque terrorista — disse Fazal a meia-voz. — Meu irmão ligou para dizer que a escola estava sendo atacada. Fui direto para o hospital. Deus me livre de ele estar entre os feridos, pensei. Passei três horas no hospital e não consegui encontrar Omar. Às quatro da tarde, meu irmão encontrou Omar noutro hospital. Foi um dia sombrio. Naquele dia a vida mudou para todos nós. Tenho 48 anos e quatro filhos. O mais velho já tem catorze anos, também frequenta a Escola Pública do Exército, como o irmão mais velho. Poderíamos ter saído do Paquistão, poderíamos ter mudado de escola, mas isso seria uma covardia. O mais novo tem apenas três anos, nasceu vinte dias depois que Omar foi assassinado. Nós, paquistaneses, investimos tudo em nossos filhos, realizamos nossos sonhos por meio deles. Minha esposa chora todas as noites. Nossas vidas mudaram completamente, a normalidade se foi, as rotinas não existem mais. Ficamos aprisionados no dia 16 de dezembro de 2014. Omar estava sempre sorrindo, ninguém se lembra de tê-lo visto de mau humor. Todos os que morreram naquele dia eram jovens maravilhosos. Há pouco mais de uma semana, no dia 19 de agosto, Omar teria completado dezoito anos. Ele foi baleado cinco vezes. Ainda tenho as roupas que ele usava naquele dia. Estão guardadas numa gaveta.

Dois anos antes, Fazal abriu um hospital, que leva o nome de seu filho, num bairro pobre nos arredores de Peshawar que não contava com assistência médica. O hospital está aberto a todos e é gratuito para quem não pode pagar.

— Omar queria ser ator, mas eu achava que não era uma profissão adequada — disse Fazal. — Num domingo, ele me disse que queria ser médico e prometi que abriria um hospital para ele. Na quarta-feira, três dias depois, ele estava morto.

O Tehrik-e-Taliban assumiu a responsabilidade pelo atentado à Escola Pública do Exército e afirmou que o ataque foi uma vingança contra as operações militares do exército paquistanês no Waziristão do Norte, na fronteira com o Afeganistão. Após o ataque terrorista, intensificaram-se as operações militares na zona fronteiriça. Não há números exatos da quantidade de vítimas dessas incursões militares, muitas vezes chamadas de «operações de limpeza». No outono de 2018, após nove anos de lei marcial, as autoridades paquistanesas declararam que conseguiram destruir todos os esconderijos do Talibã em Swat e áreas adjacentes, e o governo civil foi restaurado. Os apoiadores do Tehrik-e-Taliban estão agora em grande parte exilados no lado afegão da fronteira, mas a fronteira ainda é permeável e sempre há uma nova rachadura em algum lugar da Terra dos Puros.

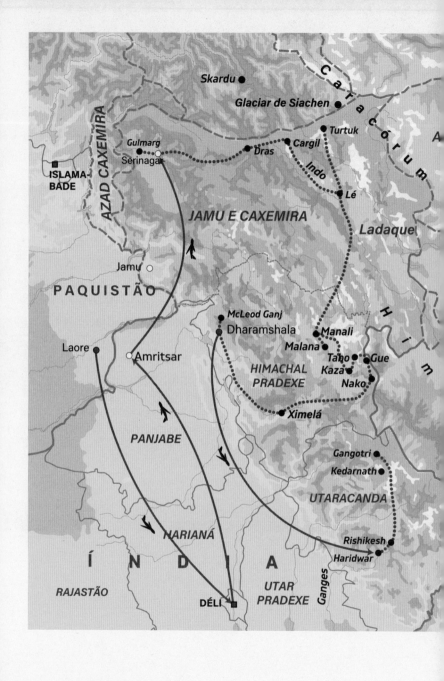

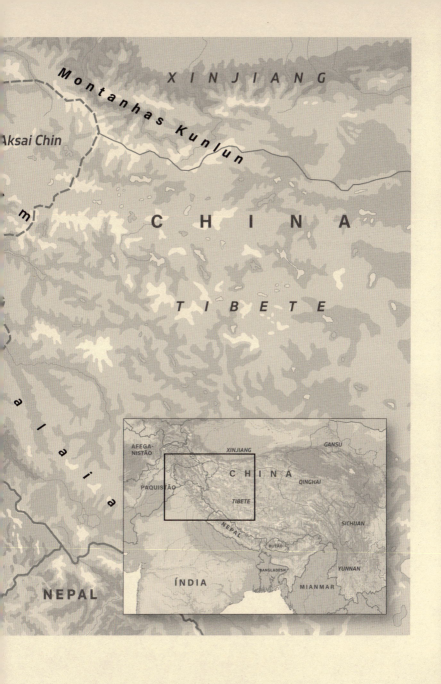

Cruzando a fronteira

A travessia de fronteira em Lahore, cerca de quinhentos quilômetros a sudeste de Peshawar, é uma das mais famosas do mundo: todas as tardes, ao pôr do sol, as bandeiras do Paquistão e da Índia são hasteadas com pompa, cerimônia e hostilidade, os portões são fechados e trancados, e a divisa entre as duas potências nucleares é encerrada até a manhã seguinte.

Já no início da tarde havia longas filas em ambos os lados da fronteira. A tribuna indiana era muito maior que a paquistanesa e também acomodava muito mais espectadores. As bandeiras, por outro lado, pendiam exatamente da mesma altura na face interior de dois portões de ferro devidamente trancados. Alto-falantes poderosos bombardeavam o público com música pop nacionalista. *Paquistããããão! Paquistããããão!*, repetia o refrão monótono no lado em que estávamos. Do outro lado, centenas de rapazes e moças sorridentes saltitavam em frente ao portão, reunidos numa coreografia caótica e tensa, gritando Índiaaaa! Índiaaaa!

Em breve lá seria o meu destino, eu estava ansiosa para escapar da sisudez e das rígidas regras islâmicas paquistanesas. A plateia paquistanesa sentava-se ereta, com bandeiras verdes nas mãos, as mulheres numa arquibancada, os homens noutra, todos se esgoelando aos brados de *Allahu Akbar*, Deus é maior, e *La ilaha illallah*, não há Deus senão

Deus. Sendo uma das poucas estrangeiras presentes, fui conduzida à área VIP bem na frente, onde mulheres e homens excepcionalmente sentavam-se juntos. O segurança sugeriu que eu deixasse os assentos ao meu lado desocupados para evitar a proximidade com estranhos do sexo oposto.

Eu estava literalmente pingando de suor quando algo finalmente começou a acontecer. Soldados em uniformes pretos e justos, com turbantes enfeitados no alto com uma espécie de leque comprido, marchavam em direção ao portão da fronteira com pontapés altos, brandindo ostensivamente os punhos para os indianos do outro lado. Os soldados indianos, entre os quais havia duas mulheres, revidavam com o mesmo gesto. Esse exercício militar, uma performance cênica quase infantil, era uma espécie de extravasamento cerimonial para um conflito real que, de tempos em tempos, irrompe entre os dois vizinhos.

A cerimônia era longa. Os soldados marchavam de um lado para o outro em frente ao portão, ao som dos comandos militares e dos berros da multidão que suava em bicas, mas não perdia a animação. O ar estava úmido e pegajoso, e a canícula era tal que até o interior das minhas pálpebras estava úmido: entre a córnea e as lentes de contato, tudo ficou nebuloso e embaçado.

A demanda por um Estado independente exclusivo para os muçulmanos da Índia surgiu pela primeira vez na década de 1930, encabeçada pelo partido político Liga Muçulmana [All-India Muslim League]. Até os britânicos começarem a se afirmar no subcontinente indiano, em meados do século XVIII, grandes porções da Índia estiveram por mais de dois séculos sob o governo de moguls muçulmanos. Em 1858, Bahadur Shah Zafar, o último imperador mogul, foi deposto pelos britânicos e exilado na Birmânia, encerrando assim o domínio muçulmano na Índia. Sob os britânicos, os hindus, que constituíam a maioria da população, foram ganhando mais poder e influência, enquanto os muçulmanos perdiam espaço e se sentiam negligenciados.

A Liga Muçulmana foi fundada em 1906 para garantir que as vozes muçulmanas também fossem ouvidas. Inicialmente, o objetivo era uma coexistência pacífica entre hindus e muçulmanos numa Índia independente. No entanto, todas as propostas apresentadas pela liga, mesmo as mais moderadas, eram sistematicamente rejeitadas pelo Partido do Congresso, dominado pelos hindus. À medida que aumentava a probabilidade de independência da Grã-Bretanha, crescia a preocupação na parte muçulmana da população: como eles seriam tratados numa Índia independente, na qual os hindus eram uma clara maioria?

Em 1933, o estudante de Cambridge Choudhary Rahmat Ali publicou o panfleto *Now or never. Are we to live or perish forever?* [Agora ou nunca. Devemos viver ou perecer para sempre?]. Nele, defendia a criação de um Estado separado para os muçulmanos que viviam nas províncias no extremo noroeste da Índia britânica: Punjab, Afeganistão (a província fronteiriça noroeste conhecida hoje como Khyber Pakhtunkhwa), Caxemira, Sindh e Baluquistão. Tomando a inicial das quatro primeiras províncias e as três últimas da quinta, ele criou a sigla PAKSTAN. *Pak* significa «puro» ou «virtuoso» em urdu, enquanto *stan* é persa para «país» ou «lugar». Mais tarde, um «i» foi adicionado para facilitar a pronúncia. Nascia a ideia do Paquistão.

Anos depois, quando eclodiu a Segunda Guerra Mundial, a Liga Muçulmana, liderada pelo advogado Muhammad Ali Jinnah, decidiu estabelecer um Estado muçulmano separado. Mahatma Gandhi, o símbolo mais proeminente da luta indiana pela independência, era fortemente contra a divisão do país obedecendo a denominações religiosas, mas a ideia do Paquistão ressoou na parte muçulmana da população e, durante os anos de guerra, a solução de dois Estados tornou-se uma demanda incontornável. Os ingleses cederam, e, no dia 15 de agosto de 1947, a Índia foi dividida em três: a área dominada pelos muçulmanos no noroeste tornou-se o Paquistão Ocidental, enquanto a área densamente povoada e dominada pelos muçulmanos na baía de Bengala, 1.600 quilômetros mais a leste, tornou-se o Paquistão Oriental.

Fronteiras são como salsichas — às vezes, é melhor não saber os detalhes de como são feitas. O desenho da fronteira entre a Índia e o Paquistão foi atabalhoado: somente em julho de 1947 os britânicos criaram duas comissões de fronteira, uma para o Punjab, no oeste, e outra para Bengala, no leste. As comissões foram lideradas pelo jurista sir Cyril Radcliffe, com a participação de representantes do Congresso Nacional Indiano e da Liga Muçulmana. Como os dois últimos não chegaram a um acordo, coube na prática a Radcliffe, que até então nunca havia pisado na Ásia, traçar a linha demarcatória. O resultado não deixava dúvidas disso.

Com as demais províncias era mais fácil de lidar: Baluquistão e Sindh tinham maioria predominantemente muçulmana e, portanto, automaticamente pertenceriam ao Paquistão. A Província da Fronteira Noroeste, vizinha ao Afeganistão, realizou um referendo para decidir sua incorporação à Índia ou ao Paquistão. Mais de 99% votaram para se tornar parte do Paquistão. No Punjab, porém, a proporção de muçulmanos era de 55,7%, e em Bengala, de 54,5%. Como traçar uma linha entre essas duas províncias, com uma área de 450 mil quilômetros quadrados e uma população de 88 milhões de pessoas, para distribuir o território de forma justa entre os dois novos Estados e acomodar o maior número possível de muçulmanos no lado paquistanês e a maioria dos possíveis hindus e sikhs na Índia?

A tarefa era, na prática, inexequível, e o prazo exíguo não facilitava as coisas. Lahore, de maioria muçulmana mas cuja vida empresarial era dominada por hindus e sikhs, ficaria do lado indiano ou paquistanês? E a cidade mais sagrada dos sikhs, Amritsar, que burocraticamente pertencia ao distrito de Lahore? A solução acabou sendo deixar Lahore, considerada sagrada também pelos sikhs, no Paquistão, para que o novo país tivesse uma metrópole para chamar de sua, enquanto Amritsar passou a fazer parte da Índia. Não era absolutamente uma solução perfeita, mas não havia outra melhor.

Como era controversa demais, a nova fronteira não foi tornada pública até 17 agosto de 1947, dois dias após a declaração de independência. Seguiram-se meses angustiantes e sangrentos. Gandhi fez de tudo para acalmar os tumultos e impedir a violência, mas nem sempre teve sucesso. Em 30 de em janeiro de 1948, foi assassinado a tiros por um jovem fanático hindu em Délhi.

Jinnah, o líder da Liga Muçulmana, tornou-se o governador-geral do Paquistão. No entanto, o pai da pátria padecia de diversos problemas de saúde: fumante inveterado, sofria de tuberculose e câncer de pulmão avançado, e morreu no dia 11 de setembro de 1948, um ano após tomar posse.

Radcliffe nunca voltou a pôr os pés na Índia.

A cerimônia de fechamento da fronteira entre a Índia e o Paquistão não é apenas a mais famosa, mas também provavelmente a mais demorada do mundo. Depois de muitos pontapés e punhos cerrados, desfiles ostentatórios para um lado e para o outro diante do portão, vários *Allahu Akbar!* e outros tantos *Paquistããããão!*, o sol finalmente se pôs e as duas bandeiras desceram rigorosamente no mesmo ritmo. Então foram acintosamente dobradas e rapidamente levadas embora, sem mais delongas. Os soldados remanescentes certificaram-se de que os portões estavam cuidadosamente trancados, deram meia-volta e marcharam para seus postos.

Os espectadores se levantaram da arquibancada e se encaminharam ao estacionamento, todos com grandes manchas de suor nas folgadas roupas. Poucos deles jamais voltariam a chegar tão perto da Índia. Para eles, a fronteira poderia muito bem ficar fechada durante o dia. De qualquer maneira, a linha invisível nunca poderia ser ultrapassada por eles — nesse caso, nem por mim. Apesar das insistentes tentativas, por um motivo ou outro não consegui um visto comum para ingressar na Índia. A embaixada indiana em Islamabad foi ainda menos cooperativa do que a de Oslo, e, no fim das contas, tive de travar uma árdua batalha burocrática para reaver meu passaporte. Como último recurso, tentei obter um visto eletrônico, e menos de doze horas depois de clicar «pagar», o documento encantado surgiu na minha caixa de entrada.

A desvantagem do visto eletrônico é que o ingresso na Índia só pode se dar em aeroportos internacionais, então tive de pegar um voo de Lahore para Amritsar, um trajeto que levaria cerca de uma hora de carro. A viagem foi via Nova Délhi, a quinhentos quilômetros de distância, e durou quase o dia inteiro.

No controle de passaportes, declarei que era professora.

— E por que a senhora vai passar tanto tempo aqui? — perguntou o inspetor, desconfiado. — Não precisa voltar ao trabalho?

— Sou professora particular — menti. — Trabalho quando quero.

O inspetor olhou cético para mim, mas carimbou o passaporte. Os poucos paquistaneses que estavam a bordo do avião dirigiram-se todos juntos para a loja Duty Free, onde encheram suas cestinhas de compras com uísque indiano.

No táxi em direção a Amritsar, fiquei observando o vaivém dos transeuntes. Na beira da estrada, mulheres passeavam sozinhas, a maioria com a cabeça descoberta e os longos cabelos soltos. Não só havia muitas mulheres *caminhando* sozinhas, como uma grande proporção de motos e motonetas também eram conduzidas por mulheres. Muitas delas estavam vestidas com roupas ocidentais: jeans e camisetas. Havia semanas que não cruzava com tantas mulheres. Ao chegar ao hotel, fui recebida por três recepcionistas mulheres. O choque cultural estava completo.

No dia seguinte, finalmente subiria as montanhas de novo, depois desse longo desvio pela fronteira que não me deixavam atravessar a pé. Ansiosa para escapar do calor sufocante das terras baixas, passei o resto da tarde no quarto do hotel, que era abençoado com um ar-condicionado. Quando o sol se pôs e a temperatura caiu, mas apenas marginalmente, tomei um táxi para o Templo Dourado, o marco mais famoso de Amritsar. Como não era possível dirigir até o destino, o motorista me deixou em Jallianwala Bagh, o parque onde centenas de pessoas indefesas foram massacradas por soldados britânicos em 1919. Além do Templo Dourado, Amritsar é célebre principalmente pelos massacres ocorridos aqui no século xx.

Antes de começarem os disparos, os britânicos bloquearam as entradas do parque murado, de forma que era impossível escapar das balas. Entre 15 mil e 20 mil pessoas, incluindo muitas mulheres e crianças, reuniram-se para um protesto pacífico contra a prisão de dois líderes indianos, mas principalmente para celebrar o *Baisakhi*, um feriado observado tanto por hindus quanto por sikhs. Liderados pelo coronel Reginald Dyer, os britânicos estavam determinados a esmagar qualquer protesto no nascedouro e ordenaram aos soldados que disparassem na multidão até que acabassem as munições. Na pena do escritor Rudyard Kipling, Dyer ficou imortalizado como a pessoa que preservou a Índia, mas na realidade o massacre marcou o começo do fim do Raj. A joia havia se desprendido da coroa britânica e era apenas uma questão de tempo até que caísse. Gandhi, que apoiou os britânicos durante a Primeira Guerra Mundial na esperança de que os indianos obtivessem gradualmente maior autonomia com o passar do tempo, ficou convencido, após o banho de sangue em Amritsar, de que a independência total era a única solução.

Em frente ao memorial, uma chama oval estilizada em mármore vermelho, várias famílias com crianças se aglomeravam para tirar selfies. O gramado estava cheio de jovens entretidos com seus celulares e relaxando ao crepúsculo.

Segui o fluxo de gente pela rua até a grande, branca e imaculadamente limpa praça na entrada do Templo Dourado. As pessoas sentavam-se em pequenos grupos e conversavam e comiam, algumas traziam cobertores e pernoitariam ali mesmo. Deixei as sandálias num escaninho, cobri a cabeça com um xale fino, enxaguei os pés e entrei pelo portão branco.

Desci as escadas e deparei diretamente com o templo, que ficava no meio de um grande espelho d'água. Iluminado na noite de setembro, escura como breu, o edifício dourado parecia flutuar. O templo era muito menor do que eu havia imaginado, mas o espaço em volta era enorme. Peregrinos sentavam-se ao longo das paredes e descansavam ou meditavam, alguns dormiam. Nas margens, homens mergulhavam na água sagrada, e por toda parte havia homens com toalhas na cintura, se trocando. Peixes gordos e vermelhos nadavam preguiçosamente ao redor.

Percorri o interior do templo antes de me aventurar pelo refeitório comunitário. A longa fila para entrar era organizada e fluía bem. Enquanto esperávamos, recebemos uma bandeja de metal com divisões para os diferentes pratos, uma colher e uma caneca. A grande porta da sala de jantar se abriu e deixou passar dezenas de pessoas até voltar a fechar. A multidão atrás empurrava, fomos pressionados pelo mar de corpos contra a porta fechada. Depois de alguns minutos ela se abriu novamente, braços e pernas empurrando de todos os lados, não restava nada a fazer exceto se deixar levar.

Dentro do gigantesco refeitório reinava uma disciplina militar. As pessoas espremiam-se em filas longas e retas no chão e comiam. Um voluntário nos conduziu pelo local e nos instruiu a formar uma nova fileira. Uma jovem, alta e magra, vestida com um sári desbotado, sentou-se ao meu lado. Contou que era cristã e vinha com frequência ali acompanhada das irmãs. A seu lado sentava um rechonchudo empresário de meia-idade com um turbante vermelho. Ele era de Calcutá e havia cruzado o país em peregrinação para visitar o templo sagrado. Voluntários serviam arroz, lentilhas e chapati de enormes baldes de metal. A comida era simples, mas saborosa, e a jovem ao meu lado aceitou de bom grado a sugestão de se servir mais uma vez. Assim que nos levantamos, um homem veio com um enorme esfregão e lavou o chão em que estávamos sentadas. Na saída, passamos pela estação de lavagem onde os voluntários recebiam os utensílios usados, numa ensurdecedora sinfonia de talheres e louças, e os lavavam dentro da maior pia que jamais vi na vida.

Dei mais uma volta pelo templo, passando por milhares de peregrinos tomando banho, dormindo e meditando. Sobre o grande espelho d'água, o templo dourado cintilava como uma joia flutuante. A atmosfera era amigável, as pessoas acenavam e sorriam para mim, mas ainda me sentia uma estranha. Mentalmente, eu ainda estava no puritano Paquistão. Mal tinha começado a compreender as várias ramificações internas do islã, mas o que eu realmente sabia sobre o sikhismo?

Na entrada do terreno do templo, reparei numa placa que dizia *Information Office*. Para lá eu fui. Um simpático jovem de vinte e poucos anos me cumprimentou e pediu que eu sentasse numa das cadeiras disponíveis.

— Como posso lhe ajudar? — ele perguntou.

— Queria mais informações — respondi.

— Infelizmente, meus superiores não estão trabalhando hoje. — O jovem abriu os braços se lamentando.

— Mas temos uma excelente apresentação multimídia no departamento multimídia. Sugiro que vá até lá e encontrará todas as informações que procura.

— Irei — prometi —, mas você não pode me dar algumas informações básicas primeiro?

— Sugiro que você volte amanhã — disse o jovem.

— Meus superiores estarão de volta. Eles podem fornecer todas as informações que você procura.

— Vou para a Caxemira amanhã — eu disse.

— Oh! — O jovem olhou para o chão. — Então, como eu disse, sugiro que você assista à nossa apresentação multimídia.

— Você poderia antes me contar um pouco sobre a história do templo? — perguntei.

— Claro — disse o jovem —, mas todo esse pano de fundo é detalhado na apresentação multimídia.

— Irei até lá em seguida — prometi novamente.

O jovem limpou a garganta e começou:

— Ok, Harmandir Sahib, Templo Dourado, teve sua construção iniciada em 1581 por nosso quinto guru, o Guru Arjan, e foi concluído em 1589. O espelho d'água já existia, foi construído pelo nosso quarto guru, o Guru Ram Das, em 1577. Foi ele quem fundou Amritsar.

— Com licença, espere um minuto. — disse eu, enquanto pegava uma caneta e um bloco de notas da bolsa.

— Não tome notas — disse o jovem.

— Mas se eu não tomar notas não vou lembrar do que você me disser — expliquei.

— Não tem importância — disse o jovem do escritório de informações. — Apenas escute. As anotações você pode fazer depois.

Obedientemente, pus de lado a caneta enquanto o jovem recitava nomes estranhos e datas que imediatamente esqueci. Depois de terminar de contar a longa e intrincada história do templo, ele gentilmente me deixou retomar os apontamentos.

—O templo tem quatro entradas — disse o jovem. — Norte, sul, leste e oeste. É para que todos possam vir até aqui. Todos são bem-vindos, somos todos filhos do mesmo Deus. Quando o sikhismo foi fundado, no século XVI, as pessoas de castas inferiores não podiam entrar nos templos. Para o

141

Guru Nanak, o fundador de nossa fé, era importante que todos pudessem vir ao templo, que nenhuma distinção fosse feita entre as pessoas. Você já foi à cozinha comunitária?

Assenti.

— Excelente — disse o jovem funcionário. — É o primeiro lugar que se deve visitar no templo. Nós, humanos, somos incapazes de nos concentrarmos nas coisas espirituais sem que nossos estômagos estejam satisfeitos. Na cozinha comunitária, todos comem juntos, pobres e ricos, não há distinção entre as pessoas.

Erst kommt das Fressen, dann kommt die Moral [Primeiro a comida, depois a moral], como Brecht enuncia tão pragmaticamente.

— Quantas pessoas fazem as refeições num um dia normal? — perguntei, curiosa.

— Entre 50 mil e 60 mil. Nos fins de semana, recebemos até 200 mil pessoas, e, em ocasiões especiais, como feriados e réveillon, atendemos meio milhão de pessoas. Não as contamos, logo são estimativas baseadas apenas no consumo de alimentos. Todos os dias, 1,5 milhão de rúpias, mais de 20 mil dólares, é usado para comprar alimentos. Sempre servimos arroz, lentilhas, legumes, chapati e algo doce. Agora temos nossa própria máquina de chapati, você chegou a conhecê-la?

Balancei a cabeça negativamente.

— Facilitou muito as coisas — sorriu o jovem. — Qualquer pessoa pode dormir até três noites no templo, gratuitamente. Não é preciso ser sikh, todos são bem-vindos. Aliás, também recomendaria que você assistisse à cerimônia sukhasan antes de ir. O Guru Granth Sahib, nosso livro sagrado, é envolto num pano e levado do Templo Dourado para as câmaras internas, onde permanece à noite. Cedinho na manhã seguinte ele é trazido de volta.

— Obrigada pela dica e pela informação — disse, e comecei a colocar as coisas de volta na bolsa. — Como é seu nome, por falar nisso?

— Não posso dizer meu nome — O jovem deu de ombros desculpando-se. — Na verdade, não sou autorizado a dar entrevistas. Espero que goste da nossa apresentação multimídia. Como eu disse, lá você obterá todas as informações que procura.

Despedi-me do anônimo jovem funcionário do escritório de informações. Quando cheguei à grande praça de pedra, virei à direita, conforme as instruções, e encontrei as escadas que desciam para o centro multimídia. Dali não pude seguir. As portas para o mundo multimídia estavam trancadas; cheguei tarde demais, as telas estavam desligadas e já não havia informações disponíveis.

O interior do templo estava ainda mais abarrotado do que antes, uma pletora de cores, vozes e corpos. Encontrei um canto relativamente tranquilo e comecei a ler sobre a história do lugar. A relação dos sikhs com os britânicos era tensa, mas a relação com os regentes locais não era muito melhor. Em 1737, o então governante mogul transformou o templo num pavilhão de entretenimento com dança e música. Nove anos depois, outro regente mogul mandou encher de areia o espelho d'água. Em 1757, depois de conquistar Amritsar, o rei afegão Ahmad Shah Durrani despejou ali entranhas de reses abatidas e lixo. Os moradores limparam a imundície e recuperaram o espelho d'água, mas, cinco anos depois, Durrani voltou para Amritsar e dessa vez mandou a construção pelos ares. Os sikhs arrecadaram dinheiro para construir um novo templo, e as generosas doações lhes permitiram mais tarde revestir o templo inteiro com ouro puro.

A tensão não chegou ao fim com a independência, em 1947. Na década de 1980, o fundamentalista Jarnail Singh Bhindranwale entrincheirou-se no templo e transformou a área em sede e campo de treinamento para o movimento separatista. O movimento Khalistan, que lutava por um Estado sikh independente no Punjab, estava por trás de uma série de assassinatos e atentados que tiraram a vida de centenas de pessoas. No verão de 1984, a primeira-ministra Indira Gandhi desistiu das tentativas de negociar com os rebeldes e ordenou o assalto ao templo. A operação militar, de codinome Blue Star, envolveu mais de 10 mil soldados e durou uma semana. No momento do assalto, o local estava lotado de peregrinos celebrando o aniversário da morte do Guru Arjan, o fundador. Oficialmente, 493 rebeldes e civis, bem como 83 soldados, foram mortos durante a operação, mas fontes sikhs alegam que o número de baixas passa de 5 mil. O próprio Bhindranwale morreu no ataque, e o movimento separatista foi expulso do templo para sempre. Meses depois, em 31 de outubro de 1984, Indira Gandhi foi morta por dois de seus guarda-costas, ambos sikhs, como vingança pelo massacre. Pelo menos 3 mil sikhs foram mortos durante os tumultos que se seguiram em todo o país.

Dito assim até parece que a história consiste principalmente em massacres e destruição, mas os vestígios da carnificina foram deixados para trás havia muito tempo, e o templo e seus edifícios circundantes foram restaurados e reconduzidos à antiga glória do passado. O curso da história é uma eterna destruição e reconstrução, uma exaustiva ciranda que nunca tem fim.

Incomodada depois de passar tanto tempo sentada no chão duro, fui até a longa fila de peregrinos e curiosos que vieram assistir à cerimônia noturna. Havia braços, bolsas e quadris por toda parte, mulheres e homens apinhados uns ao lado dos outros. A fila era longa e avançava lentamente, em ondas curtas de movimentos bruscos. De repente, senti dedos apalpando meu traseiro. Desvencilhei-me, mas logo os dedos estavam lá novamente. Virei de costas e dei com o olhar fixo de um jovem.

— Com licença, posso ficar na sua frente? — perguntei à mulher na frente da fila, uma voluptuosa senhora de uns cinquenta anos. Compreensiva, ela acenou com cabeça e me deixou passar, e a partir de então tudo que senti roçando minhas coxas era a enorme bolsa que ela carregava. Já passavam das dez horas quando cheguei ao Templo Dourado, o livro sagrado precisava dormir.

No interior do apertado templo, os peregrinos se comprimiam pelo chão. Ali também tudo era revestido de ouro, os construtores não pouparam gastos. Vestido de branco com um turbante preto na cabeça, o sacerdote-mor agitava um grande cajado coberto de penas brancas sobre o livro sagrado. Músicos tocavam tambores, e os demais sacerdotes e peregrinos repetiam preces a meia-voz. Consegui ainda ver o livro sendo embalado num tecido de algodão branco e depois coberto com um pano bordado colorido. Um segurança fez sinal para eu caminhar para fora do templo, a fila precisava andar caso todos quisessem acompanhar um pouco da cerimônia, mas a passagem estava bloqueada por peregrinos em pé rezando em silêncio. Terminada a oração, o livro foi solenemente carregado para fora do templo, num cortejo de sacerdotes, peregrinos e músicos. Enquanto isso, os peregrinos se aglomeravam em volta da água sagrada cinzenta que escorria por um canal no chão logo atrás do templo, enchiam as mãos e a bebiam.

Fiz como os peregrinos e enchi as mãos da água, mas não a bebi.

Atravessar uma fronteira é lançar-se inadvertidamente noutra realidade. Eu estava a apenas alguns quilômetros de Lahore e da fronteira fechada de Wagah, e quase tudo era diferente, do alfabeto aos adornos sobre a cabeça. As cicatrizes históricas eram, em geral, as mesmas, já que a fronteira era de uma data tão recente, mas, exceto por isso, as referências para mim eram escassas.

A primeira vez que vim à Índia eu tinha dezenove anos. Nunca tinha estado tão longe de casa antes e fiquei completamente impactada. A multidão de gente, os cheiros, as cores, o barulho; era como se meus sentidos nunca tivessem tempo para assimilar tudo. Durante dois meses, percorri cidade após cidade rumo ao sul e depois ao norte novamente, cada vez mais magra, minha barriga intumescida de tantas amebas. No final cansei, não dos problemas estomacais, mas de vagar sem rumo, comer panquecas em cafés de mochileiros, sair com outros jovens ocidentais, pechinchar como se fosse uma questão de vida ou morte; a vida do mochileiro resume-se quase exclusivamente a tópicos como logística, dinheiro e nada além disso. Em perspectiva, era uma vida estranhamente vazia. Tentei me lembrar de quem eu era então, tentei imaginar o que havia pensado e sentido, mas as imagens se desvaneciam, tudo que me restou na memória eram vagos fragmentos: uma barata, uma aranha, uma cremação em Varanasi, uma panqueca de coco em Kerala, um templo infestado de ratos. Eram lembranças que poderiam muito bem pertencer a outra pessoa.

Na época, a primeira vez, viajei com um namorado, mas desde então tenho viajado principalmente sozinha. Quem viaja acompanhado, mesmo que de uma só pessoa, rapidamente vai parar dentro de uma bolha, um mundinho particular. Sozinho, o viajante está à mercê do ambiente, exposto, nu.

A questão, claro, é por que viajamos, afinal? Por que nos submetemos a tanto desconforto, tantos deslocamentos, tantas despesas que uma viagem necessariamente acarreta? A pergunta pode rapidamente enveredar por um rumo nauseantemente existencial, mas para mim a resposta é simples: não consigo mais parar.

E agora eu estava de volta à Índia; na última vez, tinha metade da minha idade atual. Eu estava de regresso, mas ainda num território desconhecido. Nunca tinha passado pelo Punjab antes, nunca tinha estado em Amritsar nem as terras altas da Índia. A Índia não é um país, é um subcontinente, e não encerra uma única realidade, mas uma miríade de mundos paralelos.

Perto do hotel em que me hospedei, havia um templo dedicado a Krishna. Deus do amor e da compaixão, Krishna é considerado uma das muitas encarnações do poderoso deus Vishnu e é, ele próprio, um dos deuses mais populares do hinduísmo. O templo não era difícil de localizar, embora não fosse particularmente grande nem exatamente antigo. A vizinhança inteira estava aglomerada ao redor para celebrar o *janmashtami*, o nascimento de Krishna.

O interior do templo também estava lotado. As salas estavam decoradas com guirlandas e balões coloridos, e na maior delas havia um grupo de músicos cantando e tocando tambores. Um poderoso sistema de alto-falantes se encarregava de que absolutamente todos na vizinhança não perdessem a celebração. Passei pela fila de pessoas que recebiam doces dos sacerdotes e, mais adiante, rapidamente tocavam num pequeno berço. Era quase meia-noite e o instante do nascimento se aproximava. Alguém aumentou ainda mais o volume; os alto-falantes estrilavam, meus ouvidos começaram a doer e resolvi sair para a rua. Meninos e meninas se reuniram ao meu redor de celulares em punho, todos querendo uma selfie, eu olhava de um lado para o outro e era só sorrisos.

Dois policiais idosos, ambos sikhs, com turbantes retesados e longas barbas, surgiram caminhando. Eles tomaram posição a poucos passos do templo e de vez em quando olhavam intrigados para mim. Um casal jovem e bem-vestido se aproximou de mim, depois de ter falado com os policiais.

— Eles estão preocupados com a sua segurança — disse o homem, fazendo um meneio de cabeça na direção dos sikhs. — Acham melhor você sair daqui. Mas não a pé — acrescentou ele. — É perigoso. Há meninos de rua e ladrões na redondeza.

— Mas faltam apenas dez minutos para a meia-noite — insisti. — Vou embora logo depois, meu hotel fica bem perto.

— Se quiser pode vir para a nossa casa — disse o homem. — Moramos a dois minutos daqui e estamos de carro.

— Sim, venha conosco — concordou a esposa. — Você pode participar do nosso ritual. Temos nosso próprio altar, todo mundo tem o seu. Lá é mais tranquilo do que aqui.

A polícia anotou o endereço, o telefone e o número do carro do jovem, e eu me acomodei no banco de trás. Três minutos depois, viramos em frente a um grande portão. A mãe do jovem nos recebeu com um largo sorriso. A seus pés, um cachorrinho furioso saltitava sem parar. A mãe não pareceu nem um pouco surpresa pelo fato de o filho ter trazido uma estranha para casa, mas o cachorrinho tanto não gostou tanto da minha presença que precisou ser isolado no jardim. Subimos as escadas para o andar superior, onde a mãe havia passado o dia todo enfeitando o pequeno altar doméstico. O pequeno Krishna no berço recebeu roupas e joias novas, e pétalas de flores coloridas em padrões intrincados foram espalhadas sobre a mesa do altar. A mãe acendeu uma lamparina a óleo e trouxe uma colher e uma tigela de nozes trituradas e frutas secas. Ela mergulhou a colher na mistura de nozes e fez menção de oferecer uma colherada às estátuas coloridas, todas representando diferentes encarnações de Krishna. Depois, a nora fez o mesmo, e, finalmente, eu. O ritual particular teria sido solene e pacífico não fosse pelo fato de o cachorrinho estar a ponto de arrombar a porta.

Ao deixar a sala do altar, me dei conta de que havia pisoteado os elaborados arranjos florais que a mãe passara o dia inteiro fazendo. Não me dei conta de que ela havia decorado também o chão, e agora as solas dos meus pés estavam cobertas de pétalas de flores e pó colorido. Pedi milhões de desculpas enquanto eles garantiam que estava tudo bem, embora eu tenha ficado com a impressão de que estavam apenas sendo corteses com a visitante.

Voltamos para a sala de estar, onde a mãe deu a cada um de nós uma tigelinha cheia da mesma mistura doce de nozes e frutas secas que Krishna acabara de receber. Depois de comermos, o casal me levou ao hotel, e, por um átimo, assimilando tantas impressões e rituais, senti até uma certa nostalgia por ter de partir no dia seguinte, rumo ao norte, de volta às montanhas.

149

Paraíso sob toque de recolher

— Bem-vinda a Srinagar! — Um homenzinho pançudo e de óculos correu em minha direção e agarrou minha mochila. — Farei *todo o possível* para que você saia daqui com uma impressão positiva da Caxemira! — anunciou ele e saiu apressado com o que eu trazia de bagagem.

Algumas semanas antes, eu havia discutido brevemente o itinerário do norte da Índia com um agente de viagens local, mas decidi fazer o percurso por conta própria. Estava cansada de seguir cronogramas, de ter tudo planejado com antecedência e não poder decidir onde me hospedar. Mesmo assim, Javid Iqbal, chefe da divisão da Caxemira da agência de viagens, insistiu em me apanhar no aeroporto e me mostrar os arredores.

— Farei de *tudo* para garantir que você tenha uma estada bem-sucedida para que diga a todos os seus amigos e parentes que eles devem visitar a Caxemira, para mim isso é suficiente! — jurou ele. — Aqui na Caxemira somos muito hospitaleiros. Já a considero uma amiga, alguém da família!

Embora fosse um ano mais novo que eu, Javid era o tipo de pessoa que aparentava ter meia-idade desde sempre. Seu cabelo já era ralo e ele tinha rugas expressivas na testa e ao redor dos olhos. Os dentes eram tortos e irregulares. A van atemporal que dirigia lhe caía muito bem. No curto no trajeto até o centro, cruzamos com tantos soldados que me cansei de contar, todos equipados com capacetes, joelheiras e coletes à prova de balas.

— Espero *sinceramente* que você goste da Caxemira — repetia Javid enquanto passávamos diante de soldados ainda mais fortemente armados.

O trânsito era caótico, e motoristas, pedestres e motonetas brigavam por espaço nas ruas estreitas, buzinando sem parar. Como em toda a Índia e o Paquistão, o lixo transbordava pelas ruas, mas as residências eram diferentes das casas de concreto incolor que caracterizam as cidades nesta parte do mundo. Eram de tijolos e decoradas com madeira lindamente entalhada; praticamente todas as moradias tinham janelas e varandas elaboradas.

— Meu maior desejo é que um dia a Caxemira se torne independente — disse Javid, olhando carrancudo para um grupo de soldados indianos. — De preferência com a adoção da xaria! — acrescentou ele, resoluto.

— Não é uma lei brutal demais? — ponderei.

— Não, é um mito que a xaria seja brutal — afirmou Javid.

— Mas a xaria geralmente envolve punição física — argumentei.

— Sim, é verdade, mas isso só faz bem! — Javid ergueu a voz, entusiasmado. — De acordo com a xaria, um estuprador, por exemplo, deve ser enterrado no chão de forma que apenas a cabeça fique aparente, e então ele deve ser apedrejado. Quem se arrisca a receber uma punição assim não vai querer estuprar ninguém. E ninguém mais roubará se todos os ladrões tiverem uma mão decepada!

Javid me convidou para um chá em sua casa. Ele me recebeu na sala de estar, uma pequena sala acarpetada e sem móveis. A mãe, uma mulher simpática de pele clara e grandes olhos azuis, tentava me agradar de todas as maneiras. Ela se sentou e sorriu para mim enquanto eu bebia chá, e enchia a xícara a cada vez que eu a colocava sobre a mesa. Para sua decepção, não pude ficar muito tempo, pois tinha um almoço marcado com Sohail, um jovem empresário local com quem eu havia entrado em contato por meio de conhecidos em comum. Javid insistiu em me levar ao restaurante, bem como em participar do almoço em si.

— Estou preocupado com você — explicou. — Quero saber quem é esse homem com quem você vai se encontrar para me certificar de que ele é uma boa pessoa. Eu não o conheço, nunca o vi antes, então é natural que eu esteja preocupado e, portanto, queira vê-lo.

— A rigor, você também não me conhece — retruquei.

— Já disse que você é como se fosse uma parente minha — disse Javid. — A propósito, sou divorciado — acrescentou. — Minha esposa me deixou quando nossa filha tinha apenas três meses. Eu fiquei com a bebê, ela não quis saber da menina. Tudo o que a interessava eram 200 mil rúpias, e isso ela conseguiu. Logo depois, ela se casou com outro homem e teve um filho com ele.

— Você pretende se casar de novo? — perguntei.

— Minha mãe me importuna todos os dias, mas não quero mais saber de mulheres — declarou Javid. — Para mim, ser pai já é o suficiente. Minha filha já tem nove anos e vai muito bem na escola, aprende tudo muito rápido; sim, ela é muito mais esperta do que eu! Minha esposa estava ansiosa para ter um filho, mas pessoalmente prefiro ter uma filha.

Simpatizei com Sohail à primeira vista. Ele tinha 27 anos e vestia jeans e camiseta. Um creme de modelar deixava brilhante seu cabelo escuro e ondulado. Ele estava sentado com dois amigos, o jovial Mir Saqib, de 32 anos, e o sorumbático e espadaúdo Muzaffar, de 36. Os três eram proprietários de fábricas de suco e água mineral no sul da Caxemira. Assim que me sentei, Aijaz Hussain, o vice-presidente da ala jovem do Bharatiya Janata (BJP), partido do primeiro-ministro Narendra Modi, apareceu sem avisar e sentou-se conosco. Embora todos tivessem acabado de chegar, tive a sensação de ter me metido no meio de uma discussão acalorada. Javid ficou sentado assistindo tudo de olhos arregalados e, felizmente, boca fechada.

— A Índia é um país secular e democrático — disse Aijaz apaixonadamente. — Deixe-me colocar desta forma: Um buquê de flores é mais bonito do que uma flor solitária! Temos setenta anos de história compartilhada com a Índia, e muitos caxemires servem no exército ou estudam na Índia. As pessoas devem amar seu país, essa é a minha opinião. Nós do BJP queremos construir uma ponte entre a Índia e a Caxemira.

— E os milhões assassinados pela Índia? — provocou Sohail, ansioso por uma discussão. — Responda-me, por favor.

— Foi antes de chegarmos ao poder — rebateu Aijaz. — Não estou dizendo que tudo está perfeito. Temos problemas administrativos. Somos afetados pela corrupção. O setor público é fraco.

— E a relação com o Paquistão? — perguntei.

— Costumo dizer que podemos melhorar nossos amigos, mas não nossos vizinhos — disse Aijaz. — Queremos um relacionamento melhor com o Paquistão, mas não queremos ser uma parte do Paquistão. O Paquistão é uma nação muçulmana. Nós somos uma democracia.

— As minorias e os muçulmanos xiitas se sentem mais seguros na Índia do que no Paquistão — explicou Sohail. — Setenta por cento da população da Caxemira é de muçulmanos sunitas. O resto são muçulmanos xiitas, sikhs, cristãos, hindus e outras minorias.

— Você pertence a alguma minoria? — perguntei a Aijaz.

— Sim, sou xiita — respondeu ele. — Os defensores da liberdade sempre mencionam o amanhã, mas o amanhã é sempre amanhã, nunca chega — continuou ele. — É melhor se relacionar com o hoje, com a situação atual.

— Na situação atual, pessoas são mortas diariamente — argumentou Sohail. — Dez dias atrás, um amigo meu foi morto a tiros em Pulwama, não muito longe daqui. Shabir Bhat era o nome dele, também membro do BJP. Ele se encontrou comigo três horas antes de ser assassinado. Até me perguntou se eu tinha dinheiro para dar aos pobres por ocasião do Eid. Tinha só 27 anos incompletos. Imagine, morto durante o Eid! Durante o Eid sacrificamos cabras a Alá. Sua mãe teve de sacrificar o próprio filho.

— Quem o matou? — perguntei.

— Hizbul Mujahideen — responderam os jovens ao redor da mesa numa só voz.

— Eles são apoiados pelo Paquistão — explicou Sohail. — O quartel-general deles fica em Muzaffarabad, capital da Caxemira Livre, a metade paquistanesa da Caxemira. Tudo o que acontece aqui é antes aprovado por eles.

— O Paquistão é a maior ameaça à Caxemira — disse Aijaz. — Eles querem desestabilizar toda a região. Uma Caxemira instável é do interesse deles, não da Índia. O Gilgit-Baltistão, no norte do Paquistão, também faz parte da Caxemira. Também deveria ser parte da Índia, na minha opinião.

— Mais pessoas aqui têm essa mesma opinião? — perguntei.

— A maioria das pessoas pensa com o coração, não com o cérebro — suspirou Aijaz. — Não são racionais.

— Ele tem *doze* guarda-costas! — debochou Sohail.

— Isso é muito sério, não ria — repreendeu Aijaz. — O povo da Caxemira não é devidamente esclarecido. Eles não entendem que há gente que fatura alto com essa carnificina. Uma arma não promove a paz, só consegue matar. Quem acha as armas trarão a paz à Caxemira está equivocado.

— Você sofreu ameaças? — perguntei.

— Claro. Por que você acha que tenho tantos guarda-costas? Já sofri dois ou três atentados. Num deles, três terroristas foram mortos a tiros em frente à minha casa. Faz um ano que só ando protegido por guarda-costas.

— Não é terrível nunca poder ficar sozinho?

— Não, eu valorizo mais a segurança. Dizer a verdade por aqui é perigoso. Eu sei que corro o risco de ser morto amanhã.

Fomos para o jardim do café, e, mediante reiteradas promessas de completo anonimato, consegui falar com um dos guarda-costas de Aijaz. Ele tinha um rosto estreito e barba cheia, sorria com frequência e parecia tímido. Aijaz sentou-se ao lado dele, cercado por mais três guarda-costas. Agora que estávamos ao descoberto, ele era um alvo fácil para qualquer aspirante a assassino.

— Tenho 38 anos, sou casado e tenho dois filhos — disse o guarda-costas. — Um menino de nove anos e uma menina de três. Trabalho na polícia há vinte anos. Não consegui arrumar outro emprego. Gosto do que faço, mas é perigoso. Meu irmão, também policial, foi morto no início deste ano num confronto com manifestantes. Durante o funeral de Shabir Bhat, fomos atacados por pessoas que atiravam pedras e tivemos de bater em retirada para evitar que a situação saísse do controle.

— Sua família deve ficar muito preocupada com você — comentei.

— Sim, minha esposa e minha mãe ligam umas cinquenta vezes por dia para saber se estou bem.

— Você quer que seu filho seja policial como você?

Ele refletiu demoradamente.

— Tudo bem se ele quiser ser um policial com nível superior — disse por fim.

— Se você pudesse escolher entre todas as profissões do mundo, o que você mais gostaria de ser? — perguntei.

— Professor — respondeu ele, com um discreto sorriso oculto pela barba.

— Seu trabalho envolveu situações em que você teve de matar?

— Claro que sim. — Ele me olhou espantado. — É considerado um «dano colateral», mas claro que não é bom.

— O que você acha do conflito na Caxemira? Você prefere passar a fazer parte do Paquistão, permanecer na Índia ou se tornar independente?

— Independente. — Ele olhou para os sapatos. — Porque as pessoas na Caxemira estão sofrendo — acrescentou em voz baixa.

O comentário, tão irônico vindo do guarda-costas de um dos líderes locais do partido indiano no poder, fez todos ao redor explodirem em gargalhadas.

— Você acha que vai conseguir viver numa Caxemira livre? — perguntei.

— Não — a resposta foi de bate-pronto. — A situação está como está desde 1947. Não tenho fé de que um dia possa mudar.

A história de como a Caxemira se tornou parte da Índia é complexa.

No século XVI, depois de os senhores da guerra muçulmanos da Ásia Central gradualmente subjugarem o norte da Índia, a Caxemira era o lar sobretudo de hindus e budistas. Ao longo dos séculos seguintes, quase toda a população se converteu ao islã. No século XVIII, a Caxemira caiu sob o domínio brutal dos regentes afegãos Durrani, e, em 1819, foi anexada pelo exército sikh de Ranjit Singh, que já havia conquistado Lahore e grandes partes do Punjab.

Graças ao habilidoso general Gulab Singh, a Caxemira prosperou consideravelmente no reinado sikh. Ladakh, no norte, na fronteira com o Tibete, tornou-se parte da Caxemira, assim como o Baltistão, no noroeste, no atual Paquistão. Gulab Singh não era um sikh, mas um hindu, e vinha de uma família da região de Jammu que falava dogri. Como recompensa por seus esforços, Ranjit Singh o nomeou rajá de Jammu e Caxemira.

Quando Ranjit Singh morreu, em 1839, o poderoso império que fundou desintegrou-se quase que instantaneamente. Seis anos após sua morte, a Companhia Britânica das Índias Orientais entrou em guerra contra os sikhs, e, meses depois, o reino sikh era história. Os britânicos, porém, não estavam interessados em governar diretamente os novos territórios que haviam amealhado. Durante a guerra, Gulab Singh, o rajá de Jammu e Caxemira, mostrou-se um homem moderado e serviu como um intermediário útil entre os britânicos e os sikhs. Em contrapartida, os britânicos permitiram que ele comprasse de volta os territórios que havia governado. Dessa forma, Gulab Singh se tornou o primeiro marajá, grande rei, de Jammu e Caxemira, o maior Estado vassalo da Índia britânica.

Quando Gulab Singh morreu, em 1857, seu filho, Ranbir, assumiu como marajá, e sob ele Gilgit, Hunza e Nagar, no atual norte do Paquistão, também passaram a integrar a Caxemira. Os britânicos não se envolviam com essas anexações locais na periferia do império, pois toda a Índia estava, de qualquer maneira, sob a supremacia britânica.

A dinastia Singh, ou Dogra, como é comumente chamada, governava um complexo posto avançado da Índia: em Jammu, no sul, os hindus eram a maioria, e, além disso, uma parte significativa da população era sikh. Na Caxemira, os muçulmanos sunitas eram a maioria, enquanto no norte, na escassamente povoada Ladakh, a população era sobretudo budista. Em Gilgit e Hunza, no nordeste, viviam principalmente os xiitas.

Em 1947, a quarta geração dos Singh, Hari Singh, ocupou o trono de Jammu e Caxemira. Embora fosse mais conhecido por ser perdulário e pelo grande número de concubinas, nesse ano uma escolha marcaria seu legado: como marajá de um principado independente, ele poderia decidir sozinho se Jammu e Caxemira se tornariam parte do Paquistão ou da Índia. Como a maioria da população era muçulmana, o Paquistão seria uma escolha natural. No entanto, Hari Singh esperava poder manter o território independente, e adiou a decisão o quanto pôde. O marajá, extremamente impopular por causa dos altos impostos que impunha à população, agora tinha de lidar também com

159

uma rebelião no oeste da Caxemira. Depois de algumas semanas, os manifestantes declararam que não seriam mais súditos de Hari Singh e estabeleceram seu próprio governo. Essa parte da Caxemira é hoje parte do Paquistão, sob o nome de Azad Kashmir, Caxemira Livre.

A situação passou de difícil a dramática quando um grande grupo de pachtos do oeste do Paquistão, apoiados pelo governo paquistanês, cruzou a fronteira de armas na mão para lançar a jihad contra os infiéis e forçar o marajá a permitir que Jammu e Caxemira se tornassem parte do Paquistão. A invasão, porém, teve o efeito oposto: um desesperado Hari Singh pediu ajuda à Índia para reprimir a rebelião, e, em 26 de outubro de 1947, foi assinado o acordo que selaria o destino da Caxemira.

Jammu e Caxemira agora eram oficialmente parte da Índia.

Estava escurecendo quando Javid me levou ao lago Nigeen, o mais tranquilo dos lagos de Srinagar. Um condutor de *shikara* estava esperando por mim no cais e me levou pelo lago até à casa-barco onde eu pernoitaria. As *shikaras*, uma espécie de versão menos luxuosa das gôndolas venezianas, são o símbolo de Srinagar. Como em Veneza, o barqueiro fica na popa com um remo que usa para propelir e dirigir a embarcação. Antes de partir, Javid prometeu voltar na manhã seguinte para me mostrar o lugar mais bonito de Srinagar. O som do motor da van atemporal foi se afastando distante, e, finalmente, não se ouvia nada além das cigarras e do chacoalhar do remo. A lua era refletida na superfície brilhante da água.

Srinagar é famosa por suas casas flutuantes, um legado dos britânicos, que se reuniam na Caxemira no verão para caçar, pescar e relaxar no clima ameno da montanha. O marajá não permitia que forasteiros comprassem terras ou propriedades na região, então a solução foram as casas flutuantes. No tempo dos britânicos, algumas dessas habitações também eram utilizadas para transporte, mas hoje a grande maioria está permanentemente ancorada, como hotéis flutuantes.

— Por que você chegou tão tarde? — perguntou o filho do proprietário, Ajaz, que estava no convés para me receber. — O barqueiro estava esperando havia horas. Você tem ideia de quanto isso custa?

Ele me mostrou minha cabine e anunciou que o jantar seria servido em breve. Eu era a única hóspede e tinha a casa flutuante inteira para mim. A cabine era como uma cápsula do tempo, coberta por um carpete vermelho de parede a parede e decorada com cortinas floridas e centenárias fotos preto e branco. Poucas coisas mudaram desde que os britânicos endinheirados costumavam veranear aqui.

Agora quase ninguém mais passa férias na Caxemira. Em 1989, após a retomada da rebelião contra a Índia, o número de turistas estrangeiros despencou. Em 1995, seis turistas ocidentais que, apesar disso, ousaram fazer a viagem foram sequestrados por terroristas islâmicos e, de repente, o conflito na Caxemira ganhou as primeiras páginas dos jornais de todo o mundo. Um norueguês, Hans Christian Ostrø, estava entre os sequestrados. O jovem de 27 anos foi decapitado após um mês e meio de cativeiro. Um refém conseguiu escapar, enquanto os outros quatro teriam sido baleados. A maioria dos países ocidentais ainda adverte seus cidadãos a não viajar para a Caxemira.

Depois de uma hora e meia, Ajaz bateu na porta e anunciou que o jantar estava servido. O refeitório era pequeno e aconchegante, com móveis de madeira clara, delicadamente entalhados. Ajaz sentou-se numa cadeira e me observou comer.

— É verdade que o presidente norte-americano Theodore Roosevelt dormiu aqui? — perguntei. Em algum lugar na internet, li que o presidente Roosevelt havia se hospedado nesta casa flutuante específica, e por isso mesmo reservei o lugar. A expectativa era ouvir a história murmurando pelas paredes.

Ajaz animou-se e foi buscar um porta-retrato no aparador.

— É uma cópia da carta de agradecimento que o presidente norte-americano enviou ao meu avô — explicou. — Ele ficou aqui um mês inteiro, em 1925.

Como o presidente Theodore Roosevelt morreu em 1919, a carta devia ser do seu primogênito, Theodore Roosevelt Jr., cuja carreira nunca foi tão extensa quanto a do pai. A carta também era assinada por Eleanor Butler Roosevelt, sua esposa, e dois outros Roosevelt cujos prenomes não consegui decifrar.

Agradeci a Ajaz por me mostrar a correspondência e me retirei para a cabine, saciada de arroz de jasmim, curry, história britânica e política indiana. Exceto pelo alarido das cigarras na praia, o silêncio na casa-barco era total.

De manhãzinha, enquanto ainda estava escuro, subi a bordo da *shikara*, que estava de prontidão. O barqueiro silenciosamente começou a remar comigo pelo lago. De um aglomerado de mesquitas, distantes e próximas, ouvia-se o chamamento para a primeira oração do dia. O barco deslizava tranquilamente sobre a água, passando por baixo de uma ponte e por canais estreitos guarnecidos de flores de lótus e nenúfares. Patos e pequenos pássaros remexiam nas grandes folhas verdes em busca de comida.

— Tudo bem se eu rezar? — perguntou o barqueiro.

Fiz que sim a cabeça, claro, e ele começou a balbuciar enquanto se ajoelhava e se levantava, se ajoelhava e se levantava. O céu negro tingiu-se de cinza antes de lentamente se cobrir de um tom azulado, depois vermelho-dourado e finalmente branco-leitoso. Um novo dia amanheceu e, depois de o barqueiro terminar sua oração, a viagem continuou entre flores e jardins flutuantes. Os famosos jardins de Srinagar são feitos de ervas daninhas e raízes compactadas até formar uma espécie de tapete flutuante, com cerca de um metro de espessura, em que se pode cultivar de tudo, de melões a pepinos. No passado, oficiais britânicos relatavam constantes reclamações dos nativos de que seus jardins haviam sido rebocados por ladrões.

Pouco depois das seis horas, quando já estava claro, chegamos ao mercado flutuante de hortaliças. Jardineiros e fazendeiros de toda parte vinham remando até a clareira cinzenta com *shikaras* carregadas de cebola, repolho, alface, pepino e outros vegetais, colhidos em suas hortas flutuantes, e os vendiam a merceeiros que, por sua vez, os revendiam para donas de casa e restaurantes de Srinagar. Por toda parte havia compras e barganhas; pilhas de dinheiro trocavam de mãos e legumes eram carregados de um barco de madeira para outro.

Um punhado de vendedores se especializou nos turistas que ocasionalmente acorrem até aqui e se dirigiam ansiosamente para mim. Um ancião de cabelos brancos vendia *kahwah*, uma especialidade da Caxemira.

A bebida consiste em chá verde temperado com açafrão e canela, adoçado com mel e adicionado de amêndoas picadas. Comprei uma xícara para o barqueiro e outra para mim; a bebida doce e quente tinha um sabor tão dourado quanto o nascer do sol que eu acabara de contemplar. Um jovem sério, de rosto anguloso e estreito, tentou me vender bonecos de papel machê. Seu companheiro, que parecia mais simpático, oferecia latinhas de açafrão.

— O papel machê é leve, não pesa nada, é um presente perfeito para levar na bagagem! — insistiu o primeiro vendedor, cujo nome mais tarde descobri ser Amir.

— O açafrão da Caxemira não ocupa espaço e é famoso em todo o mundo! — argumentou o colega, cujo nome jamais descobri.

Discutimos sobre papel machê e especiarias por um bom tempo. Os dois camaradas se superaram gabando-se de seus próprios produtos, as vantagens de cada um não tinham fim.

— Você prefere Paquistão, Índia ou independência? — por fim perguntei, tentando desviar a conversa para outro rumo.

— Independência, é claro — Amir não precisou de tempo para pensar. — Quero que a Caxemira seja livre, como um dia foi. Os indianos estão nos matando. Desde 1947, já mataram milhões! A Índia também é um país de estupradores, as mulheres sofrem estupros coletivos. Os paquistaneses não são muito melhores, eles só estão interessados nas nossas terras, assim como os indianos. Além disso, o Paquistão é retrógrado. Eles não perceberam que vivemos no século XXI e que as mulheres precisam ser livres.

— Falando em mulheres — eu disse —, qual é a forma de casamento mais comum aqui na Caxemira? Arranjado ou por amor?

— Arranjamos casamentos por amor — riu o vendedor de açafrão.

— Não acredito em amor — disse Amir, com um olhar pesaroso. — Tive uma experiência ruim com uma garota uma vez. Extremamente ruim. Quando terminamos, eu não fazia outra coisa além de chorar. Amor, nunca mais. Nunca mais! Amor não é para mim.

Quem devia acreditar mesmo no amor era o imperador mogul Jahangir, que no início do século XVII deu de presente à sua rainha, Nur Jahan, a Luz do Mundo, um jardim de amor. Srinagar é famosa por seus suntuosos jardins persas, e o Shalimar Bagh, o jardim que Jahangir projetou, é possivelmente o mais belo. *Shalimar* significa «morada do amor» em sânscrito, enquanto *bagh* é persa para «jardim».

Jahangir era filho do imperador mogul Akbar, que anexou a Caxemira em 1586. Jahangir ficou tão encantado com a Caxemira que fez de Srinagar sua capital de verão. Todos os anos, com o aparato da corte e do Estado a reboque, Jahangir atravessava as montanhas com elefantes para desfrutar alguns meses em Shalimar Bagh, rodeado de árvores, flores e fontes, tendo o Himalaia como pano de fundo. No pavilhão superior, mandou gravar uma citação que costuma ser atribuída ao poeta Hazrat Amir Khusrau: «Se existe um paraíso na terra, ei-lo, ei-lo, ei-lo». Diz-se que, quando estava em seu leito de morte, Jahangir foi questionado sobre qual seria seu maior desejo. «A Caxemira, o resto não tem valor» teria sido a resposta.

O jardim era todo um mundo à parte, com fontes, canais e árvores esguias e elegantes como jamais vi, todas típicas da Caxemira, além de canteiros bem cuidados de rosas e flores multicoloridas. Num laguinho cercado por placas de «Proibido nadar», meninos e meninas brincavam alegremente na água. Nos gramados, famílias e amigos sentavam-se para beber chá e conversar. Atrás de uma árvore com magníficas flores cor-de-rosa, quatro homens de punhos cerrados e rostos vermelhos ameaçavam-se mutuamente.

— Por que estão brigando? — perguntei a Javid, que havia cumprido a promessa da noite anterior e me levado ao lugar mais bonito de Srinagar.

— Não tenho ideia — disse ele, encolhendo os ombros. — Talvez por causa do chá — Ele franziu o cenho. — O que quer ver agora?

— O túmulo de Jesus — respondi.

Javid suspirou.

— Todo mundo me pede isso — disse ele.

A teoria de que Jesus não morreu na cruz, mas foi enterrado em Srinagar, foi popularizada pelo autoproclamado profeta Mirza Ghulam Ahmad em 1899. Ahmad afirmou que Jesus personificava tanto o Messias cristão quanto o Mahdi, um redentor que os muçulmanos acreditam que virá à Terra para libertar a humanidade do mal e da tirania. Ahmad fundou a Comunidade Ahmadi, uma obscura seita que hoje tem milhões de seguidores, mas não é reconhecida por outras religiões muçulmanas. Além de viajar pela província do Punjab para converter fiéis, Ahmad escreveu mais de noventa livros, entre eles *Jesus na Índia*, no qual argumenta que Jesus sobreviveu à crucificação e fugiu para a Caxemira, onde morreu de morte natural, aos 120 anos. De acordo com Ahmad, Jesus está enterrado em Rozabal, a Tumba, no centro de Srinagar.

A controversa sepultura estava localizada numa casa decadente e malconservada. Como o portão da casa estava trancado, tive de me contentar com vislumbres do sarcófago envolto em tecido verde através de uma janela de treliça. Em frente ao portão de ferro estava pendurada uma placa com os versículos 4:157-158 do Alcorão reproduzidos em árabe e inglês: «E por seu dito: 'por certo matamos o Messias, Jesus, filho de Maria, Mensageira de Allah'. Ora, eles não o mataram nem o crucificaram, mas isso lhes foi simulado. E, por certo, os que discrepam a seu respeito estão em dúvida acerca disso. Eles não têm ciência alguma disso, senão conjecturas que seguem, e não o mataram, seguramente. Mas, Allah ascendeu-o até Ele. E Allah é Todo-Poderoso, Sábio».[10]

Oficialmente, é Youza Asaph, um santo sufi muçulmano da Idade Média, que está enterrado em Rozabal, mas milhões de pessoas, e não apenas seguidores de Ahmadi, acreditam que Yuz Asaf, ou Youza Asaph, é outro nome para Jesus de Nazaré. Depois que o *Lonely Planet* divulgou a teoria em 2010, Rozabal se tornou um local de peregrinação popular para os poucos turistas estrangeiros que ousaram visitar a Caxemira, para o deleite dos lojistas do bairro, que, dizem, estão por trás da placa com a citação do Alcorão.

Javid conferiu as horas.

— Não está tarde — disse ele. — Ainda temos tempo para visitar o mercado flutuante, se você estiver interessada.

Descemos para o porto e Javid negociou longa e aguerridamente com um barqueiro o preço da excursão. Quando os dois finalmente chegaram a um acordo, tomamos nosso lugar em almofadas macias no estreito barco de madeira. Mais uma vez, enveredei por uma rede de ruas comerciais

---

10   A tradução dos versículos do Alcorão é de Helmi Nasr: *Complexo do Rei Fahd para Imprimir o Alcorão Nobre*. Medina: RAS, 2004. [N. T.]

flutuantes, dessa vez uma cidade inteira sobre a água. Pequenos quiosques, ferragens, lojas de conveniência, cafés e lojas de suvenires localizavam-se em balsas de toras que formavam longas ruas, acessíveis apenas por barco. Javid orientou o barqueiro a parar diante de uma loja de papel machê. Desembarquei e, por alguns minutos, educadamente admirei as elaboradas peças antes de dar meia-volta e sair pela porta.

— Não gostou de nada mesmo? — perguntou Javid.

— Não tenho como levar esses objetos grandes de papel machê na mochila — respondi. — Ela já está abarrotada.

— Despachamos para todos os cantos do mundo — respondeu o vendedor, que ouviu a conversa.

— Que tal este aqui, por exemplo? — Javid apontou para um vaso espalhafatoso.

Balancei a cabeça com firmeza e voltei a me recostar nos travesseiros macios. Depois de alguns minutos, Javid pediu ao barqueiro que parasse novamente, dessa vez em frente a uma loja especializada em xales.

— Nossos xales de pashmina são os melhores do mundo — disse Javid, sorrindo. — E não ocupam muito espaço na mochila. Muitos turistas compram xales aqui, eles são muito populares.

Obedientemente, entrei no local e fui calorosamente recebida por dois vendedores, um idoso e um jovem. O mais novo imediatamente começou a desdobrar peça após peça. Havia xales de todas as cores e padrões imagináveis; alguns deles eram tão macios que se amoldavam aos ombros como uma camada extra de pele.

— Você tem sorte — observou o jovem vendedor. — Este senhor que a acompanha diz que não aceita comissão. Ele quer que você obtenha o melhor preço, ele disse, e por isso estou disposto a lhe dar um bom desconto. Normalmente pagamos uma comissão de 20% para os guias ou barqueiros, porque dependemos completamente deles para que os clientes venham até aqui, mas, como esse cidadão não quer nada, vou abater o valor do atravessador.

Os xales da Caxemira são mesmo mundialmente famosos, por isso, num impulso, decidi antecipar as comprinhas de Natal. O rosto do vendedor se iluminou e ele me apresentou xale atrás de xale até que minha cota de presentes estivesse preenchida. Javid pechinchou energicamente em meu nome — em inglês, para que eu pudesse acompanhar as negociações. Um tiroteio de números deu-se entre ele e o vendedor: *9.700, 9.500, 9.450, 9.300, 9.150, 9.000... Última oferta, vamos lá, faça um bom preço para a moça, não regateie, mas ela é a primeira cliente do dia, mas eu preciso sobreviver, não posso ficar sem nada, ah, vamos lá, então, ela não tem tanto dinheiro assim, 8.800, 8.750, 8.700...* Por fim, eles chegaram a um acordo e me olharam com expectativa. Achei o preço justo e paguei a quantia que os dois haviam combinado. O vendedor dobrou solenemente meus xales, entregou-os para mim e então ele e Javid desapareceram numa sala adjacente, oculta atrás de uma cortina. Levantei-me e fui atrás deles.

— Fique aí, ele só foi levá-lo ao toalete! — disse o idoso, que até então estava mudo. Eu o ignorei, puxei a cortina de lado e consegui ver Javid recebendo uma pilha de notas do vendedor.

— Estamos só trocando cartões de visita! — explicou Javid sorrindo de orelha a orelha.

— Sim, fiz questão de dar o meu cartão de visita para que esse homem tão honesto traga outros turistas para cá — explicou o vendedor, com um sorriso igualmente largo. Ele nos seguiu até o píer para apertar minha mão uma última vez.

— Que sorte você tem de ter com você uma pessoa tão honesta, que não aceita comissão — repetiu enquanto eu subia a bordo da *shikara*. — Não sei por que ele faz isso, mas você tem muita sorte!

*

Um segurança abriu o portão. Uma empregada veio me receber na porta da frente da casa e me conduziu a uma sala de recepção cujas paredes eram decoradas com diplomas e prêmios. Depois de um breve instante, Nayeema Mahjoor surgiu descendo as escadas. Até a dissolução do governo regional, alguns meses antes, ela presidia a comissão estadual de mulheres do PDP, o Partido Democrático do Povo. Falava lenta e articuladamente, sem nunca perder o fio da meada — seus vinte anos de carreira como radialista ficavam evidentes. Como a maioria dos jornalistas habilidosos, discorria mais sobre os outros e sobre a situação em geral do que sobre si mesma:

— Ainda estamos empacados em 1947 — disse ela. — Aquele conflito ainda não foi resolvido. A Índia não foi honesta conosco. O parágrafo 370 deveria dar a Jammu e Caxemira alguma autonomia e uma constituição própria, mas a lei foi sistematicamente ignorada e os governos regionais foram governos fantoches, instalados pela Índia.

A empregada entrou trazendo biscoitos e chá.

— Você viu a Fox News? — perguntou Nayeema. — Na Índia só temos canais da Fox. As autoridades indianas não fizeram nada além de gerar tumulto e desconfiança por aqui. Nos últimos anos, o governo Modi adotou uma linha de confronto: ou Modi ou nada. Houve uma série de violações e prisões em massa, assim como na década de 1990. Milhares de pessoas perderam a visão por causa das balas de borracha de Modi, as chamadas armas não letais que os soldados usam contra os manifestantes. Existe um ramo à parte do exército aqui, chamado AFSPA, e eles podem fazer o que quiserem, nunca são responsabilizados por nada. Eles podem estuprar e matar sem temer as consequências. São tantos os estupros, você não tem ideia. Na década de 1970, nenhuma das mulheres aqui usava véu, mas agora quase todas usam. Acho que não tem nada a ver com radicalização, elas estão apenas tentando se proteger do olhar dos soldados.

Nayeema respirou fundo.

— As mulheres da Caxemira estão perdendo seus filhos, seus maridos, seus pais. Quer seja um agente dos serviços de segurança ou um rebelde, as mulheres passam o tempo inteiro ansiosas, só esperando a tragédia acontecer. De acordo com uma pesquisa, 65% das mulheres na Caxemira têm transtornos mentais. Quando a violência estava no auge, inúmeras meninas tiveram de abandonar a escola. A saúde reprodutiva também é um problema. Muitas tiveram de remover o útero, não raro em decorrência de estupro. Outro grande problema é a violência doméstica. Dentro das quatro paredes de casa, os maridos descarregam nas esposas essa frustração acumulada.

— Você já enfrentou dificuldades como mulher de destaque numa sociedade dominada por homens? — perguntei.

— Oh, por Deus, e como! Eu tinha muitas irmãs e meu pai era um homem bem-educado. Ele sempre nos deu apoio. Era um liberal, mas infelizmente nem todos os nossos parentes eram liberais como ele. Quando eu tinha sete anos, interpretei uma garotinha numa peça de rádio. Isso chocou a família inteira. Eu tinha de dizer adeus à família ou ao rádio, me disseram. Eu era pequena e perguntei ao meu pai: «O que você quer que eu faça?». Ele respondeu: «Vamos dizer adeus à família, porque depois disso o que vão querer? Proibi-la de ir à faculdade?». Ele me fez também prometer fazer o meu melhor na vida, não desperdiçar as minhas oportunidades. Nós, as filhas, todas seguimos os conselhos que ele nos deu. Minhas irmãs são médicas, diretoras teatrais. Trabalhei para a BBC World por 22 anos, e em seguida continuei trabalhando no rádio, por assim dizer.

— Você mantém contato com o resto da família hoje?

— Não! Algumas das minhas irmãs se reconciliaram com eles, mas não eu. Eu tenho uma nova família, meus amigos. Trabalho para o povo da Caxemira, para todos aqui que precisam de mim. Eles são a minha família. Há três anos, voltei de Londres para cá, e, nesses três anos, a situação foi de mal a pior. Agora todos estão de olho em 2019 e na eleição. Deus nos livre de Modi ser reeleito, mas devemos estar preparados para o pior. Três anos atrás, publiquei um livro chamado *Lost in Terror*. Agora estou trabalhando num novo livro. O título será *Lost in Peace*.

— Por que você tem seguranças? — perguntei, quando o tempo do nosso compromisso estava para acabar.

— Depois que comecei a trabalhar para o governo, foi necessário — explicou Nayeema. — Não costumo levá-los comigo quando saio. Quando estou sozinha, estou segura. Se eles estiverem comigo, me transformo num alvo.

Ela se levantou e me acompanhou até a porta.

— Me envolver com política foi o maior erro que já cometi — disse ela ao nos despedirmos. — Não acredito mais em soluções políticas na Caxemira.

Assim como Javid, os dois proprietários de fábricas de água mineral que encontrei no dia anterior, Sohail e Muzaffar, se ofereceram para ser meus guias em Srinagar. Enquanto Javid me levava a atrações turísticas e lojas, Sohail e Muzaffar me apresentavam a políticos e ativistas. Após a visita a Nayeema, eles me levaram ao escritório de Khurram Parvez, um dos mais conhecidos militantes de direitos humanos da Caxemira.

— Acabei de ser ameaçado de morte — disse Sohail do banco da frente. Ele ria de nervoso e falava rápida e freneticamente. — Alguns extremistas postaram uma gravação de áudio no YouTube na qual ameaçam donos de fábricas que têm funcionárias. Deram-nos três dias para nos livrarmos delas. Com exceção dos motoristas, tenho *apenas* funcionárias, dez ao todo! A situação é desesperadora.

Sohail balançou a cabeça resignado.

— Minha irmã é casada com um homem que se recusa a se divorciar dela, apesar de ter se casado com três outras mulheres! Já consultei muftis e imãs, mas ninguém quis me ajudar, todos disseram que, de acordo com o islã, um homem pode ter quatro esposas e que o marido de minha irmã vive corretamente de acordo com sua fé. Na minha opinião, o islã está repleto de nonsense intelectual! Provavelmente sou a pessoa na Caxemira mais afetada pelo conflito — acrescentou ele com tristeza. — Não posso criticar o islã, porque senão os mulás ameaçam me matar. Não posso me divertir. Não posso ter funcionárias mulheres. Tudo aqui é proibido! Se a Caxemira fizesse parte do Paquistão, eu já estaria morto há muito tempo, mas graças à Índia temos um mínimo de democracia e liberdade de expressão. Posso dizer o que quiser, mesmo correndo o risco de ser assassinado...

— Por que você simplesmente não se muda da Caxemira? — perguntei. — Não facilitaria as coisas?

— Não, não daria certo — suspirou Sohail. — Minha família vive aqui. Minha fábrica está aqui. Não posso simplesmente largar tudo e ir embora. Mas, se um dia a Caxemira for independente e estiver entregue a si mesma, serei o primeiro a sair daqui, pode contar com isso!

Khurram Parvez nos recebeu num pequeno escritório de um acanhado prédio de apartamentos de poucos andares. Estendi minha mão para cumprimentá-lo, mas em vez disso ouvi um sermão:

— Você deve ter mais cuidado na Caxemira! Jornalistas sem documentos são deportados; recentemente prenderam um jornalista francês que estava aqui com visto de turista. Imagine se você tivesse ligado do seu próprio telefone! Você nem usou criptografia!

— O cartão SIM não está registrado em meu nome — eu disse sem rodeios.

— Não importa. Você disse seu nome e meu telefone é monitorado. Quando tenho reuniões, como agora, costumo colocá-lo debaixo da perna para que não ouçam o que estou dizendo. — Ostensivamente, ele colocou o telefone sob a coxa direita.

Após a repreensão introdutória, Khurram discorreu sobre as violações aos direitos humanos na Caxemira. A exemplo de muitos outros ativistas de direitos humanos que conheci, era impossível interrompê-lo depois que ele começava a falar:

— Desde 1989, o conflito tirou mais de 70 mil vidas e mais de 8 mil pessoas desapareceram. A polícia aqui é extremamente militarizada. Segundo o governo, restam pouco mais de trezentos rebeldes. Mais de 650 mil soldados foram mobilizados para combatê-los! É o maior contingente de forças armadas em qualquer região do mundo, nem nas guerras do Iraque ou do Afeganistão tantos soldados foram mobilizados. A tortura é um dos maiores problemas aqui; sabemos de pelo menos 100 mil casos de tortura. Guantánamo ficou conhecida por causa das evidências fotográficas, mas aqui na Caxemira não temos delatores, porque se tivéssemos você saberia de histórias muito piores. Um homem teve a língua cortada ao meio porque avisou as pessoas da aldeia de onde vinha que o exército estava a caminho. Outro teve ambas as pernas decepadas. Antes de cortarem suas pernas, eles mal o alimentaram durante um mês inteiro. Então retalharam as costas e a barriga dele e o forçaram a comer os pedaços. Esse é o pior caso de que tivemos notícia.

Khurram trabalha com direitos humanos desde os vinte e poucos anos, mas sua militância começou em 1990, quando ele tinha treze anos.

— Naquele ano foi realizada uma manifestação contra o abuso de mulheres pelos soldados. Meu avô estava na manifestação e foi morto. O policial que ordenou os disparos era meu vizinho. Todos os dias eu tinha de ver o rosto do assassino do meu avô. Eu era um jovem revoltado. No começo eu quis me tornar um rebelde militante, até eu, e ler o Alcorão e outros textos religiosos. Aos poucos percebi que a raiva não era o caminho. Gente raivosa toma decisões ruins. Aprendi a controlar minha própria raiva e entrei em contato com defensores dos direitos humanos.

Khurram tomou um gole de café e continuou seu solilóquio. Percebi que não conseguiria fazer as perguntas que havia preparado.

— Seis mil famílias na Caxemira estão banidas e não podem obter um passaporte. O presidente da nossa organização teve o passaporte negado por onze anos, o vice-presidente também. Todos nós tivemos problemas demais por causa da nossa militância. Em 2004, perdi uma perna. Eu estava com outras seis pessoas a caminho do vale do Lolab para acompanhar as eleições quando uma bomba explodiu na estrada. Meu melhor amigo e o motorista morreram. Tudo indica que o governo estava por trás, mas não temos provas conclusivas e, portanto, não podemos acusar ninguém. Tive de amputar minha perna logo abaixo do joelho e passei três meses e meio no hospital. Se eu ficasse remoendo o ataque, teria sofrido um colapso psicológico, mas continuei firme como antes. Não posso mais correr ou jogar futebol, eu adorava jogar futebol!, mas *posso* continuar sendo um ativista.

Uma jovem entrou trazendo uma pilha de documentos e rapidamente se foi.

— Houve outros problemas também — prosseguiu Khurram. — Em 16 de setembro de 2016, fiquei preso 76 dias, acusado de incitar protestos e coisas do tipo. Foi uma oportunidade de conhecer outros prisioneiros e ver as condições de perto. As prisões aqui são terríveis. A comida é péssima e fazia um calor insuportável. Em minha ala, 25 pessoas dividiam um único banheiro.

Khurram tomou um gole d'água e aproveitei para fazer uma pergunta:

— Não é fácil ser otimista quando se trata da situação na Caxemira — comentei. — O que espera do futuro?

— Se a Europa conseguiu se tornar um lugar pacífico após séculos de guerra, e se a Alemanha conseguiu se livrar dos nazistas, então também há esperança para a Caxemira — respondeu ele. — Acho que a Caxemira será independente, mais cedo ou mais tarde. É o que espero e desejo para meus filhos. Perder a esperança é fatal. E nem tudo está perdido, de jeito nenhum. Duzentos milhões de indianos estão desnutridos, mas aqui na Caxemira ninguém passa fome, apesar de todos os nossos outros problemas.

— É uma espécie de alento podermos nos encontrar aqui, em seu escritório, para conversar?

Khurram balançou a cabeça.

— A Índia gosta de se apresentar como uma democracia, mas o governo fez de tudo para nos destruir. Não temos autorização para registrar nossa organização e, portanto, não podemos receber apoio financeiro do exterior. Temos de manter nossos custos no menor patamar possível. Este escritório, por exemplo, é uma propriedade pessoal. Não ganho trabalhando com direitos humanos, minha esposa e minha mãe sustentam a família. Mas, como amo meus filhos, preciso levar esse trabalho adiante. Trabalho para que meus filhos um dia possam viver numa Caxemira livre e pacífica.

Javid estava convencido de que eu ainda não havia captado todas as belezas da Caxemira. No final da tarde, a última na Caxemira, ele me levou a Gulmarg, uma das melhores estações de esqui da Índia. A viagem até lá levou duas horas por uma paisagem verdejante, atravessando pomares de macieiras e damasqueiros. Fizemos uma parada num exuberante pomar e o fazendeiro nos deixou colher as maçãs que quiséssemos das frondosas árvores. As maçãs vermelhas e suculentas da Caxemira são as mais apreciadas na Índia, representando mais de dois terços do consumo do país. Quase metade da população da Caxemira depende das maçãs para manter a economia girando.

Embora a temporada de esqui ainda estivesse longe, o teleférico chacoalhava e rangia o dia inteiro. Javid e deslizamos sobre pequenos assentamentos nômades, pastoreando rebanhos de ovelhas e cavalos sonolentos. Acima de nós, o céu era de um azul profundo.

Javid estava exultante.

— Não é lindo aqui? A Caxemira não é o lugar mais bonito do mundo?

Mesmo no topo, a uma altitude de 4 mil metros, a paisagem era exuberante e as montanhas verdejantes se espraiavam em todas as direções, infinitamente e a despeito de fronteiras disputadas, bloqueios militares ou linhas de controle.

Ainda me arrependo de não ter ficado mais tempo na Caxemira, e, várias vezes durante a viagem, estive a ponto de reservar uma passagem de avião de volta para Srinagar, apenas para passar mais um dia numa casa flutuante no lago Nigeen.

*

Pós-escrito pessimista

Depois que deixei a Índia, a situação na Caxemira deteriorou-se acentuadamente. Na primavera de 2019, o BJP recebeu mais de 37% dos votos, quase o dobro do Partido do Congresso, e Modi se reelegeu primeiro-ministro. Em 5 de agosto do mesmo ano, o governo suprimiu o artigo 370, e o estado de Jammu e Caxemira perdeu o status especial que tinha desde 1947, incluindo o direito de promulgar suas próprias leis. As transações imobiliárias na Caxemira foram inteiramente liberadas, algo que, a longo prazo, pode alterar drasticamente a demografia local. Além disso, a região de Ladakh, no norte, habitada principalmente por budistas, foi separada de Jammu e Caxemira e declarada «território da União». Ao mesmo tempo que se aprovaram as mudanças constitucionais, dezenas de milhares de soldados adicionais foram enviados para a região já fortemente militarizada, milhares de civis foram presos, todos os estrangeiros e turistas foram obrigados a deixar a Caxemira, adotou-se um toque de recolher permanente e as conexões telefônicas e de internet foram interrompidas. Toneladas de maçãs maduras foram deixadas apodrecendo no chão, pois trabalhadores sazonais de outras partes da Índia não podiam mais vir colhê-las.

Antes que a pandemia de coronavírus chegasse ao auge e a Índia inteira entrasse em quarentena, algumas linhas de comunicação foram reabertas, mas grandes partes da Caxemira, esse paraíso terrestre, ainda estão fechadas ao resto do mundo. Muitos produtores de maçãs conseguiram salvar parte da colheita de 2019 e armazenaram as maçãs em contêineres refrigerados à espera de tempos melhores.

É bem provável que tenham de esperar bastante.

O campo de batalha mais alto do mundo

Perdi a conta do número de bases militares pelas quais passamos no caminho de Srinagar para Kargil. Uma instalação militar atrás da outra, isolada, protegida atrás de muros e cercas, escondida nas montanhas como um mosteiro camuflado. Não demorou e as colinas verdes da Caxemira ficaram para trás e foram substituídas por montanhas estéreis e inóspitas. O jovem motorista manteve-se em silêncio — seu inglês era ruim — e o carro era pequeno e sucateado. Determinado, o motorista forçou o motor obrigando-o a subir as estradas estreitas e sinuosas da montanha. Chovia muito, a pista estava escorregadia e lamacenta, os pneus giravam em falso, o carro derrapava, mas o motorista mantinha o olhar fixo adiante e não tirava o pé do acelerador. Se estancássemos, nunca atravessaríamos o desfiladeiro; se saíssemos da estrada, tampouco iríamos muito longe: acabaríamos aqui, junto com os destroços enferrujados que esperavam por nós, no sopé da encosta. Um micro-ônibus enguiçou bem no meio de uma curva fechada; os passageiros tinham os rostos encostados na janela, petrificados, como se temessem ficar ali por toda a eternidade. De alguma maneira, margeando a pista, o motorista conseguiu ultrapassar o micro-ônibus enguiçado rente a um despenhadeiro tão íngreme que não consegui avistar o fundo. Fechei os olhos e não senti a menor vontade de abri-los novamente.

j&k Tourism welcomes you to Drass, the second coldest inhabited place in the world [A j&k Turismo dá as boas-vindas a Drass, o segundo lugar habitado mais frio do mundo], informava uma placa azul enferrujada. Drass parecia não ser mais do que uma rua extensa, com pequenas lojas e cafés e uma ou outra hospedaria.

— Faz muito frio aqui? — perguntei ao motorista.

— Menos seis — respondeu ele com orgulho. Aparentemente, não ficou satisfeito com reação que esbocei, pois logo se corrigiu. — Talvez menos sete ou menos oito.

O motorista errou por larga margem. Em 9 de janeiro de 1995, foram medidos sessenta graus negativos em Drass.

O memorial de guerra na entrada de Drass é dedicado à primeira guerra envolvendo duas potências nucleares. Estavam à mostra as armas que ajudaram a derrotar os paquistaneses, e painéis de informações detalhavam as maiores conquistas da Índia. Bandeiras indianas margeavam uma aleia até os obeliscos aos soldados que sacrificaram suas vidas pela pátria aqui no Himalaia, milhares ao todo. Embora o memorial seja dedicado à guerra de Kargil, de 1999, praticamente todos os últimos setenta anos estão representados, de 1947 até 2018. Mesmo em tempos de paz, balas e granadas cruzaram a linha de controle; só nos últimos dois anos, escaramuças banais de fronteira custaram mais de duzentas vidas.

As fronteiras do Himalaia não são apenas segmentadas e contestadas, mas também manchadas de sangue.

Depois que a Índia e o Paquistão se separaram, os dois países travaram um total de quatro guerras. A primeira já estava em andamento no outono de 1947, quando um desesperado marajá Hari Singh assinou o acordo que transferia a Caxemira para a Índia. Os combates duraram de um ano, até a ONU conseguir negociar um instável cessar-fogo na véspera de Ano-Novo de 1948. Tecnicamente, a Índia saiu vitoriosa: dois terços do território que compunha o estado de Jammu e Caxemira permaneceram nas mãos do país. O Paquistão ficou com Caxemira Livre, uma área do tamanho das ilhas Malvinas, bem como Gilgit-Baltistão, no norte.

A paz na alta montanha durou até 1962, e dessa vez foi a China quem tentou resolver as disputas fronteiriças recorrendo à violência. O centro da disputa era Aksai Chin, uma área do tamanho da Suíça, localizada entre Xinjiang e o Tibete. As relações entre a Índia e a China já estavam tensas após a Índia ter concedido, três anos antes, asilo ao Dalai-Lama. No entanto, os antecedentes da guerra entre os dois gigantes remontam ao século XIX e ao traçado das fronteiras pelos britânicos.

Em 1865, quando foi estabelecida a primeira fronteira entre a China e a Caxemira — a chamada Linha Johnson, em homenagem ao britânico que mapeou a área —, os chineses nem mesmo foram informados oficialmente. De acordo com essa demarcação, Aksai Chin deveria ser considerada parte da Caxemira. Na década de 1890, no entanto, a China começou a cobiçar Aksai Chin, e, como os britânicos não tinham um único representante nessa região montanhosa pouco povoada e inacessível, Calcutá achou mais conveniente deixar os chineses assumirem o controle. O medo da expansão russa foi decisivo — a essa altura, os russos haviam se apossado da maior parte da Ásia Central e agora espreitavam o planalto do Pamir, perigosamente perto da fronteira com a Índia britânica. Em 1899, os britânicos propuseram uma nova fronteira entregando Aksai Chin à China, a linha Macart-ney-MacDonald, respectivamente chamada em homenagem ao cônsul britânico em Kashgar e ao diplomata encarregado de apresentar a proposta aos chineses. A resposta de Pequim nunca foi conhecida e, durante a Primeira Guerra Mundial, os britânicos retrocederam à Linha Johnson. Os britânicos observaram esse limite até 1947, quando se retiraram da Índia; consequentemente, Aksai Chin tornou-se parte do estado de Jammu e Caxemira, que por sua vez passou a integrar a Índia.

Em 1962, o governo paquistanês concordou em ceder territórios à China balizando-se pela Linha Macartney-MacDonald, mas as autoridades indianas insistiram que Aksai Chin sempre fez parte da Índia e assim permaneceria, embora dificilmente algum indiano jamais tivesse posto os pés ali. Os chineses, por sua vez, também não estavam satisfeitos com a Linha McMahon, a divisa de 890 quilômetros que os britânicos traçaram em 1914 no leste do Himalaia, na remota área montanhosa entre o Butão e Mianmar. Os chineses ficaram especialmente irritados pelo fato de a demarcação ter sido concluída após um acordo direto com os tibetanos, sem que as autoridades chinesas tivessem sequer sido consultadas. Mas os indianos não estavam dispostos a ceder nem mesmo em relação à Linha McMahon. A China de Mao em 1962 era uma nação muito mais forte e assertiva do que a China sob a instável dinastia Qing, com a qual oficiais britânicos se familiarizaram no final do século xix. Em 1950, soldados chineses marcharam sobre o Tibete, e, anos depois, começaram os trabalhos de construção de uma estrada que ligaria o Tibete a Xinjiang, no oeste. Trechos da estrada passavam por Aksai Chin, ao sul da Linha Johnson. Essa mesma estrada, da qual os indianos só foram ouvir falar quando ela surgiu nos mapas chineses, foi a causa imediata da guerra de 1962.

Em 20 de outubro, em meio à Crise dos Mísseis de Cuba, os chineses atacaram os flancos oeste e leste da fronteira da Índia. Os indianos foram pegos desprevenidos e, como a União Soviética estava ocupada demais com a situação no Caribe, a Índia teve de se haver sozinha, sem a ajuda do poderoso aliado comunista. A maioria dos combates transcorreu a uma altitude de 4 mil a 5 mil metros, em condições extenuantes. Na guerra que durou apenas um mês, mais de 3 mil soldados indianos perderam a vida — muitos deles vítimas de congelamento, e não dos confrontos.

Em 21 de novembro, os chineses declararam um cessar-fogo unilateral e anunciaram que respeitariam a «ilegal» Linha McMahon no leste desde que Aksai Chin fosse cedido à China, aquém da divisa que se tornou a *Line of Actual Control (LOC)*, a linha de controle hoje considerada a fronteira de fato. Nem a fronteira noroeste nem a nordeste foram ratificadas pelas partes e permanecem intocadas desde 1962. A China e a Índia não mais estiveram em guerra desde então.[11]

O mesmo não pode ser dito de Índia e Paquistão.

Em 1965, três anos depois de a Índia ter perdido Aksai Chin para a China, o Paquistão enviou mais de 20 mil soldados além da fronteira para Jammu e Caxemira. Os soldados

---

11   No verão de 2020, entretanto, ela por pouco não voltou a ocorrer. Em 15 de junho, centenas de soldados chineses e indianos se enfrentaram na calada da noite nas montanhas íngremes do vale de Galwan, na disputada fronteira com Aksa Chin, controlada pelos chineses. A luta corpo a corpo se estendeu por horas — devido à situação tensa ao longo da região, os soldados ali não portam armas de fogo. O enfrentamento resultou em vinte soldados indianos mortos e um número desconhecido de baixas do lado chinês, e foi o primeiro com vítimas fatais ao longo da fronteira sino-indiana desde 1975.

estavam disfarçados de rebeldes da Caxemira e deveriam incitar os habitantes à revolta contra a Índia, mas logo foram descobertos. A Índia respondeu à afronta com um ataque militar em grande escala ao Paquistão Ocidental. Após intensa mediação dos Estados Unidos e da União Soviética, as partes firmaram um armistício. A guerra durou apenas dezessete dias, mas custou mais de 6 mil vidas. Algumas centenas de quilômetros quadrados de terreno mudaram de lado, mas no geral a linha de controle permaneceu como antes.

A guerra de 1971 foi a única entre o Paquistão e a Índia que não envolveu a Caxemira. A essa altura, o descontentamento havia muito fervilhava no Paquistão Oriental, e um movimento secular de independência acabara de ver a luz do dia. Sem poupar esforços, o governo paquistanês tratou de esmagar o movimento de independência. Nos meses que se seguiram, centenas de milhares de pessoas foram mortas e milhões de hindus fugiram pela fronteira em direção à Índia. No final do ano, a Índia interveio no conflito, e, no dia 16 de dezembro, o exército paquistanês no Paquistão Oriental capitulou. Com um golpe de caneta, o Paquistão perdeu mais da metade de sua população quando Bangladesh se tornou um país soberano.

Durante a guerra curta, mas intensa, também houve combates na Caxemira, e a Índia ocupou alguns territórios do lado paquistanês. Quando a guerra acabou, o Paquistão recuperou a maior parte deles, mas os indianos mantiveram algumas áreas estratégicas na fronteira noroeste.

No subsequente tratado de paz assinado entre Índia e Paquistão, as partes prometeram que doravante respeitariam a linha de controle e não tentariam alterá-la. As autoridades paquistanesas mantiveram a promessa por quase trinta anos, até 1999. Em 3 de maio daquele ano, soldados paquistaneses cruzaram a linha de controle na pequena cidade fronteiriça de Kargil, ao norte da Caxemira. Mais uma vez, recorrendo ao velho truque de se disfarçar de rebeldes da Caxemira, igualmente em vão. A breve guerra terminou com mais uma derrota humilhante para o Paquistão. Mais uma vez, jovens arriscaram a própria vida na tentativa de se assenhorar da linha de controle e tudo o que conseguiram foi uma sepultura precoce.

Em Kargil os engarrafamentos são uma condição natural. Ninguém avança pelo caminho, apesar dos buzinaços insistentes. A cidadezinha estéril é cercada pelo Himalaia por todos os lados, emoldurada por montanhas íngremes e marrons. Algumas construções eram de concreto simples, mas a maioria recorria a uma mistura de tijolos, barro e madeira, e muitas delas pareciam estar a ponto de desabar a qualquer momento. As mulheres usavam véus e túnicas compridas, mas quase nenhuma tinha o rosto coberto, algo muito comum em Srinagar e no Paquistão. Fiz o check-in no hotel e depois fui ao Roots Café, que não era apenas o único café, mas também a única agência de viagens do lugar. Num pequeno escritório no porão do estabelecimento, um homem gordinho na casa dos vinte anos estava sentado diante de uma tela de computador. Rapidamente percebi que ele personificava o café e também a agência de viagens e perguntei se era possível reservar o passeio guiado pela cidade anunciado em seu site.

Ele demorou a responder.

— A verdade é que cancelamos os passeios guiados pela cidade no ano passado — disse ele por fim. — Não há nada para ver aqui. Tudo que havia foi destruído.

— E quanto ao caravançará? — perguntei. Estava listado como um dos destaques do passeio.

— Infelizmente, o caravançará está num estado tão precário que não é recomendável a visita — disse ele. — Mas experimente o Museu da Ásia Central! — acrescentou, solícito. — É administrado pela mesma família proprietária do caravançará.

O museu estava localizado a uma curta distância além do engarrafamento permanente, numa área residencial. A porta estava aberta, mas não havia ninguém lá dentro, nem mesmo na bilheteria. As salas estavam cheias de objetos coloridos: selas do Quirguistão, chapéus pontiagudos e detalhadas pinturas budistas do Tibete, joias e tecidos de seda de Xinjiang e tapetes feitos à mão de Bukhara, uma reminiscência de que, até recentemente, Kargil foi um importante centro de comércio do Himalaia na rota entre o Tibete, Kashgar e a Ásia Central. A coleção também incluía sabonetes europeus, fármacos americanos em frascos marrons, lamparinas a óleo e escovas de dente, todos artigos de luxo ocidentais que haviam sido transportados do porto de Bombaim para cá ao longo das tradicionais rotas das caravanas.

— Tudo o que você vê aqui pertenceu ao meu avô — disse uma voz masculina atrás de mim.

Tomei um susto e deparei com um homem de meia-idade com olhos estreitos e um bigode curto e bem aparado. Ele se apresentou como Gulzar Hussain Munshi.

— Meu avô, Munshi Aziz Bhat, fundou o caravançará em 1920 — explicou. — Meu avô nasceu em 1866 em Leh, capital de Ladakh, e trabalhou para facilitar o comércio de viajantes ao longo das rotas de caravanas. Por ser um dos poucos que falavam inglês na época, tornou-se uma personalidade influente em Ladakh, e mantinha contato com príncipes, oficiais e até com o próprio marajá. Vovô acabou se tornando o escrivão oficial do marajá aqui nessas alturas. Qualquer pessoa que quisesse tratar com o marajá tinha antes de falar com meu avô, que então escrevia uma correspondência oficial em nome do interlocutor. O avô morreu em 1948, logo após a partição. Foi um momento difícil para nossa família. O comércio cessou abruptamente e ficamos desempregados durante anos.

Com a divisão da Índia e do Paquistão, as antigas rotas comerciais, que remontavam a centenas de anos, foram interrompidas da noite para o dia. De Kargil são apenas doze ou treze milhas até Skardu, que hoje fica do lado paquistanês da linha de controle. De Skardu, as rotas das caravanas avançavam montanha adentro até Kashgar e a Ásia Central, mas de repente já não era possível ir de Kargil para a cidade vizinha. Quando os chineses ocuparam o Tibete em 1950, essa rota comercial também foi cortada.

— No inverno, as estradas para Srinagar e Leh são fechadas — informou Gulzar. — Então a única maneira de entrar e sair de Kargil é pelo ar. Fora isso, estamos completamente isolados.

— Você estava aqui durante a guerra? — perguntei.

— Estava aqui durante o bombardeio. Começou às duas horas da tarde e durou até as cinco horas. Na verdade, Kargil não era o alvo dos paquistaneses; os alvos eram o depósito de armas e o acampamento militar em frente à cidade, mas muitos projéteis e estilhaços também atingiram a cidade. Cerca de cinquenta pessoas foram mortas naquela tarde. Tanto o hospital quanto a escola foram danificados e havia corpos espalhados pelas ruas. Quem teve condições fugiu daqui naquela noite, e Kargil se tornou uma cidade-fantasma. Minha família e eu ficamos afastados da nossa terra natal por seis meses, até o fim da guerra.

— Muitos com quem falei querem a independência da Caxemira — disse eu. — O que você prefere? Independência, Paquistão ou Índia?

— Índia — respondeu ele sem titubear. — Aqui em Kargil somos muçulmanos xiitas. Para nós, a Índia representa mais segurança.

Por meio de um conhecido de Mir Saqib e Sohail, os produtores de água mineral de Srinagar, consegui o número de telefone de Anayat Ali Shotopa, um jornalista local que trabalhava na estação de rádio Air Kargil. Quando liguei para Anayat e me apresentei, ele largou tudo que estava fazendo e se apressou em vir para o hotel me ciceronear.

— Tínhamos convidados para o almoço, mas eu disse a eles que isso é mais importante — disse ele, esbaforido. — Muito pouco foi escrito sobre Kargil. É um capítulo completamente em branco.

Anayat não parava de falar um minuto e era a disponibilidade em pessoa. Aos 34 anos, já exibia uma protuberante barriguinha da qual planejava se livrar.

— Mas eu nunca consigo me exercitar direito por causa desse maldito trabalho — ele reclamou. — Tudo é sempre urgente, e aí passo o tempo inteiro no carro.

Nós também passamos um bom tempo no carro, a caminho da antiga fronteira com o Paquistão. Enquanto estávamos presos no eterno engarrafamento de Kargil, Anayat discorreu sobre a guerra em 1999:

— Eu tinha catorze para quinze anos e estava voltando da escola para casa quando o bombardeio começou. De repente, um morteiro explodiu bem ao meu lado! Me joguei no chão, como havíamos aprendido na escola.

190

Achei tudo muito interessante e até engraçado, era uma experiência completamente nova, mas então uma mulher veio em minha direção, chorando. Eu a consolei. Outro projétil, outra explosão. Deitei-me novamente e vi um homem, devia ter uns trinta anos, que estava sangrando pelo nariz e chorando. Aquilo me chocou, eu me lembro, pois nunca tinha visto um homem chorar antes, nem sabia que era possível! Não muito tempo depois, esbarrei num homem mais velho, um conhecido, que me acompanhou até minha casa. Assim que cheguei, minha mãe, que estava aos prantos, me abraçou e não queria me soltar.

O trânsito lentamente fluiu e conseguimos sair do centro da cidade. O motorista enveredou por uma estrada estreita que escalava uma encosta íngreme.

Anayat sugeriu fazermos uma parada numa barraca de chá caseira que anunciava o aluguel de binóculos, e saltou do carro.

— Está vendo aquela casa branca lá? — Ele apontou para uma casinha branca a centenas de metros de nós em linha reta.

Fiz que sim com a cabeça.

— É considerado um local sagrado para os muçulmanos. Mas não podemos ir até lá. Fica no Paquistão.

Além da casa sagrada, avistamos uns quantos aglomerados de casebres. As montanhas irregulares, marrom-avermelhadas, estendiam-se ininterruptamente pelo vale e, num ponto ou noutro, mudavam de nacionalidade. Ao longo do rio corria uma estrada de cascalho, o antigo caminho para Skardu.

— A estrada não passa por nenhum desfiladeiro, por isso pode ficar aberta o ano todo, mas mesmo assim está fechada, chova ou faça sol, há quase setenta anos — disse

Anayat. — Na verdade, estamos no antigo território paquistanês — acrescentou. — Até a guerra de 1971, a fronteira ficava bem abaixo de onde estamos agora.

Olhei para onde ele apontava e avistei uma mureta de pedra na encosta da montanha. As fundações eram a única coisa que restava do posto de fronteira do Paquistão. Placas alertavam que a área ainda estava minada.

— Às vezes acontece de animais se explodirem pelos ares aqui — explicou Anayat.

Voltamos para o carro e alguns minutos depois chegamos a um vilarejo abandonado. Casinhas quadradas de barro se amontoavam umas sobre as outras como se fossem degraus; muitas estavam parcialmente em ruínas.

— A aldeia foi abandonada em 1971 — Anayat contou enquanto descíamos a encosta, cruzávamos o riacho estreito e subíamos para uma das casas mais próximas. Ele sabia onde estava a chave e destrancou a porta.

— Fizeram uma espécie de museu aqui — disse ele quando entramos.

Lá dentro, o pé-direito era baixo. Pequenas claraboias deixavam entrar raios de luz, e buracos no teto davam vazão à fumaça da lareira. Joias e brincos coloridos estavam expostos em vitrines; a família que tinha morado aqui devia ser abastada. Por que não levaram as joias quando partiram? As ferramentas eram atemporais: uma caçarola de ferro, duas panelas de barro, uma foice, um ancinho. A aldeia poderia muito bem ter sido abandonada um século antes.

Numa das paredes estava pendurada a cópia de uma carta: «Como vão as coisas por aí? Escreva e me dê notícias da família e dos filhos. Enviei muitas cartas para todos aqui. Nunca recebi resposta. Se foi algo que fiz de errado, peço perdão do fundo do meu coração. [...] Por favor, escreva de volta em breve; aguardo sua resposta [...]».

Em 1971, após a guerra entre a Índia e o Paquistão mencionada anteriormente, a Índia manteve alguns pontos estratégicos no lado paquistanês da linha de controle. A aldeia de Hundarman era um deles. Alguns moradores acabaram no lado paquistanês, enquanto o restante acabou se mudando para o assentamento em Hundarman Superior, transformando Hundarman Inferior numa cápsula do tempo.

Seguimos para Hundarman Superior, pouco menos de um quilômetro adiante. O povoado consistia em casas térreas e simples de barro, como em Hundarman Inferior, mas aqui roupas coloridas estavam penduradas nos varais, cabras e galinhas perambulavam pelos terreiros das casas e mulheres espiavam pelas janelas e portas enquanto passávamos. Sentado numa esteira diante de uma modesta casa, um homenzinho com uma longa barba branca contemplava a aldeia. Ele havia perdido a maior parte dos dentes, e profundas rugas e sulcos entrecruzavam-se em seu rosto, mas seu corpo era esguio e flexível. Seu nome era Haji Hassan, e ele disse que tinha 81 anos, mas Anayat, que traduziu a conversa para o inglês, achava que ele devia ser mais velho.

— Eu sobrevivi a quatro guerras! — disse ele gesticulando avidamente. — Em 1947, em 1965, em 1971 e em 1999. Vi todas essas guerras com meus próprios olhos. Também testemunhei os emissários da Companhia das Índias Orientais, o governo dos Dogras, a partição, depois o Paquistão e agora a Índia!

Ele me olhou com olhos estreitos e brilhantes.

— Você é britânica? — perguntou ele, curioso.

Balancei a cabeça negativamente.

— Você parece britânica, se bem que eu não conheci nenhum branco além dos britânicos! — Haji Hassan riu tanto que seu frágil corpo estremeceu. — Nasci nesta aldeia! Não havia Paquistão então, nem Índia! Os Dogras mandavam! Não tinham polícia nem soldados, mas mesmo assim era um governo autoritário! O marajá gostava de cobrar tributos das pessoas. Tributos demais! Em 1947 houve uma guerra perto da aldeia. A fronteira passava logo ali! Nossa aldeia não foi afetada porque o exército se deslocava pelas estradas e não tínhamos estrada. Nem estradas, nem escolas, não tínhamos nada! Em 1965, ocorreu mais uma guerra! Lá em cima, naquele penhasco, ficavam os soldados. Lá li em cima e lá embaixo! — Ele se inclinou discretamente e apontou primeiro para o vale e depois para baixo.

— Como era a vida sob o Paquistão? — perguntei.

— Morávamos e vivíamos como agora, só que estávamos no Paquistão! — Ele desatou a rir de novo, os olhos do velhinho brilharam. — Sem problemas! A cidade mais próxima na época era Skardu. Íamos para lá com frequência! Então, em 1971, houve outra guerra! — Hassan gesticulava sem parar. — Ficamos em casa durante toda a guerra, porquè aqui mesmo não houve conflitos. Quinhentos soldados indianos vieram para cá! Eles eram bons, os soldados indianos. Aliás, o comandante deles era muçulmano! Só depois nos demos conta de que havíamos nos tornado parte da Índia. Quando houve uma seca aqui, o exército indiano nos trouxe comida. Agora, Modi cortou os subsídios para os alimentos, mas temos um bom relacionamento com a Índia e com o exército. Com a Índia temos um progresso que não tínhamos sob o Paquistão. Exceto por isso, não há muita diferença!

— Muitas famílias foram separadas em 1971? — perguntei.

— Muitas famílias se separaram! Alguns até morreram de saudades dos seus familiares, mas não havia muito que pudéssemos fazer. Tínhamos de lidar com a situação como ela se apresentava! O irmão da minha esposa mora no Paquistão! Minha esposa e meus filhos choraram muito por causa disso...

— Um tio materno é alguém especial — comentou Anayat. — Os irmãos da mãe são considerados muito importantes na nossa cultura.

— Você tem outros filhos? — perguntei a Haji Hassan. Quando se apresentou, ele disse que tinha um filho e quatro netos. Agora, falava dos filhos no plural.

— Sim, tive seis filhos ao todo. — respondeu. — Quatro meninos e duas meninas! Cinco morreram! Um menino morreu quando estudava no décimo ano, na Índia. Um quando tinha doze anos. Um quando era pequeno. A menina morreu quando tinha oito, a outra morreu logo após o parto. Aqui não temos médicos, vivemos tão isolados! Minha esposa também está morta! Ela morreu há muito tempo. Pelo menos dez anos atrás! Fiquei só, só eu posso contar essas histórias! Há dez anos fiz uma peregrinação a Meca — acrescentou. — Também estive na Síria, Iraque, Irã e em Délhi! A vida inteira, fui tecelão, pedreiro e carregador do exército. Em 1999, houve mais uma guerra! — disse ele, emocionado. — Todos os outros fugiram, mas nós em Hundarman ficamos. Todos aqui ajudamos o exército indiano. O céu ficou completamente escuro com tantas granadas e foguetes! Quando o bombardeio começou, nos abrigamos numa caverna abaixo da antiga aldeia. Quando voltamos, não sabíamos se nossas casas estavam de pé ou não!

— Dê uma espiada na casa dele — disse Anayat, apontando para os buracos de bala na parede de barro. Um ao lado do outro, quase como se tivessem sido desenhados. Haji Hassan viveu nesta casa toda a sua vida, enquanto governantes e fronteiras iam e vinham, e uma guerra sucedia a outra. Daqui, no terreno deserto diante da casa, ele tinha uma visão de camarote no teatro da geopolítica.

— Você tem medo de que haja outra guerra? — perguntei finalmente.

— Sim — disse Haji Hassan. — Me preocupo pelos meus netos. Porque uma nova guerra está a caminho, nada é mais certo do que isso!

Uma curta distância a nordeste de Kargil, estão quatro pequenas aldeias que, até a guerra de 1971, também faziam parte do Paquistão. Alcançá-las pelo lado indiano, que atualmente é a única possibilidade, acabou sendo uma tarefa árdua. De Kargil primeiro tivemos de percorrer cinco horas de automóvel rumo ao sudeste até o polo turístico de Leh, depois tivemos de cruzar o passo de Khardung La, a uma altitude de 5.359 metros, e em seguida avançar para o noroeste, passando por estátuas gigantes do Buda e mosteiros pequenos e humildes, até chegar quase à fronteira paquistanesa. A estrada estava em excelentes condições e ficava aberta durante todo o ano, porque conduzia ao glaciar de Siachen, que com seus setenta quilômetros de extensão é a segunda maior geleira do mundo além das regiões polares. A geleira é hoje mais conhecida por ser o campo de batalha mais alto e mais dispendioso do mundo. No armistício instituído após a guerra em 1971, acordou-se que a fronteira deveria continuar pelo norte até o glaciar de Siachen, mas não foi especificado como a geleira em si seria dividida. É possível que os emissários da ONU tenham avaliado que o potencial de conflito na geleira era baixo. Eles estavam redondamente enganados. Em 1984, o exército indiano avançou e ocupou toda a geleira debaixo do nariz dos paquistaneses, que também tinham planos de ocupar a área. Os paquistaneses chegaram com uma semana de atraso e foram forçados se contentar com o sopé do vale. Desde então, por mais de trinta anos, soldados indianos e paquistaneses permaneceram mais ou menos nas mesmas posições e guardaram zelosamente o gelo a uma altitude de mais de 6 mil metros. Em intervalos irregulares houve escaramuças e, ao longo dos anos, mais de 2 mil soldados pagaram com a própria vida no glaciar de Siachen — a maioria sucumbindo diante dos caprichos da natureza, é verdade, e não por causa da hostilidade do vizinho.

No fim da tarde chegamos a Turtuk, um vilarejo rural com cerca de 3 mil habitantes que se estende pelas encostas das montanhas de ambos os lados do rio Shyok. A aldeia era virtualmente invisível da estrada; as casas cinzentas e planas de barro estavam escondidas atrás das copas verdes das árvores decíduas. Turtuk foi aberta ao turismo alguns anos antes — o vilarejo fica tão perto da linha de controle que o governo achava melhor não se arriscar permitindo o acesso de estranhos. Não demorou para surgirem cafés, restaurantes e pequenas hospedarias. Cheguei à hospedaria que me haviam recomendado e perguntei ao jovem proprietário, Salim, se ele conhecia alguém na aldeia que tivesse familiares no Paquistão.

— Todo mundo aqui tem família no Paquistão, inclusive eu — foi a resposta. — Mas talvez você devesse falar com Muhammed Ali, que acabou de receber a visita do pai, que mora no Paquistão.

— Alguém aqui sabe inglês e pode me ajudar como intérprete? — perguntei.

— Acho que só eu — respondeu Salim.

Ele me seguiu até a outra margem do rio, onde Muhammed Ali morava numa casa térrea de barro num beco estreito. Muhammed abriu a porta assim que chegamos. Por cima da túnica imunda, usava um blazer marrom largo e uma jaqueta acolchoada. Tinha os lábios rachados e o cabelo grisalho, e o rosto comprido e estreito era cheio de sulcos profundos. Ele não nos convidou a entrar, mas fez sinal para que sentássemos numa laje de pedra no quintal da casa.

— Está cheio de crianças lá dentro — reclamou. — É impossível conversar sossegado.

Ele tinha cinco filhos e duas filhas ao todo. Salim lhe explicou o que eu estava fazendo ali.

— Em 1971 eu tinha só quatro anos, talvez cinco, talvez seis, não sei ao certo, mas era muito pequeno, então não me lembro muito dessa época — disse Muhammed.

Um jumento e uma vaca se aproximaram de nós. A vaca parou e olhou para nós, hesitante, mas foi rapidamente enxotada até o celeiro por um dos filhos de Muhammed.

— Três dias antes do início da guerra, meus pais foram para Khaplu, a cerca de setenta quilômetros daqui — contou Muhammed. — Minha mãe sofria de reumatismo e em Khaplu havia uma fonte termal que fazia bem para ela. Enquanto meus pais estavam lá, começou a guerra. Quando ela terminou, Turtuk se tornou parte da Índia. Meus pais se encontravam do lado paquistanês da fronteira e não conseguiram voltar para casa. Só me lembro deles por fotos. Meu tio e a esposa dele cuidaram de mim e dos meus dois irmãos.

Muhammed limpou a garganta e franziu o cenho, desconsolado. As palavras vinham lentamente, como se ele tivesse de buscá-las em algum lugar distante.

— Alguns anos depois soubemos que a minha mãe havia morrido. Eu tinha nove anos. Soubemos da morte por meio de uma carta enviada a outra pessoa da aldeia. Meu pai se casou novamente no Paquistão e teve mais três filhos, dois meninos e uma menina. Nunca os conheci. Só em 2014 reencontrei meu pai pela primeira vez. Um dos meus filhos foi à fronteira receber o avô. Eu o encontrei em Leh.

Ele sorriu gentilmente, mas rapidamente voltou a ficar sério.

— Fiquei feliz por me reunir com meu pai, mas também triste por ele ter envelhecido. Quando finalmente o conheci, ele já era um velho de barba branca e bengala, com 86 anos. Enquanto ele esteve aqui, eu sabia o tempo todo que ele não poderia ficar mais do que três meses. Depois desse prazo, teria de retornar ao Paquistão. Foi, portanto, com sentimentos contraditórios que encontrei meu pai pela primeira vez.

— Deve ter sido estranho conhecer seu pai depois de tanto tempo, conversando com ele apenas pelo telefone — comentei.

— Eu nunca tinha falado com ele antes — disse Muhammed. — As linhas telefônicas só chegaram em 2006, mas não ajudou muito, porque não é possível ligar para o Paquistão daqui.

Ele não tirava os olhos do chão.

— Tenho ódio dessa fronteira — disse em voz baixa. — Por causa de umas linhas no mapa não posso ver meu pai. Daqui até Skardu são apenas quatro horas e meia de carro, mas não é possível cruzar a linha de controle. Minha vida foi totalmente afetada pela divisão de 1971. Se meu pai estivesse aqui, poderia me orientar à medida que eu me tornava um adulto. Não tive ninguém para me aconselhar. Minha vida foi difícil.

— Qual é o seu maior desejo? — perguntei.

— Quero um lugar na fronteira onde possamos encontrar nossos parentes, para que eles não precisem se deslocar até aqui e para que não tenhamos de ir ao Paquistão. Um lugar onde possamos nos encontrar. É a única coisa que peço.

— Espero que você consiga realizar seu desejo — eu disse, e imediatamente me dei conta de como minhas palavras eram vãs. Não porque não fossem verdadeiras, mas porque eu não acreditava que aquilo fosse possível, por mais modesto que fosse o pedido.

— Depois que meu pai voltou para o Paquistão, não toquei na cama em que ele esteve por três meses — disse Muhammed. — Deixei-a como ele a havia deixado. Ele me presenteou com esse blazer quando foi embora.

Ele apontou para o blazer marrom que usava sob a jaqueta acolchoada.

— Visto todos os dias, só tiro quando vou dormir. Nunca lavei. Não quero que perca o cheiro do meu pai.

Sobre deuses e homens

Leh era uma espécie de Disneylândia do Himalaia. Lojas de suvenires ficavam lado a lado com agências de viagem, cada uma tentando exceder a vizinha no quesito clichês: *Mystic Ladakh Tour*, *Ladakh Exotic Tour*, *Authentic Ladakh Tour*, *Marvels of Ladakh*, *Ladakh — the last Shangri-La*, *Discover the Secrets of Ladakh*... Passeios de parapente e motocross «com adrenalina garantida» eram algumas das opções para turistas menos atraídos por apelos espirituais. Lojas de artigos para atividades ao ar livre, que não eram poucas, anunciavam réplicas ordinárias das marcas mais sofisticadas, enquanto lanchonetes ofertavam panquecas de banana, milk-shakes, pizza, espaguete e «café de verdade». Em cada esquina havia uma *German Bakery* — um sinal gritante de que o lugar era, sim, uma das mecas turísticas do Himalaia. As ruas comerciais estavam tomadas por estrangeiros, muitos deles tão atléticos que usavam bastões de trilha até para caminhar na cidade, equipados com os trajes e acessórios mais tecnológicos que o dinheiro pode comprar. Os antípodas antimaterialistas dos amantes do ar livre também compareciam em peso, flanando em roupas coloridas e largas com sorrisos descontraídos estampando suas feições ocidentais — além de dreadlocks que não eram lavados desde que desembarcaram na Índia.

Até recentemente, Leh era um destino restrito aos aventureiros mais obstinados e persistentes. A capital de Ladakh fica entre o Karakoram e o Himalaia, logo ao sul da disputada região de Aksai Chin e da igualmente disputada fronteira chinesa. Culturalmente, Ladakh tem laços estreitos com o Tibete, mas hoje a política local é ditada por Délhi. A região de Ladakh, muitas vezes chamada de «Pequeno Tibete», faz parte da Índia desde o século XIX, mas os habitantes desse recanto do Himalaia geralmente têm mais contato com seus vizinhos do que com o núcleo do poder indiano. Devido à localização estratégica no entroncamento do Tibete e Xinjiang, ao norte, Baltistão paquistanês a oeste e Caxemira ao sul, Leh foi um importante ponto de parada para as caravanas comerciais do Himalaia. De Leh, eram exportados produtos locais como lã, sal e damascos secos, bem como produtos indianos como tecidos de algodão, pérolas, especiarias, arroz, açúcar e tabaco. O dinheiro era uma raridade por aqui; o comércio era inteiro feito mediante escambo.

Após a partição da Índia, em 1947, e a ocupação do Tibete pela China, em 1950, Ladakh ficou cultural e geograficamente isolada. Para pessoas como eu e outros ocidentais, que degustavam cervejas e cappuccinos nos cafés panorâmicos de Leh, o mundo se tornou mais acessível do que nunca nas últimas décadas, graças a passagens aéreas baratas e passaportes que permitem o ingresso em praticamente qualquer lugar. Para a população local, entretanto, que há séculos atravessa vales e montanhas para trocar mercadorias, o mundo diminuiu de tamanho à medida que a quantidade de cercas aumentou, apesar de as estradas e opções de transporte nunca terem sido tantas e tão variadas.

Hoje em dia é até fácil *demais* chegar a Leh. Antes da conclusão da estrada, por volta de 1950, a viagem de

Srinagar a Leh demorava mais de duas semanas — agora pode ser coberta num só dia, de carro, ou em algumas horas, de avião. O mal da altitude é um efeito colateral comum dos meios de transporte modernos, porque Leh fica 3.500 metros acima do nível do mar, quase no mesmo patamar de Lhasa, a capital do Tibete. Embora minha viagem tenha sido mais lenta do que a média, senti bem o efeito das alturas. Um zumbido constante nas têmporas me atormentava, e eu perdia o fôlego ao menor esforço. Depois de perambular uma hora pelas movimentadas ruas comerciais, entreguei os pontos; a cama do hotel me chamava.

Na poltrona da recepção estava uma garotinha francesa com uma enorme máscara de oxigênio no rosto. A mãe a abraçava e dizia para respirar profunda e calmamente enquanto as lágrimas rolavam pelas suas bochechas. No jardim do hotel, esbarrei num sueco alto e musculoso. Ele tinha cabelos platinados na altura dos ombros, barba curta e usava uma camiseta com o número de inscrição da Maratona de Ladakh. Com dificuldade patusca, ele cambaleou até uma das mesas sob o sol e desabou na cadeira gemendo.

— Puta merda, foi a maratona mais difícil que já corri! — disse ele. — Mais difícil do que a da Antártica.

— Por causa da altitude? — arrisquei perguntar.

— Não, não, eu já estava aclimatado, por causa da porra das subidas! Os últimos cinco quilômetros foram só de aclives. Ninguém mais corria no último trecho, todos caminhavam. Alguns se arrastavam.

O nome do sueco era Håkan Jonsson, ele tinha 68 anos e era radiologista, mas passava a maior parte do tempo correndo maratonas em lugares remotos para arrecadar dinheiro para combater a mortalidade infantil na África do Sul.

— Você tem dica de outros lugares onde eu poderia correr uma maratona? — perguntou ele bebericando um gole da lata de cerveja. — Já corri em todos os continentes. Existe até a possibilidade de correr maratonas em todos os continentes numa única semana, mas acho um exagero.

Ele me convidou para sentar e jogar um pouco de conversa fora. Comecei a falar das viagens que tinha feito, e seu rosto se iluminou quando mencionei a palavra «Mongólia».

— Sempre quis conhecer a Mongólia — disse ele.

— Talvez haja uma maratona por lá — especulei. Håkan não perdeu tempo e já estava pesquisando no Google.

— Existe sim, mas no inverno — disse ele, decepcionado. — Depois de correr maratonas no polo Sul e no polo Norte, acho que não me incomodaria em ir à Mongólia para correr sobre gelo e neve. É *foda* correr na neve.

Não vi razão para contradizê-lo.

O palácio em Leh está cravejado no alto de um rochedo com vista para o centro da cidade. A imponente construção é feita de madeira, pedra e argila, tem nove andares e lembra muito o Palácio de Potala, em Lhasa, que data aproximadamente do mesmo período. O edifício foi erguido no século XVII durante o reinado de Sengge Namgyal, conhecido como Rei Leão. Ele era filho de uma princesa muçulmana do vizinho Baltistão, no oeste, mas era um budista devoto e passou a vida mandando construir e restaurar mosteiros por todo o reino. Os descendentes do Rei Leão viveram ali por mais de duzentos anos, até 1834, quando Ladakh foi anexada pelos sikhs e a família real, despejada. Desde então, nunca retornaram ao palácio.

Do alto do telhado tinha-se uma vista privilegiada da cidade e das montanhas azuis que a cercam. Do alto, as ruas pareciam surpreendentemente pequenas, mais pareciam galhos de uma árvore.

A poucos quilômetros de Leh fica o mosteiro de Hemis, um dos que foi trazido de volta à antiga glória sob o Rei Leão. Hoje, Hemis é um dos maiores e mais ricos mosteiros da região. Como tantos antes de mim, foi para lá que parti à procura do testamento secreto de Jesus, embora sem muita esperança de encontrá-lo.

Em 1894, cinco anos antes do autoproclamado profeta Mirza Ghulam Ahmad enunciar a teoria de que Jesus não morreu na cruz, mas estava enterrado em Srinagar, veio ao mundo o livro *La vie inconnue de Jésus-Christ en Inde et au Tibet* [A vida desconhecida de Jesus Cristo na Índia e no Tibete], do aventureiro russo Nikolai Notovitch. Diz o autor que, na viagem que fez a Ladakh alguns anos antes, encontrou no mosteiro de Hemis um livro secreto de páginas amareladas que descrevia como Jesus, ou Issa, como os monges budistas o chamam, teria viajado pela Índia na juventude para estudar o hinduísmo e o budismo. O abade inicialmente relutou em lhe mostrar o livro, disponível exclusivamente para lamas de alto escalão, segundo Notovitch. No caminho de volta para Leh, porém, Notovitch quebrou o pé ao cair do cavalo e teve de permanecer no mosteiro por mais três dias, para se recuperar. Para entreter o convalescente, o abade leu para ele a biografia de Issa. No curto período em que esteve no mosteiro, Notovitch milagrosamente conseguiu traduzir o texto, reproduzido na íntegra no livro, cuja maior parte versa sobre os anos de Issa na Índia. Já no quarto capítulo, Jesus, então com catorze anos, parte rumo ao Oriente: «Na surdina, Issa deixou a casa do pai, deixou

Jerusalém e se agregou a um grupo de mercadores a caminho de Sindh. O propósito era aperfeiçoar o conhecimento da palavra de Deus, bem como estudar os grandes budas».[12]

Nos quinze anos seguintes, segundo Notovitch, Jesus percorreu a Índia, onde aprendeu a língua e os costumes locais e tentou convencer os budistas e brâmanes que encontrou pela frente de que existe apenas um Deus eterno e uno. Então regressou à Palestina e foi crucificado.

Durante a expedição, Notovitch fez uma série de fotografias, explica o autor no longo prefácio, mas quando voltou às terras baixas descobriu, para seu horror, que todos os negativos estavam imprestáveis. Isso não impediu o livro de se tornar uma sensação. A primeira edição francesa teve onze reimpressões só no primeiro ano após o lançamento, e a notícia dos sensacionais escritos monásticos alcançou a primeira página do *The New York Times*. Não demorou, porém, a surgirem dúvidas sobre a veracidade da fabulosa história de Notovitch. Os críticos mais gentis argumentavam que os lamas de Ladakh deviam ter se divertido bastante contando lorotas ao ingênuo viajante ocidental, mas alguns pesquisadores se deram o trabalho de entrar em contato com o abade do mosteiro de Hemis, que afirmou não ter recebido a visita de europeus nos últimos quinze anos e disse que o livro de Notovitch não passava de uma deslavada mentira. A teoria de que Jesus viveu a maior parte da vida adulta na Índia persistiu ainda assim, e de tempos em tempos são publicados livros que sustentam que o Messias estaria na Índia durante os misteriosos anos sobre os quais a Bíblia

---

12   *The Unknown Life of Jesus Christ*, texto original da descoberta de Nicolas Notovitch de 1887 pelo próprio autor. Trad. ingl. J. H. Connelly e L. Landsberg. Andrews UK Ltd., 2012 (Tito Vignoli).

é omissa. A hipótese de que ele simplesmente tenha ficado em casa com os pais aprendendo o ofício de carpinteiro é, inegavelmente, bem mais desenxabida.

Os prédios do mosteiro eram grandes e bem conservados, pintados de vermelho e branco, dispostos num retângulo perfeito em torno de um espaço aberto. Uma multidão de noviços transitava pelo pátio, e num canto estava um grupo de mulheres em vestidos de lã preta absortas em conversas. Dirigi-me à robusta livraria do mosteiro, mas o livro de Notovitch não estava em lugar nenhum entre tantas publicações sobre o Dalai-Lama e a filosofia budista.

— Vocês não têm o livro de Notovitch em algum lugar? — perguntei ao caixa.

O monge balançou a cabeça. Nunca tinha ouvido falar desse nome. Fui novamente ao pátio do mosteiro e perguntei a um dos monges que conversavam na sombra se ele tinha já ouvido falar de Notovitch. Não tinha. Já estava quase desistindo, mas insisti com um terceiro monge, um homem alto e magro que aparentava ter uns trinta anos, e indaguei se ele já não teria ouvido falar do aventureiro russo.

— Sim, claro que já ouvi falar de Notovitch — respondeu o monge. — Tenho o livro dele, aliás.

— É verdade o que está escrito no livro? — perguntei.

— Claro, tudo é verdade — respondeu o monge. — Você não é a primeira a perguntar. Todo ano cidadãos russos vêm aqui querendo saber de Notovitch e Jesus, então um dia perguntei ao meu mestre, o abade, se era realmente verdade que Jesus teria estado no mosteiro. Ele disse que era, naturalmente. Jesus meditava na mesma gruta que o Padmasambhava, na montanha acima do mosteiro. Na época, claro, não havia mosteiro aqui, mas já era um lugar sagrado então. Você pode subir até lá, se quiser.

— Então o manuscrito sobre a vida de Jesus se encontra aqui no mosteiro? — perguntei ansiosa.

— Sim, na biblioteca.

— Você já o viu?

— Não, só o abade tem acesso a ele.

— É possível falar com o abade?

— Ele está no Tibete, então vai ser difícil.

— Vou para o Tibete em breve — eu disse. — Talvez eu possa encontrá-lo lá?

— Você pode até tentar, mas provavelmente será difícil — repetiu o monge. — As autoridades chinesas estão de olho nos turistas.

— Você leu o livro de Notovitch? — perguntei.

— Não, infelizmente — respondeu o monge. — O livro que tenho é em russo.

— Muitos na Igreja discordam do que diz o livro de Notovitch, e a Bíblia não menciona uma incursão de Jesus pela Índia — argumentei.

— Também temos a Bíblia na nossa biblioteca — disse o monge. — Temos uma grande variedade de livros religiosos lá. Também há muitos que acreditam que Jesus esteve na Índia. Você já tentou pesquisar no Google? Se pesquisar no Google, encontrará muitos resultados indicando que Jesus esteve aqui. Para mim, o que mais pesa é a confirmação do meu mestre. Se ele não tivesse dito que era verdade, eu não teria dito a você que Jesus esteve aqui, mas, como meu mestre disse que era verdade, posso afirmar com certeza que é verdade. Jesus esteve aqui.

Deixei o mosteiro de queixo caído. Não esperava encontrar uma confirmação para a teoria de Notovitch. Isto é, confirmação talvez não seja o termo exato. Além possivelmente do abade, que não cheguei a encontrar, ninguém tinha realmente visto o misterioso manuscrito com os próprios olhos. Tudo o que existia era uma duvidosa tradução feita por um desacreditado explorador russo. O relato ainda está vivo e passa bem, assim como o mito de que Jesus está sepultado em Srinagar. O Himalaia inteiro está cheio de tais histórias, não apenas sobre o Messias cristão, mas sobre lamas que levitam, abomináveis homens das neves e vales paradisíacos ocultos cujos habitantes vivem em feliz harmonia e não padecem de aflições mundanas, como velhice ou doença. A suposição ocidental de que as montanhas brumosas, cobertas de gelo e inacessíveis da Ásia abrigariam segredos profundos, magia e pessoas com percepções muito especiais remonta a um longo caminho, e foi reforçada pelo isolamento dos reinos do Himalaia: até meados do século passado, o Nepal, o Butão e, especialmente, o Tibete eram na prática hermeticamente fechados aos estrangeiros. Essa inacessibilidade, é claro, só atiçava a curiosidade dos exploradores mais experientes: para eles, Lhasa tornou-se o destino mais cobiçado. O Tibete era a mancha invisível no mapa, o país das maravilhas a leste do sol e a oeste da lua, um castelo de Soria Moria. Até meados do século xx, aventureiros ocidentais faziam tentativas arriscadas de chegar a Lhasa disfarçados de monges, mendigos e caixeiros-viajantes, vagando a pé pelo planalto da montanha, à mercê dos elementos. Quase nenhum teve êxito, mas os poucos que tiveram garantiram uma renda extra perpétua vendendo livros e palestras.

Não era nem mesmo necessário congelar a uma altitude de 6 mil metros, cobrir-se de calos e escoriações e ingerir carne seca de iaque para surfar na onda do Tibete. O público do Ocidente era tão insaciável que engoliria, com anzol e linha, qualquer história, por mais estapafúrdia que fosse.

Em 1956, foi publicado na Inglaterra o livro *A terceira visão*, no qual o autor, um lama chamado T. Lobsang Rampa, conta sobre sua criação no Tibete. Nascido numa família rica, foi enviado para um mosteiro aos sete anos de idade, escreve ele. A vida monástica era difícil, mas desde cedo ele demonstrou ter habilidades excepcionais. No livro, conta em detalhes a operação que os lamas anciãos fizeram certo dia, perfurando um pequeno orifício entre seus olhos, para lhe abrir o terceiro olho. O livro imediatamente se tornou um grande best-seller.

Heinrich Harrer, montanhista austríaco e um dos poucos a realmente ter passado pelo Tibete na época, não achou a história de T. Lobsang Rampa nada verossímil. Em 1944, ele passou sete anos no Tibete depois de atravessar as montanhas para escapar do cativeiro britânico-indiano, e se tornou um dos confidentes mais próximos do Dalai-Lama. Harrer contratou um detetive particular para investigar o caso, e o detetive concluiu que o nome verdadeiro de Rampa era Cyril Henry Hoskin, um ex-encanador da costa sul da Inglaterra. Hoskin nunca esteve no Tibete — não tinha sequer um passaporte — e não sabia uma só palavra de tibetano. Em seu terceiro livro, *Entre os monges do Tibete*, o encanador-lama entrega o jogo: certo dia ele escalou uma árvore no jardim para fotografar uma coruja. Caiu, desmaiou e, quando voltou a si, viu um monge budista vindo em sua direção. O monge era T. Lobsang Rampa, cujo organismo estava decadente após tantas provações desumanas. Rampa, portanto, queria assumir o corpo de Hoskin, e Hoskin, que até então não tivera uma vida proveitosa, generosamente concordou em deixar a alma de Rampa se apossar de si.

Rampa escreveu mais dezessete livros encarnado no encanador, e todos venderam aos borbotões. *A terceira visão* é até hoje o livro mais vendido sobre o Tibete no Reino Unido.

*

Um micro-ônibus superlotado me levou com destino ao sul, para a cidade turística de Manali, no estado de Himachal Pradesh. Ao deixarmos a rodoviária em Leh, o sol estava se pondo e logo estávamos envoltos pela escuridão. A noite se transformou em madrugada e eu congelei no assento. Tivemos de atravessar dois desfiladeiros; o micro-ônibus chacoalhava e derrapava pela estrada lamacenta, estreita e sinuosa. É certo que a estrada era uma das mais dramáticas da Índia, assim como a paisagem, mas tudo que consegui ver foi o acostamento iluminado pelos veículos no contrafluxo. O motorista tocou música alta a noite toda, uma mistura eclética de música pop indiana e cânticos meditativos budistas. Enfiei tampões nos ouvidos, fechei a jaqueta o melhor que pude e enfiei o gorro sobre a cabeça. No meio disso, cochilei e apaguei, mas então paramos noutro posto de controle, o motorista acendeu as lâmpadas e foi preciso fazer mais uma cópia do meu passaporte. Antes de adormecer novamente, pensei nos tantos viajantes ocidentais que ainda são atraídos para o Oriente e para o Himalaia, em busca de paz, harmonia e insights espirituais que acreditam não encontrar em casa. *Grosso modo*, a literatura sobre o Himalaia pode ser dividida em duas: ou são livros de aventureiros que arriscam a vida escalando um ou outro pico ou sobre a tentativa de compreender os picos e abismos da alma, de preferência em primeira pessoa.

Lamas levitando, abomináveis homens das neves e inspetores de passaporte mal-humorados foram se alternando pela minha mente, e então caí no sono.

Quando o sol raiou, acordei e achei que estava na Suíça. As montanhas íngremes que desciam até o vale já não eram marrons e estéreis, mas verdes, exuberantes e arborizadas. A região de Kullu, que durante séculos foi um reino à parte, só teve conexões rodoviárias com o restante da Índia depois de 1947. As mulheres aqui usavam xales coloridos e muitos homens ainda vestiam chapéus redondos de feltro bordados. Na minha jornada pelo Himalaia, a julgar pelo mapa, eu atravessaria apenas cinco países, mas na realidade visitei muitos mais. Dificilmente eu chegava num novo vale sem reparar em trajes e construções distintas, outros deuses e idiomas completamente diferentes.

Em Manali havia ainda mais hotéis do que em Leh. A maioria deles atraía turistas indianos que vinham desfrutar das montanhas e do ar puro e fresco.

E fumar haxixe.

Dizem que a melhor maconha do mundo é cultivada na aldeia montanhosa de Malana, a cerca de oitenta quilômetros de Manali. O motorista nunca havia estado lá antes, do contrário dificilmente teria concordado em me levar. O último trecho de subida percorria um vale íngreme por uma estrada estreita e pedregosa; as pedras ricocheteavam na carroceria do carro. Em vários trechos havia grandes deslizamentos de terra, e o motorista tinha de contorná-los equilibrando-se na margem da via, deixando bem à mostra o rio revolto lá embaixo.

— Estrada muito perigosa — ele limitou-se a constatar. Foi a primeira vez que ouvi um indiano reclamar das condições da estrada.

O início da trilha que conduzia à aldeia era assinalado por um portal em arco. Antes, era preciso caminhar durante dias para chegar a Malana, mas, graças à nova barragem e à perigosa estrada construída em conjunto, o percurso agora podia ser completado em menos de uma hora. O caminho até a aldeia era de concreto, com direito até a degraus. Na subida, cruzei com três turistas indianos sentados e respirando ofegantes no meio de uma curva. Na entrada da aldeia havia um pequeno quiosque. A fumaça do haxixe pairava pesadamente sobre a barraca e o jovem que a ocupava.

— Quer Malana Cream? — perguntou ele, sorridente, me estendendo um sólido torrão de haxixe.

Recusei educadamente.

— E comida? Refrigerante? Chocolate? Você vai pernoitar, falando nisso? Se for, conheço uma pequena hospedaria no final da aldeia. — Ele me encarou com os olhos avermelhados.

— Não vou pernoitar — respondi. — É verdade que os habitantes daqui são descendentes dos soldados de Alexandre, o Grande? — Eu li tudo que encontrei na internet sobre Malana, e todos os artigos e blogues diziam que os habitantes de Malana acreditavam que eram descendentes do exército de Alexandre, o Grande, e por isso existem tantas regras estranhas aqui.

— Alexandre quem? — perguntou o vendedor do quiosque, confuso.

— O Grande.

— Não, não, não somos descendentes desse tal Grande, somos descendentes do nosso deus, Jamdagni Rishi.

Agradeci pela informação e retomei o passo.

213

Mantive-me rigorosamente na trilha que cortava a aldeia, tomando o cuidado de não me perder. Vista de fora, Malana parecia quase um vilarejo indiano qualquer, com casas de dois a três metros de altura, construídas em pedra e madeira e cobertas por telhados de estanho de cores vibrantes. A aldeia estava lotada, e a todo instante eu cruzava com grupos de homens e mulheres conversando em pé, mas ninguém retribuía meu sorriso. Numa grande plataforma de madeira que devia ser a pista de dança da aldeia, a música pop indiana tocava a todo o volume. Uma grande placa amarela informava em hindi e inglês sobre uma multa de 3.500 rúpias a quem quer que entrasse no templo.

Ninguém dava a mínima para a minha presença. Eu estava invisível. Era uma sensação estranha depois de ter sido tão facilmente notada nos últimos dois meses. Mulheres e até crianças se afastavam irritadas quando eu me aproximava, e me ignoravam completamente. Já esperava que fosse acontecer, uma vez que tinha lido sobre isso com antecedência, mas mesmo assim fiquei chateada. Me recompus, fui até um grupo de homens e perguntei se algum deles sabia inglês, mas nem se deram ao trabalho de me responder.

Quase aos prantos, abordei os três indianos por quem havia passado na subida. Eles estavam comprando três bolinhos de Malana Cream de um homem de meia-idade. Os indianos me cumprimentaram gentilmente e perguntei se poderiam me ajudar na tradução. Eles se dispuseram gentilmente e pedi então que perguntassem ao vendedor se ele poderia me contar um pouco sobre a cultura malana.

— Não posso falar muito daqui, porque somos pessoas reservadas e retraídas — respondeu o vendedor, que se chamava Moti Ram e tinha 41 anos. Soubemos que Moti foi o primeiro a completar doze anos de escolaridade e, portanto, era muito respeitado na aldeia.

— Temos nosso próprio rei — explicou. — Não seguimos a democracia indiana. Você já deve ter reparado nos avisos de que será multada se entrar no nosso templo. Nem mesmo nós podemos entrar lá. Apenas dez homens, escolhidos a cada dois anos, podem. E somente esses dez homens podem fazer haxixe com nossas plantas de cânabis. De acordo com nossa crença, o rei mogul Akbar passou por aqui. Roubou nossos tesouros e fugiu com eles, mas adoeceu e teve de voltar. Foi assim que ele se tornou nosso rei. Dedicamos um dia à sua memória, no qual jejuamos. Um dia por ano adoramos Akbar como a um deus. Em todos os outros dias ele é nosso rei. Também temos nosso próprio idioma, kanashi, mas todos também falam o hindi.

— Por que vocês não podem tocar nos estrangeiros? — perguntei.

— A questão com os estrangeiros é que nunca sabemos a que casta eles pertencem — explicou Moti. — Nem eles sabem. Pertencemos à casta dos thakur, logo abaixo dos brâmanes. Os indianos, por outro lado, são como nós, portanto podemos tocá-los. Posso até cumprimentá-la e apertar sua mão, mas nesse caso tenho de me purificar antes de entrar em casa. Nossos lares são sagrados.

— É verdade que vocês são descendentes dos soldados de Alexandre, o Grande? — perguntei.

— Esse é um mito que veio de fora — disse Moti. — As pessoas gostam de uma boa história, mas não temos sangue grego. Somos indianos.

— Não é isso que está escrito sobre vocês na internet! — argumentou o jovem indiano que servia de intérprete.

— Tudo o que está escrito sobre nós na internet está errado — disse Moti candidamente. — A principal fonte de renda aqui é o haxixe — ele explicou. — Também temos vacas. E mel. Prefiro vender mel. Por 11,6 gramas de haxixe, cobramos 50 euros. Em Amsterdã o grama é vendido por 250 euros. A maconha é proibida na Índia, mas para nós é sagrada.

Nem todas as lendas resistem a um confronto com a realidade. O mito de que os habitantes profundamente religiosos de Malana são descendentes de Alexandre, o Grande, persistirá, assim como qualquer causo bem contado, que adquire vida própria. A crer nessas histórias, os viris soldados de Alexandre, o Grande, deixaram descendentes de olhos azuis em grandes partes do continente eurasiano; um exército de genes gregos supostamente deixou um rastro alourado desde o mar Negro até os vales montanhosos do Himalaia.

Na saída da aldeia, parei no pequeno quiosque para comprar um saco de batatas fritas. Dei o dinheiro ao vendedor, mas ele se recusou a aceitá-lo.

— Ponha no chão.

Fiz como ele pediu. O vendedor se abaixou, pegou as notas e fez sinal para que eu pegasse um saco de batatas fritas da bancada. O troco ele também pôs no chão, na minha frente. Ao redor do quiosque e na entrada da aldeia só se via lixo; havia sacos de batatas fritas vazios e garrafas de refrigerante espalhados por toda parte.

— Estudei inglês, história e muitas outras coisas de Manali — confidenciou-me o vendedor. — Pode me chamar de Jack.

— Como é seu nome em malana? — perguntei.

— Akshe — ele respondeu. — Você gostou de Malana?

— Não — eu disse, e era verdade.

— Também não gosto de Malana — disse Jack. — Mas gosto de haxixe. — Ele riu. — Meu pai fuma também. E meu irmão.

— E sua mãe, ela fuma? — perguntei.

— Não, mulheres não fumam, jamais.

— Por que tive de pôr o dinheiro no chão?

— Porque é assim que fazemos aqui — respondeu Jack. — Este vilarejo é um lugar sagrado. Tenho um amigo na Austrália — acrescentou ele. — Tenho também uma namorada lá.

— Achei que vocês não pudessem tocar em estrangeiros — comentei.

— Oh, não — disse Jack. — Eu posso. Não sou como os outros.

Um jovem se aproximou de nós. Tinha a pele mais escura do que os outros na aldeia e olhos castanhos brilhantes.

— Na verdade, sou de Calcutá — disse ele rindo. — Quatro, talvez cinco anos atrás, fui adotado por esta aldeia. Tenho 41 anos, mas na verdade só tenho quarenta por causa do clima ameno daqui. No inverno aqui neva — revelou ele, em seguida recolhendo-se num silêncio profundo e contemplativo.

Na descida para o carro, cruzei com cinco turistas ocidentais de olhos injetados e dreadlocks sujos, vestidos com roupas largas e coloridas.

— Falta muito? — perguntou um deles esbaforido.

— É logo ali — assegurei, e eles continuaram em frente sorridentes e ansiosos.

Duas mulheres locais vieram andando atrás deles. Ao me ver, resmungaram e desviaram ostensivamente. Comecei a sentir saudades da tumultuada normalidade indiana.

No caminho de volta para Manali, passamos por uma pequena procissão. Os homens que caminhavam na frente tocavam tambores e flautas, os de trás carregavam incensários. No centro, quatro homens carregavam uma estátua de prata numa liteira. A estátua era decorada com flores e tiras de pano de todas as cores imagináveis.

— O que estão fazendo? — perguntei ao motorista.

— Estão celebrando o deus deles — foi a resposta.

— Qual deus?

Ele deu de ombros.

— Sei lá, deve ser um deus qualquer, algum deus local.

O Pequeno Tibete

O vale do Spiti é um dos mais ermos e isolados da Índia, e a estrada que leva até ele estava em condições deploráveis. O Land Rover abria caminho por sulcos estreitos, desviava de enormes rochas e mergulhava em poças d'água profundas. Rakesh, o bondoso motorista, mantinha uma velocidade média de quinze quilômetros por hora, embalado por canções pop indianas que cantarolava alegremente sem nunca acertar o tom.

O verdejante vale de Kullu ficou para trás e a paisagem estava mais uma vez marrom, estéril e nua. No caminho não passamos por aldeias, apenas uns poucos cafés e áreas de descanso. Só depois do pôr do sol chegamos ao pequeno e depauperado mosteiro onde pernoitaríamos.

Um jovem monge me recebeu com um inglês sofrível e se apresentou como Tenzin, meu guia local. Ele tinha 28 anos e era lama de um dos mosteiros de Kaza, a maior aldeia do vale.

— Espero que você possa me ensinar mais sobre o budismo tibetano — eu disse e sorri. — Estou um pouco confusa com tantas escolas e variantes.

Passaríamos a semana inteira juntos, mas Tenzin não perdeu tempo e começou a discorrer sobre as várias escolas budistas e as diferenças entre elas. Foi listando nomes longos e complicados de ramos principais, intermediários e derivações, nomes de sacerdotes aqui e ali, chapéus amarelos, chapéus vermelhos, chapéus pretos. Não consegui acompanhar nada. Quando começou a enveredar pelas sutis diferenças das doutrinas das escolas Nyingma, Kagyu e Gelug, felizmente fui resgatada por uma jovem monja, que me convidou para um chá.

O ar da montanha era fresco e limpo, mas a pequena cozinha era abafada como um dia de verão, e recendia a gás e chapati recém-assado. Tenzin e eu nos sentamos em almofadas grossas ao longo da parede, enquanto quatro jovens monjas nos serviam chá doce com leite quente. Elas vestiam camisetas e saias curtas roxas e tinham o cabelo raspado, assim como os monges. Fiz a elas perguntas simples, há quanto tempo estavam ali, quantos anos tinham, como se chamavam, mas as monjas apenas riam e desviavam o olhar.

Tenzin estava interessado em saber mais sobre o cristianismo. Da forma mais simples e didática que consegui, contei sobre o Jardim do Éden e Jesus, o filho de Deus que nasceu de uma virgem, operou vários milagres e morreu crucificado pelos pecados da humanidade, mas ressuscitou dos mortos no terceiro dia, e sobre a Trindade que não é realmente trinitária, mas una. Quando terminei, ele parecia tão confuso quanto eu devia estar após o curso intensivo de budismo tibetano que acabara de me dar.

A certa altura, Tenzin desapareceu para resolver algo importante. As monjas então se acercaram de mim. Descobri que falavam um bom inglês, todas as quatro, e eram bastante curiosas. Queriam saber quantos anos eu tinha, se tinha irmãos, marido, filhos, onde morava, o que fazia para viver, se era budista, se estava gostando do mosteiro. Eram todas locais, do vale do Spiti, que assim como Ladakh era conhecido como Pequeno Tibete.

O Tibete fica a uma curta distância, do outro lado das montanhas, e, antes de ser ocupado pela China, era intenso o intercâmbio entre os dois povos vizinhos, que compartilham língua, cultura e religião. Hoje, a cultura tibetana provavelmente está mais bem preservada no vale do Spiti do que no próprio Tibete, onde grande parte da herança cultural foi perdida durante a Revolução Cultural e onde a população local ainda é submetida a severas restrições e vigilância.

Minutos depois, Tenzin retornou e as monjas se afastaram e voltaram a sorrir em silêncio.

Quando entrei na cozinha na madrugada seguinte, duas delas já estavam preparando o desjejum. Sentadas no chão, faziam rolinhos de massa que moldavam em pequenos pães e coziam num caldeirão de água fervente. A mais velha se chamava Sherab e tinha dezenove anos, e a mais nova tinha apenas treze e se chamava Tenzin, ela também — nas línguas tibetanas geralmente não há distinção entre nomes masculinos e femininos.

— Meus pais não queriam que eu virasse monja — disse Tenzin, sorrindo timidamente. — Mas eu e minha amiga decidimos nos tornar monjas mesmo assim, e há três anos deixamos a aldeia e viemos para cá. A vida monástica é muito simples. Gosto assim.

— Então vocês não querem se casar e ter filhos? — perguntei.

— NÃO! — As duas cobriram o rosto com as mãos e depois caíram na gargalhada.

— Casar e ter filhos dá muito trabalho — opinou Sherab.

No andar superior, o restante das monjas ainda fazia suas preces matinais. Umas dez ou doze meninas-monjas sentavam-se numa longa fileira ao longo da parede do salão do templo simples, mas ricamente decorado, e cantavam em uníssono ao som da gravação de um lama, que era reproduzida num toca-fitas antiquado. A gravação parou e as monjas continuaram por um bom tempo entoando os mantras murmurantes, repetitivos, hipnotizantes. Depois, uma das decanas distribuiu folhas alongadas de *pechas*, livros religiosos tibetanos, às noviças, que se concentraram na leitura em voz alta oscilando o tronco para frente e para trás. As monjas mais velhas passavam as folhas com rapidez, enquanto as mais novas— algumas com pouco mais de sete anos de idade — soletravam meticulosamente as palavras estranhas. Depois de meia hora, as folhas foram recolhidas e cuidadosamente embrulhadas num pano laranja. As freiras entoaram vários mantras, elevando e diminuindo a voz, e algumas das mais novas não conseguiam reprimir os bocejos. Depois de a oração terminar, as meninas levantaram-se sonolentas de seus travesseiros e foram comer.

Aproveitei a oportunidade para falar com Dolma, uma das decanas do mosteiro. Ela tinha 45 anos e chegou aqui quando o mosteiro estava sendo construído; eram apenas três ou quatro monjas que viviam em grutas nas montanhas.

— Era um lugar ruim e fazia um frio terrível no inverno — lembrou ela. — Não tínhamos nada, nem mesmo uma caneca de chá. A única que tínhamos era furada, hahaha!

Hoje, cerca de quarenta monjas vivem nos dois prédios conventuais simples, mas aconchegantes e confortáveis. A aldeia inteira ajudou na construção.

— Você sente falta de alguma coisa da sua vida anterior? — perguntei a Dolma.

— Eu era tão jovem quando me tornei monja que não me lembro se sinto falta de algo — ela riu. — Só me lembro de ir para a escola com uma bolsinha a tiracolo.

— Por que você decidiu ser freira? — Dolma gargalhou.

— Na verdade não costumo pensar muito sobre isso, realmente — disse ela rindo ainda mais.

— Provavelmente houve um pouco de pressão dos pais — comentou Rakesh, o motorista. — Mandar crianças para um mosteiro faz parte da cultura daqui. Antes, a cidadezinha era muito pequena e a vida era difícil, principalmente no inverno.

— Você tem irmãos? — perguntei a Dolma.

— Dois irmãos e cinco irmãs — respondeu ela. — Minha única irmãzinha também é monja. Sou uma das mais velhas aqui e trabalho muito para que as jovens monjas tenham uma vida mais fácil do que a minha. Quero que todas tenham uma boa formação e me vejam como uma mãe.

A sexta-feira era um dia de descanso no mosteiro e as monjas tinham folga dos estudos. Durante a pausa, brincavam e aproveitavam para fazer faxina; duas delas já estavam esfregando vigorosamente o chão da clausura. Duas monjas de uns cinco ou seis anos trouxeram um bezerro recém-nascido do celeiro e se divertiam brincando com o bichinho. Dois meninos da aldeia remexiam o feno que as freiras haviam colocado para secar a fim despedaçá-lo em pedaços menores.

No final da tarde, Tenzin, Rakesh e eu seguimos para Kaza com o carro lotado de risonhas monjas adolescentes, que tinham de ir à aldeia para tratar de «urgent business», conforme disseram. Elas se espremeram no banco de trás e

223

conversavam alegremente, todas vestindo seus hábitos monásticos e carregando celulares e bolsinhas a tiracolo.

Ruas lamacentas serpenteavam entre as casas térreas em Kaza, único lugar no vale do Spiti com cobertura telefônica razoavelmente estável — as pessoas nas outras aldeias geralmente precisam se haver com conexões de satélite para se conectar com o resto do mundo. O céu era de um azul intenso, sem nuvens, e o ar rarefeito estava límpido. O rio Spiti, que corta a vila, brilhava sob o sol, e as montanhas marrom-avermelhadas que o flanqueavam estavam devidamente cobertas de neve.

Durante o almoço, conversei com um *amchi*, praticante da medicina tradicional tibetana. Chamava-se Norbu, andava pelos cinquenta anos e irradiava a plácida autoridade típica dos médicos de todo o mundo. Tinha dentes brancos e imaculados — raridade por essas bandas — e falava um inglês excelente. Enquanto eu degustava *momos*, bolinhos de massa recheados de batata e queijo, cozidos no vapor, Norbu me fez uma introdução de seu trabalho como *amchi*.

— Tradicionalmente, o *amchi* coleta na natureza as próprias ervas com as quais elabora os remédios — disse ele. — Um *amchi* é um exército de um homem só, precisa fazer tudo sozinho. Nosso treinamento é extenso: durante cinco anos estudei medicina tibetana no Instituto Men-Tsee-Khang, em Dharamsala, onde depois fui residente por mais dois anos. Foi minha mãe quem me obrigou a estudar medicina, eu ainda não tinha completado dezoito anos e não sabia ao certo o que queria fazer da vida. Na escola, aprendíamos sobre doenças e sintomas, como diagnosticar e que tipo de remédio usar. Quando diagnosticamos, medimos o pulso, examinamos a urina, a língua e a cor dos olhos. Um *amchi* geralmente pode curar doenças crônicas, como reumatismo, mas deve encaminhar os casos agudos para o hospital.

— A medicina tibetana está intimamente relacionada ao budismo — Tenzin interveio.

— Sim, costumamos aconselhar o paciente a recitar mantras medicinais específicos — disse Norbu. — Achamos que eles funcionam. Também tratamos transtornos psíquicos. Nós os chamamos de *lungat*. No Ocidente essa palavra costuma ser traduzida como depressão, mas não é bem a mesma coisa, pois uma *lungat* não necessariamente tem uma causa externa. Não muito tempo atrás, uma mulher em Kaza cometeu suicídio, embora aparentemente não tivesse motivos para isso. Tinha uma boa família, bons filhos, vivia bem. Mas sofria de *lungat*.

— Quais doenças são mais prevalentes aqui? — perguntei.

— Problemas digestivos, principalmente. E dores nas articulações. As pessoas usam outras roupas agora, sintéticas, e lavam suas roupas e a si mesmas com muita frequência. Nas grandes cidades, é comum o diabetes. Acreditamos que a doença está relacionada ao estilo de vida, ao ambiente e à alimentação. Aqui é seco e faz frio, e isso afeta o corpo. Também acreditamos que as emoções afetam a saúde. O desejo leva a problemas pulmonares, enquanto o ódio causa problemas intestinais. Acreditamos que tudo, inclusive as emoções, precisa estar em equilíbrio.

Norbu acumulava uma experiência de 25 anos como *amchi* e trabalhou em Shimla, Délhi e Calcutá, bem como em Kaza, mas recentemente interrompeu a prática.

— A medicina tibetana é muito popular no resto da Índia, mas aqui as pessoas preferem ir ao médico comum — disse ele, com pesar. — Aqui em Spiti, o filho mais velho herda tudo: a casa, os campos, tudo. Sou o caçula de quatro irmãos e preciso sobreviver. No começo eu vendia roupas, mas agora passei a vender suvenires para os turistas. É triste, mas eu simplesmente ganho mais dinheiro vendendo estatuetas do Buda e camisetas do que sendo um *amchi*.

Do outro lado do rio ficava Tsechen Chöling, um convento novinho em folha que abrigava quinze jovens monjas. Tive uma audiência privada de vinte minutos com o lama Tsewang, mestre superior do local. O lama de 37 anos me recebeu numa cadeira de vime no fundo de um corredor, de onde se tinha uma vista panorâmica das montanhas e do vale.

— Existem várias escolas principais dentro do budismo tibetano, dependendo de como você as conta — explicou ele, e rapidamente recitou os nomes das várias escolas, que por sua vez podiam ser divididas em várias escolas menores. — Sobre uma das escolas principais, *vajrayana*, a carruagem de diamante, ou *tantrayana*, como também é chamada, não posso lhe contar em detalhes, porque nesse caso precisaria da autorização de um superior — continuou ele. — Até eu preciso de permissão se quiser ler um texto tântrico. É muito secreto. Em suma, o budismo tântrico usa técnicas espirituais e esotéricas que agem como um atalho para a iluminação, mas só podem ser transmitidas por um mestre iniciado. O Dalai-Lama é o mestre supremo. A propósito, há muitos mal-entendidos sobre o budismo, porque é confundido com o *darma*, ou seja, os ensinamentos do Buda com as práticas culturais. O budismo não é uma religião, é uma ciência. O budismo trata da sua vida, da verdade sobre sua vida, trata da camada mais profunda da existência e do mundo. Precisamos saber como o mundo funciona para podermos viver. Os ensinamentos do Buda fazem parte da libertação.

Tsewang olhou rapidamente para o relógio.

— Em geral, o Buda nos ensina sobre o vazio — concluiu.

— Para mim, com tantos templos, estátuas douradas, rituais e sacrifícios, o budismo parece ser uma religião mais do que qualquer coisa — objetei.

— Sim, sim, entendo! — disse Tsewang, com sinceridade. — O budismo não deveria ter castas nem hierarquias, mas nossos mosteiros estão repletos de estátuas douradas do Buda! O Dalai-Lama disse que o budismo consiste em três categorias: a religiosa, a filosófica e a científica. Os longos textos que estudamos fazem parte da filosofia. A busca pela verdadeira natureza da mente e de todas as coisas faz parte da ciência. Quando oferecemos lamparinas de manteiga, dinheiro e água ao Buda, é a prática da religião. Está acompanhando?

Assenti que sim.

— O essencial não é a ação em si, mas a motivação interna que o impulsiona a executar a ação — disse Tsewang, olhando rapidamente para o relógio novamente. — Como eu disse, o budismo não é uma religião, nós budistas não acreditamos num ente criador do mundo ou da alma. Os rituais, estátuas e sacrifícios são apenas métodos para alcançar a suprema verdade. São apenas símbolos, certo? Continua acompanhando?

Sem tempo para esperar uma resposta ou um meneio de cabeça que fosse, ele prosseguiu animado:

— O fato de recitarmos mantras e orarmos, de nos prostarmos no chão diante do Buda, tudo isso é apenas método, percebe? *Milhares* de coisas, *incontáveis* íons nos distraem da nossa verdadeira natureza, mas no fim existem apenas dois caminhos: acúmulo de ações meritórias e sabedoria e purificação dos *kleshas*, isto é, dos sentimentos que nos impedem de ver com clareza. Está acompanhando? Cerimônias, estupas, sacrifícios, tudo isso são acumulações de ações meritórias. Infelizmente, muitas pessoas ficam tão envolvidas em acumular ações meritórias que perdem de vista o objetivo em si. Aqui no Himalaia nós *amamos* símbolos! As pessoas dizem com orgulho que já recitaram 100 mil mantras, pois gostam de lidar com objetivos palpáveis. Mas o objetivo final é e sempre será atingir a iluminação.

O tempo estipulado chegou ao fim e parecia que Tsewang tinha mais o que fazer; sim, os nobres deveres da vida monástica o requisitavam. Agradeci e fiz menção de sair, mas ele pediu que eu ficasse sentada, e chamou vários nomes até conseguir ser atendido por uma monja que foi buscar outra monja que ele procurava. Seu nome era Tashi e ela tinha 24 anos.

— Ela sabe falar um bom inglês e pode explicar mais para você — disse Tsewang, desparecendo depressa pelo corredor e deixando o rastro do hábito tremulando atrás de si.

Tashi me convidou para sua pequena clausura, que dividia com duas outras monjas. No chão havia três colchões e na parede estavam penduradas fotos de pais e irmãos. Sentamo-nos de pernas cruzadas em duas almofadas finas. Nascida em Kaza, era monja fazia sete anos. Tinha um rosto alongado e estreito e óculos grossos, e falava rápida e apaixonadamente:

— Para ser sincera, não foi ideia minha ser monja, mas da minha mãe. Minha mãe teve uma vida difícil. Meu pai morreu quando eu tinha doze anos, e desde então ela teve de cuidar de mim e dos meus irmãos sozinha. Ela acreditava que a vida monástica seria mais simples e melhor para mim do que uma vida comum. Se eu tivesse uma vida normal, seria absorvida pelas tarefas domésticas e ficaria atribulada com os problemas do meu marido, filhos e assim por diante. Como monja, sou livre e não preciso lidar com essas preocupações. Em vez disso, posso fazer algo de bom para todos os seres vivos, do mundo inteiro. Antes de entrar para o mosteiro, não sabia quase nada sobre a importância do budismo e de ser uma monja. A única coisa que eu sabia era que as monjas recitavam mantras, oravam, raspavam a cabeça e usavam trajes vermelhos. Quando me tornei monja, percebi o quanto as monjas estudam, o quanto aprendem. Sou eternamente grata à minha mãe!

— Você não poderia fazer algo de bom para a humanidade sendo, por exemplo, uma médica ou uma professora? — perguntei.

— Aspirar a ser uma médica ou uma professora é uma ambição muito *pequena* — respondeu Tashi, sorrindo. — Quer sendo médica ou professora, você só se tem de se preocupar com esta vida.

Pedi a ela que me contasse como era um dia típico no mosteiro, e Tashi me deu todos os detalhes. Os dias eram meticulosamente regulados, até a menor das tarefas:

— Acordamos às cinco horas e estudamos as escrituras budistas até as seis. Em seguida, nos reunimos para meia hora de *puja*, isto é, oração. Depois, temos tempo para meditar, trabalhar, nos exercitar e ler textos budistas até o desjejum, às oito horas. Das oito e meia às dez e meia, temos uma aula de filosofia budista; das dez e meia às onze, há uma pausa para o chá e depois temos uma hora de debates com o mestre. Depois, estudamos hora sozinhas durante uma hora, até o almoço, à uma da tarde. Depois do almoço, temos uma hora de descanso. Das duas e meia às três e meia, voltamos a estudar sozinhas, e depois temos meia hora de pausa para o chá. Das quatro às seis e meia temos aula de religião e revisamos o que aprendemos pela manhã, só nós monjas, sem os mestres. Então, das seis e meia às oito e meia, conversamos, descansamos um pouco e às oito jantamos. Depois do jantar, estudamos até às dez horas. Então o dia termina e o tempo é livre. Lavamos o rosto, escovamos os dentes, essas coisas. Às onze e meia estamos na cama.

— Vocês se ocupam boa parte do tempo com filosofia e debates — observei. — Achava que monjas e monges se dedicassem principalmente à meditação.

— Também achava! Mas, na realidade, não meditamos mais de meia hora por dia. O Buda disse que existem três estágios de compreensão: ouvir, contemplar e meditar. Estou ainda no primeiro degrau. A filosofia budista é um campo vasto. Há tanto para discutir! O Buda disse que não devemos aceitar seus ensinamentos e escritos apenas porque ele é o autor. Quando compramos ouro, verificamos cuidadosamente a qualidade antes de pagar, certo? Devemos fazer o mesmo com os escritos do Buda. Estudei filosofia budista apenas por dois ou três anos. No budismo, é um período muito curto. Provavelmente aprendi apenas uma pequena porcentagem de tudo o que há para aprender.

— Como é viver tão perto das outras monjas? Vocês não se cansam umas das outras?

— Oh não, nunca nos cansamos umas das outras! — garantiu Tashi. — Falamos de coisas novas todos os dias. Claro que discutimos de vez em quando, porque estamos todos presos no *Samsara*, o eterno ciclo de nascimento, morte e renascimento, mas depois de alguns minutos sempre voltamos a ser amigas.

— Existe alguma coisa que *não* a agrade na vida monástica? — ainda perguntei.

Pela primeira vez, Tashi ficou em silêncio. Ela refletiu por um bom tempo.

— Acho que não — respondeu por fim. — Gosto de tudo aqui. Antes de me tornar freira, eu adorava dormir. Todos os dias eu dormia até nove e meia da manhã. No começo não era fácil levantar tão cedo, mas agora já me acostumei. Sou feliz neste lugar.

— Vocês vivem numa espécie de bolha aqui — comentei. — Não acontece de você ficar deprimida com o noticiário? Há tanta coisa triste acontecendo, há tanto sofrimento no mundo. Aquecimento global, guerras, terrorismo...

— Devo admitir não temos o hábito de ver as notícias — disse Tashi, e sorriu se desculpando. — Nosso mestre diz que temos de acompanhar as notícias, que o mundo inteiro está ao nosso alcance pela TV. Ele costuma assistir à BBC e nos conta sobre coisas importantes que aconteceram. Nós, monjas, preferimos ver filmes, não notícias. Só podemos assistir à TV nas noites de domingo e segunda-feira, e então assistimos a filmes de Bollywood juntas. Não romances. — Ela riu. — Mas às vezes podemos ver filmes de ação! Acima de tudo, gostamos de reality shows, especialmente de canto — é o nosso programa favorito!

Estava ficando tarde e as monjas não tardariam a se recolher. Lá fora, estava escuro fazia tempo. Assim que me levantei para sair, Tashi suspirou de alívio:

— Lamento ter perdido tanto tempo! Nos primeiros cinco anos, quando morei no outro mosteiro, em Dehradun, não estudávamos filosofia, apenas aprendíamos coisas práticas como rezar, fazer oferendas e recitar mantras. Tínhamos muito tempo livre lá, mas eu o desperdiçava conversando à toa com os amigos e navegando na internet... Não sabia então que o tempo era tão curto. Que há tanto para aprender.

Quando acordei na manhã seguinte, as montanhas tinham desaparecido. Uma grossa neblina pairava sobre o vale, cobrindo a aldeia, as encostas, o rio, a paisagem inteira. Chovia forte e fazia um frio congelante, tanto lá fora quanto entre quatro paredes. Nos despedimos apressadamente das monjas e seguimos para o vale de Dhankar, uma pequena aldeia que abrigou a residência da realeza de Spiti nos curtos intervalos em que o vale foi independente.

Com mais de oitocentos anos de idade, o mosteiro de Dhankar foi construído à beira de um penhasco e dava a impressão ser uma extensão da montanha. Uma carcaça de cabra empalhada pendia balançando acima da escadaria na entrada do pátio do mosteiro. Tenzin me levou para a sala onde os monges guardavam as assustadoras máscaras de madeira usadas nas danças tântricas rituais: demônios vermelhos com presas à mostra, caveiras e cabeças de cervos de aspecto ameaçador. Não fui autorizada a entrar na sala de oração dos monges, nenhuma mulher era admitida ali. O teto do porão era tão baixo que mal conseguíamos ficar de pé. Velhas e desbotadas *thangkas*, pinturas votivas, pendiam lado a lado na parede emolduradas por uma faixa de seda colorida.

Um dos monges do mosteiro avistou Tenzin e eu e nos convidou para um chá. O chão e as paredes do espaço que parecia uma gruta eram revestidos de alcatifas rústicas. Um punhado de monges estava sentado ao redor do pequeno fogão a lenha no meio do aposento, cada um com uma caneca de chá nas mãos. Como o fogão não tinha chaminé, o ar estava saturado de fumaça. Senti o calor se insinuando lentamente pelas pontas dos dedos dos pés e das mãos, a pele formigando.

— Passamos o inverno inteiro assim — disse Tenzin, sorrindo.

Pernoitamos na casa de hóspedes, anexa ao novo mosteiro. A energia elétrica acabou no terceiro dia e a chuva não parava de cair. Nenhum dos monges tinha tempo de falar comigo, eles se isolavam em suas pequenas casas de barro e se ocupavam vedando o telhado e as frestas nas paredes para manter o calor.

O dia seguinte amanheceu ainda mais cinzento e hostil que o anterior; mal conseguia distinguir o contorno do edifício do mosteiro branco e vermelho no lado oposto do pátio. A oração da manhã foi cancelada porque todos os monges estavam atarefadíssimos tentando impedir as goteiras de inundar o local. No pátio, um grupo de meninos desdenhava do mau tempo e jogava futebol nas poças d'água. Os aprendizes de monge corriam incansáveis atrás da bola com rostos sérios e concentrados, completamente absortos no jogo.

Tenzin e eu entramos correndo no carro e fomos embora sob a borrasca. Rakesh, o motorista, guiava debruçado sobre o volante, em silêncio pela primeira vez. O vale, banhado pelo sol quando chegamos, havia sido apagado, só conseguíamos enxergar um par de metros adiante. A estrada estreita estava invadida por pedregulhos que se desprenderam da encosta à noite, e novas pedras ainda surgiam rolando bem na nossa frente. Rakesh se esquivava por entre elas como se descesse uma pista de slalom, de olho na encosta enevoada da montanha, pronto para a qualquer momento pisar no freio ou acelerar.

De manhã cedo chegamos à aldeiazinha de Tabo. Vários templos do complexo monástico ali existentes tinham mais de mil anos, construídos em barro cinzento e endurecido, e decorados pelos melhores pintores e escultores disponíveis de então, numa fusão de estilos tibetano, indiano e caxemire. Os templos de Tabo por si valeram a extenuante jornada até o vale do Spiti. As paredes eram revestidas de pinturas milenares douradas, vermelhas e azuis; as cores haviam resistido surpreendentemente bem na penumbra das salas do templo. As estátuas do Buda pintadas, também feitas de argila, davam a impressão de que eram eternas e efêmeras a um só tempo. Nas câmaras escuras e sombrias, iluminadas pela luz bruxuleante das velas, o passado ganhava vida em lampejos.

A entrada do templo principal estava tomada por calçados: sapatos, sandálias, tênis, botas forradas de pele. Dentro do salão do templo, anciãos da aldeia, homens e mulheres, sentavam-se em longas filas e conversavam sorridentes com o lama do mosteiro, que lhes dava uma palestra sobre o budismo. Na encosta árida e íngreme sobre o vale acima do mosteiro, quase invisível através da névoa branca como leite, havia grutas próximas umas das outras nas quais os monges ao longo dos séculos se recolhiam para meditar em solidão sobre o vazio intrínseco da existência.

Não chega a surpreender que o budismo tenha se firmado e ainda tenha um apelo tão forte aqui, nesses vales montanhosos e ermos, onde quase nada cresce. A vida aqui sempre foi difícil, principalmente no inverno, quando a neve deixa as aldeias isoladas ainda mais isoladas. Em ambientes assim, a mente fica propensa a refletir sobre o nada e a insignificância da vida humana. Em termos puramente práticos, as condições para o florescimento do budismo foram francamente favoráveis aqui: as pessoas são pobres e a terra arável é um recurso escasso que apenas o primogênito pode herdar. Os mosteiros, o cimento social dessas pequenas e estéreis comunidades locais, têm funcionado na prática como orfanatos e escolas, um alívio para pais que não têm condições de alimentar tantas bocas, uma válvula de escape para filhos que não têm outro meio de ganhar a vida.

A apenas nove quilômetros da fronteira tibetana fica Gue. O único ponto de interesse da pacata aldeia é um monge de quinhentos anos chamado Sangha Tenzin. O religioso foi encontrado após um terremoto em 1975 e agora repousa dentro de uma caixa de vidro numa pequena casa branca no final da Mummy Road, a rua da Múmia. O monge minúsculo e emaciado está sentado em posição fetal sobre um leito de cédulas de dinheiro; a pele marrom-escura, semelhante a um pergaminho, está coberta por um lenço de seda branca. O monge apoia o queixo no joelho esquerdo, seus braços estão em volta das pernas. Atrás dos lábios semiabertos reluz uma fileira de dentes brancos. Um olho está aberto e o globo ocular ainda está intacto. As sobrancelhas também estão preservadas, e na cabeça ainda é possível ver os tocos mumificados dos cabelos raspados.

— Ele se mumificou — Tenzin disse num tom solene, e se curvou reverentemente diante do mostruário.

Segundo a lenda, Sangha Tenzin realmente se mumificou para libertar a vila dos escorpiões venenosos que a atormentavam. Quando ele morreu, um arco-íris teria surgido no céu e os escorpiões desapareceram. A múmia de Gue é o único lama mumificado encontrado no Himalaia, mas no Japão existem os restos mortais de dezesseis monges automumificados. Diz-se que eles primeiro jejuaram por mil dias para se livrar de toda a gordura corporal, e, em seguida, beberam um veneno que os matava lentamente, ao mesmo tempo que impedia que os órgãos internos apodrecessem após a morte. Quando a morte se aproximava, eles eram colocados numa tumba subterrânea na qual recitavam mantras e tocavam um sino. Quando os outros monges deixavam de ouvir o sino, sabiam que o lama estava morto.

Até poucos anos atrás, os comerciantes podiam cruzar o desfiladeiro livremente, e os tibetanos acorriam a Gue e outras aldeias no vale de Spiti para vender tapetes e outros itens que produziam. Há cerca de dez anos, as autoridades indianas instalaram um posto militar acima da aldeia, pondo fim ao comércio ilegal na fronteira. Por toda parte no Himalaia a mesma história se repete: fronteiras são fechadas à medida que países se retraem, e impedem qualquer fluxo de pessoas recorrendo à força militar.

A pequena aldeia parecia desolada e abandonada; umas poucas centenas de pessoas ainda resistiam. Uma mulher enrugada na casa dos cinquenta avistou Tenzin e eu e nos convidou para sua pequena cozinha. A nora serviu leite fervido adoçado. Acima do fogão estava pendurado um pôster com desenhos ilustrando o abugida [alfassilabário] devanágari — um lembrete de que estávamos na Índia.

— Como é aqui no inverno? — perguntei. Embora ainda fosse o início do outono, a primeira neve havia anunciado sua chegada na noite anterior e cobria o chão como um tapete branco e úmido.

— Em Spiti, não precisamos de freezer, para resumir— disse a mulher, rindo alto.

O tempo estava tão ruim que decidimos deixar o vale do Spiti enquanto as estradas ainda estavam abertas. Saímos do vale e seguimos para Nako, uma pequena aldeia que consiste em casas tradicionais construídas com lama ressecada e cobertas com madeira e feno nos telhados planos. Os caminhos estreitos que conduziam entre as casas estavam enlameados e escorregadios devido à chuva intensa, e também abarrotados de esterco de vaca. Tenzin queria me mostrar o mosteiro de Nako, também do milênio passado, mas as portas estavam trancadas com um grosso cadeado. O paradeiro do monge que tinha a chave era desconhecido.

No dia seguinte, o aguaceiro foi ainda maior. Era como se toda a região estivesse prestes a se afogar. Dirigimos desviando dos grandes rochedos e das enormes crateras cheias de água. Atravessado no meio de uma curva, agora partida ao meio pela torrente, um ônibus foi abandonado. Como os passageiros teriam chegado ao destino? A pé? Uma placa informava, de forma um tanto redundante, que estávamos na *World's Most Treacherous Road* [Estrada mais traiçoeira do mundo].

A chuva não dava trégua e o tráfego na estrada era quase nenhum. Depois de algumas horas ziguezagueando pelo interior do vale descobrimos por quê: um enorme rochedo deslizou e bloqueou a via. Uma longa fila de veículos se formou em ambos os lados.

— O que fazemos? — perguntei. Voltar não era uma opção, a estrada de volta para Kaza estava fechada.

— Vamos esperar a dinamite — respondeu Rakesh com sensatez.

Ela chegou surpreendentemente rápido. O poderoso estrondo da explosão fez com que mais pedras se desprendessem da encosta, e as pessoas em pânico voltaram correndo para seus carros. Rakesh assistiu a tudo com uma compostura estoica.

— Você já passou por algo assim antes? — perguntei.

— Você se refere à detonação? — Ele riu com gosto.

— Várias vezes. Até demais!

Duas horas depois, a estrada foi liberada e pudemos seguir em frente. Estava escurecendo e a chuva teimava em cair. Quando conseguimos cobertura celular novamente, pipocaram mensagens de preocupação dos meus novos amigos na Caxemira. As tempestades castigaram como nunca Himachal Pradesh, centenas de estradas foram fechadas, pessoas se afogaram como moscas, cidades e vilas foram completamente isoladas do mundo exterior e turistas estrangeiros tiveram de ser evacuados do vale do Spiti de helicóptero.

Poucas vezes na vida fiquei tão feliz em vislumbrar a poluição luminosa urbana no horizonte. Estava chegando para uma breve temporada de cinco dias em Shimla, a idílica capital de verão do Raj Britânico, embalada pela nostalgia imperial e pelo aroma de chá fresco.

O dia raiou com o sol brilhando num céu azul e as montanhas se descortinaram mais uma vez, verdes, exuberantes e gentis.

O vazio e a busca por sintonia

A fila diante do gabinete de segurança do Dalai-Lama em McLeod Ganj dobrava a esquina do quarteirão e continuava descendo um lance de escadas. Lenta, mas muito lentamente, ela avançava. Centenas de visitantes em roupas de cores berrantes vieram comprar ingressos para a série de palestras que o Dalai-Lama faria no final da semana. Eu ainda estava exausta do deslocamento do dia anterior; a ressaca das nove horas e meia num ônibus lotado e barulhento cobrou seu preço. O ônibus fez uma parada em cada minúsculo ponto do trajeto desde a antiga capital de verão dos britânicos até a capital do exílio dos tibetanos, por isso eu já não tinha energia para entrar no clima de confraternização reinante. As demais pessoas da fila pareciam ter acordado com uma disposição extra, a expectativa era grande, e desconhecidos passavam a bater papo animadamente uns com os outros, unidos por um anseio espiritual comum. A alemã à minha frente explicava em detalhes seus hábitos alimentares para sua companheira de viagem, uma tailandesa que estudava medicina tibetana:

— Só como entre as onze e as quatro da tarde, nunca mais tarde, e sobretudo arroz cozido com curry, quase sempre vegetariano. — Ela falava com uma voz alta e estridente, pontuando cada frase com uma gargalhada nervosa. Era alta e magra, tinha cabelos grisalhos na altura dos ombros e cobria o nariz e a boca com uma máscara de algodão. Uma vez esclarecida a dieta, ela passou a discorrer sobre a mãe, que havia morrido, sobre seu trabalho no correio da Alemanha antes de se aposentar, sobre a peregrinação que fez a Bodh Gaya, onde o Buda alcançou a iluminação, sobre a asma que a atormentava há anos, sobre os médicos alemães e a medicina ocidental que não conseguiram ajudá-la quando seu corpo estava inchado e cheio de líquidos.

— Com que frequência você vai ao banheiro? — perguntou a tailandesa, demonstrando interesse.

— Com que frequência eu vou ao banheiro? — repetiu a alemã, num tom acima. — *Ach!* Escute só isso!

Ela defecava com frequência relativamente normal, pela manhã, e as fezes tinham uma boa consistência. Felizmente, antes que a conversa enveredasse pelo trato urinário, percebi outra fila mais curta bem à frente: a fila da internet, para quem já tinha feito o cadastro on-line. Era o meu caso. Corri para ocupar um lugar no final e fui a última a ser atendida antes do almoço. McLeod Ganj abriga a residência do lar do Dalai-Lama e a sede do governo tibetano no exílio. A cidadezinha repousa idilicamente no alto de uma colina arborizada ao sul do Himalaia, e é uma espécie de subúrbio da bem maior Dharamsala, localizada alguns quilômetros mais abaixo, na planície.

Apesar de pequeno, o centro de McLeod Ganj era notavelmente barulhento. Com um pouco de boa vontade, havia espaço para um único carro nas ruas estreitas, mas isso não impedia os motoristas de fazer ultrapassagem arriscadas buzinando loucamente ao mesmo tempo. Pior, como sempre, para os pedestres, que eram constantemente perseguidos nas calçadas enquanto dois ou mais motoristas discutiam sobre quem deveria ceder passagem a quem.

As lojas ofertavam xales da Caxemira, deuses indianos e joias tibetanas; restaurantes japoneses e italianos se alternavam lado a lado. Nos cafés sentavam-se monges em vestes vermelhas, senhoras norte-americanas encanecidas vestindo túnicas folgadas e jovens casais franceses usando turbantes e calças saruel em cores que geralmente nunca combinavam. A ostensiva falta de elegância dos turistas ocidentais contrastava fortemente com as mulheres tibetanas, que caminhavam imponentes em seus vestidos tradicionais com aventais trançados e camisas de seda em cores escuras e sóbrias.

O templo de Tsuglagkhang, ao lado da residência do Dalai-Lama, lembrava um prédio público municipal espanhol da era franquista, construído em aço e concreto. Ainda assim, era um lugar acolhedor, abençoadamente protegido do tráfego caótico do lado de fora. Sentei-me à sombra de uma árvore e fiquei observando os turistas que faziam fila para serem fotografados com a estrutura de concreto ao fundo. A sede do governo no exílio, um pouco mais abaixo na colina, também atendia todos os requisitos da estética brutalista dos anos 1960. Embora não tivesse agendado com antecedência, consegui ter uma longa conversa com Sonam Dagbo, secretário de Relações Internacionais do Ministério da Informação e Relações Internacionais. Ele começou fazendo uma rápida introdução à história dos tibetanos exilados e ao trabalho que faz o governo no exílio:

— Em 10 de março de 1995, houve uma revolta em Lhasa, e em 17 de março, Sua Santidade, o 14º Dalai-Lama deixou a capital tibetana. Em 1960, as autoridades indianas concederam a Sua Santidade autorização para se estabelecer aqui em Dharamsala. Na época, Dharamsala era uma cidade muito pequena, fundada pelos britânicos como

241

um resort de férias cem anos antes, mas então Dharamsala tornou-se a sede da administração central do Tibete. Sua Santidade, o 14º Dalai-Lama, reformou essa instituição e introduziu a democracia e eleições quinquenais, nas quais todos os tibetanos no exílio podemos votar. Pouco mais de 150 mil tibetanos vivem hoje no exílio. A diáspora tibetana abrange mais de quarenta países, mas a grande maioria vive na Índia, cerca de 20 mil aqui em Dharamsala. Quando chegamos aqui, a prioridade era cuidar dos refugiados, principalmente das crianças, e garantir a todos acesso a educação e saúde. Originalmente, nosso objetivo era recuperar a liberdade no Tibete, mas desde 1974 trabalhamos pela autonomia na China. O Tibete está hoje dividido em várias regiões, e somente algo entre 2 milhões e 3 milhões de tibetanos habitam a Região Autônoma do Tibete. A maioria vive em regiões vizinhas. Queremos que essas áreas sejam reunidas numa região autônoma na qual tenhamos liberdade religiosa, liberdade cultural e liberdade política. Chamamos a isso «Caminho do Meio». Os chineses afirmam que já temos autonomia, mas ela existe apenas no papel. A situação é, como você pode perceber, complexa.

— Você vê alguma conexão entre o que está acontecendo agora com os uigures em Xinjiang e o que acontece há muito tempo no Tibete? — perguntei.

— Chen Quanguo, secretário do Partido Comunista em Xinjiang, foi secretário do Partido Comunista na Região Autônoma do Tibete antes de assumir o cargo em Xinjiang — respondeu Sonam Dagbo. — Todos nós, tibetanos, passamos por todo o sofrimento que os uigures estão enfrentando hoje. Campos de reeducação, vigilância, esterilização forçada, destruição sistemática da cultura e da religião e assim por diante, tudo isso já aconteceu no Tibete. É o mesmo sistema, o mesmo homem. O Tibete foi só um exercício, agora ele se especializou.

Sonam Dagbo passou a primeira infância no Tibete. Sua família fugiu para a Índia em 1962, quando ele tinha seis anos.

— Meu pai foi detido e passou um ano preso. Quando o libertaram, atravessamos a fronteira e fugimos para a Índia. Não morávamos muito longe da fronteira, e o controle dos chineses sobre as áreas fronteiriças na época não era tão rigoroso quanto hoje, então a fuga em si não foi tão complicada. Hoje, é muito mais difícil sair do Tibete. Desde 2008 tem sido praticamente impossível.

— Você já voltou ao Tibete? — perguntei.

— Fiz parte de uma delegação que negociou com os chineses, por isso já estive no Tibete, mas não pude visitar o local onde nasci, no sul — respondeu Sonam Dagbo. — Ainda sonho um dia poder rever o local onde nasci. Esperamos por mais de sessenta anos e continuaremos esperando. Por mais de 2 mil anos, nós, tibetanos, vivemos no Tibete, temos nossa própria linguagem escrita e uma cultura profundamente enraizada. Os chineses podem nos oprimir fisicamente, mas não podem mudar o modo de pensar dos tibetanos. Nós, budistas, também acreditamos na impermanência, acreditamos que nada é eterno — acrescentou ele. — Na Europa vocês tiveram o Império Romano, o Império Austríaco, o Império Russo, o Império Britânico e assim por diante. Nenhum desses impérios existe mais. A China que conhecemos hoje não será assim para sempre.

Gu Chu Sum, a organização que trabalha para aumentar a conscientização sobre a situação dos presos políticos no Tibete, é formada exclusivamente por ex-prisioneiros políticos. Fui muito bem recebida na sede, que ficava numa rua secundária de McLeod Ganj, embora também não tivesse marcado compromisso previamente. No entanto, o secretário de relações internacionais, que falava inglês, estava inacessível, em local ignorado, e ninguém sabia dizer quando retornaria.

— Talvez você pudesse voltar amanhã? — perguntou a contadora, uma mulher de uns trinta anos e aspecto severo que falava um pouco de inglês. — Todo mundo aqui tem uma história para contar, mas ninguém além do secretário internacional domina o inglês.

— Amanhã não posso porque irei à palestra do Dalai-Lama — expliquei. — Você não pode ser minha intérprete? Serei breve.

Ela concordou, e, assim, tive uma conversa rápida com Gyalthang Tulku Kunkhen Jamchen Choeje, o secretário-geral, de 48 anos. Ele estava vestido com uma camisa branca e gravata, e falava devagar e com altivez. A contadora fez o melhor que pôde.

— Ele diz que hoje existem aproximadamente 2 mil presos políticos no Tibete, e o número está aumentando. Economicamente, a situação no Tibete melhorou, diz ele, mas a questão dos direitos humanos piorou. Não temos liberdade de expressão e não é permitido sequer mencionar o nome do Dalai-Lama. Ele diz que historicamente o Tibete nunca fez parte da China.

— De onde no Tibete ele é? — perguntei.

— Do Tibete Oriental.

— Quando chegou à Índia?

— Em 2010.

— Pode pedir a ele que conte um pouco sobre como foi crescer no Tibete?

A contadora traduziu e obteve uma longa resposta que resumiu em três frases:

— O pai tem duas esposas e teve, ao todo, doze filhos. A família passou por muitas dificuldades financeiras. Eles não tinham dinheiro para as mensalidades escolares, roupas ou comida suficiente, mas, de todos os irmãos, ele era o que tinha mais problemas.

— Você pode pedir para ele contar um pouco mais sobre a infância? — pedi. — Estou tentando entender como ele se tornou um ativista político.

Dessa vez, a contadora resumiu a elaborada resposta do secretário-geral em duas frases:

— Ele começou colando cartazes nas ruas com slogans dizendo que todos os tibetanos deveriam apoiar o Dalai-Lama e rezar para que o Tibete fosse livre. Em 12 de outubro de 2007, ele foi preso.

— Podemos voltar um pouco — eu disse. — Como o ativismo político dele foi despertado? Talvez algum parente estivesse envolvido com a política?

— Não, ele é a reencarnação de Gyalthang Tulku. Tanto o Dalai-Lama quanto as autoridades chinesas o reconheceram como a reencarnação de Gyalthang Tulku. — A contadora havia parado de traduzir as perguntas e agora as respondia por si.

— Muito bem — disse eu, mesmo sem ter compreendido patavinas. — Ele frequentou escola na cidade natal? Que tipo de formação ele teve?

— Fundamental completo. E quatro anos de ensino médio.

— E então ele arrumou um emprego em seguida? — imaginei.

— Não, ele começou a atividade política — respondeu a contadora, visivelmente irritada. — Ele passou muito tempo planejando a campanha, mais de dois anos.

— E de onde veio essa vontade de fazer militância política? — perguntei novamente. — Ele estava ciente do risco que estava correndo e de que haveria consequências?

A contadora bufou.

— Já lhe expliquei isso. Ele é a reencarnação de Gyalthang Tulku.

— Ok. — Achei melhor então mudar de assunto. — O que a família dele achava dessa militância?

— Isso foi o mais difícil — traduziu a contadora. — Os problemas foram muitos O pai não o apoiava, pois achava muito perigoso o que ele estava fazendo. A família também foi afetada. Quando ele foi preso, parentes e amigos passaram a achar que ele era uma pessoa má. Foi a pior experiência pela qual já passou na vida. A falta de apoio da família, principalmente do pai, e dos amigos.

Ela olhou exasperada para o relógio, que se aproximava das cinco.

— Precisamos encerrar? — perguntei.

— Não, ainda temos cinco minutos.

— Serei breve — prometi. — Como ele foi preso?

— Não conseguiram prendê-lo na rua, então ele foi preso numa reunião, num escritório. Quando pôs o pé na calçada, mais de cem soldados do exército chinês o esperavam.

— Do que ele foi oficialmente acusado e por que foi condenado?

A contadora me fuzilou com os olhos. Faltavam dois minutos para as cinco.

— Atividades políticas ilegais, talvez? — sugeri.

— Sim, é claro — suspirou a contadora.

— Como foi tratado na prisão?

— Não tão mal assim, já que os chineses sabiam que ele é a reencarnação de Gyalthang Tulku.

— Como ele conseguiu sair do Tibete em 2010? — ainda perguntei.

— Ele tentou de diversas maneiras. Perto da fronteira com o Nepal, conheceu um caixeiro-viajante que o ajudou. Ele se escondeu na carroceria do caminhão, no meio das mercadorias.

— Que tipo de mercadoria havia no caminhão?

A contadora me olhou espantada. Eram cinco e três.

— Diversos produtos! Era um caminhão grande! Havia muita coisa naquele caminhão.

Percebi que nosso tempo estava esgotado e agradeci a ajuda. Tanto a contadora quanto o secretário-geral pareciam visivelmente aliviados.

A comunidade tibetana no exílio faz o possível para preservar as tradições e instituições tibetanas em Dharamsala. O Instituto Men-Tsee-Khang, fundado em Lhasa em 1916, reencarnou numa nova estrutura de concreto em Dharamsala em 1961, e oferece um curso de cinco anos em medicina tibetana e astrologia.

— Preferimos chamar de astrociência — disse Tsering Chözom, de 53 anos, astróloga-chefe do instituto. Como todas as mulheres que trabalhavam ali, ela vestia roupas tradicionais tibetanas. Tsering foi a primeira mulher a se graduar em astronomia tibetana e, paciente e pedagogicamente, explicou do que se tratava a disciplina, com a postura típica de uma pioneira.

— Praticamos uma mistura de astronomia e astrologia com base nas antigas tradições dos nossos ancestrais —

247

explicou ela. — Embora tenhamos adquirido conhecimento de astrologia tanto dos indianos quanto dos chineses, temos nosso próprio sistema tibetano. Nosso sistema tem mais a ver com as condições climáticas e o modo de vida tibetano e está intimamente ligado à natureza. Podemos prever mudanças na natureza, mas nossas predições dizem respeito àquilo que deveria *idealmente* acontecer. Hoje em dia a natureza está nos confundindo devido às mudanças feitas pelo homem, e nossas previsões acabam não sendo corretas...

O amplo escritório era adornado com belas pinturas do Buda e divindades guardiãs tibetanas.

— Nós, budistas, acreditamos em carma — continuou ela. — Acreditamos que um indivíduo deve passar por certas provações porque elas já existem, mas não acreditamos em destino. Acreditamos que tudo pode ser mudado com base em nossas próprias ações. Se fizermos coisas boas, nossa vida será melhor. Alguém pode até nascer com boa saúde e ter perspectivas de um futuro brilhante, mas pode pôr tudo a perder com uma conduta ruim. Em termos gerais, devem-se praticar boas ações e não prejudicar os outros. Quem age mal pode não sofrer as consequências nesta vida, mas mais cedo ou mais tarde suas ações terão um retorno.

— Qual é a diferença entre a astrologia ocidental e a tibetana? — perguntei.

— Os astrólogos ocidentais preocupam-se mais com o sistema solar, enquanto nós olhamos mais para a lua — respondeu Tsering Chözom. — Um horóscopo ocidental e um tibetano devem conter as mesmas informações e chegar ao mesmo resultado, mas nossa astrologia está intimamente ligada ao budismo. Acreditamos em carma e em tratamentos em forma de oração. A astrologia é extremamente importante na cultura tibetana. Com base no mês, dia e local em que você nasceu, podemos dizer algo sobre todas as etapas da sua vida. Os pais tibetanos geralmente encomendam um horóscopo para o filho recém-nascido e, na maioria das vezes, querem saber se a criança é saudável, se é inteligente e quanto tempo viverá. Mais tarde, costumam voltar para obter informações mais detalhadas, por exemplo sobre quando devem começar a pensar num casamento. Antes do casamento, os cônjuges geralmente consultam um astrólogo. O casal às vezes não é o mais adequado; os parceiros podem, por exemplo, ter opiniões muito diferentes sobre as coisas, ou temperamentos que não combinam. Quando casais já casados nos procuram para pedir conselhos, não podemos sugerir que se divorciem, mas podemos, por exemplo, aconselhá-los a cuidar melhor das finanças, da saúde.

Ela cruzou as mãos sob o queixo e sorriu.

— Como você pode perceber, somos um pouco de casa coisa. Conselheiros matrimoniais, psicólogos, médicos. Nossa formação é tão extensa quanto a de um médico: cinco anos mais um ano de prática. Se as pessoas vão ao médico e o remédio não está funcionando, elas vêm até nós.

— Quais qualidades um bom astrólogo deve ter? — perguntei ao final.

— Um bom astrólogo deve antes de tudo ser amoroso e compassivo — respondeu Tsering Chözom. — Precisa ter compaixão. Às vezes temos de transmitir informações que não são exatamente agradáveis, porque as pessoas costumam nos procurar quando estão inseguras e em dúvida, algumas recorrem a nós diante de problemas graves. Nosso trabalho é encontrar um antídoto. Sempre existe uma cura.

Não achei a astróloga que fez meu horóscopo particularmente amorosa nem compassiva. Seu nome era Sonam e ela desfiou um verdadeiro rosário de mazelas, uma atrás da outra:

— Você é uma pessoa dedicada e leal — afirmou. — Alegre e receptiva. Se você tem um plano, você o obedece e não se desvia dele. Mas você tem muitos problemas de saúde. Problemas na coluna, dores de cabeça, dores musculares. E você está propensa a sofrer acidentes. Você cai.

— Na verdade, não tenho tantos problemas de saúde assim — eu disse.

Sonam franziu a testa e rapidamente folheou as anotações.

— Fiz os cálculos duas vezes. Não estão errados. — Ela continuou folheando. — Não há muito o que dizer de positivo sobre suas finanças. Elas oscilam. Quando se trata de relacionamentos, você encontrou o amor. Com os amigos, é possível que haja muitas idas e vindas. Eu vejo brigas, especialmente mais adiante, no seu casamento. Vocês não têm muita coisa em comum. Não é favorável.

— Não, não parece nada favorável — concordei.

— Em relação aos filhos, também vejo problemas — continuou ela. — Pode ser algo relacionado à saúde ou à educação deles. Portanto, é bom ser cautelosa. É bom também ter cuidado com locais perigosos. Caso você se envolva em atividades de risco ou esteja em locais perigosos, a possibilidade de acidentes será maior.

— Isso parece óbvio — murmurei.

Sonam ergueu os olhos dos papéis.

— Desculpe, o que você disse?

— Não, nada, pode continuar!

— Profissionalmente, haverá mudanças positivas, mas podem surgir discussões com colegas ou superiores — prosseguiu ela.

— Foram muitas coisas negativas de uma só vez — eu disse.

— Sim, mas vejo algo positivo aqui também — disse Sonam. — De agora até completar 38 anos, você estará sob uma boa influência. A vida amorosa está boa. As finanças estão estabilizadas. Mas no próximo ano você tem de ter cuidado. Você estará sob a influência do que chamamos de ventos da mudança. O 37º ano é um ano de obstáculos. Haverá outro ano de obstáculos entre 48 e 49. Mudanças ocorrerão. Você tomou nota?

— Tomo nota de tudo — assegurei.

— Coisas boas vão acontecer — prometeu Sonam. — Entre 38 e 42, coisas boas e ruins acontecerão. Você terá problemas de saúde. Você vai perder aquilo que conquistou. Se dinheiro ou marido, é difícil dizer. Também vejo uma discussão com uma figura de autoridade, talvez seu chefe.

— Isso realmente não parece bom — comentei.

— Mas entre 42 e 48 está tudo bem — Sonam apressou-se a acrescentar. — As finanças estão estáveis. Se quiser engravidar durante esse período, terá êxito. Mas você deve tomar cuidado com uma pessoa do sexo feminino. Pode ocorrer uma discussão com uma mulher. Tome cuidado.

Ela continuou a folhear.

— Entre 48 e 53 não está muito bom. Você terá problemas de saúde e problemas de relacionamento. Brigas sem motivo. As pessoas que estavam perto de você sumirão da sua vida. Na vida profissional, você não terá o que deseja. Também vejo um processo judicial. O período entre 53 e 64, por outro lado, será bom, pelo menos em comparação com o anterior. A carreira vai correr bem, mas também vejo alguma desarmonia. Problemas com alguém próximo a você. Flutuação econômica. Alguém falando de você pelas costas. Você precisa ser cautelosa.

Ela folheou e felizmente chegou à última página.

— Entre 64 e 79 você será avó. Seus filhos lhe dão amor, mas você não está satisfeita. Uma nova pessoa entra em sua vida. Você tem alguém para cuidar de você quando ficar doente. — Ela dobrou os papéis e me encarou. — No futuro próximo: 2019 não será tão bom.

— Parece que nada disso vai ser muito bom — murmurei.

— É preciso ter cuidado, tanto financeiramente quanto nos relacionamentos — advertiu Sonam. — Em 2020 as coisas vão melhorar, mas possivelmente você terá problemas de saúde. Aconselho que compre um amuleto contra dificuldades, ou um amuleto de saúde ou talvez um amuleto de força vital. Mas claro que isso fica a seu critério.

Agradeci a consulta e, sem amuletos para me proteger, mergulhei no caótico trânsito de McLeod Ganj. Embora eu não acreditasse em horóscopos, decidi fazer um novo mapa astral feito por outro astrólogo noutro lugar do Himalaia. Que mal faria ter uma *segunda opinião*?

No dia seguinte, antes do sol raiar, a fila do lado de fora do Templo de Tsuglagkhang se estendia ao longo da rua de mão única. Milhares de exilados tibetanos, monges, monjas e turistas de todos os cantos do mundo compareceram para assistir à série de palestras. Havia pessoas por toda parte, cada pedacinho do chão de concreto nas dependências do templo estava coberto de travesseiros e peregrinos. Depois de muito procurar, encontrei uns poucos centímetros quadrados livres no pátio aberto do templo e me acomodei. Quando todos estavam sentados finalmente, a multidão começou a entoar: *Om mani padme hum, om mani padme hum...* O templo reverberava com mantras pacíficos.

A multidão se agitou quando Sua Santidade, o 14º Dalai-Lama, escoltado, deixou a residência e atravessou o pátio. Todos se esticaram para ver melhor o deus vivo de misericórdia em vestes monásticas roxas. O enérgico senhor de 83 anos passou um bom tempo cumprimentando os peregrinos sentados na primeira fila, que, eufóricos, estendiam as mãos para tocá-lo. Como sempre, o Dalai-Lama parecia estar de bom humor, sua presença irradiava tranquilidade e simpatia. Ele sorria e conversava com os peregrinos, sem se importar com a discreta impaciência dos seguranças que o escoltavam.

Como a maioria dos presentes, tive de assistir à palestra num dos telões. Apenas os budistas vindos de Taiwan, para quem a série de palestras havia sido organizada, tinham direito a assentos dentro do templo; lá, com movimentos lépidos e um sorriso no rosto, o velho lama ocupou seu lugar no trono dourado.

O enorme complexo do templo ficou em silêncio total assim que o Dalai-Lama proferiu as primeiras palavras. Ele falava com vivacidade, paixão e muita presença de espírito; de vez em quando, ria de algo que tinha acabado de dizer. Na plateia, os milhares de tibetanos exilados acompanhavam extasiados. Um intérprete traduzia do tibetano para o chinês especialmente para os convidados taiwaneses; além disso, a tradução simultânea estava disponível em inglês, espanhol, francês, hindi e vários outros idiomas via rádio. Todos tinham sido instruídos a trazer radinhos portáteis para acompanhar a tradução, mas muito insisti e não consegui fazer funcionar direito o aparelho ordinário que tinha acabado de comprar. Não captava nada além de palavras entrecortadas: *Emptiness… Cosmic Beings… The Buddha… the Nature of the Self.* Os fones de ouvido chiavam e estalavam alto, e a transmissão emudecia depois de alguns segundos. Eu não estava sozinha — em todos os lugares, as pessoas tentavam aflitas sintonizar seus rádios. É possível que o longo caminho que percorreram para assistir a essa série de palestras tenha sido em vão, e tamanho esforço não tenha resultado em nada além de uma sequência aleatória de palavras que mal compunham uma frase: *Emptiness… The Middle Way… true compassion… emptiness… the Truth is that there is no Self… The Path to True and Enduring Happiness… emptiness…* De tempos em tempos, o intérprete taiwanês caía na gargalhada, sem que eu entendesse por quê, e os tibetanos desatavam a rir, alto e com gosto. Por fim, desisti de fazer o rádio funcionar e fiquei prestando atenção à intrigante fonologia do idioma tibetano enquanto bebericava o chá doce com leite que os monges do mosteiro passavam servindo.

Felicidade duradoura. Verdadeira compaixão. Vazio. Chá.

A nascente

Se Dharamsala é a capital do budismo tibetano, Rishikesh, às margens do Ganges, é a capital da ioga. Nas ruas movimentadas do centro da cidade, elaborados cartazes de propaganda apregoavam uma pletora de variedades de ioga: ioga do riso, anapana sati, vipassana, iyengar, jivamukti, bikram, power, yin e assim por diante. As ofertas de forma alguma se restringiam à ioga, mas incluíam todas as formas possíveis de espiritualidade e autoconhecimento, como reiki, chacras, tarô, audioterapia, despertar de kundalini, medicina aiurvédica, quiromancia, terapia de vidas passadas, mantrologia, rudraksha, cristais, hipnose, cura remota. Em vez de insights espirituais, entretanto, algumas agências de viagens eram especializadas em turismo de adrenalina na forma de parapente, rafting e bungee jumping. Os cafés anunciavam sucos detox e panquecas norte-americanas, enquanto os hotéis ofereciam desde uma purificante vista da janela até energias cósmicas. As ruas estavam cheias de mochileiros e praticantes de ioga, todos vestindo roupas de algodão arejadas e coloridas, embora muito decotadas para os padrões indianos.

A pequena cidade aos pés do Himalaia entrou para valer no mapa mundial no inverno de 1968, quando George Harrison, John Lennon, Paul McCartney e Ringo Starr baixaram aqui para meditar no luxuoso ashram do guru indiano maharishi Mahesh Yogi. Os Beatles travaram o primeiro contato com o maharishi no ano anterior, quando ele esteve na Grã-Bretanha numa de suas muitas turnês mundiais. A afinidade entre eles foi tal que os músicos aceitaram o convite do guru para uma temporada de três meses no seu ashram, em Rishikesh.

Pouco se sabe sobre Mahesh antes de receber o título honorífico de maharishi, que significa «grande visionário» ou «grande sábio». Acredita-se que ele nasceu em 1917 ou 1918, ou talvez já em 1911, e cursou física na Universidade de Allahabad, no norte da Índia. Ao se graduar, foi discípulo de Swami Brahmananda Saraswati, conhecido como Guru Dev, «mestre divino». Quando Saraswati morreu, em 1953, Mahesh retirou-se para meditar no Himalaia. Após dois anos de sublime isolamento, retornou à civilização para ensinar às massas uma forma de meditação que ele mesmo desenvolveu e chamou de Meditação Transcendental, também conhecida pela abreviação MT. Ao meditar por vinte minutos duas vezes ao dia e repetir um mantra secreto para si mesmo, de acordo com Mahesh, ou Maharishi, como ele agora se autodenominava, o praticante entraria em contato com a «inteligência criativa» do universo e experimentaria o «eu interior» e uma sensação de paz absoluta. O maharishi rapidamente expandiu sua atuação da Índia para o mundo, embarcando em longas turnês para introduzir um público ocidental ávido por questões espirituais a uma técnica de meditação «acessível a qualquer pessoa».

A estadia em Rishikesh foi uma experiência ambígua para os quatro músicos e suas esposas. Ringo Starr e sua esposa Maureen foram embora depois de apenas dez dias. Starr não tolerava a condimentada comida indiana, e o fato de sua esposa ter fobia de insetos não ajudava muito. George

Harrison, fascinado pela cultura indiana havia muito, começou a meditar com entusiasmo, mas ninguém era mais dedicado do que John Lennon, que passava horas meditando todos os dias. Depois de um mês e meio, Paul McCartney também se cansou da vida no ashram e voltou para casa. Harrison e Lennon decidiram ficar, deixando os fãs com a impressão de que seria para sempre.

Em 12 de abril, após dois meses no ashram, Harrison e Lennon deixaram a Índia às pressas, acompanhados dos cônjuges e de Alexis Mardas, mais conhecido como Magic Alex, um engenheiro elétrico grego que ao longo desse período foi íntimo dos Beatles. Os Fab Four tinham uma notória atração por sábios autoproclamados que apregoavam grandes feitos, e Mardas lhes havia acenado com uma série de invenções fantásticas, de paredes sônicas a tintas invisíveis e discos voadores. O engenheiro elétrico grego procurou o ashram depois que McCartney se foi dali e passou a espalhar rumores comprometedores sobre o maharishi. Por fim, conseguiu convencer um cético Lennon e um ainda mais cético Harrison de que o maharishi assediava as discípulas e tinha feito sexo com pelo menos uma delas, uma jovem enfermeira estadunidense. Profundamente desapontados com o fato de o sábio asceta ter os mesmos interesses carnais que músicos de rock mundanos, os dois membros restantes da banda decidiram deixar a Índia. No carro a caminho do aeroporto, Lennon compôs uma música cujo título inicial era «Maharishi», mas Harrison, para proteger o guru, sugeriu que se chamasse «Sexy Sadie»: *Sexy Sadie, what have you done? You made a fool out of everyone* [Sexy Sadie, o que você fez. Enganou todo mundo].

Tanto Harrison quanto McCartney continuaram a praticar a meditação transcendental e, anos depois, retomaram o contato com o maharishi. O guru morreu em 2008, e, no ano seguinte, McCartney e Starr tocaram juntos no palco num show para arrecadar fundos para ensinar a crianças pobres de todo o mundo práticas de MT. Em Rishikesh, o ashram estava abandonado e ao sabor dos elementos havia mais de dez anos. Tempos atrás, reabriu as portas e passou a se chamar The Beatles Ashram. Mediante o pagamento de seiscentas rúpias, cerca de seis reais, o visitante pode entrar na propriedade grande e deserta e perambular pelos ambientes tomados pelo mato.

A maioria dos prédios foi construída em estilo indiano, com janelas curvas e sinuosas. Agora que estavam sendo reclamadas pela natureza, evocavam para mim as ruínas maias nas selvas da Guatemala. Ruínas são atemporais; nelas, o tempo não apenas para, mas dá a impressão de retroceder e fazer o passado deixar de ser apenas o passado, transformando antigas construções abandonadas em algo maior do que elas mesmas, transformando-as em história. Algumas instalações, como o refeitório onde Ringo Starr se servia da comida picante, foram construídas em estilo futurista dos anos 1960. Cercado por palmeiras e macacos, agora parecia uma Tchernóbyl em miniatura em plena selva. Os cubículos de meditação em forma de colmeia, abaixo do refeitório, estavam cercados por uma mata densa e envoltos em espessas camadas de musgo — o tempo avança rápido nos trópicos. Também deveria haver uma piscina e um heliponto na propriedade, mas não consegui encontrá-los no meio de tantas árvores.

Ao contrário das concorridas ruínas da selva guatemalteca, o ashram era só meu. Percorri-o de um lado a outro tendo apenas macacos e pássaros coloridos por companhia. Meio século antes, os quatro amigos de Liverpool pisaram

258

neste mesmo chão; entre as maratonas de meditação, tocavam guitarra e cítara e rabiscavam as letras das músicas. Muitas das cerca de trinta canções que compuseram aqui, como «Dear Prudence», «Back in the USSR» e «Blackbird», provavelmente terão vida eterna, como sói às boas canções. O luxo material de que os músicos se cercavam já pertence a um passado atemporal, um destino comum a todas as ruínas do mundo.

Enveredei pela selva, passando por cartazes que anunciavam os benefícios científicos da Meditação Transcendental, e cheguei a um corredor que parecia uma garagem em ruínas, com janelas escancaradas e um telhado de chapa corrugada. Nas paredes, John, Paul, Ringo e George estavam imortalizados em grafite preto, com o barbudo maharishi no meio deles. No chão, dez, talvez doze mulheres ocidentais sentavam-se na posição de lótus. Um indiano baixinho de túnica branca, com uma longa barba grisalha, guiava-as sem dizer palavra.

Depois de alguns minutos de sublime silêncio, deixei as mulheres meditando e voltei para o centro da cidade. O caminho estava deserto, exceto pelas vacas magras que ficavam no acostamento mastigando lixo. Nos templos ao longo da margem do rio, no entanto, concentrava-se uma multidão. Músicos tocavam tambores e instrumentos rítmicos, meninos vestidos com túnicas laranja seguravam lamparinas a óleo enquanto murmuravam mantras. As lamparinas eram então distribuídas aos peregrinos presentes, que estendiam as mãos sobre o fogo para serem abençoados. Muitos deles trouxeram barquinhos feitos de folha de bananeira cheios de flores, incenso e velas que depositavam no Ganges — uma oferenda aos deuses e ao próprio rio, que aqui nas montanhas ainda era relativamente limpo e imaculado. Uma sexagenária com longos cabelos grisalhos, vestindo luvas de algodão brancas, desceu a escadaria e fez um discurso desconexo, com um anasalado sotaque norte-americano, sobre harmonia, paz e rituais sagrados. Ela falou por um bom tempo, apenas reiterando as mesmas palavras e argumentos, repetidamente. Rituais sagrados, harmonia, paz. Paz, rituais sagrados, harmonia. Outra idosa ocidental, também envolta em tecidos brancos, ficou tão imersa no ritual que as pessoas ao seu redor tiveram de se afastar para se proteger de seus violentos e espasmódicos movimentos de braço.

O ano de 1968 era logo ali.

A releitura do meu horóscopo ocorreu como se por moto próprio. Estava comendo uma panqueca num restaurante com o duvidoso nome de Holy Crêpe quando um jovem de barba e olhos estreitos se aproximou e perguntou se poderia ser fotografado comigo. Ele acenou para seu companheiro, que veio até nós e tirou uma foto.

— Tudo bem se eu sentar aqui com você para conversar um pouco? — perguntou ele depois. Fiz que sim com a cabeça, não tinha nada melhor para fazer mesmo. Ele se sentou e se apresentou como Samarth.

— Tenho 28 anos e sou professor de matemática e escritor — afirmou Samarth. — Meu primeiro livro será publicado em breve. É sobre história, economia e Europa.

Seu desodorante estava vencido, mas ele ainda parecia mais elegante do que muitos dos mochileiros no salão.

— Além de professor de matemática, historiador e escritor, também sou astrólogo — acrescentou.

— Interessante — eu disse. — Acabei de fazer meu mapa em Dharamsala e só descobri coisas ruins.

— Não vejo problema nisso — disse Samarth, — mas é assim que eles costumam fazer. Dizem muitas coisas negativas para deixar as pessoas preocupadas.

— Você se graduou em astrologia?

— A rigor, não tenho educação formal, mas é só me dizer sua data de nascimento que conto tudo sobre você.

Eu a disse, ele sacou um bloco de notas e começou a rabiscar números em diagramas complexos, adicionando, subtraindo e embaralhando.

— Você é muito emotiva — ele disse ao terminar. — Você viaja bastante.

— Sim — eu disse. — Afinal, estou aqui.

— Mas especialmente nos últimos cinco anos você viajou muito — disse Samarth. — Exageradamente. Você é inquieta, um turbilhão de emoções, às vezes nem consegue dormir porque as emoções estão lá. Você bebe ou fuma? Se for o caso, você faz isso para reprimir seus sentimentos. Você se apaixonou em 2007, certo?

Balancei a cabeça.

— Em dois anos você experimentará um grande avanço — Samarth continuou inabalável. — Você terá muito sucesso e ganhará muito dinheiro.

— A astróloga tibetana previu só infortúnios pelos próximos dois anos — eu disse.

— Não, não, uma mudança vai acontecer, mas é muito positiva — sustentou Samarth. — Você vai ganhar muito dinheiro. Você deveria investir esse dinheiro em imóveis, seria muito bom.

Ele olhava para mim tão fixamente que senti uma urgência de ir embora. Antes de sair, ele me deu o número de telefone e o endereço de e-mail, caso eu precisasse de mais orientações.

Haridwar, a cidade vizinha, é ainda maior, mais feia e mais sagrada que Rishikesh. Aqui, o Ganges encontra as planícies indianas, e, de acordo com o hinduísmo, foi nesse local que a deusa Ganga desceu à terra depois que Shiva deixou o poderoso rio fluir de suas madeixas. Embora Haridwar esteja a meros três quilômetros de Rishikesh, a viagem levou duas horas. O engarrafamento era tal que as filas de carros não se moviam, enquanto os motoristas não economizavam na buzina.

O estacionamento ficava uma boa distância do templo principal, mas era só seguir o fluxo da multidão. Dezenas de milhares se reuniam na margem do rio para acompanhar o ritual diário do pôr do sol. Chegar mais próximo era impossível, mas consegui ao menos um lugar na larga passarela que havia sido construída no meio do rio, em frente ao santuário. Não avistei outros estrangeiros no mar de gente e fui sendo empurrada cada vez mais por peregrinos ansiosos.

— Vá mais para frente, para que você possa ver! — diziam eles gentilmente. — Vá, vá, não seja tímida!

Do outro lado do rio, sacerdotes hindus balançavam potes de fogo para frente e para trás sob a brisa fresca da noite. Todos levantaram os braços em puro êxtase, e dezenas de milhares de vozes subiram e desceram entoando a mesma canção. Uma tigela ardente veio em minha direção, e o jovem ao meu lado, um estudante de doutorado do desértico Rajastão, insistiu que eu fizesse como todos e esticasse minhas mãos sobre as chamas. Atrairia sorte, prometeu ele.

— Agora temos de descer até a água — disse ele fazendo um meneio de cabeça em direção ao barquinho de folha de bananeira que segurava nas mãos. Bravamente, ele foi abrindo caminho pela multidão, e o acompanhei. Ao chegar na orla do rio, ele se aproximou de um sacerdote de túnica laranja e deixou claro que eu deveria ser incluída na oração, o homem teria de fazer uma prece por nós dois. O doutorando agachou-se e acendeu a vela que fazia as vezes de mastro no barquinho de folha de bananeira.

— Vamos lançá-lo nós dois! — Ele sorriu para mim, e juntos enviamos o barquinho com sua carga de incenso e flores pelo Ganges A frágil embarcação jogou perigosamente nas águas revoltas, mas não emborcou. A chama da vela bruxuleava enquanto o barquinho era arrastado pela corrente e descia o rio-mãe na longa jornada rumo à baía de Bengala.

— Agora você tem de despejar leite no rio — explicou o doutorando. Um menino já estava ao nosso lado segurando canecas de alumínio e leite. Dei-lhe dez rúpias — fui instruída expressamente a não pagar mais que isso — e peguei duas canecas de leite.

— Despeje o leite lentamente no rio — instruiu então o doutorando, que fez o mesmo. O líquido branco desapareceu na água espumosa e esverdeada. Meu instrutor sorriu. — Excelente! — elogiou. — Agora precisamos nos banhar!

O guia de viagem estava repleto de alertas sobre pessoas que ofereciam assistência aos turistas durante o ritual do pôr do sol para depois exigir uma grande soma em troca, mas felizmente as pessoas costumam ser mais gentis do que supõem os escritores de livros de viagens. O doutorando descalçou as sandálias e enfiou os dois pés na água com alegria. Eu o imitei. Em seguida encheu de água as mãos em concha e a despejou na cabeça. Fiz o mesmo, e ele sorriu alegremente para mim.

— Aqui a água é limpa e fresca — comentou. — O Ganges nasce aqui, neste exato ponto. De onde você é, aliás?

— Da Noruega.

Ele pensou um pouco.

— O Ganges é para nós o que o Tâmisa é para vocês, europeus — disse ele. — Um rio sagrado. Você não está se sentindo feliz agora?

— Sim — eu disse, e de fato estava. Talvez mais por causa da multidão, pela euforia reinante e pela emoção de participar de tudo isso do que por causa das velas, das orações e da água, mas quem é capaz de saber? A mãe Ganges fluía por nós, poderosa, imensa e pura; o rugido das águas chegava a abafar o burburinho dos peregrinos.

— E você, está feliz então? — perguntei.

Ele sorriu de orelha a orelha.

— Sim, é a primeira vez que estou aqui!

Embora estivesse escuro como breu, atividade no rio ainda era intensa, muitos peregrinos estavam no meio de um banho noturno purificador. Eles não se contentavam só em molhar os pés, mas mergulhavam o corpo inteiro. Correntes foram estendidas para que pudessem se agarrar enquanto a água os abençoava; o jovem Ganges corre vigorosamente aqui pelas montanhas, impulsionado pela gravidade. Na ponte, uma longa fila de mendigos sentava-se ao longo do parapeito, todos de mãos estendidas, olhos suplicantes e deformidades, seu único capital, à mostra: próteses, tocos, enormes pés tortos cobertos com pelancas.

O trajeto de volta, de carro, teria demorado o mesmo caso tivesse sido percorrido a pé. Sob a enorme placa de boas-vindas a Rishikesh, o motorista parou abruptamente e saltou do carro sem aviso. Riquixás, carros e motos estavam abandonados tanto pelo acostamento quanto atravessando a estrada; longas filas se formaram diante de dois galpões iluminados. Depois de um tempo, o motorista voltou com uma expressão pacífica no rosto e duas garrafas de vidro marrom. Como Rishikesh e Haridwar são consideradas cidades sagradas no hinduísmo, a venda de álcool é proibida nos limites da cidade. A proibição vale até o portal de entrada, porém.

O carro não queria pegar, o motor guinchava, engasgava e depois morria. O mesmo processo se repetiu várias vezes, e tivemos de descer para empurrar.

— *Instant karma*— comentei.

O motorista retrucou com um grunhido. Seu rosto já não irradiava paz. As garrafas marrons tilintavam enquanto atravessávamos o portal da cidade sagrada.

Onde começa ou termina um rio?

Talvez seja mais fácil precisar onde o Ganges termina do que onde começa. Depois de fluir por mais de 2.500 quilômetros a partir do Himalaia e cortar as planícies do norte da Índia, alimentado por mais e mais afluentes, o Ganges encontra o Bramaputra, que tem uma jornada ainda mais longa atrás de si, desde o Tibete. Juntos, eles se ramificam numa intrincada malha de rios principais e afluentes que, no total, formam o maior delta do mundo, esteio e pilar da existência de mais de 160 milhões de pessoas que vivem em Bangladesh. Finalmente, depois de uma viagem que percorre cinco cidades sagradas, o Ganges deságua na baía de Bengala, aproximadamente no ponto em que a gigantesca placa continental da Eurásia encontra as placas tectônicas da Índia e da Birmânia.

Mas onde um rio termina de fato? Todos os rios da Terra, incluindo o sagrado Ganges, fazem parte do ciclo eterno da água. A superfície do oceano evapora e se condensa em nuvens que se transformam em chuva, neve e geleiras, que por sua vez se transformam em rios que, após uma viagem mais ou menos curta, desembocam em mares e lagos, onde tudo recomeça.

A acreditar nas fontes hindus, o rio sagrado teve uma longa trajetória antes de correr pelo chão. Segundo uma lenda, Ganga, a deusa do rio, é filha de Himavat, o rei da neve e das montanhas, o rei do Himalaia. Em sânscrito, o nome *Himavat* significa «neve» ou «gelo» e também é usado para designar o Himalaia, de modo que o deus e as montanhas se tornam uma só entidade. De acordo com outra lenda, o Ganges nasce enquanto Vishnu está medindo o tamanho do universo. Assim que ele estende o pé esquerdo, a unha do hálux toca e faz um furo no limite do universo. O oceano que envolve a criação escorre por esse furo em direção ao universo na forma do rio Ganges, que lava os pés cobertos de açafrão do deus.

O Ganges não desce à Terra e aos seres humanos imediatamente. Segundo a lenda, o rei Sagara manda seu cavalo vagar pelo globo, um ritual que já fez muitas vezes antes, mas agora o animal não retorna. O rei envia todos os seus 60 mil filhos para procurar o cavalo. Finalmente, eles o encontram amarrado na gruta do eremita Kapil Muni. Os filhos naturalmente suspeitam que o asceta tenha roubado o cavalo, correm para a gruta e começam a repreendê-lo. Kapil Muni, que estava sentado em profunda meditação, abre os olhos pela primeira vez em muitos anos, tão enfurecido que seu olhar transforma os 60 mil príncipes em cinzas. Quando o rei Sagara toma conhecimento do que aconteceu, despacha um de seus netos para Kapil Muni a fim de descobrir o que pode ser feito para salvar seus filhos. Ele é informado de que os príncipes só podem voltar à vida se forem purificados pela água do Ganges. Outro neto, Bhagirath, vive como cinza no Himalaia por mil anos a fim de persuadir Brahma, o deus criador, a deixar o Ganges fluir pela terra. Brahma finalmente concorda, mas primeiro Shiva deve ceder e conter a queda do rio, ou o peso das águas destruirá o globo. Bhagirath tem de se equilibrar num dedo do pé durante um ano inteiro para Shiva concordar em represar o impetuoso Ganges em seu cabelo. Shiva usa suas mechas para dividir o rio em três: Bhagirathi, Alaknanda e Mandakini, e os deixa correr pela terra. Esses três rios, ou mechas de cabelo, todos considerados sagrados no hinduísmo, têm sua fonte nos glaciares na porção indiana do Himalaia. O Alaknanda e o Mandakini se fundem após setenta quilômetros a jusante, e alguns quilômetros depois o Alaknanda e o Bhagirathi se unem e se tornam o Ganges.

Desde tempos imemoriais, os hindus consideram o Ganges o mais sagrado de todos os rios, personificado pela deusa Ganga, muitas vezes chamada de Ma Ganga, Mãe Ganges. Os hindus acreditam que um banho no Ganges pode purificá-los de todos os pecados e, assim, aumentar a chance de alcançar a *moksha*, a libertação do ciclo de morte e renascimento. Centenas de milhares de humildes peregrinos acorrem às cidades às margens do rio sagrado para morrer e ser cremados, e milhões de hindus morreram tendo os lábios umedecidos pelas gotas do Ganges.

Com aproximadamente 2.500 quilômetros de extensão, o Ganges figura bem abaixo no ranking dos maiores rios do mundo. Se a importância dos grandes rios, entretanto, for mensurada não pelo número de quilômetros, mas pela quantidade de pessoas que deles dependem, o Ganges vai para o topo. Mais de um terço da população da Índia e praticamente todos os habitantes de Bangladesh, mais de meio bilhão de pessoas ao todo, dependem da água do

Ganges. Elas bebem e se lavam na água do rio sagrado, e tanto a agricultura quanto a indústria ao longo das margens do rio se mantêm vivas graças ao Ganges. Infelizmente, o Ganges também consegue um lugar de destaque no pódio da infame competição entre os rios mais poluídos do mundo. Todos os dias, 3 bilhões de esgoto das cidades ribeirinhas, a maior parte sem tratamento, são despejados no sagrado leito gerando bactérias multirresistentes. Além disso, fábricas de produtos químicos, hospitais, matadouros, destilarias e demais fontes poluentes descartam no leito do rio imensas quantidades de resíduos tóxicos, incluindo cromo e mercúrio.

Tudo isso deságua na baía de Bengala após percorrer esses 2.500 quilômetros. Mas, de novo: onde começa o Ganges? Cartógrafos e etimologistas diriam que na pequena cidade de Devprayag, cerca de duas horas de carro a noroeste de Rishikesh, onde o Bhagirathi e o Alaknanda se encontram e passam a se chamar Ganges. Hidrologistas e geógrafos argumentarão que o Ganges nasce na geleira Satopanth, onde se origina o Alaknanda. Devido ao comprimento do Alaknanda e ao grande fluxo de água, não é de todo ilógico considerar o local o berço do Ganges.

A maioria dos hindus, entretanto, acredita que o Ganges se origina na nascente do rio Bhagirathi, no sopé do glaciar Gangotri.

O percurso de Rishikesh a Gangotri levou mais de nove horas. A estrada estava em péssimas condições, mas micro-ônibus lotados de peregrinos, enfeitados com bandeirolas e estátuas de deuses locais, desbravavam o caminho até o destino.

Em Gangotri, a temperatura estava em torno de zero, tanto dentro como fora das casas. Uma rua estreita cheia de lojas e barracas que vendiam incenso, flores e outras oferendas conduzia a um pequeno templo. Já entardecia e o templo, do século XIX, estava fechado. A maioria dos peregrinos havia muito se deslocara para o santuário seguinte — o templo Gangotri é um dos quatro destinos de peregrinação na pequena rota Char Dham, que se traduz por «quatro moradas», uma peregrinação que todo devoto hindu almeja realizar no Himalaia. Aqueles que conseguem visitar todas as quatro moradas têm seus pecados eliminados e aumentam suas chances de alcançar a *moksha*. O percurso normalmente leva de dez a doze dias de carro, mas peregrinos mais abastados costumam ter pressa e visitam os quatro templos nas montanhas em apenas dois dias, a bordo de helicópteros.

Quando o céu além das montanhas se tingiu de rosa, um punhado de sacerdotes tiritando de frio desceu até a margem do rio, protegidos por gorros de lã e grossos coletes acolchoados sobre suas camisas brancas de algodão. Diligentemente, eles acenderam as lamparinas, que foram então distribuídas ao som de preces ritmadas por discretas batidas de tambor. Três ou quatro peregrinos, empacotados em casacos de inverno e luvas, deixaram-se abençoar pelas chamas e desceram até o rio para depositar seus barquinhos de folha de bananeira. Aqui em cima, o Bhagirathi, ou Ganges, ainda puro e imaculado, jorrava diante do templo. Assim que o sol se pôs, os sacerdotes e peregrinos voltaram correndo para o calor.

A nascente em si só pode ser alcançada a pé. Todos os peregrinos e andarilhos são obrigados a se registrar antes de começar o trajeto. Em tese, o escritório de registro abriria às oito horas, mas na prática só funcionava quando o soldado de plantão resolvesse dar o ar da graça. Às nove e meia, um irritadiço soldado de meia-idade ocupou seu lugar atrás do balcão para a missão do dia. Era proibido subir até a nascente sozinho, então me designaram um carregador, um rapaz jovem e tímido, cujo inglês era tão fluente quanto o meu hindi. Antes de partir, tentei aprender um pouco do idioma e entreguei os pontos diante dos excêntricos tempos verbais e das inúmeras consoantes do abugida devanágari. Apesar das boas notas nas provas, eu só conseguia me lembrar de uma única frase após todas as horas de estudo e decoreba: *Ajka mausam ajha hai.* Hoje faz tempo bom. Também sabia dizer o oposto: *Ajka mausam ajha nahi hai.* Hoje faz tempo ruim. E fazia.

Um largo caminho de pedra e concreto ascendia suavemente pela encosta do vale, banhado pelo sol, ladeado por altas e verdejantes montanhas. Caminhamos por florestas perenes de rododendros e bosques de abetos-nobres, pinheiros alaranjados pelo outono e cedros-do-himalaia, uma espécie de pinheiro felpudo abundante nas altas montanhas. A ideia era ir devagar, conversando com os peregrinos que encontrava pelo caminho, mas, em vez disso, fiquei obcecada em ultrapassar o maior número de pessoas e chegar lá o mais rápido possível — talvez as trilhas dominicais que costumava fazer na infância pela costa oeste da Noruega tenham deixado em mim esse hábito. Não que houvesse tantas pessoas assim com quem eu quisesse conversar. A grande maioria dos andarilhos que encontrei — e ultrapassei — eram ocidentais. Os poucos indianos por quem passei estavam a cavalo. À tarde, vi uma cena que custarei a esquecer: um homem encurvado e musculoso veio bamboleando carregando uma corpulenta indiana numa cesta nas costas.

Presumi que a mulher fosse deficiente física e senti pena dela, mas depois de alguns quilômetros avistei outra, e dessa vez a mulher na cesta era jovem, saudável e vestia roupas de caminhada sofisticadas. Sentada na cesta, ela balançava os pés, que calçavam botas de caminhada novas, enquanto o pobre homem se esforçava para levá-la à nascente, encurvando-se a cada passo.

O céu começava a escurecer quando cheguei ao pequeno acampamento onde passaria a noite. Me apossei de uma cama numa barraca para oito pessoas compartilhada com mochileiros do Canadá, França e Israel. O frio era tal no modesto café do lugar que todos nós nos enfiamos em nossos sacos de dormir bem antes das sete horas. Tarde da noite acordei com uma dor de cabeça latejante — estávamos a uma altitude de 4 mil metros. O silêncio do gerador elétrico explicava a escuridão total, dentro ou fora da barraca. Arrastei-me para fora do saco de dormir e vagueei sob o céu estrelado. Acima da minha cabeça dolorida, a Via Láctea fazia jus ao nome e serpenteava como uma trilha esbranquiçada no firmamento. Os indianos chamam a Via Láctea de Aksaganga, o Ganges do céu.

Nos últimos quilômetros até a nascente, o caminho praticamente não existia. Aqui era inútil tentar com cavalos ou cestas de transporte; os peregrinos tinham de caminhar bem e nas próprias pernas. Equipados com bastões e sandálias baratas, velhinhos com a pele curtida pelo tempo avançavam desafiadoramente pela trilha. No último trecho, tivemos de escalar rochedos e passar por encostas soltas e propensas a avalanches, com pedriscos rolando pela montanha a todo instante.

O antigo caminho para o glaciar de Gangotri foi completamente destruído durante a grande enxurrada de 2013.

Vários dias de chuvas excepcionalmente fortes bloquearam as calhas dos rios com troncos e sedimentos das montanhas. Quando os bloqueios romperam, formidáveis massas de água desceram incontroláveis pelas encostas dos vales, arrastando consigo aldeias e pessoas. Mais de 5 mil pessoas perderam a vida na enchente, e a mais atingida foi a cidade Kedarnath, um dos quatro destinos de peregrinação na rota Char Dham. O templo em si sobreviveu milagrosamente, mas peregrinos, carregadores, cavalos, hotéis, lojas e cafés foram arrastados pela torrente. Esse regime excepcionalmente chuvoso não é comum nas montanhas, mas se tornará recorrente no futuro, assim como outros eventos extremos.

Quase não avistei o glaciar de Gangotri oculto pelo cascalho. A geleira estava coberta de areia preta e seixos, o gelo não aparecia. De uma abertura ovalada fluía a água fria e pristina. Eu esperava encontrar um riacho gotejante, mas para minha surpresa o Ganges era imponente desde o nascedouro. Gaumukh, boca da vaca, é como os hindus chamam a nascente, e com razão: a abertura realmente se assemelhava a uma boca. Meio bilhão de vidas humanas dependem da água derretida que jorra da boca da vaca dessa fonte aparentemente eterna.

Mas a fonte eterna está prestes a derreter. Como quase todos os outros glaciares do Himalaia, Gangotri também está encolhendo. Dois séculos atrás, a geleira se estendia três quilômetros vale abaixo, e, a cada ano que passa, o derretimento se acelera. O mais preocupante, no entanto, não é o recuo em si, mas o fato de que, como tantas outras do mundo, a geleira está mais fina e, portanto, retém menos gelo, o que a longo prazo a torna mais vulnerável. A água derretida do Himalaia representa cerca de 70% da água do Ganges, e agora as geleiras estão derretendo num ritmo alarmante. Embora a quantidade total de precipitação possa até ser a mesma no futuro, a água já não fluirá uniformemente. As inundações serão seguidas de secas, que, por sua vez, serão seguidas por inundações, um ciclo de pesadelos.

Hoje é fácil apontar onde o Ganges termina, mas num futuro próximo não é de todo improvável que Ma Ganga deixe de fluir durante alguns períodos do ano e não mais alcance o mar.

Na margem, um jovem magro agachou para se banhar. Havia se despido de todas as roupas, exceto da cueca, mas não dava a impressão de estar congelando. Ele me viu e deu um sorriso. Sorri de volta. O sol resplandecia num céu azul-cobalto, e a pristina água da nascente limpa descia esverdeada pela vertente do vale, num curso constante rumo às planícies superpovoadas do norte da Índia.

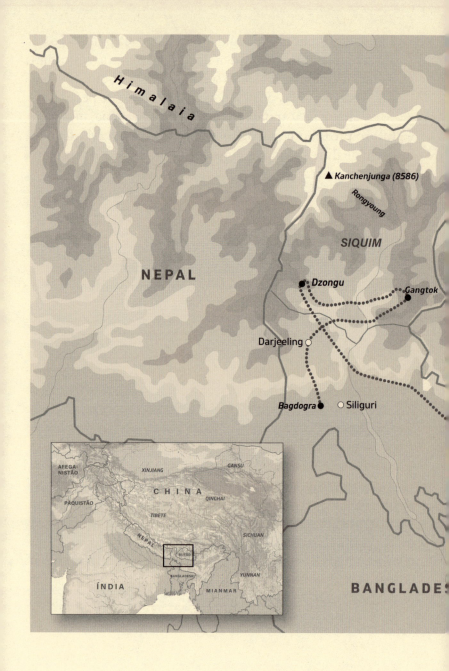

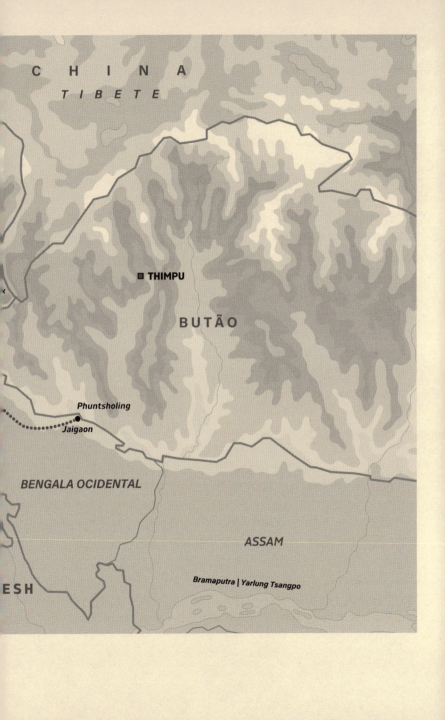

O champanhe das montanhas

A estrada estreita até Darjeeling era uma curva fechada atrás da outra. O aeroporto mais próximo, Bagdogra, ficava nas terras baixas, a cem quilômetros da meca do chá. Lentamente, ela ia subindo, cortando uma paisagem verde iridescente e brumosa. Sem avisar, o motorista desviou para o acostamento e parou repentinamente ao lado de um galpão em ruínas. Desceu do carro, entregou ao dono da barraca uma nota amassada e ficou parado ali bebendo chai, chá doce com especiarias e leite.

Os indianos são, não surpreende, grandes consumidores de chá. Considerando a população total, o consumo anual em si não é tão grande, em torno de trezentos gramas por habitante. Os ingleses bebem o dobro e os irlandeses, quase o triplo, mas ninguém supera os turcos, que detêm o recorde com mais de três quilos, o que equivale em média a cerca de 1.300 xícaras de chá por habitante por ano. Muitos indianos são tão pobres que não têm dinheiro sequer para comprar chá; em compensação, aqueles que têm o bebem em demasia.

Na verdade, foram os britânicos que trouxeram o chá para a Índia. Os arbustos de chá cresciam exclusivamente no vale do Bramaputra, em Assam, e apenas o povo singhpo, um pequeno grupo étnico com raízes em Mianmar, conhecia a bebida antes da chegada dos britânicos. Eles só foram apresentados ao chá em meados do século XVIII, mas desde então são grandes consumidores da bebida. No início do século XIX, astuciosos comerciantes britânicos conseguiram contrabandear plantas de chá pela fronteira da China para a Índia e persuadiram experientes produtores de chá chineses a trabalhar para eles. O plano era iniciar o cultivo de chá em larga escala nas terras baixas de Assam, para reduzir os custos de importação, mas os arbustos chineses não se adaptavam bem às planícies indianas e logo pereciam. A solução foi cruzar a planta do chá chinês com a variedade mais resistente que já crescia na natureza no vale do Bramaputra e produzia um chá mais escuro, mais forte e menos refinado. O resultado deu certo: a Índia é hoje o segundo maior produtor mundial de chá.

Demorou muito para o produto cair no gosto dos indianos. No livro *Key to Health* [Chave para a saúde], Gandhi alerta contra a bebida, que acreditava ser prejudicial à saúde por conter taninos, substância utilizada para curtir peles e couros. Gandhi acreditava que o chá tinha um efeito semelhante no estômago e, em vez disso, recomendava beber água fervida com um pouco de leite e açúcar. Os indianos começaram a se viciar em chá muitos anos após a morte de Gandhi, durante a revolução verde da década de 1960. A revolução, que consistia na adoção em grande escala de máquinas, fertilizantes artificiais e pesticidas agrícolas, na verdade não era exatamente verde — a poluição do Ganges e de outros rios se acelerou nesse período. Mais ou menos na mesma época, um novo método de produção mecânica de chá começou a ganhar terreno. As folhas de chá eram colocadas em máquinas que as cortavam, trituravam e enrolavam em trouxinhas. O método, chamado por isso mesmo de CTC, *crush, tear, curl*, possibilitou a produção de um chá fácil de ser fervido, adaptado ao paladar indiano, a um custo muito menor do que com o método ortodoxo e mais trabalhoso da laminação. Os indianos bebem principalmente *masala chai*, chá preto temperado com cardamomo, gengibre e canela, com adição de leite ou leite em pó e quantidades copiosas de açúcar. Hoje, a maior parte do processo é mecanizada e os indianos retêm mais de 70% do chá que produzem. Os britânicos há muito tempo tiveram de se abastecer noutros mercados.

Em Darjeeling, no entanto, ctc é praticamente um palavrão, e toda a produção é vendida no exterior por valores exorbitantes.

Da janela do carro, por onde quer que se olhasse, tudo que se via eram arbustos de chá. As plantas baixas e verdes envolviam a paisagem montanhosa como um cobertor. Quando chegamos a Darjeeling, o tráfego estancou e os carros ficaram imobilizados numa fila desorganizada, infinita e cacofônica. O lixo flutuava pelo acostamento e uma espessa névoa havia baixado sobre a cidade e obscurecido os contornos das montanhas do Himalaia.

Um aroma de chá recém-fermentado pairava sobre a pequena fábrica de chá Happy Valley.

— Devido à altitude, ao ar úmido e ao solo rico, Darjeeling é particularmente propícia ao cultivo de chá — explicou Sitam, o jovem assistente de produção que me conduziu pelo local.

Dito assim, parecia natural, mas a verdade é que ninguém, nem mesmo botânicos experientes, acreditava que a planta do chá prosperaria tanto numa região tão chuvosa e pouco ensolarada. Darjeeling está localizada a uma altitude de 2 mil metros, no canto mais úmido e fértil do Himalaia, espremida entre o Nepal, a oeste, o Tibete e Siquim, ao norte, e o Butão, a leste.

Originalmente, Darjeeling fazia parte do pequeno reino de Siquim. No final do século XVIII, Siquim desentendeu-se com seu vizinho a oeste, o reino de Gorkha, que governava grande parte do território que hoje integra o Nepal. Em poucos anos, os Gorkhas conquistaram porções significativas de terreno, mas, em 1814, quando quiseram subjugar o restante de Siquim, foram impedidos pela Companhia Britânica das Índias Orientais. Posteriormente, os britânicos devolveram a Siquim as áreas libertadas, mas não o fizeram de graça. Os britânicos tinham uma predileção pelas chamadas Hill Stations, no idílico alto da montanha. O ar ali era mais puro e fresco do que nas planícies, onde o calor do verão era insuportável. As exuberantes colinas de Darjeeling se apresentavam como um excelente local para sanatórios. Além disso, a localização também era estratégica, perto da fronteira com o Nepal e do fechado e misterioso Tibete. Originalmente chamava-se Dorje Ling, Lugar do Trovão, em homenagem a um mosteiro budista localizado ali. Com exceção de algumas pequenas aldeias, a área era desabitada. A princípio, o *chögyal*, ou rei, de Siquim não estava disposto a arrendar terras para os britânicos, mas, na década de 1830, depois que estes novamente impediram os Gorkhas de subjugar todo o reino, ambas as partes chegaram a um acordo.

Alguns anos depois, no outono de 1849, o dr. Archibald Campbell, o extravagante administrador escocês de Darjeeling, partiu numa expedição ao Tibete, acompanhado pelo lendário botânico Joseph Dalton Hooker, seu compatriota. Apesar dos avisos da guarda real de Siquim, os dois aventureiros cruzaram a fronteira rumo à terra prometida. Ao retornar para Siquim, foram presos por travessia ilegal de fronteira, e Campbell teria sido torturado no cativeiro. Os dois escoceses ficaram detidos em Siquim por um mês e meio e só voltaram a Darjeeling na véspera de Natal. Como retaliação, os britânicos anexaram as exuberantes planícies ao sul de Darjeeling e também deixaram de pagar o arrendamento. Siquim agora estava reduzido a um reino montanhoso isolado entre o Tibete e a Índia britânica. Darjeeling, por outro lado, já não era um enclave, mas estava conectado ao resto da Índia, agora inclusive por ferrovias. Em 1881, foi inaugurada a Ferrovia do Himalaia, um feito e tanto de engenharia, hoje tombada pela Unesco como patrimônio mundial. A linha férrea de bitola estreita atravessa 554 pontes e tem 873 curvas, e conta com três espirais para dar aos trens aceleração suficiente. Como forma de atenuar a sucessão de curvas oblíquas, a linha férrea cruza a rodovia em intervalos regulares. Por isso, passa rente a muitas lojas, e, se o passageiro tiver suficiente coragem, pode esticar os braços pela janela e se abastecer de mercadorias.

Graças aos serviços do dr. Archibald Campbell o chá é cultivado em Darjeeling hoje. Pouco depois de se estabelecer na cidade-sanatório, ele plantou alguns arbustos de chá chinês em seu jardim como passatempo. Para surpresa de todos, os arbustos vicejaram na grande altitude. Nos anos seguintes, as florestas foram derrubadas e mais plantações de chá foram tomando conta de Darjeeling. Em 1859, foi inaugurada a primeira fábrica de chá, e o resto é história.

— Fazer chá Darjeeling é uma arte — disse Sitam quando passamos à sala de degustação. — Cada produtor faz seu chá único, não há regras. Cerca de 90% do chá que produzimos é preto, mas da mesma planta é possível fazer chá verde, branco e oolong. Devido ao clima frio, a temporada de Darjeeling é curta, vai de meados de março a meados de novembro. Como nossa plantação é a mais alta de Darjeeling, nossa temporada é ainda mais curta, a partir de meados de abril.

Ele estendeu uma xícara de chá dourado bem quente. Tomei um gole e minha boca foi invadida por um sutil gosto de primavera.

— A primeira colheita é chamada de *first flush* e é leve e aromática — explicou Sitam. — Fazemos chá branco com as folhas mais delicadas. Alguns o chamam de água fervida cara, porque o chá branco é incolor e tem um sabor muito suave, mas ele é rico em antioxidantes.

Me servi de outra xícara do que realmente parecia ser água fervida, que, no entanto, sabia a flores e um céu claro, como uma noite nórdica de verão.

— No verão colhemos o *second flush*, minha favorita. É o chá mais forte e aromático daqui.

Sitam me serviu uma xícara cheia de uma bebida alaranjada de sabor marcante. Os taninos fizeram meu palato travar.

— Durante a monção, o chá tem menos sabor, por isso o misturamos com o chá colhido noutras estações — explicou Sitam. — Finalmente temos o *fourth flush*, que colhemos no outono. Aqui não fazemos masala chai indiano, ele vem de outra planta. O jeito indiano de preparar chá estraga a bebida — acrescentou com desdém. — O chá se afoga em leite e açúcar. O chá Darjeeling deve ser bebido sem leite e sem açúcar, talvez com uma gota de limão, mas só.

Entramos na fábrica vazia.

— Toda colheita é feita manualmente — explica Sitam. — Temos 192 catadoras, só mulheres. Eles são muito experientes e colhem exatamente as folhas necessárias para o chá que vamos fazer. As mulheres trazem aqui as folhas recém-colhidas e nós as espalhamos sobre uma grade comprida, na qual ficam secando de doze a dezoito horas. Sob a grelha há um ventilador que sopra ar frio durante as primeiras nove horas, em seguida ar quente. Dessa forma, retiramos de 60% a 70% da umidade das folhas, para que fiquem macias e fáceis de trabalhar. É fundamental que as folhas não fiquem duras a ponto de quebrar. O próximo passo é enrolar as folhas.

Passamos para três máquinas que pareciam ter surgido da década de 1950. Grandes e brilhantes tambores de ferro, com pesados pistões montados na tampa, giravam sem parar.

— Os pistões pressionam as folhas e esmagam as células para dar início ao processo de oxidação — explicou Sitam. — As folhas são enroladas entre vinte e quarenta minutos, nada além disso. Depois, espalhamos as folhas em mesas retangulares, onde ficam para oxidar por cerca de meia hora a uma hora e meia. O chá branco e o chá verde não devem oxidar, portanto isso se aplica apenas ao chá preto.

O próximo andar abrigava um sólido tambor de ferro com uma grade diante da abertura.

— Quando as folhas estão oxidadas, nós as trazemos para esta máquina, que as mantém a 120 graus — disse Sitam. — Aqui as folhas são secas durante dez a quinze minutos, para interromper a oxidação. Ao fim disso, deve restar apenas de 2% a 3% de umidade nas folhas. No total, todo o processo leva de dois a dois dias e meio. Numa embalagem hermeticamente fechada, o chá fresco pode durar até dois anos.

Passamos para a sala seguinte, na qual havia quatro longas grades de classificação.

— As folhas maiores ficam no topo. O pó que se acumula no fundo vai parar em saquinhos de chá.

Na última sala, algumas mulheres vestindo jalecos brancos sentavam-se debruçadas sobre cestas de chá. Com movimentos rápidos das mãos, elas resolutamente descartavam as folhas que não tinham qualidade suficiente.

— O sistema de avaliação da qualidade do chá é complexo — disse Sitam. — A melhor qualidade são as folhas inteiras, SFTGFOP, *Super Fine Tippy Gold Flower Orange Pekoe*, ou *Far Too Good for Common People* [Bom demais para gente comum], como eu chamo. — Ele riu baixinho da piada que provavelmente contava dezenas de vezes ao dia.

O gerente da Happy Valley, Narendra Singh, era poucos anos mais velho do que eu, mas por aqui as pessoas, especialmente aquelas em cargos de chefia, desde cedo adquirem um aspecto permanente de meia-idade. Sentamos numa mesinha à sombra de uma árvore defronte ao seu bangalô, que sem dúvida datava do período britânico. Um criado surgiu com um bule e encheu nossas xícaras com um chá fumegante e dourado.

— Sou gestor desta plantação de chá há um ano e meio, mas também tenho experiência em plantações em Moçambique e na Etiópia — disse Narendra. — Originalmente sou de Varanasi. Como meu pai era militar, morei em toda a Índia. Meu pai dizia que eu deveria trabalhar com chá, e, como sempre gostei de lavoura, segui seu conselho.

— Como é possível que num país onde se produz o melhor chá do mundo as pessoas tenham o hábito de arruiná-lo com leite e açúcar? — perguntei.

— É fácil de explicar! — Narendra sorriu. — O leite faz parte da cultura indiana. Começamos o dia com um copo de leite, e nossa comida é à base de queijo, manteiga e leite. Os ingleses queriam que os indianos começassem a beber chá, então nos apresentaram ao chá misturado com leite. É assim que eles preferem a bebida, inclusive. A beterraba sacarina também faz parte da tradição alimentar indiana. Nós, indianos, temos uma queda por doces.

Ele deu um tapinha na barriga para enfatizar o argumento.

— O que há de tão especial no chá Darjeeling?

— Prove você mesma! — Narendra despejou mais chá em minha xícara. — O *First flush* de Darjeeling é simplesmente o melhor chá do mundo. Hoje em dia, o Darjeeling é um conceito de chá, é uma cultura própria, faz parte da vida aqui. Também é uma denominação protegida, apenas 87 plantações podem chamar o chá que produzem de Darjeeling. Nossos arbustos de chá têm cerca de quase duzentos anos, e, na minha opinião, o chá fica melhor tanto mais velha é a planta. Toda a produção de chá em Darjeeling é manual, devido ao relevo ser muito íngreme para que possamos usar máquinas, e várias plantações seguiram nosso exemplo e passaram a praticar a agricultura orgânica. Para fazer um bom chá, quatro fatores são absolutamente essenciais: bom solo, condições climáticas adequadas, chuva e mão de obra. Aqui o solo é rico e fértil, e o clima é ótimo. Chove de duzentos a quatrocentos milímetros por ano, mas a maior parte da água escorre e não se infiltra no solo. O clima frio garante que as plantas cresçam lentamente.

Narendra ignorou meus protestos e serviu mais chá em minha xícara.

— Traga outro bule! — gritou para o criado, que estava de prontidão na porta da frente. — Agora todo mundo está falando sobre a mudança climática, e ela também nos afeta — disse ele dirigindo-se a mim. — Costumava nevar aqui no inverno. Agora já não neva, se bem que a neve não é boa para as plantas de chá.

Ele sorveu mais um gole de chá e olhou com desaprovação para minha xícara intocada.

— Beba! Essa xícara vale entre oitocentas e mil rúpias!

— Mas já bebi quatro xícaras — protestei.

— Não importa, você pode beber todo o chá que desejar, sem contraindicações, beba! É como beber oxigênio, costumo dizer. — Narendra riu, bebeu o restante de sua xícara e se serviu de mais. — Como estão nessa altitude, nossos arbustos de chá são riquíssimos em oxigênio e antioxidantes. E o que os antioxidantes fazem por você? Sim, eles são ótimos para a pele, deixam você com uma boa aparência. A propósito, você se cuida muito melhor do que minha esposa, mesmo ela sendo nutricionista. Mas você não acreditaria se a visse, hahaha!

Um novo criado veio trazendo mais chá fresco para nós.

— Quantos empregados você tem mesmo? — perguntei.

— Cinco mulheres e quatro a cinco rapazes. — Narendra serviu-se de mais chá e encheu minha xícara até a borda. — Esse é um dos privilégios de trabalhar aqui. Sou responsável por centenas de funcionários no total, então nove a dez empregados não é muito. Venha, deixe-me lhe mostrar a nossa plantação!

Segui-o até o jipe, no qual um motorista já estava de prontidão esperando atrás do volante. Narendra insistiu em dirigir sozinho, porém, e manobrou o jipe pela estreita e sinuosa estrada de terra, passando por uma pequena barraca azul onde um grupo de mulheres estava conversando. Intrépido, continuou descendo a estrada íngreme até que estávamos cercados por todos os lados por arbustos baixinhos de folhas verde-escuras.

— Este é o meu lugar favorito! — disse ele, e saltou do carro.

Os arbustos serpenteavam ao longo das colinas até desaparecerem na névoa branco-esverdeada, muito, muito longe. No alto, à nossa frente, mal conseguíamos distinguir o colorido das residências de Darjeeling.

— Hoje não há catadoras em atividade, todas estão de folga por causa do festival da colheita — disse Narendra. — No ano passado, isso aqui ficou tão parado quanto hoje durante quase toda a temporada. Por mais de cem dias, de 16 de junho a 4 de outubro, Darjeeling ficou fechada. Todos os trabalhadores do distrito entraram em greve e as plantações se viram obrigadas a interromper a produção.

— Por que fizeram a greve? — perguntei.

— Não quero enveredar por assuntos políticos, mas, resumindo, diria que os trabalhadores aqui, que são todos de origem nepalesa, querem ter seu próprio país, Gorkhalândia. Não querem fazer parte de Bengala Ocidental. É uma reivindicação centenária, mas se agravou no ano passado, depois que o governo passou a exigir que todos os cidadãos de Bengala Ocidental aprendessem bengalês. Afinal, aqui o nepalês é o idioma principal.

— E eles conseguiram alguma vitória?

— Nada, nadinha! Tudo foi em vão!

Quando voltamos para o bangalô, presumi que nosso tempo houvesse terminado e agradeci pelo passeio, pela conversa e não menos por todo o chá, mas Narendra dispensou meus agradecimentos com um aceno, sentou-se noutra mesa pequena ao ar livre e acenou para que eu fosse sentar ao seu lado.

— Traga-nos mais chá! — gritou ele aos quatro ventos. Um criado imediatamente surgiu correndo com um novo bule.

Na minha última noite em Darjeeling, me presenteei com uma estadia no Windamere Hotel, epítome da nostalgia colonial britânica. O hotel foi fundado em 1880 como uma pensão para abrigar proprietários de plantações de chá britânicos e emissários oficiais da administração central britânica em Calcutá, e mais tarde foi convertido num hotel para a alta sociedade. Um porteiro uniformizado me conduziu ao meu quarto, decorado com grandes cortinas floridas e colcha de cama no mesmo padrão, e equipado com sofá, lareira e banheira colonial. Mal tive tempo desfrutar do local, porém, pois o chá da tarde acabara de ser servido, e, embora eu já estivesse até aqui de chá, não podia perder a oportunidade. O chá de Windamere é uma instituição.

Numa pequena e aconchegante sala, *scones* caseiros, biscoitos amanteigados e pequenos sanduíches estavam cuidadosamente empilhados em bandejas de prata junto com um grande bule de chá Darjeeling preparado à perfeição. Fiz um prato bem fornido e fui para o Daisy's Music Room, onde os quitutes podiam ser degustados em sofás macios e acolchoados enquanto se jogava conversa fora com os outros hóspedes, mas os dois casais indianos na sala olhavam absortos para as telas dos seus celulares.

Transbordando de chá, cambaleei de volta para o quarto, decidida a aproveitá-lo ao máximo. Mal a fechei e escutei as batidas na porta. O gerente me informou que eu havia sido convidada para a festa de aniversário do guia turístico do grupo britânico que havia reservado todos os demais quartos. Os idosos britânicos estavam reunidos na sala de TV e se preparavam para cantar os parabéns. Depois fomos levados para a sala de jantar, que de tão imponente parecia o salão de um palácio. Garçons uniformizados saíam solenemente da cozinha com os pratos sob cloches de prata. Absolutamente saciada com a refeição, o vinho e infindáveis xícaras do melhor chá do mundo, voltei para o meu quarto, onde a lareira havia sido acesa. Rastejei para as cobertas da enorme cama e percebi que haviam zelosamente colocado uma bolsa de água quente na extremidade dos pés enquanto eu estava ausente.

Fiquei acordada por um bom tempo fantasiando quem mais poderia ter deitado naquela cama. A aventureira e escritora Alexandra David-Néel hospedou-se em Windamere quando esteve em Darjeeling, assim como o príncipe Pedro, da Dinamarca e Grécia, e Palden Thondup Namgyal, o último rei de Siquim. Foi aqui, em Windamere, que ele conheceu a estudante norte-americana Hope Cooke, então com dezenove anos, metade da idade do viúvo de 36 anos e pai de três filhos. Contrariando todas as probabilidades, os dois se enamoraram. Anos depois, eram marido e mulher, e Hope se tornava a rainha de Siquim.

Tanto o casamento quanto o reino há muito passaram para os livros de história, mas a filha mais nova do casal real, Hope Leezum, retornou para Siquim quando adulta. Na esperança de conhecê-la, era para lá que eu iria no dia seguinte, mas como é que se faz para entrar em contato com uma ex-princesa?

A princesa sem reino

Escondida atrás de uma espessa névoa, Kanchenjunga, a terceira montanha mais alta do mundo, projetava-se em direção ao céu do poente. Coloridos prédios de concreto se apinhavam na encosta coberta de mato. O trânsito na capital siquimesa era o caos de sempre, exceto pelo notável silêncio. *Ninguém* buzinava.

— Por que você parou de buzinar? — perguntei ao motorista. Na saída de Darjeeling, ele não de faz de rogado, mas, depois que cruzamos a fronteira estadual, ele não tocou mais na buzina

— Quem buzina aqui é multado em quinhentas rúpias — respondeu ele, resignado.

Todos os hotéis de Gangtok estavam lotados por causa do festival da colheita, mas eu havia conseguido uma vaga numa pequena hospedaria administrada por uma família bhutia. Os bhutias são um dos vários grupos étnicos que vieram do Tibete para Siquim no século VIII. A sala de jantar era decorada à moda tibetana, com mesas baixas e paredes de cores vivas. O filho do proprietário chegou trazendo bolinhos fumegantes e cerveja local.

— O álcool não é tributado em Siquim, então aqui as pessoas bebem o tempo todo — ele sorriu. — As pessoas bebem para esquecer que estão sob o jugo da Índia.

— A propósito — eu disse —, você sabe como posso entrar em contato com Hope Leezum, a princesa?

— Semla, você quer dizer? — Ele foi até a janela e apontou para a escuridão da noite. — Ela mora aqui na rua. Todo mundo sabe onde é, basta perguntar.

— Talvez fosse melhor eu ligar antes e marcar uma visita. Você não teria o telefone dela? Ou o e-mail?

— Não, não tenho, mas não precisa. Basta ir até a porta da casa e bater!

Passei a manhã seguinte inteira reunindo coragem. Enquanto isso, me dediquei a pôr os e-mails em dia e, diante de tantas mensagens, respondia a tudo que havia negligenciado nas últimas semanas. No final, não havia mais e-mails para responder.

O pior que poderia acontecer, eu disse a mim mesma, era a princesa não estar em casa, ou talvez estar, mas não querer falar comigo.

Apesar de o hoteleiro ter descrito a residência com detalhes, caminhei centenas de metros rua abaixo, só para garantir que nenhuma das outras casas poderia ser confundida com a da princesa. Não poderiam mesmo. Na entrada havia um portão, e por um momento esperei que estivesse trancado, mas se abriu sem um rangido. Hesitante, subi a ladeira em direção à casa de tijolos. Não é todo dia que alguém entra sorrateiramente nos domínios de uma ex--princesa sem ser convidado. Duas mulheres em uniformes de empregada olharam para mim da varanda e trocaram olhares, mas não disseram nada. Acima da casa havia um grande jardim repleto de plantas exóticas. Uma mulher de short e camiseta estava ajoelhada mexendo num canteiro.

Ao me ver, levantou-se e me encarou inquisitivamente. Era a princesa.

— Oi, posso ajudar? — Ela falava inglês com um carregado sotaque nova-iorquino. — Aqui é uma propriedade privada — acrescentou ela.

— Desculpe-me aparecer sem hora marcada, mas não tinha seu telefone — gaguejei depois de me apresentar. — Perdão por incomodá-la, mas será que você não teria um tempinho para uma conversa?

— Venha, vamos tomar uma xícara de chá — disse ela, e fez um gesto convidativo em direção ao jardim.

Sentamos nas cadeiras do jardim diante da casa. Seu marido, um siquimês de barba rala, rosto estreito e linhas de sorriso no rosto, estava debruçado sobre um vaso de flores a alguns metros de distância. Um criado chegou com três xícaras grandes de chá.

— Me chame de Semla — disse Hope Leezum. — Quer dizer «filha», mas todo mundo me chama assim.

A ex-princesa de cinquenta anos tinha voz grave e riso solto. Suas canelas estavam manchadas de terra da jardinagem, seu rosto largo estava sem maquiagem e seu cabelo na altura dos ombros estava solto.

— Amanhã posso levar você ao mosteiro e à residência para que fique mais a par do contexto, mas agora vamos só um bater um papo descontraído e tomar um chá — ela sorriu. — Está bem assim?

Semla me deu muitas dicas do que ver em Gangtok e, antes de ir embora, me mostrou o jardim.

— As plantas se dão muito bem em Siquim — ela disse enquanto passávamos por roseiras, aloés e arbustos de rododendros. — Estamos na mesma latitude de Miami e no alto das montanhas ao mesmo tempo, então aqui plantas de terras baixas e altas crescem lado a lado.

No final da tarde, segui a recomendação de Semla e fui tomar mais chá. O luxuoso Hotel Elgin, com seu magnífico jardim e seu suntuoso átrio, foi a casa de hóspedes privada da família real até 1975. Vários dos convidados para o casamento hospedaram-se aqui quando o príncipe herdeiro de Siquim, Palden Thondup Namgyal, 39 anos, casou-se com Hope Cooke, 22 anos, em 1963. Eles estavam noivos havia dois anos, mas, de acordo com os astrólogos locais, 1962 foi o chamado «ano negro», e, portanto, inadequado para um casamento. Muitos siquimeses achavam melhor que o casamento com a estudante norte-americana cristã nunca tivesse ocorrido. Os astrólogos, aliás, acertaram ao dizer que 1962 foi um ano de trevas, pelo menos do ponto de vista geopolítico: em outubro, soldados chineses lançaram um ataque em duas frentes ao Himalaia e enviaram tropas além da fronteira com a Índia, tanto na região de Aksai Chin, no oeste, como em Arunachal Pradesh, no leste. No entanto, os chineses deixaram Siquim em paz, pois consideravam o reino uma nação independente e não parte da Índia.

Quando o ano negro acabou, já não era possível adiar o casamento, e, finalmente, os astrólogos encontraram uma data auspiciosa: 20 de março de 1963. A mídia norte-americana se excedeu na idealização do romance entre a órfã estadunidense e o príncipe herdeiro do pequeno reino budista no Himalaia. Hope Cooke podia não ter o glamour e a beleza de Grace Kelly, mas Siquim era, por outro lado, um lugar bem mais exótico e misterioso do que Mônaco. Ao contrário da princesa monegasca, Cooke teve de renunciar à cidadania norte-americana ao se casar com um membro da família real de Siquim. O plano era tornar-se uma siquimesa e viver feliz para sempre com o príncipe herdeiro.

A felicidade conjugal duraria pouco.

Eu, por outro lado, estava exultante, abancada no aprazível bar pintado de vermelho e de inspiração tibetana do Hotel Elgin. Na mesa baixa à minha frente havia um bule de chá Darjeeling, uma travessa de pakoras indianas frescas fumegantes e uma tigela de biscoitos britânicos.

Na manhã seguinte, Semla me encontrou no pátio da casa de hóspedes, conforme combinado. As surradas roupas de jardinagem haviam dado lugar a uma blusa mais formal e uma saia na altura dos joelhos, mas ela estava tão vivaz e simpática quanto na véspera.

— Vamos primeiro ao mosteiro — disse ela. — Não é longe, vou lá todos os dias.

Minutos depois, estávamos em frente ao templo principal. Semla sorria cumprimentando todos os meninos que encontrávamos pela frente. Eles timidamente cumprimentavam de volta.

— O mosteiro é parte da Fundação Tsuklakhang, que administro em nome do meu irmão, o 13º *chögyal* de Siquim — explicou ela. — Meu irmão passa a maior parte do ano em meditação profunda em grutas e monastérios no Nepal e no Butão, e doou quase todos os bens da família. Talvez no fundo ele esteja feliz por não ter de se tornar rei, quem vai saber? Na verdade, era seu irmão mais velho que deveria se tornar *chögyal*, mas ele faleceu num acidente automobilístico em 1978. É uma maldição da família, essa. Nas últimas três gerações, o filho primogênito sempre morreu num ou noutro acidente.

Nem Palden Thondup Namgyal, pai de Semla, foi criado para ser rei. Durante a Segunda Guerra Mundial, seu irmão mais velho morreu num acidente de avião e, como resultado, Thondup teve de arquivar seus planos de estudar em Cambridge e, em vez disso, assumir as funções de príncipe herdeiro. O avô paterno de Semla, Tashi Namgyal, nunca superou a perda do primogênito e se retirou cedo da política para se dedicar às atividades religiosas. Nem o avô paterno, que governou a partir de 1915, nasceu herdeiro do trono. Seu irmão mais velho foi coroado *chögyal* em 1914, mas se tornou o monarca de reinado mais curto da história de Siquim: morreu depois de apenas dez meses no trono, aos 35 anos.

No inverno de 1963, logo após o casamento, faleceu o avô paterno de Semla, Tashi Namgyal, e seu filho efetivamente governou Siquim por mais de duas décadas. Thondup e Hope foram oficialmente coroados *chögyal* e *gyalmo*, respectivamente, em 1965, ao fim do ano de luto pelo rei anterior.

— Meu irmão não se interessa por política, ninguém da minha família se interessa — disse Semla. — Depois que nos tornamos parte da Índia em 1975, o *chögyal* perdeu todo o poder político, mas meu irmão ainda é o chefe religioso de Siquim e leva isso muito a sério. Nossa cultura está ameaçada por causa de tanta imigração, então ele assumiu o encargo de salvar os mosteiros de Siquim. Ele aplicou três quartos da fortuna da família num fundo que, entre outras coisas, é responsável pela administração deste mosteiro. Os meninos que moram aqui recebem educação gratuita, não apenas em budismo, mas também em matemática, inglês e tudo o mais de que precisam. Quando terminam a escola, podem escolher livremente entre fazer os votos monásticos ou prosseguir nos estudos e levar uma vida laica.

Um tambor grave soou e monges meninos dispararam pela praça em nossa direção. Passaram por nós correndo e subiram as escadas esbaforidos.

— O intervalo acabou e eles precisam voltar à oração — disse Semla, com uma risada. Seguimos os meninos até o primeiro andar. O ritual de oração já estava em pleno andamento. Os meninos tocavam longas trompas, tilintavam instrumentos rítmicos, batiam tambores e recitavam mantras.

— É incrível o barulho que esses garotinhos fazem! — riu Semla. — Eles parecem tão inocentes nessas vestes de monge, mas na realidade são bem danadinhos!

No salão do templo, no térreo, os operários estavam assentando um novo piso e não precisamos descalçar nossos sapatos. Estátuas assustadoras com presas e olhos vermelhos, brandindo espadas, guardavam o templo e as pacíficas estátuas douradas de Buda nos armários de vidro na parte mais interna do ambiente.

— Quando comecei o trabalho de restauração aqui, todos os murais estavam empretecidos por causa da gordura que se desprendia das lamparinas de manteiga — disse Semla. — Era impossível ver o que elas representavam. Demorou, mas conseguimos recuperá-las ao estado original. Eu não sabia nada sobre restauro e fiquei muito impaciente no início, mas aprendi que é um processo muito lento e trabalhoso!

Ela me mostrou com orgulho a parte da parede que ela mesma havia restaurado, e me explicou com detalhes o trabalho realizado e a inestimável ajuda que teve de especialistas alemães.

— Mas estou desperdiçando nosso tempo com todo esse falatório! — sorriu ela. — Posso falar horas sobre a restauração, sabe, mas prometi lhe mostrar a residência também.

Saímos do templo, atravessamos o campo de futebol e fomos até uma casinha amarela com telhado de zinco vermelho.

— Na verdade, esta é a residência do príncipe herdeiro — explicou Semla. — Nunca tivemos condições de erguer um castelo. Meu avô construiu a casa para que houvesse espaço suficiente para todos. Como ninguém mais mora aqui, a casa começou a desmoronar, e meu irmão mandou demolir as partes mais comprometidas. Agora é ainda menor do que era, quase uma cabana. Está completamente vazia, não há nada para ver lá dentro, receio. Algumas semanas atrás, recebi a visita de um marajá e ele pediu para ver o palácio. Ele me mostrou uma foto do seu, gabando-se de ter mais de quinhentos quartos. O meu tem seis!

Um senhor idoso destrancou o portão para que pudéssemos ir até a casa.

— Como está? — perguntou Semla, e entregou ao velho algumas notas. — Ele gasta todo dinheiro que tem comprando comida para os cachorros daqui — ela me disse enquanto nos aproximávamos da residência.

Paramos diante da modesta porta da frente e Semla fez um gesto com a mão:

— Aqui então é a casa em que passei a infância. Tive uma infância feliz. Frequentei a escola local e, depois da aula, meus amigos costumavam vir aqui brincar de mocinho e bandido. Bangue-bangue, como costumávamos chamar. Eu detestava usar vestidos, sempre andava de bermuda na cola dos meus irmãos, brincando e fazendo coisas que crianças fazem. Minha mãe bem que tentou introduzir aqui costumes norte-americanos como Primeiro de Abril e Halloween, mas ninguém achava graça nisso. Achavam que a rainha tinha enlouquecido.

Na lateral da casa, um lindo jardim se descortinou.

— Esta é a pequena horta familiar da qual há uma foto na autobiografia de minha mãe — explicou Semla. — Nos dias ensolarados de inverno, meu pai costumava trazer o telefone para cá e trabalhar no jardim. Não quero me intrometer no que você vai escrever, mas saiba que a autobiografia de minha mãe é muito parcial. Conta a história do ponto de vista dela, que acho um tanto injusta com meu pai. Como disse, meu pai era o segundo filho e, portanto, não foi criado para ser rei. Ele era um monge reencarnado e passou seus anos de formação recluso num mosteiro. Lembro-me dele como uma pessoa cautelosa e tímida. Quando chegávamos da escola, ele sempre estava ocupado consertando o toca-discos ou o rádio, essas coisas.

O casamento entre Hope e Thondup degringolou desde o início. O rei bebia muito e Hope se esforçava para ser aceita pela sociedade de Siquim. Ela também estava convencida de que o marido tinha uma amante. No dia do casamento, ela tomou seu primeiro comprimido de Valium para acalmar os nervos, algo que instantaneamente se transformou num hábito. Juntos, ela e o *chögyal* tiveram um filho e uma filha. Hope também se aproximou dos três filhos do primeiro casamento de Thondup e tentou ser como uma mãe para eles. Embora ambos amassem muito os filhos, o casamento estava por um fio.

Tal como o reino. Quando os britânicos se retiraram da Índia, Siquim passou de domínio britânico a protetorado indiano. Em 1950, os dois Estados firmaram um acordo que dava à Índia o controle da política externa do diminuto reino. O primeiro-ministro Jawaharlal Nehru, que era da

Caxemira, tinha um grande afeto pelo Himalaia, e, sob seu governo, Siquim esteve relativamente seguro. No entanto, sob o governo de sua filha, Indira Gandhi, o *chögyal* foi destituído do pouco poder político que lhe restava e Siquim foi formalmente anexado pela Índia.

Uma das razões pelas quais as coisas aconteceram do jeito que aconteceram foi que, ao longo do século passado, a composição da população de Siquim mudou radicalmente, sem que um alheio *chögyal* levasse a sério as consequências. Originalmente, duas etnias haviam dominado Siquim: os lepchas, a população autóctone do reino, e os bhutias, originários do Tibete. A família real pertencia a esta última e regia continuamente desde 1642, exceto durante breves intervalos no século XVIII, quando o Siquim esteve sujeito aos vizinhos Butão e Nepal. Durante os conflitos com o Nepal, um grande número de nepaleses imigrou para Siquim, e, quando o pai de Semla foi coroado rei, os nepaleses, predominantemente hindus, constituíam cerca de três quartos da população. Muitos deles se opunham francamente à dinastia real, a quem acusavam, com alguma razão, de favorecer os budistas. Em vez de consolidar sua popularidade em casa, Thondup e Hope tentaram angariar apoio para a causa de Siquim no exterior. Thondup sonhava com um assento nas Nações Unidas e nutria o sonho de transformar Siquim num paraíso terrestre. Tudo não passou de um sonho, pois os planos de Indira Gandhi eram bem diferentes. Em 1973, milhares de manifestantes furiosos se reuniram diante da residência real em Gangtok. As manifestações tornaram-se cada vez mais violentas, e, no final, um encurralado *chögyal* não teve escolha a não ser pedir ajuda a Délhi para controlar a situação. Em troca, o governo indiano forçou o *chögyal* a aceitar um acordo que efetivamente o transformava num regente simbólico.

— Não compreendia muito do que estava acontecendo — disse Semla. — Eu só tinha cinco anos, e os adultos fizeram o que estava ao alcance deles para nos proteger. Todos falavam baixinho e estavam muito tensos, passávamos os dias dentro de casa. A única vez que tive a sensação de que algo estava realmente errado foi quando um dia meu irmão e eu descemos ao quiosque do lado de fora do portão principal para comprar doces. Uma multidão enfurecida se reuniu lá e começou a gritar: «Morte ao rei! Morte ao rei!». O dono do quiosque nos disse para ir embora imediatamente, e meu irmão me pegou pelo braço e correu de volta para o portão. Os guardas do castelo vieram nos socorrer e, na confusão, perdi um sapato. Minha mãe mandava trazer os sapatos do Ocidente e, como era difícil consegui-los, sempre os encomendava dois números acima, para que eu pudesse aproveitá-los mais tempo. A única coisa em que conseguia pensar era que tinha perdido meu sapato e levaria uma senhora bronca.

Meses depois, Hope fugiu para Nova York com os filhos mais novos, enquanto o *chögyal* e o príncipe herdeiro permaneceram na pequena residência. Hope nunca retornou para Siquim. Nesse ponto, Thondup ainda esperava que Siquim e a monarquia sobrevivessem, mas a batalha estava perdida: em 1974, o parlamento aprovou uma lei que efetivamente tornava Siquim parte da Índia. A comunidade mundial reagiu com silenciosa indignação, mas o destino de um reino pequeno e isolado no Himalaia não estava no topo da lista de prioridades de ninguém, especialmente dos norte-americanos, que estavam assoberbados com a Guerra do Vietnã.

No início de abril de 1975, caminhões e jipes carregados de soldados indianos invadiram Gangtok. Thondup andava preocupado com o aumento da presença de militares, mas tranquilizou a todos dizendo que era apenas um exercício. Na tarde de 9 de abril, a residência foi sitiada por soldados. Os guarda-costas reais não conseguiram impedir o ataque iminente, mas um deles apontou seu fuzil para os soldados indianos e foi morto a tiros instantaneamente. Outro soldado foi ferido no braço. Minutos depois, os indianos tinham assumido o controle da residência. Todas as armas foram confiscadas e o 12º *chögyal* de Siquim estava efetivamente em prisão domiciliar. No dia seguinte, Delhi anunciou que o *chögyal* havia abdicado e Siquim passaria a ser considerado território indiano. Quatro dias após a aprovação da anexação, realizou-se um referendo de emergência para decidir sobre a abolição da monarquia e a incorporação de Siquim à Índia. Os eleitores, muitos deles analfabetos, tinham a opção de depositar a cédula rosa na caixa rosa em que estava escrito «A FAVOR» ou na urna branca em que se lia «CONTRA». Em nenhuma seção eleitoral o voto foi secreto, e em algumas delas a urna branca foi colocada no extremo oposto da sala, o mais distante possível da entrada. Noventa e sete por cento das cédulas acabaram em urnas cor-de-rosa, e, assim, a Índia deu à anexação uma aparência de legitimidade. Foi dessa forma que Siquim se tornou o estado menos populoso da Índia e o segundo menor em termos de área.

Do outro lado do mundo, os filhos de Hope e Thondup tinham atribulações de sobra para se adaptar à realidade metropolitana norte-americana.

— Minha mãe não teve uma infância normal — disse Semla. — Ela era filha de um piloto irlandês e de uma rica herdeira norte-americana. Os pais da minha avó nunca aceitaram o católico irlandês e ofereceram a ele um bom dinheiro para desistir do casamento. Ele desistiu, mas antes disso conseguiu ensinar minha avó a pilotar. Pouco depois que ele partiu, quando minha mãe ainda era bebê, minha avó morreu num acidente aéreo. Muitas pessoas, inclusive minha mãe, acham que foi suicídio, porque o avião estava quase sem gasolina. Minha mãe foi criada por babás e nunca teve uma família normal. Quem sabe não foi por isso que tinha essas ideias nada ortodoxas sobre como criar os filhos? Lembro, por exemplo, que ela me achava muito tímida. Quando eu tinha oito anos, ela me levou para o West Side de Nova York, me deu duas moedas e disse para voltar para casa por minha conta. Sentia saudades do meu pai e de Siquim, e em duas ocasiões, no verão de 1975 e no verão de 1980, vim visitá-lo. Foi maravilhoso! Passamos a maior parte do tempo dentro de casa, junto com papai, lendo. Pouco depois, em 1982, ele morreu de câncer. Sou imensamente grata por ter passado pelo menos esses dois verões com ele.

Estávamos na estrada principal novamente, e Semla cumprimentava gentilmente todas as pessoas com quem cruzava. Tive a impressão de que ela conhecia todos os moradores de Gangtok.

— Estudei com ele, é um homem muito inteligente, uma ótima pessoa — comentou, se referindo a um transeunte. — E ali está o quiosque de que falei, ele continua no mesmo lugar. Oh, meu Deus, aquele carro vai nos atropelar! — Ela me agarrou pelo braço e me puxou para a calçada. — Há carros demais por aqui agora. Quando eu era criança, havia apenas 8 mil habitantes em Gangtok, era como viver numa aldeia. Agora, mais de 100 mil pessoas vivem aqui; décadas atrás, essa era a população total de

Siquim! Hoje, mais de 600 mil habitantes vivem em Siquim. É uma mudança muito grande.

— Como seu pai reagiu à anexação? — perguntei.

— Para ele foi um grande choque. Acho que se sentiu traído, porque tínhamos um relacionamento muito bom com a Índia. Disseram-me que o general que rendeu os guardas da residência e colocou meu pai em prisão domiciliar recusou-se duas vezes a cumprir as ordens. Por fim, lhe disseram que, se ele *não* obedecesse, alguém que não conhecia a família trataria de cumpri-las. Ele deve ter chorado quando contou a meu pai que eles atiraram nos guardas. Em retrospecto, muitas pessoas sentiram remorso. O que aconteceu foi moralmente e politicamente errado. O desfecho foi absolutamente injusto, completamente errado, acho que se tratou de uma grande traição. Definitivamente não era o que Jawaharlal Nehru, pai de Indira Gandhi, desejaria, pois ele era um grande amigo da família e amava o Himalaia.

Descemos uma escada, um atalho, e chegamos à rua principal, que se revelou uma via pedonal, algo raro nestas paragens. Grupos barulhentos de turistas indianos animavam o cenário urbano. Alguns quiseram tirar uma selfie comigo, mas nenhum reconheceu a princesa.

Sentados num banco, dois idosos de óculos estavam concentrados conversando. Semla os cumprimentou efusivamente.

— Converse com eles, são autênticos nacionalistas siquimeses — sugeriu ela. — Já volto.

Sentei-me no banco ao lado dos dois homens.

— Nunca votei — disse o mais velho. — Eu amo o rei e odeio ter de me chamar de indiano. O país passa por uma hinduização e estamos perdendo nossa cultura. Tudo está sendo hinduizado, a educação, o idioma, a maneira como as pessoas pensam, tudo.

— Como era viver aqui antes, quando Siquim era independente, em comparação com agora? — perguntei.

— É como a diferença entre o céu e o inferno — respondeu resoluto o mais novo dos dois.

— Céu e inferno — repetiu o mais velho. — Exatamente assim.

Semla voltou ofegante e me entregou uma sacola com livros cuidadosamente embrulhados.

— Desculpe, encontrei um conhecido e me atrasei — justificou-se ela. — Leia esses livros, vão ajudá-la a entender o que aconteceu em Siquim.

— Você acha que Siquim pode voltar a ser independente? — perguntei.

— Não, agora é tarde demais — respondeu Semla. — A demografia mudou tanto, não faria mais sentido. Siquim é um lugar muito diferente do que era em 1975.

Entramos num café e pedimos algo para lanchar.

— Desde criança eu sonhava em voltar para Siquim — revelou Semla. — Para mim, Siquim sempre foi meu lar. Em Nova York, tínhamos um apartamento perto do East River. Eu dizia a mim mesma que bastava querer que meu olhar enxergaria além do rio e do Atlântico, atravessaria a Europa e a Ásia até chegar a Siquim. Sempre soube que queria voltar.

— E como foi voltar?

— Os primeiros anos não foram fáceis — ela admitiu. — Fui criada e educada no Ocidente, e de repente voltei para cá, para o Terceiro Mundo, como filha do rei. As pessoas aqui esperavam que eu me comportasse de determinada maneira, então também não foi fácil para eles: «Meu Deus, lá está ela no rio pescando de bermudas de novo!». — Ela riu. — Amo ir às montanhas, e costumava fazer longas caminhadas, como fazia quando criança com meu pai. Nesses passeios cruzei com grupos de turistas em diversas ocasiões e percebi que o que os guias diziam a eles era pura ficção. Estamos falando de pessoas que tinham um interesse genuíno em Siquim, uma gente que vinha do outro lado do mundo para cá e era recepcionada com tanta bobagem. Eu precisava de um emprego e decidi abrir minha própria agência de viagens. Embora já não sejamos um país, acho importante que as pessoas lá fora saibam que Siquim já foi um reino independente e percebam que a realidade aqui poderia ser outra.

— E como seria essa realidade? — perguntei.

— Você descobrirá quando visitar o Butão — disse Semla calmamente. — É indescritivelmente lindo lá! Adoro visitar meus primos no Butão, mas, ao mesmo tempo, sinto uma dor no coração cada vez que volto para Siquim.

*

Longe dos arranha-céus de concreto de Gangtok, tem-se um vislumbre de como Siquim poderia ser. Semla providenciou o transporte e arranjou um lugar para mim num jipe com um jovem casal de Calcutá que estava indo na mesma direção. Embora a estrada nos levasse mais para cima, era como dirigir pela selva tropical. As laterais da estrada estavam cobertas de flores e arbustos, pássaros e cigarras competiam num duelo de cantoria.

Junto ao rio Rongyoung, num vale remoto que requeria permissão especial para ser visitado, o ativista ambiental

Gyatso Lepcha gerencia um minúsculo hotel familiar. Ele nos recebeu com entusiasmo e imediatamente nos ofereceu *tongba*, uma bebida alcoólica siquimesa à base de sementes de painço fermentadas numa grande caneca de madeira, sobre a qual água fervente é derramada repetidas vezes. Tinha um sabor levemente fermentado e deslizava irresistivelmente pela garganta.

— Deixe-me mostrar uma coisa — disse Gyatso ansiosamente, e me levou para o terraço, onde três ou quatro outros turistas, todos indianos, estavam sentados bebendo *tongba*. — Você os reconhece?

Acima da porta estava pendurada uma foto dele junto com o príncipe herdeiro Haquino da Noruega e sua esposa, a princesa Mette-Marit.

— Eles estiveram aqui em 2010 — disse ele, com orgulho. — Fizeram a reserva como qualquer pessoa, então não tínhamos ideia de que eram da realeza! Um dia, de repente, a polícia bateu na porta perguntando por que o casal herdeiro do trono norueguês tinha se hospedado comigo. Respondi com sinceridade: não faço ideia! Eles ficaram aqui por muito tempo, então acho que gostaram.

Era fácil gostar de estar hospedado na casa de Gyatso. Três cachorros vagavam livremente e nunca recusavam um carinho. No jantar nos serviram comida caseira à base de ingredientes da horta. Lá, a família cultivava de tudo — desde brócolis, feijão, rabanete, abóbora, espinafre, mamão, tomate e toranja até goiaba — e era quase autossuficiente. Os quartos simples tinham janelas abertas voltadas para o rio. Adormeci sob o gorgolejo contínuo e mesmerizante da água corrente.

— Nasci nesta casa e ouço o murmúrio do rio Rongyoung desde que estava no ventre de minha mãe — disse

Gyatso na manhã seguinte. Era um homem muito eloquente, às vezes se expressava até de uma maneira poética, sem jamais hesitar ou se atrapalhar com palavras ou fatos. — Sempre que estou longe daqui, sinto falta do rio. É como se ele estivesse codificado nos meus genes. Quando soube do ambicioso plano do governo de construir de barragens aqui, imediatamente compreendi que seria um desastre para os rios e o ecossistema ao redor. Em vez de exercer a advocacia, que foi o que estudei, me dediquei ao ativismo ambiental. As pessoas aqui não tinham ideia do que é uma barragem, não sabiam o que era energia hidrelétrica. Começamos percorrendo aldeias desertas para educar as pessoas e, com o passar do tempo, expandimos nosso ativismo fazendo uma série de greves de fome em Gangtok.

Em 2007, o movimento ganhou força e durou dois anos e meio, foi uma das greves de fome coletivas mais longas do mundo. Todos os dias, a cada hora do dia, lepchas sentavam-se sob uma tenda na Tibet Road em Gangtok para jejuar. Alguns ficavam sem comer por quatro a cinco dias, às vezes até durante algumas semanas; o ativista mais persistente ficou 96 dias seguidos sem comer.

— O governo planejava construir sete barragens aqui em Dzongu, e conseguimos impedir pelo menos quatro delas com a greve de fome — disse Gyatso. — O vale Dzongu e o rio Rongyoung são sagrados para nós, lepchas. Quando Siquim se tornou um reino budista, no século XVII, nos convertemos ao budismo, mas ao mesmo tempo continuamos a adorar a natureza. O rio Rongyoung é tão sagrado para nós quanto o Ganges é para os hindus. Acreditamos que descendemos do monte Kanchenjunga e, quando morremos, a alma retorna para as grutas sagradas do Kanchenjunga para se reunir com os ancestrais.

O rio Rongyoung nasce no Kanchenjunga, por isso é tão importante para nós, pois mostra às almas o caminho de casa. Nós, lepchas, ainda vivemos perto da natureza, somos conservacionistas naturais!

— Você tem medo de que os lepchas um dia deixem de existir? — perguntei.

— Como está a situação hoje, já estamos praticamente extintos. Somos o povo originário de Siquim, chegamos aqui primeiro, mas agora representamos apenas 8% da população. Somos como os tigres, estamos ameaçados de extinção. Estamos na lista vermelha.

— É verdade que você foi preso?

— Sim, fui preso pouco antes de encerrarmos a greve de fome — respondeu Gyatso. — São ossos do ofício de ser um ativista. Passei cerca de um mês na prisão. Foi, a propósito, um período de muito aprendizado, mas a comida era terrível e fazia muito frio, e eu também havia me casado cinco dias antes, então o momento não foi muito oportuno.

Os indianos já construíram catorze barragens em Siquim e recentemente inauguraram a Teesta III, uma das maiores barragens do país.

— Sikkim tem apenas 7 mil quilômetros quadrados, então estou muito preocupado — disse Gyatso. — A Índia tem uma necessidade enorme, quase insaciável, de energia, mas a solução não é sacrificar a vulnerável natureza do Himalaia. O governo indiano planeja construir barragens em todos os rios do Himalaia, e os chineses estão fazendo exatamente o mesmo. Achamos ruim e protestamos quando os chineses pegam nossa água, mas fazemos o mesmo com Paquistão e Bangladesh.

— Que consequências tiveram as barragens aqui na região? — eu quis saber.

— Nos últimos anos os terremotos foram mais frequentes — respondeu Gyatso. — Dizem que é um efeito da construção das barragens. Não creio, mas é fato que os terremotos têm deixado um rastro de destruição muito maior. Depois que as barragens foram construídas, os deslizamentos passaram a ser mais intensos e em maior número. Devido ao aquecimento global, também chove muito mais do que antes. Durante a monção, os rios arrastam consigo grandes quantidades de biomassa, que se deposita no fundo das barragens e se transforma em metano, um gás de efeito estufa muito mais poderoso que o CO_2. Ao passar ao lado reservatórios, é possível ver o metano borbulhando do fundo. Agora restam apenas cerca de trinta rios de leito livre em Siquim. Espero que possamos preservar os poucos rios livres que nos restam, sim, não só aqui em Siquim, mas em todo o mundo. Os rios não reclamam, não protestam, não pedem ajuda, tudo nos dão sem que precisemos pedir. Até quando abusaremos do seu silêncio?

Dos muitos pequenos reinos que outrora existiram no Himalaia, e que em muitos aspectos *eram* o Himalaia, agora resta apenas um. Todos os outros, ao longo dos últimos cem turbulentos anos, foram engolidos por seus grandes e poderosos vizinhos. Por toda a cordilheira, de Hunza, no oeste, a Siquim, no leste, existem castelos vazios. Alguns foram transformados em museus, outros vão lentamente desmoronando. Os habitantes dos pequenos reinos já não têm um monarca, mas em troca receberam estradas, energia hidrelétrica e um sistema escolar centralizado. Nesse processo, algo inestimável se perdeu. Não apenas soberanos locais, mas mundos pequenos e isolados, com direito a rios sagrados e montanhas divinas, lentamente são riscados do mapa.

Talvez não seja possível deter esse progresso. No Himalaia, duas potências nucleares se confrontam. As duas nações mais populosas do mundo estão separadas por uma divisa intermitente e disputada. No grande jogo da geopolítica, os pequenos reinos nunca tiveram chance.

Um deles, entretanto, resistiu, contra tudo e contra todos.

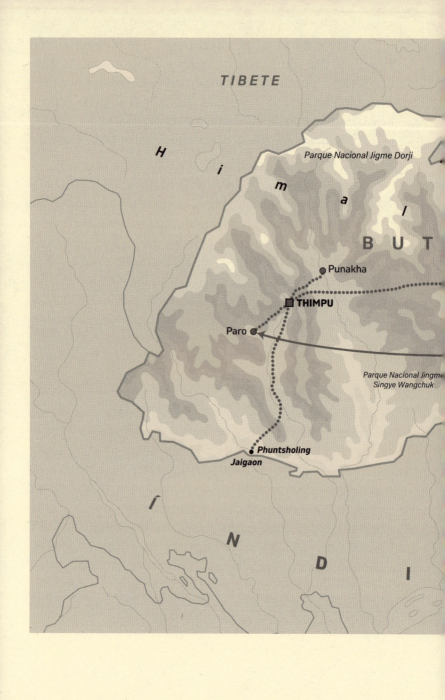

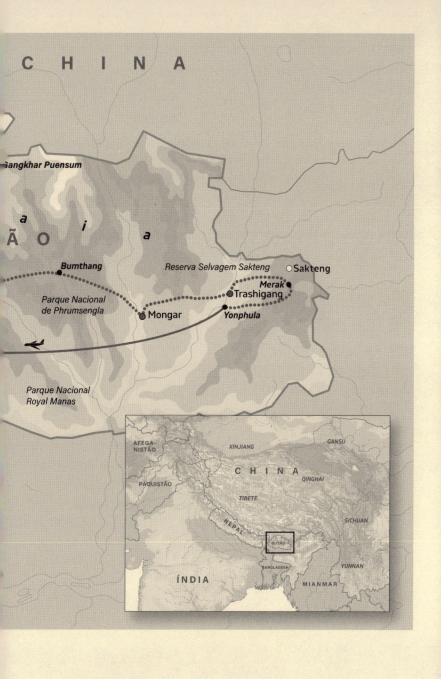

Tesouros descobertos

A fronteira entre a Índia e o Butão haverá de ser uma das mais estranhas do mundo. O Portal do Butão está localizado a meio caminho entre a cidade indiana de Jaigaon e a cidade butanesa de Phuntsholing. As duas cidades fronteiriças se fundem uma com a outra, de modo que o visitante mal percebe que está deixando o segundo país mais populoso do mundo e entrando num reino budista com bem menos de 1 milhão de habitantes.[13] Além disso, a maioria das vias também é de mão única, de modo que é preciso fazer longos desvios para chegar ao destino, muitas vezes atravessando repetidamente a fronteira invisível entre as duas cidades ao longo do percurso, o que reforça a sensação de estar num labirinto.

Com exceção de indianos, bengaleses e, por algum motivo, maldivos, todos os turistas estrangeiros que visitam o Butão devem desembolsar uma taxa diária de cerca de 250 dólares por um pacote que inclui guia, carro, motorista, acomodação e comida. O motorista e o guia me encontraram no hotel do lado indiano para fazer os procedimentos de fronteira. Ambos vestiam roupas tradicionais butaneses,

---

13   Segundo estimativas da ONU em meados de 2023, a Índia (1,428 bilhão de habitantes) ultrapassou a China (1,425 bilhão) como país mais populoso do mundo. [N. T.]

obrigatórias para todos os funcionários públicos e trabalhadores da indústria do turismo.

Sonam, o motorista, usava o *gho* masculino, uma espécie de quimono trançado. Descendo até os joelhos, é preso por um cinto grosso e apertado na cintura e forma uma espécie de bolso amplo acima do estômago em que há espaço para acomodar tudo, de carteiras até bebês. As meias altas são um acessório obrigatório, mas por questões de comodidade os calçados podem ser quaisquer uns, inclusive tênis esportivos. Dechen, a guia, estava vestida com um *kira*, traje tradicional das mulheres. A variante moderna consiste num tecido à guisa de saia preso na cintura com um cinto, mas antes era comum a *kira* ser pendurada nos ombros e presa com broches, como um vestido. O traje inclui uma blusa de mangas compridas e uma jaqueta curta de seda, às vezes em cores contrastantes, mas harmônicas. Na primeira vez que vim ao Butão, fiquei apaixonada por esses trajes exóticos e senti que realmente havia chegado a um país diferente, um lugar estranho e único. Agora as roupas já não causavam tanta impressão, eram corriqueiras. A primeira impressão que se tem de pessoas e lugares é valiosa — o viajante está aberto e receptivo e capta os detalhes estranhos —, mas a segunda impressão permite que se veja um pouco além da fachada.

No escritório da fronteira indiana no centro de Jaigaon, havia quatro portões, mas nenhum deles estava guarnecido. No andar de cima, Dechen conseguiu alcançar um burocrata de óculos, que por sua vez começou a procurar outro burocrata que pudesse nos ajudar. Finalmente, um oficial de fronteira apareceu e, depois de mais meia hora, ligou o computador e colocou o sistema para funcionar. Sonolento, carimbou meu passaporte e me deixou dizer adeus à Índia.

Saímos da gigantesca república e entramos no minúsculo reino. Não entendi exatamente quando cruzamos a fronteira, mas, como as placas das lojas agora estavam escritas em letras tibetanas, concluí que estávamos no Butão. Ninguém sabe ao certo de onde vem o nome Butão — possivelmente uma adaptação da palavra sânscrita *Bhota-anta*, «Fim do Tibete». Os butaneses chamam seu país de Druk Yul, a Terra do Dragão do Trovão, símbolo nacional do Butão que adorna a bandeira nacional.

Na rua seguinte, todas as placas estavam em devanágari, portanto retornamos à Índia, mas logo depois estávamos de volta à Terra do Dragão do Trovão. Depois de vagar pelas ruas de mão única por um bom tempo, chegamos ao pequeno escritório de imigração no portal do Butão. O homem atrás da tela do computador, que também usava um *gho*, pegou meu passaporte e começou a me registrar formalmente. Sorrindo, estampou uma página em branco com um carimbo triangular e me deu as boas-vindas ao Butão.

Thimpu, a capital, fica 2 mil metros acima de Phuntsholing. A estrada serpenteava suavemente para cima, cercada por mata subtropical e floresta densa. O Butão é tão excepcional que absorve mais CO_2 do que emite, uma das razões pelas quais as autoridades decidiram que as florestas devem perfazer pelo menos 60% do território nacional. Hoje, mais de 70% do pequeno reino está coberto de árvores. Macacos sentavam-se à beira da estrada catando piolhos uns dos outros enquanto espreitavam os carros à espera de uma guloseima.

Para uma capital, Thimpu não é grande. Tem cerca de 115 mil habitantes, aproximadamente 15% da população total do país — a chance de nascer butanês na loteria da vida é, portanto, ínfima. No entanto, como se espraia por uma vasta área, a capital parece maior do que é. Todos os edifícios eram no tradicional estilo dragão, com detalhes em madeira pintada e telhados baixos, o que empresta à cidade uma aparência mais uniforme e convidativa do que a das cidades indianas, em que o concreto assumiu completamente o controle. No único grande cruzamento local, um policial sobre um pedestal lindamente decorado orientava o trânsito com gestos suaves e harmoniosos. Passamos por ele e logo depois chegamos ao hotel. Thimpu é, provavelmente, a única capital do mundo sem semáforos.

Quando eu estava prestes a subir para o quarto, Dechen pigarreou atrás de mim.

— Preciso lhe dizer uma coisa. — Ela olhou para mim constrangida. — Tenho pensado nisso noite e dia, e agora preciso desabafar, não posso mais guardar isso comigo. — Ela pigarreou novamente e arriscou. — Só estive em Merak, no leste do Butão, uma vez antes, quando era criança, então não sei se serei uma boa guia para você lá! Realmente sinto muito por isso, mas agora pelo menos você já sabe.

Assegurei a Dechen que não estava nem um pouco preocupada e que tinha certeza de que teríamos uma estadia proveitosa em Merak.

O desespero de Dechen desapareceu num sorriso aliviado.

— Eu tinha de lhe dizer, não suportava mais carregar isso comigo — ela sorriu. — Foi um enorme alívio!

Mais tarde, Dechen me levou a um banho local com água aquecida por pedras em brasa, uma especialidade butanesa. O banheiro ficava numa campina afastada do centro da cidade, embaixo de um botequim em que jovens de jeans e jaquetas de couro bebiam cerveja, mascavam pimenta e tagarelavam alto. Entrei num cubículo particular na comprida ala de banhos. Uma cortina dividia o cubículo em dois compartimentos. No vestiário havia um banquinho para colocar roupas, atrás da cortina estava a estreita banheira de madeira. Uma lâmpada nua no teto deixava o ambiente parcamente iluminado. A banheira era dividida em duas câmaras — a externa continuava por uma abertura baixa na parede de madeira, para que o funcionário pudesse enchê-la de água e colocar as pedras em brasa sem entrar em contato direto com o banhista. As pedras eram aquecidas numa grande fogueira e sibilavam furiosamente enquanto eram imersas na água. Diversas ervas flutuavam ao lado de brotos de abetos, agulhas de pinheiro e um monte de galhos que não consegui identificar.

Lentamente, em etapas, mergulhei na água escaldante. Meu coração batia forte no peito, minha pele ardia e ardia, e eu suava como se estivesse numa sauna. Centenas de horas em estradas poeirentas e esburacadas se desprenderam da epiderme e viraram vapor. Assim que mergulhei o corpo inteiro, o funcionário despejou mais pedras em brasa. Me assustei com o barulho, saltei rapidamente dali e fiquei observando a água em ebulição.

— Está com frio? — perguntou o funcionário. — Quer mais pedras?

— Está ótimo assim! — garanti.

Quando a água parou de ferver, abaixei-me lentamente e me deixei abraçar pelo calor. Lá fora estava completamente escuro quando finalmente saí da banheira. Meu corpo estava pesado, minha cabeça flutuava e sentei na beirada para me refrescar um instante.

— O que você está fazendo aí? Por que está demorando tanto? — gritou Dechen, preocupada atrás da porta. — Você não deve ficar assim porque pode pegar um resfriado!

Na manhã seguinte, fui informada de que Dechen não poderia me acompanhar. Sua filha estava doente. Nada grave, a menina estava com um pouco de febre e não conseguia dormir, mas a mãe de Dechen não tinha condições de cuidar sozinha de uma criança de um ano de idade, chorosa e adoentada. Dechen me encontrou numa esquina para buscar sua bagagem.

— Sinto tanto por isso — disse ela, quase aos prantos.

— Não se preocupe — eu disse. — Como está sua filha? — Conseguiu levá-la ao médico?

— Iremos ao hospital logo mais, mas primeiro vou levá-la ao templo. Eu trabalho o tempo todo e por isso não tenho tempo para levá-la ao templo com tanta frequência. Acho que foi por isso que ela ficou doente.

Sangye, um sujeito animado e enérgico da mesma idade que eu, veio substituí-la. A estrada para Bumthang era longa. Em todo o caminho havia obras, a cargo de indianos magros vestidos com roupas empoeiradas e esfarrapadas. Às vezes, tínhamos de esperar trinta minutos, às vezes uma hora, para seguir por entre florestas de rododendros e desfiladeiros íngremes, onde milhares de bandeirolas votivas coloridas estavam penduradas lado a lado. Passamos também por estacas com bandeirolas brancas tremulando — orações pelos mortos —, às vezes tão gastas que só restavam as fibras.

Já estava escuro quando chegamos a Bumthang, que fica mais ou menos no centro geográfico do Butão. Normalmente, cerca de 5 mil pessoas vivem em Bumthang, mas esse número havia triplicado. Havia carros e pessoas por toda parte, mas, ao contrário da Índia, ninguém buzinava. Os motoristas esperaram pacientemente o engarrafamento fluir.

A pequena praça defronte ao templo estava lotada. Monges musculosos usando saias de seda amarela e grotescas máscaras de madeira dançavam lentamente em círculo ao redor de uma fogueira. Acima do fogo, quatro estacas formavam uma pirâmide em cujo topo repousava o desenho de uma deusa. Dentro do templo, um solitário monge sentado batia dois címbalos ritmicamente um contra o outro: *Ping...! Ping...! Ping...!* Milhares de turistas e locais estavam reunidos ali, já não havia espaço para mais ninguém. Logo atrás de mim, um neerlandês alto usava meu ombro como tripé de câmera. Enquanto a deusa ardia em chamas, ele se apoiava no meu ombro para a foto não sair tremida.

— É muito bom para as mulheres presenciar esse ritual — sussurrou Sangye, que não se desgrudava de mim. — Sobretudo para aquelas que não podem ter filhos — acrescentou ele melancolicamente.

Como se tivessem recebido um sinal secreto, os espectadores saíram em disparada para o terreno atrás do templo. No meio do terreno, duas estacas altas sustentavam uma trave, todas as três envoltas com grossos feixes de abetos. Um punhado de monges veio carregando tochas acesas e ateou fogo aos galhos. Segundos depois, a instalação inteira ardia e as pessoas começaram a correr por baixo do portal em chamas. Dando voltas, repetidas vezes, milhares de pessoas ao todo, gritando, uivando, protegendo a cabeça com as jaquetas para não queimar os cabelos, senhoras, adolescentes, crianças, todos corriam. Conforme os minutos passavam, as labaredas ficavam cada vez mais descontroladas, e galhos em chamas se espalhavam pelo chão, mas as pessoas só pararam de correr quando o fogo se apagou totalmente.

— Este ritual é muito bom para as mulheres — disse Sangye. — Especialmente para aquelas que não conseguem ter filhos — acrescentou, pensativo.

O ponto alto do evento seria no final da tarde. Ninguém sabia exatamente quando.

— Os dançarinos surgem quando estão prontos — disse Sangye. — Primeiro eles precisam beber para criar coragem.

Nesse ínterim, uma multidão dos vales vizinhos acorria em carros e táxis. De dentro do templo, um canto abafado e um rugido ocasional podiam ser ouvidos.

— A dança que será realizada em breve foi criada pelo grande mestre tântrico Dorje Lingpa no século XIV — explicou Sangye. — Ele veio aqui para ajudar os habitantes a construir um templo, mas um grupo de espíritos malignos impediu a obra. Para distrair os espíritos, o mestre criou essa dança. Ela enfeitiçou os espíritos e o templo foi concluído. Desde então, a dança é realizada todos os anos aqui em Bumthang e é muito sagrada. Quando os dançarinos exibem seu tesouro, eles afastam os maus espíritos e ao mesmo tempo abençoam o público. Todas as criaturas sencientes vêm ao mundo graças ao tesouro.

Dezesseis homens visivelmente bêbados saíram cambaleando do templo. A única peça de roupa que vestiam era uma longa tira de algodão em volta da cabeça que deixava visível apenas seus olhos. Exceto por isso, estavam completamente nus. As danças tântricas do templo são geralmente executadas por jovens monges, mas essa em particular é executada por homens escolhidos nos vales ao redor.

Bumthang está a uma altitude de quase 3 mil metros, e a noite estava fria e sem nuvens. O frio obviamente afetava os «tesouros», que encolheram a ponto de desaparecer.

Os dançarinos se aglomeraram ao redor do fogo e ficaram puxando seus membros enquanto pulavam para se aquecer. De vez em quando, ficavam mais à vontade e simulavam movimentos obscenos. O público gritava e ria, pedindo mais. Os mais ansiosos chegavam com horas de antecedência para conseguir um lugar bem na frente e contemplavam o palco em devoto silêncio. Sangye e eu não fomos rápidos o suficiente e tivemos de nos contentar com um lugar bem atrás. Mal conseguíamos ver os tesouros. De repente, os dezesseis homens nus passaram por nós a caminho de outro templo, vários deles com as mãos em concha na frente do tesouro enquanto abriam caminho pela multidão.

— Tirem as mãos! — protestavam as pessoas, indignadas. — Mostrem o tesouro! — Alguns se agachavam para ter a melhor visão possível.

— É importante assistir à dança junto com a família — disse Sangye. — Durante a dança você deve se concentrar e pensar no tesouro. Ele eliminará todos os seus pecados e o abençoará. Faz muito bem para as mulheres que não conseguem engravidar — sentenciou ele.

Ao retornarem após a volta no templo, os dançarinos se alinharam perto da fogueira para se aquecer. Alguém na multidão gritou uma coisa ou outra, e logo depois os homens nus investiram furiosamente contra a multidão e começaram a atacar um jovem.

As pessoas gritavam, urravam e se acotovelavam.

— É melhor irmos — Sangye agarrou meu braço e me arrastou para longe do tumulto. — Acho que alguém tentou tirar fotos.

De fato, alguém realmente pegou um celular, como se comprovou, mas apenas para consultar as horas. De qualquer modo, a dança sagrada já tinha acabado.

De dia, a apresentação atraía menos público. Com exceção de alguns idosos interessados que se aboletavam na primeira fila, envoltos de mantas e almofadas, carregando cestas de piquenique e garrafas térmicas, os espectadores eram turistas e guias. A exemplo da véspera, um monge tocava os címbalos lentamente enquanto quatro homens em saias largas e amarelas caminhavam em círculos com passos lentos e teatrais. Seus rostos estavam ocultos atrás de pesadas máscaras vermelhas de madeira com presas e olhos esbugalhados.

— Esta dança foi introduzida pelo Padmasambhava no século VIII — explicou Sangye.

Os címbalos silenciaram por um momento, depois recomeçaram, monótona e cadenciadamente: *Ping!... Ping!... Ping!* Os dançarinos moviam-se lentamente em círculos, com gestos ritualísticos.

— Esta dança também foi introduzida pelo Padmasambhava no século VIII — disse Sangye. — Os monges devem derrotar os espíritos malignos e prendê-los no caixão triangular que está no chão.

Quinze minutos depois, com os espíritos malignos derrotados e capturados, os dançarinos desapareceram pela porta do templo, e um novo grupo ocupou o centro da praça, também usando máscaras de madeira assustadoras e saias largas e amarelas.

— O Padmasambhava introduziu esta dança no século VIII — explicou Sangye.

A cada dança, as máscaras de madeira se tornavam mais assustadoras, e tudo culminava na dança da morte, em que os monges arrastavam longas espadas pelo chão. As máscaras pretas de madeira eram decoradas com caveiras. Uma espécie de palhaço vestindo uma máscara carmesim e roupas pretas, corria em volta carregando um enorme falo de madeira vermelho. Ele batia na cabeça das pessoas com o membro e fazia gestos para animar a plateia, que ria e lhe atirava cédulas de dinheiro.

— É um sinal de boa sorte se ele tocar em você com o membro — comentou Sangye. — Especialmente para mulheres que não podem ter filhos — acrescentou ele, com um meneio de cabeça

— Mas onde estão as pessoas, afinal? — perguntei. — Ontem isso aqui estava lotado, mas hoje só vejo turistas.

— A maioria das pessoas não costuma vir aqui para cima — ele sorriu. — Para entrar nas dependências do mosteiro, nós, butaneses, devemos usar roupas formais e tradicionais. No final da tarde, lhe mostrarei aonde a maioria das pessoas costuma ir. Agora devem estar todos dormindo.

Fez um calor surpreendente à tarde, e os turistas se retiraram para a sombra ou voltaram para seus hotéis. Apenas os velhinhos mais renitentes continuavam sentados na primeira fila ao lado de suas garrafas térmicas, dança após dança.

Sangye me levou ao templo em que os dançarinos bêbados e nus deram a volta na noite anterior. O prédio era caiado de branco, com uma faixa vermelha pintada sobre o telhado dourado. O telhado em si era encimado por estruturas menores que lembravam baús de tesouro. As paredes eram tão grossas que no interior sobrava pouco espaço para abrigar as enormes estátuas douradas do Buda e do Padmasambhava admirando insondáveis o horizonte com os olhos semicerrados.

— Este é um dos templos mais antigos do Butão — explicou Sangye. — No século XVI, um demônio horrível espalhou a desgraça pelo Tibete inteiro e também aqui no

Butão. Para contê-lo, o rei Songtsen Gampo, o regente tibetano, construiu 108 templos num só dia do ano de 659. Este é um desses templos.

Quando o sol estava prestes a se pôr e uma luz roxo-azulada desceu sobre o vale, Sangye decidiu que era hora de me mostrar para onde tinha ido a multidão. Saímos das dependências do templo e descemos para o terreno contíguo ao estacionamento, onde carrosséis entretinham as crianças mais novas e várias barraquinhas de comida e lojas que vendiam de tudo, desde armas de brinquedo até roupas indianas baratas, entretinham os adultos. Atrás dos carrosséis e da feirinha, a jogatina corria solta. O jogo era o mesmo, com pequenas variações: os jogadores apostavam notas de cem ou mais num símbolo ou número e o crupiê girava uma roleta tão rápido que era impossível distinguir o que havia nela. O apostador então lançava um dardo, e, fosse seu dia de sorte, acertaria o número ou símbolo da aposta. Grupos numerosos e barulhentos de apostadores se aglomeravam diante das inúmeras barracas. Sangye era o único com trajes tradicionais, todos os outros vestiam jeans ou agasalhos.

— Na verdade, os jogos de azar são proibidos no Butão. Só são permitidos em feriados como este — explicou Sangye, e decidiu fazer uma fezinha arriscando umas notas de cem ngultrums em seus números da sorte. Perdeu todas, assim como eu.

— Tinha de ter ganhado hoje — comentou ele. — É meu aniversário. Faço 34 anos. Mas não comemoramos aniversários no Butão, então não é tão grave assim.

Embora os butaneses não comemorem aniversários, choviam cumprimentos de parabéns em seu celular. A fortuna, a despeito disso, não nos sorriu: perdemos quase tudo que tínhamos. No final, quase ficamos sem dinheiro para aquecer o corpo com uma dose de uísque butanês. Tinha um gosto doce e forte.

Bem antes de os tesouros da noite serem desnudados novamente, fomos para o pátio. Dessa vez conseguimos assentos privilegiados bem na primeira fila. Cantoria alta, gritos e risadas nervosas já ecoavam dentro do templo. O fluxo de turistas, avós, jovens, crianças, era intenso. Cerca de uma hora depois, os dançarinos nus finalmente surgiram templo afora. Pareciam mais aquecidos essa noite, embora ainda estivessem sem camisa, e não demorou muito para começarem a saltitar freneticamente pelo chão do templo, balançando seus tesouros para cima e para baixo, literalmente bem diante do nariz do público. Um dos dançarinos portava uma lanterna e jogava o facho de luz nos tesouros de seus colegas, para que a audiência não perdesse nenhum detalhe. Quando terminaram a volta obrigatória em torno do templo, pareciam ainda mais empolgados montando-se uns sobre os outros e gesticulando incessantemente para o público. A todo momento, se aproximavam da fogueira e esticavam bem os tesouros para compensar o efeito do frio noturno. Então se viravam novamente para a plateia, sacudindo, rebolando, rodopiando, devidamente iluminados pelo facho da lanterna.

— Você deve unir as palmas mãos e fazer um pedido — insistiu Sangye. — Mulheres que não têm filhos geralmente querem engravidar — acrescentou ele, solícito.

O céu estava negro e iluminado, e acima do templo e dos dezesseis homens nus despontava uma lua crescente, tão trêfega quanto os dançarinos. Quando o último deles entrou de volta no templo, seguimos o fluxo de pessoas em direção ao estacionamento. Encontramos o carro, mas não o motorista. Sangye telefonou para ele, e logo depois Sonam surgiu correndo do meio da multidão.

— Ganhou ou perdeu? — perguntei, mas a expressão em seu rosto já denunciava a resposta.

Um cassino é um cassino em qualquer lugar do mundo.

O enigmático guarda-florestal

A caminho de Merak, a leste, fizemos uma parada em Mongar. A única razão pela qual os turistas ocasionalmente visitam essa cidadezinha é sua localização entre as metades leste e oeste do Butão, uma escala obrigatória na rota para a fronteira indiana a sudeste. Exceto por isso, não havia nada para ver ali. As ruas estavam vazias, as casinhas eram esparsas. No novo hospital, numa grande campina que também fazia as vezes de heliponto, um grupo de homens vestidos com roupas tradicionais jogava dardos. O alvo circular estava a quarenta metros de distância, na outra borda do gramado.

— Os vencedores disputarão a final nacional — explicou Sangye. — Bons arremessadores de dardos precisam ter uma grande disciplina mental. Eles precisam manter a concentração mesmo diante do escarcéu que fazem os torcedores.

A maioria dos dardos ia parar nas extremidades do círculo, mas de vez em quando alguém acertava na mosca, e então o público ao redor dançava e cantava animadamente.

Passeamos pelo mercado de hortaliças, onde se vendia um grande sortimento de pimentas, além de goiabas, pepinos enormes, coentro, beringelas, cenouras e outras hortaliças que vicejam na altitude. O principal produto, porém, eram as pimentas, oferecidas em sacos de pelo menos um quilo.

Butaneses são fascinados por pimenta e a usam para temperar absolutamente tudo que comem; uma família típica ingere facilmente um quilo de pimenta por dia. Em todo o Butão se veem pimentas postas para secar, em telhados, na beira da estrada, em carros, nos campos. Aos turistas costuma ser oferecida uma refeição inofensiva, sem capsaicina, enquanto os guias e motoristas que acompanham o viajante se empanturram de arroz e pimenta. Os butaneses exilados costumam reclamar da dificuldade de conseguir pimenta forte o suficiente no exterior, e muitos ficam dependentes do envio regular desse produto do país natal. Até crianças que ainda mamam comem pimentas como se fossem guloseimas.

No topo da colina havia um pequeno mosteiro. As casas pelas quais passamos na subida eram pequenas e singelas, construídas com os materiais disponíveis: ferro corrugado, tábuas e plástico. Uma matilha de cachorros nos recebeu latindo na entrada do pátio do mosteiro. Túnicas cor de vinho esvoaçavam pelos varais na brisa da tarde, mas não havia monges à vista. Uma mulher enrugada, quase desdentada, aproximou-se e se ofereceu para nos mostrar o templo. O nome dela era Sangye, o mesmo do guia. Como no Tibete, os butaneses usam o mesmo prenome para meninas e meninos, e o sobrenome raramente tem a ver com os pais — sobrenomes compartilhados não são comuns. Para complicar ainda mais as coisas, os butaneses têm à disposição um conjunto limitado de cerca de cinquenta prenomes ao todo.

O complexo do mosteiro tinha apenas 36 anos, um dos mais recentes em todo o Butão. Sangye tinha o dobro dessa idade. Cinco anos antes, enviuvou e passou a vestir o hábito. Agora, vinha ao mosteiro todos os dias trocar as velas e fazer a faxina.

— Logo será a minha vez — disse ela com uma voz penetrante e esganiçada. — Vou morrer em breve. É a única coisa em que consigo pensar agora. Meus filhos, tenho sete filhas e um filho, me chamaram para morar com eles na capital, mas é aqui que eu quero ficar. Quero morrer aqui.

Ela se sentou nos degraus que levavam ao mosteiro e olhou para o sol com os olhos semicerrados.

— Antes, não tínhamos energia elétrica. — Ela pronunciava frases sincopadas, como se o pouco tempo que lhe restasse também lhe afetasse a sintaxe. — Nem escola. Nem estradas. Íamos a pé para todos os lugares. Nunca fui à escola. Nem meus filhos. Mas meus *netos* vão para a escola. A vida deles é mais fácil que a nossa. Não gosto de tv. Cresci sem ela. Nunca vejo tv. Só consigo pensar que vou morrer em breve.

Kezang, o astrólogo da aldeia, morava a cerca de meia hora de carro de Mongar. Ele nos esperava na beira da estrada e nos mostrou o caminho para sua casinha simples no alto da colina. Não era longe, mas a subida era íngreme e não consegui manter o ritmo, ainda que tivesse quase metade da sua idade.

Passamos por um jardim exuberante e bem cuidado e entramos numa casa escura e pobre. Pela porta da frente chegamos à cozinha, mobiliada com simples prateleiras e um par de fogões elétricos. Na salinha de estar, que também servia de quarto, Sangye e eu fomos convidados a nos sentar em colchonetes no chão. As paredes eram decoradas com calendários dos últimos dez anos, todos com representações do Buda e fotos oficiais do casal real do Butão, além de recortes de revistas semanais com fotos da família real. Os estreitos vãos das janelas não tinham vidraças, e o interior do teto, que consistia em tábuas finas, era forrado com plástico para ajudar na calefação. Uma grande geladeira era o móvel de maior destaque no ambiente. Um rádio antigo repousava sobre um estreito parapeito de janela. TV não havia.

— As pessoas vêm a mim com crianças recém-nascidas e quando estão doentes — disse Kezang, desenrolando solenemente o alfarrábio astrológico do pedaço de tecido laranja em que estava embrulhado. Ele sentou-se delicadamente no chão e com cuidado colocou as resmas de papel grosso na mesinha à sua frente. Seu rosto era bronzeado e enrugado, mas os olhos eram grandes e gentis. Quando sorria, parecia a um só tempo um garotinho e um velho.

— Não tive uma instrução formal — disse ele. — Nunca fui à escola, mas estudei no mosteiro como monge de aldeia.

— Ou seja, ele morava na aldeia, mas ia todos os dias ao mosteiro estudar — explicou Sangye, que traduzia tudo o que Kezang dizia da língua local para o inglês. Dzongkha, que é parente do tibetano, é o idioma oficial do Butão, mas um total de dezenove idiomas e dialetos diferentes são falados no país, distribuídos entre menos de 800 mil habitantes. Como Sangye vinha de uma aldeia no leste, ele e Kezang falavam a mesma língua.

— Quando estava pronto, escalei as montanhas para meditar e orar por três anos, como é o costume — continuou Kezang. — Só depois de meditar por três anos é que o aprendiz está qualificado para se tornar um astrólogo, mas somente se obtiver a permissão do lama. O lama me pôs à prova: se eu conseguisse ajudar três pessoas, seria capaz de atuar como astrólogo.

A esposa veio da cozinha e nos serviu leite quente em xícaras grandes.

— A astrologia é complicada — disse Kezang. — Quando os doentes me procuram, primeiro tenho de descobrir o que se abateu sobre eles. Teriam adoecido por causa de um espírito maligno? Nesse caso, de onde ele veio? Ou será que adoeceram porque não visitaram o templo da divindade que os protege? Tudo precisa ser considerado. Uma vez estabelecida a causa, deve-se determinar quais rituais devem ser realizados e quais ervas o paciente terá de usar, caso precise de fitoterapia. Antes, esse era o único tratamento disponível para nós, mas agora também temos de avaliar se os rituais em si são suficientes ou se o paciente também deve recorrer à medicina ocidental. Os aldeões sempre vêm até mim antes de ir para o hospital. Se seu filho estiver possuído por um espírito maligno, ir ao hospital pode não ser uma boa coisa.

— Você também tem filhos? — perguntei.

— Não. — Kezang olhou para a esposa, que estava cabisbaixa. — Não é que eu seja estéril, porque minha mulher já engravidou três vezes. Mas todos os bebês morreram ainda pequenos. Agora desistimos. Minha esposa fez tudo certinho na gravidez, não foi culpa dela. Ela foi ao hospital e foi examinada, e fomos ao astrólogo também e ao templo, mas mesmo assim as crianças morreram.

Kezang pigarreou e fez uma reverência às escrituras tibetanas.

— Quando você nasceu? — ele perguntou. Sangye deu a ele minha data de nascimento e Kezang ficou sentado folheando as escrituras por um longo tempo.

— No momento você não quer ter filhos — declarou finalmente, embora eu não tivesse lhe perguntado sobre o assunto. — Você não quer ter filhos antes dos 41 ou 42 anos. Mas você deve ir ao templo da fertilidade em Punakha e pedir ao monge que a abençoe — acrescentou. — Lá, deve fazer uma prece pedindo um filho ou filha. Se não o fizer, as chances de ter filhos serão reduzidas, por isso é extremamente importante que você vá ao templo da fertilidade em Punakha. Haverá distrações pelo caminho, mas não se deixe desviar; como eu disse, é importantíssimo que vá até lá. No mais, você está no caminho certo. Está protegida pelos deuses. Exige muito deles, mas eles a protegem.

Ele me olhou pensativo.

— Não ache que estou inventando nada disso, creia, está tudo aqui, nas escrituras — disse ele apontando para as folhas de papel espalhadas na mesinha à sua frente. — Aqui também diz que você fica de bom humor quando vê monges nos templos. A visão das estátuas, altares e monges lhe enche de felicidade. Talvez você tenha sido um monge ou monja numa vida anterior.

Então ele começou a murmurar. Sangye explicou que ele concluía orando ao mestre e à divindade protetora por proteção para mim e para todos os seres vivos.

— Por acaso você tem de ser o portador de más notícias às pessoas que o procuram? — perguntei quando ele terminou.

— Sim, de vez em quando, quando pais trazem aqui seus filhos recém-nascidos, e vejo que o bebê trará infortúnio para os pais e vice-versa — respondeu Kezang. — Nesses casos, a criança não pode viver com os pais e deve ser deixada aos cuidados de outros parentes. Felizmente, isso raramente acontece.

Nos despedimos e Kezang e sua esposa nos acompanharam para fora da casinha. Como presente de despedida, encheram nossos bolsos de amoras da horta e ficaram nos observando descer o caminho íngreme até a estrada. Ainda estavam lá quando entramos no carro e partimos. Acima das montanhas cobertas de verde, o céu ficou roxo, e, quando voltamos a Mongar, estava completamente escuro.

Quando o sol se põe, o Butão fica à mercê dos cachorros. Matilhas de agressivos cães vadios patrulhavam o centro e transformavam as ruas de Mongar num risco. Assim, Sonam nos levou de carro do hotel ao único bar de karaokê da cidade. Numa pequena sala no final de um corredor, sentavam três jovens em jaquetas de couro, cada um bebendo um copo da cerveja local. Longos tubos fluorescentes vermelhos eram a única fonte de luz do ambiente, na parede o Led Zeppelin foi imortalizado por um grafiteiro do lugar. Ao fundo, uma pequena tela de tv estava conectada a um aparelho de karaokê. Os três jovens cantavam uma balada romântica atrás da outra, uma sucessão de *true love*, *broken heart* e *I will never forget you*. Todas as canções eram dedicadas a mulheres que, infelizmente, não estavam presentes para apreciar o talento dos rapazes.

Depois de algumas cervejas fortes e uma dúzia de melodias, os jovens largaram o microfone e voltaram para casa no breu da noite. Os cães vadios continuaram sua serenata pelas ruas até o raiar do dia.

Na manhã seguinte, continuamos rumo ao leste atravessando a floresta perene. Sangye ficava cada vez mais nostálgico quanto mais avançávamos pelo caminho. Ele era o caçula de sete irmãos e o único que tinha frequentado uma escola.

— Havia uma escola na aldeia quando eu era pequeno, mas eu não entendia por que tinha de ficar parado apanhando dos professores o dia todo — disse ele sorrindo. Sangye sorria a todo instante, nunca o vi de semblante sério por mais de alguns minutos. — Meus amigos e eu costumávamos fugir e nos esconder até o término das aulas. Era muito mais divertido ficar lá fora brincando.

Um dia a diversão chegou ao fim: a professora veio até a porta de casa perguntar por que Sangye tinha passado a semana sem ir à escola.

— Essa foi minha volta às aulas. Mas então minha mãe morreu. Eu tinha seis ou sete anos. Ela estava sempre tossindo, mas ninguém percebeu que ela tinha tuberculose. Não havia assistência médica naquela época, por assim dizer. Depois que ela morreu, as coisas desandaram novamente. Meu pai se casou de novo, mas a nova esposa me tratava mal. Não tínhamos dinheiro, e muitas vezes não tínhamos como comprar comida nem roupas. Deixei de ir à escola de novo depois de o uniforme, que o governo distribuía de graça, ficar tão gasto que estava aos trapos. Eu não tinha nada para vestir. Por fim, minha irmã me levou para morar em Paro, e continuei meus estudos lá. Minha irmã também não tinha dinheiro, então depois da escola eu vendia folhas de bétel para arrumar algum dinheiro para comprar sapatos e roupas. — Ele sorriu como se se desculpasse. — Provavelmente tive o que você chamaria de uma infância difícil.

Nos últimos quilômetros, a estrada estava tão ruim que teríamos chegado mais rápido se caminhássemos. A estrada de cascalho até Merak, se é que existia, era relativamente recente; alguns diriam que já era um progresso, mas esse progresso tinha muito a melhorar. Enquanto Sonam cuidadosamente avançava pelo meio da floresta, Sangye rememorava mais e mais detalhes da infância. Era como ouvir um velho parente contando histórias dos velhos antigos, mas Sangye era apenas um ano mais novo do que eu.

— Não tínhamos eletricidade nem banheiros — continuou ele. — Os animais viviam no térreo e nós morávamos no andar de cima. Nós, as crianças, íamos ao banheiro num cantinho onde havia um buraco e de lá víamos os bichos, haha! Meus pais bebiam cerveja caseira da manhã até a noite, todos na aldeia tinham esse costume. Às vezes, até nós, as crianças. As crianças ficam mais quietinhas e obedientes quando bebem um pouquinho! Não tínhamos sapatos, ninguém tinha. — Ele riu novamente. — Ninguém usava cuecas também, essa novidade só veio em meados dos anos 1990. Quer dizer, não para cá, mas para a capital!

Estávamos cercados por uma floresta de coníferas e ainda não havia sinal de residências. O velocímetro marcava nove quilômetros por hora.

— Pensando bem, na verdade tive uma infância feliz — concluiu Sangye. — Tenho muita saudade dela. Nós, crianças, tínhamos muita liberdade, ficávamos correndo pela aldeia e éramos recebidos em todas as casas. Às vezes só tínhamos mingau de arroz com pimenta em pó para comer no café da manhã, mas todos na aldeia eram igualmente pobres, então não pensávamos muito nisso. Na escola, não havia papel e caneta, escrevíamos no quadro-negro com giz. A professora batia em nós se não lembrássemos da lição, os pais batiam em nós, minha irmã batia em mim. Apanhei muito. Minha infância foi assim. Esse tempo se foi e nunca mais voltará...

Nem Sonam nem Sangye jamais haviam estado em Merak, por isso era grande a nossa expectativa de que a cidade estivesse próxima, Merak surgiria na próxima curva, ou na próxima, mas logo a espera transformou-se em horas, e, quando finalmente avistamos casas e pessoas, já começava a escurecer.

O Butão Oriental é tão ermo e inacessível que o governo dá aos turistas que se arriscam a visitá-lo um desconto na diária. Merak é um dos povoados mais isolados da região. É habitado pelos brokpa, um povo que migrou do Tibete pela fronteira cerca de quinhentos anos atrás. Segundo a lenda, eles cometeram regicídio antes de seguirem para o sul. Diz-se que o rei era tão cruel que exigiu que os súditos desbastassem o pico de uma montanha para que o sol da manhã entrasse pelas janelas do palácio.

Encontramos a única hospedaria da aldeia e fomos convidados a nos sentar em volta da pequena lareira da sala de convivência.

— Querem um pouco de *ara* para se aquecer? — perguntou o jovem alto que nos recebeu. A panela de aguardente de arroz já estava no fogão. Ele adicionou duas colheres de sopa de manteiga recém-batida, mexeu bem e despejou a mistura em canecas grandes. O sabor lembrava o do saquê, exceto pela manteiga derretida. Em cima do fogareiro havia uma panelinha com água fervente, a tampa tremelicando com o vapor.

— Sempre deixamos uma panela com água no fogão para evitar que o fogo resseque a pele — explicou Sangye.
— Em vez disso, resseca a água da panela.

Noutras palavras, a panelinha funcionava como um umidificador. Uma mulher na casa dos quarenta, dona da casa de hóspedes, trouxe o jantar, que consistia em arroz vermelho e pimenta com queijo, pimenta seca e pimenta salgada. Ela usava um tradicional vestido preto de lã, e em volta da cintura tinha uma cinta bordada. Uma manta de lã felpuda cobria as nádegas e as coxas. Em volta do pescoço usava joias grandes e coloridas, e de cada lóbulo da orelha pendia um pedacinho de barbante. Na cabeça, usava um chapéu de feltro preto achatado. Seis tranças de lã felpuda projetavam-se de cada canto do chapéu, como rabos de gato. Sangye e Sonam serviram-se de um montão de arroz, que misturaram bem com a pimenta e comeram com apetite. Do lado de fora, os cães vadios locais latiam e uivavam como loucos.

— É bom que eles ladrem — comentou Sangye enquanto nos servia mais ara. — O alarido dos cães espanta os maus espíritos. Eles são o último estágio antes de renascermos como humanos, por isso os tratamos bem. Vai que algum deles é um parente próximo... Se um cachorro vem atrás de você, provavelmente é um parente falecido.

O jovem aqueceu mais uma panela de ara com manteiga. No final da noite, quando rastejei para dentro do saco de dormir, o teto rodopiava. A cama balançava. No quarto ao lado, Sonam e Sangye ficaram tagarelando até a madrugada. Sob o céu estrelado, a algazarra dos cães não tinha fim.

Nenhum espírito maligno ousaria se aproximar de Merak naquela noite.

O desjejum consistia em mais arroz e pimenta e era regado com o tradicional chá de manteiga, chá preto misturado com sal e manteiga. O chá é tão nutritivo que não requer acompanhamento, mas Sonam e Sangye colocaram outra pilha enorme de arroz em cada um dos pratos e comeram até se fartar.

— Vocês não se cansam de comer arroz com pimenta? — perguntei.

Sangye refletiu um pouco. Não parecia que aquele pensamento tivesse lhe ocorrido antes.

— Não — ele concluiu. — Se não comer arroz não me sinto satisfeito. E sem pimenta não tem gosto de nada.

Em seguida fomos ao escritório da guarda florestal para eu me registrar. Merak está localizado na reserva de Sakteng, e todos os turistas precisam de autorização especial para visitar o parque. Fui conduzida ao escritório do chefe dos guardas-florestais, um homem de meia-idade de uniforme verde. Ele anotou todos os dados necessários e os arquivou num grande fichário com argolas.

— Se não estou enganada, esta é a reserva natural mais oriental do Butão, e também um dos mais recentes parques nacionais do país — disse eu sacando o bloco de notas. — Talvez você possa me contar um pouco mais sobre a reserva?

— Você tem autorização do governo central para me entrevistar? — perguntou o guarda-florestal, ressabiado.

— Não, não recebi nenhuma permissão especial para entrevistá-lo especificamente — concordei. — Nem sabia que precisaria de uma.

— Pois bem, você precisa, portanto não posso responder às suas perguntas — afirmou o guarda-florestal. Ele cruzou as mãos sobre a mesa e não disse mais nada.

— Só queria saber quais plantas crescem e quais animais habitam aqui — eu disse. — Essas coisas. Perguntas muito simples.

— Não tenho permissão para responder a perguntas tão simples sem permissão especial do governo central.

— Por que não?

— Isso pode atrair pessoas para cá pelos motivos errados. — O guarda-florestal retesou os lábios misteriosamente.

— Bem, vou ter de pesquisar na internet, então — disse eu um tanto desafiadoramente, e coloquei o bloco de notas de volta na minha bolsa.

— Pode pesquisar — disse o guarda-florestal. Ele se levantou da escrivaninha e me seguiu até a porta. Antes de sairmos, ele disse algo para Sangye, que assentiu gravemente.

— O que ele disse? — perguntei.

— Nada — disse Sangye.

Vagamos ao acaso pelas vielas de terra batida procurando alguém com quem conversar. Por toda parte havia ruído de martelos e serrotes. Casas sendo construídas, outras sendo reformadas. Todo o trabalho era realizado em madeira e pedra, como ditava a tradição, porque o concreto era proibido em Merak. A pequena aldeia era cercada por florestas e colinas suaves, um deserto de pedra cinza em meio ao verde e azul. Mas, exceto pelos operários, todos forasteiros, as ruas estavam desertas.

Na lojinha, porém, a vida pulsava. Era uma pequena maravilha em si: central de boatos, berçário, bar, loja de bebidas, entreposto de folhas de bétel e mercearia, tudo a uma só vez. As prateleiras abarrotadas vendiam de tudo, desde sacos de arroz e guloseimas até uísque butanês. Embora a loja não fosse maior do que um mercadinho, havia bancos e mesas para que os clientes pudessem descansar ou quem sabe beber uma cervejinha antes de ir para casa. Uma mulher vestindo surradas roupas Brokpa tradicionais fiava lã numa roca. Chamava-se Dema e tinha 46 anos.

— Ah, muita coisa mudou aqui desde a minha juventude! — disse ela, sem parar de fiar. — Tudo é mais fácil agora, tudo. Antes tínhamos de despachar um mensageiro se alguém estivesse doente ou prestes a dar à luz, agora é só telefonar. Se alguém precisar de helicóptero é só chamar!

No passado, às vezes tínhamos de transportar mulheres em trabalho de parto até Trashigang. Era comum os bebês nascerem no caminho. Meus partos transcorreram sem problemas, mas só tenho três filhos — completou. — Eu dei à luz todos eles aqui, sozinha. Antes as pessoas não faziam planejamento familiar, e mulheres chegavam a ter dezessete filhos, outras tinham vinte, mas meu marido fez planejamento familiar: ele fechou a fábrica, hahaha!

O novelo de lã estava pronto e Dema fez menção de ir embora, mas Sangye a fez ficar lhe oferecendo uma Druk 11.000, a cerveja local com 8% de álcool. Ainda não eram dez da manhã, mas ela aceitou com um sorriso e abriu a lata imediatamente.

— Quantos filhos você tem? — ela perguntou a Sangye.

— Uma — respondeu ele. — Uma filha.

— Só uma. — Dema olhou para ele, incrédula. — É muito pouco! Precisa ter mais. Eu me casei quando tinha dezesseis anos. A maioria das pessoas aqui se casa muito jovem, mas meu irmão estudou. Candidatou-se pelo DNT, o partido que acabou de ganhar as eleições, e conseguiu uma cadeira no parlamento!

Ela deu um gole na cerveja e abriu um sorriso largo. Os dentes grandes estavam tingidos pelo vermelho das folhas de bétel.

— Esperamos que ele consiga asfaltar a estrada, porque a que temos agora é muito ruim — disse ela. — Muitos jovens foram para a cidade estudar, mas eu prefiro ficar aqui. Para onde mais eu poderia ir?

Dema inclinou a cabeça para trás e bebeu o resto da cerveja.

— Meus filhos e meu marido estão aqui — disse ela. — Nunca vou deixar meu marido. Sem ele eu congelaria no inverno! — Ela riu alto, largou a lata de cerveja e se levantou do banquinho. Quando saiu pela porta, seus ombros ainda chacoalhavam de tanto rir.

Sangye e eu também estávamos prestes a ir embora, mas fomos abordados por uma mulher jovem rechonchuda carregando uma criança nas costas. Ao contrário da maioria das mulheres em Merak, ela vestia roupas ocidentais, jeans e uma jaqueta. Três outras crianças com idades entre quatro e cinco anos não se desgrudavam dela.

— Querem vir à minha casa conversar um pouco? — perguntou ela. — Eu tenho ara — acrescentou ela tentadoramente.

Nós a seguimos até a casinha alugada em que moravam ela e o marido. Ambos eram de Trashigang, a cidade mais próxima, mas o marido trabalhava num programa de alimentação do governo. O casal vivia em Merak havia dois anos. A jovem colocou as crianças na cama de casal no canto e agachou-se ao lado da lareira no centro da sala. Dois filhos eram dela, dos outros dois ela estava tomando conta para uma amiga. Ao longo da parede havia prateleiras improvisadas cheias de óleo de cozinha, arroz e panelas. A pequena família dispunha apenas de um aposento; toda a vida familiar se desenrolava ali.

— Você tem de ter cuidado — murmurou a jovem despejando ara numa panela. Nunca cheguei a saber como se chamava. — As pessoas aqui são perigosas. Elas envenenam as outras.

— Sim — Sangye concordou com a cabeça. — Devo dizer que estava um pouco nervoso quando passei pela aldeia hoje. O homem no prédio da guarda florestal também nos avisou.

— Por que você não me contou nada? — perguntei horrorizada.

— Não queria deixar você preocupada — disse Sangye.

— Um amigo do meu marido ficou paraplégico depois que bebeu ara na casa de alguém aqui em Merak — disse a jovem. — Ele ainda não se recuperou. Você não deve aceitar nada das pessoas daqui, entendeu? Eles podem até não querer envenená-la, mas não conseguem evitar. O veneno é passado de pai para filho e se apossa do corpo deles.

— Como você consegue viver aqui? — perguntei. — Você não é daqui. Você nunca aceita nada de estranhos?

— Só das pessoas que conheço bem — respondeu a jovem, com seriedade. — Você também corre o risco de ser agredida fisicamente aqui, até assassinatos já ocorreram. As pessoas aqui não têm instrução, vivem isoladas nas montanhas há séculos, então é preciso ter cuidado. A gente daqui não é igual à dos outros lugares.

Ela quebrou um ovo na panela de ara e derramou bastante manteiga por cima. Então verteu a mistura em dois copos grandes. Sangye insistiu que ela também teria de beber, e lhe serviu uma grande caneca da bebida. A mulher recusou terminantemente, a bebida era para nós, afinal éramos os convidados, ela não queria, mas no final se deixou convencer e aceitou.

— Esse é o costume aqui — explicou Sangye pedagogicamente. — Eu tenho de servi-la, mesmo que ela diga que não quer.

Mal tivemos tempo de provar a ara e a jovem reabasteceu as canecas com a bebida caseira fumegante. Eu recusei dizendo que já estava satisfeita, mas ela apenas sorriu e me serviu ainda mais, até quase a caneca transbordar. Assim que tomei outro gole, ela encheu a caneca até a borda outra vez.

— Essa é a tradição — disse Sangye. — Ela precisa nos servir pelo menos duas vezes, senão será considerada uma péssima anfitriã.

Na cama atrás de nós, as crianças saltitavam, cantavam e riam. A ara espalhou-se no corpo, e a cabeça ficou nebulosa e quente. Apesar dos meus protestos, a jovem pôs mais uma panela no fogo.

— Relaxe, deixa de fazer efeito assim que você sai no frio. *Puff*, desaparece imediatamente! — Ela sorriu e ficou com uma expressão pensativa no rosto. — Na verdade, eu queria ser cantora — disse ela. — Me inscrevi no Ídolos e passei no teste, mas depois engravidei. Só tinha dezesseis anos. — Ela despejou mais ara em nossas canecas. — Meus pais ficaram furiosos, mas felizmente o pai da criança se casou comigo. E agora estou aqui...

Antes de partirmos, nós a convencemos a cantar para nós. Sua voz preencheu a salinha. Não entendi sobre o que dizia a letra, só que era uma canção triste. As crianças pararam de pular na cama e sentaram-se quietinhas para ouvir.

— Antes de irmos, você deve dar dinheiro a ela — instruiu Sangye.

— Tenho de pagar pela ara? — reagi espantada.

— Não, quer dizer, sim, é costume aqui. Sempre damos dinheiro quando ganhamos alguma coisa. Ela nos convidou para sua casa e nos deu ara, então temos de lhe dar algum dinheiro. É o que se espera, não só dos turistas, mas de todos. Até de mim.

Fiz como ele disse e dei a ela trezentos ngultrums, um pouco menos de vinte reais. A jovem inicialmente se recusou a aceitar, mas rapidamente mudou de ideia.

— Lembre-se de ter cuidado — ela advertiu novamente quando nos despedimos — Não aceite comida ou bebida de pessoas que você não conhece!

O forte sol da tarde ardeu em nossos olhos quando saímos pela porta. As montanhas ondulavam. Voltamos para a hospedaria e comemos mais arroz com pimenta. Felizmente, nos serviram chá de manteiga, e não ara. Envenenados já estávamos o suficiente.

O resto da tarde desapareceu sob uma leve bruma. Sangye e eu caminhamos até a aldeia vizinha, que ficava a um quilômetro de distância. Nos campos, iaques lanudos pastavam pacificamente ao sol.

No gramado em frente a uma casinha, duas senhoras idosas conversavam. Seus rostos eram largos e redondos, os dentes vermelhos de folhas de bétel, e os olhos tão estreitos que pareciam duas linhas, rodeadas de sulcos profundos. As mulheres acenaram para nós e gritaram para que fôssemos sentar com elas. Quando nos acomodamos na grama, elas se levantaram e desapareceram dentro de casa com as pernas bamboleando. Logo depois voltaram com um garrafão de ara e três tigelas, uma para mim, uma para Sangye e a outra para elas duas.

— Somos irmãs, então podemos beber da mesma vasilha — sorriram elas. A mais velha chamava-se Tsesum e tinha 77 anos, a mais nova chamava-se Deng Wangmo e tinha acabado de completar setenta.

Fria e sem ser misturada com ovo ou manteiga, a ara não deslizava com tanta facilidade pela garganta, apesar da insistência entusiástica das irmãs. Assim que tomei um gole, eles me serviram mais.

— Ultimamente, muitos turistas têm aparecido por aqui — disse Tsesum. — Acho que uns dez. Servimos ara e alguns nos dão dinheiro, mas não todos. Antes, não tínhamos dinheiro aqui — acrescentou. — Trocamos queijo e manteiga por milho e arroz. Arroz não *era* tão comum; aliás, costumávamos comer broa de milho. Quase não tínhamos utensílios de cozinha, nem eletricidade. A energia elétrica só chegou aqui há uns sete ou oito anos. Essas mudanças foram necessárias. A vida é mais simples agora!

Tsesum teve sete filhos ao todo, seis dos quais sobreviveram. Todos ficaram na aldeia. A irmã não tinha filhos, então Tsesum lhe deu uma das filhas para que ela não fosse sozinha no mundo.

— Agora que temos eletricidade, também temos tv — disse Tsesum, e nos serviu mais ara. — Nosso programa favorito já vai começar.

Deng Wangmo já havia entrado na casa para assistir.

Achamos que era uma deixa e nos levantamos para ir embora.

— Não, vocês não devem ir, fiquem para assistir ao show conosco! — insistiu Tsesum. — Vocês precisam aquecer o corpo antes de ir.

Deng Wangmo havia acendido a lareira e a salinha de estar estava quente como um forno. Dois cachorrinhos e um gato preto estavam deitados num cobertor ao lado do fogão. Ambas as irmãs olhavam encantadas para o pequeno aparelho de televisão que estava sobre uma cômoda, ladeado por fotos da família real. A telinha exibia um jovem vestindo roupas tradicionais sozinho num palco cantando contra um fundo azul.

— É o Ídolos? — perguntei.

Sangye balançou a cabeça.

— Temos Ídolos também, mas este aqui não é uma competição — explicou. — Este é um programa em que jovens que passam por dificuldades, gente que talvez esteja sem emprego, cantam músicas na TV. A ideia é que a experiência lhes dê mais confiança, para que possam, por exemplo, candidatar-se a um emprego.

Tsesum trouxe uma travessa de queijo de iaque seco e o famoso queijo podre da aldeia e insistiu para que provássemos ambos. O queijo podre tinha um gosto de leite azedo e roquefort — não era tão ruim, na verdade. Para acompanhar o queijo podre, nos serviram ainda mais ara. Na tela da TV, um cantor foi substituindo outro e comecei a não saber mais quem era quem. Com os olhos pregados no show de calouros, Tsesum e Deng Wangmo retorciam pavios para as lamparinas de manteiga que acenderiam no dia seguinte.

— Amanhã é um grande dia — disse Sangye. — É o dia do descenso do Buda e o Dia das Mães. — Ele deu um grande gole na ara fria. — Não me lembro como era minha mãe. Não tenho fotos dela. Depois que ela morreu, minha irmã procurou um astrólogo. Ele disse que nossa mãe renasceria como uma vaca. A vaca, ou seja, minha mãe, ainda está viva, segundo ouvi dizer, mas num vilarejo distante.

Antes de partirmos, dei duzentos ngultrums a cada uma das irmãs. Sorridentes, eles aceitaram as notas e as enfiaram no bolso do vestido.

Sangye e eu rumamos para Merak. O céu estava rosa-dourado, logo estaria completamente escuro. O vento ardia em minhas bochechas e eu congelei. Assim que o sol desapareceu, o ar da montanha ficou áspero e frio. A terra sob os meus pés balançava, os cumes oscilavam. O número de iaques havia duplicado.

Na manhã seguinte, Lam Ramchen, o prefeito de Merak, tinha uma missão em Trashigang e pegou uma carona conosco. Ele tinha 52 anos, um rosto largo e enrugado e vestia uma jaqueta de inverno camuflada. Seus dentes estavam vermelhos por causa das folhas de bétel que constantemente mastigava e cuspia.

— O cotidiano de Merak mudou drasticamente — disse ele. — Tudo é mais fácil agora, mas em contrapartida a situação das pessoas piorou, porque deixaram de se locomover. Agora o diabetes chegou em Merak! Antes, as pessoas nunca adoeciam aqui.

É assim que funciona a bênção do progresso. Estradas e eletricidade tornam a vida mais fácil e conveniente para as pessoas; o mundo inteiro está ao nosso dispor atrás uma telinha, os jovens já não estão condenados a passar a vida na aldeia, têm a oportunidade de buscar a felicidade noutro lugar, e muitos o fazem. Jornalistas e pesquisadores estavam preocupados com os rumos da isolada cultura Brokpa quando a estrada chegasse até aqui, mas nenhuma cultura é um museu folclórico. Quem trocaria um helicóptero-ambulância, escola, boas oportunidades de trabalho e lojas transbordando de mercadorias por trabalho braçal pesado, parto arriscado na floresta, a quilômetros do hospital mais próximo, e casas escuras e enfumaçadas?

Assim como não é um museu folclórico, uma cultura tampouco é uma flor delicada e efêmera. Não murcha e desaparece só porque tem de dividir espaço com escapamentos e luz elétrica.

O prefeito abriu a janela, cuspiu as folhas de bétel e colocou mais um maço entre os dentes.

— Você já ouviu falar do veneno? — perguntou ele num sussurro. — Três ou quatro famílias da aldeia carregam ele no sangue. Acontece de envenenarem o próprio cônjuge ou até os filhos, sem querer. Quem traz o veneno em si não consegue evitar. Adoecer ou não por aceitar comida de quem tem o veneno depende de quão forte você é. Eu nunca fiquei doente, apesar de ter comido e bebido com essas famílias, mas muitos as evitam.

— E quem fica doente faz o quê? — perguntei.

— Se você passar mal depois de comer algo de alguém que tem o veneno, um xamã deve fazer um pequeno corte na pele da sua barriga e sugar o sangue envenenado. Mas não é sempre que funciona. Muitas coisas estranhas acontecem por aqui, eu lhe digo. Isso porque aqui é tão intocado, tão isolado. Por exemplo, estou trabalhando num projeto de pesquisa sobre iétis...

— Iétis? — repeti como num eco.

— Sim, temos muitos iétis nessas paragens — disse Lam Ramchen. — Ainda no ano passado, um jovem agente de saúde da aldeia desapareceu sem deixar vestígios. Encontraram as roupas dele, bem dobradas, mas nunca acharam o corpo. A polícia procurou por semanas. Com toda a probabilidade, foi sequestrado por uma mulher iéti que o queria como marido.

— Você já viu um iéti? — perguntei.

— Não, só vi rastros deles. As pegadas são enormes. Eles têm dedos longos, mas o calcanhar é curto. Às vezes, eles remexem nas pegadas para que fiquem parecidas com rastros de cavalos ou de vacas. Muita gente das aldeias por aqui já deparou com iétis, e, de tempos em tempos, as pessoas fazem queimadas na floresta para afugentá-los. Não muito tempo atrás, um iéti foi morto por aldeões. Eles o enterraram e relataram o acontecido às autoridades locais. As autoridades pediram que trouxessem o corpo, mas, quando cavaram o buraco novamente, o iéti havia sumido...

A viagem de volta a Trashigang foi tão demorada que teria sido mais rápido ir a pé, mas, em troca, aprendia algo sobre os iétis a cada quilômetro percorrido. Os iétis são principalmente vegetarianos, mas também gostam de beber sangue — por isso os aldeões encontraram cadáveres de iaques completamente murchos, com a carne branca e sem sangue. Se você tiver o azar, ou a sorte, de encontrar um pela frente é bom se certificar a que gênero o iéti pertence. Se for macho, precisa correr morro acima, porque os machos têm pelos compridos e vão tropeçar neles. Se for uma mulher, tem de correr morro abaixo, porque as iétis têm seios grandes que atrapalham a descida.

Até agora, ninguém encontrou evidências concretas de que existam iétis, mas os avistamentos e relatos são abundantes.

Durante uma de suas muitas expedições ao Everest, por exemplo, Eric Shipton, o cônsul britânico que descobriu o arco de montanha nos arredores de Kashgar, encontrou pegadas misteriosas a uma altitude de 6 mil metros. A fotografia das pegadas é considerada por muitos como a melhor prova da existência do iéti.

Na primavera de 2019, o exército indiano causou furor ao divulgar no Twitter uma foto de pegadas misteriosas que um batalhão encontrou durante uma expedição ao Himalaia. Os soldados indianos concluíram que deviam ser pegadas de iéti, e foram ridicularizados e severamente repreendidos por espalhar tais histórias.

— É arrogante do ser humano pensar que sabe tudo — argumentou Tshering Tashi, um escritor que conheci algumas semanas depois, pouco antes de deixar o Butão. — A cabra-gnu, ou takin, nosso animal nacional, foi por muito tempo considerado uma besta mitológica. Mas então descobriu-se que existia de fato, apenas tinha uma aparência um pouco estranha. Até 1932, os cientistas acreditavam que a papoula azul era uma flor lendária![14] Aqui no Butão, temos mais de setecentas espécies diferentes de pássaros, e os ornitologistas não param de descobrir novas espécies. São muito lentos, esses nossos ornitologistas. Eles vão passear na floresta, e, quando voltam para casa, um novo pássaro surge no mundo. Caso exista mesmo, o iéti só pode ser encontrado no Butão. O iéti é arredio, mas temos uma imensa área de natureza selvagem. O iéti agora se desloca lentamente em direção ao nordeste, onde essa natureza está ainda mais intocada.

Comecei a entender por que o guarda-florestal de Merak tinha sido tão lacônico. O Conselho Nacional de Turismo, no entanto, não se mostrou tão cheio de segredos assim: «Na reserva há pessoas de tribos nômades isoladas», afirmava em seu site. «A reserva é caracterizada por bosques densos de rododendros, e na área vagueiam animais como o leopardo-das-neves, o panda-vermelho, o urso-negro-do--himalaia, o cervo-latidor, a raposa-vermelha-do-himalaia, o esquilo-de-barriga-branca-do-himalaia e até o mítico iéti (ou 'abominável homem das neves').»

Não avistei nenhum iéti, macho ou fêmea, durante minha estada na reserva natural, assim como não vi um único exemplar de leopardo-das-neves, panda-vermelho, urso-negro-do-himalaia, cervo-latidor, raposa-vermelha--do-himalaia ou esquilo-de-barriga-branca-do-himalaia.

---

14   Tshering Tashi não está inteiramente correto aqui, e não sem razão, pois as informações são contraditórias. Entretanto, parece que a papoula azul do Himalaia foi primeiro descrita por um missionário francês em 1886, tendo recebido o nome científico de *Meconopsis betonicifolia* em 1912.

Felicidade Nacional Bruta

O aeroporto de Yonphula era tão pequeno que demorei um pouco para localizá-lo. Um modesto sobrado quadrado abrigava escritórios, hall de entrada e sala de espera, enquanto o primeiro andar servia como torre de controle. Uma senhora pesou minha mala, colou um adesivo que dizia *Security Checked* e deu uma espiada na minha bagagem de mão.

— Beba a água antes de embarcar — advertiu ela. — Boa viagem!

Despedi-me de Sangye e Sonam e subi as escadas para embarcar no aviãozinho. O piloto, um europeu alto e louro na casa dos sessenta anos, conversou amigavelmente com passageiros na pista antes de assumir seu lugar na cabine de comando.

O sol brilhava num céu sem nuvens, e da janela oval do avião eu tinha uma visão abrangente das cordilheiras arborizadas e picos cobertos de neve. O Butão é do tamanho da Suíça, mas tem uma topografia bem mais variada: nas planícies do sul, na fronteira com a Índia, é quente e úmido, enquanto a parte central é caracterizada por colinas verdes e montanhas baixas. Tanto a fauna quanto a flora são extraordinariamente ricas — desde rinocerontes até leopardos-das-neves prosperam dentro das fronteiras do país, e existem mais de 5.500 plantas devidamente catalogadas, incluindo mais de quatrocentas variedades de orquídeas e 46 espécies de rododendros. Na fronteira do planalto tibetano ao norte, o grande Himalaia domina a paisagem com seus picos cobertos de gelo. O ponto culminante do Butão, o Gangkhar Puensum, se eleva 7.570 metros acima do nível do mar e é a montanha mais alta jamais escalada pelo homem — as autoridades butanesas proibiram a escalada de montanhas acima de 6 mil metros para não perturbar os deuses e espíritos que residem nas alturas.

As comissárias de bordo distribuíram lanches e a edição do dia do *Kuensel*, o jornal mais antigo e, até recentemente, o único do Butão. Na frente havia uma grande foto do rei escoltado por soldados do Exército Real do Butão. O jornal informava que fazia exatamente onze anos da coroação de Sua Majestade Druk Gyalpo Jigme Khesar Namgyel Wangchuck, popularmente chamado de Rei do Povo. Na chamada, o jornal reproduziu trechos do discurso da coroação: «Durante meu reinado, nunca vos governarei como rei. Hei de proteger-vos como um pai, cuidar-vos como um irmão e vos servir como um filho. Dar-vos-ei tudo e nada vos ocultarei...»[15].

Druk Gyalpo significa «Rei Dragão», e Jigme Khesar Namgyel Wangchuck é o quinto rei dragão da dinastia Wangchuck, que ascendeu ao trono em 1907.

Pouco se sabe sobre o início da história do Butão, pois quase todos os arquivos do Estado foram destruídos num incêndio no início do século XIX. Sabe-se que o Butão foi unido num reino por volta de 1630 sob o comandante do exército tibetano Ngawang Namgyal, frequentemente chamado

---

15   «Coronation of the People's King», *Kuensel*, 1º nov. 2018. Disponível em: <https://kuenselonline.com/coronation-of-the-peoples-king/>.

apenas de O Unificador. Enfrentando problemas no país natal, ele se estabeleceu no Butão ocidental e rapidamente assumiu o controle dos vales mais importantes e populosos. Muitos *dzongs* espalhados pelo Butão — um *dzong* é uma mistura de forte, prédio administrativo e mosteiro — datam desse período. Ngawang Namgyal morreu em 1651, mas, para evitar um retrocesso à terra sem lei que prevalecia antes da unificação, os governadores locais concordaram em ocultar o falecimento. E tiveram êxito. Por 54 anos.

Os séculos XVIII e XIX foram marcados por escaramuças de fronteira e disputas internas pelo poder. Em 1865, após meses de guerra contra os britânicos, o Butão teve de abrir mão de alguns territórios no sul. Durante as turbulências internas e as guerras civis que se seguiram, Ugyen Wang-chuck, governador de Trongsa, no centro do Butão, emergiu como o homem forte do país. Em 1907, ele foi eleito por unanimidade rei hereditário pelos principais lamas e gover-nadores. Ugyen Wangchuck colaborou estreitamente com os britânicos e, em 1910, assinou um tratado que lhes deu o controle sobre a política externa do Butão em troca de prote-ção militar. Em 1949, a Índia assumiu formalmente o papel britânico: se uma potência estrangeira ataca o Butão, isso é considerado um ataque à Índia. Ao contrário de Siquim, o Butão conseguiu manter uma boa e frutífera cooperação com a Índia sem comprometer sua própria independência, e, em 1971, o país tornou-se membro das Nações Unidas.

O Butão é, em muitos aspectos, uma exceção, quase um anacronismo. Apesar de sua estreita cooperação com a Grã-Bretanha e depois com a Índia, o país nunca foi uma colônia, e hoje é o único reino remanescente no Himalaia. Sob os dois primeiros reis Wangchuck, o Butão era uma monarquia absoluta e se mantinha quase completamente isolado do mundo exterior. Cerca de 90% da população ganhava a vida na agricultura, os mosteiros eram numerosos e tinham grande poder e influência. A saúde pública era extremamente precária, não havia escolas, nem hospitais, nem tribunais, nem alguma espécie de constituição. A linguagem escrita era o tibetano clássico, mas apenas os monges sabiam ler e escrever, o resto dos habitantes eram essencialmente analfabetos. Também não havia economia monetária, todas as trocas de mercadorias eram feitas mediante escambo.

O terceiro Rei Dragão, Jigme Dorji Wangchuck, tinha apenas 22 anos quando subiu ao trono, em 1952. Ele havia frequentado uma escola britânica na Índia e visitado vários países europeus, e estava determinado a modernizar o Butão. O jovem rei começou do zero em muitos aspectos, mas, com o beneplácito do governo indiano por ter um aliado na fronteira com a China, construiu escolas, hospitais e estradas. Ele também permitiu o estabelecimento da primeira assembleia nacional, um passo inicial para reduzir o poder real absoluto, e aboliu a escravidão que grassava pelo país. Em 1968, abriu o primeiro banco, e, seis anos depois, a moeda do Butão, o ngultrum, entrou em circulação. Um ngultrum equivale a uma rúpia — um evidente indicador da estreita cooperação econômica entre a Índia e o Butão. A rúpia, inclusive, é um meio de pagamento válido no Butão, e a Índia ainda é, de longe, o parceiro comercial mais importante do país: quase 80% do comércio exterior ocorre com o irmão mais velho ao sul.

Em 1972, o rei Jigme Dorji Wangchuck morreu num hospital britânico em Nairobi, depois de anos padecendo de problemas cardíacos. Tinha apenas 43 anos. O filho mais velho, Jigme Singye Wangchuck, foi coroado rei dois anos depois, com meros dezoito anos. Em 1979, o quarto rei casou-se com quatro irmãs numa cerimônia privada, como os astrólogos tinham aconselhado, e ao todo as esposas deram-lhe dez filhos.

Jigme Singye Wangchuck herdou o legado do pai e continuou a modernização e democratização do país. Ao contrário de muitos outros países asiáticos, no Butão esse processo tem sido lento e controlado. As autoridades tentaram equilibrar a necessidade de progresso e mudança com a salvaguarda da cultura butanesa. O país foi aberto à televisão e à internet em 1999, por exemplo, e há restrições severas sobre os estilos arquitetônicos permitidos. Para os estrangeiros, é muito difícil obter a cidadania butanesa — é preciso ter vivido no país por pelo menos quinze anos, dominar o dzongkha falado e escrito e ter um bom conhecimento da história e cultura butanesas. Para uma criança adquirir automaticamente a cidadania, ambos os pais precisam ser cidadãos nacionais.

Essa política cultural protetora afetou severamente a população de língua nepalesa do sul do Butão. Os habitantes do país podem ser divididos em três grupos principais: sharkopes, ngalopes e nepaleses. Os sharkopes são um povo indo-mongol que migrou para o Butão das áreas vizinhas da Índia e de Mianmar há cerca de 3 mil anos e hoje concentra-se no leste do Butão. Os ngalopes predominam no Butão ocidental e migraram do Tibete no século VIII — em Siquim esse grupo étnico é chamado de bhutia. Somados, os ngalopes e sharkopes, que em geral são budistas, representam cerca de metade da população do Butão e dominam a política e a cultura. No entanto, cerca de um terço dos habitantes é de hindus e tem o nepalês como língua materna. Estes são conhecidos como lhotshampas, que em dzongkha significa «sulistas».

Em Siquim, a população budista tibetana foi ultrapassada pela hindu nepalesa, que fez o pequeno reino ser engolido pela Índia. As autoridades butanesas decerto temiam que o país tivesse um destino semelhante, e por isso, na década de 1980, a política «Uma nação, um povo» viu a luz do dia. O nepalês foi abolido como língua de instrução nas escolas públicas e todos os residentes nacionais foram obrigados a adotar os trajes *gho* e *kira* no dia a dia. Muitos dos lhotshampas habitam o Butão há gerações, mas nem todos tinham documentos para atestar isso. As famílias que não pudessem comprovar a propriedade formal da terra em que viviam, ou que vinham pagando impostos desde a década de 1950, tiveram a cidadania negada. No início da década de 1990, mais de 100 mil butaneses de língua nepalesa foram expulsos do Butão e acabaram em campos de refugiados no leste do Nepal. O Nepal não concede cidadania a refugiados, e, portanto, estes eram de fato apátridas. Hoje, a maioria foi deportada para outros países, principalmente os Estados Unidos, mas ainda existem cerca de 7 mil refugiados butaneses vivendo em campos de refugiados no Nepal.

Em 2006, após 32 anos no comando, Jigme Singye Wangchuck abdicou, deixando o trono para seu filho mais velho, Jigme Khesar Namgyel Wangchuck, de 26 anos. Paralelamente à entrega da responsabilidade ao filho, ele também o despojou de grande parte de seu poder: o rei cessante decidira que o país deixaria de ser uma monarquia absoluta e se tornaria agora uma monarquia constitucional. Na véspera de Ano-Novo de 2007, foi realizada a primeira eleição da história do Butão, e o país elegeu seu primeiro governo democrático. Desde então, mais duas eleições foram realizadas, e o governo incumbente foi substituído em todas elas.

«O vínculo especial entre o monarca e o povo está mais forte do que nunca», continuava entusiasticamente o editorial do *Kuensel*. «Temos a ventura de ter o Rei do Povo para nos liderar, inspirar e servir. A paz, harmonia e progresso sem precedentes alcançados na última década podem ser atribuídos à determinação inabalável de Sua Majestade em servir a seu povo. Durante a última década, Sua Majestade governou a nação com firmeza e talento, pois o processo de democratização gradualmente desencadeou eventos extraordinários neste país, com repercussões na política, na economia e na sociedade butanesas. Com uma transição suave para uma forma constitucional e democrática de governo e três eleições bem-sucedidas, a democracia está se consolidando e o futuro parece mais promissor. Neste auspicioso dia da coroação, a nação reza pela boa saúde e vida longa de Sua Majestade. Que Drukyul continue desfrutando de paz e tranquilidade, segurança e independência, felicidade e prosperidade por toda a eternidade.»[16]

No meio do tapete verde abaixo de nós, vislumbrei uma gigantesca estátua dourada do Buda. O piloto diminuiu a velocidade e iniciou os procedimentos de aterrissagem. Ouvimos a mensagem para afivelar os cintos de segurança e endireitar o espaldar da cadeira. A pista de Paro é cercada por altas montanhas e considerada tão tecnicamente difícil que apenas dezessete pilotos têm permissão para pousar ali. De relance vi uma faixa comprida e então o avião inclinou e não consegui ver mais nada além do céu e picos de montanhas. Segundos depois, as rodas tocaram o solo.

---

16   «Coronation of the People's King», Kuensel, 1º nov. 2018. Disponível em: <https://kuenselonline.com/coronation-of-the-peoples-king/>.

Nenhuma viagem ao Butão está completa sem uma visita ao Ninho do Tigre, o mosteiro engastado ao contraforte da montanha no alto de Paro. Dechen, a guia que veio me buscar na fronteira com a Índia, acompanhou-me pela trilha íngreme e arenosa. A visita ao templo ajudou, e a filha estava novamente saudável e feliz.

Levamos uma hora e meia para chegar ao mosteiro. No caminho, passamos por inúmeras bandeirolas votivas tremulando piedosamente ao vento, cercadas por pinheiros perenes.

— Quantas vezes você subiu este morro? — perguntei sem fôlego.

— Centenas! — Dechen sorriu. — Mas é algo mágico a cada vez. — Ela parecia sincera.

Só quando estávamos na mesma altitude do mosteiro é que pudemos vê-lo, e realmente era algo mágico: os prédios brancos, vermelhos e dourados brotavam da parede de rocha íngreme, parecia até que estavam flutuando. Segundo a lenda, *dakinis*, divindades femininas sagradas, carregaram o mosteiro até ali nos ombros e o ataram à rocha com seus cabelos.

— No século VIII, o Padmasambhava veio voando do Tibete para cá montado numa tigresa — explicou Dechen. — Ele meditou numa gruta na montanha aqui por três anos, três meses, três semanas e três dias e conseguiu domar todas as forças do mal que impediam o budismo de se espalhar pelo Himalaia. Mil anos depois, em 1692, foi construído um mosteiro na gruta onde ele meditou.

O arqueólogo paquistanês que conheci no vale do Swat estava certo: esbarrei no Padmasambhava, também conhecido como Guru Rinpoche, em todos os lugares do Himalaia budista. No Butão, o mestre tântrico é particularmente reverenciado: o Padmasambhava é o pai espiritual, divindade mais significativa e de longe a figura histórica mais importante do Butão.

As histórias sobre a vida e o legado do Padmasambhava estão entrelaçadas de tal modo a lendas fantásticas que hoje é difícil separar o homem do mito. Diz-se que o mestre nasceu numa flor de lótus no reino de Oddiyana, onde hoje é o vale do Swat, no Paquistão, e cresceu aos cuidados do rei Indrabodhi, que não tinha filhos biológicos. Ainda jovem, ele abandonou o reino para vagar como um asceta na Índia, onde transitou por várias escolas tântricas, praticou magia negra, estudou ciências diversas e foi aprendiz de vários gurus. Rapidamente, provou ter habilidades especiais e conseguiu subjugar e domar demônios terríveis, diante dos quais outros mestres sucumbiram. O rei Trisong Detsen, do Tibete, ouviu falar das façanhas do Padmasambhava e o convidou para visitar a face norte do Himalaia. O rei esperava que o poderoso mestre subjugasse os espíritos e demônios que impediam os mosteiros budistas de prosperar no Tibete. A cada vez que um mosteiro era erguido a mando do rei, as chamas o consumiam ou ele era destruído de alguma outra forma. O Padmasambhava teve êxito naquilo em que outros falharam, e conseguiu domar os demônios mais renitentes. No ano de 779, o mosteiro Samye, primeiro do budismo no Tibete, pôde finalmente ser inaugurado.

O Padmasambhava é considerado o fundador da escola Nyingma, a mais antiga das quatro escolas do budismo tibetano, mas, independentemente da escola que seguem, os budistas de todo o Butão consideram o Padmasambhava seu mais importante professor e guia espiritual. Eles o consideram uma reencarnação do Buda, e, assim, ele costuma ser referido como o Segundo Buda. Diz-se que o

Padmasambhava visitou todos os cantos e recantos do Butão e deixou sua marca por todo o país: misteriosas pegadas em pedra, danças e mantras que ensinou, grutas em que meditou, templos que mandou construir ou foram erguidos para santificá-lo. De todos esses, Paro Taktsang, o Ninho do Tigre, de longe o mais famoso, é considerado um dos locais de peregrinação mais sagrados de todo o Himalaia. Uma escada longa e íngreme conduzia ao mosteiro em si. Tiramos os sapatos e entramos no santuário. Dechen parou na frente de um rochedo inclinado contra a parede pintada de vermelho do mosteiro.

— Feche os olhos e caminhe para a frente com o polegar estendido à sua frente — disse ela. — Se você acertar o ponto preto na pedra, seu carma é bom e próximo dos seus pais.

Errei por uma boa margem.

Fora da gruta onde o Padmasambhava meditou por mais de três anos, Dechen prostrou-se no chão três vezes enquanto se concentrava entoando mantras. A gruta em si fica aberta ao público apenas um dia por ano. Ao lado do altar havia três dados.

— Segure-os diante da testa, faça um desejo e lance os dados — ensinou Dechen. Fiz como ela disse e o resultado foi catorze. Nenhuma de nós sabia se era bom ou ruim, mas esperamos o melhor e seguimos para o próximo templo, dedicado a uma enorme estátua dourada do Padmasambhava. O mestre é facilmente reconhecível pelo bigode fino — a menos que esteja representado numa de suas oito outras manifestações. Seis vezes Dechen se prostrou no chão com as mãos cruzadas acima da cabeça, primeiro de frente para o trono vazio do lama e depois para o Padmasambhava, o tempo todo murmurando mantras.

Parcialmente oculto atrás de uma cortina, um monge jogava em seu celular. Dechen não perdeu a oportunidade.

— Ela jogou os três dados e tirou catorze — disse ela. — É um bom número?

— É um número muito bom, mas dez ou onze seriam ainda melhores — respondeu o monge. — Tente de novo! Todos podem tentar três vezes no máximo.

— E se tirar um número ainda pior na próxima? — perguntei.

— Não faz mal — tranquilizou o monge. — O que vale é o melhor número.

As diferentes capelas eram separadas por escadarias largas e íngremes cobertas por simples telhados de zinco. O mosteiro era, na verdade, um labirinto em que cada escada conduzia a um novo altar onde centenas de lamparinas de manteiga projetavam sombras bruxuleantes. De uma fenda estreita na rocha, uma escada íngreme e instável conduzia a uma gruta estreita e baixa. Descemos e atravessamos a gruta até chegarmos a um estreito platô ao ar livre. De lá, tínhamos uma visão do templo, que pairava acima de nossas cabeças, e da parede vertical da rocha. Um gato preto esgueirou-se numa esquina e desapareceu.

O mosteiro foi construído em 1692, mas os templos que visitamos e as estátuas que admiramos eram novos. Em 1998, a maior parte do mosteiro pegou fogo, e apenas o templo principal, perto da gruta em que o Padmasambhava meditava, sobreviveu. O incêndio pode ter sido causado por uma lamparina de manteiga ou por uma falha no sistema elétrico, ninguém sabe ao certo. Em 2005, o mosteiro reconstruído foi consagrado pelo quarto rei.

Antes de calçar os sapatos e retomar o caminho de volta, fomos novamente ao local de meditação do Padmasambhava. Segurei os dados diante da testa, desejei a mesma coisa da vez anterior e os atirei novamente.

Dessa vez, tirei dez.

À noite fomos a um drayang, uma espécie de danceteria butanesa, em Paro. Ficava num porão, e a clientela era principalmente de jovens vestindo jaquetas de couro pretas e jeans. No palco estava uma jovem vestindo uma *kira* tradicional. Ela ondulava os braços no ritmo da música enquanto andava de um lado para o outro do palco, sempre sorrindo. A música era alta e familiar e estranha ao mesmo tempo; a música pop moderna e totalmente digitalizada soa aproximadamente a mesma em todo o mundo, mesmo quando interpretada em dzongkha. Dechen e eu encontramos um sofá vazio e pedimos uma cerveja.

— Os drayangs foram introduzidos pelo quarto rei para que as meninas que de outra forma não conseguiriam um emprego pudessem ganhar algum dinheiro. — Dechen gritava tentando abafar a música. Logo depois, uma jovem de *kira* verde veio até nós e perguntou se queríamos ouvir alguma música em especial.

— Dance para Erika e Dechen! — disse Dechen, e deu à moça duzentos ngultrum, pouco mais de dez reais. A menina anotou nossos nomes num bloquinho. Outra garota entrou no palco e dançou tão tímida e inocentemente quanto a primeira. Eu não conseguia distinguir uma música da outra, todas soavam iguais. Quando os aplausos cessaram, foi a vez da garota de *kira* verde. Ela anunciou que a próxima música seria dedicada a Erika e Dechen, e começou a andar de um lado para o outro no palco movendo os braços.

Todas as dançarinas eram jovens, meigas e muito parecidas, mas uma delas se destacou. Tinha cabelos longos e lisos e feições harmônicas como uma boneca. Seus lábios eram carnudos, mas, ao contrário das outras garotas, ela estava quase sem maquiagem. A exemplo das demais, vestia o tradicional *kira*, mas sua jaqueta era feita de um material transparente deixando entrever a camiseta que usava por baixo.

Seu nome era Dechen, assim como a guia, e ela nos convidou para visitá-la em casa no dia seguinte.

Ela morava na periferia da cidade, numa casa grande que alugava sozinha. Embora houvesse vários quartos à disposição, ela usava apenas um. Nele estava tudo de que precisava: um colchão de dormir, uma pequena TV, chaleira, xícaras e pratos, roupas, aquecedor, um gatinho peludo e um monte de fotos de si emolduradas. No hall de entrada, ao lado de um altar budista, estava pendurada uma grande fotografia do quinto rei.

Sentamo-nos no chão e Dechen nos serviu o café que preparou assim que chegamos. Ela vestia calças de moletom e uma camiseta amarela com os dizeres *Good things take time* [Coisas boas levam tempo]. O cabelo na altura dos ombros estava solto. Ela tinha 28 anos, mas aparentava ser uns dez anos mais jovem.

— Tenho seis irmãos, mas meu irmão caçula é o único que frequentou a escola — disse Dechen em dzongkha. Ela não falava inglês, então a Dechen número 1, a guia, serviu de intérprete. — Meus pais não tinham dinheiro para mandar o resto dos filhos para a escola. Quando eu tinha quinze anos, fiz um ano de curso de alfabetização de adultos e decorei o alfabeto, mas mais que isso não consegui aprender. Minha mãe tinha treze anos incompletos quando se casou com meu pai, que servia no exército. Depois que ele se aposentou, nos mudamos para uma pequena cabana à disposição dos militares.

Ela falava baixinho, quase sussurrando, e sorria o tempo todo, apesar de a história que contava não ser feliz.

— Meus pais nunca falavam sobre a infância deles, mas desconfio que ela não tenha sido feliz. Também não me lembro muito da minha. Nós, irmãos, somos unidos, mas nossa casa nunca foi um lar. Meus pais brigavam sem parar e além disso bebiam muito. Só tínhamos dois quartos. Meus pais dormiam no quarto do altar, e nós, crianças, dormíamos no outro. Às vezes tínhamos comida, outras vezes não. Quando bebia, meu pai batia em nós.

— Você tem boas lembranças da sua infância? — perguntei.

Dechen pensou por um longo tempo.

— Eu brincava com meus amigos. São lembranças boas. Mas, de resto, não tenho tantas. Quando eu tinha nove anos, fui mandada para Thimpu. Meus pais não tinham dinheiro para me manter em casa e me entregaram aos cuidados de outras pessoas.

— Parentes? — imaginei eu.

— Não, estranhos, para trabalhar como babá. Além de cuidar das crianças, lavava pratos, pastoreava animais e fazia outras tarefas mais simples. Durante seis anos morei com famílias diferentes. Morei com tantas pessoas que não consigo diferenciá-las na minha memória. Se eu fizesse algo errado, eu apanhava, por isso fugia para a casa dos meus pais toda vez que quebrava um copo ou deixava que os animais invadissem a lavoura dos vizinhos. O pai de uma das famílias tentou me estuprar enquanto a esposa estava ausente. Gritei tão alto que ele ficou com medo, mas eu não podia dizer nada, então fui embora. Pelo trabalho, ganhava quinhentos ngultrums por mês, mas nunca via a cor do dinheiro. Ele servia para pagar a educação do meu irmão mais novo.

Quando Dechen tinha quinze anos, voltou a morar com os pais e passou a frequentar o curso de alfabetização de adultos. Lá conheceu um jovem sete anos mais velho, por quem se apaixonou.

— Achei que seria melhor me casar com ele do que ficar em casa — disse ela, num fio de voz. — Quem sabe eu pudesse ter uma vida melhor com ele. Era assim que eu pensava. Fomos morar juntos e eu engravidei quase imediatamente. Quando eu estava grávida de cinco meses, ele disse que queria ir para Thimpu para tentar arrumar um emprego. Nunca mais voltou e decidi ir atrás dele. Foi quando descobri que ele já tinha uma esposa em Thimpu.

— O que você fez então? — perguntou Dechen, indignada com o infortúnio da xará.

— Nada — sussurrou Dechen, encolhendo os ombros. — Não tinha uma família que me sustentasse, eu era sozinha. Pus a culpa em mim, achei que talvez merecesse isso, que era meu carma. Se ele estava feliz em Thimpu, então era bom para ele, melhor deixá-lo em paz. Era assim que eu pensava. Mas eu estava passando por muitas dificuldades. Quando descobri que estava grávida, meu pai sugeriu que eu fosse para a Índia e fizesse um aborto, mas isso nunca foi uma opção para mim.

Dechen não teve escolha a não ser voltar a morar com os pais, com os quais ainda mantinha um péssimo relacionamento.

— Quando o bebê nasceu, a situação piorou ainda mais — disse ela. — Eu não podia trabalhar, porque não podia deixar o bebê, e muitas vezes não tínhamos o que comer. Meus irmãos já não moravam ali, éramos só eu, meus pais e o bebê. Depois de um ano, comecei a ir à cidade vender as hortaliças que plantávamos no nosso pedacinho de terra. Com o dinheiro que ganhei, finalmente consegui alugar um lugar minúsculo, que custava apenas oitocentos por mês. Depois de um ano na capital, onde ganhava a vida vendendo verduras, minha mãe me pediu para voltar para casa. Então voltei.

— O quê? — Dechen, a guia, estava fora de si. — Por que você voltou para a casa dos seus pais se já conseguia viver bem sozinha?

— Porque eles me pediram — respondeu a outra Dechen placidamente. — A situação era um pouco melhor então, porque meu filho estava um pouco mais crescido, então eu podia trabalhar na lavoura de novo. Um dia ouvi no rádio que havia uma vaga de emprego como dançarina num drayang em Thimpu. Fiquei tentada, mas não quis arriscar. Um ano depois, quando a situação em casa se tornou quase insuportável, criei coragem e me candidatei a um emprego como dançarina no Kalapinka, o famoso drayang de Thimpu. Já trabalho como dançarina há dez anos. Eu gosto de dançar e realmente gosto do trabalho.

Ela serviu mais café para nós e não tirou os olhos do chão enquanto falava:

— Claro que acontece de as pessoas falarem mal de nós, e além disso temos de lidar com homens bêbados que ocasionalmente nos pedem coisas, mas o que eu decido fazer depende só de mim. Sempre digo não. Embora não tenha educação, ganho mais do que muitos que passaram vários anos na universidade e trabalho apenas de quatro a cinco horas todas as noites.

Como ela trabalhava à noite, seu filho, agora com doze anos, foi para o internato. Dechen o via apenas nos fins de semana. Seu pai, agora um septuagenário, parou de beber depois que a nova esposa morreu de alcoolismo. O irmão caçula se graduou na prestigiosa universidade estadual.

— Sete anos atrás eu conheci um homem — disse Dechen. — Ficamos juntos por seis anos, mas há sete meses ele me deixou. Os pais dele não me queriam como nora.

— Você não ficou magoada com ele? — perguntou a Dechen número 1, ainda indignada com tudo que a jovem tinha passado.

— Não — disse a Dechen número 2, com um sorriso acanhado. — Eu culpo só a mim mesma. É meu destino, meu carma. É assim que penso.

— Você pretende fazer mais alguma coisa na vida além de dançar? — perguntei.

— Talvez um dia eu abra meu próprio negócio, é um sonho meu, mas por enquanto estou bem como dançarina. É importante ter um bom relacionamento com os clientes ao longo do tempo para que eles voltem com novos pedidos de músicas, porque consigo ficar com 60% do que ganho com os pedidos.

— Já aconteceu de algum cliente se apaixonar por você? — perguntei.

— Acontece o tempo todo — respondeu Dechen. — Mas não acredito que eles sejam sinceros. É só da boca para fora. Perdi completamente a fé nos homens.

Dechen era feliz? Nunca perguntei. Era uma pergunta muito íntima, quase rude, e, além do que, como se pode medir a felicidade de alguém?

No Butão, a medição da felicidade se transformou num misto de ciência e filosofia que conta com o apoio do Estado. Em 1972, Jigme Singye Wangchuck, o quarto rei, ainda adolescente, afirmou que a felicidade nacional bruta é mais importante do que o produto interno bruto. Desde então, a ideia foi aprimorada e, em 2008, quando o Butão ganhou sua primeira constituição, foi incorporada ao parágrafo nove, artigo segundo: «O Estado deve intervir para criar condições que promovam a conquista da Felicidade Nacional Bruta». Cada nova lei deve ser aprovada pelo Comitê de Felicidade Nacional Bruta para garantir que seja consistente com o objetivo de priorizar a felicidade em detrimento do crescimento econômico.

Mas como se pode medir uma felicidade estatal?

— A felicidade nacional bruta é algo completamente diferente do que vocês, ocidentais, consideram ser felicidade — disse Karma Wangdi, pesquisador do Centro de Estudos Butaneses e Instituto de Pesquisa da Felicidade Nacional Bruta de Thimpu. — Resumindo, pode-se dizer que enfatizamos as coisas que importam fundamentalmente para o bem-estar e a sensação de felicidade das pessoas. Dividimos a Felicidade Nacional Bruta em quatro pilares principais: desenvolvimento socioeconômico sustentável e justo, boa governança e proteção ambiental, além da preservação e promoção da cultura. Isso não significa que não estejamos preocupados também com o desenvolvimento econômico, ainda que não seja o fator decisivo para nós. A economia do Butão é, na verdade, uma das economias que mais crescem no mundo, com uma taxa de crescimento de mais de 7% ao ano.

— O Produto Interno Bruto é relativamente fácil de medir, mas como medir concretamente a Felicidade Nacional Bruta? — perguntei.

— Medimos um total de nove áreas diferentes — respondeu Karma, e as listou rapidamente. — Padrão de vida, educação, saúde, meio ambiente, força da comunidade local, uso do tempo, bem-estar psicológico, boa governança e resiliência cultural e adaptabilidade. Para medir esses nove setores, desenvolvemos 124 variáveis que são integradas em 33 indicadores diferentes. Estes são distribuídos entre os nove diferentes setores, e, finalmente, quando calculamos todas as variáveis, chegamos a um indicador numérico.

— Parece complicado — comentei.

— É detalhado, mas não complicado — garantiu Karma. — Uma das variáveis diz respeito, por exemplo, ao acesso à água potável. Quando se trata de bem-estar psicológico, temos uma variável que diz respeito às consequências cármicas. Tudo o que fazemos também tem consequências para as pessoas ao nosso redor, certo? Indagamos se as pessoas levam isso em consideração ao tomar decisões. Também questionamos sobre emoções. No total, identificamos cinco emoções positivas e perguntamos se as pessoas já experimentaram alguma dessas emoções nos últimos trinta dias. O uso do tempo também é importante, então perguntamos no que as pessoas investem seu tempo. Se passam o tempo inteiro trabalhando e se estressando, isso afeta a qualidade de vida. Nossa definição de felicidade é muito ampla.

— Nos últimos anos, o Butão ficou mais rico do ponto de vista econômico, mas as pessoas ficaram mais felizes?

— Identificamos um progresso em áreas como saúde e prosperidade material. Medicamentos e serviços de saúde são gratuitos para todos e, nas últimas três ou quatro décadas, conseguimos aumentar a expectativa de vida de cinquenta para mais de setenta anos. Em áreas mais sensíveis a coisa piorou. A sensação de bem-estar psicológico diminuiu. As comunidades locais não desempenham o mesmo papel de antes e as pessoas interagem menos umas com as outras, principalmente nos centros urbanos. As pessoas também estão mais estressadas do que antes. Há uma grande diferença entre cidade e campo, e entre homens e mulheres. De acordo com nossas pesquisas, as mulheres gastam duas vezes mais tempo com tarefas domésticas do que os homens. Outro problema é o desemprego. Para a população em geral, o índice é de apenas 2%, mas entre os jovens chega a 8%. Não necessariamente porque não haja empregos, mas muitos dos jovens agora têm ensino superior e, portanto, não querem fazer trabalho físico pesado. Apesar do alto índice de desemprego juvenil, dependemos de trabalhadores estrangeiros da Índia para manter a economia girando.

— Nas pesquisas globais de felicidade, os butaneses terminam bem abaixo na lista, atrás da maioria dos países europeus e também atrás de muitos países asiáticos — observei.

No relatório anual de felicidade da ONU de 2019, o Butão ficou em 95º lugar — atrás, entre outros, do Paquistão, em 75º, e da China, em 86º lugar.

— Apenas cerca de 9% da população do Butão declara que *não* é feliz — respondeu Karma. — É um número consideravelmente baixo, na minha opinião.

*

Quando jovem, Ngawang, que tinha um nome diferente na época, era profundamente infeliz. Ao completar 21 anos, ela começou a padecer de uma grave doença mental.

Nos sonhos, se imaginava vividamente em lugares onde jamais tinha estado. A única coisa em que conseguia pensar era no passado e naqueles lugares, cuja localização real desconhecia. Ela entrou num transe e perdeu a consciência, e depois não conseguia explicar o que tinha acontecido. As pessoas riam dela e diziam que tudo não passava de fingimento. A família ficou desesperada e a levou a vários hospitais, mas nenhum médico conseguiu ajudá-la. Por fim, a levaram a um lama, que lhe disse que ela era uma *dakini* renascida, uma divindade feminina. O lama lhe deu um novo nome, Ngawang, e disse que esquecesse o antigo. A partir de então, a família parou de levá-la aos médicos e passou a levá-la aos lamas. O abade-chefe do Butão lhe deu um hábito para vestir, embora ela não viva num mosteiro, mas em casa com a família. Ngawang, no entanto, vive como monja e nunca se casará. Em vez disso, dedica seu tempo a ajudar os outros, e pessoas vêm de todo o país, de todo o mundo, para conhecê-la. Ninguém mais caçoa dela e ela já não é infeliz.

No caminho para o templo da fertilidade, um local que todos os funcionários homens da agência de viagens insistiram para que eu visitasse, paramos na aldeia onde Ngawang morava. Eu tinha a companhia de um novo motorista e de um novo guia, Rinchen, um sujeito alto e de fala mansa de uns trinta anos. Na parede externa da casa, uma placa em inglês informava que, antes de entrar, todos os visitantes deveriam se purificar queimando incenso num grande vaso. O motorista se apressou para subir as escadas e não viu a placa, e tivemos de chamá-lo de volta. Devidamente defumados, tiramos os sapatos e subimos para a recepção, onde havia um grande altar quase vazio. Num canto havia um sofá e uma mesinha. As paredes estavam decoradas com desenhos do Buda e fotografias da família real. No chão havia de dez a quinze sacolas plásticas cheias de suco, biscoitos, leite e outras oferendas, além de uma tigela com cédulas de dinheiro. Uma placa informava que era terminantemente proibido usar aparelhos eletrônicos, como gravadores e câmeras.

Sentamos no chão e esperamos Ngawang aparecer. Dez a quinze minutos depois, ela surgiu pela porta e ocupou seu lugar no sofá, sorrindo. Ela tinha a minha idade, era pequena e frágil, e tinha um estranho sorriso de esgar. Sentamos no chão e Rinchen explicou que eu não tinha nenhuma pergunta específica, só queria saber o que ela tinha a dizer, se ela teria percebido algo especial.

Ngawang ficou muda por um instante. Então começou a falar com uma voz messiânica, hipnotizante e sombria. Seu olhar era distante, e ela se demorava nas frases. Não era mais ela quem falava, mas a *dakini* que habitava seu ser.

— Você tem um emprego agora, mas está pensando em mudar de emprego e talvez se mudar para outro lugar — Rinchen traduziu, embora Ngawang obviamente tivesse dito muito mais. — Não é?

— Na verdade, não — eu disse. — Estou satisfeita com o trabalho que faço.

Rinchen traduziu minha resposta, explicando à divindade que eu era uma escritora em pesquisa de campo para um livro sobre o Himalaia. Ngawang começou a falar de novo, monótona e suplicantemente. Dessa vez, foi ainda mais eloquente:

— O livro que você escreve levará tempo, mas você se tornará mundialmente famosa — traduziu Rinchen. — Você deveria coletar histórias sobre o passado. Nem todas as histórias, nem todos os mitos, apenas o que chamar a sua atenção. Se fizer isso, será conhecida em todo o mundo. Se continuar a fazer o que está fazendo agora, se continuar a escrever livros, terá uma vida longa. Vão oferecer-lhe outro emprego, e, se aceitar, será demais para você. Muita pressão. Não aceite outro emprego, continue a escrever. O que faz seu marido?

— Também é escritor — respondi.

— Vocês vão escrever um livro juntos — previu Ngawang. — Ele fará a maior parte do trabalho, mas você levará a fama. Você será muito mais famosa do que seu marido.

Agradeci pelas previsões, as melhores até agora, e depositei uma cédula na tigela de donativos. Talvez a mesma regra dos dados valha para horóscopos e previsões: o consulente tem até três tentativas para ficar satisfeito com o resultado. Ngawang sorriu e disse que rezaria para que eu me tornasse ainda mais famosa do que ela havia previsto. Levantamo-nos para sair, mas o motorista continuou sentado.

— Minha esposa perdeu um bebê em maio — disse ele. — Ela já estava no final da gravidez. Devemos insistir ou esquecer o assunto?

— Vocês devem tentar ter outro filho — afirmou Ngawang. — Mas só se antes visitar o templo da fertilidade em Punakha e fizer uma oração ali. Se fizer como eu digo, poderá ter outro filho.

Agradecemos e nos despedimos. Ngawang ficou sentada no sofá com as pernas cruzadas. Ao pé da escada estavam três mulheres, cada uma com uma criança no braço, esperando sua vez. Na mão livre seguravam sacolas plásticas cheias de suco, leite e biscoitos.

O motorista não tirou o sorriso do rosto pelo resto do dia.

O templo da fertilidade foi fundado em 1499, se chamava oficialmente Chimi Lhakhange e era consagrado a Drukpa Kunley, mais conhecido como «O Divino Louco», que no Butão é quase tão popular quanto o Padmasambhava. Drukpa Kunley viveu de 1455 a 1529 e vinha do Tibete. Quando seu pai morreu, ele decidiu se tornar um monge, mas logo se cansou da vida monástica rígida e tediosa e começou a vagar como um mendigo pelas ruas. Culto e instruído, Drukpa Kunley era um poeta talentoso, mas ficou conhecido principalmente por seus métodos tântricos, que incluíam dormir com mulheres, cantar canções obscenas e beber grandes quantidades de álcool como catalisadores do processo de iluminação religiosa. Também se diz que ele urinou em *thangkas* famosos e se despiu diante de lamas para mostrar que não é necessário santimônias para ser um bom budista. Drukpa Kunley não construiu templos nem fundou nenhuma escola, mas diz-se que o templo da fertilidade em Punakha foi erguido no local onde ele domou um demônio, e o mosteiro abriga os grandes falos de madeira que ele teria trazido consigo do Tibete.

— Está vendo com que parece a colina onde está o mosteiro? — perguntou Rinchen olhando para mim. Fiz que não com a cabeça. Tudo que conseguia ver era o topo de uma colina.

— Não está vendo? — perguntou ele espantado.

— Não — admiti. — O que parece?

— O peito de uma mulher! — disse Rinchen, rindo.

Subimos ao mosteiro, entronizado no alto da colina como um rígido mamilo. Eu suava em bicas no calor da tarde. As paredes das casas pelas quais passamos eram decoradas com pinturas de membros eretos espirrando sêmen lascivamente sobre as paredes. As lojas turísticas se superavam na oferta de falos em todas as cores e tamanhos imagináveis.

O interior do templo estava abarrotado de gente, a maioria casais ocidentais que já haviam passado da idade reprodutiva.

— Olha aqui — disse Rinchen, e abriu um álbum de fotos que estava sobre uma mesa. — Casais de todo o mundo tiveram filhos depois que vieram aqui!

O álbum estava cheio de fotos de bebês e pais sorridentes. Rinchen limpou a garganta e olhou para mim, hesitante.

— O astrólogo da aldeia enfatizou que era muito importante que você fosse abençoada por um monge — disse ele. Sangye devia ter lhe dito. — Mas receio que não seja o suficiente... — Ele pigarreou novamente e apontou para um gigantesco falo de madeira que devia ter um metro de altura. — Você também deve dar três voltas no templo carregando aquilo nas mãos.

— Está brincando? — Olhei para ele, incrédula.

— Não, claro que não estou brincando — disse Rinchen, sério. — Se bem que tenho amigos que receberam só a bênção e que também tiveram filhos — apressou-se ele em aduzir.

Não estava disposta a dar três voltas no templo com um caralho gigante de madeira nas mãos. Tampouco tinha essa ânsia enorme de ter filhos, apesar de todos os empregados masculinos da agência de viagens parecerem pensar assim, então me contentei com uma bênção do jovem monge que cuidava do templo. Ele ergueu um falo duplo, consideravelmente menor, que encostou na minha cabeça enquanto murmurava um mantra.

— Receio que não seja suficiente apenas a bênção... — Rinchen me lançou um olhar provocativo.

377

— Ah não? — Achei que ele fosse insistir para eu carregar o enorme falo de madeira ao redor do templo.

— Você tem de sentar e meditar bastante sobre o seu desejo.

Obedientemente, fiz o que ele disse, aliviada por ele não ter mencionado o falo de madeira mais uma vez. Quando terminei de meditar, Rinchen estava a postos com os três dados.

— Pode jogar.

Fiz como ele disse e tirei treze. Rinchen ficou radiante de alegria e orgulho:

— Treze é excelente! — comemorou. — É o número do mosteiro!

O jovem monge se aproximou de nós novamente com uma pilha de cartões nas mãos. De cada cartão pendia um barbante. Disseram-me para puxar um deles.

— O que diz aí? — perguntou Rinchen, ansioso.

— Kinley Wangchuck.

Rinchen sorriu de orelha a orelha.

— Isso significa que você vai ter um filho, e o nome dele será Kinley Wangchuck — explicou. — Wangchuck é o sobrenome do rei. Isto é muito, muito bom!

Repeti o nome para mim. Kinley Wangchuck Fatland Hansen. Talvez precisasse de mais tempo para me acostumar, mas, como se diz por aí, um nome não estraga ninguém.

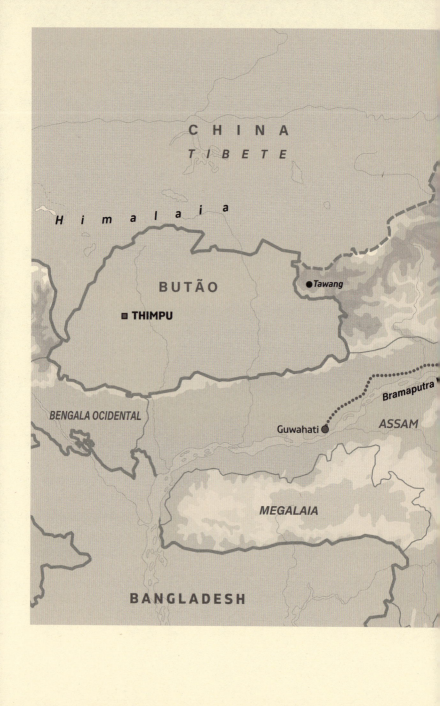

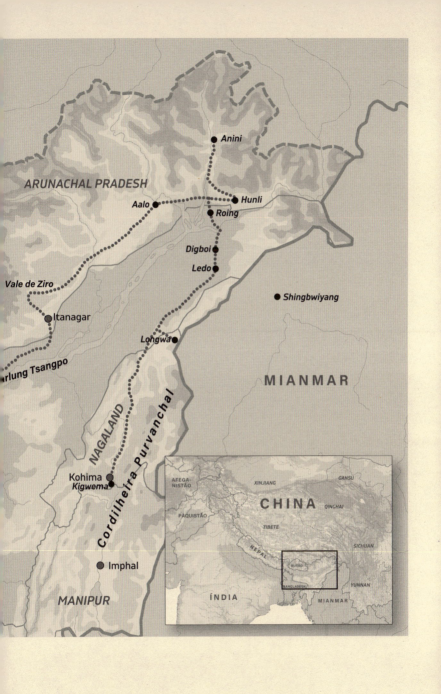

O leste selvagem da Índia

O agente do controle de passaportes me expulsou do balcão. Primeiro eu tinha de preencher uma ficha de inscrição, e só poderia fazê-lo na mesa destinada ao preenchimento da ficha de inscrição. Corri para a respectiva mesa e preenchi o papel o mais rápido que pude, mas, enquanto isso, metade dos passageiros do avião havia passado à minha frente na fila, e outros tantos vinham se acotovelando pelo caminho. Finalmente, quando não havia mais ninguém na sala de controle de passaportes, chegou a minha vez.

— Fique aí — grunhiu impaciente o burocrata da imigração —, polegar ali... dedo do meio ali... olhe aqui... — Ele suspirou profundamente. — Ali não, *aqui!*

Em menos de uma hora, saí de um dos países menos populosos do mundo para o segundo mais populoso.[17] O choque cultural foi mais intenso dessa vez; já sentia uma saudade imensa dos butaneses gentis e bem-humorados.

Na coleta das bagagens imperava o caos. Metade da bagagem chegou na esteira 1, enquanto a outra metade foi devolvida na esteira 2, por isso os passageiros corriam freneticamente de uma para a outra para reaver suas malas.

---

17   Como já mencionado na nota 13, atualmente a Índia é o país mais populoso do mundo. [N. T.]

— Não é assim no seu país, é? — comentou um passageiro de cerca de trinta anos envergando terno e gravata. Era como se ele tivesse lido minha mente. — A infraestrutura é o nosso maior problema aqui na Índia.

Chamei um táxi que havia reservado de antemão e fui apanhada por um motorista que parecia ter acabado de fazer quinze anos. O menino se apressou em direção ao carro com passadas largas, e precisei correr atrás dele com o carrinho de bagagem para manter o ritmo. O carro estava em brasa depois de ter passado o dia inteiro sob o sol.

— Você pode abrir as janelas? — pedi a ele, já molhada de suor.

O motorista balançou a cabeça resoluto.

— Mas posso ligar o ar-condicionado. Se você quiser — sugeriu ele. — Por uma taxa extra, naturalmente.

Ao nos aproximarmos de Guwahati, cidade com mais de 1 milhão de habitantes, o trânsito travou completamente. Os motoristas buzinavam como se dependessem disso para viver. A poluição deixava o ar cinza, e a paisagem consistia em prédios de concreto inacabados com vergalhões enferrujados à mostra. No acostamento, vacas emaciadas e cães sarnentos comiam plástico e restos de comida podre. Ônibus e caminhões sobrecarregados desviavam da estrada tentando evitar o tráfego parado e barulhento. Nos semáforos mais movimentados, o trânsito era organizado por policiais, como no Butão, mas estes não bailavam e, sim, marchavam com um desprezo mórbido por entre os carros, dando ordens a torto e a direito com gestos marciais.

Teria eu deixado de reparar em tudo isso antes seguir para a terra do Rei Dragão, todo aquele lixo, as vacas magras, os cachorros esquálidos, as crianças sujas e famintas que perambulavam entre os carros, lavando para-brisas e vendendo flores em troca de alguns tostões?

Já é difícil esboçar uma imagem aproximada de um país pequeno como o Butão; descrever a Índia de uma maneira mais ou menos fidedigna é uma missão impossível. A Índia é o lar de mais de um sexto da população mundial — mais gente vive aqui do que na Europa e na América do Norte juntas e, em poucos anos, a Índia ultrapassará a China e se tornará o país mais populoso do mundo.[18] A Índia é tão vasta e contraditória que se pode afirmar algo sobre ela, dizer exatamente o contrário em seguida e terminar diante de duas afirmações igualmente verdadeiras. Pois a Índia não é um país, mas um universo que encerra mais de 2 mil grupos étnicos diferentes, 28 estados e 23 idiomas oficiais.

Um dos estados menos povoados e mais inacessíveis é Arunachal Pradesh, que forma um arco em direção ao Himalaia no extremo nordeste da Índia, na fronteira entre Butão, Tibete e Mianmar. Em tradução literal, Arunachal Pradesh significa «Terra do Amanhecer». O estado tem o mesmo tamanho de Portugal e abriga menos de 1,5 milhão de habitantes — ainda que distribuídos em até 26 etnias diferentes.

Turistas estrangeiros que desejam visitar Arunachal Pradesh necessitam de uma *Protected Area Permit* e devem viajar acompanhados de um guia autorizado. Além disso, os estrangeiros devem viajar em grupos de no mínimo três pessoas, mas nem sempre isso é possível na prática e tampouco é, necessariamente, o que os próprios visitantes desejam. Assim sendo, as agências de viagens locais guardam cópias de passaportes de clientes anteriores e as usam para

---

18   Ver nota 13. [N. T.]

preencher as cotas. Minha autorização dizia que eu viajava na companhia de Meena, dos Estados Unidos, e Martin, da República Tcheca, mas na verdade eu viajava apenas com Tasang, um homem de trinta e poucos anos e fala mansa da etnia apatani, e Danthi, um assamês alto e magro. Eles eram, respectivamente, o guia e o motorista. Juntos, abrimos caminho pelas ruas caóticas de Guwahati até a rodovia. De repente, o tráfego clareou e nós aceleramos por estradas retas e planas em numa velocidade quase inebriante.

À noite, chegamos à fronteira estadual entre Assam e Arunachal Pradesh, e Tasang e Danthi saíram para cuidar da papelada. Fiquei no carro quase cochilando. De repente, escutei uma batida na janela. Acordei assustada e deparei com o olhar de um soturno guarda de fronteira.

— Onde estão seus dois amigos? — ele perguntou.

— Eles entraram para se registrar — eu disse, certa de que estava se referindo ao guia e ao motorista, e não a Meena e Martin. Sorri gentilmente. O inspetor de fronteira deu um suspirou profundo e seguiu em frente.

Pernoitamos em Itanagar, capital de Arunachal Pradesh, uma obscura cidade provinciana tão pequena que o trânsito fluía harmoniosamente, sem sinal de engarrafamento. Na manhã seguinte, avançamos mais para o nordeste, em direção ao vale de Ziro e à terra dos apatanis. A estrada em si estava em condições relativamente boas, mas alguns trechos haviam sucumbido total ou parcialmente devido a deslizamentos de terra e tinham sido escavados o suficiente para abrir passagem para um veículo. A paisagem ao redor era verde e nebulosa, coberta de palmeiras e árvores decíduas Através do nevoeiro, era possível distinguir montanhas rombudas e azuladas. Assim *também* é o Himalaia, o Pequeno Himalaia: montanhas subtropicais exuberantes que compõem o sopé sul da cordilheira, um suave prelúdio para os gigantes maciços de rocha íngremes e cobertos de neve do Grande Himalaia mais ao norte.

Em algum momento da tarde chegamos. As aldeias no vale de Ziro eram confusamente semelhantes umas às outras. As casas eram apinhadas, quase parede a parede, cercadas por arrozais verdejantes. A maioria era construída em estilo tradicional, sobre palafitas, com paredes de bambu trançado, embora os telhados não fossem mais de bambu ou palha, mas de chapa corrugada enferrujada.

— Antes nós, apatanis, tínhamos de nos defender dos nishis, o povo vizinho, por isso as casas são tão próximas umas das outras — explica Tasang. — Quando pegam fogo, quinze, vinte casas costumam virar fumaça de uma vez só.

Os pesquisadores não conseguiram chegar a um acordo sobre a origem dos grupos étnicos em Arunachal Pradesh, mas alguns geneticistas acreditam que eles vieram originalmente da Mongólia, do mesmo povo que milhares de anos atrás se espalhou para a América do Norte e depois para o sul, em direção à Amazônia. As mulheres mais velhas tinham rostos tatuados — uma linha verde acompanhando a testa sobre a ponta do nariz e terminando em cinco linhas grossas no queixo. Muitas também tinham um largo tampão preto em cada narina; os tampões alargavam o nariz e davam às mulheres uma aparência peculiar, para dizer o mínimo.

— Ouvi dizer que no passado as mulheres se enfeavam de propósito para não serem raptadas pelos nishis — disse Tasang, mas não acreditei nessa explicação. Em todas as culturas, modificações corporais estão relacionadas com estética e ideais de beleza, nunca ouvi falar de algum lugar ou grupo étnico em que as mulheres se sacrifiquem para se tornar permanentemente mais feias.

Tasang me levou para visitar uma de suas muitas primas, Tage Yadii, a primeira mulher da aldeia a ir à escola. Ela tinha 53 anos e era professora das crianças mais novas do lugar. Na testa, mal se viam os restos de uma tatuagem antiga, um curto traço verde-escuro. Tage morava numa ampla casa tradicional, com paredes de bambu trançado. No meio da espaçosa sala principal havia um fogareiro. O aposento era mobiliado de forma simples, com cadeiras ao longo da parede e uma cama de solteiro num canto. Nas paredes havia calendários ilustrados com imagens de Jesus e da Virgem Maria. A sala não tinha janelas e era iluminada apenas por duas lâmpadas nuas.

— Quando eu era jovem, a vida era difícil — disse Tage, como tantas outras mulheres que encontrei antes. Ela falava inglês com uma voz alta, impostada e bem articulada, muito a calhar numa sala de aula. — Desde pequenos tínhamos de trabalhar nos arrozais. Quem não trabalhava morria de fome. Nós, meninas, não podíamos ir à escola naquela época. A escola da aldeia era uma novidade, as pessoas achavam que os professores indianos nos ensinavam coisas obscenas, que quem ia para lá ficava com preguiça de trabalhar nos arrozais. Mas fui para a escola assim mesmo. Eu dizia à minha mãe que estava indo para o arrozal, mas na verdade ia para a escola.

O pai de Tage morreu quando ela era pequena, ela cresceu sozinha com a mãe. Os irmãos mais velhos já eram casados e haviam se mudado de casa.

— Naquela época, as meninas eram casadas quando tinham entre doze e quinze anos — explicou. — Todos os casamentos eram arranjados, às vezes as meninas eram prometidas ainda bebês. O xamã local vinha e abatia uma galinha, e pelo fígado da galinha ele poderia dizer em qual aldeia morava o noivo da garota. Depois, os pais tratavam de encontrar um candidato adequado na aldeia em questão. Eu tinha de seis para sete anos quando o xamã veio fazer o ritual. Fiquei tão furiosa com aquilo tudo, que peguei o fígado e atirei o mais longe que pude.

A mãe até aceitou que o noivado não desse em nada, mas ficou furiosa ao descobrir que a filha frequentava a escola às escondidas.

— Ela não me bateu, ela nunca me batia, mas brigou muito comigo. Eu disse então que se não pudesse ir à escola fugiria de casa. E fugi. Fui para a casa do meu irmão, que era casado e tinha família, e ele me mandou para uma escola em Assam. Fiquei lá durante quatro anos. Os primeiros foram muito difíceis. Eu era como uma folha em branco quando cheguei lá, porque tinha cursado apenas dois anos de escola na aldeia e não sabia nem assamês nem hindi. Além disso, como todas as garotas de Ziro na época, eu tinha o rosto tatuado. Devia ter uns quatro anos quando fui tatuada, não lembro direito, só lembro que doeu muito. Os outros alunos ficavam me encarando e apontando para mim o tempo todo; era terrível. Eu só queria ser como os outros. No final, removi as tatuagens.

Uma mulher magra de tez escura vestindo um sári se aproximou de nós com uma bandeja de chá. Depois de nos servirmos, ela se retirou para o extremo oposto da sala e passou a varrer o chão.

— Meu marido morreu há alguns meses e meus filhos trabalham em Itanagar, então agora moro sozinha com minha empregada. — Tage fez um meneio de cabeça para a mulher que varria. — Quando terminei a escola, consegui um emprego de professora aqui na aldeia. Minha mãe ficou orgulhosa por eu ter conseguido um emprego público, e os outros aldeões perceberam que mandar as crianças para a escola tinha suas vantagens, afinal. Passei a ser um exemplo. A bem da verdade, a maioria das pessoas que têm curso superior aqui hoje em dia são mulheres. Os tempos mudaram!

Tage também foi a primeira da família se converter ao catolicismo.

— A escola em Assam era católica e eu me converti enquanto estava lá. Graças a mim, agora há muitos católicos na família — ela sorriu feliz.

— Você teme que a cultura apatani desapareça, agora que tantos se converteram ao cristianismo? — perguntei.

— De jeito nenhum, nossa cultura não vai desaparecer, nossas celebrações a mantêm viva — afirmou Tage. — Mas os tempos são outros, como eu disse. Há alguns anos ajudei a fundar a Sociedade Feminina Apatani. Adotamos uma série de regras para facilitar a vida das pessoas. Por exemplo, passamos a restringir o que pode ser sacrificado e servido em ocasiões como o nascimento de um bebê. Antes, era preciso convidar o clã inteiro, até setecentas pessoas, para celebrar grandes eventos. Era muito caro! As pessoas eram obrigadas a sacrificar porcos, galinhas, bois, cerveja de arroz, vinho e comida. Decidimos que não é permitido servir refrigerantes ou bebidas alcoólicas estrangeiras nos feriados e comemorações. Só é permitido servir cerveja de arroz, água e chá.

— O que você faz se alguém desobedecer às regras? — perguntei.

— Quem não cumpre as regras é punido com uma multa de até 30 mil rúpias, cerca de quatrocentos dólares.

Recentemente descobrimos que um homem na aldeia estava dando uma grande festa. Em no máximo dois dias iremos até ele aplicar a multa. Antes, os homens costumavam jogar cartas durante nossas festas, mas agora é proibido. Os casamentos passaram a ser menores. O número de convidados fica entre duzentos e trezentos; quando passa de quinhentos, os noivos são multados. Temos informantes e espiões em todos os lugares e sempre sabemos quando alguém descumpre as regras.

Tage levantou-se e pegou uma apostila que a associação de mulheres mandou imprimir detalhando as regras para cada ocasião festiva no vale, bem como o valor da multa por infração individual aplicado às diferentes aldeias.

— Antes, as famílias pobres tinham de contrair empréstimos para poder organizar grandes festas — disse Tage. — Muitas iam à bancarrota e se desfaziam de tudo que tinham para pagar os juros altíssimos. Queremos que ricos e pobres sejam iguais. Exceto uns poucos ricos, ninguém reclamou das novas regras.

Alternando-se na fachada das casas do vale de Ziro havia uma bandeirola quadrada com um círculo vermelho contra um fundo branco, sinalizando que os moradores ali não haviam abraçado o cristianismo, mas professavam a religião original dos grupos étnicos de Arunachal Pradesh, *polo donyi*, o credo do sol e da lua. Isto é, «original» pode não ser o termo mais apropriado. Ao contrário do cristianismo e do hinduísmo, tratava-se de um credo que não tinha sido padronizado nem mesmo escrito. As crenças e mitos faziam parte do cotidiano e não eram algo com que as pessoas costumavam se preocupar — até a década de 1950, quando missionários oriundos do sul da começaram a pregar o cristianismo na região. Foi então que muitos recearam que a cultura original se perdesse, levando junto a velha crença. A questão foi debatida pela primeira vez em 1968, numa assembleia de líderes do povo adi, e, dezoito anos depois, após extensas deliberações, o credo do sol e da lua foi adotado como religião oficial pelos grupos étnicos de Arunachal Pradesh, com tudo a que tinham direito: templos, escrituras de oração, rituais prescritos e um dia dedicado ao sol e à lua, que na prática coincide com a véspera de Ano-Novo.

Hage Tado e Hage Tado Naiya, ambos agora sexagenários, importaram a religião do sol e da lua para o vale de Ziro no final dos anos 1990. O casal vivia numa choupana tradicional no centro da cidade, com galinhas e leitões no jardim. Havia fogo na lareira e um fino véu de fumaça pairava sobre a sala.

— Nós, apatanis, acreditamos no sol e na lua desde os tempos antigos — explicou Naiya em apatani. Segundo a tradição, ela adotou o nome completo do marido.

— Mas a religião só foi registrada oficialmente por Talam Rukbo na década de 1980 — acrescentou o marido.

— Erguemos o primeiro templo do sol e da lua aqui no ano 2000 — disse Naiya. — Ensinamos às pessoas que podem rezar pelos enfermos e não é necessário sacrificar animais. Nos feriados e festas, incentivamos as pessoas a não fazer cerveja de arroz e a não matar animais, nem mesmo galinhas. Esses sacrifícios eram muito caros e muitos não tinham como pagar por eles. Dizemos às pessoas que, durante as celebrações religiosas, pode-se comemorar com chá e biscoitos durante, é muito mais barato. Todos os domingos nos reunimos para orar juntos no templo.

— Também registramos por escrito as orações e canções dos xamãs — acrescentou o marido. — Nossos xamãs estão se extinguindo, porque os jovens não querem mais ser xamãs. Documentamos tudo para a posteridade, para que não se perca quando os antigos xamãs não estiverem mais entre nós. Agora que reunimos nossos cânticos num livro, as pessoas podem cantá-los.

— Não adoramos ídolos, apenas o sol e a lua — esclareceu a esposa. — Sem o sol, não haveria terra. O sol nos dá a luz do dia, o calor e a oportunidade de cultivar o arroz. A lua nos ilumina ao cair da noite, para que a escuridão não seja completa, e também nos ajuda a manter a noção do tempo. Após a morte, seguimos o caminho traçado por nossos ancestrais até Nely, que é muito semelhante ao paraíso dos cristãos, e lá permanecemos para sempre. Mas, se você tiver o azar de morrer num acidente ou cometer suicídio, acabará em Tailey, no inferno.

— Muitos tentaram nos converter ao cristianismo, mas não abandonaremos nossa fé original — afirmou o marido. — O cristianismo vem de fora, de outros povos e países. Nós, apatanis, cremos no sol e na lua.

— Mas a nova geração já não usa roupas tradicionais — queixou-se Naiya. — Nem nas celebrações. Eu costumava usar roupas tradicionais todos os dias, mas acabei me cansando das pessoas me perguntando a toda hora se eu estava a caminho de algum festival. Agora existem dez templos do sol e da lua no vale de Ziro — acrescentou ela. — Estamos crescendo e ganhando muitos fiéis. Amanhã é domingo, dia de cerimônia nos templos. Começa às nove e meia e é aberta a todos, é só chegar!

Às nove e meia da manhã seguinte, estávamos diante do portão do maior templo dedicado ao sol e à lua do vale de Ziro. Tasang, eu, três turistas neerlandeses e seu guia éramos os únicos presentes. Por volta das dez horas, uma mulher veio destrancar o portão e começou a varrer e lavar o pátio diante do templo. Trinta minutos depois, chegaram umas dez mulheres, enrugadas, com rostos tatuados e uns grandes tampões pretos em cada narina.

O templo em si era um edifício simples de concreto, sem cadeiras, bancos ou mobília, exceto pelos banquinhos enfileirados ao longo das paredes e uma pilha de almofadas. Duas mulheres estenderam um plástico preto no chão e as pessoas se sentaram nas almofadas e nos banquinhos. Vários fiéis surgiram pelo portão e entraram no templo, cerca de trinta ao todo, todos de idade bem avançada. Sentei-me na parte de trás e descobri, um bocado tarde demais, que estava no lado reservado aos homens.

Uma mulher e um homem conduziram a cerimônia. Eles se acomodaram no chão, um de frente para o outro, num pequeno estrado diante do altar simples cujo pano de fundo era um grande sol pintado. O homem lia um livro e a congregação repetia mecanicamente tudo o que ele acabara de dizer. Então a mulher leu algumas linhas, e a congregação repetiu mecanicamente. A língua era tão arcaica que Tasang, que crescera no vale de Ziro e falava apatani como língua materna, não entendia uma palavra do que era dito. Em seguida, foi o momento da cantoria; canções monótonas e intermináveis eram entoadas por vozes agudas e limpas. A certa altura, a mulher segurou uma garrafa de prata enfeitada com penas, desceu do patamar onde estava e aspergiu água em cada um dos presentes. Todos receberam uma generosa porção do líquido. A congregação se pôs de pé e entoou outro cântico demorado e monótono, seguindo-se a uma protocolar e absorta leitura da parte do celebrante. O chão de concreto era duro e frio. A cerimônia redundante dava a impressão de que fundadores haviam copiado, e estendido, os aspectos mais enfadonhos dos cultos cristãos. Com cãibras e dolorida depois de tanto tempo sentada no chão duro, levantei-me e saí.

Na igreja da renovação cristã havia mais animação. Mais de uma centena de crentes compareceram, principalmente jovens e famílias com crianças pequenas, e, graças a Deus, havia cadeiras de plástico à disposição de todos. O púlpito era decorado com uma simples cruz branca, e exceto por isso a ampla nave da igreja era desprovida de imagens e símbolos. Um jovem vestindo terno e gravata foi até o púlpito e começou a relatar como era peralta e desobediente quando criança. Já no décimo ano da escola ele começou a beber e tinha pesadelos frequentes com o diabo, mas depois encontrou Deus e começou a frequentar a igreja. Agora, ele era uma pessoa melhor, e os pesadelos diabólicos se foram. *Aleluia!*

— *Aleluia!* — replicou a congregação fervorosamente.

Uma jovem do estado de Nagaland falava numa mistura de hindi, inglês e o idioma local:

— Louvado seja o Senhor, coloco minha vida em Tuas mãos, sou Tua ferramenta, usa-me, Senhor, *louvado seja o Senhor*!

— Louvado seja o Senhor! — repetiu a congregação em êxtase, e toda a igreja explodiu num canto de louvor, acompanhado por tambores e címbalos.

Mais uma vez, Tasang e eu saímos de fininho da casa de Deus e fomos ao templo batista, o maior de todos no local. Nenhuma fileira de bancos estava vazia; mulheres e crianças sentavam-se juntas. Aqui, também, uma cruz rústica era a única decoração à vista.

Chegamos bem a tempo de assistir ao sermão. Um homem magro de terno cinza subiu ao púlpito e olhou em volta com o semblante grave. Então desatou a falar. Discorreu sobre como era importante para os batistas permanecer juntos, e sobre a importância de se manter longe dos adoradores do sol e da lua, o mais longe possível, especialmente de suas festas, porque, assim como o sol e a lua não ocupam o firmamento ao mesmo tempo, cristãos e pagãos também não podem estar juntos, pregou o pastor, para depois exortar a congregação a manter distância também dos templos hindus; os fiéis ali deveriam trilhar a senda pura e verdadeira.

Quando o pastor já não tinha mais o que dizer, um grupo de mulheres se levantou e caminhou decididamente em direção ao altar. Alguns se ajoelharam, outros se levantaram. Então, como se reagissem a um sinal invisível, uma cacofonia de súplicas ressoou pelo ar. As mulheres de pé estenderam as mãos para as ajoelhadas, como se quisessem fisicamente extrair o mal de dentro delas. O vozerio aumentava de intensidade em súplicas cada vez mais extáticas. Então, como se obedecessem a outro sinal invisível, as vozes calaram, as ajoelhadas ficaram de pé e todas silenciosamente voltaram aos seus lugares. O serviço tinha chegado ao fim. Na saída, cada um de nós ganhou um caramelo.

Nem todos os habitantes do vale de Ziro iam à igreja aos domingos. Mudang Pai, de 75 anos, com um histórico de vitórias nas competições de xamãs locais, não tinha planos de se converter.

— Os ditos sacerdotes da religião do sol e da lua não passam de uns inúteis — disse ele. — Uma religião sem um *nyibo*, um xamã, não vale nada. Um *nyibo* conhece todos os espíritos pelo nome e sabe o que cada um quer, sejam galinhas e ovos ou coisas maiores. Os espíritos têm fome de carne. Dar a eles doces simplesmente não funciona.

Mudang tinha um rosto enrugado, quase emborrachado, e faltava-lhe um bom número de dentes, mas seu cabelo comprido ainda era preto como azeviche. O cabelo estava preso num coque trançado sobre a testa e fixado por uma longa haste. Sentamos na varanda de sua casa, com vista para o jardim onde ele havia construído um pequeno altar de varas de bambu decoradas com cascas de ovos. A brisa da tarde soprava fria, mas Mudang, que usava apenas sandálias, bermuda e moletom, não parecia incomodado com isso. Tasang chamou um parente idoso para ajudar como intérprete. Como muitos jovens, ele tinha problemas em entender o apatani tradicional, especialmente quando a conversa tratava de religião e rituais. O parente traduzia do apatani para o hindi e Tasang posteriormente vertia para o inglês.

— Nosso ancestral, Tani, obteve seu poder do sol — explicou Mudang por meio do parente de Tasang e de Tasang. — A princípio as pessoas acreditavam em Tani, e depois começaram a acreditar no sol e na lua. Aliás, Tani era um sujeito muito inteligente. Robo, seu irmão mais novo, era muito caprichoso. Um dia, Tani decidiu matar Robo e o atraiu para fora da aldeia. Tani levou Robo para um lugar onde havia muito mel e deixou que as abelhas atacassem seu irmão. Robo caiu de um precipício e morreu.

É possível que o fratricídio seja um dos mitos religiosos mais antigos e dispersos pelo mundo. Segundo o Antigo Testamento, a história da humanidade começa com um: Caim, o primeiro homem nascido, mata seu irmão mais novo

Abel num ataque de ciúmes. No épico hindu *Mahabharata*, Arjuna mata o irmão mais velho, Karna, embora sem saber da proximidade familiar, e Rômulo, o mitológico fundador de Roma, mata o irmão Remo após uma discussão sobre os limites da futura cidade. Alguns pesquisadores acreditam que o fratricídio faz alusão à extinção dos neandertais: originalmente, os *sapiens* tinham um irmão, mas o mataram.

— Quando eu cresci, não havia cristianismo aqui — continuou Mudang. — Eu tinha trinta e poucos anos quando os anciãos da aldeia decidiram que eu deveria me tornar um *nyibo*. Aprendi as canções dos xamãs muito rápido, por isso fui considerado adequado.

— Como você trata os doentes? — perguntei.

O parente de língua hindi de Tasang não traduziu a pergunta para Mudang, em vez disso fez uma série de perguntas a Tasang, que em seguida me pediu para detalhar:

— A qual doença você se refere? Cada doença deve ser tratada de forma diferente.

— E se o paciente tiver uma dor no peito, por exemplo? — Foi a primeira coisa que me ocorreu.

Dessa vez, minha pergunta foi retransmitida a Mudang, e uma explicação mais longa se seguiu.

— As dores no peito são causadas por um espírito que habita fora da aldeia — explicou. — Quando você está fora da aldeia, pode ser acometido por ela. Primeiro tenho de rezar do lado de fora da casa do doente, depois cozinho um ovo e o parto em dois com um fio do meu cabelo para decidir se o resto do ritual deve ser executado dentro ou fora da aldeia.

— E se a doença for uma forte dor de cabeça?

— Dores de cabeça podem ser causadas por dois espíritos — respondeu Mudang. — Um é *danyi*, o sol, o outro é um espírito da mata. Para não ter dúvidas, pego dois ovos, um para cada um desses espíritos. Enquanto os ovos fervem, faço orações, e, quando terminam de cozinhar, os parto ao meio com uma mecha de cabelo e determino qual dos espíritos está por trás dela. Se for um espírito da mata, sacrifico uma galinha e um ovo. Se for sol, preciso sacrificar três galinhas e quatro ovos. O doente não pode sair de casa durante três dias. Para que as pessoas da aldeia compreendam que devem se manter afastadas, deixo um ovo do lado de fora da porta do doente.

Mudang respirou fundo.

— Quase ninguém mais sabe dessas coisas, porque os jovens não querem mais ser *nyibo*. Se em breve não houver mais *nyibos*, não teremos mais *nyibos* quando eu morrer. Se continuar assim, os jovens de hoje perderão sua identidade, sua cultura e suas tradições. Quando alguém nos perguntar sobre a nossa cultura, como você está fazendo agora, eles não saberão responder.

— Mas sua esposa se converteu ao batismo há alguns anos — provocou o parente de Tasang. — O que tem a dizer sobre a esposa do *nyibo* ir à igreja?

— Mesmo conhecendo todos os espíritos, também acredito que só existe um Deus — Mudang respondeu, inabalável. — Para os apatanis, existe um espírito extremamente maligno, um espírito faminto que precisa de muito sangue. Tentei controlá-lo e fazê-lo parar de assediar minha esposa, mas não consegui. Ele continuava a persegui-la, não importa o que eu fizesse. Ouvi muito falar de como os cristãos expulsam os maus espíritos, então mandei minha esposa ir à igreja. Funcionou! Em princípio, acredito que todas as religiões são boas e respeito todas elas.

*

A via principal de Arunachal Pradesh corre ao longo da fronteira do estado, de oeste a leste, e é cortada por algumas estradas vicinais ao norte. Embora tenhamos atravessado a fronteira estadual para Assam em vários trechos do caminho à medida que rumávamos para leste, não era difícil saber exatamente onde estávamos: a quantidade de lojas que vendiam bebidas alcoólicas revelava se estávamos no libertário Arunachal Pradesh ou no bem mais puritano Assam. Em algum momento da tarde, viramos numa estrada secundária e seguimos rumo ao norte por uma paisagem verde e ondulada, passando por uma infinidade de *Liquor Shops*, igrejas e pequenos povoados onde espaçosas casas de bambu cobertas com grossos telhados de palha equilibravam-se sobre palafitas. Havíamos deixado para trás os apatanis e agora estávamos na terra dos galoos.

À noite, chegamos a Aalo, deixamos as bagagens na hospedaria local e fomos convidados para conhecer a família dos proprietários na casa principal. No meio da grande sala de pé-direito alto havia uma fogueira aberta. O chão era coberto de esteiras de bambu e uma parede era decorada com crânios e chifres de gaial, uma grande e resistente raça de bovinos popular neste recanto da Ásia. Os gaiais têm chifres fortes e grossos e pelo curto e preto, e são usados como dote por muitas etnias de Arunachal Pradesh.

— Esses são os gaiais que o marido sacrificou quando se casou — explicou Tasang. — Quanto mais joias a noiva tiver, mais reses ele terá de sacrificar. Ainda devo cinco gaiais aos meus sogros — acrescentou ele com pesar. — Gaiais são muito caros, não tenho ideia de como vou conseguir pagar. Nós, apatanis, não sacrificamos gaiais quando casamos, mas a minha esposa é de outra etnia, então os pais dela esperam gaiais.

A associação feminina local fazia uma reunião na varanda. Fui convidada a participar e sentei no meio do semicírculo de mulheres.

— A associação foi fundada em 30 janeiro deste ano para ajudar uma mulher do clã Ori que estava se divorciando — explicou Kirken Ori, a secretária, em hindi. — Depois, continuamos a arrecadar uma pequena quantia de cada participante e usar esse dinheiro para ajudar as mulheres do clã que passam por necessidade extrema.

Gyi Ori, o dono da pousada, um homem jovem e simpático de cerca de quarenta anos, sentou-se conosco e pediu a palavra:

— É difícil ser mulher — disse ele. — Elas fazem o trabalho pesado: dão à luz os filhos, colhem as verduras, carregam lenha.

— Quem cuida dos animais? — perguntei.

— As mulheres — respondeu Gyi.

— Quem cuida das crianças?

— As mulheres.

— Quem faz a faxina em casa?

— As mulheres.

— Quem lava as roupas?

— As mulheres.

— Quem cozinha?

— As mulheres.

— Quem colhe o arroz?

— As mulheres.

— O que os homens fazem, afinal?

Todos riram.

— Nada, passam o dia inteiro bebendo — afirmou Gyi.

— Seria bom que fizessem algo, ou não?

— Sim, eles vão caçar na selva e pescar, e é trabalho deles construir cercas em volta da propriedade, essas coisas — explicou Santi, que, além de secretária, era a única mulher da associação que dominava o hindi. — Muitos deles também trabalham para o governo e ganham dinheiro para que possamos dar uma boa educação aos nossos filhos.

— Alguma de vocês tem outro trabalho além de colher arroz? — perguntei.

Todas balançaram a cabeça.

— Mesmo assim, nossa situação é melhor do que a média das mulheres na Índia — disse Santi. *Estávamos* na Índia, para elas, obviamente, a Índia era alhures. — Não temos de pedir permissão para nos deslocar. Fazemos o que queremos. Nossos maridos não nos controlam.

— Quem fica com os filhos depois de um eventual divórcio? — quis saber.

— O homem, sempre o homem — respondeu Kirken, a secretária. — Os maridos também podem se casar com várias mulheres sem pedir permissão às esposas. Se a esposa não tiver filhos, ou depois de quatro filhas ainda não tiver um filho varão, ele tem o direito de tomar outra esposa.

— Você tem sorte de poder viajar para tantos lugares — disse Santi para mim. — Não podemos nem ir para Itanagar. Se formos, nosso marido pode se recusar a nos receber quando voltarmos para casa.

— Mas você não acabou de dizer que poderia ir aonde bem quisesse? — contrapus.

— Na aldeia e nas redondezas sim, mas não podemos ir tão longe, e pelo menos não sozinhas! Nesse caso, logo começariam os boatos. Os homens, por outro lado, podem ir para onde quiserem. Podem até sumir por meses, se quiserem.

— Para onde você iria se pudesse viajar para um lugar qualquer? — perguntei.

— Para Darjeeling! — sorriu ela.

Num pequeno anexo da casa principal, os homens da aldeia preparavam-se para praticar a dança de guerra. Eles usavam chapéus imponentes adornados com penas brancas farfalhantes, mas, exceto por isso, vestiam-se casualmente com shorts, camisetas e jaquetas puídas. Nas mãos empunhavam longas espadas que batiam com força no chão a cada passo. O primeiro número correu bem; o próximo, nem tanto: eles faziam um semicírculo e tinham de se mover de lado, com os joelhos levemente dobrados, agitando a espada de um lado para o outro. Ao mesmo tempo, dois homens pulavam no meio do semicírculo e ensaiavam um duelo de espadas. Um sexagenário esbelto e encanecido suspirou desanimado:

— Não é assim! — disse ele, balançando a cabeça. — Vocês precisam acompanhar o ritmo com movimentos mais suaves!

Delicada e suavemente, o coreógrafo demonstrou os passos tentando fazer com que o grupo de adolescentes parecesse uma equipe entrosada. Em algumas semanas eles participariam de um festival em Délhi. Até lá, teriam de dominar a arte da dança marcial.

No dia seguinte, fizemos uma excursão à aldeia vizinha. Do lado de fora de uma das casas encontramos um grupo de homens reunidos. Sentados na grama, dois anciãos de vozes roufenhas entoavam as mesmas notas repetidamente.

— Há dois dias houve um pequeno incêndio nesta casa — explicou um homem empertigado, vítima do infortúnio. — Conseguimos debelar o fogo e ninguém se feriu. A casa ainda está intacta, mas olhando em retrospecto achamos que foi um aviso do espírito do fogo, não está feliz conosco e acha que não realizamos rituais suficientes. É possível que haja também um espírito maligno na casa. Por isso, convocamos dois *nyibos* para apaziguar o espírito do fogo e afugentar o espírito maligno, para que não ocorra um novo incêndio. Às três horas desta tarde sacrificaremos duas galinhas. Agora estamos no processo de construir os altares.

Ele acenou com a cabeça para dois homens que entrançavam bambus. Os dois anciãos *nyibos* continuavam cantando, as mesmas notas, de novo e sempre.

Às três em ponto, Tasang e eu retornamos e os dois *nyibos* se levantaram da grama e começaram a caminhar pela estrada, repetindo uma frase curta e as mesmas notas. Eles passaram a manhã e a tarde cantando, e era visível o esforço que faziam a cada repetição. Um cortejo seguia atrás dos dois. Um homem carregava os altares, que já estavam acabados e pareciam leques, outro carregava uma gaiola com duas galinhas e alguns troncos, os outros seguravam lanças de bambu amarradas com cascas de bananeira.

Tasang e eu éramos os últimos. Depois de um tempo, saímos da estrada e tomamos uma trilha íngreme e lamacenta até o rio. Enquanto os xamãs cantarolavam, um homem tirou as duas galinhas da gaiola. As duas aves cacarejavam apavoradas, mas não demorou para que se ouvissem os protestos de apenas uma delas. O homem segurou a galinha moribunda sobre um altar para salpicá-lo de sangue, e então fez uma incisão rápida no pescoço da outra galinha. Os cacarejos cessaram. As galinhas foram amarradas nos altares, e o dono da casa incendiada entrou no rio carregando um altar em cada mão, enquanto os demais participantes do cortejo, de pé na beira do rio, atiravam nele pedaços de casca de bananeira — simbólica e concretamente, para expulsar o espírito maligno da casa. Quando o dono da casa chegou ao meio do leito, mergulhou sob cada um dos altares. Em seguida, lançou-os correnteza abaixo e nadou até a margem novamente. Antes de sair do rio propriamente, ele aproveitou para tomar um banho completo, lavar cabelos e até roupas com sabão.

Os dois anciãos *nyibos* finalmente se calaram e voltaram para a aldeia para umedecer a garganta com vinho de arroz.

*

Na manhã seguinte, prosseguimos para nordeste em direção a Anini, uma das aldeias mais remotas e inacessíveis de Arunachal Pradesh. Quanto mais subíamos, mais estreito e esburacado era o caminho. Uma nova estrada estava em construção, e, quando estiver concluída, o tempo de deslocamento até Anini será reduzido pela metade. Até lá, o percurso estava ainda mais demorado justamente por causa das obras.

No final da tarde chegamos a Hunli, um inesquecível vilarejo cercado por montanhas azul-escuras cobertas de neve. Devíamos passar a noite numa hospedaria simples, de propriedade do governo, escondida no final de uma rua sem saída atrás de um portão enferrujado. Uma mulher com uma toalha enrolada na cabeça e uma escova de dentes enfiada na boca se aproximou de nós.

— Vocês não podem pernoitar aqui — disse ela sem tirar a escova da boca. — O agente do governo está viajando.

— Mas fizemos reservas e não temos para onde ir — argumentou Tasang.

— Sinto muito — disse a mulher, erguendo a palma de uma mão enquanto continuava a escovar os dentes com a outra. — Para ficar aqui é preciso se registrar, mas, como o representante do governo não está aqui hoje, não é possível se registrar e, portanto, vocês não podem ficar aqui. Já recusei dois outros turistas hoje.

— Mas um amigo meu — disse Tasang mencionando um nome — é parente seu. Tem certeza de que não pode abrir uma exceção?

De repente a coisa mudou de figura. Ainda com a escova de dentes na boca, a mulher atravessou o pátio correndo e destrancou os quartos onde podíamos dormir. Eram simples, mas relativamente limpos e equipados com uma espécie de banheiro. A mulher tirou a escova mastigada da boca e cuspiu.

— Estacionem o carro atrás da casa para que os turistas que acabei de mandar embora não vejam que há hóspedes aqui — recomendou ela.

Quando o sol se pôs, mas antes que a eletricidade fosse ligada, a dona da casa nos convidou até a cozinha simples, onde picava legumes ao lado do fogão. Sentamos ao redor do fogo com três silenciosos homens locais e um estudante de doutorado de Assam que estava fazendo pesquisas sobre esquilos-voadores.

— Arunachal Pradesh é o único estado da Índia onde existem tigres, leopardos, leopardos-nebulosos e leopardos-das-neves — disse ele animadamente. — A fauna aqui é riquíssima, até najas vivem aqui. Elas gostam de se esconder dentro das casas agora no inverno.

— Mas em Anini não existem najas, não é? — disse eu, esperançosa. — Afinal, estamos 2 mil metros acima do nível do mar.

— Mas é claro que existem najas em Anini — assegurou o doutorando entusiasmadamente. — Se você for picada, o importante é não entrar em pânico. O veneno se espalha mais rápido nesse caso.

Terminada a refeição, o doutorando pôs nas costas a mochila que deixara pronta, prendeu a lanterna de cabeça e saiu para passar a noite com os esquilos-voadores.

Despertamos sob a luz gris do raiar do dia. Devido às obras, um trecho mais acima ficaria fechado boa parte da tarde, teríamos de passar enquanto ainda estava aberto. Não chegamos a rodar nem por uma hora e fomos forçados a parar: uma árvore caída estava atravessada na estrada. Felizmente, um operário logo chegou ao local com uma escavadeira e empurrou a árvore pelo despenhadeiro. Danthi continuou, mas trinta minutos depois tivemos de ceder novamente às forças da natureza: o caminho estava bloqueado por um grande deslizamento de terra. Três escavadeiras trabalhavam duro para remover as pedras gigantes e as massas de terra, mas a estrada só voltou a ficar transitável três horas depois. Danthi mal conseguiu pôr o carro em movimento e tivemos de parar para trocar um pneu furado. Quando chegamos ao ponto crítico, a estrada estava fechada havia muito tempo, e não nos restou opção a não ser esperar o trabalho terminar.

Na encosta abaixo de nós havia um grupo de homens bebendo.

— Venham aqui! — gritaram eles. — Venham beber conosco!

Como não receberam uma resposta, um deles veio até o carro. Ele parecia ter bem mais de cinquenta anos e usava uma tanga curta, uma jaqueta suja e um colete de malha. Sobre o ombro esquerdo pendia uma enorme adaga numa bainha adornada com mandíbulas artificiais de animais. Na mão direita segurava uma bengala, o que bem lhe convinha, pois ele mal conseguia ficar de pé.

— *Do you undershtand?* — perguntou ele num inglês macarrônico. — Eshtá me entendendo? Eshtou perguntando e é importantch você me entenderrrr!

Tasang veio me acudir e escapamos para a mercearia local, cujos bancos ao longo da parede estavam banhados pelo sol. No quadro de avisos, um documento oficial informava que a aldeia tinha 38 eleitores aptos a votar. Mal nos sentamos e um homem de meia-idade veio nos fazer companhia. Ele estava bem-vestido, com uma camisa azul e shorts, seu cabelo estava bem aparado e seu rosto gentil inspiraria confiança, se ele estivesse sóbrio.

— De onde você é? — perguntou ele em seu inglês quase inexistente. — Londres? — sugeriu, cheio de expectativa.

— Não, ela é da Noruega — Tasang respondeu em hindi, e afastou as mutucas que picavam até sangrar.

— Mas de onde você *vem*? — insistiu o homem.

— Da Noruega — eu disse.

— Sim, mas de onde você é? — repetiu o homem. A conversa girava em círculos. — Vocês gostariam de experimentar o vinho local? — propôs ele, com um sorriso largo.

Recusamos educadamente e fugimos de volta para o carro para escapar dele. Lá, fomos recebidos pelo bêbado número 1, agora segurando uma garrafa de bebida recém-adquirida e um maço de cigarros. Ele agarrou minha mão e não a soltou. — Eshtá entendendo? — perguntou sem desgrudar os olhos de mim.

Logo em seguida veio o bêbado número 2 cambaleando:

— De onde você é? — ele perguntou ele me encarando. — Você é de Londres?

Depois de 68 longos minutos neste vilarejo sem nome, mas inesquecível, a barreira se abriu milagrosamente e pudemos seguir adiante. O bêbado bem-vestido correu atrás do carro por uma curta distância.

— Mas você é de onde? — gritou ele, desesperado. — De onde você é?

Só bem mais tarde me dei conta de que *Norway* [«Noruega», em inglês] confunde-se facilmente com *no way* ou *nowhere* [lugar nenhum].

A noite já tinha caído havia horas quando chegamos a Anini. Ficamos hospedados na casa de Vadra, um amigo de Tasang, que morava na casa mais grandiosa de Anini, um bloco pintado de rosa, verde e azul, um moderno palácio de concreto no meio das tradicionais choupanas de bambu. Vadra era a hospitalidade em pessoa. Quando soube que estávamos chegando, imediatamente interrompeu o jantar para nos receber e nos mostrar os aposentos. Era um militar reformado, de rosto anguloso e marcado, leve prognatismo e cabelo curto e espetado para cima, e falava alto, com uma voz anasalada e penetrante. Sempre que as palavras em inglês lhe faltavam, ele alternava para o hindi.

Na bancada da moderna cozinha estavam um homem alto e magro vestindo uma túnica impecavelmente branca e um baixinho de aparência mais anônima, vestindo calças comuns e camisa xadrez.

— Sou o pastor Paul — cumprimentou cordialmente o homem de túnica. A exemplo do anfitrião, ele era pentecostal. Não era nada surpreendente em si, apesar de somente uns 10% dos idu mishmi de Anini terem se convertido ao cristianismo. O surpreendente é que Paul pertencia à casta mais alta.

— Eu me opunha fortemente ao cristianismo quando jovem, afinal eu era um brâmane! — disse o pastor com sua poderosa e bem articulada voz de pregador. Amos, seu assistente local de aparência mais anônima, traduziu do hindi para o inglês:

— Quando jovem, vivia uma vida pecaminosa e bebia demais. Minha mãe morreu quando eu era pequeno, e meu pai costumava me dar uma ou duas colheres de sopa de álcool para me ajudar a dormir. Quando entrei na escola, o criado costumava pôr um quarto de garrafa de uísque dentro da minha mochila. Na décima série eu já bebia de três a quatro quartos de garrafa todos os dias! Por fim adoeci. Fígado, rins, pulmões, tudo foi destruído, e os médicos disseram que eu só tinha seis meses de vida. Certo dia, um missionário cristão veio à nossa casa para conversar com meu primo. Fiquei sentado bebendo meu uísque ouvindo o que o missionário dizia, e de repente ele citou um versículo da Bíblia que me impressionou muito: «Você sabe que seu corpo pertence a Deus, então por que você o está destruindo?». Essa frase mudou minha vida. A princípio, fiquei furioso com o missionário e fui até a casa onde ele morava com a arma de meu pai no bolso, decidido a atirar nele. Eu já estava para morrer, afinal. Mas o missionário me recebeu com gentileza e aplacou a minha ira. Passei a vida inteira fazendo uma só coisa: bebendo álcool. Por causa de tanto álcool, não dormia bem à noite. Chegava a dormir apenas oito a dez minutos de cada vez. Remédios para dormir não faziam efeito. Dormir uma noite inteira era o meu maior desejo, e então desafiei o missionário: «Se o seu Jesus é um Deus verdadeiro, peça a Ele que me deixe dormir. Se eu conseguir dormir bem esta noite, serei um grande seguidor de Jesus».

— Deixe-me adivinhar — eu disse. — Você conseguiu dormir bem naquela noite.

— Sim — sorriu o pastor Paul. — Para encurtar a história, dormi muito bem naquela noite. Quando acordei, me senti como um ser humano pela primeira vez. Naquele dia parei de beber. A princípio fiquei gravemente doente, quase morri, mas o missionário e sua esposa, que era médica, cuidaram de mim em sua casa durante meses. Dezenove pastores em diferentes países jejuaram e oraram por mim por quarenta dias, e pouco a pouco, depois de quatro meses e dezesseis dias, lentamente comecei a voltar a mim. Passados cinco meses, consegui me sentar na cama e beber água. Depois de seis meses, consegui ficar de pé e fui batizado no Ganges.

— Qual é mesmo o seu nome? — perguntei.

— Nirmal Kumar Dubey.

— Uma casta muito elevada — interveio Amos. — *Muito* alta!

— Como sua família reagiu quando você foi batizado? — eu quis saber.

— Eles ficaram furiosos — sorriu o pastor. — Meus irmãos e meu pai me espancaram até me deixar inconsciente, quebraram meu crânio e me largaram num depósito para morrer. O missionário também me salvou dessa vez, e ele e sua esposa cuidaram de mim novamente, em sua casa, por semanas. Depois de muitas provações, tornei-me pastor. Vim para Anini pela primeira vez em 2003. Não havia cristãos aqui nessa época. Alguns me receberam bem, outros foram extremamente hostis. Fui ameaçado a faca por alguns jovens, e a igreja que eu havia construído foi demolida. O começo foi lento, mas agora já batizei quase cem pessoas aqui.

— Meu próprio irmão foi um dos que ajudaram a demolir a igreja — contou Amos. — Pouco tempo depois, ele teve uma leucemia grave. Nenhum médico conseguia ajudá-lo, então ele tentou cometer suicídio e acabou em coma. Quando acordou, eu disse a ele que a igreja era sua última chance. Ele se converteu, recebeu um transplante de medula óssea e se recuperou. Depois disso, também me converti. Eu tinha o hábito de fumar mais de cem cigarros por dia. Minha esposa insistia para que eu parasse, mas eu dizia que era mais fácil eu abandoná-la do que largar os cigarros. Quando me tornei cristão, parei de fumar e de beber!

— Você se tornou uma pessoa respeitável e decente agora — assegurou o pastor Paul.

Uma mulher morena com um bebê amarrado nas costas nos serviu arroz, curry e água. No pátio externo concentrava-se uma pequena multidão de crianças e adultos vestindo andrajos, todos com pele muito mais escura que a dos idu mishmi, a população autóctone de Anini.

— De início não tínhamos tantos ajudantes — observou Vadra. — Mas um deles um dia retornou acompanhado de uma mulher que tinha gêmeos, e assim tivemos de conseguir outra ajudante, e agora de repente temos um tanto deles.

— Deve ser caro mantê-los — observei.

— Não os pagamos, damos a eles comida e abrigo em troca do serviço que fazem na casa — explicou Vadra. — Se não houver muito o que fazer, eles podem trabalhar durante o dia e ganhar seu próprio dinheiro. Antes, era comum que as pessoas dessas bandas tivessem escravos. Os escravos eram idu mishmi, como nós, mas talvez órfãos ou, por alguma razão, extremamente pobres. Seus filhos também nasciam escravos. Abolimos a escravidão há uma ou duas gerações.

Uma adolescente magra recolheu a louça e começou a lavá-la. Depois, arrumou meu quarto. Dormi como uma pedra a noite toda, com ou sem qualquer tipo de intervenção divina.

Sipa Melo era o xamã mais poderoso do distrito, ou *igu*, como era chamado por aqui. Ele morava na pequena aldeia de Alinye, alguns quilômetros ao norte de Anini, onde tinha um pequeno hotel e um restaurante ainda menor. Ele surgiu caminhando com dificuldade pela serventia da casa assim que nos aproximamos, acompanhado de perto por um idoso que se revelou ser alemão, psiquiatra e antropólogo.

— Faz dezesseis anos que visito Sipa regularmente e continuo aprendendo algo novo a cada vez — disse o alemão. — Meu objetivo é documentar todos os rituais e cantos, para que não se percam.

Muitos anos antes, ele escreveu um tratado de antropologia social sobre xamãs no Nepal, mas nas aldeias que visitou na época já não havia xamãs. Todos haviam se convertido ao cristianismo.

— Para encontrar verdadeiros xamãs hoje em dia é preciso ir a áreas rurais sem conexões rodoviárias — disse o alemão. — Anini também mudou tremendamente depois que a estrada chegou — acrescentou com tristeza. — Os jovens não querem mais morar aqui.

O alemão retirou-se para descansar em seu quarto. Sipa convidou Vadra, Tasang e eu para a sala de tv e ofereceu chá fresquinho. Como é o costume entre os idu mishmi, ele tinha uma franja espetada e seu cabelo preto e comprido estava preso num rabo de cavalo. Ele tinha 58 anos, era muito mais baixo do que eu e, pelo temperamento gentil ao extremo, dava a impressão de ser incapaz de sentir raiva.

— Ele é o xamã mais poderoso da região — declarou Vadra, e se sentou na extremidade do sofá. Sipa falava suavemente e com calma, o tempo todo com um pequeno sorriso no rosto, embora fosse constantemente interrompido por Vadra, que concluía suas frases.

— Eu não fui à escola, em vez disso passava o tempo na companhia dos xamãs, prestando atenção às canções que cantavam — disse Sipa. — Comecei a aprender por volta dos doze anos, mas demorei dez anos para aprender todas as canções e tudo o mais que precisava saber sobre os espíritos. Quando canto, visto uma vestimenta específica feita de pele de urso, dentes de tigre e de leão. A roupa me deixa mais corajoso. Muitos espíritos têm raiva do xamã, porque ele é o único que pode controlá-los. Os espíritos costumam ser temperamentais e, às vezes, querem lutar. Mas a alma do *igu* pode subir mais alto que os outros espíritos, e aí adquire um poder especial. Quando canto, meu corpo está aqui, mas minha alma está nas montanhas, nas nuvens, muito, muito longe...

Ele me entregou um galho e me pediu para provar as folhas. Tinham um gosto azedo e amargo sabendo a anis.

— Certas doenças podem ser tratadas com remédios de plantas silvestres — explicou. — Essa planta aí, por exemplo, é boa para dor de estômago. Apenas o xamã sabe onde essas plantas crescem. Quando alguém está doente, canto de geração em geração para saber se alguém da família do doente fez algo que possa ter irritado os espíritos. Então faço a mediação entre o espírito e a pessoa: digo ao espírito que a pessoa quer se reconciliar e peço que poupe o doente. Muitas vezes sugo a dor do paciente e a escarro.

Em casos complicados, às vezes mando pacientes para o hospital ou os visito lá. Também dou assistência quando as pessoas morrem. Acontece de a alma estar tão apegada à vida terrena que não quer sair de casa, e aí tenho de explicar ao morto que ele precisa seguir em frente. As almas das pessoas que morreram de morte natural vão parar em Asuko, nosso paraíso. Acreditamos que nossa jornada, a jornada da vida, começa no nascente, no leste, e termina no poente, no oeste. Asuko fica no oeste.

— No oeste, sim — confirmou Vadra. — Asuko fica no oeste, é isso mesmo!

— Quem morre de morte não natural vai parar em Yomuko, nosso inferno, mas não deve ficar lá para sempre — Sipa continuou pacientemente sem se deixar afetar por Vadra, que não parava de interromper. — Se uma pessoa se enforcou, por exemplo, ela precisa, depois de morta, examinar absolutamente todos os aspectos da corda. De onde ela veio? Por que foi parar em suas mãos? Alguém que se afogou num rio deve descobrir tudo sobre esse rio. Quantos peixes nadam nele, onde desemboca, de onde brota. Alguém que é morto com uma faca tem de escalar todas as montanhas íngremes do mundo, porque as encostas das montanhas parecem lâminas. Geralmente leva de 2 mil a 3 mil anos. Quando essa pesquisa for concluída, a alma irá sozinha para Asuko.

— Sim, irá para Asuko sozinha, sim — repetiu Vadra.

— O clima está mudando em todo o mundo, especialmente no Himalaia — eu disse. — Aqui em Anini, a vida mudou muito nas últimas décadas e uma nova estrada está para ser construída. Como os espíritos reagem a todas essas mudanças?

— Os espíritos estão com raiva — respondeu Sipa. — Eles querem que peçamos permissão, por exemplo, antes de construir uma casa ou cortar uma árvore, para não incomodá-los. Eles estão zangados com a construção dessas estradas e barragens, é por isso que há tantos acidentes e deslizamentos de terra hoje em dia. O mínimo que poderíamos fazer, nós, humanos, era mostrar que lamentamos as mudanças que estamos causando na natureza e pedir permissão antes de começar a fazer as coisas.

Saímos para o jardim e tomamos chá de hortelã recém-colhida.

Sipa olhou em volta sorrindo.

— Não é lindo aqui? — disse ele, abrindo os braços em direção às montanhas que cercavam a casa. — Sinto que vivo no coração de uma flor de lótus.

De volta a Anini, pegamos o pneu furado, que já estava remendado, e começamos a procurar um lugar para abastecer com diesel. Não havia posto de gasolina em Anini, mas Vadra conhecia um lojista que também vendia combustível. O lojista encontrou uma jarra de plástico no depósito e mandou a filha esguia despejar o líquido no tanque.

Do lado de fora da casa, ao lado de Vadra um monte de sapatos estavam amontoados. Lá dentro, na estreita e mal iluminada sala de estar, uma dúzia de pessoas se espremia junto à lareira. Mais perto da porta estava sentado um homenzinho gordo cantando canções com uma voz estranhamente andrógina e pungente. No chão, à esquerda do xamã cantor, deitava-se um velho magro. Ele estava enrolado num cobertor grosso e tinha um aspecto doente e cansado.

— O que quer que ele tenha feito de errado, perdoe-o — cantava o xamã. — Dê a ele outra chance, proteja-o, deixe-o sair ao sol novamente.

Os presentes eram todos parentes do velho. Havia uma leveza no ar, as pessoas conversavam e riam enquanto o xamã cantava, e todos tomavam bastante chá. No canto mais próximo da porta estava um grupo de jovens um pouco isolados do resto, meninos com o cabelo emplastrado de gel e meninas com lábios rosados e brilhantes telas de celulares das quais nenhum deles desviava a atenção.

Na casa de Vadra, o pastor Paul e Amos estavam jantando quando voltamos.

— Foi um dia excelente! — O pastor era só sorrisos. — Batizamos quatro irmãs no rio esta tarde. Eram adolescentes, mas estavam decididas a ser batizadas, embora seus pais não fossem cristãos. Que dia maravilhoso!

Antes de nos dirigirmos para o sul novamente, na madrugada do dia seguinte, no caminho até Roing, o pastor insistiu em orar por nós. Ele fechou os olhos e orou fervorosamente para que estivéssemos protegidos ao longo da jornada e chegássemos em segurança. Ele, por seu turno, viajaria de helicóptero.

A prece do pastor foi de pouca serventia. O diesel que havíamos comprado em Anini no dia anterior se provou ser uma mistura de água e querosene, e no final da manhã o motor começou a falhar. Por fim, acabou morrendo. Felizmente, havia oficinas no caminho e um dos mecânicos nos ajudou a drenar um galão inteiro de água e fazer o motor funcionar novamente. Em cinco outras oportunidades, em intervalos cada vez mais curtos, Danthi teve de descer do carro e fazer o motor voltar a pegar antes de chegarmos a Roing.

— Ouvi dizer que se fuma muito ópio por aqui — disse eu a Tasang na manhã seguinte. — Será possível encontrar um fumante de ópio?

— Sem problemas — respondeu ele. — Posso levar você na casa do meu vizinho. De qualquer maneira, é na direção que estamos indo.

Danthi havia passado a manhã na oficina e agora o carro estava em forma novamente, abastecido de puro diesel. Nas duas horas seguintes, o caminho foi sobre um asfalto duro e liso. Era como rodar sobre seda. No início da tarde, chegamos à casa de Tasang, uma pacífica vila idu mishmi, nas planícies assamesas no sopé do Himalaia.

Tasang explicou nossa missão, e o vizinho, rindo, nos deixou entrar na tradicional casa de bambu e nos mostrou seus apetrechos sem reservas. Sentamo-nos junto do fogareiro, onde tudo tinha seu lugar fixo, desde a colher com que fervia o ópio ao cachimbo com que o fumava.

— Fumo três vezes ao dia — disse ele. — Se não fumo, meu corpo não funciona como deveria e fico com muita preguiça. Mas, quando fumo, meu corpo fica leve e macio como o algodão. É melhor do que vinho. Quando estou bêbado, perco o controle de mim mesmo. Quando fumo ópio, fico extremamente gentil. Tenho controle total.

— Há quanto tempo você fuma? — perguntei.

— Há cerca de dez anos. Começou como um passatempo. Meus amigos fumavam e quis provar também.

Ele falava devagar e ria muito. A voz tinha a rouquidão característica dos viciados em crack.

— Fico muito ativo quando fumo — continuou ele. — Planto ópio para consumo próprio, porque é mais barato do que comprar, mas às vezes, quando a colheita foi feita há muito tempo, tenho de comprar. Fumo no máximo trezentas rúpias por dia, talvez quinhentas quando os preços estão mais altos.

No início, o ópio, o flagelo do Oriente, vinha do povo mishmi, do outro lado da fronteira com a China.

— Até 1962, era fácil cruzar a fronteira, mas agora ela é patrulhada pelo exército — disse ele. — Ainda acontece de as pessoas cruzarem a fronteira à noite, porque todos sabem onde os soldados estão estacionados.

— Você percebe algum efeito colateral por fumar ópio? — perguntei.

— Não, e é por isso que não sinto motivação para parar. Mas eu preciso fumar todos os dias ou fico com febre.

A esposa, uma mulher magra vestindo uma colorida saia comprida com fenda e batom vermelho brilhante, aproximou-se e perguntou se queríamos chá.

— Eu odeio que ele fume — comentou ela. — Já pedi várias vezes para ele parar.

— Ninguém mais na família fuma ópio — disse o homem. — Todo vício prejudica o corpo e sei que terei de pagar o preço, por isso já tentei parar várias vezes, mas meu corpo sempre se rebela.

— Não é muito arriscado? — perguntei. — Na Índia, a punição para o uso de drogas é severa.

— Às vezes a polícia vem e confisca o ópio, mas é o conselho local quem decide o que é permitido aqui, não a lei indiana, e eu mesmo faço parte do conselho — ele riu. — Nossas maiores preocupações são os problemas relacionados à propriedade de terras e ao rapto de esposas. Se o marido quiser a esposa de volta, o homem que a «roubou» deve pagar uma multa. Se o marido não quiser ficar com a esposa, a esposa deve devolver os gaiais que recebeu quando se casaram.

— Você trabalha? — perguntei. Era meio-dia e ele estava em casa jogando conversa fora. Ao mesmo tempo, a família não parecia tão pobre — os três filhos estudavam na universidade da cidade mais próxima.

Ele riu por um longo tempo antes de responder.

— Sim, claro que tenho um emprego! Eu trabalho na Secretaria de Educação.

— Com que frequência você vai ao emprego?

Ele riu novamente, seus ombros chacoalharam.

— Antes eu tinha de ir ao escritório uma vez por mês para receber meu salário, mas agora o dinheiro cai direto na minha conta, então não preciso mais ir. Só tenho de trabalhar quando há eleições e quando chefes ou outras pessoas importantes estão de visita.

Quando eu estava saindo, um colega fumante veio visitar o vizinho de Tasang. Ele atiçou o fogo e habilmente pôs as tiras de folhas de bananeira para secar. Em seguida, ferveu água e colocou um torrão de ópio na colher de sopa, que estava à mão, despejou um pouco de água e deixou a mistura ferver até o ópio derreter numa massa escura e pegajosa. Então despejou a mistura sobre as tiras de folha de bananeira ressecadas, misturou bem e dividiu em duas porções iguais.

— Há quem faça isso em cinco minutos, mas eu não sou tão destro — debochou ele.

O camarada sentou-se ao lado do fogareiro grua e os dois homens despejaram água em seus cachimbos de bambu feitos em casa e os encheram com a mistura de folhas de bananeira. Inalaram profundamente e exalaram a fumaça doce e azulada. Após cada tragada, enxaguavam a boca com chá. O clima ao redor do fogo foi ficando cada vez mais descontraído. Depois caiu o silêncio.

Pelo dia de amanhã

O mundo está repleto de cemitérios de guerra. Nos arredores de Digboi, a capital petrolífera da Índia, duzentas lápides estão dispostas em fileiras organizadas sobre um gramado impecavelmente aparado. Cada túmulo encerra um romance inteiro.

A Soldier of the Indian Army 1939-1945 is honoured here [Um soldado do exército indiano 1939-1945 é homenageado aqui]. A sepultura era uma das poucas sem nome. Ninguém sabia como ele se chamava? Ou não foi possível identificá-lo? A morte ocorreu no dia 15 de novembro de 1945, meses após o fim da guerra. *Morto per la patria* estava inscrito no túmulo do sargento A. Respanti, do *Esercito Italiano*. Respanti morreu em 30 de julho de 1944. Menos de um ano antes, a Itália lutava ao lado do Japão, contra os Aliados. Como Respanti acabou indo parar do lado dos Aliados no jângal da Índia pouco tempo depois? *Treasured memories of a loved husband and daddy sadly missed by wife and baby* [Memórias preciosas de um amado marido e pai, infelizmente perdidos por esposa e bebê]. G. Marks viveu 31 anos. Antes de morrer, teria recebido a notícia de que se tornara pai? As palavras *Patria memor*, recordo meu país, foram gravadas no túmulo do soldado Bolongo, do Congo Belga. Como é possível que Bolongo tenha vindo parar aqui?

Quando estávamos para sair, dois meninos entraram no cemitério acompanhados de uma menina, os três carregados de equipamentos fotográficos. Presumi que fossem fotografar os túmulos, talvez para um trabalho escolar, mas acabou que a menina posava para as fotos, de todos os ângulos imagináveis, tendo os túmulos como pano de fundo.

Quando uma guerra começa e termina? Na Europa, a Segunda Guerra Mundial eclodiu em 1º de setembro de 1939, com a invasão da Polônia pela Alemanha. Na Ásia, porém, começou bem antes, no dia 7 de julho de 1937, quando o Japão atacou a China. Talvez até já estivesse em curso em 1931, com a invasão japonesa da Manchúria, no norte da China, e as atrocidades que se seguiram. O precursor da agressiva expansão japonesa remonta ainda a mais tempo, a 1904, quando o Japão atacou a frota russa em Porto Arthur sem aviso prévio e, para surpresa do tsar Nicolau II, derrotou o Império Russo. Nascia um novo e confiante Japão.

Em 1940, o Japão juntou-se à aliança entre a Itália e a Alemanha, e, acompanhando a devastação da Alemanha na Europa, o desejo de expansão dos japoneses também crescia. Em setembro, depois que o governo filogermânico de Vichy assumiu a administração das colônias francesas, soldados japoneses marcharam sobre a Indochina francesa, atual Vietnã, Laos e Camboja. Os Estados Unidos, responsáveis por cerca de 90% do consumo do petróleo japonês, responderam adotando um embargo total às exportações. Em 7 em dezembro de 1941, o Japão atacou a frota norte-americana do Pacífico em Pearl Harbor, no Havaí e nas Filipinas, bem como as colônias britânicas de Hong Kong, Mayala (atual Malásia) e Singapura, além do Reino da Tailândia. Assim como em 1904, os ataques faziam parte da estratégia japonesa de surpreender o inimigo — a guerra só era declarada quando era um fato. Os japoneses foram conquistando as ilhas do Pacífico em ritmo acelerado e, em janeiro de 1942, também invadiram a colônia britânica da Birmânia. Em pouco tempo, o Pacífico se transformou num campo de batalha, e o Japão abria uma guerra em todas as frentes.

A Campanha da Birmânia foi a mais longa travada pelos britânicos durante a Segunda Guerra Mundial. Como sempre, os combates impuseram seu maior preço à população local, encurralada no teatro de guerra entre Japão, de um lado, e Grã-Bretanha, Estados Unidos e China, de outro. Estima-se que cerca de 1 milhão de birmaneses morreram devido às hostilidades ou de fome e doenças associadas. Em Bengala, na Índia britânica, a oeste da Birmânia, entre 2 milhões e 3 milhões de pessoas morreram de inanição enquanto os britânicos lutavam contra os japoneses.

A guerra na Birmânia era, na verdade, pela China. A principal preocupação dos japoneses era cortar a Estrada da Birmânia, principal linha de abastecimento dos Aliados para a China, com mais de mil quilômetros de extensão, ligando Lashio, no norte da Birmânia, a Kunming, em Yunnan. Em abril de 1942, os japoneses capturaram Lashio e, portanto, a linha de abastecimento foi interrompida. Sonhando com acordos comerciais com uma China moderna, livre e em expansão, os norte-americanos esperavam que Chiang Kai-shek, líder do partido nacionalista chinês Kuomintang, derrotasse não só os japoneses mas também os comunistas chineses. Estavam, portanto, determinados a manter abertas as linhas de abastecimento do Kuomintang, custasse o que custasse.

O custo, tanto em termos materiais como em vidas humanas, não foi pequeno. Depois que a estrada foi interrompida, os norte-americanos começaram a construir uma nova estrada desde Ledo, no nordeste da Índia, perto da fronteira com a Birmânia. O plano era que a via se fundisse com a estrada original, no norte da Birmânia, e de lá atravessasse a fronteira para Yunnan, na China. Os britânicos já não estavam tão entusiasmados com a ideia de uma conexão rodoviária ligando a China à Índia, mas Washington deu vazão à proposta — e arcou com as consequências. Winston Churchill alertou que o projeto era tão extenso e dispendioso que a estrada provavelmente só seria aberta quando já não fosse necessária, e tinha alguma razão: embora empregando 15 mil soldados estadunidenses e 35 mil operários locais, o trecho de Ledo até Shingbwiyang, na Birmânia, com apenas 167 quilômetros de distância, levou todo o ano de 1943 para ficar pronto. A estrada atravessava o meio da mata densa, e, como não houve um estudo de viabilidade prévio, os engenheiros podiam apenas adivinhar as condições do solo. O clima era quente e úmido, e havia pragas em profusão, como mosquitos transmissores da malária, aranhas, escorpiões e cobras, e animais ainda mais agressivos, como tigres e leopardos. Cerca de metade dos soldados que morreram durante a campanha da Birmânia não caiu em batalha, mas sucumbiu vítima de doenças tropicais, fome ou animais selvagens.

Enquanto a estrada avançava lentamente, metro a metro, a única opção era levar suprimentos para Chiang Kai-shek por via aérea, sobre as montanhas do Himalaia. A rota de aproximadamente mil quilômetros ganhou o nome de *The Hump* [Corcova], mas também recebeu apelidos mais pitorescos, como *The Skyway to Hell* [Via aérea para o inferno], *Operation Vomit* [Operação vômito] e *The Aluminium Trail* [Trilha do alumínio]. Este último aludia à quantidade de destroços de aeronaves pelo solo ao longo do percurso.

Mais de quinhentas caíram ou desapareceram nos três anos e meio em que a rota esteve em operação diária, e mais de 1.300 tripulantes perderam a vida. Os pilotos tinham de decolar sob mau tempo com aviões pesadamente carregados, não havia torres de controle, nem radares, nem mapas confiáveis e a conexão de rádio era péssima. A visibilidade geralmente era zero, e colisões em pleno ar eram corriqueiras. Depois disso, ainda havia as altas montanhas. Nesta parte do Himalaia, confluem três poderosas correntes de ar, o que costuma resultar numa turbulência extrema. A maioria dos pilotos era recém-brevetada e tinha pouca experiência, e muitos tinham de fazer a rota de ida e volta três vezes ao dia durante longos períodos.

Em janeiro de 1945, finalmente foi inaugurada a Estrada de Ledo, ou Via Stilwell, como foi renomeada após a guerra, em homenagem ao irascível general americano Joseph Stilwell, responsável por sua construção. Os pilotos aliados, no entanto, continuaram a sobrevoar a «corcova» para suprir Chiang Kai-shek de material bélico até novembro do mesmo ano.

*

Ann Poyser, nossa anfitriã neste canto da Índia, não acreditava que Tasang e Danthi seriam capazes de encontrar os restos da Estrada de Ledo por conta própria e se juntou a nós como guia. Ann estava com quase setenta anos, acima do peso e com dificuldades para caminhar, mas desenvolveu uma técnica própria de locomoção. Seu pai, Stuart Poyser, veio da Inglaterra para Assam na década de 1930 para administrar uma das muitas plantações de chá da região. A vida na plantação era solitária e não demorou muito para que o jovem britânico se apaixonasse por Monglee, sobrinha de sua criada. Monglee tinha apenas catorze anos quando deu à luz a primeira filha, Mary. Ann veio ao mundo cinco anos depois. Stuart Poyser não queria, ou não podia, reconhecer as filhas, muito menos unir-se formalmente pelas leis britânicas, e em vez disso casou-se com Monglee numa cerimônia tradicional em sua aldeia natal, e ajudou sua pequena família como pôde.

Quando a guerra estourou na Europa e nas colônias vizinhas, ele se alistou e foi enviado para Malásia britânica. Em 11 fevereiro de 1942, quatro dias antes da queda de Singapura, foi morto em combate. Deixou para Monglee um álbum e alguns documentos com informações sobre a família na Grã-Bretanha, mas ela não sabia ler, e, como se não bastasse, os documentos foram roubados logo em seguida. Ann cresceu sem saber o primeiro nome do pai. A mãe achava que era Stephen.

Quando Ann tinha cinco anos e Mary, dez, a mãe conseguiu, com o auxílio de um padre católico, enviar as filhas para uma escola de freiras em Guwahati, bem longe dali. Mary morreu de disenteria depois de alguns meses, mas Ann sobreviveu, completou os estudos e conseguiu emprego como doméstica de um casal inglês. Anos depois, apaixonou-se por um aviador, um sikh, ficou noiva, mudou-se para o oeste com a família do noivo, engravidou — e descobriu que ele ainda não havia se divorciado da esposa anterior. Enfurecida, voltou para a aldeia em Assam e retomou o trabalho como doméstica. Não era fácil encontrar um patrão disposto a deixar uma jovem mãe solteira, ainda mais sendo mestiça, morar na própria casa, e não ajudava o fato de que os homens locais costumavam bater à porta à noite sem terem sido convidados. Ann mantinha a porta permanentemente trancada. Mas a filha foi crescendo, Ann foi conseguindo uma promoção aqui e outra ali, as finanças foram melhorando.

Nesse ínterim, Ann tentou várias vezes descobrir mais sobre o pai e seu destino, em vão. Em 1985, por acaso deparou com um artigo no *The Daily Telegraph* por ocasião do aniversário da vitória sobre o Japão. O autor do texto havia servido em Assam durante a guerra e agora era major-general. Ann lhe escreveu e, para sua surpresa, recebeu uma resposta. O major-general sabia onde seu pai estava enterrado e qual era seu primeiro nome. Com o nome completo do pai, conseguiu chegar a uma tia, que ainda estava viva e não tinha ideia da família indiana secreta do irmão. Desde então, Ann visita a família paterna na Inglaterra uma vez por ano. Ao completar cinquenta anos e se aposentar, ela comprou uma plantação de chá com suas economias e acabou construindo a pequena hospedaria onde fiquei.

A pista estava tomada pelo mato. Adolescentes em uniformes escolares verdes e brancos sentavam-se entretidas com telefones celulares e livros. Parcialmente escondido atrás de uma árvore, um grupo de alunos espreitava o que as meninas estavam aprontando. Nenhuma placa informava sobre os milhares de pilotos que, durante os anos de guerra, embarcaram na perigosa jornada pelo flanco oriental do Himalaia a partir daqui, tantas e tantas vezes.

O Ledo Club, onde o extravagante lorde Mountbatten, da Birmânia, montou um escritório em 1943, após ter sido nomeado por Churchill comandante supremo das Forças Aliadas no Sudeste Asiático, também já tinha visto dias melhores. A quadra de tênis foi transformada em estacionamento e a mesa de sinuca foi guardada num depósito. Mas o bar ainda estava de pé, funcionando, e três funcionários sorridentes nos mostraram as instalações vazias e empoeiradas. O balcão do bar era decorado com flores de plástico e banhado por uma luz azul brilhante.

— Eu costumava vir aqui para dançar nos fins de semana — disse Ann enquanto descia as escadas do decadente clube. — A associação custava oito rúpias. Não era exatamente fácil ser meio britânica e meio indiana aqui. Os brancos não me aceitavam como uma igual, nem os indianos.

A alguns quilômetros de distância ficava o Zero Point, onde começava a Estrada de Ledo. O local estava assinalado com algumas placas comemorativas e letreiros informativos desbotados.

— A estrada em si já se foi há muito tempo — disse Ann. — Mas um pouco mais adiante podem-se vislumbrar os restos de uma ponte.

Só as longarinas estavam aparentes. A ponte foi derrubada, pedra por pedra, pelos fazendeiros da região.

Ann virou-se triunfante para nós do banco da frente.

— Vocês não teriam chegado aqui sem mim, não é? — ela sorriu satisfeita. — Na próxima curva há um mercado de peixe. Podemos fazer compras lá.

O passeio terminou com um piquenique às margens do Bramaputra. As criadas de Ann haviam nos abastecido com sanduíches e ingredientes para o almoço. Tasang e Danthi começaram a acender uma fogueira, cozinhar arroz e picar vegetais. Fiquei sentada contemplando a vida na aldeia à beira do rio. O tempo inteiro acontecia alguma coisa, por menor que fosse. Homens vieram tomar banho, moças vinham, duas a duas, para lavar roupas, vacas desciam até a margem para matar a sede, um trator atravessou o rio e quase foi engolido na tentativa, uma larga barcaça deslizou preguiçosamente rio abaixo. No horizonte, o Himalaia nos guarnecia. Do fogo, aos poucos vinham aromas deliciosos, e logo a comida ficou pronta, servida em folhas de bananeira. Ann comeu com grande apetite, encantada com os talentos de Tasang.

— Você pode não ser muito bom em desbravar caminhos, mas sabe cozinhar — elogiou ela. Tasang sorriu e serviu mais uma porção na folha de bananeira.

Enquanto recolhíamos tudo, a luz foi lentamente passando de um azul leitoso para o roxo. As margens do rio já estavam desertas.

— Não me dei conta de que era tão tarde, são quase cinco horas! — disse Ann, alarmada. — Temos de ir antes que escureça. Os rebeldes ficam na selva durante o dia, mas depois de escurecer ninguém está a salvo.

O idílio rapidamente chegou ao fim. Por mais de trinta anos, vários grupos separatistas vêm lutando pela independência de Assam. O conflito já custou mais de 30 mil vidas e também resultou noutros prejuízos para a população — literalmente. Como a maioria dos proprietários de terras no Estado, Ann era regularmente obrigada a pagar dinheiro de proteção.

— Costumo pagar cerca de 50 mil rúpias a cada vez — disse ela. — A alternativa é ser assassinada, então é uma escolha simples. Você pode, é claro, recorrer à polícia, mas eles só garantem proteção por duas semanas, no máximo, e aí o jeito é se defender cada um por si. Todo mundo paga.

Voltamos para a casa de Ann, passando por patrulhas de soldados armados, acampamentos militares cercados e placas alertando sobre elefantes na estrada. Durante a noite fui acordada várias vezes por um barulho semelhante a uma trombeta vindo da selva ao lado.

*

Rodamos mais para o sul ao largo das montanhas Naga, que fazem parte da cadeia Purvanchal, que por sua vez é um afloramento do Himalaia. De vez em quando, pequenos aglomerados de choupanas de bambu despontavam na paisagem verde e ligeiramente montanhosa. A certa altura, Danthi virou para o leste, em direção a Mianmar.

A fronteira entre a Índia e Mianmar passa pela casa real local. A casa era construída em tijolo e coberta com um moderno telhado de zinco, mas o projeto era de uma choupana tradicional. No lado esquerdo do portão de entrada estava hasteada a bandeira amarela, verde e vermelha de Mianmar, no lado direito tremulava a bandeira indiana. Do estacionamento avistavam-se a sentinela indiana, localizada um pouco mais acima no cume, e a paisagem ondulada e verde de Mianmar, confusamente semelhante à da Índia.

O rei não estava em casa, disseram-nos, tinha ido à igreja. Descemos a encosta íngreme até a igreja e mal alcançamos a última parte do culto. O templo estava lotado, todos exibiam suas melhores roupas, as mulheres com saias coloridas ou vestidos curtos, os homens com terno e gravata. Do púlpito, o padre fazia um longo sermão sobre tudo e sobre todos. A única coisa que entendi foi *Christmas*, palavra que ele repetia com frequência. A certa altura, a congregação cantou «Joy to the World» num coro agudo e afinado, depois seguiu-se ainda mais falação sobre o Natal que se aproximava. De repente, um crescendo de vozes se elevou em direção ao teto da igreja. Tão repentinamente quanto começou, a oração terminou e todos se apressaram em sair.

Retornamos à casa do rei. O guia local que nos acompanhava como intérprete me apresentou a um homem baixinho e discreto. Ele calçava tênis preto e usava uma jaqueta marrom, tinha zigomas salientes, lábios escuros e nenhuma ruga. Os olhos eram grandes e sérios.

— Este é o rei — disse o intérprete.

A única coisa que revelava o título do homenzinho era um discreto crachá na lapela em que se lia *Towei Phawang. Chief Angh*.

Tasang entregou a ele os presentes que trouxemos: uma sacola de plástico com chá, açúcar e biscoitos. O monarca os aceitou humildemente e tomamos nossos assentos em banquinhos junto ao fogo, onde uma mulher estava ocupada preparando o almoço.

— Tenho 43 anos e sou *angh* de mais de 38 aldeias konyak em Mianmar e quatro na Índia, com mais de 100 mil habitantes ao todo — disse o rei em voz baixa.

Como a linha divisória atravessava a casa, calculei que o rei estava sentado em Mianmar, enquanto eu estava sentada na Índia.

— A fronteira foi traçada pelas autoridades indianas em 1971, quando meu avô era *angh* — explicou ainda, com a mesma mansidão. — Meu avô não tinha instrução e, quando era jovem, o cristianismo ainda não havia chegado aqui. Depois que o cristianismo chegou, as pessoas pararam de decapitar umas às outras e a fronteira entre Mianmar e a Índia foi traçada. Meu avô decidiu que sua casa deveria ficar no topo da colina, na divisa entre os dois países, para que ele fosse igualmente rei em cada país e também pudesse vigiar os inimigos. Antes do advento do cristianismo, não podíamos passar da aldeia de Tangyu, com quem estávamos em guerra, mas agora somos todos batistas e fazemos parte de uma grande família. Quando meu avô era jovem, éramos caçadores e adorávamos pedras, árvores e água.

— Eles praticavam uma forma de animismo — interveio um guia. Os turistas que liderava, quatro aposentados alemães, haviam se acomodado ao redor da fogueira e escutavam com interesse a conversa. Um cavalheiro com uma barba branca espessa, uma câmera sofisticada e uma bolota de ranho verde pendendo da narina estava tão próximo do rei que dava a impressão de querer sentar-se em seu colo. A casa do rei estava aberta a todos, as portas ficavam escancaradas, e qualquer um podia simplesmente entrar e tirar fotos à vontade.

— Eu sou o filho mais velho da primeira esposa do meu pai — continuou Towei, sem se deixar afetar pela plateia recém-chegada. As câmeras clicavam e apitavam sem parar. — A primeira esposa do rei torna-se rainha. Ela não precisa fazer nada. Eu tenho duas esposas. A número dois — ele acenou com a cabeça para a mulher ajoelhada picando vegetais — é uma espécie de ajudante doméstica. O rei pode ter quantas mulheres quiser. Meu avô tinha sessenta esposas, meu pai tinha catorze.

— O senhor planeja ter mais esposas? — perguntei.

— Possivelmente — respondeu ele esboçando um discreto sorriso. — Tenho nove filhos, mas dos irmãos e irmãs já perdi a conta. Desejo-lhes tudo de bom e quero que todos os meus filhos frequentem a escola. Eu não tive educação formal, porque esse era o costume no passado. O futuro rei não ia à escola.

O turista alemão barbudo se ajoelhou e pôs a teleobjetiva tão perto do rosto do rei que quase lhe acertou o nariz.

— Sou responsável por todas as aldeias e todas as decisões importantes são tomadas por mim — continuou o rei, imperturbável. — Se alguém briga, tenho de mediar. Em troca, os aldeões precisam me pagar impostos. Quando alguém mata um animal selvagem de grande porte, fico com a cabeça. Quando um gaial é sacrificado, recebo a perna direita. Além disso, as pessoas me dão arroz, inhame e ópio. Do lado de Mianmar, eles cultivam ópio em grandes quantidades e praticamente todo mundo fuma, mas eu parei há três anos. Quando você tem ópio, tudo fica bem, mas, quando não tem, você não suporta fazer mais nada. No final de cada mês, encontro-me com representantes dos exércitos da Índia e de Mianmar. Tenho dupla cidadania e ambos os países me reconhecem como o rei dos konyaks. Posso circular livremente pela fronteira e posso votar nas eleições em ambos os países.

— Em quem votará nas próximas eleições? — eu quis saber.

— Frente Popular de Nagaland.

— O movimento de independência? — arregalei os olhos.

— Sim, eu ficaria feliz se Nagaland se tornasse independente, mas a Índia jamais permitirá isso — respondeu o rei. — Em geral, quando não há nada em especial acontecendo nas aldeias, como agora, levo uma vida completamente normal. Trabalho no campo e às vezes convido todos da aldeia para vir comigo pescar.

Eu estava prestes a perguntar que sonhos ele tinha para seu povo, quando uma delegação de homens sérios surgiu pelo salão. Sem dizer palavra, o rei rapidamente se pôs de pé e caminhou até eles.

— O rei pode chegar e sair quando quiser — explicou o intérprete. — É uma prerrogativa real.

Towei sentou-se na cabeceira da longa mesa do que deveria ser a sala de reuniões. A audiência tinha terminado. Saímos da choupana e voltamos para a Índia. Numa das salas menores, do lado de Mianmar, quatro homens fumavam ópio. Meia dúzia de turistas ocidentais idosos documentavam a sessão minuciosamente.

*

Uma guerra costuma terminar de muitas maneiras, todas prolongadas e sofridas. Geralmente, o fim chega bem antes, pois poucos senhores da guerra dominam a arte de se render a tempo. Mutaguchi Renya, o tenente-general que liderou as forças japonesas que cruzaram a fronteira com a Índia na primavera de 1944, definitivamente era um deles.

O plano inicial era ousado, e Mutaguchi enfrentou forte oposição interna. Atacando as aldeias de Imphal e Kohima, no lado indiano, ele esperava cortar o abastecimento para a China, bem como evitar uma contraofensiva dos britânicos na Birmânia. Se o plano tivesse êxito, as planícies indianas estariam a seus pés.

Em 8 de março de 1944, os primeiros regimentos japoneses cruzaram a fronteira indiana. A Batalha de Imphal estava começando. Quatro semanas depois, os japoneses lançaram um ataque paralelo ao vilarejo de Kohima, cerca de cem quilômetros ao norte. Kohima ficava no final do estreito desfiladeiro que ligava a Birmânia à Índia e, assim, tinha uma grande importância estratégica.

A Batalha de Kohima entrou para a história como a Stalingrado do Oriente. Os combates mais intensos ocorreram, homem contra homem, na quadra de tênis do bangalô do vice-comissário. Cadáveres apodrecidos e infestados de moscas jaziam por toda parte, quase não havia água, as condições sanitárias eram terríveis e os feridos eram abandonados à própria sorte.

Inicialmente, os soldados japoneses estavam em maior número, mas não recebiam suprimentos, e, com o passar do tempo, foram ficando sem comida e munição. Dos 65 mil soldados japoneses designados para padecer em Imphal e Kohima, quase metade morreu. Além disso, mais de 20 mil ficaram feridos — enquanto apenas seiscentos foram capturados. Doença, fome, suicídio, insetos, picadas de cobra e pura exaustão ceifaram tantas vidas quanto as balas, baionetas e granadas britânicas.[19]

Em 20 de abril, a situação era tão precária que o tenente-general Satō Kōtoku, comandante de uma das divisões de infantaria envolvidas, decidiu retirar suas forças de Kohima. Mutaguchi, o líder da ofensiva, interrompeu a retirada e ordenou a retomada das hostilidades. No final de maio, Satō relatou que estavam sem comida e quase sem munição, e alertou que retiraria os soldados de Kohima a menos que os suprimentos prometidos se materializassem imediatamente. Mutaguchi ficou furioso: «Como ousa usar as dificuldades de abastecimento como pretexto para entregar Kohima?».

Satō desafiou a ordem e, numa espécie de vaticínio, retirou os soldados de Kohima, despedindo-se assim: «Nossas espadas estão quebradas, nossas flechas se foram. Com lágrimas amargas, agora abandono Kohima».[20] Em 22 de junho, os britânicos recuperaram o controle total de Kohima e os soldados japoneses restantes se amotinaram. Até mesmo Mutaguchi agora percebia que a batalha estava perdida. Em

---

19   Frank Mc Lynn, *The Burma Campaign: Disaster into Triumph 1942-45*. New Haven: Yale University Press, 2011, p. 321.

20   Fergal Keane, *Road of Bones: The Siege of Kohima 1944 — The Epic Story of the Last Great Stand of Empire*. Londres: William Collins, 2010, cap. 24, p. 390.

3 de julho, os japoneses se retiraram da Índia. Satō foi apeado do cargo dias depois, e passou o resto dos dias ajudando os soldados sobreviventes e as famílias dos que tombaram em ação, determinado a visitar cada uma delas. Mutaguchi foi reformado com desonra. Terminado o conflito, foi levado à corte marcial pelos norte-americanos e condenado à prisão por crimes de guerra.

A derrota em Imphal e Kohima foi um ponto de inflexão e marcou o começo do fim da expansão japonesa na Ásia. O Japão, no entanto, continuou a travar uma guerra agressiva na China e no Pacífico por mais um ano, até a derrocada final, em agosto de 1945.

A única coisa que resta da derrota dos japoneses é a casa em que o tenente-general Satō viveu enquanto serviu ali. A casa está localizada na pequena vila de Kigwema, a cerca de doze quilômetros do centro de Kohima.

Na entrada da aldeia, uma placa informava que os japoneses chegaram ao local no dia 4/4/1944 às 15h. Ao lado, quatro homens sentados em banquinhos poliam canecas de madeira.

— A casa do general Satō fica atrás da casa grande — um deles anunciou antes que pudéssemos nos apresentar.

Tasang e eu seguimos na direção indicada, mas não conseguimos encontrar a casa grande nem a residência do general Satō. Vagamos mais um pouco e deparamos com um grupo de idosos que estavam sentados bebendo chá e conversando. O decano, um senhor de cabelos grisalhos vestindo calça de moletom nas cores do arco-íris, se pôs de pé, se apresentou em hindi como Siesa Yano e afirmou que tinha nascido em 1926.

— Nossa, então você tem quase cem anos! — exclamei.

— Noventa e dois — corrigiu Siesa. — Venham, vou lhes mostrar a casa do general Satō. Presumo que seja por isso que vocês estão aqui. Aliás, eu o conhecia bem.

Siesa abriu caminho pelos degraus íngremes de pedra que conduziam à casa do general Satō. Comparada às outras da aldeia, era uma residência menor, mas não restavam dúvidas de que tinha sido reformada antes de o tenente-general japonês partir do continente. A entrada estava decorada com floreiras bem cuidadas. A porta estava aberta, mas não havia ninguém em casa. Dois sacos transparentes, cheios de latas de cerveja amassadas, haviam sido deixados rente à parede da casa, apesar de o álcool ser proibido em Nagaland. De onde estávamos, tínhamos uma vista formidável do vale.

— O general Satō morava nesta casa, enquanto seus soldados viviam lá embaixo, no meio da mata — disse Siesa. — Os japoneses nunca encostaram um dedo em nós. Durante a guerra, os britânicos bombardeavam as posições japonesas e os japoneses bombardeavam as posições britânicas. Nos acostumamos aos aviões, mas tínhamos medo das bombas. A cada rasante, corríamos e nos escondíamos. O vilarejo aqui vizinho foi bombardeado pelos ingleses sem que os moradores fossem avisados. Nove pessoas morreram na hora, vinte ficaram feridas. Os sobreviventes vieram se refugiar conosco.

Um turista alto e de pele clara, vestido de cáqui da cabeça aos pés, aproximou-se da casa e tirou uma rápida foto. Então continuou seu caminho.

— A maioria faz assim — suspirou Siesa. — Tira uma foto da casa e vai embora. Mas a casa não diz nada sobre quem era o general Satō. Ele era um bom homem. Os japoneses pareciam um pouco conosco, nunca tivemos problemas com eles. Eles não comiam muita carne e gostavam dos vegetais que colhíamos na floresta. Os soldados britânicos nunca tinham ouvido falar desses vegetais, mas os japoneses pagavam muito dinheiro por eles. Os ingleses punham os nativos para fazer trabalhos pesados, carregar coisas para eles. O general Satō nunca fez isso. Ele era uma boa pessoa. Quando a guerra acabou, ele se foi daqui. Quase todos os seus soldados foram mortos e abandonados no jângal. Tempos depois, os japoneses voltaram para enterrar seus mortos. Deles só restavam os ossos.

Siesa nos acompanhou até a saída da aldeia. Subindo as escadas de pedra, encontramos um jovem no sentido oposto.

— Ele mostrou a você a casa do general Satō? — perguntou o jovem. — Vocês sabem que ele trabalhava para Satō? Ele venerava os japoneses!

Siesa limitou-se a sorrir.

— O general Satō era uma boa pessoa — repetiu ele.

*

Thinoselie Keyho, de 88 anos, vestia um terno escuro, colete de lã, camisa branca, sapatos engraxados e quepe *six-pence*. Sua audição estava muito comprometida, mas a filha, que tinha a minha idade, estava presente e ajudou. Eu havia planejado perguntar sobre a Segunda Guerra Mundial e sua participação nas dramáticas semanas de combate em Kohima, mas ele não tinha muito a dizer sobre a famosa batalha.

— Eu vi as chamas à distância — limitou-se a dizer. A guerra sobre a qual ele queria falar era mais recente, na qual esteve envolvido ao longo de duas décadas.

— Nagaland declarou independência em 14 de agosto de 1947, um dia antes da Índia — disse o velho num inglês vagaroso, mas correto. — Em 16 de março de 1951, fizemos um referendo e mais de 99% votaram por uma independência que os indianos se recusam a nos dar. Sou o líder do Conselho Nacional Naga, o movimento original de libertação, fundado em 1946.

Ligeiramente inferior ao Kuwait em área, Nagaland é um dos menores estados da Índia e tem cerca de 2 milhões de habitantes.

— As várias tribos naga estavam em guerra umas com as outras até que os missionários norte-americanos vieram para cá e introduziram o cristianismo — continuou o ancião. — Os britânicos plantaram a semente da política. Se a transferência de poder tivesse ocorrido pacificamente, teríamos conquistado a independência, mas os britânicos se retiraram às pressas, deixando o Paquistão e a Índia à própria sorte. Durante a Segunda Guerra Mundial, nós, nagas, salvamos a Índia, detivemos os japoneses, mas Nagaland foi incorporada à Índia e transformada num estado indiano, embora não tenhamos nada a ver com a Índia. Nós, nagas, não somos nem nunca fomos indianos.

A filha serviu chá que acabara de fazer e pediu que o bebêssemos enquanto estava quente. O pai continuou a falar:

— Lutei contra os indianos durante vinte anos. Em cada batalha houve muitos feridos e mortos do lado indiano, e poucos ou nenhum do nosso. Deus está do nosso lado e nossos amigos também. Tanto a China quanto o Paquistão apoiam nossa luta.

A luta pela liberdade teve um custo: em 1971, Thinoselie foi preso em Bangladesh e entregue à Índia.

— Fui colocado numa cela superlotada e submetido a tortura psicológica, mas superei todas as humilhações.

Depois de cinco anos, saí e continuei meu trabalho para unificar Nagaland. É uma tarefa difícil, porque o governo da Índia nos faz de bobos fomentando intrigas entre nós. Agora o movimento de independência está dividido em dez facções, e sete delas negociam e discutem com as autoridades indianas.

— Você vê alguma vantagem em fazer parte da Índia? — perguntei.

— Não — a réplica foi imediata.

— Você ainda tem esperança de que Nagaland um dia se torne independente?

— Sim — a resposta veio com a mesma rapidez. — Um superpoder invisível está do nosso lado. É por isso que perseveramos durante tanto tempo. Não só fisicamente, mas também espiritualmente.

— Você lutou a vida inteira pela independência, mas Nagaland ainda faz parte da Índia — comentei. — Há algo de que se arrependa?

— Não, não me arrependo de nada — afirmou o velho. — Não estamos lutando pela independência, estamos *defendendo* nossa independência. Podemos estar divididos agora, mas no coração estamos unidos.

— Você já votou numa eleição indiana? — perguntei por fim.

— Jamais! Nunca passei nem perto de uma seção eleitoral.

Agradeci pelo chá e pela conversa e me levantei para ir embora.

— Hoje você é uma visitante no estado fantoche indiano de Nagaland! — gritou Thinoselie atrás de mim. — Volte quando formos livres!

A filha me acompanhou pela porta de casa.

— Os jovens de Nagaland apoiam o movimento de independência? — perguntei a ela.

— Não, provavelmente muito poucos fazem isso — ela respondeu. — A maioria das pessoas está feliz com a vida confortável que leva.

— Então você não apoia a luta do seu pai?

— Claro que apoio — respondeu ela obedientemente.

O cemitério de guerra em Kohima ficava na colina que outrora dava lugar à quadra de tênis do vice-comissário. Os jazigos, meticulosamente dispostos lado a lado, estavam ornados com flores e seguiam o mesmo padrão do bosque funerário dos arredores de Digboi. Ninguém foi discriminado na morte. Num obelisco no alto, lia-se numa placa o célebre epitáfio escrito por John Maxwell Edmonds: *Ao regressar para casa, a todos nos anuncia / Pelo vosso amanhã, demos o nosso dia.*[21]

Pequenos grupos de crianças em idade escolar e estudantes passeavam entre os túmulos, conversando. Bandos de turistas procuravam avidamente os melhores ângulos para uma selfie. Sob a sombra, dois faxineiros recobravam as forças para retomar a limpeza das lápides.

Mais de 17 mil soldados do Commonwealth foram mortos, dados como desaparecidos ou gravemente feridos durante as batalhas de Imphal e Kohima. Três anos depois, a Índia tornou-se independente, e, um ano mais tarde, a Birmânia fez o mesmo. Em 1949, o exército comunista de Mao, apoiado pelos soviéticos, derrotou as tropas de Chiang

---

21   No original: When you go home, tell them of us and say / For your tomorrow we gave our today. [N. T.]

Kai-shek, apoiadas pelos norte-americanos, e o sonho de acordos comerciais lucrativos foi por terra.

Nesse ínterim, mais de 50 mil pessoas deram suas vidas pelo sonho de uma Caxemira livre, e mais de 30 mil morreram na luta pela independência de Assam. O movimento pela independência de Nagaland fez pelo menos 3 mil vítimas fatais.

Os rios que correm do Himalaia estão manchados de sangue, mas tanto a água quanto as montanhas continuam inabaláveis mais ao sul, até a baía de Bengala, onde também avançam sob a superfície marinha, abrindo-se como um leque submarino.

Segunda etapa
Abril a julho de 2019

H I N A

T I B E T E

hang

l

a

i

a

rna (8091)

ara ○Gorkha

CATMANDU

Patan○ ○Bhaktapur

Acampamento base do Everest ● ▲Mt. Everest (8848)

○Lukla

Kanchenjunga (8598) ▲

N E P A L

N D I A

Malgrado a ciência e os
    [conhecimentos dos geólogos,
 e fazendo pouco de seus ímãs,
gráficos e mapas —
o sonho, numa fração de segundo,
eleva à nossa frente montanhas
    [tão rochosas
quanto as da vida real.[22]
Wisława Szymborska

---

22   Wisława Szymborska, «Sonhos». In: Id., *Para o meu coração num domingo*. Trad. Regina Przybycien e Gabriel Borowski. São Paulo: Companhia das Letras, 2020. [N. T.]

As meninas deusas

Quando começa e termina uma viagem?

Dezesseis anos transcorreram desde minha última passagem por Catmandu. Eu tinha dezenove anos na época e fazia minha primeira viagem de mochila às costas, acompanhada de um namorado sueco que agora pertence a uma outra vida. Eu já não era a mesma, nem Catmandu. A cidade estava mais feia do que eu lembrava, mais suja, mais decadente e, acima de tudo, mais movimentada. O tráfego era infernal, carros buzinando e motonetas agressivas abrindo caminho pelas vielas mais estreitas. No distrito turístico de Thamel, as agências de viagens, butiques de pashminas e lojas esportivas, abarrotadas de falsificações chinesas ordinárias, travavam uma batalha ainda mais aguerrida pelos clientes do que antes. Em destaque no balcão da recepção do hotel havia uma caixa de máscaras gratuitas contra a poluição atmosférica.

Ainda grogue por causa do longo voo, encontrei minha intérprete, Savitri Rajali, uma jovem enérgica de 34 anos com cabelo curto e uma risada crua e contagiante. Sem perder tempo com conversa fiada, me instruiu a cobrir o nariz e a boca e sentar na garupa da sua motoneta. Impaciente, foi abrindo caminho entre turistas despreocupados, desviando de pequenos templos sinuosos, atravessou um mercado de vegetais onde mulheres e homens empilhavam cenouras e pimentas mirradas, e desembocou na rua principal, onde os carros estavam estancados, mas não nós, que pouco tempo depois chegamos a um dos inúmeros corações de Catmandu.

O Pashupatinath é o mais antigo santuário de Catmandu e um dos mais sagrados de toda a Ásia. O templo de 1.500 anos foi construído em torno de um antigo linga, um símbolo fálico que representa Shiva. Peregrinos de pés descalços surgiam com oferendas, muitas vezes comestíveis, para deleite da fauna local, que consistia em macacos, pássaros, cachorros, vacas e uma profusão de ratos. Somente hindus são admitidos no mais sagrado dos sagrados; tive de me contentar em admirar pelo vão da porta o linga e o touro dourado em que Shiva cavalga.

Abaixo do complexo do templo, um fio de água marrom-acinzentada serpenteava no que outrora deve ter sido um largo rio. Agora, vacas pastavam em trechos de grama verde onde antes corria o leito. Na praia, sacerdotes vestidos de branco faziam piras funerárias. Os cadáveres eram envolvidos em tecido branco e dispostos no topo de uma pirâmide de troncos grossos, sobre uma base de feno e flores. Os parentes sentavam-se para assistir a seus entes queridos lentamente serem consumido pelas chamas, até que não restasse nada além de cinzas. O processo pode demorar horas. Na água pútrida, um homem magro arrastava um caixão simples e recolhia toras que flutuavam, semicarbonizadas, para reutilizá-las. Na outra margem estavam homens com túnicas coloridas, os rostos cobertos de fuligem e pó vermelho; um deles vestia uma pele de leopardo. Os homens acenavam oferecendo-se para posar para fotos ou, quem sabe, para predizer o meu futuro.

— Eles são trapaceiros — alertou Savitri. — Só querem arrancar dinheiro dos turistas.

Acima do rio, na tranquila praça em frente a um dos templos menos populares, encontramos um autêntico asceta, magro e humilde, vestindo trapos cor de laranja desbotados. Aparentava ter cerca de cinquenta anos e seu nome era Birhaspathi Nath Yogi.

— Por que você escolheu se tornar um iogue? — perguntei.

— Por que você escolheu nascer mulher? — retrucou ele. — Cada um faz suas próprias escolhas na vida. Tenho primos que são médicos. Eu sou iogue.

Birhaspathi vivia numa choupana sem paredes diante de um dos templos. Ao lado dele estava um colega seminu, roncando pacificamente.

— Tornei-me um iogue quando tinha dezessete anos — disse Birhaspathi. — Não há paz na terra, e o mundo se tornou um lugar violento e hostil. As pessoas vêm aqui, até mim, em busca de paz. Alguns ficam, mas poucos permanecem muito tempo. Nossa rotina diária é muito difícil para eles. Levanto-me às quatro todos os dias, tomo banho e lavo o rosto. Em seguida tomo chá. Depois, limpo o terreno do templo e, por volta das onze horas, almoço. Aí descanso um pouco, como meu colega está fazendo agora. Ele é da Índia, por isso não é tão ativo. Durante o dia, muitos visitantes vêm aqui pedir conselhos, assim como você. À noite, toco tambores tradicionais à beira do rio e faço a *puja*, a oração tradicional.

Um coronel se aproximou trazendo um donativo em dinheiro para Birhaspathi, que humildemente aceitou. Depois de se despedir do militar, ele voltou a atenção para mim.

— Na cidade há muito trânsito, muita poluição — disse ele. — Aqui é tranquilo. Estou satisfeito com a minha vida. Encontrei a paz.

— Não sei muito sobre o hinduísmo — admiti. — É muito difícil compreender tantos deuses e reencarnações. Como você consegue?

— No que você acredita? — perguntou Birhaspathi.

— Não tenho religião — respondi.

— Qual a religião dos seus pais e avós?

— Eles são cristãos. Pelo menos alguns deles.

— Noutras palavras, você é cristã porque nasceu numa família cristã — afirmou Birhaspathi. — Nasci numa família hindu, portanto sou hindu. Vocês cristãos têm mais facilidade! Precisam acreditar num só Deus, o Cristo. No hinduísmo temos 33 milhões de deuses e é impossível lembrar de todos eles.

— Como você consegue lembrar de todos eles, então? — perguntei novamente.

— No fim das contas só existe um Deus — respondeu o iogue. — Por dentro somos todos iguais, e todos carregamos uma força invisível, Deus. Foi Ele quem nos deu carne e ossos. Deus é o mesmo em todo o mundo, mas Seus seguidores Lhe deram nomes diferentes. Religiões são como partidos políticos, todas têm denominações diferentes. Um grupo são os hindus. Um outro são os cristãos. Um terceiro são os muçulmanos. Desses três, o hinduísmo é o original, pois existe desde que os humanos caminham pela terra.

Em algum lugar soou um sino e Birhaspathi se apressou. Era hora do ritual noturno. Na margem do rio, dois corpos novos envoltos em algodão branco jaziam em duas pilhas de toras. Os sacerdotes se preparavam para atear fogo às piras funerárias enquanto os familiares assistiam a tudo estoicamente.

Noutro coração de Catmandu habita uma deusa viva. Eu a vi de relance da última vez que estive aqui: cercada por um mar de gente, uma garotinha, vestida num suntuoso vestido vermelho, com maquiagem preta e vermelha em todo o rosto, era carregada numa liteira. A garotinha observava apática a multidão que vinha lhe prestar homenagens, como se o alvoroço não lhe afetasse. Mais tarde, soube que a menina da liteira era uma *kumari devi*, uma deusa viva, que sai de casa apenas treze vezes por ano, durante eventos e festivais. Seus pés não podem tocar o chão, daí o recurso à liteira nessas ocasiões.

Desde minha visita anterior, os templos na antiga Catmandu sofreram bastante. O poderoso terremoto que abalou o Nepal em 2015 alcançou 7,8 na escala Richter. O terremoto ceifou quase 9 mil vidas, deixou mais de 3 milhões de desabrigados e danificou mais de setecentos monumentos históricos. A maioria dos templos da cidade velha ainda estava fechada para obras de restauração, e ouviam-se marteladas e serrotes por toda parte. Boa parte dos antigos prédios de tijolos ruíram completamente. Atrás de cercas e tapumes, mulheres e homens de máscaras e luvas lavavam, escovavam e separavam os tijolos. Pedra por pedra, os antigos templos iam sendo reconstruídos.

A velha e frágil casa kumari sobreviveu milagrosamente ao terremoto sem uma rachadura. Um portão aberto conduzia a um pátio quadrado. No meio da praça havia uma pequena estupa budista; um arbusto verde a protegia como um guarda-sol. A casa em si era de tijolo vermelho, com grandes janelas de madeira escura entalhadas em padrões intrincados. A kumari morava no segundo andar. Uma plaquinha informava que apenas hindus podiam visitá-la, embora a kumari em si sempre viesse de uma família budista.

A tradição das deusas vivas tem sido perpetuada pelo povo neuari, os habitantes originais do vale de Catmandu, há séculos. Os neuaris — que hoje representam apenas cerca de 5% da população total do Nepal, mas cerca de metade da população da capital — eram originalmente comerciantes e artesãos budistas estrategicamente localizados no verdejante vale que separa a Índia do Tibete, ao sul do Himalaia. O vale de Catmandu era ao mesmo tempo isolado e crucial para o comércio: no norte era protegido pelos picos das montanhas mais altas do mundo, no sul estavam as planícies quentes, úmidas e infestadas de malária do Terai, inexpugnáveis durante os meses de verão. A língua dos neuaris pertence à família tibetano-birmanesa, enquanto o nepalês, idioma oficial do Nepal, se origina do sânscrito e é, portanto, uma língua indo-europeia. O papel histórico que exerceram como mercadores colocou os neuaris em contato com os outros povos da região, que naturalmente também os influenciaram. Cerca de metade dos neuaris agora se consideram hindus, e mesmo as famílias budistas neuaris também importaram certos costumes hindus, incluindo o sistema de castas.

No século xiv, a dinastia hindu Malla assumiu o poder no vale de Catmandu. Cerca de cem anos depois, no final do século xv, o reino foi dividido em três, entre Catmandu, Bhaktapur e Patan, as três principais cidades do vale. Mais ou menos ao mesmo tempo, os três reis adotaram Taleju como sua deusa protetora — Taleju é uma encarnação de Durga, uma das mais poderosas deusas da guerra no hinduísmo —

e estabeleceram o costume das kumaris reais. A deusa passa a habitar o corpo de uma garotinha, a kumari, e por meio da garota a deusa protege os reis. Uma vez por ano, no final do festival de indra jatra de oito dias, a kumari abençoa o rei e apõe em sua testa uma *tilaka*, uma marca vermelha.

Em 1769, após uma campanha que durou um quarto de século, Prithvi Narayan Shah, o rei de Gorkha, conseguiu entrar sorrateiramente em Catmandu durante o festival indra jatra, enquanto boa parte da população estava embriagada. A kumari era carregada em procissão pelas ruas, seguida por Jaya Prakash Malla, o último rei Malla. Durante o cortejo, Malla foi escorraçado pelas forças de Shah e se distanciou da kumari. Em vez do rei, foi Shah quem acompanhou a deusa viva de volta à casa kumari, ajoelhou-se aos pés dela e foi abençoado com uma marca vermelha na testa. Shah, que lutou a vida inteira para controlar o importante vale de Catmandu, foi coroado com um pontinho vermelho feito por uma garotinha. Nascia assim o Nepal moderno.

Grupos de estrangeiros se esbarravam no pátio, acompanhados por guias, e admiravam com curiosidade o grande balcão do segundo andar, de onde a kumari de tempos em tempos faz uma aparição matinal. Um homem suado, de bermuda e camiseta amarelo-canário, com boné na cabeça e um rádio pendurado no bolso da bermuda, veio correndo e começou a se alongar em frente à estupa. O radinho transmitia em nepalês o noticiário matinal.

— Todos os dias, depois da minha caminhada matinal, venho aqui me esticar — disse ele entre os alongamentos. — É muito tranquilo aqui.

Uma melodia anunciava a previsão do tempo: esperava-se tempo bom e ensolarado em Catmandu. No intervalo comercial seguinte, eis que o sacerdote real apareceu. Eu esperava encontrar um lama de cabeça raspada envolto numa túnica cor de vinho, mas o sacerdote usava tênis, calça social, camisa polo e colete acolchoado, além de óculos e um smartwatch. O cabelo tinha alguns centímetros de comprimento e era esculpido com cera brilhante.

Com burocrática naturalidade, o sacerdote budista neuari mais importante do país começou a realizar o ritual matinal. Primeiro abriu a porta do templo, varreu o chão e limpou a poeira das cinco estátuas de Buda lá dentro, depois pegou pétalas de flores, incenso e pó colorido que aspergiu sobre as figuras enquanto rezava. Por fim, fez soar um sino decorado com grandes penas brancas. Antes de subir as escadas para adorar a kumari, decorou com flores, incenso e água sagrada a estupa localizada no centro do pátio.

— É lua cheia, então tenho mais atribuições do que o normal — explicou ele, quando surgiu novamente. — *Purnima*, lua cheia, é um dia especial para nós. Normalmente venho direto para cá, mas, quando é lua cheia, tenho de visitar alguns outros templos primeiro.

O nome do sacerdote real era Manju Shri Ratna Bajracharya e ele tinha 56 anos. Ficamos conversando na sombra, próximo do grupo de turistas que esperava embaixo da sacada a kumari dar o ar da graça.

— Catmandu tem dezoito mosteiros que pertencem ao sacerdócio dos neuaris — explicou ele, desenhando um mapa para mostrar os mosteiros que pertenciam cada um dos quatro centros administrativos. Ele pertencia a um mosteiro com setecentos membros, todos homens, mas vivia como monge apenas quatro dias por ano.

— Nesses quatro dias, não podemos dormir em camas confortáveis, cantar, dançar ou usar joias. No resto do ano, devemos seguir cinco regras: não matar, não mentir, não roubar, não trapacear e não fumar nem ingerir álcool. Fora isso, vivemos vidas completamente normais. Sou casado, tenho dois filhos e sou eletricista por formação. Minha família é de sacerdotes reais e cuida dos rituais associados à real kumari desde que a tradição foi fundada, há mais de trezentos anos. Meu pai também era um sacerdote real, e, depois que ele morreu, doze anos atrás, eu assumi o posto. Sou o único que pode realizar rituais importantes em âmbito nacional. Continuei fazendo meu trabalho regular até me aposentar, há quatro anos, porque quase não ganho dinheiro sendo um sacerdote real. O governo me paga três rúpias pelo ritual que realizo todos os dias aqui na casa kumari. Não é nada. Me obrigo a fazer isso porque quero preservar nossa cultura.

Um suspiro percorreu a multidão de turistas. Eu olhei para cima e tive um vislumbre de uma garota pesadamente maquiada num vestido vermelho na varanda. Os estrangeiros atabalhoadamente sacaram suas câmeras e telefones celulares, mas, antes que pudessem apertar o botão do obturador, a deusa viva já havia se recolhido novamente.

— Os hindus acreditam que a kumari é uma reencarnação da deusa hindu Taleju, mas nós, budistas neuaris, acreditamos que ela é uma reencarnação de Bajra Devi, uma deusa tântrica budista — explicou o sacerdote. — As pessoas acreditam em coisas diferentes, mas não brigamos por causa isso. A atual kumari tem quatro anos e foi escolhida quando tinha três. A kumari escolhida sempre pertence à casta xáquia [shakya], que é budista. Quando precisamos de uma nova kumari, pedimos às famílias xáquias que têm filhas em idade adequada que as tragam até nós do comitê de seleção. Somos cinco integrantes no comitê: eu, o sacerdote real hindu, o cuidador, um astrólogo e um representante do governo. Encontrar a garota certa demanda muito tempo, e muitos critérios precisam ser atendidos: ela não pode ter cicatrizes, precisa ter todos os dentes de leite ainda na boca, não deve ter deformidades e deve ter um rosto redondo e bonito, cabelos longos e olhos saudáveis. Os primeiros dias são certamente difíceis para as crianças, mas elas adaptam-se rapidamente à vida com a família cuidadora. Bem antes de ela menstruar pela primeira vez, encontramos uma nova kumari.

— Por que é tão importante encontrar uma nova kumari antes que a menina comece a menstruar? — perguntei.

— Quando a menina fica menstruada, ela muda e se sente atraída pelo sexo oposto — explicou o sacerdote. — A forma de pensar dela também muda. Quando criança, ela é inocente

Fiz um rápido cálculo. O pai de Manju tinha morrido há doze anos, em 2007. Quando a tragédia aconteceu, seu pai ainda era o sacerdote real, mas Manju trabalhava em estreita colaboração com ele e, portanto, também deve ter sido afetado.

— Como você reagiu quando recebeu a notícia de que a família real havia sido assassinada? — perguntei.

— Levei uma hora para digerir a notícia, mas isso já tinha ocorrido antes — respondeu Manju, com sobriedade. — Vários reis nossos foram assassinados no palácio no passado. É uma coisa que acontece de vez em quando, não é nenhuma novidade. Naturalmente, senti muito, porque nós, humanos, não devemos jamais matar nossos semelhantes, muito menos familiares. Por motivos políticos, isso acaba acontecendo.

No dia 1º de junho de 2001, a família real nepalesa se reuniu para o jantar familiar mensal num anexo logo atrás do palácio principal no centro de Catmandu. Às 21h30 eles estavam na sala de bilhar quando Dipendra, o príncipe herdeiro de 29 anos, foi escoltado para a cama. Ele estava tão bêbado que mal conseguia ficar de pé, o que não era exatamente algo inédito, mas a família queria evitar um confronto com o rei Birendra, que estava a caminho. Meia hora depois, Dipendra reapareceu na sala de bilhar, vestindo um uniforme camuflado e armado até os dentes. Ele mirou no rei, que estava conversando na mesa de bilhar, apertou o gatilho e deixou o local. Instantes depois, voltou e atirou no pai mais uma vez. Então apontou a arma para os demais membros da família na sala e atirou, e matou a irmã caçula, dois tios, duas tias e o primo do pai. A rainha e o príncipe Nirajan, o irmão mais novo, fugiram para o jardim. Dipendra os perseguiu. Nirajan foi encontrado mais tarde, perto do jardim, gravemente ferido, mas foi declarado morto ao chegar ao hospital. O corpo decepado da rainha foi encontrado nas escadas que levavam ao quarto de Dipendra. O próprio Dipendra foi socorrido inconsciente, caído junto a um lago no jardim, após ter disparado na própria cabeça. Levado às pressas para o hospital, foi declarado morto em 4 de junho — seu reinado durou três dias. Gyanendra, irmão mais velho do rei Birendra e terceiro na linha de sucessão, não estava presente na trágica reunião familiar e foi coroado rei.

Muitos nepaleses se recusam a acreditar que o príncipe herdeiro Dipendra tenha sido o autor do massacre. A investigação, concluída em apenas uma semana, não contribui para isso, tampouco o fato de que os corpos foram imediatamente cremados, e partes dos aposentos onde ocorreram o massacre, demolidos. O motivo dos assassinatos ainda é desconhecido. Muitos acreditam que tudo não passou de uma vingança por Dipendra não ter tido permissão para casar com a mulher que amava, Devyani Rana, devido a questões de casta e alianças políticas; outros acreditam que na verdade seu tio, Gyanendra, teria sido o verdadeiro mentor dos assassinatos. Nos dias que se seguiram à sua coroação, as ruas de Catmandu foram tomadas por tumultos e manifestações.

Gyanendra transformou-se num soberano excepcionalmente impopular. Em 1990, seu irmão cedeu à pressão popular e permitiu a existência de partidos políticos e a realização de eleições livres. Gyanendra reintroduziu a censura e o estado de emergência e transformou o Nepal novamente numa monarquia autoritária. A insurgência maoista vinha esfacelando o país desde meados da década de 1990, mas, sob Gyanendra, o exército foi mobilizado para combater os rebeldes, e as baixas de ambos os lados aumentaram drasticamente. Em 2005, Gyanendra depôs o primeiro-ministro e, na prática, liderou um golpe de Estado. A autocracia teve vida curta, entretanto: após fortes pressões internas e externas, ele foi forçado a reabrir o parlamento já no ano seguinte. Ao mesmo tempo que o governo celebrou um acordo de paz com os maoistas, o rei foi destituído de todo o poder político. Dois anos depois, em 2008, a monarquia foi oficialmente abolida no Nepal.

— Você acha que a monarquia vai voltar? — perguntei ao sacerdote real. Assim como a kumari de Catmandu, ele preservou seu título, um fóssil idiomático num Nepal que já não tem reis.

— Não — respondeu ele rapidamente. — A monarquia já não tem apoio popular. O último rei era egoísta, só pensava em si mesmo e não em seu povo, como um rei deveria. Os reis anteriores a ele também eram egoístas e só pensavam em si mesmos. O povo foi esquecido, como de fato ainda é.

O burburinho de vozes no pátio cessou de repente. A kumari tinha saído para a varanda novamente e estava olhando diretamente para mim. Seus olhos maquiados de preto se fixaram nos meus por dez segundos. Ela tinha a mesma expressão triunfante e superior que percebi na garota na liteira, dezesseis anos antes. O rosto da menina de quatro anos estava inabalável, sem nenhum sinal de emoção. Então ela girou nos calcanhares e desapareceu no interior do aposento. Um entusiasmado coro de vozes tomou conta do pátio.

Perto da casa kumari fica o antigo castelo onde residiam os reis Malla. O belo edifício pintado de branco, encimado por uma torre redonda que se projeta para o céu, foi muito danificado pelo terremoto e agora estava fechado ao público. Grandes cartazes anunciavam que a reconstrução fora financiada pelo governo chinês, e os andaimes estavam por toda parte. Mesmo assim, a dinastia Shah havia muito se mudara do castelo na cidade velha e passara a ocupar uma residência maior e mais sofisticada num endereço mais elegante.

A versão modernizada do novo palácio real foi concluída em 1969 e é, atualmente, um museu. O exterior em si lembrava um pagode dos anos 1960 misturado a um crematório com chaminé. Os salões eram impessoais, como soem ser os salões dos castelos, mas ao contrário dos palácios de séculos passados, o pé-direito era surpreendentemente baixo. Tanto a mobília quanto a decoração eram simples, a se ignorarem os inúmeros animais selvagens empalhados, e agora um tanto empoeirados, pendurados no alto de cada escadaria. Passear pelos salões reais era como visitar um museu de interiores dos anos 1970 e 1980 congelado no tempo — desde a televisão japonesa do rei, que devia ser de última geração em 1985, até a sala do trono, decorada com quatro pilares brancos semelhantes a canos que se projetavam para cima, perpendiculares ao chão. As tubulações formavam a base da torre que, vista de fora, dava ao conjunto a aparência de um crematório.

Na saída, uma placa vermelha indicava o caminho para o *Royal Massacre*. Um mapa mostrava onde os diversos membros da família foram mortos. O parágrafo abaixo do mapa explicava, com neutralidade gramatical, em que lugar da propriedade cada pessoa havia sido alvejada. Não havia menção ao autor dos disparos.

A sala de bilhar estava trancada, mas era possível espiar pelas janelas. Os tapetes tinham sido enrolados, mas a mesa de bilhar e o sofá onde muitos dos familiares se refugiaram ainda estavam no lugar. Uma placa indicava o caminho para o local onde a rainha Aishwarya foi encontrada morta no jardim, perto de um prédio do qual restavam apenas ruínas. Uma outra placa, mais macabra, dizia apenas *Bullet Holes*. De fato, na parede do palácio perto de onde o príncipe Nirajan foi encontrado mortalmente ferido os buracos de bala eram claramente visíveis.

Nenhuma placa indicava o caminho para o lago onde o príncipe herdeiro Dipendra foi encontrado moribundo.

Gautam Ratna Shakya, de 51 anos, cresceu na casa kumari. Para falar comigo, ele primeiro exigiu cem dólares, o que equivale a um mês de salário para muitos nepaleses, mas Savitri conseguiu barganhar o valor e fechamos em trinta.

— Minha família, uma família de alta casta, cuida das kumaris reais em Catmandu desde o início da tradição, há mais de trezentos anos — disse Gautam. — No total somos doze pessoas que vivemos juntas na casa kumari. Minha mãe, de 76 anos, é a cuidadora principal, mas cuidar das kumaris é um trabalho de tempo integral para todos nós. Nenhum de nós tem outro trabalho, vivemos das doações que recebemos dos fiéis das kumaris.

Como estrangeira, eu não tinha permissão para entrar na casa kumari, então nos encontramos num restaurante tradicional neuari nas proximidades. A garçonete veio até nossa mesa com grandes pratos de cobre cheios de arroz cozido, ovos cozidos e fritos, salada de batata picante, feijão e *chatamari*, uma espécie de panqueca grossa recheada com legumes picados e ovos, preparada numa panela com tampa.

— A kumari acorda entre sete e oito da manhã — continuou Gautam. — Minha mãe a veste e maquia, e às nove horas ela faz o desjejum. Então chega o sacerdote, e entre nove e onze pessoas entram para adorá-la. Às onze horas ela almoça e à tarde tem aulas. Terminadas as aulas, ela descansa de quinze a vinte minutos, antes de receber novamente os fiéis entre as quatro e as seis horas. À noite ela está livre e pode brincar, fazer a lição de casa, assistir à TV ou jogar no celular. Por volta das oito e meia ela janta. Aos sábados, ela tem um dia um pouco mais curto, mas nem ela nem nós da família temos folga.

— Com quantas kumaris você já trabalhou? — perguntei.

— A atual é a sexta. As kumaris são dispensadas quando chegam aos onze, doze anos, antes de menstruarem. No mesmo dia, chega uma nova garota. Nós a familiarizamos com as rotinas, e, depois de alguns dias, ela se acostuma. A casa kumari nunca está vazia.

— De que maneira as kumaris diferem umas das outras? — perguntei em seguida.

Gautam olhou para mim sem compreender.

— Todas as crianças são diferentes, então as seis kumaris que você conheceu devem ter sido diferentes umas das outras, tinham personalidades diferentes, não? — elaborei melhor.

— Não, são todas iguais — assegurou Gautam. — Não há diferenças entre elas. Não consideramos as kumaris crianças comuns, mas deusas, e tentamos realizar seus desejos da melhor maneira possível. A kumari adquire automaticamente poderes cósmicos. Quando carrego uma kumari, percebo que ela é mais pesada que as outras crianças. Claro, também pode ser porque ela usa joias pesadas — acrescentou ele, pensativo.

— O que acontece se a kumari adoecer? — perguntei.

— O que acontece se a kumari adoecer? — repetiu Gautam, intrigado.

— Sim, vocês mandam chamar, por exemplo, um médico ou o sacerdote real, ou talvez ambos?

— Não, porque as kumaris nunca adoecem — respondeu Gautam. — Nunca aconteceu. Às vezes elas têm um pouco de febre, mas nunca é grave o suficiente para chamar um médico.

A kumari real anterior de Catmandu, Matina Shakya, voltou para a casa dos pais e para a vida normal fazia dois anos, depois de ter sido uma kumari a maior parte da sua existência, dos três até completar oito anos. Ela e sua família moravam num apartamento de dois andares na cidade velha, com vista para um grande espaço aberto, não muito longe da casa kumari. O pai, Pratap Man Shakya, nos recebeu efusivamente, a Savitri e a mim. Matina estava esparramada numa cama grande na sala, com os olhos fixos na tv na parede oposta. O rosto era estreito e em forma de coração, emoldurado por duas longas tranças. A ex-deusa tinha pele clara, quase translúcida, lábios extraordinariamente carnudos e olhos grandes e melancólicos, e vestia meia-calça preta e blusa branca e preta. Ela virou-se para nós, mas não nos cumprimentou. Nas mãos segurava um iPhone e alternava o olhar entre as duas telas. Nas paredes havia grandes fotografias emolduradas dela como kumari, em vestidos de seda vermelhos e com os olhos fortemente maquiados.

— Acabamos de voltar de Moscou — disse o pai, ansioso. — Matina é a primeira kumari da história do Nepal a fazer uma visita oficial ao exterior.

Pratap nos contou com orgulho tudo o que viveram, falou das pessoas que encontraram e nos mostrou as fotos da viagem em seu celular. Ele falava um pouco de inglês, mas alternava para o nepalês quando encontrava alguma dificuldade ou ficava muito nervoso.

— Gostou de Moscou, Matina? — perguntei.

— Sim — sussurrou ela, sem desviar o olhar da tv.

— Do que mais gostou?

Ela não respondeu, apenas passou a olhar a tela do celular.

— Fomos bem recebidos por todos, e ainda pudemos visitar o centro de treinamento dos cosmonautas — disse o entusiasmado pai. — Normalmente eles não recebem visitantes, mas pudemos entrar porque se tratava de uma visita oficial. Matina foi convidada a estudar na universidade agrícola de lá!

— Como foi ser pai de uma kumari? — perguntei a Pratap. Percebi que dificilmente conseguiria extrair mais do que monossílabos sussurrados da ex-deusa.

— Eu me considero uma pessoa de muita sorte — respondeu ele, com um sorriso aberto. — Não achava que Matina pudesse se tornar uma kumari, porque a mãe de Matina não é uma xáquia, como eu. Geralmente, ambos os pais devem ser da casta xáquia. O fato de Matina ter sido escolhido como kumari foi uma grande honra. Fico feliz em poder contribuir para perpetuar a nossa tradição.

— Como era Matina quando criança? — perguntei.

Matina tirou os olhos das telas e encarou o pai, mas permaneceu em silêncio.

— Quando pequena ela era incrivelmente inocente — disse o pai. — Era muito quieta e ficava feliz ao aprender coisas novas. De muitas maneiras ela parecia mais inocente do que as outras kumaris. Seus olhos eram muito grandes, é só olhar para as fotos na parede. Ela tem olhos expressivos e fortes. Senti a falta dela em casa, claro, mas a tradição kumari faz parte da nossa cultura e devemos preservá-la. Eu também podia visitá-la quantas vezes quisesse. Em geral, eu a visitava dia sim, dia não. Acompanhei de perto tudo o que acontecia com ela, inclusive reportando ao governo quando necessário. Graças aos meus esforços, várias melhorias foram feitas no sistema kumari.

Matina tornou-se uma kumari em 2008, mesmo ano em que a monarquia foi abolida e o Nepal tornou-se uma república federativa. O governo decidiu manter inalterada a tradição da kumari real, mas, em vez do rei, agora é o presidente quem recebe as bênçãos da kumari durante o festival indra jatra.

— Vários problemas práticos surgiram quando o país se tornou uma república — disse Pratap. — Consegui alterar o sistema para que a kumari real agora seja matriculada na escola local. Antes ela tinha apenas um tutor domiciliar, mas agora os professores vão até a casa lhe dar aulas particulares depois da escola. Eu também fiz uma campanha para que o país dê apoio financeiro às kumaris. Enquanto as meninas são kumaris, recebem um apanágio, e quando não são mais kumaris, recebem uma pensão. No total, Matina recebe 15.500 rúpias por mês de pensão, cerca de 150 dólares.

Ele olhou afetuosamente para sua filha, que estava trocando mensagens no celular.

— Estamos muito felizes por ter Matina em casa novamente. No dia em que ela voltou da casa kumari, toda a vizinhança apareceu e a levou para casa numa grande procissão. A transição para a escola não foi muito difícil, porque havíamos combinado que os colegas fossem conhecê-la enquanto ela morava na casa kumari.

— Eu a vi na escola — interrompeu Savitri. — Lá ela é bem diferente, animada e falante. Parece que ela está gostando. Acho que está cansada agora.

— Ela é mais ativa na escola e também é muito ativa durante os festivais — confirmou o pai. — Depois que deixou de ser uma kumari, ela começou a tocar flauta.

— Como era ser uma kumari, Matina? — perguntei. Ela demorou muito para responder.

— Era bom — sussurrou ela enfim.

— Você se lembra de algo em particular? — perguntei em seguida.

— Não... — ela sussurrou as palavras tão baixinho que mal pude ouvi-la.

— Havia algo de que você gostava menos ou talvez algo de que não gostava nada?

Ela ficou em silêncio por um longo tempo, então lentamente balançou a cabeça.

— Como foi voltar para casa, então?

De novo, ela demorou para responder.

— Bom... — finalmente disse.

— Você sente saudades de ser uma kumari?

Ela manteve os olhos vidrados na TV, sem responder ou se voltar para mim.

— Ela costuma visitar a nova kumari e tem sido de muita ajuda — disse o pai. — A nova kumari gosta muito dela e não quer que ela venha embora. No começo, Matina ia dia sim, dia não e pernoitava lá regularmente, mas, agora que tem mais tarefas na escola, vai com menos frequência. Ela não é de falar muito com gente que não conhece — completou. — Mesmo conosco, os pais, ela não é muito comunicativa. Mas com a irmã ela fala bastante!

— Como foi a transição de kumari para garota comum? — perguntei a Matina.

Não obtive resposta. A antiga deusa tinha entrado num estado de silêncio absoluto.

— Os pais têm de orientar, então estou sempre com ela — respondeu o pai. — A princípio ela não conseguiu encontrar seu lugar, pois não estava acostumada a ficar ao ar livre. Ela passa a maior parte do tempo conosco. No primeiro dia de aula, muitos repórteres apareceram.

Ele levantou-se e pegou um par de fichários grossos com recortes de jornais cuidadosamente organizados em pastas plásticas. A data e o nome do jornal estavam cuidadosamente escritos à mão no alto de cada recorte. As pastas eram grossas, cheias de matérias nacionais e estrangeiras.

— Eu tenho várias pastas assim — disse Pratap. — Tentamos fazer com que as pessoas entendam que uma kumari é uma menina completamente normal, uma criança como as outras.

Matina pegou um dos fichários e começou a folhear cuidadosamente os recortes.

— Acabamos de ser convidados para visitar os Estados Unidos, mas agora a escola é a prioridade, então vamos ver se arranjamos tempo — disse o pai. — Se for possível, iremos após as provas, isto é, durante as férias.

— O que você quer estudar quando terminar a escola, Matina? — perguntei.

— Não sei — disse ela num sussurro quase inaudível.

— Quando terminar o 12º ano, ela precisa escolher o que quer estudar — disse o pai. — Meu desejo é que minhas filhas sejam boas cidadãs, não as forçarei a nada. Matina ainda não decidiu o que vai estudar, ela ainda é muito jovem. Tem bastante tempo pela frente.

Novamente, ele passou a contar sobre a viagem a Moscou e mostrou ainda mais fotos, das estações de metrô, da universidade agrícola, do centro de astronautas. Da grande cama, Matina acompanhava sonolenta o slideshow do pai.

Premshova Shakya morava num pequeno apartamento de uma rua movimentada no meio do distrito de clarividentes de Catmandu. Placas caseiras informavam sobre os diversos serviços oferecidos, desde leitura de mãos até mapas astrais. Premshova fazia previsões com grãos de arroz. Era baixa e roliça, vestia um sári vermelho com franjas douradas e usava anéis em todos os dedos, grandes joias no pescoço e brincos tão pesados que deixavam os lóbulos das orelhas retesados. Os cabelos ainda eram escuros e grossos, apesar dos quase setenta anos, e sua testa era enfeitada com um grande ponto vermelho. Seus lábios estavam pintados de vermelho, e as muitas pulseiras tilintavam quando ela gesticulava. A minúscula sala de estar estava coberta de pôsteres de Budas, deuses hindus e fotografias de Premshova como kumari — quando criança, ela foi uma kumari em Bhaktapur, historicamente o maior dos três reinos Malla no vale de Catmandu. Ao longo da extensa parede havia uma fileira de altares e estátuas de deuses, cercados por flores semimurchas, incenso, lamparinas a óleo acesas e tigelas de oferendas de alimentos. Às vezes, um pequeno inseto rastejava ao redor. Dentro de um pequeno armário de vidro ao lado da pequena TV, um punhado de ratos brancos corria sem parar. Premshova abriu o armário e pegou os dois menores. Deviam ter poucos dias de idade, seus olhos ainda estavam semicerrados e a pele era quase translúcida.

— Eles trazem felicidade — disse Premshova com uma voz profunda e rouca, carinhosamente acariciando os dois ratinhos. Ela fez sinal para que tomássemos lugar numa cama no canto, a única mobília no cômodo inteiro, e sentou-se entre mim e Savitri.

— Estou com diarreia — revelou ela —, então não estou no meu melhor. Estou tomando remédios e vou ficar bem, mas sinto dores no estômago e me sinto com menos energia do que o normal. Antes de podermos conversar, vocês devem fazer uma oferenda aos deuses.

Ela acenou com a cabeça assertivamente em direção a uma das estátuas coloridas de Vishnu, possivelmente, ou Shiva, e a respectiva tigela de oferendas ao lado. Fizemos o que ela disse e cada uma depositou uma nota na tigela. Premshova sorriu feliz.

— Eu me tornei uma kumari quando tinha um ano de idade — disse ela. — Naquela época, havia uma família de cuidadores em Bhaktapur também, e eu morava com eles na casa kumari. Todos os dias recebia visitas de mulheres como vocês, estrangeiras, e todas me davam dez dólares de lembrança.

Ela me lançou um olhar altivo.

— O que você lembra da vida como kumari? — perguntei.

— Quando fiz nove anos tive minha primeira menstruação e deixei de ser kumari — disse ela. — Eu era tão jovem quando era kumari, então não me lembro de muito, só de uma ou duas coisas. Lembro-me de ter muitos brinquedos e ursinhos de pelúcia. A vida como kumari era boa. Quando havia algo que eu não queria fazer, simplesmente não fazia. Sempre era do jeito que eu queria, nunca havia nada que eu não pudesse fazer. A família cuidadora penteava meu cabelo e tingia meus pés de vermelho. O rei vinha me visitar. Disso eu me lembro. Os vizinhos vinham me adorar. As pessoas me davam ouro e prata, e meu pai, que era ourives, fez uma tornozeleira com os presentes. Disso eu me lembro. Éramos cinco meninas trazidas para a seleção, e eu fui a única que não chorou. Também me lembro disso.

— Você entendia por que as pessoas a adoravam quando você era uma kumari?

— Não, não entendia isso, mas sentia o poder da deusa. Sentia que Taleju estava em meu corpo. Quando ela estava em mim, eu me sentia calma e tranquila. Era uma sensação boa. Quando deixei de ser kumari, senti falta da casa kumari e da família cuidadora. Eu sentia falta de brincar com eles, mas não tinha permissão para voltar. Também não tive nenhuma educação formal. Mas, depois que deixei de ser kumari, pude dançar. Isso foi bom. Amo dançar. Dez meses depois de me aposentar como kumari, outra deusa, Kali, entrou em meu corpo. Ela ainda habita em mim. Só me casei depois que completei trinta anos porque temia que meus sogros me obrigassem a tocar em pratos sujos. Kali detesta isso. Meu marido me compreende, felizmente, e sempre lava a louça.

Ela se virou para Savitri.

— Como ficou a foto que você tirou de mim da última vez que veio aqui? Ficou boa?

— Ficou ótima — assegurou Savitri.

— Fotos minhas circularam até pelos Estados Unidos — disse Premshova, com orgulho. — Quando estou no templo, muitas vezes as pessoas tiram fotos minhas. Dizem que pareço especial. Meu filho mais velho faz quarenta este ano. Dois anos depois que ele nasceu, a deusa vidente também entrou em meu corpo e comecei a prever o futuro das pessoas.

— Como você percebeu que a deusa vidente entrou em seu corpo? — perguntei.

— É uma coisa que se percebe automaticamente. Outras pessoas também percebem. As pessoas vêm aqui todas as semanas para que eu faça previsões com arroz. As pessoas têm muitos problemas. Não conseguem ter filhos, ou têm filhos que morrem logo após o parto. Não gosto de dar más notícias às pessoas, e sempre procuro oferecer uma alternativa também, digo que elas têm de doar coisas, que têm de adorar um deus, ir ao templo, e pronto.

— Você pode ler a minha fortuna? — perguntei.

— Não, domingo não é um bom dia — disse Premshova balançando resignadamente a cabeça. — Segunda, terça e sábado são bons dias. Mas domingo, não.

Ela nos seguiu até as escadas, agarrou nossas mãos, soprou forte e se concentrou nelas.

— Acabei de dar a vocês toda a minha força — sorriu, e voltou para a sala de estar.

Conheci a última das ex-kumaris com quem conversei em plena rua.

— Venha, me acompanhe — disse ela com firmeza, me conduzindo por uma escada estreita até uma sala de recepção. Chanira Bajracharya foi kumari em Patan, o menor dos reinos Malla no vale de Catmandu, desde os cinco até os quinze anos de idade. Hoje, Patan cresceu e se fundiu à Grande Catmandu, e mal se percebe onde uma cidade termina e a outra começa. A ex-deusa parecia uma estudante comum, vestida com uma camisa xadrez e jeans e com o cabelo meio comprido preso num rabo de cavalo. Ela era uma cabeça mais baixa do que eu, e tinha um rosto em forma de lua cheia, quase redondo.

Nas paredes da sala de recepção estavam penduradas grandes fotografias de Chanira como uma deusa viva, vestindo compridos grandes trajes kumaris vermelhos, com o semblante inexpressivo e pesadamente maquiado. Ela era simpática, mas ao mesmo tempo profissionalmente distante. Para a entrevista, cobrou 2.500 rúpias, cerca de cem reais, menos do que o cuidador de Catmandu, mas ainda uma quantia considerável num país em que um terço da população sobrevive com menos de quinze reais por dia.

— Concedo uma média de três a quatro entrevistas por semana — explicou a jovem de 24 anos num inglês fluente. — Me toma muito tempo, e, portanto, é como um trabalho para mim.

Quando tinha cinco anos, Chanira foi escolhida kumari e sua família estava na singular condição de abrigar duas deusas vivas sob o mesmo teto.

— Minha tia foi oficialmente uma kumari por quase trinta anos — disse Chanira. — As kumaris são trocadas na primeira menstruação, mas minha tia nunca menstruou. Quando completou trinta anos, decidiu-se que ela não poderia mais participar das celebrações religiosas devido à idade, e assim ela foi substituída por uma nova kumari oficial. Minha tia, no entanto, continuou a cumprir suas obrigações como kumari: ela ainda se veste de vermelho e não sai de casa, e muitos fiéis ainda a procuram para serem abençoados. Quando criança, eu era fascinada pela minha tia e me lembro bem da primeira vez que me vesti como uma deusa viva. Eu tinha cinco anos e adorei.

Ao contrário da kumari real em Catmandu, que se muda para a casa kumari e é criada por estranhos, a kumari de Patan continua a coabitar com a família biológica.

— Meus familiares tiveram de adotar uma série de regras especiais — disse Chanira. — Não podiam mais se referir a mim como irmã ou filha, apenas como deusa. Eu ainda podia brincar com meus irmãos, mas eles não podiam mais me tocar. Eu era sempre a primeira a fazer as refeições, e minha família fazia o possível para realizar todos os meus desejos, para não contrariar a deusa. Foi um período economicamente difícil, porque meu pai teve de fechar a loja para cuidar de mim enquanto eu era kumari. Minha mãe conseguiu um professor particular para mim, mas tinha de pagar as mensalidades do próprio bolso. Hoje existem esquemas de apoio oficiais, mas na época era difícil.

— Você passou a sentir algo diferente depois de se tornar uma kumari? — perguntei.

— Aos poucos fui me dando conta de que ocupava uma posição especial na sociedade e tinha uma responsabilidade única, mas não sentia a deusa habitando em mim 24 horas por dia, sete dias por semana. Durante feriados religiosos ou quando me sentava no trono e era adorada, sentia que de alguma forma eu não fazia parte da sociedade comum. Não tinha vontade de sorrir para ninguém, quer dizer, não tinha vontade de sorrir... Não é tão fácil de explicar. Mas na maioria das vezes eu era uma garota completamente normal.

— Você era uma criança — comentei. — Não era difícil ficar o tempo todo dentro de casa? Nunca poder sair?

— Não, não sentia falta de sair. Talvez fosse o poder da deusa, ou algo assim. Não sei por que, mas nunca senti falta disso. Meus pais cuidavam bem de mim e eu tinha tudo o que queria. Eu tinha videogames e YouTube, então não ficava tão isolada quanto as kumaris do passado. Como eu era uma kumari, meus pais não tinham permissão para me repreender, mas minha mãe anotou num livro todas as traquinagens que eu fazia para poder me punir quando eu deixasse de ser uma kumari. Funcionou, eu me comportava direitinho. Muitos ocidentais veem a tradição kumari como uma espécie de abuso infantil, mas não foi isso que vivi. Eu adorava ser uma kumari e sinto saudades desse tempo.

Chanira foi a última kumari em Patan a conhecer a família real. No verão de 2001, ela tinha seis anos quando o príncipe herdeiro Dipendra assassinou quase toda a família num acesso de fúria.

— Antes de a família real ser morta, passei quatro dias chorando — disse ela. — Estava inconsolável. Minha mãe não sabia o que fazer e pediu conselhos ao sacerdote real. Ele disse que era um péssimo presságio e instruiu minha mãe a fazer um certo ritual e pedir perdão, pois era possível que ela tivesse feito algo de errado nos rituais. Minha mãe começou a preparar o ritual, mas à meia-noite do quarto dia o telefone tocou e recebemos a notícia de que a família real havia sido morta num massacre. Eu não parava de rir depois que recebi a notícia. Minha mãe percebeu que já nenhum ritual era necessário.

— Por que você riu? — perguntei atônita.

— Não sei. Era a deusa em mim quem ria. Só me lembro de não conseguir parar de rir.

— Havia algo de que você não gostava em ser uma kumari? — eu quis saber.

—Os turistas — respondeu Chanira sem titubear. — Os nepaleses vinham me adorar porque a kumari significa algo para eles, a kumari faz parte da nossa tradição. Os turistas não conhecem a nossa cultura, vêm apenas por curiosidade. Eu me sentia como um macaco numa jaula, mas, como kumari, não podia me recusar a receber ninguém, nem mesmo os turistas. A kumari em Catmandu não recebe turistas, mas qualquer um pode visitar a kumari de Patan. Acho que deveria haver restrições.

Aos quinze anos, quando menstruou pela primeira, da noite para o dia Chanira voltou a ser uma garota completamente normal.

— Meus pais tentaram me preparar para o fato de que um dia eu já não seria uma deusa — contou ela. — Me disseram que minha vida mudaria e as pessoas se comportariam de maneira diferente comigo. Ainda assim, foi um choque. Nas primeiras vezes que saí pelas ruas, minha mãe precisou me segurar pela mão. Eu nunca tinha saído para a rua antes e, no começo, preferia ser carregada. Era algo que não me inspirava confiança, eu me sentia tão impotente que não conseguia me orientar e ficava assustada com todo esse tráfego. Também foi difícil na escola. Achava exasperante interagir com os outros, não estava acostumada a falar nem a conviver com pessoas da minha idade. Usar apenas roupas comuns foi problemático no começo. Para facilitar a transição de outras kumaris, criei uma associação de apoio a ex-kumaris. As meninas precisam de muito apoio durante esse período específico.

Ela olhou de relance para o relógio.

— Quer conhecer a minha tia? — perguntou ela.

Concordei com a cabeça, naturalmente, e fui instruída a esperar dez minutos enquanto a deusa adulta se preparava. Nesse ínterim, fiz algumas fotos de Chanira, que posou bastante à vontade. Dez minutos depois, seu pai surgiu pela porta.

— Ela está pronta para recebê-la — disse Chanira. — Mas primeiro você tem de lavar as mãos.

Fui conduzida a um pequeno lavatório e depois a uma sala pintada de rosa. No canto, num trono de madeira feito originalmente para uma garotinha, sentava-se Dhana, tia de Chanira, vestida de vermelho e dourado, com maquiagem preta em volta dos olhos e cabelos presos num coque. O trono estava envolto pela fumaça do incenso, lamparinas a óleo e pequenas tigelas de frutas. Embora Dhana estivesse agora com quase setenta anos e seu corpo aparentasse os sinais da idade, o rosto oval era notavelmente liso, quase sem rugas.

Ajoelhei-me diante dela, conforme fui instruída a fazer, e coloquei uma cédula na tigela de oferendas diante do trono. Então me inclinei para a frente para que a deusa pudesse apor uma marca vermelha na minha testa. Depois, ela colocou uma florzinha no meu cabelo e me deu uma banana. Ela nada disse durante a cerimônia, seu rosto era inexpressivo, mas seu olhar era gentil e paciente. Quando me levantei, a flor caiu. Apanhei-a e a coloquei de volta na cabeça, mas a flor tornou a cair.

A atual kumari de Patan não morava na própria casa, a exemplo de Chanira, mas tinha se mudado para a casa kumari, uma velha residência de madeira a alguns passos no alto da rua. Era lá que vivia com a família. Toquei a campainha e uma senhora idosa abriu a porta e me deu as boas-vindas. Ela fez sinal para que eu tirasse os sapatos e a seguisse escada acima.

Fui deixada numa sala de toras de madeira escura e quase vazia. Ao lado de uma mureta, havia um trono baixo de madeira no chão, ainda vazio. Alguns minutos depois, uma jovem entrou trazendo uma menina nos braços. A garotinha estava apropriadamente vestida com um vestido vermelho, seus olhos estavam realçados com maquiagem preta e seu cabelo estava preso num coque. A menina sorriu para mim, mas agarrou-se à mãe com todas as forças que tinha. A jovem mãe colocou a menina no singelo trono e me ajoelhei diante dela, coloquei uma nota na tigela de oferendas e inclinei minha cabeça. Com movimentos lúdicos, a pequena deusa colocou uma marca vermelha na minha testa.

— Posso tirar uma foto? — perguntei e logo me arrependi. A mãe traduziu para a menina, que balançou a cabeça, determinada. Então a audiência acabou, desci as escadas e saí pela porta.

Apuros no cume

Despertei com o lustre balançando. Foram apenas alguns segundos, depois acabou. Ainda estava atordoada e imaginei que tudo não tinha passado de um sonho, porém mais tarde todos que encontrava pela frente tinham o semblante preocupado. O terremoto atingiu 4,8 na escala Richter, um tremor pequeno e inofensivo que mesmo assim despertou memórias e traumas do catastrófico abalo de quatro anos antes.

O Himalaia é a cordilheira mais alta do mundo e também uma das mais jovens, com apenas cerca de 50 milhões de anos. Ambos os fatores superlativos são indissociáveis: gelo, neve e chuva corroem e fragmentam a massa de rocha. Ainda me lembro da decepção quando percebi, ainda criança, que o Galdhøpiggen, o ponto culminante da Noruega com seus 2.469 metros, é uma montanha relativamente inexpressiva no contexto global. Mas outrora, entre 400 milhões e 500 milhões de anos atrás, montanhas de 8 mil metros erguiam-se também na Noruega. A cordilheira da Caledônia, cujos vestígios ainda podem ser encontrados no norte da Europa, talvez tenha sido a mais alta do mundo. Provavelmente colapsou sob o próprio peso assim que a tensão das placas continentais abrandou. O mesmo poderia acontecer com o Himalaia? A cordilheira pode desabar sob o próprio peso? Acerca do assunto os geólogos divergem e ninguém sabe ao certo. As montanhas crescem tão lentamente que uma vida inteira de pesquisas não dá conta de conhecê-las.

Tudo se move, inclusive o chão sob nossos pés. Trezentos milhões de anos atrás, todos os continentes do mundo estavam unidos num supercontinente, a Pangeia. Então, muito lentamente, o supercontinente foi dividido em dois, Laurásia, que incluía a América do Norte, Europa e Ásia, e Gondwana, que compreendia as atuais Austrália, Índia, América do Sul, África e Antártida. Há cerca de 150 milhões de anos, a Índia se separou de Gondwana e foi arrastada rumo ao norte pelas placas continentais a uma velocidade relativamente alta: quinze a vinte centímetros por ano. Bem mais de 100 milhões de anos mais tarde, após ter percorrido uma distância de mais de 10 mil quilômetros, o subcontinente indiano chocou-se com a Eurásia. O mar de Tétis, que até então separava as duas massas de terra, foi deslocado para o lado, e enormes massas de terra foram empurradas para cima pelas placas continentais: nascia o Himalaia. Até hoje, fósseis do mar de Tétis ainda podem ser encontrados em todo o Himalaia, até mesmo no topo do monte Everest.

A placa continental indiana, que pressiona o planalto tibetano, ainda se move para o norte, mas agora a uma velocidade de cerca de cinco centímetros por ano. A placa eurasiana, muito maior e mais densa, está se movendo para o sul, também muito mais lentamente. Em média, mantém um ritmo de dois centímetros anuais, aproximadamente o mesmo que nossas unhas dos pés crescem por ano. Noutras palavras, a Índia perde um pouco do seu território conforme o tempo avança, enquanto as montanhas do Himalaia ficam um pouquinho mais altas. O movimento das placas continentais não faz apenas com que as montanhas cresçam, mas também provoca enormes tensões subterrâneas, que, por sua vez, levam a terremotos frequentes.

*

O chão lá embaixo ondeia, verde como jade. Aqui e ali avistam-se casinhas de madeira com telhados de zinco que reluzem ao sol. Uma luz de alerta pisca em vermelho, mas o piloto, de uma calma avassaladora, mal percebe. Concentro-me admirando os arrozais e florestas lá embaixo; diferentes tons de verde, claro e escuro, se entrelaçam como peças de um quebra-cabeça. De repente, enquanto a luz de alerta ainda pisca freneticamente, a paisagem muda e voamos de encontro a uma parede de rocha e gelo.

Uma vez que a pista de pouso em Catmandu está fechada para uma necessária reforma, somos transportados de helicóptero para Lukla, ponto de partida para todas as expedições ao monte Everest do lado nepalês. Me inscrevi numa excursão em grupo organizada por uma empresa de expedição norte-americana para poder pernoitar no Acampamento Base do Everest, que na alta temporada só admite alpinistas e membros de expedições. Felizmente, o grupo não é grande: além de mim, só duas entusiasmadas norte-americanas, Lynn e Jade.

Pasang, nossa guia sherpa, nos encontra no heliponto e nos conduziu pelas ruas enlameadas e sem carros de Lukla, atravessando o mercado de quinta-feira, onde os fazendeiros vendem frutas e vegetais, até uma hospedaria térrea, onde o café da manhã é servido. Na mesa ao lado, um grupo de indianos toma chá doce com leite.

— Parece que você está pronta — comenta um deles, um cinquentão de cabelos grisalhos, apontando para minha

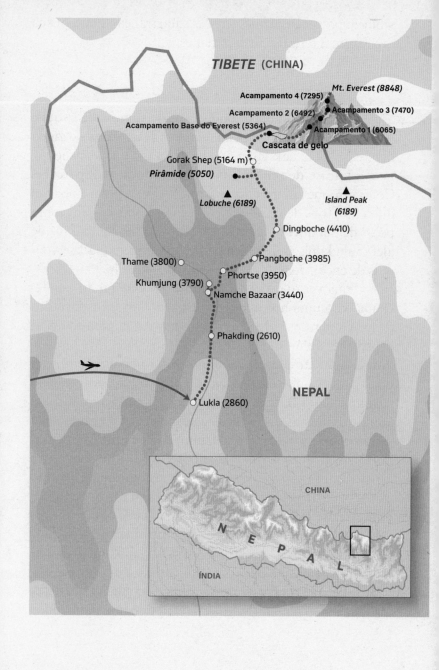

mochila azul novinha em folha. A dele está coberta por uma camada marrom de poeira, assim como suas botas de escalada.

— Estamos indo para o Acampamento Base — confirmo. Chega a ser desnecessário mencionar o destino: praticamente todas as rotas de caminhada de Lukla levam ao Acampamento Base.

— Acabamos de vir de lá — diz o indiano.

— Como foi? — pergunto.

— Foi... ótimo.

— Você não parece muito convincente.

— Bem... — ele faz uma pausa. — Foi difícil, isso foi. Esteja preparada para dificuldades. E é frio. Terrivelmente frio. Esteja preparada, pois você vai congelar. Também vai pegar a famosa tosse de Khumbu. Todo mundo pega, não tem como evitar, porque a higiene nas pousadas é inexistente. As pessoas só se recuperam quando voltam para Catmandu.

Como para enfatizar suas palavras, o ajudante ao lado começa a tossir longa e roucamente.

— Ficamos tão mal que não aguentamos fazer o trecho do último dia a pé e requisitamos um helicóptero. Mas boa sorte! — O indiano de cabelos grisalhos exibiu um forçado e pálido sorriso. — Espero que tenham uma ótima viagem!

Deslocar-se nas altas altitudes é um exercício de paciência. Para dar tempo ao corpo para se aclimatar, percorremos etapas curtas, geralmente apenas duas a três horas por dia. O sol brilha no céu anil; durante o dia a temperatura passa com folga dos vinte graus. O caminho é largo e exuberante, parece uma autoestrada, e serpenteia por pequenas aldeias ladeadas por densas florestas de pinheiros e arbustos de rododendros em plena floração.

Lynn e Jade vão bem preparadas para a jornada rigorosa, equipadas com bastões de fibra de carbono, camisas de malha respirável, purificadores de água por raios ultravioleta, líquidos de hidratação sofisticados e um kit de primeiros socorros para viagem contendo remédios para resfriado, comprimidos para o mal da altitude, emplastros, cremes, pomadas e antibióticos suficientes para abastecer por um ano uma aldeia de médio porte. Dois carregadores locais levam a farmácia portátil e o restante da nossa bagagem de pousada em pousada. O fardo que carregam é leve em comparação com muitos outros, que transportam torres de comida enlatada, refrigerante, cerveja e macarrão pelas encostas arborizadas. Os carregadores enfrentam a dura competição das mulas, que sobem em longas filas, com chocalhos no pescoço, levando no lombo de botijões de gás a provisões. Alguns dias antes, um jovem alpinista estadunidense foi empurrado para a morte pelos ungulados — ficou do lado errado da trilha quando a caravana passou e não teve a mínima chance.

No segundo dia, cruzamos a fronteira para o Parque Nacional de Sagarmatha. Sagarmatha, a Deusa do Céu, é o nome nepalês do monte Everest; entre os tibetanos, a montanha é conhecida como Chomolungma, Santa Mãe. George Everest, o britânico responsável por cartografar a Índia de 1830 a 1843, nunca esteve perto da montanha que hoje leva seu nome, tampouco participou de sua descoberta. Em 1856, quando George Everest estava no recesso de seu lar, na Inglaterra, ocorreu a seu sucessor, Andrew Scott Waugh, e ao matemático Radhanath Sidkar, que a montanha até então sido marcada no mapa como «Pico b» e «Pico xv» provavelmente seria a mais alta do mundo. Os dois concluíram que a altura seria de 29 mil pés, ou 8.839 metros, mas acrescentaram dois pés adicionais para tornar o cálculo mais verossímil. Considerando que a estimativa foi feita a partir de postos de observação a mais de 150 quilômetros de distância, a precisão é surpreendente: medições posteriores determinaram que a montanha era 27 pés mais alta do que Waugh e Sidkar haviam previsto, quer dizer, tinha 29.029 pés, ou 8.848 metros. Em 2005, os agrimensores chineses concluíram que os últimos quatro metros consistem em gelo e a altura real é, portanto, de apenas 8.844 metros, mas as autoridades do Nepal e da China concordaram que os 8.848 metros estabelecidos prevaleceriam.

A montanha mais alta do mundo não poderia ter algarismos romanos no nome. Já na época de Waugh, era prática comum adotar o nome local, mas tanto o Nepal quanto o Tibete estavam fechados para estrangeiros no século xix, e havia uma grande confusão sobre o nome mais difundido entre os nativos. Waugh acabou sugerindo nomear a montanha em homenagem ao patrão, ou seja, George Everest. O próprio Everest, que deve ter sido um homem recatado, opôs-se à escolha e argumentou que seu nome não poderia ser escrito nem pronunciado em hindi, consequentemente nem em nepalês.[23] Em 1865, depois de se debruçar sobre o assunto por quase uma década, a Sociedade Geográfica Real de Londres acabou, mesmo assim, adotando a recomendação de Waugh. George Everest morreu no ano seguinte, mas seu nome se imortalizou nas alturas.

---

23   Hoje, aliás, praticamente ninguém pronuncia seu sobrenome corretamente. O próprio Everest dizia «Iv-rest», com a primeira sílaba tônica.

Para ingressar no parque nacional é preciso antes se cadastrar. Na parede atrás do balconista está pendurado um quadro cheio de estatísticas. Os números mostram o dobro de visitantes nos últimos vinte anos: quase 40 mil pessoas completam o percurso até o Acampamento Base todos os anos, ao longo dos meses de primavera até o outono. Uma placa na entrada informa com detalhes as regras que devem ser observadas no parque nacional: não é permitido jogar lixo no caminho ou colher flores raras, também não é permitido ter ciúmes (!) ou consumir estimulantes «em excesso» — nesse particular há alguma margem de tolerância.

A subida até Namche Bazaar é íngreme. Em vários lugares há filas, e os ouvidos são inundados de preposições alemãs, interjeições italianas e vocais anasaladas norte-americanas conforme o ar vai ficando mais rarefeito. Subindo um pouco a colina, avisto um casal de compatriotas noruegueses. Eles são facilmente identificáveis, não exatamente pelos cabelos claros e pernas longas, mas pelas bandeiras orgulhosamente fincadas em suas mochilas.

A jornada é mais exigente do que parece. As pernas estão mais pesadas e instáveis, o coração palpita acelerado no peito e os pulmões ardem. Damos alguns passos, paramos e recuperamos o fôlego, damos mais alguns passos e estancamos, ofegantes. No nível do mar, onde a pressão atmosférica é 1, o ar que respiramos contém 20,9% de oxigênio. A pressão atmosférica diminui quase exponencialmente com a altitude, portanto, mesmo que a distribuição entre os vários gases no ar seja constante em toda a atmosfera terrestre, a pressão parcial do oxigênio diminui na altitude. Quando a pressão atmosférica cai, como é o caso aqui, as moléculas de gás não são comprimidas como no nível do mar. Quanto mais alto, menos moléculas de oxigênio existem em cada litro de ar. Em Namche Bazaar, 3.500 metros acima do nível do mar, o ar contém um terço a menos de oxigênio do que no litoral. No Acampamento Base, a 5.364 metros de altitude, a quantidade de oxigênio cai para a metade disso, e, no topo do Everest, apenas um terço.

O corpo se adapta ao baixo teor de oxigênio fazendo o coração bater mais rápido e acelerando a respiração. Com o passar do tempo, o corpo também produzirá mais glóbulos vermelhos para distribuir o oxigênio dos pulmões para o corpo — esse é o efeito que os atletas de alto rendimento buscam quando treinam em grandes altitudes. Se a ascensão for muito rápida, o corpo não terá tempo de se adaptar, resultando, na maioria das pessoas, no mal da altitude. Os sintomas leves do mal da altitude, ou mal da montanha, são dor de cabeça, náusea ou vômito, tontura, fadiga, dificuldade para dormir e falta de apetite. Esses sintomas geralmente desaparecem interrompendo-se a subida ou, melhor ainda, descendo.

Cada indivíduo reage e se adapta à altitude a seu modo, e certas pessoas apresentam sintomas do mal da montanha já a 2 mil metros de altura. Povos que vivem em grandes altitudes há centenas de gerações se adaptaram às condições extremas e reagem ao ar rarefeito diferentemente de pessoas originárias das terras baixas. Os sherpas, por exemplo, têm genes que os tornam particularmente adequados para uma vida nas alturas. Tradução literal de «povo do leste», os sherpas migraram do leste do Tibete no século XVI e se estabeleceram nas regiões montanhosas do Nepal oriental. Pesquisadores descobriram que as mitocôndrias, usina energética das células, dos sherpas consomem menos oxigênio do que as mitocôndrias de povos de terras baixas. Noutras palavras, os sherpas precisam de menos oxigênio do que a maioria das pessoas. No entanto, ninguém, nem mesmo os sherpas, é capaz de se adaptar a uma vida acima dos 8 mil metros, a chamada zona da morte. O corpo lentamente começa a entrar em processo degenerativo numa altitude tão extrema.

Casos graves de mal da altitude podem ser fatais, levando a um edema pulmonar. O corpo entra num círculo vicioso: devido ao aumento da pressão nas artérias e capilares do pulmão ocorre um acúmulo de líquido nos alvéolos, o que leva a uma perda de ventilação. Em casos graves, o alpinista começa a tossir espuma. Se não for imediatamente evacuado para uma altitude mais baixa, morrerá afogado. O edema cerebral de grande altitude é outra perigosa e aguda manifestação do mal da montanha: nesses casos, o corpo pode reagir à falta de oxigênio dilatando os vasos sanguíneos que irrigam o cérebro, que incha e começa a pressionar o crânio. Os sintomas de edema cerebral de grande altitude incluem violentas dores de cabeça, vômitos, confusão, alucinações e dificuldade de coordenação. É uma disfunção considerada extremamente perigosa, pois o alpinista muitas vezes nem percebe o que está se passando e precisa ser resgatado imediatamente para escapar da morte.

Na tarde do segundo dia, deparamos com um portal colorido: a entrada de Namche Bazaar. A aldeia tem a forma de um funil; fileiras de casas apinhadas umas sobre as outras se agarram à encosta íngreme da montanha. Considerando que aqui não há estradas, as casas são surpreendentemente grandes e modernas, de três a quatro andares, encimadas por telhados de zinco coloridos. Suando, ofegantes, atravessamos o portão e deparamos com uma fonte de lótus, grandes rodas de oração movidas a água e até mesmo um pub irlandês. Se, ao longo do caminho, nutrimos alguma presunção de pioneirismo, essa ilusão logo se desfaz ao ver placas anunciando cerveja Guinness e happy hour com horário estendido.

Prosseguimos aldeia acima. As lojas de suvenires ficam lado a lado, assim como as farmácias, lojas de esportes e mercearias, especializadas principalmente em papel higiênico e álcool gel. Placas pintadas à mão anunciam massagem tailandesa, pedicure, tratamentos faciais e depilação, e as hospedarias servem massas, pizzas, cervejas e vinhos — tudo transportado de avião até Lukla e carregado montanha acima nos ombros de homens e no lombo de mulas. Recentemente, até o primeiro restaurante de sushi do Namche Bazaar abriu as portas, embora esteja, para usar um eufemismo, bem distante da costa mais próxima.

As conversas na mesa de refeições não giram em torno de outro assunto senão do alpinismo e das façanhas dos montanhistas. Jade e Lynn mencionam um personagem após o outro, tratam pelo primeiro nome a maioria deles e seguem todos nas redes sociais: *Ele sim, meu Deus, ele é realmente impressionante, adoro as fotos que ele posta, e x e y e z, você os segue também? O quê, você não segue z? Ele é fodão, absolutamente insano, você* precisa *seguir as postagens dele!*

Eu, que nunca tive o menor interesse nas conquistas esportivas alheias, fui para cama mais cedo. Para falar a verdade, a maioria dos comensais também. Às oito horas o restaurante ficou vazio e as ruas lá fora, desertas.

Pasang, nossa guia sherpa, é da vila de Thame, a algumas horas de caminhada de Namche Bazaar. A aldeia foi completamente destruída durante o terremoto de 2015, e os aldeões tiveram de viver em tendas durante meses enquanto reconstruíam suas casas, pedra por pedra.

— Foi uma época difícil — relata Pasang. — Não gosto de falar sobre isso. Me faz lembrar de coisas ruins. — Ela encolhe os ombros, como se quisesse se livrar das lembranças traumáticas.

Khumjung, o vilarejo mais próximo de Namche Bazaar, também foi seriamente afetado pelo terremoto. Todas as casas são novas, reerguidas em tijolos para melhor resistir ao próximo abalo. O mosteiro budista de quase quinhentos anos também sucumbiu aos tremores, mas o recinto do templo resistiu. Um jovem monge me guia pelo corredor na penumbra. Ele acaba de ser enviado para a aldeia e vive sozinho no mosteiro. Os pais o enviaram para o mosteiro quando tinha treze anos. O tempo passou e hoje ele tem 31.

— Eu não sabia muito sobre o budismo naquela época — observa ele laconicamente.

Num pequeno mostruário de vidro no meio do templo está o topo de um crânio cônico, coberto por cabelos longos, grossos e escuros.

— É muito antigo — diz o monge. — O lama diz que é de um iéti.

— Você já viu um iéti? — pergunto.

O monge ri e sacode a cabeça.

— Quando eu era pequeno e ia com minha família ao lago levando nossos iaques, meus pais me alertavam para não sair à noite, porque aí o iéti podia aparecer. Fiz como disseram e nunca topei com um iéti.

Na aldeia vizinha de Khunde, metade da população já esteve na Noruega. Aurland, Lærdal, Flom, Østerbø, Breidablikk, Preikestolen, Finse... Obscuros topônimos da costa oeste da Noruega passaram a fazer parte do dia a dia local. A maioria dos sherpas ainda vive em aldeias sem estradas; os pés são seu principal meio locomoção. Por causa das monções, eles dependem de vias que suportem grandes volumes de chuva, e, portanto, se especializaram como ninguém na construção de trilhas e escadas resistentes nas montanhas. A indústria turística norueguesa há muito descobriu essa faceta e se aproveitou desse conhecimento local; flâmulas votivas coloridas, penduradas pelos operários sherpas, agora tremulam ao longo das rotas montanhosas norueguesas mais populares.

— A natureza lá é belíssima — comenta um operário veterano. — Quase tão bonita como aqui — acrescenta, magnânimo.

Num elevado acima das movimentadas ruas de suvenires de Namche Bazaar está uma estátua do neozelandês Edmund Hillary, que, junto com o sherpa Tenzing Norgay, foi o primeiro a alcançar o cume do monte Everest, em 29 de maio de 1953. Atrás da estátua, que por algum motivo é rosa, em dias de bom tempo é possível distinguir o cume branco e triangular.

— Esta é a única oportunidade de contemplar o Everest em toda a viagem, então aproveite bem — aconselha Pasang.

Eu obedientemente tiro algumas fotos extras antes de voltarmos para as lojas de suvenires e farmácias.

O alpinismo como atividade esportiva e de lazer é um fenômeno relativamente novo. A primeira associação de escalada do mundo, o Alpine Club, foi fundada em Londres em 1857. Outros países europeus vieram em seguida. No início, os alpinistas se concentravam principalmente nas montanhas europeias, mas no século xx o número de expedições aos cantos mais remotos do globo se acelerou: o número de acidentes geográficos invictos no mapa começou a diminuir, tudo se resumia a quem os conquistava primeiro. O prestígio nacional estava em jogo, e, no caso do Everest, tratava-se particularmente do prestígio dos britânicos, que de certo modo detinham o monopólio da montanha. Embora as autoridades nepalesas e tibetanas praticassem rígidas políticas de isolamento no início do século xx, os britânicos estavam em posição especial, já que controlavam a Índia, a porta de entrada para o Himalaia pelo sul, e exerciam um papel determinante no jogo do poder no resto da região — inclusive no Tibete, a porta de entrada ao sul.

A primeira tentativa séria de escalar o monte Everest ocorreu em 1922, pela face norte, por uma equipe de alpinistas britânicos. Pioneiros, os alpinistas levavam consigo tanques de oxigênio e, embora não tenham alcançado o cume, chegaram mais alto do que qualquer um até então: 8.326 metros. A expedição também entrou para os livros de história por um registro bem mais sombrio: sete carregadores perderam a vida numa avalanche pelo caminho e se tornaram as primeiras fatalidades oficiais da montanha.

Já em 1924, os britânicos fizeram outra tentativa, também pelo lado tibetano. O alpinista Edward Norton, que também participara da expedição anterior, dessa vez chegou a 8.572 metros antes de ser obrigado a dar meia-volta. Norton tinha planos de fazer uma terceira tentativa, mas foi acometido de fotoceratite (cegueira causada pela neve) e precisou ser carregado montanha abaixo. O recorde perdurou por 28 anos, até 1952. Dois outros membros da expedição, George Mallory e Andrew Irvine, fizeram uma última tentativa de chegar ao topo. Nunca voltaram para baixo. Em 1933, a uma altitude de 8.460 metros, foi encontrado um machado de gelo que deve ter pertencido a um deles. Durante uma operação de busca em 1999, o corpo de Mallory foi descoberto a uma altitude de 8.155 metros. O corpo de Irvine ainda não foi encontrado. A pergunta que muitos se fazem, e até agora ninguém foi capaz de responder, é se Mallory e Irvine teriam alcançado o cume antes de morrer. Diz-se que Mallory planejava deixar um retrato da esposa lá no alto. Nenhuma fotografia dela foi encontrada em seus bolsos, apesar do corpo e do equipamento estarem surpreendentemente intactos. A câmera, que possivelmente teria desvendado o mistério de vez, jamais foi achada.

Apesar dessa pequena incerteza sobre quem realmente escalou o Everest primeiro, não há dúvidas de que Edmund Hillary e Tenzing Norgay foram os primeiros do mundo a subir e descer a montanha inteiros. (Em 1953, o Tibete foi ocupado pelos chineses, e por isso eles tiveram de escalar pelo lado nepalês.) Desde então, a façanha foi igualada mais de 9 mil vezes — tanto pela face sul quanto pela face norte — por um total de mais de 5 mil alpinistas diferentes. Um pico só pode ser escalado pela primeira vez uma única vez, mas não há limites para pioneiros em categorias mais específicas, como maior tempo de permanência no cume (21 horas, 1999), primeira mulher (1975), primeira amputada (2013), primeiro casamento (2005), primeiros gêmeos (2013), menina mais nova (13 anos e 11 meses, 2014), homem mais velho (80 anos e 224 dias, 2013), primeiro paciente com câncer (2017), primeiro diabético (tipo 1) (2006), primeiro colostomizado (2010), primeiro cego (2001) e primeiro duplamente amputado (2006).[24]

---

24   Em 2017, as autoridades nepalesas proibiram cegos e duplamente amputados de escalar o monte Everest. A proibição foi recebida com

3.950m

Phortse, a cinco horas de caminhada lenta desde Namche Bazaar, é, por excelência, o vilarejo das expedições. Nas lavouras, mulheres encurvadas cavoucam a terra com apetrechos simples, da bomba comum de água partem outras mulheres carregando grandes vasilhas na cabeça, nas hospedarias trabalham exclusivamente mulheres. Quase todos os homens da aldeia trabalham como guias de expedições, cozinheiros de expedições ou carregadores de expedições. Enquanto isso, as mulheres administram a aldeia sozinhas, fazendo o possível para não enlouquecer de aflição.

O templo budista em Phortse ainda está sendo restaurado após o grande terremoto. As paredes externas estão cobertas por andaimes, mas ainda é possível entrar no salão do templo em si, onde uma mulher de meia-idade está varrendo o chão. Seu rosto enrugado exibe os sinais do tempo, mas seu corpo é esbelto e forte. Ela se chama Kanchhi Yanjee Sherpa e tem 45 anos. Os três filhos frequentam internatos em Catmandu, financiados pelo dinheiro que o marido ganha ajudando alpinistas privilegiados a subir e descer o Everest. Os guias sherpas ficam com uma pequena porção do valor que os alpinistas pagam às empresas de expedição, cerca de 3 mil dólares por viagem até o pico, mais gorjetas, mas estão em melhor situação do que a maioria dos quase 30 milhões de habitantes do Nepal. Pelo menos do ponto de vista econômico. O risco que correm é altíssimo.

— Venho aqui todos os dias orar por ele quando ele parte numa expedição — diz Kanchhi. — Ele já esteve no

---

protestos de alpinistas nessas condições em todo o mundo, e foi anulada meio ano depois pela Suprema Corte do Nepal, que concluiu que era discriminatório proibir o acesso de pessoas com deficiências específicas ao monte Everest.

topo umas quinze vezes, mas sempre tenho medo de que algo aconteça.

Uma jovem entra pela porta acompanhada por uma garotinha de bochechas avermelhadas. O nome da mulher é Pemba Chhokpa Sherpa e ela tem 25 anos. Pemba é da mesma aldeia que Pasang, nossa guia, mas mudou-se para Phortse depois que se casou.

— Como você conheceu o seu marido? — pergunto.

— Pelo Facebook — ri Pemba. — Depois de conversarmos um pouco no Messenger, nos encontramos e saímos para um encontro num café em Namche Bazaar.

Como sempre nessa época do ano, o marido está agora no Acampamento Base. Ela, por sua vez, nunca foi tão alto.

— Fico preocupada com ele absolutamente o tempo todo — diz Pemba, conformada. — Em algumas semanas ele estará de volta ao topo...

Quando foi mesmo que as árvores desapareceram? Estamos caminhando há uma semana e a paisagem não já não é verde e repleta de arbustos de rododendros e flores silvestres de cores vivas, mas estéril e desértica, cercada por ameaçadoras montanhas de um branco azulado. Já não são as mulas que passam por nós, mas esguios iaques, com chocalhos no pescoço e pelos tão compridos que chegavam a se arrastar no chão. Acima de nós, voam os helicópteros de e para o Acampamento Base — agências de viagens de Catmandu oferecem passeios de um dia a bordo de helicópteros; a atração inclui um café da manhã luxuoso e uma rápida e confortável estadia na alta montanha a tempo de retornar à capital para o jantar.

493

Lynn começou a tossir. Ela está pálida e silenciosa e ingere remédios a cada pausa, mas nenhum dos comprimidos da farmácia portátil parece ajudar, e a tosse só piora.

Quatro mil e quatrocentos metros acima do nível do mar, pedimos cappuccinos, feitos de acordo com a receita original, em máquinas de café italianas. As noites estão sensivelmente mais frias. Às sete e meia, a sala de jantar das hospedarias fica vazia; as pessoas preferem o calor aconchegante do saco de dormir à corrente de ar das janelas. Além disso, não há muito mais o que fazer nesse horário.

No alto de uma subida íngreme chegamos a um platô tomado por bandeirolas votivas. Inscritos em pedras e placas comemorativas estão os nomes de alguns dos mais de trezentos alpinistas que acabaram perdendo a vida na tentativa de chegar ao cume da Santa Mãe. Marchamos pelo ar rarefeito e chegamos a uma hospedaria com o sedutor nome de Oxygen Altitude Home. No refeitório, as janelas ficam embaçadas com tantas roupas de lã molhadas, o mundo inteiro está reunido ali bebendo chá e comendo macarrão: japoneses, estadunidenses, neozelandeses, em frente à lareira uma espanhola faz exercícios de ioga, um casal francês está se massageando, um pai alemão e sua filhinha conversam baixinho, três mulheres russas bem torneadas riem acintosamente. Uma ONU em miniatura.

No dia seguinte, acordo cedinho com os cavalos se estranhando no quintal. Eles ficam amarrados bem longe uns dos outros, mas ainda assim brigam, escoiceiam, rosnam, bufam e relincham.

A uma curta caminhada, escondida entre pedras cinzentas e montanhas negras, está a Pirâmide, o centro de pesquisas mais elevado do mundo, fundado pelo Estado italiano em 1990. O edifício faz jus ao nome, tem a forma de uma pirâmide de vidro, um pequeno Louvre encalhado no Himalaia. No sopé da pirâmide está uma simples hospedaria de pedra.

— Monitoramos o grau de poluição atmosférica e medimos o derretimento do gelo — explica Kaji Bista, 50 anos, gerente-geral do centro. — Também medimos a atividade sísmica e parâmetros meteorológicos comuns, como pressão e umidade do ar. Tenho mestrado em economia e história e não sou cientista, mas meço, anoto e reparo da melhor maneira possível. Infelizmente, não há pesquisadores aqui no momento. A Itália não tem mais dinheiro. Na maior parte do tempo fico aqui sozinho.

Ele contempla os picos brancos das montanhas, onde o gelo está derretendo e bilhões de partículas microscópicas de carvão da Índia e da China rodopiam no ar claro e pobre em oxigênio.

— Às vezes, nuvens amarronzadas se condensam nas montanhas por causa da poluição — diz ele, com tristeza. — Os helicópteros também poluem e, além disso, assustam os animais selvagens. O aquecimento global está piorando a cada dia. Pela primeira vez este ano o rio de Lobuche está quase sem água, e neste inverno quase não nevou aqui. Costumava nevar quinze centímetros de neve no inverno, no ano passado nevou quatro, este ano, menos de dois. No verão, chove mais do que antes, e a água da chuva acelera o derretimento das geleiras. As geleiras são nossos reservatórios de água, e vão desaparecer. Durante grande parte do ano, os rios ficam praticamente secos, mas na estação das chuvas eles transbordam.

Dá um suspiro quase inaudível e enxota uma mosca que o atazana.

— Quando vim para cá, há vinte anos, não havia moscas aqui em cima. Agora elas estão por toda parte. Os lagos estão secando e os insetos estão chegando. Está vendo aquela geleira acolá? — Aponta para uma montanha azulada. — Os deslizamentos ali são quase diários agora. A geleira está derretendo rapidamente e vai desparecer em breve. Neste inverno, a temperatura média aqui foi de dezessete graus negativos. É o inverno mais quente já registrado aqui.

Kaji consulta rapidamente o relógio. Em poucas horas chegarão trinta turistas indianos. Durante a temporada, a maior parte do tempo dedicada aos turistas, são eles que fazem as rodas girar.

— Não é fácil ser otimista — conclui. — Nós humanos ainda cometemos erros demais. Queimamos florestas e poluímos o mundo com plástico. Os turistas e carregadores trazem o plástico com eles até aqui em cima. Só estamos causando mais e mais poluição. Mais e mais...

Ele sorri desenxabido e caminha em direção ao edifício de pedra para fazer as camas e lavar os banheiros. Volto para o Oxygen Altitude Home. Ao lado da hospedaria, passa um córrego lamacento. A largura do leito indica que ali um dia correu um rio. Embora as inúmeras hospedarias façam o possível para captar água através de finas mangueiras de borracha, o líquido é escasso e racionado. Não se pode nem lavar as mãos. Um jovem se agacha na margem e despeja água num tonel de plástico. É um trabalho custoso, até o balde demora a encher.

Passamos o resto do dia sentadas, admirando apáticas o teto enquanto nossos corpos produzem glóbulos vermelhos na medida em que podem.

Na manhã seguinte, acordamos diante de uma paisagem branca como giz. As montanhas estão ocultas atrás das persianas cinzentas, e grandes e pesados flocos de neve valsam ao sabor da brisa. O clima não é o único a piorar. Corro para o banheiro uma vez, depois mais uma e outra vez, engulo dois comprimidos de Imodium, visto minha capa de chuva e saio pela neblina. A trilha luxuriante das florestas de rododendros nas terras baixas é coisa do passado, aqui o caminho é pedregoso e acidentado, mas os caminhantes são igualmente numerosos; um rebanho de gente desafiando os rochedos. Ainda assim, temos de abrir passagem para carregadores que arrastam fardos maiores e mais pesados do que eles próprios. Latas, refrigerantes, caixas de suco e papel higiênico são levados para cima, enquanto o esgoto dos alpinistas, coletado em grandes barris azuis presos à cabeça com fitas adesivas, é transportado montanha abaixo. Os carregadores vestem agasalhos finos e calçam tênis encharcados, alguns deles parecem não ter mais de doze ou treze anos, com rostos infantis e corpos frágeis que ainda não cresceram completamente.

Gorak Shep é a última estação antes do Acampamento Base. Apenas membros de expedições podem pernoitar no Acampamento Base, todos os demais devem passar a noite na cabana superlotada em Gorak Shep, a algumas horas de caminhada. Fazemos uma breve pausa para almoçar. O pequeno refeitório está superlotado e grandes placas informam que não há água nas torneiras. Lynn agora está com o rosto completamente pálido, com uma tosse persistente e um chiado no peito. Ela não é a única, ouvem-se tossidos e espirros por todos os lugares. Comemos rapidamente, evitamos as latrinas e saímos apressadas sob o mau tempo. A vista é de poucos centímetros, mal podemos enxergar nossos pés, muito menos identificar outros alpinistas, vultos escuros em meio ao cenário branco. Cada passo exaure, o ar rarefeito tem a consistência de um xarope. Várias vezes paramos para recuperar o fôlego, mas de pouco adianta. Mais uma pedra, mais um rochedo, subindo, subindo, uma dor ameaçadora pressiona as têmporas. Deve ser o frio e nada mais, eu acho, eu quero achar, a dor de cabeça com certeza é decorrente apenas do esforço, das alças apertadas da mochila, vai passar, não é nada grave.

Uma fátua alegria toma conta de nós quando vislumbramos pontos amarelos através da névoa. Câmeras e celulares clicam, andarilhos exaustos se empertigam e posam triunfantes ao lado das bandeirolas votivas e da placa em que se lê EVEREST BASE CAMP 5.369 m. Oficialmente, o acampamento está a 5.364 metros de altitude, mas aparentemente os sinalizadores se deixaram confundir pelo ar rarefeito daqui.

Felizmente, nosso acampamento fica bem próximo da entrada. Pasang nos conduz por aglomerados de barracas amarelas — por algum motivo todas as barracas aqui são amarelas — e nos leva até uma pequena colina perto do heliponto. O terreno é irregular, coberto de cascalho grosso; o Acampamento Base está inteiro localizado numa geleira em derretimento. Greg, um norte-americano alto, sorridente e alerta, nos recebe.

— Normalmente dou as boas-vindas ao ensolarado Acampamento Base, mas hoje tenho de me contentar em dar as boas-vindas ao Acampamento Base! — brinca ele.

Somos conduzidas a uma grande barraca. Potes de salgadinhos e guloseimas *made in USA* estão esparramados sobre a mesa comprida. Cada uma de nós pega uma caneca com suco quente e um prato de tacos. Depois, adquirimos cartões pré-pagos a peso de ouro e nos conectamos ao wi-fi local. Chovem notícias de casa no celular. A conexão é impecável.

A área do acampamento é tão grande que não se pode ver onde termina, nem mesmo em dias ensolarados. Nossa pequena ala está equipada com banheiros, uma barraca de banho, duas barracas de cozinha, dois refeitórios, uma estação de eletricidade, uma barraca amarela para cada alpinista, além de barracas para os sherpas, cozinheiros e pessoal de campo. Levar dezoito homens e mulheres ocidentais para a montanha mais alta do mundo requer muita logística. No topo do acampamento, está a barraca de controle de Greg; de lá, ele e o subgerente ficam de olho nos boletins meteorológicos e nas três equipes, que se revezam escalando um pouco mais alto, primeiro ao cume do Lobuche, 6.119 metros acima do nível do mar, depois ao acampamento 2, 6.492 metros acima nível do mar e, finalmente, ao acampamento 3, 7.470 metros acima do nível do mar. Terminado o revezamento, resta esperar que a janela de tempo perfeita se abra para o cume em si. O processo leva cerca de dois meses no total.

Lynn, Jade e eu fomos apresentadas às nossas barracas amarelas individuais, localizadas numa pequena colina longe do banheiro. Estendo o saco de dormir e rastejo para dentro. A dor de cabeça piorou, o Paracetamol que tomei parece não fazer efeito. Na barraca vizinha, Lynn tosse sem parar, quase não tem mais voz. Nenhuma de nós deixa a barraca até que o cozinheiro toque a sineta do jantar. Três homens na casa dos trinta estão sentados na tenda do refeitório quando chegamos. Eles nos cumprimentam educadamente, mas estão mais preocupados com sua vez no revezamento.

— Meu Deus, não aguento mais esperar — reclama um.

— Se não conseguirmos ir para o acampamento 3 hoje à noite, vou enlouquecer — retruca o número dois.

— A espera só aumenta — concorda o terceiro. — Vou ficar louco se passar mais um dia deitado na barraca sem fazer porra nenhuma.

Comemos hambúrgueres no jantar — os cozinheiros, naturalmente, fazem o possível para adaptar o cardápio aos paladares ocidentais. Não sinto fome e mal toco a comida. Como entretenimento noturno, podemos acompanhar Greg na barraca de controle e observar os tanques de oxigênio usados pelos alpinistas.

— Uau, isso é tão legal! *A dream come true!* — Lynn consegue dizer com o pouca de voz que lhe resta.

Está escuro como breu quando voltamos para nossas tendas. Engatinho para dentro do saco de dormir com as roupas do corpo e adormeço rapidamente, mas acordo em seguida, ofegante, tentando respirar. A água na garrafa de água congela lentamente e é impossível encontrar uma posição confortável no colchonete fino. Na barraca vizinha, os surtos de tosse pioram.

No dia seguinte, o sol brilha num céu azul-cobalto, e podemos enxergar o caminho até o Tibete, que de fato não está muito longe — a fronteira entre o Nepal e a China passa pelo topo do Everest. O Acampamento Base é como uma ilha pontilhada de amarelo cercada pelos cumes mais majestosos que jamais vi. Picos brancos e íngremes se projetam ao revés do céu claro; daqui até parece que eles podem se estilhaçar a qualquer momento.

A noite agitada me deixou ainda mais lentificada, uma simples ida ao banheiro passou a ser um projeto intransponível. Assisto hipnotizada a Jade tomar café da manhã, mas ainda não sinto o menor apetite. Meu cérebro parece um mingau. Em seguida, passo meia hora tentando encontrar a escova de dentes no nécessaire. Deito em cima do saco de dormir para recobrar forças e começar a procurar o protetor solar. Ele desapareceu sem deixar vestígios, não consigo encontrá-lo em lugar nenhum. No final, desisto e abro um tubo novo, passo um pouco de creme no rosto e desabo exausta no saco de dormir novamente. Mais tarde, encontro objetos nos lugares mais estranhos, enfiei o carregador do celular no saco da roupa suja, os óculos de leitura estão no nécessaire. Os pensamentos circulam tão lentamente que quase param, os sinais nervosos chafurdam num lamaçal, as ideias afundam e desaparecem.

— Como está? — gorjeia Greg pela manhã do lado de fora da barraca.

— Não muito bem — admito, e, para minha consternação, começo a chorar. As lágrimas escorrem pelo rosto, não consigo me controlar. Greg pergunta sobre meus sintomas e me diz para tomar remédios para o mal da altitude. Eu protesto, sem pensar, quase irracionalmente; argumento que tudo vai passar se eu tiver tempo para me adaptar à altitude, só preciso de tempo, eu me ouço dizendo.

— Faça como eu lhe digo — insiste Greg. — Se você piorar, teremos um problema. Nem sempre é possível o helicóptero pousar aqui, então o que faremos? Tome os comprimidos. Pode tomar. Faça isso por mim.

Enxugo minhas lágrimas, engulo as pílulas que ele me dá e rastejo de volta para dentro da minha cova amarela. Quando o sol está brilhando, como agora, lá dentro fica quente como uma sauna. Fecho os olhos. Tudo o que quero é ficar deitada assim, com as pálpebras tingidas de dourado pelos raios do sol. A hipótese de conversar com alguém, fazer perguntas, tomar notas parece absurda.

À tarde, Pasang me obriga a sair da barraca.

— Você precisa se movimentar — diz ela tentando me animar. — De pé, pulando!

Me arrasto para fora da barraca e de alguma forma calço os sapatos.

O objetivo da expedição é o Crampoon Point, o local onde os alpinistas prendem seus crampons [travas de solado] para escalar a temida cascata de gelo que todos devem enfrentar a cada revezamento. Aqui, a massa de gelo cheia de rachaduras e fissuras e também está em constante movimento; todos os dias, maciços blocos de gelo despencam da encosta da montanha.

Passamos por fileiras e mais fileiras de tendas amarelas. Fico para trás e constantemente tenho de parar e recuperar o fôlego. Até Lynn, tossindo como uma paciente terminal de tuberculose, vai mais rápido do que eu.

No caminho de volta para o ansiado saco de dormir, paramos na clínica para bater um papo com a médica de plantão, uma agitada quarentona escocesa.

— Até agora, neste ano, tratamos 357 pacientes — diz ela. — A maior parte dos pacientes são sherpas, é por eles que estamos aqui. Em geral, são queixas triviais, principalmente bronquite e infecções respiratórias. Infelizmente, muitos sherpas têm tanto medo de perder a temporada de escaladas que evitam nos procurar, mesmo quando deveriam. Também recebemos um bom número de turistas com mal da altitude. Alguns sobem rápido demais e não fazem a aclimatação no tempo certo. Os piores são os que vêm a cavalo. Cavaleiros da vergonha, é como os chamamos. Quem não consegue *caminhar* até aqui não deveria estar aqui. As pessoas não fazem ideia do perigo que são essas alturas. A altitude mata.

De volta para o acampamento, de repente levo um tombo. As pedras escorregam sob meus pés e mal consigo me segurar com as mãos.

Não me recordo de nada do que acontece no resto da tarde e da noite.

Na manhã seguinte, escovar os dentes é moleza, e como dois ovos fritos no desjejum. O remédio funcionou. Lynn, por outro lado, piorou durante a noite e não sai da barraca.

Um novo alpinista apareceu na tenda do refeitório: Sam, um empresário britânico de cinquenta anos. Ele acabou fazer o revezamento e desceu para o acampamento 2 e está tossindo feito um cão, a impressão é de que seus pulmões estão prestes a entrar em colapso.

— O que realmente motiva vocês? — pergunto.

— Eu quero testar os limites do meu corpo — balbucia Sam entre os episódios de tosse.

— Meu objetivo é escalar os Sete Cumes, a montanha mais alta de cada continentes — diz José, cerca de trinta anos, um dos alpinistas da noite anterior. — Só falta o Everest.

— Mas por que você quer escalar a montanha mais alta de cada continente? — quero saber.

Ele dá de ombros.

— Foi uma coisa que eu e meu irmão começamos juntos. Meu irmão já desistiu, então agora sou só eu.

— Quanto tempo você demorou para escalar a cascata de gelo desta vez? — pergunta Sam a ele.

— Três horas e vinte minutos.

— É verdade? Levei umas seis ou sete horas. Quanto tempo levou para descer?

Elevo preces de gratidão à indústria farmacêutica, pois no final da manhã até arrisquei trotar pela geleira para acompanhar Pasang. Passamos por sherpas se aquecendo ao sol e alpinistas conversando em seus telefones celulares e, finalmente, paramos do lado de fora de uma grande tenda refeitório. Numa cadeira no canto está sentada Fur Diki Sherpa. Seu rosto largo e anguloso está quase carbonizado pelo sol, a pele das bochechas e do nariz está descascando.

— Eu tinha dezenove anos quando me casei — diz ela, compenetrada. — Meu marido, Mingma Sherpa, assim como meu pai, trabalhava como médico das cascatas.

Conhecidos como «icefall doctors» no jargão montanhista, são batedores especializados em criar rotas de escalada nas cascatas de gelo e dotá-las de pontes, escadas e cordas para os alpinistas.

— Meu pai morreu de morte natural. Ele tinha lá seus sessenta anos quando faleceu, em casa. Meu marido morreu trabalhando. Em 7 de abril, ele escorregou numa fenda no gelo e morreu. Recebi a notícia às quatro da tarde, mas a princípio me neguei a acreditar que fosse verdade. Quando o helicóptero chegou, percebi que era real. Eu sempre ficava preocupada quando ele estava no trabalho, e agora o pior tinha acontecido.

Junto com outra viúva, Ngima Doma Sherpa, Fur Diki planejou escalar o Everest para homenagear o marido e chamar a atenção para a situação das viúvas sherpas.

— Sete a oito dias atrás eu fui para o acampamento 2 — ela continua. — Foi uma viagem emocionante. Quando subi a cascata de gelo, pensei no meu pai e no meu marido e chorei muito. Nos primeiros anos após a morte de Mingma, me senti sozinha e incapaz de fazer qualquer coisa, mas há três anos fui convidada a participar de um programa de viúvas sherpas em Catmandu. Havia entre sessenta e setenta viúvas lá. Nos perguntaram se o governo do Nepal tinha feito alguma coisa para nos ajudar, mas ninguém recebeu ajuda alguma. Estou fazendo isso para que nossas vozes sejam ouvidas, mas também porque quero saber como meu marido e meu pai conseguiam o fazer o trabalho que faziam. Eles subiam sozinhos, carregando cordas e escadas, sem nada nem ninguém para ajudá-los. Nós, ao contrário, subimos pelas escadas e cordas que os sherpas já levaram e instalaram para nós.

Ela olha fixamente para mim, seus olhos não piscam.

— Acho que as pessoas deveriam respeitar os sherpas e o trabalho que fazem — diz ela. — São eles que fazem o trabalho duro, não os alpinistas. Sem os sherpas, ninguém seria capaz de escalar esta montanha.

No limite do enorme acampamento fica o Comitê de Controle de Poluição do Sagarmatha. Na barraca improvisada do escritório, um funcionário solitário está debruçado sobre um caderno cheio de anotações. Em frente a ele está sentado um homem de meia-idade vestindo uniforme militar com os olhos fixos na tela do celular.

— Cada alpinista deve descer levando oito quilos de lixo da montanha, caso contrário não receberá de volta o depósito de 4 mil dólares — explica o funcionário, sem desgrudar os olhos dos números. — Temos postos de controle na cascata de gelo e fazemos o possível para que todos sigam as regras. A mídia faz um grande alarde sobre o Everest ser uma montanha de lixo, mas as fotos que são publicadas costumam ser antigas.

Ele bufa de raiva.

— Este ano lançamos uma extraordinária campanha de limpeza em colaboração com o exército e o Ministério do Turismo, entre outros. Nas últimas três semanas, limpamos o Acampamento Base e agora estamos prestes a limpar o acampamento 2. Até agora, removemos mais de uma tonelada de lixo, principalmente metal, cordas e barracas. No ano que vem iremos ainda mais alto.

O funcionário fica em silêncio e mergulha nos números. O homem de uniforme militar inclina-se na minha direção e diz baixinho:

— Na verdade não estou autorizado a falar, mas, se você prometer não me citar, posso lhe dar algumas informações.

Prometo não mencionar seu nome, e ele pega o celular, pesquisa um pouco e lê na tela:

— A operação de limpeza começou em Lukla em 14 de abril. Duas toneladas de lixo foram recolhidas e enviadas para a reciclagem em Catmandu. — Ele rola apressadamente a tela para baixo. — Em 19 de maio, será feita uma limpeza de Namche Bazaar até Gorak Shep, e todo o lixo coletado será enviado para a reciclagem em Catmandu. Em 29 de maio o ministro da Defesa virá aqui participar de uma cerimônia. — Ele tira os olhos do celular. — Peço humildemente que não escreva que conseguiu essa informação de mim. Diga que quem lhe disse foi ele. — O homem aponta para o funcionário do outro lado da mesa, que volta a tirar os olhos dos números.

— Você por acaso é jornalista? — Os olhos estreitos ficam ainda mais estreitos. — Não gosto de jornalistas.

Asseguro que não sou jornalista, mas escritora.

— Ótimo. Jornalistas só escrevem o que lhes passa na cabeça, não se importam com a verdade. A verdade é que esta é uma das áreas mais limpas do Nepal, mas, com o turismo, surgem alguns desafios. Os turistas são bons para a economia, mas ruins para o meio ambiente. Com eles vem o lixo, porque os estrangeiros adoram papel higiênico, Pringles e Coca-Cola. O principal problema, no entanto, são os carregadores. Costumam ter pouca escolaridade e esparramam lixo para todo lado. Mas aqui no Acampamento Base, o maior problema são os dejetos humanos, se é que você me entende... — Ele se inclina para mim a ponto de explodir de irritação. — Treze mil quilos de cocô! Isso é o que retiramos do Acampamento Base todos os anos. É a quantidade de merda que mil pessoas produzem durante dois meses.

— Acabei de ler que você também remove os cadáveres que surgiram agora que o gelo está derretendo — digo. — Confere?

O funcionário resmunga, irritado:

— Não, não é verdade! A mídia adora escrever sobre isso, mas é mentira! Justamente por causa dessas inverdades é que não gosto de jornalistas!

— Sinto muito, mas eu tinha de perguntar — digo. — Afinal, é melhor eu citar você, que *está* aqui em cima, do que outras fontes menos confiáveis.

Mais tarde naquela noite, o chefe do Ministério do Turismo do Nepal relata que quatro cadáveres foram retirados do monte Everest. A notícia dá a volta ao mundo em questão de horas.

Uma teia de estrelas se acende no negrume, e o véu de luz da Via Láctea divide ao meio o céu noturno. As montanhas que cercam o acampamento como arquibancadas de um anfiteatro são mais percebidas do que vislumbradas. No acampamento vizinho, há luz em todas as barracas. De uma delas, mantras meditativos e ritmos simples de tambor ressoam pela noite adentro. Vozes que crescem e diminuem, crescem e diminuem. Então silenciam e dão lugar ao som de zíperes abrindo e fechando. Passadas firmes e pesadas. Meu campo de visão é preenchido pelos fachos das lanternas. Nas horas que antecedem o nascer do sol, os pontos luminosos vão subindo cada vez mais alto na cascata de gelo, diminuindo de tamanho até se transformar em estrelas cadentes que devagarinho rasgam o firmamento.

Assim que o sol da manhã desponta além dos picos das montanhas, o feitiço é quebrado. Helicópteros zunem de um lado a outro, numa corrida desenfreada enquanto o dia ainda está claro. A bordo de um deles a passageira é Lynn, que não tem forças para percorrer o longo caminho de volta a Lukla, conforme o plano original.

À mesa do café, o clima é tenso. A última equipe de escalada ainda não teve autorização para iniciar o revezamento ao acampamento 3.

— Estou ficando desesperado — reclama José, tamborilando impacientemente os dedos no tampo da mesa.

Ao longo da manhã, vão chegando os escaladores das equipes que acabaram de terminar seu último revezamento. Um a um, eles invadem a tenda do refeitório, exaustos, eufóricos, tossindo. Parecem astronautas com seus trajes grandes e disformes. Um mês antes, eram dezoito em número, agora restam apenas treze. Cinco já desistiram e voltaram para casa.

— Eu escalei seis dos sete picos, só falta o Everest — diz Bruce, um dentista norte-americano de cerca de cinquenta anos. — O mais difícil do Everest são os revezamentos. Você sobe para o acampamento 3 a mais de 7 mil metros e depois desce novamente. Leva tempo. Nessa altitude, a gente age como se estivesse numa UTI de um hospital. Todos se movimentam muito devagar. Tudo estava indo muito bem até eu pegar essa tosse maldita.

Como se fosse uma deixa, ele se contrai inteiro num terrível espasmo de tosse.

— Mas sou teimoso — continua ele quando o pior já passou. — Não é uma tossezinha que vai me impedir. Gosto da sensação de dominar algo difícil, mas não sei se isso explica por que há tantos médicos e dentistas aqui em cima. Talvez seja porque temos dinheiro suficiente e porque muitos somos personalidade tipo A. As pessoas aqui têm uma motivação própria, são todas personalidades do tipo A.

As chamadas personalidades do tipo A são consideradas inquietas, impacientes, ambiciosas e dotadas de um notório instinto competitivo.

Um homem alto e magro se acomoda na cadeira vaga ao meu lado. Seu nome é Avêdis Kalpaklian, ou simplesmente Avo, um libanês descendente de armênios de 47 anos e meio.

— Esta é uma jornada espiritual para mim — proclama ele, abrindo os braços teatralmente. Para quem acabou de descer de 7 mil metros, ele aparenta uma desconcertante disposição. — Passo o tempo inteiro sonhando com montanhas! No ano passado, escalei 27 montanhas. Num só dia escalei seis montanhas, ao todo demorei apenas doze horas. No total, escalei sessenta montanhas de mais de 4 mil metros. Algumas pessoas dizem que escalar montanhas é uma fuga, mas não vejo isso como uma fuga. Foi o jeito de me encontrar.

— Você é casado? — pergunto.

Ele exibe a mão esquerda. No dedo anelar, tatuou um anel em cujo interior está desenhada uma montanha:

o Ararat, orgulho e símbolo nacional mais importante da Armênia. Hoje, a montanha também simboliza tudo o que o povo armênio perdeu: na década de 1920, o Ararat acabou no lado turco da fronteira, e, com 5.136 metros, é a montanha mais alta da Turquia.

— Sou casado com a montanha, então tenho muitas esposas — elabora Avo, e sorri satisfeito. — Até agora, o Denali, no Alasca, é a minha favorita, mas tenho a sensação de que isso vai mudar agora. As montanhas aqui são mágicas. Existem espíritos por toda parte aqui, e essas cores, então: verde, azul, branco... As cores aqui também são absolutamente mágicas.

— O que você fará depois que tiver escalado o Everest?

— Vou continuar escalando! Tenho muitos outros picos em vista, quero mais dessa magia!

Ao sair da tenda, atordoada com toda essa conversa sobre personalidades A e poliginia, esbarro em Sam, o empresário britânico. O médico de plantão deu-lhe antibióticos para a infecção respiratória que o acometeu, e agora ele está à procura de alguém para compartilhar um passeio de helicóptero até Catmandu.

— Acho que não vou conseguir completar — admite ele. — Todo esse revezamento, subindo e descendo, não dá para descansar direito. Você não pode exatamente fazer check-in num hotel nesse meio-tempo. Não encaro como uma derrota, porque não esperava mesmo conseguir na primeira tentativa. Além disso, poucas pessoas sabem que estou aqui.

Russel Brice, celebridade televisiva neozelandesa de 67 anos, é um rosto bem conhecido na comunidade alpinista: ele escalou todas as catorze montanhas acima de 8 mil metros, esteve no topo do monte Everest duas vezes, e duas vezes também o sobrevoou a bordo de um balão.

— Meu acampamento é o único com vista para o Everest — declara alegremente, apontando para um discreto triângulo branco encaixado entre picos agudos. — Esta é a 26ª expedição ao Everest que lidero. Estive aqui pela primeira vez em 1974. Desde então, os sherpas estão muito melhores, do ponto de vista financeiro. Seus filhos vão à escola, suas moradias estão melhores. Ao mesmo tempo, há mais poluição e lixo aqui agora. Centenas de turistas vêm ao Acampamento Base todos os dias. Eles penduram as bandeirolas votivas de cabeça para baixo, rabiscam a pedras e só fazem sujeira. Na minha primeira expedição ao Everest, havia um total de dez pessoas escalando. Isso foi em 1981. Quantas são hoje?

Russell faz uma pausa artística e responde a si mesmo:

— Trezentos e oitenta e uma! Mas os sherpas não estão incluídos, então pode duplicar esse número. É uma loucura completa.

Não parece que em algum momento lhe ocorreu que ele mesmo, com suas 26 expedições, ajudou a comercializar e banalizar o monte Everest.

— Muitas dessas empresas também são mal administradas — desdenha ele. — Eles trazem alpinistas que nunca deveriam vir até aqui, pessoas que não sabem usar crampons nem cilindros de oxigênio. Do jeito que está agora é um salve-se quem puder. Mas, meu Deus, eu falo mais que a boca, mas não é comigo que você tem de falar, você tem de falar com Phurba! Ei, Phurba, venha cá!

Um homem tímido e magro se aproxima.

— Diga a ela quantas vezes você escalou o Everest, Phurba! — ordena Russell.

— Vinte e uma vezes — responde ele num inglês alquebrado.

Durante quatro anos, Phurba Tashi Sherpa foi a pessoa no mundo que mais escalou o Everest, mas em 2018 esse recorde foi quebrado. Atualmente, o recorde é de 24 vezes.

— Comecei como cozinheiro de expedição em 1996 — continua Phurba. — Meu pai também era cozinheiro de expedição e meu tio era um sherpa escalador, então para mim foi natural trabalhar no mesmo ramo. Em 1999, escalei o Everest pela primeira vez. Agora tenho sessenta iaques, três filhos e duas filhas. Dois estudam em Catmandu, um é monge e dois ainda moram em casa.

— Você quer que seus filhos sigam seus passos? — pergunto.

Phurba hesita.

— Não sei se recomendaria — diz ele enfim. — Mas eles são livres para fazer o que quiserem.

— Já perdeu amigos durante as expedições?

— Só uma vez. Um francês amigo meu tentou descer o topo numa prancha de snowboard.

— O que ele quer dizer é que perdeu um amigo uma vez numa escalada conjunta — interrompe Russell. — Ele já perdeu muitos amigos aqui em cima!

— Você sente saudades da escalada? — pergunto a Phurba.

Desta vez ele não precisa de tempo para pensar.

— Não! Vinte e uma vezes é demais. Meus pais e minha esposa pediram para eu parar... — Ele sorri pela primeira vez. — Gosto de estar no Acampamento Base e administrar tudo daqui.

— Entendo muito bem por que sua família lhe pediu para parar — eu digo. — Que emprego mais perigoso esse seu.

— O trabalho era 50% perigoso — diz Phurba. — Mesmo que você faça tudo perfeitamente, não consegue domar a natureza. Fico feliz por ter me aposentado. Já sei tudo o que vale a pena saber sobre a escalada do Everest.

Fiquei feliz em deixar o Acampamento Base para trás. A cada hora que Pasang e eu descíamos, o ar ficava mais espesso e logo estávamos novamente cercadas por coníferas verdes e perfumadas e arbustos de rododendros em plena floração. Desci o morro serelepe, com o corpo aliviado. Dias depois, embarcava num deslumbrante voo matinal com destino a Catmandu.

Sam, o empresário britânico, foi de helicóptero para Catmandu dias depois que parti do Acampamento Base. Os demais membros de expedições que encontrei no alto conseguiram chegar ao topo e voltaram sãos e salvos.

Nem todos têm tanta sorte. A temporada de 2019 provou ser uma das mais letais da história da montanha: na penúltima semana de maio, a prometida janela meteorológica se abriu e centenas de alpinistas tentaram alcançar o cume ao mesmo tempo. O resultado foram filas de uma hora na chamada zona da morte, na reta final para o topo. No total, onze alpinistas perderam a vida.

Sessenta e seis anos depois de Edmund Hillary e Tenzing Norgay terem chegado ao topo, o turismo massificado transformou a Deusa do Céu numa espécie de moedor de personalidades do tipo A.

Escrevo estas linhas em 2019 e já não há pontos desconhecidos no mapa. Infernos desconhecidos, porém, ainda existem.

Relatos da capital

— Nossa casa pegou fogo no ano passado e levamos quatro meses para reconstruí-la — disse Sharmila Pariyar. A mulher de 36 anos tinha um rosto quadrado e não sorriu nenhuma vez durante a conversa. Ela morava num barracão próximo ao aeroporto com o marido e os três filhos. O lugar, pequeno e humilde, dispunha de uma apertada cozinha e uma cama; ao longo da parede havia algumas caixas de roupas, colchonetes e um rádio barato. Savitri nos acompanhava como intérprete, e nós duas sentamos na cama, o único assento disponível ali dentro. Sharmila estava agachada num canto lavando pratos numa bacia enquanto falava. Sua voz era profunda e ressentida.

— Os vizinhos acenderam uma vela para um deus hindu, foi assim que começou o incêndio. Primeiro a casa deles queimou, depois a nossa. Conseguimos salvar metade das roupas e alguns cobertores, mas não conseguimos salvar a casa. Gritei tão alto por socorro que fiquei sem falar por cinco dias. Quando a polícia chegou, tentou buscar água nos vizinhos, mas não foi suficiente para apagar o fogo. Quando o caminhão de bombeiros finalmente chegou, o incêndio já tinha terminado.

Dois meninos de sandálias, jaquetas grossas e chapéus apareceram na porta e me encararam com os olhos arregalados. Então saíram correndo.

— Todos que moram aqui estão mal, mas não tenho apoio do meu marido e preciso sustentar a família sozinha — disse Sharmila. — Talvez vocês possam me dar uma ajuda? Precisamos de ajuda. Não temos como nos sustentar.

— Perdoe — disse Savitri, que obviamente estava acostumada com o pedido. Ela tinha a resposta pronta. — Nós encontramos pessoas como você todos os dias, e muitos estão em condições ainda piores. Não podemos ajudar a todos, tudo o que podemos fazer é contar essas histórias.

— Meu marido é das montanhas, eu venho dos baixios — disse Sharmila. Se ficou contrariada, não o demonstrou. Ela terminou de lavar a louça e começou a cortar as batatas em fatias finas.

— Venho de uma família de párias. Éramos muito pobres e nem sempre tínhamos o que comer. Naquela época, as pessoas acreditavam que as meninas não deveriam ir à escola, então não tivemos instrução, por assim dizer, minhas irmãs e eu. Frequentei as aulas por dois anos, depois parei. Minha mãe não cuidava de deixar meu uniforme limpo e não tinha dinheiro para comprar canetas e livros. Como eu não tinha casta e usava roupas imundas, os professores me tratavam mal. Quando eu era criança, nenhum homem das castas superiores prestava atenção em mim, mas, quando fiz treze anos, de repente eles começaram a me apalpar. Uma vez quase fui estuprada, mas consegui escapar antes que ele se enfiasse dentro de mim. Lembro de tudo que aconteceu, do assédio, de todas as vezes que fui bolinada. Esses acontecimentos me deixaram assustada, mas os homens também estavam com medo. Faziam de tudo para não serem flagrados. Os meninos da minha idade tinham namoradas; os que me atacaram eram homens mais velhos com esposas e filhos.

Uma mulher apareceu na porta e começou a gritar com Sharmila, que respondeu calmamente. A mulher gritou mais um pouco e se foi.

— Eu tinha dezessete anos quando me casei — Sharmila continuou sua história enquanto pegou uma tigela, a encheu com arroz cozido e entregou para o caçula, que acompanhava a conversa sentado no chão, mudo. — O casamento foi arranjado. Naquela época, os casamentos por amor eram comuns, mas éramos as únicas pessoas sem casta no lugar onde vivíamos, então ninguém queria namorar comigo. Meu marido era de um vilarejo nas montanhas a quatro horas de ônibus. Nos encontramos pela primeira vez no dia do casamento; era um costume absolutamente comum naquela época. Eu me lembro de ter sentido medo durante a festa, tinha medo do que viria depois, de ter de fazer sexo com ele. No primeiro ano moramos com os pais dele, mas foi difícil para mim. Eu nunca tinha trabalhado na lavoura antes, pois meus pais não tinham um pedaço de terra. Meus sogros reclamavam comigo porque achavam que eu não trabalhava o suficiente. Por fim, nos mudamos para cá e meu marido conseguiu um emprego na loja do meu irmão.

Prabina, a filha mais velha, entrou pela porta. Ela lavava roupas na casa de duas famílias ricas para as quais a mãe trabalhava.

— Acabei de terminar o 10º ano e acho que me saí muito bem no exame — ela sorriu. — Quero continuar até o 12º ano, e depois sonho em ir para o exterior!

— Para onde você quer ir? — perguntei.

Prabina encolheu os ombros e voltou a sorrir.

— Para um país bom! Não importa onde.

— Meu marido bebe demais — contou Sharmila, que agora estava varrendo o chão. — Ele ainda trabalha na loja, mas por causa da bebida recebe um salário menor do que antes. Ele bebe todos os dias, mesmo quando está doente. Mesmo assim ele é um bom homem, pois não tem outras mulheres e, no fim das contas, me dá um pouco de dinheiro de vez em quando; não é que ele nunca me dê nada. Quando não está bebendo, ele me ama, mas quando está bêbado ele me bate. Às vezes ele me bate com panelas e potes, e uma vez usou até a motoneta! Já tive hematomas em cada centímetro do meu corpo. Um mês atrás, Prabina decidiu dar um basta naquilo, não aguentou mais os maus-tratos e decidiu revidar. Em seguida, ela chamou a polícia, e eles nos propuseram um acordo: podemos lutar com palavras, mas não com os punhos. Agora ele só grita. Vocês estão com fome, por acaso?

Ela olhou para nós com expectativa. Educadamente, recusamos. Sharmila serviu-se de uma tigela de arroz e comeu rapidamente.

— Trabalho em três casas de família diferentes — explicou ela. — Tenho de estar lá na casa da terceira às doze horas.

Depois de esvaziar a tigela, despediu-se apressadamente e saiu correndo pela porta. Prabina sentou-se na cama ao lado de Savitri e de mim, sorrindo.

— No 11º ano, quero me especializar em jornalismo — disse ela. — Quero escrever sobre pessoas que estão em situações semelhantes à nossa. A vida na pobreza é difícil. Há tantos viciados em drogas aqui, tantos alcoólatras. Nunca conversamos com os homens que andam pelas ruas e nunca saímos depois das sete da noite. Gosto da escola, mas não é fácil me concentrar na lição de casa, porque meus pais brigam o tempo todo. Gostaria de ter um quarto só meu!

A room of one's own! Não era difícil entender esse desejo.

— Com o que mais você sonha na vida? — perguntei.

— Quero ter uma vida melhor que a da minha mãe — respondeu, séria, a jovem de dezessete anos. — Sonho com um emprego estável e uma vida estável. Um emprego público na polícia ou nas forças armadas, algo que me garanta uma renda segura e uma aposentadoria quando eu envelhecer. É com isso que eu sonho.

*

— Fiz de tudo para ganhar dinheiro, mas a dívida não parava de crescer — disse Bimala. — Abri uma loja, mas os clientes não pagavam em dia e tive de fechar as portas. Tentei criar gado, mas perdi dinheiro com isso também. Para pôr comida na mesa, acabei tendo de fazer biscates nas lavouras de outras pessoas, mas o que me pagavam não era suficiente.

Bimala tinha 39 anos, mas parecia pelo menos dez anos mais velha. Nós nos encontramos num auditório no Centro Pourakhi, uma organização que apoia trabalhadoras migrantes. Ela respondeu a todas as minhas perguntas de uma maneira obediente que beirava a submissão.

O homem com quem seus pais a casaram quando ela tinha dezesseis anos não a ajudava em nada. Não lhe batia e era gentil com os três filhos, mas o dinheiro que ganhava na fábrica de roupas (quando ainda trabalhava lá) ele gastava inteiro com bebida. Quando tinha sete meses, a filha mais nova caiu da cama e machucou a cabeça. Os médicos disseram que ela precisava ser operada ou morreria.

— Fiz um empréstimo para pagar a operação — disse Bimala. Seus olhos se encheram de lágrimas. — Eu a trouxe ao mundo e achava que era meu dever ajudá-la, mesmo que não pudéssemos pagar. Por fim, o banco ameaçou tomar a casa e as pessoas da aldeia se recusaram a me emprestar mais dinheiro. Disseram que, já que eu tinha duas filhas, podia deixar uma morrer. Todo mundo ia para o exterior e eu achei que poderia tentar também. Precisávamos de dinheiro. A filha de seis anos me implorava por comida, mas eu não tinha nada para dar, nem mesmo um punhado de arroz.

Milhões de nepaleses pobres viajam para outros países asiáticos todos os anos para ganhar a vida. Com o objetivo de proteger as mulheres da exploração, o governo proibiu cidadãs nepalesas de trabalhar como domésticas nos países do Golfo, os que mais recebem migrantes do Nepal. A proibição tornou as coisas piores para muitas mulheres desesperadas, que agora ficam à mercê de agências ilegais e intermediários inescrupulosos. Para Bimala, a estadia no Kuwait, um dos países mais ricos do mundo, transformou-se num pesadelo.

— A dona de casa só me dava comida uma vez por dia, e a comida era sempre vencida. Eu só recebia arroz frio, nenhum vegetal e jamais uma proteína. A patroa não me dava nem sal; eu lambia o braço para sentir o gosto do sal na língua. Eram seis filhos na família e eu era a única empregada doméstica, tinha de trabalhar o tempo todo. Lavava as roupas à mão, cozinhava e cuidava das crianças, trabalhava sem parar das seis da manhã às duas da madrugada. Durante o dia, eu só podia ir ao banheiro uma vez. À noite eu dormia num colchão num depósito onde guardavam os brinquedos. Quando a patroa não estava satisfeita comigo, ela me batia com força. Ela tinha câmeras de vigilância instaladas por toda a casa, até onde eu dormia, para garantir que eu trabalhasse duro mesmo quando ela estivesse ausente. Se um dos filhos chorasse por mais de alguns segundos, ela me repreendia. Uma vez, enquanto lavava roupas, caí e machuquei a cabeça. Passei duas semanas desmaiando, sem conseguir trabalhar direito. Pedi para tirar uma folga, somente algumas horas de descanso, mas a patroa negou.

Bimala resistiu por quatro meses. Ela ligou para o agente e pediu para trocar de família, mas foi informada de que só poderia mudar depois de seis meses. Convencida de que não conseguiria sobreviver mais dois meses assim, ela decidiu fugir.

— Fugi numa sexta-feira. Três crianças estavam na escola, as outras três dormiam. Disse à patroa que tinha de ir ao banheiro, que era uma emergência. Ela recusou a princípio, mas fingi que era tão urgente que não podia trabalhar, e assim ela me deixou ir. Normalmente, ela sempre mandava um filho comigo ao banheiro para me vigiar, mas agora eles estavam dormindo. Quatro empregadas haviam escapado de lá antes, então ela era extremamente precavida. Se eu ficasse mais de cinco minutos no banheiro, ela vinha bater na porta. Não fui ao banheiro, mas saí pela porta da rua. Estava apavorada com o que a patroa faria comigo se descobrisse que eu queria fugir, mas por sorte encontrei um táxi quase imediatamente. O motorista indiano me levou à embaixada nepalesa, embora eu não tivesse dinheiro. Na embaixada havia muitas mulheres na mesma situação que eu, e pela primeira vez em quatro meses consegui fazer uma refeição decente. Nas primeiras semanas eu apenas dormia. A patroa me denunciou à polícia por fugir, então tive de cumprir onze dias de prisão. Outra mulher foi acusada de roubar ouro. Ela ainda não voltou para casa. Graças à ajuda do Centro Pourakhi, voltei para o Nepal em dezembro passado.

O Centro Pourakhi, administrado por mulheres que trabalharam no exterior, oferece acomodação de emergência para trezentas mulheres por ano e possui uma linha telefônica de emergência, que funciona 24 horas por dia. Para muitas mulheres, o centro é a única esperança.

— Depois que voltei para casa, fiz aulas de culinária — disse Bimala. — Éramos cinco mulheres no curso, e eu fui a melhor de todas. Agora espero que o centro possa me ajudar a conseguir um carrinho de comida, para eu poder vender comida na rua. A casa em que moramos está para ser vendida, e eu nem mesmo posso voltar para a aldeia de onde vim, porque devo muito dinheiro lá. Na aldeia, ninguém sabe o que aconteceu comigo. Eles só sabem que estive no exterior e agora acham que fiquei rica.

Seus olhos se encheram de lágrimas novamente.

— Se não conseguir ajuda, terei de viajar para o exterior novamente. Não vejo outra saída.

*

Da rua, a casa parecia um prédio residencial comum, cercado por outros complexos de apartamentos de aparência anódina. Poucos vizinhos tinham ideia de que as meninas que moravam lá haviam sido salvas de destinos cruéis e estavam sendo caçadas por criminosos perigosos.

Charimaya Tamang, uma das fundadoras da Shakti-Samuha, a primeira organização do mundo administrada por e para vítimas do tráfico, era surpreendentemente pequena. Miúda, ela tinha quase metade do meu tamanho e pele clara, quase translúcida. A fala era aguda e acelerada. Embora deva ter contado sua história muitas e muitas vezes, o relato era tão vívido que Savitri, que atuava como intérprete, ficou aos prantos.

— Nasci em 1976 perto de Catmandu e venho de uma família humilde. Meu pai era assistente social na aldeia e muito prestativo, assim como meu irmão. Todos ali dependiam do meu irmão para obter certidões de nascimento, registro civil e outros documentos importantes. Eu mesma era uma jovem travessa e inquieta. Fui a primeira criança da aldeia a ir à escola. Foi meu irmão quem me mandou estudar. A escola ficava a meia hora a pé, mas só ia até o quinto ano. A escola dos demais anos do ensino fundamental ficava muito longe. Em vez de estudar, comecei a ajudar na biblioteca e na educação de adultos. Quando o professor não estava, eu o substituía.

«O tempo passou e fiz dezessete anos. Eu estava na floresta colhendo capim quando fui sequestrada por quatro homens. Normalmente eu ia à floresta com amigos, mas naquele dia em particular estava sozinha. Os homens me cercaram e arrancaram o balde de capim das minhas mãos. Um deles era da aldeia, os outros três eu não reconheci. Um era alto, o segundo era gordo, o terceiro tinha uma aparência comum. Não sei quantos anos tinham, mas eram todos mais velhos do que eu. No começo tentaram me iludir, disseram que iam me ajudar a abrir uma loja, que poderiam me dar uma vida confortável. Não acreditei e não quis ir com eles. Aí me bateram. Depois me forçaram a ingerir alguma coisa, e, em seguida, perdi a consciência.

«Quando voltei a mim, estava num quarto espaçoso. Olhei pela janela, mas não reconheci nada do que vi lá fora. 'Mamãe, mamãe, as casas estão fugindo!', eu gritei assustada.

Eu nunca tinha visto um telhado de ferro corrugado antes. No fim da rua vi uma placa que dizia Gorakhpur. Então percebi que estava na Índia.

«Havia quatro camas no quarto, e eu não estava sozinha, como vim a descobrir: havia outra garota ali. Eu falava com ela, mas ela não respondia, simplesmente imitava tudo que eu fazia. Eu estava morrendo de medo, porque tinha ouvido falar que havia bruxas e fantasmas nas cidades. Eu estava convencida de que a garota queria me matar, mas ela continuava fazendo exatamente a mesma coisa que eu. Se eu tocava a minha orelha, ela fazia o mesmo. Fiquei tão assustada! Por fim, dei dois passos para o lado e a garota desapareceu. Só então percebi que era uma imagem refletida. Eu não havia me reconhecido no espelho, e não era de admirar, porque alguém havia me vestido com roupas e joias, cortado meu cabelo e me maquiado. Na aldeia eu sempre andava de saia e blusa, agora eu estava vestida como uma indiana, com vários braceletes nos punhos. Como eu poderia me reconhecer assim? Uma pessoa mais fraca do que eu provavelmente teria desmaiado. Tentei escapar, mas a porta estava trancada. Depois de um tempo, os homens que me sequestraram apareceram. Pedi que me mandassem para Catmandu para que pudesse voltar para casa.

«— Você já sabe que não está no Nepal — eles responderam. —Se a mandarmos de volta para o Nepal sozinha, pessoas ruins tentarão pegá-la e seu irmão nos denunciará. Por isso você precisa ficar conosco.

«Eles me tiraram de casa e me levaram para um trem. Eu nunca tinha visto um trem antes e achei que era uma casa que se movia. Ali, os homens me deram comida e bebida. Eles também comeram, e todos bebemos um líquido gelado de garrafas, mas a minha garrafa espumava mais do que a dos outros. Pedi que me dessem outra garrafa, mas então eles me seguraram e me obrigaram a beber da garrafa espumosa. Não me lembro do que aconteceu em seguida. Não sei se comi. Não sei por quanto tempo viajamos. Quando acordei, estávamos em Mumbai, atravessando uma rua. Os homens me levaram a um restaurante cheio de gente, me colocaram num canto e se sentaram noutra mesa. Um deles se levantou para atender um telefonema e um garçom colocou comida na minha frente. Só quando estava sentada lá foi que recuperei meus sentidos novamente. Comecei a chorar e não conseguia parar. Minhas roupas estavam encharcadas de lágrimas e suor. A bandeja à minha frente tinha divisões para diferentes tipos de curry. Elas ficaram cheias das minhas lágrimas. Chorei sem parar, mas ninguém no restaurante veio me perguntar por que eu estava chorando. Os clientes que estavam sentados na mesa ao lado me encararam, mas não fizeram nada. Ninguém deu a mínima.

«Após cerca de uma hora e meia, o homem que havia saído para telefonar voltou com uma nepalesa. Ela se apresentou como minha 'tia'.

«Em Gorakhpur, os homens me disseram que me levariam para a Caxemira, onde eu trabalharia por duas semanas fazendo xales. Agora me diziam que eu não iria trabalhar mais com eles, mas com outras mulheres, e por isso teria de dormir na casa dessa nepalesa. 'Amanhã vamos para a Caxemira', disseram eles, e chamaram dois táxis. Me empurraram para dentro de um deles junto com a nepalesa. Quando chegamos na casa onde eu iria dormir, soube que tinha sido vendida.

«No primeiro dia, fui espancada e colocada num quarto totalmente escuro. Era tão escuro lá dentro que não conseguia enxergar nada. Depois de passar um dia inteiro lá dentro, finalmente encontrei a porta. Estava trancada e tinha grades, como nas prisões. Amarrei meu xale numa barra, passei uma volta dele no pescoço e fiz toda a força que consegui. Não queria viver a vida infernal que me esperava, preferia morrer. Meus olhos começaram a inchar e todos os sons emudeceram. Expeli lágrimas e muco, fiquei completamente molhada, mas não morri. O xale rasgou e caí no chão. Se o xale não tivesse rasgado, eu teria conseguido.

«— Senhor, me poupe. — Lembro de ter pedido a Deus em desespero. — Por favor, me deixe escapar!

«No terceiro dia, a porta foi aberta e eu saí do quarto escuro. No dia seguinte, me deixaram descansar. No quinto dia, me mandaram para um quarto com um cliente. Eu bati nele e o afastei de mim. Como punição, o dono e o gerente do bordel me espancaram tanto que quase morri. Eles ameaçaram me mandar para lugares muito piores se eu não obedecesse da próxima vez e me deram um novo nome. Onu, foi como passaram a me chamar. No sexto dia fui colocada num quarto com as outras mulheres. Quatro homens entraram pela porta e entraram numa sala adjacente, onde foram servidos de comida e bebida. Mais tarde, percebi que trabalhavam como seguranças no bordel. As meninas mais velhas estavam lá havia muito tempo e trocavam olhares, mas eu não conseguia compreender esse código. Depois que os homens comeram e beberam, a sala foi limpa e me mandaram ir até eles. Trancaram a porta assim que passei. Eu só chorava enquanto eles me estupravam. O que aconteceu a seguir, não sei. Achei que tinha morrido.

«Quando acordei, tentei me levantar, mas o sangue havia coagulado e grudado no lençol impermeável. Parecia que o meu corpo tinha sido despedaçado. Um médico veio me ver acompanhado pelo gerente e uma auxiliar de limpeza.

Eles me colocaram em numa maca e me levaram para outra sala. Tiveram o cuidado de me deixar inconsciente para o médico dar pontos nos meus ferimentos. Nos dias que se seguiram, me deram remédios pesados. Uma semana se passou e percebi que nunca conseguiria escapar dali.

«Todos os dias, durante os 22 meses seguintes, passei por experiências traumáticas. Contava os dias e anotava aqueles que seriam datas festivas. Ficava triste por não poder participar delas. Entendi que ninguém poderia me ajudar onde eu estava, então fiz minha própria estratégia de sobrevivência e tentei ser boa tanto para os clientes quanto para o dono do bordel. Para mim, era importante construir bons relacionamentos, porque não conseguiria sair de lá. A polícia apareceu, mas os donos dos bordéis da região sempre eram alertados da visita com antecedência e nos escondiam antes que os policiais chegassem.

«Em 5 de fevereiro de 1996 fui resgatada. Naquele ano, as autoridades indianas realizaram ações em todo o país para descobrir bordéis ilegais e traficantes de pessoas. Como não era a polícia local que conduzia a ação, o dono do bordel não foi avisado com antecedência dessa vez. O efetivo estadual inteiro foi mobilizado, havia policiais por toda parte. Naquele dia, quinhentas meninas foram resgatadas. Fomos levadas para um abrigo temporário, mais da metade das resgatadas era do Nepal. No abrigo tivemos de enfrentar uma nova batalha: obter autorização para voltar para o Nepal. As autoridades nepalesas não nos queriam de volta e inventaram todas as desculpas possíveis, que tínhamos HIV e queríamos espalhá-lo no Nepal, que só *falávamos* nepalês, mas não éramos de fato nepalesas. Nenhuma de nós tinha documentos, nenhuma podia provar a que lugar pertencíamos.

«Passamos meio ano no abrigo. Todas adoecemos. Não sei que tipo de doença tivemos, mas não fomos tratadas e três meninas morreram. Outras três casaram com homens que conheceram no bordel. Sessenta meninas escaparam de lá. Elas tinham medo de ser enviadas para outro bordel ou de ser estigmatizadas e maltratadas quando voltassem para o Nepal. Não sei para onde foram nem o que aconteceu com elas. Se não fosse pelos ativistas de direitos humanos dedicados à nossa causa, nunca teríamos conseguido autorização para deixar a Índia. Ao todo, éramos 128 meninas que acabamos retornando para o Nepal, e aqui fomos amparadas por várias organizações voluntárias.»

Charimaya entregou um lenço para Savitri, que chorava copiosamente após ouvir seu relato, e lhe afagou as costas tentando consolá-la. Agradecida, Savitri enxugou as lágrimas.

— Quando penso naquela época, acho que fui corajosa — disse Charimaya. — Uma semana depois de voltar ao Nepal, contei minha história anonimamente à imprensa. Isso rendeu uma grande cobertura porque foi a primeira vez que uma vítima de tráfico humano se apresentava publicamente. A maioria das pessoas não tinha a menor noção do assunto. Ninguém tinha dito a verdade antes, mas eu disse. Uma grande chama ardia dentro de mim, foi ficando cada vez mais forte, eu quis contar ao Nepal inteiro o que estava acontecendo e pôr um fim a isso.

Seis meses depois de voltar para casa, Charimaya denunciou os traficantes. Ela foi a única das 128 vítimas a dar esse passo. A lei estava desatualizada, ninguém havia sido denunciado pelo tráfico de seres humanos, mas os quatro mandantes foram condenados a dez anos de prisão cada. A justiça cobrou seu preço, também a todos que ajudaram

Charimaya. O irmão, com quem ela morou durante o processo, foi ameaçado de morte. Outro parente da aldeia teve a orelha cortada. Alguém ateou fogo às pilhas de estrume seco do vizinho.

— Naquela época, nunca me senti segura — revelou Charimaya. — O caso passou por dois tribunais e durou um ano e meio.

A organização que ajudou Charimaya e algumas das outras vítimas do tráfico lhes ofereceu um curso de cuidados básicos de saúde. Quinze jovens aceitaram fazer o curso. Terminado o curso, as quinze moças formaram um comitê. A Shakti-Samuha foi fundada.

— Chorar não é a solução — disse Charimaya. — Decidimos agir. Decidimos lutar. E tivemos de lutar. O governo nepalês levou quatro anos para reconhecer nossa organização, mas em 2007 fomos eleitos a melhor organização não governamental do Nepal.

Cinco anos após regressar ao Nepal, Charimaya se casou e, com o tempo, tornou-se mãe de duas filhas. Ela é a atual presidente da Shakti-Samuha e dedica-se inteiramente a ajudar as vítimas do tráfico humano.

— Ao todo, há dezessete meninas morando aqui nesta casa. Geralmente tentamos reuni-las com a família, mas, nos casos em que o traficante mora na casa ou é um vizinho próximo, é difícil conseguir essa reunificação. Algumas das meninas foram vendidas quando tinham apenas quatro ou cinco anos e já não têm condições de identificar suas famílias. A situação é, em muitos aspectos, ainda pior hoje: surgiram novas rotas, os traficantes estão mais bem organizados e há mais elos e intermediários envolvidos. O tráfico humano não inclui apenas o trabalho sexual, mas também outras formas de escravidão. Tentamos ajudar as meninas que são resgatadas para que um dia possam se sustentar sozinhas. O objetivo é lhes dar uma vida digna.

Na saída, passei por uma sala onde as meninas mais novas recebiam aulas de dança. A porta estava aberta e as garotas lá dentro riam e pareciam felizes e despreocupadas enquanto bailavam no ritmo das trilhas sonoras de Bollywood.

Estima-se que os traficantes contrabandeiam mais de trinta meninas nepalesas através da fronteira para a Índia todos os dias. Só uma ínfima fração delas consegue voltar.

*

Nahadur Rai, de 87 anos, desceu com agilidade as escadas íngremes que levavam ao terraço e sentou-se no sofá da sala de estar rosa, pronto para responder às perguntas.

— Acabei de sair da fisioterapia — ele sorriu. — Estou com alguns problemas na lombar depois de tanto jogar futebol, sabe?

Quando Nahadur tinha vinte anos, foi recrutado para a lendária Brigada Gurkha. A tradição de recrutar soldados nepaleses para o exército britânico remonta à Guerra Anglo-Nepalesa, de 1814-1816. Nas décadas que antecederam a guerra, o Nepal conquistou grandes áreas no oeste, sul e norte. A exemplo do Butão, o Nepal nunca foi colonizado, mas foi forçado a ceder a maior parte dos territórios recém-adquiridos, cerca de 40% da área total, para a Índia britânica. No entanto, a coragem e a perseverança dos soldados nepaleses impressionaram profundamente os britânicos, que a partir de então passaram a recrutar Gurkhas, como os chamavam, para seu próprio exército. O termo «gurkha» é uma corruptela de Gorkha, como o Nepal se chamava oficialmente até 1930. Durante a Primeira Guerra Mundial, mais de 200 mil soldados nepaleses combateram do lado britânico, e, durante a Segunda Guerra Mundial, o contingente foi ainda maior. No pós-guerra, a Brigada Gurkha participou da maioria dos conflitos armados em que a Grã-Bretanha esteve envolvida, desde a Guerra das Malvinas até a guerra no Afeganistão. Até a transferência de Hong Kong para a China, em 1997, os Gurkhas estavam concentrados no Extremo Oriente, agora estão baseados na Grã-Bretanha.

— O treinamento era difícil, mas eu era jovem, então tudo correu bem — disse Nahadur. — Não era fácil passar pelo buraco da agulha e nem todos conseguiam, mas agora é ainda mais difícil, porque a população do Nepal aumentou quase quatro vezes, enquanto as cotas diminuíram.

Hoje, a brigada é composta de cerca de 3.500 homens.

Nahadur estava casado havia quatro anos quando foi recrutado. O casamento foi arranjado e o casal teve seu primeiro filho depois que Nahadur foi enviado para o Oriente, primeiro para Singapura e Hong Kong e depois para a Malásia.

— A cada três anos eu ia para casa e visitava minha família no Nepal, e com o tempo tivemos três filhos, minha esposa e eu. Se não fosse pelo fato de encontrar as crianças em casa e, portanto, assumir que eram minhas, não as teria reconhecido. Quando eu estava aquartelado na Malásia, soube que minha esposa havia me traído. Ela se casou com outro, e depois de um tempo me casei de novo também. Com a esposa número dois, tive dois filhos.

No exército, Nahadur graduou-se engenheiro militar e ajudou a construir pontes, bunkers e estradas na selva.

— Gostei muito da Malásia e do Brunei — disse ele.
— Mas em Hong Kong foi difícil. Os invernos eram terrivelmente frios e os verões insuportavelmente quentes.

Uma mulher de cinquenta anos, sua filha mais velha, entrou na sala e acompanhou a conversa de braços cruzados.

— Em algum momento você sentiu medo? — perguntei a Nahadur.

Ele deu de ombros.

— Na Malásia, houve problemas com rebeldes comunistas na selva, mas eles nunca nos incomodaram, pois nós ajudamos o país a se desenvolver. As coisas foram bem.

— Você costumava dizer que não deixaria seus filhos se tornarem Gurkhas — comentou a filha. — Por que não conta isso a ela? E por que não conta que, quando seu pai morreu, você não foi autorizado a viajar para se despedir dele e ameaçou desistir?

Nahadur deu um sorriso inescrutável, mas mordeu a isca jogada pela filha.

— O que aconteceu quando seu pai morreu? — perguntei.

— Ele morreu em 1968 — respondeu Nahadur. — A correspondência demorou um mês inteiro para chegar até mim, então a morte era notícia antiga quando eu soube. Pedi para voltar para casa, mas o pedido foi negado pelos meus superiores. Portanto, não tive escolha a não ser ficar no meu posto e cumprir meu dever.

— Por que você não queria que seus filhos se tornassem Gurkhas? — perguntei em seguida.

— A vida dos Gurkhas era difícil — ele admitiu. — Se eu soubesse que era tão difícil, não teria me alistado. Enquanto estive aquartelado, praticamente não tive contato com a família no Nepal, mas eles estavam seguros aqui, então tudo correu bem. Os projetos de construção em que estávamos trabalhando em Hong Kong eram estritamente secretos e tinham de ser executados à noite. Não podíamos usar lanternas e não podíamos conversar. Não era fácil. Mas a principal razão pela qual contei aos meus filhos histórias de terror do exército foi para que eles se concentrassem nos trabalhos escolares e tivessem uma boa formação.

Ele olhou de relance para a filha, que estava de pé num canto observando de perto.

— Mesmo assim, meu único filho homem tornou-se um Gurkha, como eu — disse Nahadur. — Quando me aposentei, ele assumiu meu lugar. Eu tinha muito orgulho dele, mas infelizmente ele está morto agora. Depois que se aposentou, começou a trabalhar numa obra em Hong Kong. Um dia pisou num prego e se feriu na sola do pé. A ferida infeccionou e evoluiu para sepse. A perna teve de ser amputada, mas não adiantou.

— Sente falta de alguma coisa da vida na Brigada Gurkha? — perguntei.

Ele refletiu por um longo tempo.

— Não, nada de especial — finalmente respondeu. — Mas estou feliz por ter tido a oportunidade de viajar e conhecer diversos países. Não teria conseguido isso de outra forma.

Quando agradeci e estava prestes a sair, Nahadur juntou as palmas das mãos na frente do peito e me agradeceu por ajudar a lhe refrescar a memória.

*

O ranço de suor pairava sobre o Centro de Treinamento Salute, nos arredores de Catmandu. Trinta aspirantes a Gurkha já estavam imersos na sessão matinal: apoios de frente, corrida no lugar, flexões de perna. Tudo o que se ouvia eram suspiros e gemidos e os breves comandos do treinador. Num canto, um grupo ensaiava para a entrevista de admissão, que tem o mesmo peso dos exames físicos, e teria aulas de inglês e matemática à tarde. Os requisitos são excludentes, mas isso não impede que milhares de jovens nepaleses tentem a sorte todos os anos: a oportunidade de rodar o mundo, garantir um salário nos padrões britânicos por vinte anos e receber uma aposentadoria segura pelo resto da vida é, evidentemente, uma combinação sedutora.

Pasang Ngima Sherpa, de 20 anos, tentava passar pelo buraco da agulha havia dois anos. Ele vinha da região do Everest, de um vilarejo pobre e remoto, afastado da rota turística.

— Meus pais não tinham dinheiro para me mandar para a escola — disse. Ele tinha um rosto quadrado e falava inglês com um sotaque carregado. — Quer dizer, na minha aldeia havia uma escola, mas não havia turmas das séries iniciais.

— Por que você quer tanto se tornar um Gurkha? — perguntei.

Pasang deixou o inglês de lado e pediu para Savitri interpretar.

— Ser recrutado é o grande sonho da minha vida – disse ele candidamente. — Se eu passar nos exames de admissão, terei melhores condições financeiras e poderei dar à próxima geração uma educação melhor do que a que recebi. Em termos físicos, sou forte o bastante, preencho os requisitos sem problemas, mas por causa da minha formação deficiente não consegui entrar na seleção anterior. Estudo dia e noite para melhorar e espero passar nos exames ainda este ano.

É essa a expectativa dos meus pais também. O treinamento custa quatrocentos dólares por seis meses, e meus pais são lavradores, quase não têm dinheiro.

— Quantas vezes você pode tentar? — perguntei.

— Três vezes. No máximo.

— O que fará se não conseguir passar?

— Não sei — disse ele, cabisbaixo. — Não tenho um plano B. Apostei tudo nisso.

Recentemente, o Exército Britânico passou a admitir também mulheres na Brigada Gurkha. Dezenas de garotas treinaram duro durante meses na esperança de passar nos exames de admissão, mas, semanas antes, as autoridades nepalesas, que têm a palavra final, decidiram que não seria oportuno recrutar mulheres este ano.

— As autoridades falam tanto sobre igualdade, mas não a implementam na prática — disse contrariada Alisha Tamang, de 18 anos. Ela treinou diariamente no centro até receber a notícia de que as mulheres não poderiam prestar os exames afinal. Falava um bom inglês e era alta e atlética. Seu cabelo castanho estava preso numa longa trança e ela vestia uma saia preta e uma blusa branca rendada. Seu uniforme de treino estava na bolsa. Como Pasang, ela vinha do Nepal oriental, não muito distante da região do Everest.

— Nós, meninas, nos esforçamos tanto quanto os meninos e teríamos nos saído muito bem nas provas — disse Alisha. — Treinei duas horas todos os dias, às vezes mais, e fiz exatamente o mesmo programa dos meninos. Todas as sextas-feiras tínhamos testes, e bati muitos recordes.

— Isso mesmo, ela é mais esperta do que muitos de nós — confirmou Pasang, que prestava atenção à conversa. Alisha deu um sorriso tão largo que deixou à mostra seu aparelho nos dentes.

— Adoro praticar esportes e gosto especialmente de boxe — disse ela. — Dediquei muito tempo e esforço a isso e não sei bem o que fazer agora.

Quinze meninas treinavam no Centro de Treinamento Salute. Todas pararam depois da negativa do governo nepalês.

— Espero que eles permitam o recrutamento feminino para a brigada Gurkha no próximo ano — disse Alisha esperançosa. — Nesse caso, vou tentar de novo.

*

A uma curta distância do centro da capital, Angel Lama me recebeu no quarto do dormitório em que morava. Ela usava um vestido curto cor de camuflagem e estava sentada na cama em posição de lótus, encostada num enorme urso de pelúcia vermelho. O rosto liso não tinha maquiagem, os cabelos estavam soltos na altura dos ombros. Ela parecia ter doze anos, mas faria vinte em poucos meses.

— Desculpe a bagunça — disse ela fazendo um gesto de arrependimento num arrastado sotaque norte-americano. — Saí com umas amigas ontem. Íamos apenas assistir a um filme, mas uma coisa levou à outra e, de repente, eu estava bêbada. — Ela riu e cobriu o rosto com as mãos. — E agora estou com uma *senhora* ressaca!

A parede atrás da cama era forrada com fotos dos concursos de beleza dos quais ela havia participado. Semanas antes, ela representou o Nepal num concurso de beleza internacional para pessoas trans na Tailândia. O vestido lilás usado no desfile estava pendurado num cabide na porta.

— Minha vida não tem sido fácil — disse Angel sobriamente. — Trabalhei muito para chegar aonde estou hoje, mas ainda luto com os traumas da minha infância e durmo mal à noite. Quando eu era criança, meus pais brigavam o tempo todo. Às vezes, papai ficava com tanta raiva que quebrava tudo o que tínhamos. Não morávamos num casebre, mas também não éramos ricos, a família inteira ocupava o mesmo cômodo, então era impossível escapar das brigas. Na escola, sofria bullying porque era muito feminina e tinha poucos amigos. Até os professores me chamavam de *hijra*. — Ela fez uma careta. — *Odeio* essa palavra! Não faz parte da nossa cultura, é um termo importado da Índia, mas as pessoas sabiam muito pouco das questões LGBT naquela época. Agora está melhor, mas ainda temos um longo caminho a percorrer.

— Quando você se deu conta de que era uma pessoa trans? — perguntei.

— Sempre fui diferente. Gostava de usar batom, gostava de estar com as meninas e fazer compras, e costumava levar uma carteira rosa da Barbie para a escola. Todos os meninos riam de mim. No começo eu pensei que era gay, mas um dia deparei com uma página sobre pessoas trans na internet e aí tudo fez sentido. De certa forma, sempre soube que era uma mulher por dentro, que estava aprisionada no corpo errado. Mesmo quando criança, todo ano eu costumava pedir a Deus de presente de aniversário que ele me transformasse numa menina. — Ela sorriu. — Dizem que o que você deseja no seu aniversário se tornará realidade.

Quando Angel tinha dezesseis anos, os pais se separaram e seu pai se casou com outra mulher. A mãe foi diagnosticada com câncer de útero e precisou ser operada. Angel fugiu de casa. Por um ano e meio, ganhou a vida fazendo trabalhos simples para a Blue Diamond Society, uma organização que trabalha pelos direitos de gays, lésbicas e transgêneros no Nepal.

— Naquela época eu não podia contar para minha mãe que seu único filho era transexual — disse Angel. — Ela estava lutando pela vida. Ela teria ficado arrasada. Às vezes eu ligava para ela e ela dizia que era bom estar trabalhando e poder ganhar dinheiro. Ela não sabia que eu já tinha começado a tomar anticoncepcionais e a me vestir de menina. Não temos acesso a hormônios aqui, e nenhum médico nepalês é especializado em pessoas trans, então temos de nos medicar por conta própria. Quando eu estava na Tailândia, me disseram que eu tinha de parar de tomar anticoncepcionais, que não era bom para mim. Tive orientação sobre os remédios que poderia tomar e comprei um monte deles para trazer comigo.

— Já pensou em fazer a cirurgia? — perguntei.

— Sem dúvida, mas é muito caro e temos de ir à Tailândia para isso. Mesmo a operação mais barata custa muito dinheiro. Se o governo custeasse, eu já teria me operado há muito tempo.

— Você conseguiu contar para sua mãe que é uma pessoa transgênero?

— Sim, um tempo depois de eu ter fugido de casa, ela insistiu em me encontrar. Tudo bem, você pode vir aqui na Blue Diamond Society, eu disse. Ela ficou muito surpresa ao ver que eu tinha virado uma menina. Ela chorou bastante. Eu era o único menino, quem cuidaria da família agora? Agora que você virou uma menina, vai se casar e morar com um homem, disse ela. Minha mãe tem uma visão antiquada das garotas! Ela não entende que também podemos trabalhar, ganhar dinheiro e constituir um lar por nossa conta. Felizmente, tudo mudou depois de Miss Pink. Sabe o que é Miss Pink?

Fiz que não com a cabeça.

— Miss Pink é o primeiro concurso de beleza do Nepal para pessoas trans. Não sou exatamente o tipo de garota que usa muita maquiagem e se enfeita para sair, essas coisas, mas meus amigos me convenceram a participar. Disseram que eu tinha de concorrer para aumentar a visibilidade das pessoas trans na sociedade. Havia vinte participantes de todo o Nepal, e eu ganhei! Foi a melhor coisa que já me aconteceu, fiquei tão feliz! Minha mãe estava lá também. Depois, ela veio até mim com os olhos cheios de lágrimas, e tivemos uma conversa de mulher para mulher, uma conversa de mãe e filha. Ela disse que agora podia ver que eu era o meu verdadeiro eu, e lamentava que eu tivesse fingido ser outra pessoa durante toda a minha infância. Se tem uma coisa que aprendi — disse Angel, dirigindo-me um olhar experiente e sábio — é que você tem de ser fiel ao seu verdadeiro eu. Você tem de ser você mesma. Ou então não dá certo.

Ela deu um abraço no gigantesco urso de pelúcia.

— Quando fugi de casa, larguei a escola, mas agora retomei. Quando terminar, gostaria de cursar Direito no exterior, de preferência na Grã-Bretanha. Seria fantástico, não é? — Ela sorriu cheia de expectativa. — Depois, quero voltar para o Nepal e ajudar outras pessoas trans.

Reparei que ela não mencionou nada sobre a reação do pai.

— Como seu pai lidou com sua transformação? — perguntei delicadamente.

Angel revirou os olhos de frustração.

— Não nos falamos mais. Só o encontrei uma vez depois que fugi. Ele disse que, se fosse para sair por aí assim, não contasse a ninguém que era filho dele, ou filha, diga-se de passagem. Chorei e fiquei inconsolável, foi a pior coisa que me aconteceu na vida. No fim, me dei conta de que sou responsável por criar minha própria felicidade. Se as pessoas não me aceitam como sou, não há lugar para elas na minha vida. Simplesmente isso. Cada um que assuma a própria responsabilidade de ser feliz.

O príncipe que não quis ser rei

Ao nos aproximarmos de Lumbini, desabou o temporal e a estrada se transformou em num rio espelhado.

— A monção está chegando — comentou Raju, o jovem motorista, debruçando-se sobre o volante para tentar se manter no caminho. Lá fora, tudo ficou cinza e molhado, todos as silhuetas desapareceram borradas pela chuva e pela lama. Em nenhum momento Raju pensou em diminuir a velocidade. Pegou um pano e limpou o interior embaçado do para-brisa, o que só reduziu ainda mais a visibilidade. A manga da camisa recuou revelando a tatuagem no braço. Embora eu não saiba ler tibetano, reconheci o mantra que os budistas de todo o mundo repetem para si mesmos enquanto meditam: ༀ་མ་ཎི་པ་དྨེ་ཧཱུྃ, *om mani padme hum*. Traduzido diretamente, o mantra significa «Salve a joia no lótus», mas alguns também o traduzem como «Oh joia lótus».

Cada uma das seis sílabas encerra tantas camadas e significados que livros e livros já foram escritos sobre o assunto.

— Você é budista? — perguntei, surpresa.

— Não, não, sou hindu, mas rezo para o Buda de vez em quando — disse Raju. — Às vezes rezo até para Jesus e Alá. Eu acredito em todos os deuses, todos eles são igualmente importantes.

Nesse exato instante, o carro balançou perigosamente e fiz uma prece silenciosa a todos os deuses deste mundo. Raju arregaçou a manga da outra camisa e deixou à mostra uma nova tatuagem, um aglomerado caótico de linhas.

— Na verdade, era para representar Shiva — explicou ele, visivelmente envergonhado, quando viramos em frente ao hotel. — Um amigo meu que fez. Fumávamos maconha demais naquela época.

No início da semana, os termômetros começaram a marcar 45 graus, mas, graças ao aguaceiro, a temperatura felizmente caiu um pouco. A camiseta ainda grudava nas minhas costas quando atravessei o portão oriental, o mesmo que o príncipe Sidarta Gautama teria atravessado quando tinha 29 anos, abandonando a vida desregrada e privilegiada que levava. Um trecho de planície gramada intercalada com ruínas marrons baixas se revelou.

Segundo a lenda, cerca de 2.500 anos atrás, um príncipe nasceu num pequeno reino na fronteira entre a atual Índia e o Nepal. Ele se chamava Sidarta e era o único filho do rei Suddhodana e da rainha Maya. Se Suddhodana era realmente um rei, ou talvez fosse mais um príncipe ou uma espécie de oligarca poderoso, é um fato contestado por estudiosos, mas a maioria concorda que se tratava de um dos líderes supremos do clã xáquia, na época vassalos do rei de Kosala.

Quando o tão esperado filho nasceu, Suddhodana teria recebido uma profecia sinistra: caso o filho escolhesse seguir seus passos, se tornaria um governante mais poderoso do que ele, mas, se escolhesse abandonar os privilégios da classe superior, o filho se tornaria um líder ainda maior, um guia espiritual para o mundo inteiro. A partir de então, o pai fez de tudo para evitar que o filho sucumbisse à tentação de se aventurar além das muralhas protetoras do castelo. Somente quando completou 29 anos, o filho foi autorizado a ultrapassar esse limite, ainda que durante curtos intervalos e sempre acompanhado. Foi nesses passeios cuidadosamente planejados que o jovem príncipe teve um vislumbre do sofrimento do mundo: pela primeira vez em sua vida, ele viu a doença, a velhice e a morte. Essas visões o abalaram profundamente, e ele percebeu que o sofrimento era uma parte inexorável da existência. No entanto, Sidarta não conseguia aceitar que as coisas *tivessem* de ser assim. Deveria haver uma maneira de escapar, de ser completamente livre.

Certa noite, enquanto os guardas dormiam, o príncipe se despediu silenciosamente da esposa e do filhinho e escapuliu pelo portão oriental. Ao sair, doou suas joias e roupas, cortou o cabelo comprido e viveu como um asceta por seis anos. No final, parecia um esqueleto vivo. Gozava de grande respeito dos outros ascetas, mas não havia chegado nem perto da libertação da dor. Ocorreu-lhe então que aquela vida tão austera estava não só prejudicando seu corpo e mente, mas também afetando sua capacidade de pensar com clareza. Ele decidiu que deveria haver outro caminho, um meio-termo. Quando uma mulher veio lhe oferecer uma tigela de leite, ele aceitou, causando grande consternação entre os outros ascetas, que o abandonaram. Sidarta Gautama bebeu o leite e sentou-se sob uma figueira para meditar. Naquela mesma noite, compreendeu a natureza e a interconexão de todas as coisas, compreendeu que nada é permanente, nem mesmo a mente humana, e que o caminho para a libertação do sofrimento é perceber e deixar-se levar por isso. Só assim pode-se alcançar a iluminação, a cessação do sofrimento, o Nirvana.

Imbuído desse insight, Sidarta Gautama começou a vagar pelo norte da Índia para debater e ensinar. Ele acabou recebendo a alcunha de Śākyamuni, o sábio xáquia, devido à casta de que provinha, e depois Buda, o Iluminado. Seus seguidores foram aumentando lentamente e hoje, 2.500 anos depois, chegam a quase meio bilhão de pessoas. Como todas as boas narrativas, a história da vida do Buda tem muitos aspectos em comum com os contos de fadas. É difícil distinguir mitos de fatos, mas, tal como Jesus de Nazaré e o profeta Maomé, Sidarta Gautama foi uma figura histórica. Arqueólogos nepaleses acreditam que ele passou os primeiros 29 anos de sua vida bem aqui, na planície árida e seca de Lumbini, não muito longe da fronteira com a Índia. As fundações recentemente escavadas dão conta de uma pequena cidade, com lojas, áreas residenciais e templos. É preciso ainda uma boa dose de fantasia para imaginar como seria a cidade durante a infância do futuro Buda, porque quase todas as ruínas escavadas até agora são de casas e muros construídos séculos depois de jovem príncipe sair pelo portão oriental e se aventurar pelo mundo.

Operários com rostos escuros e queimados de sol estavam construindo estradas e pontes de tábuas de madeira entre as ruínas, para que os turistas não pisoteassem o meticuloso trabalho de pesquisa dos arqueólogos. Penduradas numa grande árvore à beira da cidade em ruínas, milhares de bandeirolas votivas estropiadas tremulavam na brisa suave da manhã. Aproximei-me da árvore esperando encontrar devotos peregrinos ou monges em profunda meditação, mas não havia nenhum budista à vista, apenas elefantes. Mais de cem estátuas de elefantes pequenos e grandes estavam alinhadas em fileiras perto do tronco. Uma pequena tenda havia sido armada nas proximidades. Um menino sujo e de pés descalços me viu, segurou um tambor e começou a tocá-lo num ritmo hipnotizante. Um jovem casal bem-vestido com roupas engomadas surgiu pelo caminho atrás de mim. Eles não pareciam nem um pouco interessados nas ruínas da cidade da infância do Buda, mas foram direto para as estatuetas dos elefantes e se prostraram de joelhos diante delas.

O local de nascimento de Sidarta Gautama fica a alguns quilômetros das ruínas do castelo de Capilavastu, onde ele cresceu. À medida que o parto se aproximava, sua mãe, Maya, deslocou-se para a casa dos pais. Até hoje, muitas mulheres indianas e nepalesas retornam à casa dos pais para dar à luz. Maya ainda estava muito longe da casa em que passou a infância quando percebeu que o bebê estava para nascer, e procurou abrigo nos belos jardins de Lumbini. Encostada a uma árvore, deu à luz seu único filho.

Hoje, um templo branco, quadrado e nada poético ergue-se sobre a pedra que marca o local onde se diz que Sidarta Gautama nasceu, em algum momento do século IV a.C. Cerca de duzentos anos depois, o imperador indiano Ashoka visitou o local do nascimento. Resta um pilar marcando a ocasião. O texto no pilar informa que o imperador veio aqui orar no local de nascimento do Buda e, como num aceno à comunidade local, decidiu que toda a vila seria isenta de impostos. A inscrição é a mais antiga do Nepal.

Nos séculos que se seguiram, Lumbini alternou entre a veneração e o esquecimento, até ir de vez para as calendas no século XIV. O Pilar de Ashoka só foi redescoberto em 1896. Ao lado do edifício branco e quadrado do templo estão as fundações de estupas e mosteiros de 2 mil anos de idade, erguidos em homenagem ao Buda e depois abandonados ao sabor dos elementos.

Para revitalizar a área, o arquiteto japonês Tange Kenzo foi contratado na década de 1970 para projetar a «Lumbini Development Zone», um complexo de cerca de três por dois quilômetros. A área consiste em mosteiros e templos de todo o mundo, e é cercada por gramados, florestas, mosquitos e pássaros trinando, e deveria fazer de Lumbini um destino turístico atraente.

As distâncias muito grandes e o calor extremo não me convenceram a percorrer a área a pé. Como os carros são proibidos na zona de desenvolvimento, os puxadores de riquixás têm o monopólio dos passeios turísticos, e um velho vigoroso me conduziu de templo em templo a bordo de uma frágil carroça. Ficou evidente que ele seguia uma rota definida, uma espécie de viagem rápida pelo mundo budista, detendo-se diante dos vários templos para anunciar: *Cambodian monastery, ma'am*. Então seguimos para o *Vietnamese monastery, ma'am*, *French monastery, ma'am*, e dali para o nepalês, chinês, alemão, singapuriano e tailandês, todos construídos em estilos que pretendiam refletir o caráter e as tradições típicas de cada país. Depois de vinte templos, perdi a capacidade de discerni-los, na minha memória eles se transformaram num mar de prédios dourados.

A julgar pela quantidade de visitantes ocidentais, a zona de desenvolvimento até agora não foi um grande sucesso. Os turistas consistiam principalmente em hindus nepaleses e indianos que corriam de templo em templo, faziam reverências na entrada, tiravam uma selfie, atiravam uma cédula na caixa de donativos e se apressavam para o templo seguinte. As autoridades nepalesas esperam que o número de turistas ocidentais aumente quando o renovado

Aeroporto Internacional Gautam Buddha abrir as portas num futuro próximo.[25]

Embora ninguém esteja tão ligado ao destino de Sidarta Gautama quanto os tibetanos, estranhamente não havia templo tibetano na zona de desenvolvimento. O templo chinês era decorado com dragões e estátuas gordas e douradas de Buda, desprovidas de qualquer detalhe que aludisse ao planalto tibetano.

Mas por trás do nada poético templo Maya Devi havia um templo branco e vermelho ligeiramente torto, de telhado plano e estilo marcadamente tibetano, adornado com rodas de oração, demônios tântricos e escrituras tibetanas. O modesto templo foi construído na década de 1960 pelo soberano do Alto Mustang, um pequeno reino budista na fronteira entre o Nepal e o Tibete.

Mustang era meu próximo destino.

---

25   Depois de sucessivos atrasos, a reabertura oficial ocorreu em 16 de maio de 2022, mas poucas companhias aéreas se atreveram a operar numa pista de péssima visibilidade devido às condições atmosféricas, e até o início de 2024 não havia rotas internacionais conectando o aeroporto. [N. T.]

O leopardo-das-neves

Mustang, ou Reino de Lo, foi estabelecido em 1380 e independente até 1795, quando foi anexado ao reino de Gorkha, atual Nepal. No entanto, o rei de Lo foi autorizado a preservar o título nobiliárquico e parte do poder até 1961, quando todos os estados vassalos e principados nepaleses foram abolidos (assim como todos os partidos políticos). Ao longo dos séculos, o pequeno reino esteve mais intimamente ligado ao Tibete do que ao Nepal; os habitantes praticam o budismo tibetano, vestem-se com roupas tibetanas e falam um dialeto tibetano. O isolamento geográfico e político de Mustang contribuiu para que tanto a antiga arquitetura tibetana quanto algumas expressões culturais tradicionais sobrevivessem relativamente intactas até os dias atuais — até 1992 a região era considerada zona desmilitarizada, e nenhum estrangeiro era autorizado a entrar no reino isolado. Os turistas ainda têm de pagar taxas tão elevadas para visitar o Alto Mustang que a maioria acaba desistindo.

Até a rodovia ser construída, cerca de dez anos atrás, era preciso exercitar as pernas para chegar a Lo Manthang, a capital do Alto Mustang. Embora nosso destino já fosse servido por estradas, Savitri insistiu que voássemos até Jomsom, o aeroporto mais próximo, para evitar uma jornada de oito horas por vias esburacadas e empoeiradas. Em vez disso, fizemos um sobrevoo de vinte minutos cruzando montanhas e vales. O pequeno avião se acercou do paredão negro, chacoalhando tanto que a cortina na frente da cabine deslizou para o lado. Lá dentro, dois pilotos assustadoramente jovens seguravam o manche.

Ocupei o assento próximo à saída de emergência, o que me dava uma certa sensação de segurança, ainda que simbólica. À direita, avistava-se o Annapurna, a montanha mais perigosa do mundo. Quase 40% de todos que ousaram escalar o cume morreram na tentativa. À esquerda vislumbrei a neve no Dhaulagiri, que com seus 8.167 metros era considerada a montanha mais alta do mundo no início do século xix. Então o Kanchenjunga foi descoberto, e, logo após, o Pico xv, o monte Everest. O corredor entre os dois maciços montanhosos é estreito e transitável apenas nas primeiras horas da manhã — à tarde, os ventos fortes e imprevisíveis são por demais perigosos, e nenhum avião pode decolar ou pousar em Jomsom depois das onze horas. O aeroporto de Pokhara esteve fechado durante toda a manhã devido ao nevoeiro, e estávamos horas atrasados. Já eram onze e quinze e o aviãozinho tremia com tanta violência que não conseguia mais ouvir o que Savitri dizia. Ela apontou para a encosta negra da montanha e disse algo, percebi que ela estava rindo. De minha parte, fiz outra prece a todos os deuses deste mundo, e minha oração foi imediatamente ouvida: o avião fez uma curva fechada e logo depois as rodas tocaram o solo.

Combalidas senhoras de sári, meias de lã e sandálias se levantaram e cambalearam em direção à saída. As comissárias de bordo as ajudaram a descer a escada estreita até a curta pista de pouso. Um grande ônibus estava pronto para levá-las a Muktinath, um dos mais sagrados templos dedicados a Vishnu. O local é tão sagrado que se diz que quem o visita vai direto para o paraíso após a morte. Os budistas também fazem peregrinações a Muktinath, porque o Padmasambhava, o mestre tântrico do vale do Swat, teria meditado lá em seu caminho para o Tibete.

Dezesseis anos antes, eu havia sobrevivido exatamente ao mesmo voo numa cabine lotada de comida, galinhas vivas e montanheses de olhos estreitos. Naquela época, não havia nenhuma estrada até aqui, e a eletrizante rota aérea era a única maneira de chegar a Jomsom para quem não estivesse disposto a usar os pés.

Jomsom estava quase irreconhecível. Em minhas lembranças não passava de um vilarejo empobrecido e varrido pelo vento; agora, prédios altos de concreto se erguiam no céu, faltavam apenas os letreiros de néon. Os jovens locais sentavam-se e tomavam cappuccinos em cafés modernos enquanto navegavam em seus celulares.

Um jipe fechado e superlotado nos levou ao Alto Mustang. Savitri e eu nos espremos no banco da frente, no banco de trás se amontoaram dez homens. A paisagem verde e montanhosa gradualmente se tornou estéril e logo estávamos todos cobertos por uma fina camada de poeira marrom-clara, circundados por incontáveis tons de marrom-azulado, marrom-esverdeado, marrom-avermelhado, marrom-acinzentado. O ar no jipe estava quente como uma sauna, a estrada esburacada e estreita era transitável, mas terminada não estava.

Seis horas depois, enveredamos pelas ruas labirínticas de Lo Manthang.

Delimitadas pelas muralhas vermelhas da cidade havia 167 casas. Muitas delas datadas da época da fundação do Reino de Lo, no final do século XIV. As casinhas inclinadas eram térreas e caiadas de branco, e as ruas que serpenteavam entre elas eram tão estreitas e tortuosas que nos perdíamos. Vacas peludas perambulavam livremente entre as construções No meio do labirinto erguia-se a residência da família real, um edifício de tijolos em ruínas com 108 quartos, um número sagrado no budismo. A família real, bem como a administração da cidade, se mudara dali havia muito tempo, e apenas alguns aposentos estavam em uso.

Num canto ensolarado da praça defronte sentava-se um grupo de idosas, todas vestidas com roupas tradicionais de lã tibetana, adornadas com grandes joias coloridas.

— Vocês não têm um trocado para o chá? — perguntou uma delas em nepalês. Savitri entregou-lhe uma nota. A mulher, que quase já não tinha dentes no maxilar superior, acendeu um cigarro e saiu mancando. Minutos depois, voltou com uma garrafa térmica e uma bandeja com xícaras. As velhinhas serviram-se e bebericaram com gosto o chá doce com leite.

— Os homens se encontram numa outra praça — disse uma senhora desdentada com uma voz trêmula e aguda. — Nós, mulheres, nos reunimos aqui. Assim passamos o tempo.

Ela levantou a saia de lã e exibiu as botas pretas de couro nos pés. As outras mulheres usavam sapatos tradicionais tibetanos feitos de lã feltrada.

— Meu filho que mandou para mim, da América — disse ela com orgulho.

Tenzin, um jovem monge, mostrou a Savitri e a mim os antigos mosteiros de Lo Manthang. Era o segundo filho de um grupo de sete irmãos, e, de acordo com a tradição, seus pais o enviaram para um mosteiro quando criança.

— Quando eu era pequeno, achava a vida monástica chata e sentia falta da minha família, mas agora aproveito a vida como monge — disse ele. — É uma vida boa. Infelizmente, temos dificuldade para recrutar novos monges. Os tempos mudaram; agora as pessoas têm apenas dois ou três filhos e preferem ir para os Estados Unidos a ir para um mosteiro. Todos ficaram ricos de uma hora para a outra.

Havia três antigos mosteiros protegidos pelas muralhas da cidade, todos escuros e mal iluminados, decorados com murais de setecentos anos tão elaborados que alguém poderia passar meses, quiçá anos, admirando-lhes os detalhes. A estátua do Buda no mosteiro mais antigo estava localizada no andar superior, de modo que o rei podia contemplá-la desde sua sala de oração do outro lado da rua. Assim, não precisava sair de casa para rezar.

Eu nunca havia entrevistado um rei antes, nem mesmo um monarca não oficial, e estava mais ansiosa do que ofegante enquanto subia a colina do Royal Mustang Resort. O hotel, o mais luxuoso de Mustang, pertence e é administrado pela família real destronada, como o nome sugere. Os corredores arejados, de pé-direito alto, cheiravam a tinta fresca; golpes de martelo soavam da ala dos quartos. O hotel era tão novo que ainda não estava completamente terminado, e agora os operários trabalhavam de sol a sol para aprontar tudo a tempo do festival anual da primavera, o ponto alto do ano em Lo Manthang.

Levaram-me a um sofá na sala ao lado da do refeitório e me serviram um chá recém-preparado. Quinze minutos depois, Zingme Singhe Palbar Bista entrou apressado na sala.

— Por que diabos você quer falar comigo? — perguntou num inglês fluente, às gargalhadas. Ele vestia calças jeans e uma camisa polo vermelha bordô e sentou-se no sofá em frente. — Não sei fazer nada, não sei nem falar inglês direito! Onde está a sua intérprete? — Ele riu tanto que seus ombros tremiam.

— Lá fora, fumando — disse eu.

— Nisso ela faz muito bem, hahaha! Não adianta falar comigo, porque a monarquia morreu, não existe mais! Eu não sou um rei, o Nepal é uma república, você entende isso? — Ele riu ainda mais. — Então você é da Noruega, não foi isso que você disse? Já estive na Noruega uma vez. Lembro-me de estar totalmente apavorado quando estávamos prestes a pousar, hahaha! Da janela não conseguia ver nada além de gelo e neve, então eu tinha certeza absoluta de que o avião iria derrapar da pista. Não sabia que vocês tinham pistas aquecidas, hahaha!

O monarca não oficial continuou relatando suas aventuras na Noruega e noutras viagens que fez, tomamos mais chá, o riso correu solto. Não era difícil perceber por que ele era tão popular entre a população local, que ainda se refere a ele como rei. Em 1961, depois que os principados e estados vassalos foram abolidos, o acordo original era que as famílias dos hierarcas poderiam manter seus títulos por três gerações. Jigme Dorje Palbar Bista ascendeu ao trono em 1964 como o 25º rei de Lo e também o último: quando a monarquia foi abolida, em 2008, todos os membros da realeza, maiores e menores, poderosos e insignificantes, perderam suas nobiliarquias da noite para o dia. Em 2016, quando o 25º monarca faleceu, seu sobrinho, Zingme Singhe Palbar Bista, não foi coroado. (O rei não deixou herdeiros diretos — depois que seu único filho morreu, com apenas oito anos de idade, ele adotou o sobrinho, Zingme Singhe.)

— Sim, as pessoas ainda me chamam de Lo Gyalpo, o rei de Lo — confirmou Zingme. — Culturalmente, ainda sou rei. Participo oficialmente dos nossos festejos e tento ajudar pessoas carentes, mas não tenho nenhuma responsabilidade, diferente do meu pai. Como rei, ele tinha, entre outras coisas, a responsabilidade de guardar as fronteiras. Eu não tenho esse poder. Felizmente! Acho que sou mais feliz assim, sem nenhum título.

— Então você prefere ser diretor de hotel a rei? — perguntei descaradamente, estimulado pela atitude jovial e despachada de Zingme.

— A vida aqui é dura — respondeu ele. O rosto estreito ficou subitamente sério. — Só temos uma época de colheita, o solo é árido e o clima, exigente. Antes, as pessoas pegavam trabalho nas terras baixas depois que terminavam a colheita aqui em cima, agora os jovens viajam para o exterior para trabalhar, muitos vão para os Estados Unidos. Metade já partiu, e a população está diminuindo. Construí este hotel para mostrar aos nossos jovens que aqui também há oportunidades. Meu pai queria inaugurar o Mustang, queria turistas aqui. Eu também. Quando a rodovia estiver totalmente concluída e a fronteira com a China finalmente for reaberta, Lo Manthang mudará completamente.

A via inacabada levava mais ao norte, até a fronteira chinesa, e além dela não havia estradas, apenas trilhas estreitas. Savitri providenciou cavalos para que pudéssemos visitar a aldeia vizinha. Os cavalinhos eram brancos e robustos, e Lopsang, o cavalariço, tinha pele curtida e bronzeada e olhos estreitos. Assim que deixamos Lo Manthang e as muralhas vermelhas da cidade sumiram atrás de nós, desviamos da estrada e subimos uma montanha estéril. Além de alguns pequenos oásis verdes ao longo dos leitos dos rios, nada crescia aqui; formações rochosas ondulantes de pedra, cascalho e areia preenchiam o campo de visão em todas as direções.

Quando chegamos ao topo, apeamos dos cavalos e os conduzimos por uma colina íngreme que levava ao leito de um rio quase seco no fundo do vale. Ladeados por montanhas íngremes marrom-alaranjadas, cavalgamos pelo vale, cercados pelo silêncio e pelo ar rarefeito e pobre em oxigênio. De vez em quando, grandes manadas de iaques com um pastor no encalço passavam pela encosta da montanha, bem no alto. Um pássaro preto de asas largas e imponentes sobrevoou nossas cabeças e desapareceu. Tudo o que se ouvia era o bufar dos cavalos e o som dos cascos contra as pedras. O tempo e o espaço se fundiram, os séculos se desfizeram e minha mente foi tomada por devaneios, um aqui, outro ali.

De repente, um grande felino cor de areia desceu correndo a encosta da montanha e atravessou o rio seco a poucos passos de distância.

— Um leopardo! — disse Savitri sem acreditar no que via. — Meu Deus, um leopardo-*das-neves*!

— Não, deve ser só uma raposa — corrigiu Lopsang, com naturalidade. — Faz uma eternidade que não vejo um leopardo-das-neves aqui. Há muitos anos trago turistas aqui na esperança de avistar um. Até pernoitamos em barracas para aumentar nossas chances, mas jamais conseguimos.

O animal desapareceu furtivamente pela encosta da montanha praticamente vertical por caminhos que só ele podia ver, e se acomodou numa saliência de rocha cerca de cem metros acima de onde estávamos. Lá, ficou nos fitando com curiosidade. Suas manchas marrom-alaranjadas se misturavam com o colorido da montanha desértica.

— Que coisa! — Boquiaberto, Lopsang avistou o animal. — Você tinha razão, é mesmo um leopardo-das-neves!

Deve fazer mais de dez anos desde a última vez que vi um por essas bandas.

O leopardo-das-neves continuava deitado na saliência, olhando diretamente para nós. O cavalariço começou a cacarejar e gritar para fazê-lo se mover, e depois de alguns minutos o felino levantou-se lentamente, espreguiçou as costas e as patas dianteiras e subiu um pouco mais a encosta da montanha, sem nos perder de vista. Então desviou, voltou para a saliência, enrodilhou-se e ficou deitado, sempre atento ao que fazíamos.

— Pelo jeito deve ser um macho — disse o cavalariço.

— É destemido e curioso. Deve ser jovem.

Não sei quanto tempo ficamos ali. Cinco minutos? Vinte? Os cavalos mordiscavam desinteressadamente os arreios e pareciam entediados. Parecia um sacrilégio prosseguir, mas finalmente avançamos. O leopardo-das-neves continuou a nos observar durante um bom tempo. Então saltou da rocha, deslizou suavemente pela encosta íngreme da montanha e desapareceu.

Uma hora depois, avistamos as bandeirolas votivas desbotadas.

— Costumava ser verde aqui — Lopsang comentou laconicamente. — Em ambos os lados do rio a grama era alta. Esta era uma boa terra para a lavoura.

Na margem direita do rio quase seco já não havia sinais de vida; do lado esquerdo, tufos de capim mirrados e quebradiços brotavam aqui e ali do solo estéril. Pequenas cabras-montesas, pouco maiores que gatos, pastavam tenazmente. Duas mulheres estavam encurvadas sobre uma enxada e uma pá; atrás delas erguia-se a aldeia: casinhas quadradas construídas de pedra e barro pisado.

Lopsang apontou para uma grande construção comprida na margem sem vida do rio.

— É a escola. Está fechada agora. Já não há crianças aqui.

Ele mostrou o caminho para a casa da sua amiga Baki Gurung. Ela tinha uns sessenta anos e era enrugada como uma uva-passa, mas seu cabelo comprido ainda era preto como azeviche. Os poucos dentes que lhe restavam eram marrons e pontiagudos. Sorrindo, ela nos levou pelo pequeno átrio, onde quadradinhos de queijo estavam pendurados para secar — são sensaborões e duros como pedra, para serem mascados ao longo do dia e amolecerem lentamente —, e depois para a cozinha através de um vão baixo. No centro do ambiente havia um fogão aceso com esterco de cabra seco. A chaminé desaparecia por uma cavidade no teto. Não havia janelas na sala, apenas uma escotilha coberta com plástico. O chão era de terra batida. Savitri e eu nos sentamos num tapete rente à parede, e Baki começou a preparar chá de manteiga para nós num *dhongmo*, um comprido tubo de madeira, uma espécie de batedor que eu só tinha visto no museu Sherpa, em Namche Bazaar. Silenciosamente, a velha misturou manteiga, sal e chá no tubo, sacudiu bem e encheu nossas canecas de madeira com um líquido brilhante e esverdeado. A velha viveu nesta aldeia remota toda a sua vida e não falava nepalês, apenas a língua local, um dialeto tibetano. Lopsang entregou-lhe uma cédula de dinheiro e abriu um largo sorriso quando ela derramou um líquido claro de um pote de metal em sua caneca.

— Um traguinho para ajudar na viagem de volta para casa — explicou ele. — Mas primeiro temos de visitar o museu!

Lopsang nos levou pelos arredores da aldeia. A trilha seguia por um canal de irrigação e levava a uma casa retangular, onde uma mulher esperava com um molho de chaves na mão. Ela destrancou a porta e nos deixou entrar. Nas prateleiras improvisadas ao longo da parede havia sacos plásticos transparentes cheios de ossadas, classificados e rotulados de acordo com o tipo de osso que continham. Uma etiqueta amarelada informava de quantos indivíduos os ossos provinham, se eram masculinos ou femininos, e de qual caverna haviam sido retirados. Aqui e ali identifiquei um crânio, uma costela, dedos, uma pelve, um fêmur.

Um homem idoso usando um boné azul desbotado entrou na sala e removeu os caixilhos das janelas, deixando a luz entrar pelos vãos. Seu rosto era castanho, cheio de sulcos profundos entrecruzados. Ele se apresentou como Topke Gurung e pegou uma sacola de uma das caixas de madeira no chão. Dela, retirou uma pequena caneca de madeira e cacos de afrescos budistas, cobertos com uma fina camada de ouro, tão frágeis que quase se desfizeram em suas mãos.

— Tudo foi retirado das cavernas nas montanhas ao redor — disse ele em nepalês. — Foi a polícia que recolheu os restos mortais e os classificou. Alguns esqueletos têm milhares de anos!

Cerca de 10 mil grutas feitas por humanos foram encontradas no Alto Mustang. As mais antigas têm mais de 3 mil anos e provavelmente foram usadas como câmaras funerárias. Há cerca de mil anos, quando a região estava sob grande tumulto, muitas famílias preferiram se mudar para as cavernas e as transformaram em casas. Séculos mais tarde, quando a situação voltou a se acalmar, as pessoas desceram das cavernas e passaram a habitar casas simples à beira dos rios. As cavernas continuaram a ser usadas, mas agora como locais de meditação, depósitos e mirantes estratégicos. Terminada a visita, nos sentamos ao sol para conversar com Topke Gurung. A mulher que destrancou a porta do museu sentou-se ao lado dele e acompanhou tudo em silêncio.

Topke nasceu na aldeia e teve quatro filhos, um homem e três mulheres. A segunda filha mais velha foi enviada a um mosteiro.

— A vida aqui é difícil — disse ele. — Sou pobre e não tinha dinheiro para sustentá-la. No mosteiro ela tem mais oportunidades e pode ter uma educação melhor. Eu mesmo não tenho instrução, mal sei escrever meu nome. Aprendi o nepalês com o professor que morava aqui antes e com os meus filhos. Tive de aprender para preencher formulários e documentos.

Ele perdera a esposa havia dois anos. Agora, vivia sozinho nesta aldeia quase desabitada.

— Ela tinha pouco sangue, minha esposa, esse era o problema — disse ele com tristeza. — Fiz um empréstimo para levá-la a hospitais em Pokhara e Catmandu. Ao todo, fiz um empréstimo de 5 mil dólares, mas não adiantou. Ela morreu. Só restou o empréstimo. Aqui na aldeia, quase todo mundo se mudou. Quando a água escasseou, procuramos o rei, Zingme, para contar sobre nossos problemas. Ele veio aqui e viu como estávamos, e depois nos deu um terreno a algumas horas de caminhada daqui, na margem de outro rio. Quase todos se mudaram para lá.

Apenas um punhado de idosos permaneceu na aldeia antiga.

— Antes, havia muita água aqui e tínhamos muitos cavalos, tudo era verde — disse Topke. — O rio era grande, a água batia nos joelhos, o cultivo aqui era fácil. Eu cultivava trigo-sarraceno, mostarda, batata, rabanete. Mas lentamente o rio secou. Agora não dá mais para plantar nada aqui, e a cada ano que passa o rio tem menos água. O sol é muito forte hoje em dia, é por isso que o lençol freático secou. Quando eu era criança, sempre havia nuvens aqui, tanto durante o dia quanto à noite. Agora o sol brilha muito forte, venta demais e, no inverno, há muita neve. No inverno passado nevou o tempo todo. Durante três meses, não fizemos nada além de remover a neve; nevava meio metro todos os dias. Comíamos, bebíamos e dormíamos removendo a neve. Perdi 28 cabras e 2 vacas. Não havia água nem grama suficientes, e elas morreram de frio. Não tenho celeiros para abrigar os animais, não temos dinheiro para isso. Quando as resgatamos da neve elas já estavam congeladas... Às vezes, eles também são levados por leopardos-das-neves. Só no ano passado, cinco cabras minhas foram devoradas por leopardos-das-neves. Eles vêm até a aldeia e devoram os animais.

O sol brilhava num céu sem nuvens. A luminosidade era tão forte que tive de proteger os olhos com as mãos para poder olhar nos olhos Topke, que estava sentado em posição de lótus no chão e não parecia nem um pouco incomodado com a intensidade da luz.

— Acho que o clima está mudando porque o mundo está indo na direção errada — arriscou ele. — O mundo virou e agora está indo na direção oposta. Antes, havia menos sol e as pessoas eram mais saudáveis. Não havia lixo aqui. Na aldeia não tínhamos plástico nenhum, mas agora há plástico por todo lado. Os animais comem o plástico e adoecem. Também o vento sopra bem mais forte do que antes. Ele vem de todas as direções carregando bactérias. Tanto os animais quanto as pessoas estão mais doentes do que antes. As nuvens ajudavam a manter o solo úmido, mas agora elas se foram, e a terra está seca, nada mais cresce.

Há poeira por toda parte e tenho de comprar os vegetais e tudo o mais de que preciso em Lo Manthang. Tudo menos água eu tenho de comprar. Antes eu nunca comprava nada.

Ele suspirou.

— Tenho 55 anos, já estou velho. Estou preocupado com o futuro dos meus filhos. Tanta coisa mudou. Hoje em dia tudo tem de ser comprado com dinheiro, mas eu não tenho nenhum... Há coisas demais, carros demais, fumaça demais, as pessoas usam perfume e outras coisas antinaturais. O velho deus não gosta disso. Talvez as mudanças no clima sejam porque Deus está irritado? — Ele olhou interrogativamente para Savitri e para mim.

— Vocês não são budistas aqui? — perguntei.

— Sim, sim, somos budistas — confirmou ele. — Como somos budistas, não sacrificamos animais, mas acendemos lamparinas de manteiga para os deuses. Existem muitos deuses diferentes. Noutros lugares, as pessoas têm outros deuses. Temos os nossos deuses e os adoramos ao nosso modo.

Ventava frio e o sol estava se pondo quando cavalgamos de volta pelas ruas de Lo Manthang. Bem instalados no refeitório da hospedaria, aquecemos o corpo com sopa quentinha e *raksi*, o destilado local. Savitri encontrou tempo para bater papo no Tinder. Um italiano solitário, que trabalhava e vivia sozinho na selva no sul do Nepal, flertava descaradamente com ela. As mensagens foram ficando cada vez mais quentes, mas esfriaram abruptamente quando Savitri educadamente recusou o convite para fazer uma longa viagem e encontrá-lo no fim de semana posterior. *Good bye*, escreveu o italiano ressentido. Savitri pediu mais *raksi* para nós duas.

Na manhã seguinte montamos novamente a cavalo, ainda cansadas da longa expedição do dia anterior. Dessa vez rumamos para o oeste, em direção ao acampamento dos nômades. Eles estavam em quatro compridas tendas brancas, a duas horas de viagem de Lo Manthang.

Lhakpa Gurung, uma jovem de longos cabelos negros e dentes brancos e saudáveis — uma raridade por aqui — nos convidou para entrarmos e nos aquecermos. Ela voltou para casa depois de uma longa temporada de estudos em Catmandu, e agora era recém-casada e mãe.

— Todos estão reunidos para o ritual da lua nova — ela explicou, servindo chá de manteiga para Savitri e para mim. Quatro anciãs e três homens sentados giravam suas rodas de oração murmurando mantras. Todos vestiam roupas tradicionais tibetanas. No fundo da tenda estava pendurada uma fotografia emoldurada do Dalai-Lama; abaixo da imagem tremeluziam as luzes de dezenas de lamparinas de manteiga. Na outra extremidade, havia uma pequena cozinha mobiliada. Uma prateleira inteira era dedicada a armazenar garrafas térmicas — mais de vinte unidades. No meio da tenda havia um forno preto, que aquecia surpreendentemente bem. Tirei meu casaco e tomei um gole do chá fumegante enquanto o suor escorria. Sozinho num canto, o filho de quatro meses de Lhakpa estava deitado sobre uma pilha de travesseiros, olhando fascinado para o tecido da tenda.

— Eu gostava muito de Catmandu, mas pretendo morar aqui o resto da vida com meu marido — declarou Lhakpa. — A menos que nos mudemos para Lo Manthang, quer dizer. Isso é o que todo mundo faz hoje em dia. Restam apenas seis famílias aqui. Está se tornando cada vez mais difícil viver da maneira tradicional. No inverno passado perdemos cerca de trezentos animais, nevou tanto que não havia comida para eles.

Lhakpa nasceu no Tibete, mas cresceu em Mustang.

— Minha mãe veio para cá com o marido e a família estendida quando eu era pequena. Cruzaram a fronteira ilegalmente, mas não sei por que partiram. Meu pai ficou no Tibete. Minha mãe nunca fala dele.

Num canto à parte, a anfitriã se agachou e derramou iogurte caseiro num um saco de couro. Depois encheu um prato com biscoitos e chocolate e só parou de insistir quando todos se serviram.

— O ritual dura o dia todo — explicou Lhakpa. — Todo mundo traz um pouco de comida e, depois, rezamos juntos. Nos reunimos assim quatro vezes por mês, em datas fixas do calendário tibetano.

As velhas vozes murmurantes subiam e desciam, as rodas de oração giravam continuamente. No intervalo, os idosos enchiam as canecas com mais chá de manteiga, conversavam e riam, enquanto giravam as rodas de oração para, em seguida, mergulharem novamente em mantras e preces.

— Algum de vocês já viu um iéti? — perguntei, curiosa.

— Sim, mas já faz uns seis ou sete anos desde a última vez! — respondeu um homem de pele morena com uma roda de oração em cada mão. — Aqui não são tantos, mas mais ao norte, de onde venho, eram muitos! Eles acompanhavam os iaques quando saíamos com eles. Nunca os vi de perto, só de longe. Os iétis têm o dobro do tamanho dos iaques, têm mãos e pés semelhantes aos nossos, mas são muito peludos. Até o rosto é coberto de pelos! Quando estão descendo a montanha o rosto fica oculto, mas se estão subindo o rosto fica visível. Normalmente eles andam de quatro, mas pode ocorrer de andarem sobre duas pernas, como nós. Comem iaques e grama e geralmente fogem ao nos ver. Eles têm medo de nós, e nós temos medo deles, mas às vezes eles ficam tão irritados que são capazes de levantar uma pessoa e atirá-la no precipício!

Viajantes que percorriam aldeias remotas em vales na Noruega cem anos atrás ouviam histórias semelhantes — não sobre iétis, mas sobre huldras e trolls. Pode-se presumir que esses relatos também fossem impregnados de impressões subjetivas. O fato de o iéti também ser uma realidade zoológica é algo rejeitado pela maioria dos pesquisadores — mas não todos.

Uma mulher de meia-idade, de rosto redondo e vivo, entrou na tenda e sentou-se ao nosso lado. Seu nome era Lamo Chhepteng e lhe faltava um par de dentes incisivos.

— Meus dois filhos estão estudando em Catmandu agora, mas eu não fui à escola. Não havia escola aqui nessa época. A única coisa que sei nesta vida é pastorar iaques!

Ela riu, mas logo ficou séria novamente.

— Estes não são bons tempos para o iaque — disse ela sombriamente. — Antes, o verão era verão e o inverno era inverno, mas não é mais assim. Hoje em dia o vento é muito forte e a grama é pouca; quase todos os nossos animais pereceram. Meu marido e eu estamos construindo um hotel em Lo Manthang, porque duvidamos que seja possível viver de iaques no futuro.

— Por que você acha que o clima mudou? — perguntei.

— Não faço ideia! — ela riu, e cutucou o ouvido com um palito.

— Você acha que em mais dez anos ainda haverá nômades? — perguntei em seguida.

— Não, em dez anos todos os animais estarão mortos — disse Lamo. Não havia dúvida nem alegria em sua voz. — Em dez anos, não haverá mais ninguém aqui.

Antes disso, a estrada moderna para a China terá sido concluída há muito tempo e a passagem de fronteira estará a pleno vapor. Um grupo de empresários de Catmandu estava sentado bebendo *raksi* no salão quando Savitri e eu voltamos do acampamento nômade. Na manhã seguinte, bem cedo, eles subiriam para inspecionar o posto de fronteira, e nós fomos autorizadas a acompanhá-los, embora não houvesse mais espaço no carro que haviam alugado.

Ao longo do caminho, visitamos uma das famosas grutas feitas por seres humanos. Era surpreendentemente grande, tinha vários andares, havia espaço para abrigar uma pequena comunidade ali. Escadas estreitas foram construídas entre os andares, subimos, descemos e atravessamos curvados os corredores apertados.

Depois, em numa pousada simples e pequena, comemos chapati saídos do forno e batatas cozidas. As batatas do Alto Mustang são famosas em todo o Nepal, informaram os empresários, que encheram o bagageiro do carro com a iguaria. A batata quente recém-cozida e fumegante tinha um sabor doce e amanteigado, a polpa literalmente derretia na língua.

Quantas batatas devo ter comido na vida? Milhares, dezenas de milhares! E, no entanto, não tinha ideia de que poderiam ter esse gosto.

A estrada à frente subia íngreme. O jipe se arrastou pela estrada de terra, e a poeira parecia nos envolver numa nuvem cinza-claro. A altitude causava um zumbido nas têmporas.

A passagem de fronteira, que consistia num prédio branco comprido e inacabado e num grande estacionamento vazio, fervilhava de guindastes e operários chineses. Uma cerca de arame farpado rasgava a paisagem. Do outro lado da cerca, foram montadas tendas para os operários. Roupas coloridas penduradas para secar na cerca de arame farpado balançavam alegremente ao vento.

Savitri e eu fomos até a cerca para tirar fotos. Do outro lado, duas garotas vestidas com vestidos de lã tibetanos tradicionais vieram correndo em nossa direção. Tinham bochechas bem rosadas e longos cabelos negros que dançavam ao sabor da brisa da manhã. As meninas se aproximaram da cerca e estenderam as mãos sorridentes para nós. Uma saudação do Tibete.

Ao longo dos séculos, Mustang tem sido um importante entreposto comercial e escala na rota do sal, do Tibete ao Nepal e à Índia. Se a passagem de fronteira for aberta a estrangeiros quando estiver concluída, Mustang se tornará uma alternativa popular para os peregrinos hindus indianos a caminho do remoto monte Kailash, a morada de Shiva. A montanha sagrada fica a vários dias de carro de Lhasa e ainda mais longe de Catmandu, mas da nova estação fronteiriça são apenas cinco horas de carro até lá, e os peregrinos ainda podem visitar o templo de Muktinath no percurso.

Quando a fronteira abrir, se abrir, Lo Manthang e Mustang se transformarão e talvez fiquem irreconhecíveis. O próprio rei — o rei não oficial, quer dizer — está se preparando para receber os peregrinos em seu luxuoso Royal Mustang Resort.

No percurso de volta para Jomsom, pegamos carona no caminhão Road King. Já na primeira subida, o Road King não resistiu à força da gravidade e teve de ser rebocado por outro caminhão.

Ao contrário dos jipes, os caminhões não trafegam pela estrada de terra, mas acompanham o leito do rio Kali Gandaki vale abaixo. Uma estrada íngreme ziguezagueava até o rio. No meio da descida, outro caminhão ficou entalado numa curva e foi preciso meia hora para removê-lo. Então continuamos nossa jornada.

O largo leito de cascalho no fundo do vale testemunhava que o Kali Gandaki um dia também deve ter sido um grande e poderoso rio aqui em cima. Agora, não tinha mais do que quatro ou cinco metros de largura no trecho mais extenso e desaparecia pelo vale; a água era parda de terra e sedimentos, e o atravessamos tantas vezes, quarenta, cinquenta, que perdi a conta. De cada lado, montanhas estéreis se estendiam em direção ao sol. Sobre nós sempre se projetava a sombra.

Kali, que literalmente significa «tempo» ou «completude», é uma das deusas mais poderosas e temidas do hinduísmo; ela é a mãe do Universo, a destruidora das forças do mal, a deusa do poder e do tempo. Kali é escura como a noite, usa um colar de caveiras em volta do pescoço e empunha uma espada ensanguentada num de seus quatro braços. O rio que leva seu nome atravessa Mustang antes de correr mais para o sul. A certa altura, faz uma curva fechada e muda de direção; agora segue para o leste, depois vira mais uma vez, deixa o Nepal e flui para o sul, invadindo a Índia, onde se junta ao Ganges e finalmente desemboca na baía de Bengala. Antes, há milhões de anos, ele fluía desde o Tibete.

Gutta cavat lapidem, non vi, sed saepe cadendo. A gota escava a rocha, não por sua força, mas por persistir caindo. A água é mais poderosa que a pedra, e alguns rios são mais antigos que montanhas ancestrais. O Kali Gandaki corria mais ou menos por onde corre hoje, muito antes de a Índia colidir com a Eurásia e o Himalaia ser empurrado para cima, há cerca de 50 milhões de anos; seu leito quase não se alterou.

Enquanto os maciços rochosos eram pressionados para o alto e cresciam ano após ano, o rio abria caminho através dos sedimentos e se entrincheirava entre o Dhaulagiri e o Annapurna, cada vez mais para baixo; nenhum rio no mundo é ladeado por montanhas mais altas, nenhum curso de água é tão profundo. E, à medida que as montanhas que o cercam aumentam de tamanho, o Kali Gandaki escava cada vez mais fundo os depósitos geológicos, revelando camada após camada de rocha sedimentar, rocha que outrora jazia no fundo do mar de Tétis, um oceano que não existe mais, mas que há quase 200 milhões de anos cobria grandes partes do que hoje é a Eurásia. Como prova, as rochas aqui estão repletas de fósseis marinhos, especialmente de amonitas, uma bela criatura em forma de caracol, um dos primeiros parentes da lula. Os amonitas desapareceram há 65 milhões de anos, junto com os dinossauros.

Os pneus do caminhão abriam caminho pela água turva cinquenta vezes, cem vezes, duzentas vezes. O Road King era na realidade o River King. O rio que o caminhão atravessava era sempre e nunca o mesmo, em alguns pontos raso, noutros, profundo e traiçoeiro. No final da tarde, quando estávamos de volta à estrada de terra e a luz do sol se encolheu numa faixa laranja no poente, ficamos presos novamente; a estrada à nossa frente estava bloqueada por grandes desmoronamentos de terra.

Até as montanhas se movem. Como os rios, a caminho do mar.

O deus sequioso

O voo parecia não ter fim, assim como as montanhas. Da cabine, o piloto recitava os nomes dos picos pelos quais passávamos: *Machapuchare. Annapurna I. Annapurna Sul. Gangapurna.* Então se foram a neve, os maciços rochosos, os cumes com muitos *a* no nome, e nos preparamos para aterrissar.

Nenhum turista vai a Surkhet, mas os hotéis estavam lotados de qualquer maneira, de representantes de várias entidades assistenciais que se concentravam num dos mais miseráveis e subdesenvolvidos distritos do Nepal. Em linha reta, eram menos de cinquenta quilômetros do aeroporto até Tumarkhad, a aldeia onde Savitri e eu iríamos passar a noite, mas a viagem de carro até lá levou o dia todo. A estrada piorava a cada quilômetro percorrido. Depois de duas horas, o motorista apontou para um aglomerado de casas nas colinas do outro lado do rio.

— É para lá que vamos — disse ele.

— Então já estamos chegando — constatei aliviada.

O motorista riu secamente.

— Aqui não existem pontes, teremos de dar a volta no rio.

A estrada seguia entrecruzada, sobre rios e pequenas pontes, à direita e à esquerda, para cima e para baixo. A paisagem e os arredores tornavam-se cada vez mais rurais, a estrada e o solo ao redor eram vermelhos, de vez em quando passávamos por simples barracões que vendiam macarrão e bebidas.

Paramos algumas vezes e tomamos chá preto doce temperado com pimenta para depois seguir viagem. Assim que escureceu, finalmente chegamos à remota Tumarkhad e fomos alojados num quarto simples construído de barro e terra. As paredes eram cobertas de plástico, e rolos de fios e duas lâmpadas nuas pendiam do teto. Não havia janelas, a porta era trancada com uma tramela.

Cedo na manhã seguinte, Savitri e eu subimos a colina até a aldeia mais próxima. O horizonte estava cheio de pastagens, jardins em socalcos, colinas suaves e casas espaçosas mas simples, construídas em pedra e barro.

Havíamos perdido tanto tempo e ido tão longe para falar sobre menstruação. Entre os hindus em todo o Nepal, as mulheres são consideradas impuras quando menstruam, até mesmo em Catmandu muitas mulheres ficam longe da cozinha nesses dias, mas em nenhum lugar a prática é tão rígida quanto nos distritos montanhosos do oeste. Aqui, muitas mulheres ainda pernoitam em pequenas cabanas simples quando menstruam. A tradição é chamada de *chhaupadi* e chega a ser bastante perigosa: todos os anos, um número desconhecido de meninas e mulheres nepalesas morrem de picadas de cobra ou escorpião, asfixia por fumaça ou congeladas nas cabanas menstruais. A prática é proibida e pode ser punida com três meses de prisão ou cerca de cem reais de multa, mas no interior longínquo a polícia só aparece ocasionalmente; quase ninguém é punido.

Do lado de fora de uma casa grande, uma mulher magra de cerca de cinquenta anos estava lavando roupas numa bacia.

Savitri foi direto ao ponto:

— Onde sua filha dorme quando está menstruada?

— Ela dorme aqui — respondeu a mulher, apontando para um anexo pequeno, mas impecavelmente limpo, da casa principal. — Quando eu era mais nova, tinha de dormir ali, junto com as vacas. — Ela fez um meneio de cabeça em direção ao celeiro, no porão. — Eu tinha de afugentar os animais para conseguir dormir. Agora conseguimos construir nossa própria casa. Não ficou bonita, o que acham? Se não gostaram, vamos já derrubá-la!

— Ela achou que éramos de uma organização humanitária — explicou Savitri enquanto descíamos o morro. — Ultimamente, elas têm sido bastante atuantes nas aldeias por aqui por causa das mortes decorrentes da *chhaupadi*.

Na casa ao lado, cruzamos com outra mulher na casa dos cinquenta, Mana Bayak. Ela estava vestida com uma saia estampada e tinha um xale de algodão rosa enrolado em volta da cabeça. Uma grande argola de ouro pendia de seu nariz. Quando sorria, o que fazia com frequência, seu rosto se iluminava em lindas marcas de expressão. O filho mais novo, que acabara de completar doze anos, ficou perto de nós enquanto conversávamos.

— Antes, era muito rigoroso — disse Mana. — Quando menstruávamos, não podíamos comer direito, nada de laticínios, por exemplo. Eu costumava dormir lá. — Ela apontou para um pequeno galpão, de apenas um metro e meio de altura, construído em pedra e barro vermelho, com toras no telhado. — Agora foi transformado em banheiro — acrescentou ela.

A porta do galpão estava aberta. O chão estava coberto de palha seca e limpa.

— Eu só tinha um cobertor fino para me proteger quando dormia lá — disse Mana. — Costumava fazer um colchão de folhas de bananeira ou de milho para me aquecer, mas quando chovia não adiantava muito. Depois, tudo tinha de ser lavado, por isso não dormia num colchão adequado. Naquela época não havia eletricidade, e à noite a escuridão era completa. Um pretume. Sempre tive medo, principalmente de cobra, mas também tinha medo de homem. Embora a cabana estivesse a apenas alguns metros da casa principal, era como dormir na selva.

Um pequeno rebanho de cabras veio saltitando em nossa direção. Mana rapidamente se levantou e as enxotou.

— Que tristeza ter de passar por tudo isso, de não poder dormir confortavelmente em nossa própria casa! — desabafou ela. — Eu morria de medo do que aconteceria comigo caso não seguisse as regras. Temia que as vacas morressem, que meus sogros ficassem zangados. Quando eu menstruava, não podia nem mesmo tocar nos meus filhos, nem quando eram bebezinhos. Achávamos que eles poderiam adoecer por causa disso. Se por acaso esbarrasse em alguém, tínhamos de nos lavar bem, tanto eu como a outra pessoa.

Um homem com roupas de trabalho rasgadas se aproximou e ficou prestando atenção à conversa.

— Vá para lá — ordenou Savitri. — Estamos falando de coisas de mulher!

O homem aquiesceu com a cabeça e obedientemente se afastou. O menino de doze anos havia encontrado uma escova e passou a escovar uma cabra de pelos longos enquanto ouvia atentamente a conversa.

— Meu marido é cinco anos mais novo que eu, mas eu sou mais forte que ele — afirmou Mana. — Ele fica burro quando bebe e fala um monte de bobagens, mas eu tenho controle sobre ele. Se minha vida tivesse sido mais simples, provavelmente eu seria ainda mais forte hoje em dia. Dei à luz meus primeiros quatro filhos no celeiro, como era o costume. Perdi muito sangue e nos primeiros dias eu e o bebê tivemos de dormir com os animais. Quando eu estava para dar à luz o último, minha sogra disse que pessoas de uma organização assistencial garantiram que nada aconteceria se paríssemos em quartos normais, que era melhor para o bebê que fosse assim. Agora já não observamos a *chhaupadi* e o derradeiro filho nasceu num quarto comum, dentro de casa. Essa foi a minha vida, mas agora a tradição mudou, felizmente.

Quanto tempo leva para mudar uma tradição? Uma geração, talvez até mais? Na estrada de cascalho abaixo da casa surgiu um grupo de mulheres carregando enormes fardos de feno. Na casa ao lado, uma mulher pendurava a roupa, outra catava escolhos dos cereais sentada no chão.

— Mandei todos os meus filhos para a escola, mas, quando eu era criança, aqui não havia escola — continuou Mana. — Mal sei escrever meu nome. Quando a eleição se aproxima, muita gente vem aqui pedir meu voto. Exibem o logotipo do partido e me pedem para votar no «arado», por exemplo, porque preciso de um arado, ou na «foice», porque preciso de uma para ceifar o mato. Da última vez votei na «árvore», porque preciso de sombra.

— O Partido do Congresso, então — disse Savitri.

— Sim, acho que foi esse.

O filho mais velho de Mana trabalhava nos países do Golfo, mas ela mesma quase não saía da aldeia.

— Só deixamos a aldeia se for estritamente necessário, e nunca vamos muito longe. Já estive em Surkhet e

Nepalgunj algumas vezes porque alguns dos meus irmãos moram lá. Vocês deveriam voltar no outono — ela acrescentou. — É bem mais bonito aqui. Agora a paisagem é marrom e seca, mas no outono os campos ficam verdes e as árvores ficam carregadas de frutos.

Quando estávamos prestes a passar para a próxima casa, uma jovem surgiu das sombras atrás da parede da casa e veio caminhando em nossa direção.

— Muitos ainda têm cabanas menstruais — ela disse suavemente ao chegar. — Eles só estão com medo de contar a vocês. Venham, vou mostrar.

Ela nos levou a uma casa a uma boa distância colina acima. Uma mulher de longos cabelos grisalhos, um grande anel de ouro entre as narinas e sulcos profundos no rosto nos cumprimentou com curiosidade. Seu nome era Kokila Bayak e, como muitas das mulheres mais velhas da aldeia, falava um nepalês quase incompreensível. Savitri quase não conseguia entender o que ela dizia.

— Não consigo acreditar que vocês tenham vindo até aqui para falar comigo — disse a idosa, gesticulando para que sentássemos no chão a seu lado. — Já sou velha, tenho mais de sessenta anos. Casei-me com cinco anos. Ou talvez sete. — Ela olhou pensativa para o alto, fazendo as contas. — Seja como for, morei muitos anos com meus pais antes de ir morar com meu marido. Quando eu tinha dezoito ou dezenove anos, dei à luz meu primeiro filho. Quatro filhas e dois filhos eu tive. Todos são adultos agora. Todos casaram.

Ao nosso lado havia uma cabana simples, construída de pedra e terra, com cerca de um metro de largura e um bom metro e meio de comprimento. Era tão baixa que era impossível ficar de pé lá dentro.

— Alguém aqui usa a cabana menstrual? — perguntei.

— Não — Kokila balançou a cabeça com firmeza. — Foi usada antes, mas agora não está mais em uso.

— Podemos espiar? — perguntou Savitri. Kokila assentiu, abrimos a portinhola e olhamos lá dentro. A pequena cabana estava brilhando de limpa. No canto havia uma jarra de água de metal, de um gancho pendia um xale colorido e ao lado da porta havia um pequeno recesso no chão, para acender o fogo.

— Parece que vem sendo usada — comentou Savitri. Kokila a ignorou.

— Pari todos os meus filhos na cozinha — disse ela. — Naquela época, tínhamos de dormir com as vacas quando menstruávamos, tínhamos de ir pra longe da aldeia tomar banho. Morríamos de medo de ser atacadas por tigres, porque naquela época havia tigres aqui. De cobras também tínhamos medo. Uma vez, quando saí para fazer xixi, vi um fantasma, na verdade não faz muito tempo. Muitas vezes dormíamos ao relento, sob um cobertor fino. Eu sempre dormia mal e acordava congelando ou assustada. Foi uma vida dura, mas sobrevivemos. Não morremos.

Ela se aproximou e estudou meu rosto atentamente.

— É dos Estados Unidos? — ela olhou inquisitivamente para Savitri, que explicou que eu era europeia. Kokila assentiu com um olhar vazio. Obviamente aquilo não queria dizer nada para ela.

— O que você acha da tradição *chhaupadi*? Vocês mulheres têm de sofrer assim? — perguntei.

— Você tem de seguir as regras do país em que vive — respondeu Kokila, encolhendo os ombros. — Você tem de fazer o que todos fazem.

— Mas agora as cabanas menstruais são proibidas — eu disse. — Você não tem medo de ser flagrada pela polícia?

— Não, caso eles venham dizemos apenas que não praticamos isso. Se perguntarem para que serve a choupana, dizemos que é para armazenar lenha.

Ou ela começou a confiar em nós ou simplesmente cansou de mentir.

No lado oposto do pátio, a nora de Kokila, Nanna, estava agachada, separando escolhos da cevada que havia espalhado sobre uma grande esteira.

— Tenho 35 anos, acho, mas não tenho certeza, porque só frequentei a escola para adultos — disse ela. — Também não sei exatamente quantos anos meus filhos têm, mas todos vão à escola. Todos.

Kokila se aproximou e começou a alimentar as galinhas na gaiola logo atrás de nós. Quando terminou, sentou-se ao nosso lado e ouviu atentamente a conversa.

— Eu durmo no galpão quatro noites toda vez que fico menstruada — disse a nora. — Gosto de dormir em casa, mas ainda sigo as regras. Se não o fizesse, seria culpada se algo saísse errado.

Kokila se inclinou para frente, apalpou os seios de Savitri e os pesou em suas mãos.

— Bons para amamentar — afirmou. — Suponho que você tenha dois filhos.

Savitri não tinha filhos, mas não contradisse a velha.

— Foi sua sogra quem disse que você teria de dormir na cabana menstrual? — perguntei a Nanna.

— Sim, ela diz que ela mesma dormia, então tenho de dormir também.

— Não é desconfortável dormir nessa cabana tão pequena? — perguntei. — Você não tem medo? Não sente frio?

— Não é pequena — interrompeu Kokila. — E agora já não é fria. Eles têm colchões grossos hoje em dia. Era muito pior no meu tempo! O Deus de antigamente era mais rigoroso.

Depois de uma manhã inteira na aldeia, tendo cabras e campos de cevada por companhia, Tumarkhad, com seu sortimento de produtos e bebidas, parecia quase uma urbe. No popular barzinho próximo ao posto de saúde havia até uma agência bancária. As placas iluminadas pareciam descontextualizadas daquele cenário tão pobre. Um botequim também servia *thali*, chapati frito na hora com curry, batata condimentada e pimenta. No teto, uma família inteira de pardais vivia no prato acima da solitária lâmpada. Os pais iam e vinham para alimentar os filhotes famintos, que imploravam por comida com os bicos abertos.

Do outro lado da mesa simples de madeira sentava-se ereta uma mulher na casa dos trinta anos. O terno verde-menta combinava com o batom rosa, e no colo ela segurava uma pasta grande. Seu olhar era fixo e ela irradiava uma forma completamente diferente de autoconfiança e autoconsciência se comparada às outras que havíamos encontrado no início do dia.

— Na aldeia de onde venho, a *chhaupadi* é comum — disse ela em nepalês a Savitri quando acabamos de comer. Ela estava acompanhando a nossa conversa e obviamente percebeu do que estávamos falando, embora seu inglês não fosse muito bom. Mais tarde soubemos que seu nome era Tara Devi Budha e ela era a tesoureira das obras rodoviárias em execução no lugar.

— Quase nenhum dos aldeões tem educação, eles temem ser castigados pelos deuses caso não sigam as regras

— explicou Tara. — Quando ficam doentes vão ao xamã, não ao médico. O xamã, que alega falar pelos ancestrais, diz coisas como: «Vou jogar você de um penhasco como punição se não fizer o que digo». — Ela suspirou. — Os xamãs também têm de ser instruídos, ou não chegaremos a lugar nenhum. Querem vir à minha aldeia ver com seus próprios olhos? Posso mostrar a vocês. Além disso, preciso de uma carona — acrescentou com um sorriso maroto.

— Tara é uma heroína — interveio o dono do botequim. — Ela lutou ao lado dos maoistas por sete anos. Ela era uma das comandantes!

Um dos pardais pousou em seu ombro. De tempos em tempos, ele limpava as mesas com um pano.

— Eu tinha só dezessete anos quando me juntei aos maoistas — disse Tara. — Tecnicamente, eu já era casada, embora fosse muito jovem. Meus pais me casaram quando eu tinha dezesseis anos, mas voltei a morar com eles logo após o casamento. Naquela época, os rebeldes maoistas costumavam vir à nossa casa para comer. Não só homens, mulheres também. As mulheres me disseram que eu deveria ser como elas, que deveria lutar pelos direitos femininos. Esses encontros me inspiraram e eu quis fazer como elas, mas meus pais não deixaram. Minha mãe me trancou para me impedir, mas não foi muito difícil abrir a fechadura. Depois de meia hora tentando, a porta se abriu e eu escapei noite adentro sem que meus pais acordassem.

Durante uma década, de 1996 a 2006, a insurgência maoista assolou o Nepal. A rebelião rapidamente se transformou num conflito entre guerrilhas e custou um total de cerca de 20 mil vidas. Centenas de milhares de pessoas foram obrigadas a fugir.

— Combatíamos sem comida na selva dias a fio, às vezes uma semana inteira — disse Tara. — Não tínhamos água, mas às vezes chovia o dia todo, então de sede não morríamos. Em compensação, ficávamos infestados de sanguessugas. Dormíamos em cavernas, às vezes dormíamos nas árvores. Uma vez, quando eu tinha dezoito anos, fomos perseguidos pelo exército nepalês. Estava escuro como breu, mas não podíamos usar lanterna, porque os soldados estavam logo atrás de nós. Havia penhascos íngremes abaixo e acima de nós, e nenhum lugar para nos escondermos. Dez camaradas foram baleados e mortos diante dos meus olhos. Ainda tenho pesadelos com aquela noite. Quando os soldados se foram, enterramos os mortos na mata.

Tara pegou em armas durante dois anos, depois se tornou a líder de um grupo de mais de quarenta maoistas — metade mulheres, metade homens.

— Lutamos contra a monarquia e contra o exército do Nepal. A monarquia não deu oportunidades iguais às pessoas, especialmente a nós, pobres. Agora melhorou um pouco, podemos andar de cabeça erguida, mesmo sendo pobres. Depois dos anos na guerrilha, não tenho mais medo de nada, mas ainda sinto um peso na consciência quando lembro dos slogans que usamos sobre direitos iguais para mulheres e homens. Não alcançamos os objetivos pelos quais lutamos, pelo contrário, deu errado... Não há igualdade entre os sexos, e o Nepal ainda é uma sociedade patriarcal. A violência doméstica é um grande problema, as mulheres são assediadas pelos homens no mercado de trabalho e não são reconhecidas pelo que fazem em casa.

O objetivo dos maoistas era abolir a monarquia e introduzir uma república popular no Nepal. Dois anos depois da assinatura do acordo de paz, a monarquia foi abolida e o Nepal tornou-se uma república federal, mas sem o termo «popular». Após décadas de governos de coalizão de curta duração, rebeliões, greves gerais, estados de emergência e caos político generalizado, uma nova constituição entrou em vigor em 2015. Poucos anos depois, em 2017 e 2018, foram realizadas as primeiras eleições democráticas do país, tanto nas localidades e províncias como em nível nacional. Os comunistas obtiveram uma vitória esmagadora em todos os distritos eleitorais.

Tara se filiara recentemente ao maior partido da oposição, o Partido do Congresso.

— Não fiquei satisfeita com a forma como o Partido Comunista nos tratou — disse ela, cruzando os braços. — Lutamos, arriscamos nossas vidas, demos os melhores anos da nossa juventude, mas, olhando para trás, o partido não nos deu o apoio a que tínhamos direito. Não tivemos o respeito que merecemos. Quando penso agora em tudo que dei, em tudo que investi, me sinto mal. Traí até meus próprios pais. O atual governo comunista não me representa.

A aldeia de Tara ficava a meia hora de carro. Descobriu-se que ela não era a única que precisava de uma carona — um bando de aldeões fez fila para entrar no jipe e se espremeu no banco traseiro. Na entrada da aldeia fomos abordados por um grupo de jovens que havia construído uma espécie de barreira de pedra no meio da estrada. As crianças estavam descalças e vestiam calções e camisetas esfarrapadas; a pele e o cabelo estavam encardidos de tanta sujeira. Eles se recusaram a remover a pequena pilha de pedras e fugiram uivando e rindo quando o motorista partiu atrás deles de punhos em riste.

Como tantas vezes nesta viagem, esbarrava em mais uma fronteira. Esta era, decididamente, a menos oficial até agora, mas aquelas pedras tinham o mesmo valor simbólico. Lembrei da reflexão do antropólogo social Fredrik Barth e sua teoria de que a identidade se cria justamente na fronteira, no encontro com o outro. O bloqueio de estrada improvisado pelas crianças formava uma fronteira separando-as do menor grupo comunitário, a aldeia; as pequenas pilhas de rocha criavam uma divisão física primitiva entre nós e eles, os nossos e os deles. Barth nunca se aprofundou nos mecanismos psicológicos subjacentes, mas há inúmeras evidências de que o homem é, no sentido mais profundo, um ser territorial — basta pensar em todas as rixas entre vizinhos que sobrecarregam os sistemas legais de todo o mundo, para não mencionar as tantas guerras sem sentido travadas ao longo dos séculos. A maioria delas tem a ver com fronteiras — grandes ou pequenas.

O motorista arrastou as pedras com raiva. Atravessamos a agora invisível fronteira e entramos na aldeia. Tara nos acompanhou até uma família que havia recentemente construído uma cabana menstrual novinha em folha. O interior da simples cabana de chão batido estava limpo e arrumado, e certamente em uso, pois no canto havia uma mala de rodinhas. Todos que pegaram carona conosco e alguns outros aldeões, trinta a quarenta ao todo, se acercaram e agora formavam um semicírculo de curiosos ao redor de Tara, Savitri e eu.

— Ano passado uma jovem morreu asfixiada por fumaça na aldeia vizinha. Depois, a polícia nos obrigou a demolir a velha cabana — disse Padam, o proprietário, um homem melancólico na casa dos quarenta. — Gastamos muito tempo e esforço construindo aquela cabana. Aquilo foi fruto de muito esforço.

— Como reagiu quando soube que tinha de demolir a cabana? — perguntei.

— Demolimos com prazer — afirmou ele.

— Mas então construíram uma nova?

— Sim, construímos esta principalmente para guardar lenha, mas as mulheres podem dormir aqui quando estão menstruadas, se quiserem. Minha filha dormirá aqui esta noite. Eu disse que ela poderia dormir em casa, mas ela tem medo de que infortúnios aconteçam conosco nesse caso. Por isso ela vai dormir aqui fora.

— Se as mulheres estão tão preocupadas com isso, problema delas — gritou um homem da varanda do primeiro andar. — Eu disse às mulheres da minha casa que elas podem continuar dormindo no quarto quando estão menstruadas. Só têm de ficar longe da cozinha, fora isso podem ficar em casa, mas elas não fazem o que eu digo. Elas têm medo.

— Por que elas têm de ficar longe da cozinha? — perguntei.

— Porque elas sangram. O sangue é sujo e atrai moscas.

— Uma mulher que não acreditava na *chhaupadi*, uma estrangeira, assim como você, foi usar a bomba d'água comunitária quando estava menstruada — disse Padam. — Ela foi picada por uma cobra. A partir de então ela também começou a praticar a *chhaupadi*. O deus da nossa aldeia chama-se Mate. Ele é um deus muito poderoso. Ufa, Mate nos criou tantos problemas ultimamente... Você não tem ideia.

No meio da lavoura encontramos Bimala, a menina que iria dormir na cabana de menstruação naquela noite. Era acanhada e falava baixinho, mas respondeu pacientemente a todas as nossas perguntas.

— Durmo na cabana *chhaupadi* cada vez que fico menstruada — disse ela. — Sempre tenho medo, mas o que posso fazer? Preciso dormir lá.

— Por que você precisa?

Ela olhou para o chão.

— Então... Se não dormir, o deus fica bravo.

— E o que acontece?

— Ele pode quebrar suas mãos e pernas, ou fazer você cair de um penhasco. Essas coisas. Meu pai diz que posso dormir dentro de casa, mas ninguém mais na aldeia dorme.

— Se as outras dormissem, você também dormiria?

Ela sorriu timidamente.

— Sim, se todas as outras deixassem de seguir as regras, eu também deixaria, claro.

No final da tarde, os xamãs começaram a se aglomerar em Tumarkhad. Eram facilmente reconhecíveis pelo turbante branco que todos usavam. Em frente ao bar estava um jovem xamã fumando. Também se chamava Padam e tinha 27 anos.

— O deus ancestral entrou no meu corpo, então tive de me transformar num *dami*, isto é, xamã — explicou ele com naturalidade.

Além do turbante branco, o jovem xamã estava vestido com jeans e camiseta. Nos lóbulos das orelhas ele tinha finas argolas de ouro.

— Meu avô também era um *dami* — acrescentou Padam. — Sou a quinta geração *dami* na família.

— O que um *dami* faz mesmo? — perguntei.

— Quando o deus está no meu corpo, começo a tremer — explicou Padam. — Fico consciente, mas, como o deus está dentro de mim, tudo parece diferente. A primeira vez que aconteceu foi quando eu tinha de fazer uma prova na escola, no 11º ano. De repente, comecei a tremer e não consegui parar. Me levaram ao templo e lá colocaram um turbante branco em mim. Então parei de tremer imediatamente.

Uma boa maneira de escapar da prova, pensei cá comigo.

— Por que os *damis* usam turbantes brancos? — perguntei.

— Branco é o símbolo da paz, acho que é por isso. — Ele ficou pensando a respeito. — É a nossa tradição. As pessoas vêm a mim quando estão doentes. Eu as seguro pelo punho e então começo a tremer. A causa da doença pode ser um fantasma ou vários espíritos. São os espíritos que mais costumam causar problemas. Quando eu falo com o doente, não sou eu que estou falando, sabe, é o deus. Eu nem entendo o que o deus diz, 70% do que o deus diz é incompreensível para mim. Setenta por cento. O deus discute com o espírito ou fantasma que deixou o paciente doente. Oitenta por cento dos meus pacientes se curam. Oitenta por cento.

— O que acha da tradição *chhaupadi*? — perguntei.

— Minha opinião *pessoal* é que a menstruação é normal e natural — respondeu Padam. — É importante ter higiene, claro, mas, fora isso, não tenho nenhum problema com a menstruação. Mas o *deus*, infelizmente, vê isso de maneira diferente. — disse ele espalmando as mãos em contrariedade. — Ele acha que é sujo. Uma mulher que está menstruada deve, portanto, ficar longe de casa e do templo. É o *deus* que exige isso, não eu.

— Você tem outro emprego além de ser *dami*?

— Ser *dami* não é um emprego! — ele riu. — Sou comerciante e tenho uma pequena loja no alto da aldeia.

Mas agora preciso ir, desculpe. Tenho de me preparar para o ritual de amanhã.

Enquanto o jovem xamã apagava o cigarro e subia a rua, um pássaro cagou no meu ombro.

*

O ritual da lua cheia seria realizado em algum momento no dia seguinte, mas ninguém sabia dizer exatamente quando. Um dos xamãs estava convencido de que começaria às onze da manhã, outro dizia que começaria às duas e meia, enquanto um terceiro garantiu que começaria *pelo menos* às três da tarde. Disseram-me para não ir muito cedo ao templo, pois estaria vazio; eles provavelmente não chegariam antes das cinco horas, possivelmente não antes das seis, previu um outro. Como eu não tinha nada melhor para fazer afinal, me pus a flanar pelos caminhos estreitos do vilarejo até o templo logo após o café da manhã.

O templo, uma cabana simples construída de pedra, terra e troncos, localizava-se numa clareira na floresta. Três xamãs estavam esparramados sobre uma esteira do lado de fora, vestindo túnicas brancas e com os obrigatórios turbantes brancos bem amarrados na cabeça. Os três davam tragadas em grandes cachimbos. Alguns rapazes da aldeia estavam ocupados decorando o templo com pequenas conchas brancas — estávamos no sopé do Himalaia, a apenas alguns dias de marcha da fronteira com a Índia, mas a centenas de quilômetros do mar. Lá dentro, diante do santuário havia um trono esculpido em madeira e pedra. Vislumbrei também algumas pedras e estatuetas de deuses, enfeitadas com conchas e flores. As velas faziam as sombras dos deuses dançarem; o ar estava carregado de incenso.

Um dos homens saiu carregando uma cadeira de plástico, colocou-a na sombra e educadamente fez sinal para que eu me sentasse nela. Obedeci. Savitri teve de ficar em pé — eles só dispunham de uma cadeira. Então nada mais aconteceu. Os minutos e as horas se passaram, e o sol se elevou cada vez mais alto no céu pálido. Os homens decoravam o templo, os xamãs fumavam o cachimbo. O xamã mais velho, um homem magro e musculoso com pele coriácea e rosto marcado, chamava-se Pune, conforme soubemos, e tinha cerca de 65 anos. No Nepal usa-se o *bikram samwat*, um antigo calendário hindu — estão 56 anos, 8 meses e 17 dias à nossa frente, e a conversão para os anos gregorianos é sempre um desafio.

— Quando você se tornou um *dami*? — perguntei a Pune.

Ele se demorou pensando.

— Faz muito tempo — concluiu.

Lentamente, mais aldeões foram chegando: um homem e seu filho, duas mulheres com crianças nas costas, um velho com botas de borracha que chegavam até os joelhos, todos com cabritinhos a reboque. Os filhotes eram amarrados a árvores e arbustos, sempre soltando balidos agudos e trêmulos. Um homem com um paletó preto gasto registrava os cabritos e seus donos num caderno grande e igualmente gasto; tudo e todos eram minuciosamente contabilizados.

O sol continuou sua lenta jornada pelo céu e a sombra desapareceu. O homem que havia me colocado na cadeira se aproximou e fez sinal para que eu me levantasse. Ele pegou a cadeira de plástico e a carregou para o outro lado do templo, para onde a sombra havia se movido.

— Você é a primeira estrangeira que recebemos aqui — disse ele solenemente. — Nenhum branco jamais presenciou nosso ritual.

Outro homem se aproximou trazendo comida para Savitri e para mim, folhas de bananeira cheias de um curry doce e fumegante que grudava em nossos dedos.

— Quando começa o ritual? — perguntei a ele.

Ele deu de ombros.

— Estão esperando chegar mais cabras. Precisamos de pelo menos cem para poder começar. O ritual chama-se *bisasay bog*, que significa 120 sacrifícios. Pode haver mais, mas é preciso pelo menos 120.

A tarde tinha tudo para ser longa.

Acima do templo, sentadas no chão, várias mulheres com roupas de algodão coloridas conversavam alegremente, crianças corriam felizes derramando suco de garrafas plásticas, cabritinhos baliam com suas vozes suaves e brilhantes. Uma ou outra vez os percussionistas ensaiaram timidamente bater nos tambores e pensei comigo, é agora, mas então pararam e novamente tudo que se ouvia eram os balidos trêmulos e o burburinho das vozes.

— Por que as cabras são tão pequenas? — perguntei à jovem que amamentava ao meu lado.

— Se dependesse de nós, teríamos trazido uma cabra maior, mas são tantos e tão frequentes os sacrifícios que não tínhamos nenhum animal crescido em casa — respondeu ela.

Enquanto isso, Pune tinha passado um manto de seda amarelo-canário diagonalmente no peito e amarrado um pedaço de tecido dourado e brilhante em volta do turbante. Alguns auxiliares começaram a marcar as testas de todos os espectadores com *tilakas*, gotas de pó vermelho e amarelo. O pó vermelho escorreu da minha testa nas minhas roupas, deixando tudo vermelho. Mesmo na sombra, o calor que fazia agora era insuportável e eu estava molhada de suor. Quantas cabras teriam chegado? Cinquenta?

Em algum momento da tarde, Pune finalmente se levantou e entrou no templo. Ficou parado um bom tempo, apenas olhando fixamente para a frente. Os percussionistas voltaram a ensaiar timidamente. Então Pune começou a tremer. O corpo longo e magro chacoalhava inteiro, não tremores violentos e espasmódicos, como eu esperava, mas de uma maneira calma e controlada. Um punhado de homens correu e colocou o trêmulo xamã no trono do templo. Ele se sentou de pernas cruzadas e, à medida que sacudia as pernas, distribuía tilakas e breves palavras de sabedoria para os homens da aldeia que se aglomeravam ao redor. O sacerdote do templo, um velho com uma túnica longa e esvoaçante, interpretou o que o xamã dizia para os presentes.

— Ele está falando a língua divina — explicou o homem ao meu lado. — É uma mistura de nepalês, hindi, inglês e palavras que não existem. Só o sacerdote entende o que ele está dizendo. Pode entrar, vá!

— Não, não faço questão — recusei. Nenhuma outra mulher estava dentro do templo.

— Sim, sim, vá e dê a ele uma tilaka! — Fui empurrada para dentro do templo por uma turba de homens ansiosos. A fila se afastou para o lado e fui parar diante do homem que falava em línguas.

Pune se inclinou para frente e mergulhei meu dedo no pó vermelho, como havia sido instruída a fazer, e esfreguei-o em sua testa.

— Que todos os seus desejos se tornem realidade — disse Pune solenemente, a crer no sacerdote, que traduziu da língua divina para o nepalês; a multidão ao redor assentiu satisfeita.

Quando todos os homens presentes foram abençoados, Pune foi retirado do trono. Continuou parado de pé, tremendo, por alguns minutos. O ritmo dos tambores era simples, mas intenso. Lentamente, Pune levantou uma perna para o lado, depois a outra e começou a dançar. Fora do templo, um xamã mais jovem se preparava para ser possuído por outro deus. Cada xamã era possuído por um deus local, segundo me explicaram, e essa capacidade era transmitida de geração em geração. Os pés do jovem xamã já estavam quase descalços quando ele começou a tremer. Ele chutou de lado os tênis enquanto todo o seu corpo balançava, e começou a dançar. Os percussionistas batiam nos tambores cada vez mais rápido enquanto os dois xamãs levantavam as pernas alternadamente para a esquerda e para a direita. Mais dois xamãs se juntaram a eles, um dançando enquanto o outro simplesmente pulava. Os aldeões seguiam sem muita animação os xamãs saltitantes, que agora desapareceram na floresta para dar uma volta em torno do templo.

Na ausência dos xamãs, uma das espectadoras, uma mulher obesa de uns quarenta anos, começou a tremer violentamente. Ela me olhou fixamente à medida que os espasmos sacudiam seu corpo. Nenhuma das mulheres sentadas ao redor lhe deu a menor atenção, pelo contrário, pareciam ignorá-la deliberadamente, e depois de alguns minutos ela parou de sacudir e se acalmou.

Os xamãs ressurgiram do meio da mata, e um cabritinho foi trazido adiante. Pune deu três saltos e se atirou sobre ele, o abocanhou como se fosse uma fera selvagem, e saiu correndo em volta do templo com o bichinho pendurado na boca. Apavorado, o cabritinho berrava de olhos esbugalhados. Em seguida, ele foi temporariamente liberado, e os xamãs continuaram dançando por alguns minutos, ainda trêmulos, com os olhos fechados. Então os tambores se calaram. Pune foi despido e carregado até o trono apenas de cueca. No tumulto, o turbante soltou-se; o xamã estava sentado seminu sob o teto do templo com a cabeça descoberta. O cabelo estava bem raspado, exceto por um grosso e longo dreadlock enrolado no cocoruto. Pérolas de suor reluziam sob a luz difusa das velas.

Em frente ao portão do templo havia agora uma multidão. Homens carregando cabritos balindo desesperados avançavam pela porta. Um dos xamãs mais jovens desapareceu nos bastidores do templo com uma faca curva nas mãos. O sangue já estava pingando da lâmina. Subi num banco na entrada para ver melhor; o banco balançou sob meus pés. O homem do caderno registrava meticulosamente todos os cabritos antes que fossem liberados para entrar no templo.

O sacerdote do templo entregou uma tigela de leite a Pune, que avidamente a derramou sobre a cabeça. As gotas de suor se misturaram ao leite. Logo depois, o sacerdote do templo veio carregando o primeiro cabrito. Pune se lançou sobre o pescoço da frágil criatura e sorveu o sangue dos buracos que haviam sido perfurados anteriormente com a faca. O cabrito foi levado para o bastidor do templo, onde funcionava o abatedouro de fato, e imediatamente substituído por um novo. O xamã suado curvou-se sobre o animal aterrorizado, com o queixo e a boca manchados de vermelho, e sorveu mais uma dose de sangue quente. O tempo todo ele me fitava, como se quisesse ver qual seria minha reação. Outro cabrito foi trazido. E mais um. E mais um. O xamã se lambuzava do sangue fresco que espirrava de cada cabritinho, cada vez mais rápido, era uma verdadeira linha de montagem. Em nenhum momento ele deixou de me encarar. No portão os homens avançavam com cabritos vivos, atrás do templo as carcaças decapitadas eram carregadas enquanto as patinhas traseiras ainda se contraíam. O ar quente e denso da tarde ficou impregnado pelo cheiro doce e metálico do sangue.

A carnificina estava apenas começando, o banho de sangue se estenderia por horas ainda, mas Savitri e eu decidimos ir embora. Abrimos caminho por entre a multidão e tomamos o rumo de volta à aldeia. À distância, as batidas abafadas dos tambores podiam ser ouvidas de outros templos ao redor. Quantos cabritinhos teriam perdido a cabeça nesta tarde? Cada clã tem seu próprio deus, seu próprio templo, e todos esses deuses, centenas deles, exigiam o sangue de pelo menos 120 caprinos antes que a lua cheia iluminasse o céu noturno.

Terra nullius

Mais uma vez lá estava eu presa num barulhento cilindro de alumínio a milhares de metros acima do solo. A turbulência fez tremer como uma centrífuga o avião que ascendia lentamente pelas camadas de nuvens, cada vez mais alto. A princípio não entendi por que estávamos subindo tanto, mas então o Himalaia veio em nossa direção como uma parede branca, e, de repente, parecia que estávamos num voo rasante pelo chão.

Eu havia sentado bem na frente; no chão diante de mim havia um feixe de cintos de segurança. Embora a Tara Air tenha sido fundada em 2009, a empresa repetidamente subiu ao pódio no ranking das companhias aéreas mais perigosas do mundo. Não há estrada para Simikot, o extremo noroeste do Nepal; o transporte de tudo e de todos é feito, portanto, por pequenas aeronaves. A pista de Simikot é uma das mais curtas do mundo, com pouco mais de seiscentos metros, e eu estava ansiosa para o pouso — supondo que conseguíssemos pousar. Ainda não estávamos na metade do caminho quando uma das luzes de advertência no painel começou a piscar. O piloto mais jovem entrou em contato com a torre de controle pelo rádio e tirou um grosso manual de um dos bolsos no assento. Fiquei com a impressão de que era a primeira vez que ele o lia, folheando ao acaso, no meio, na frente, atrás, até finalmente encontrar o que procurava.

Concentrado, leu o capítulo inteiro, depois apertou e girou alguns botões. Minutos depois, as rodas tocaram o solo e enviei a todos os deuses em todos os céus uma prece de gratidão pelo último voo doméstico nepalês ter chegado ao fim.

Um grupo de aposentados suíços, vestidos com extravagantes trajes de caminhada, foi rapidamente conduzido pelos guias que os aguardavam. Peregrinos indianos trêmulos, bem agasalhados em jaquetas acolchoadas e xales de lã, esperavam pacientemente pelo helicóptero que os levaria a Hilsa, perto da fronteira chinesa. O voo até lá levou menos de meia hora. Ônibus esperavam na fronteira para levá-los a Kailash, a mais sagrada de todas as montanhas para hindus, budistas, jainistas e bönpas, seguidores da religião *bön*. Se tudo corresse bem, eles estariam no sopé da montanha tarde da mesma noite.

Eu também iria para Hilsa e cruzaria a fronteira com o Tibete, mas a pé. A jornada duraria mais de uma semana.

Tsering, o guia local que deveria me receber no aeroporto, não estava à vista. Helicópteros pousaram e decolaram novamente, peregrinos cansados e congelados cambalearam, enquanto uns outros saltaram a bordo e partiram. No final, fiquei sozinha na pista deserta, cercada por pitorescas montanhas cobertas de neve, tendo como única companhia moscas me importunando.

O sol estava alto sobre as montanhas quando um homem magro de barba escura apareceu.

— Fui instruído a cuidar de você até Tsering chegar —esclareceu ele.

— E quando esse tal Tsering vai chegar? — perguntei irritada.

— Em meia hora — respondeu o homem vagamente.

Ele me levou a uma sala escura com piso de terra batida,

colocou-me numa das mesas vazias e me entregou uma xícara de café solúvel.

Uma hora depois, um homem vestindo uma jaqueta laranja fluorescente se aproximou de mim.

— Você é Tsering? — perguntei.

— Não, sou da agência de viagens — disse o homem. — Espero que o café esteja bom.

— A que horas chega esse Tsering? — resmunguei.

— Ele estará aqui em breve — disse o homem da jaqueta fluorescente, que saiu pela porta e desapareceu.

Depois de mais uma hora, um homem baixo e de olhos estreitos surgiu pela porta. Ele abriu um largo sorriso e estendeu os braços.

— Bem-vinda a Humla!

— Você está horas atrasado — reclamei irritada.

— Sim, sim, desculpe, mas a aldeia da minha irmã fica muito distante e agora estou aqui!

— Você deveria ter partido de lá ontem — protestei.

— Tem razão, desculpe, como eu disse, mas o filho da minha irmã fez aniversário ontem, era tarde e havia muita bebida... Mas então, não vamos perder tempo com isso, agora estou aqui, então sim, bem-vinda a Humla!

Tsering sorriu para mim e abriu os braços novamente. Ele tinha um dente da frente amarelado, uma barriguinha saliente, rosto quadrado e recendia bebida azeda. Embora fosse um ano mais novo do que eu, parecia ter quase cinquenta anos. A continuação foi igualmente confusa: Tsering pensou que faríamos uma viagem de doze dias, não oito, e não tinha ideia de para onde estávamos indo. Comecei a sentir saudades de Savitri.

— Antes de tudo, de qualquer maneira tenho de providenciar o registro e os documentos — disse ele, sem tirar o sorriso da boca. — Me dê seu passaporte que resolvo tudo. Não vai demorar!

Enquanto Tsering cuidava da papelada, passeei pelas ruas empoeiradas, mas sem carros, de Simikot. Pouco mais de 10 mil almas vivem em Simikot, em casas simples e planas feitas de pedra, barro e madeira nua. A aldeia era cercada por pomares de macieiras, arbustos exuberantes, flores em todas as cores do arco-íris, pinhais e abundantes campos de centeio, que, por sua vez, eram emoldurados por montanhas azuis dignas de cartão-postal. Mais tarde, reencontrei Tsering e ele me levou para o barraco onde morava o carregador, no alto da rua, um quartinho feito de pedra e calafetado com lama ressecada. A jovem mulher do carregador esfregou um pouco de manteiga na nossa cabeça para nos dar as boas-vindas, como é costume nestas bandas, e serviu chá de tomilho que tinha acabado de fazer. Em seus braços ela segurava uma criança pequena, de apenas um ano de idade, nua do umbigo para baixo.

— Vou para casa fazer as malas — anunciou Tsering. Não vai demorar! — Ele apontou para as sandálias de plástico que calçava e desatou a rir. — Não posso caminhar assim!

Fiquei sozinha no cômodo escuro, com a mulher sorridente e o bebê silencioso. Cada vez que eu bebia da caneca, a mulher cuidadosamente tratava de servir mais chá para mantê-la sempre cheia.

Enfim Tsering estava pronto para partir. A primeira parada ficava a apenas alguns minutos de distância.

Se as aldeias na fronteira chinesa são dominadas por budistas tibetanos, os hindus são majoritários em Simikot. O xamã morava numa das maiores casas da aldeia. Ele estava de cócoras no terraço quando chegamos; sua esposa estava curvada sobre uma bacia e lavava os cabelos pretos e compridos do marido, que desciam até a cintura, com tudo a que tinha direito. No alto da cabeça, ele tinha um dreadlock tão comprido que podia enrolá-lo várias vezes no pescoço, como um colar.

— Quando estou possuído pelo deus, sinto como se estivesse inebriado e não percebo o que está acontecendo ao meu redor — disse o xamã quando sua esposa terminou de lhe enxaguar o xampu. Seu nome era Shoudana e ele tinha 71 anos. O rosto era alongado, quase equino, com sulcos profundos.

— Ele é o xamã mais poderoso das redondezas — gabou-se a esposa.

— A vida aqui não é fácil — continuou Shoudana. — A estrada ainda não está terminada e voar é muito caro. O governo não se importa com quem vive em localidades remotas!

Por outro lado, o xamã só tinha coisas boas a dizer sobre o grande vizinho do norte:

— Já estive na China provavelmente mais de trinta vezes. Costumávamos vender trigo-sarraceno e centeio para os chineses, mas agora são eles que vendem para nós. Tudo de que precisamos vem da China hoje em dia. Os chineses são pessoas muito boas, têm bons sistemas, seu país está prosperando. O Tibete costumava ser subdesenvolvido e pobre, mas não é mais assim, oh não. Se os chineses nos quiserem, terei o maior prazer em fazer parte da China. Com muito gosto!

Quando o assunto era a *chhaupadi*, Shoudana fazia questão de dizer que havia adotado algumas mudanças recentes.

— Antes, as mulheres dormiam fora nove dias, mas há uns tempos vieram aqui pessoas do governo conversar conosco e reduzi para cinco dias — anunciou ele magnanimamente.

Quanto mais subíamos na aldeia, mais pequenas e simples eram as casas. No topo, mas bem abaixo na hierarquia de castas, viviam os *dalits*, os «intocáveis». Na porta de um galpão lotado, sentava-se uma mulher magra. Crianças seminuas rastejavam ao seu redor e sobre ela; dois eram filhos seus. A mulher ainda não tinha vinte anos, mas seu rosto era anguloso e castigado pelo tempo, seus dentes eram marrons; apenas sua timidez traía que ainda se tratava de uma adolescente.

— Fui casada quando tinha doze anos — disse ela. — Meu marido é quatro anos mais velho do que eu.

A inocente jovem mãe de dois filhos nunca foi à escola. Em vez disso, seus pais a mandavam trabalhar no campo para ganhar dinheiro. Nem ela nem o marido possuíam terras próprias; ambos trabalhavam nas lavouras alheias e a paga era parte da colheita. Do lado de fora da casa vizinha, do outro lado da cerca, havia uma cabana simples de barro, tão baixa que era impossível ficar de pé lá dentro.

— Não gosto de dormir lá — disse a garota desviando o olhar para baixo. — Morro de medo de cobras e de homens.

— Você sabe que a *chhaupadi* é proibida? — perguntei.

— Sim, mas tenho mais medo do xamã do que da polícia.

Uma das crianças engatinhou pelo seu colo, encontrou um seio e começou a mamar.

— Você e seu marido fazem planejamento familiar? — Tsering perguntou com interesse. Quando não trabalhava como guia, era assistente social e divulgava informações sobre a importância do planejamento familiar e da educação.

A jovem se contorceu. Tsering não desistiu.

— Você já ouviu falar em planejamento familiar? Sabe o que é?

— Já ouvi falar e sei um pouco sobre isso, mas meu marido é contra — respondeu a moça, e riu timidamente. — Não quero ter mais filhos — acrescentou ela, séria. — É uma responsabilidade muito grande. Grande demais.

Do outro lado da estrada, um grupo de adolescentes se aglomerou. Passamos por elas, que nos perguntaram sobre o que estávamos conversando.

— *Chhaupadi* — disse Tsering.

— Oh, *chhaupadi*! — repetiu uma menina. — Mesmo que não gostemos, temos de dormir na cabana menstrual cinco dias por mês! O xamã diz que é preciso!

Ela se virou para mim.

— Como as mulheres lá de onde você vem fazem quando estão menstruadas?

— Não fazemos nada de especial — respondi.

— Oh... — A menina me olhou com inveja. — Vocês não têm xamãs?

Fiz que não com a cabeça.

— Que sorte!

— Você já tentou desobedecer às regras? — perguntei.

— Sim, já dormi em casa uma vez — disse a garota. — Não aconteceu nada! Nadinha! Mas minha família me obriga a dormir fora de qualquer maneira por causa do xamã. Todo mundo aqui tem medo dele.

Na aldeia vizinha de Buraunse, a meia hora a pé, a maioria era budista. As tradicionais casas térreas eram como labirintos; escadarias íngremes subiam e desciam pelas passagens estreitas.

Passaríamos a noite na casa de parentes próximos de Tsering, um trisal de idosos. Nessas paragens, onde tudo escasseia, antigamente era comum dois ou mais irmãos se casarem com a mesma mulher para evitar a divisão dos bens. Fomos guiados para a cozinha, que ficava no meio da casa e não tinha janelas. As paredes eram decoradas com alcatifas tibetanas azul-escuras, havia uma TV antiquada sobre um armário e, no canto, uma foto emoldurada do Dalai-Lama. Ao longo de uma parede estreita, deitados cada um em seu colchão, os pais idosos dos irmãos cochilavam.

A anfitriã serviu a cada um de nós uma grande tigela de *chang*, uma bebida alcoólica à base de cevada. Me deram a versão mais suave — tinha um gosto de cerveja azeda bastante fermentada — enquanto Tsering e os maridos preferiram a versão forte, que tinha mais gosto de saquê. O caçula dos irmãos era o mais loquaz:

— Nossos filhos se casaram normalmente, um cônjuge para cada — disse ele. — Tivemos nossos problemas ao longo dos anos, então eles sabem que a poliandria não é fácil. Mas a vida aqui era difícil naquela época. Eu costumava ir para o sul, para Achham, comprar arroz. Meu irmão ia para o norte, para o Tibete, para conseguir outros bens para nossa subsistência. Não havia problema em dividir as tarefas em dois. Como somos casados com a mesma mulher, também ficamos com a casa e o terreno; a herança paterna não precisava ser dividida.

Depois de ingerirmos quantidades industriais de *chang*, Tsering me levou aos vizinhos, parentes próximos que também coabitavam como um trio casado. O mais novo dos dois maridos tinha sessenta e tantos anos e usava um turbante branco de xamã.

— Achei que fossem budistas... — sussurrei confusa para Tsering.

— São budistas, sim, mas nós, budistas, também temos xamãs — explicou Tsering.

— Como xamã *budista*, só faço oferendas com leite e arroz, nunca sacrificando animais — explicou o marido mais novo. O rosto estreito e oblongo estava coberto por um leque de marcas de expressão. — Nós também não praticamos a *chhaupadi*, só os hindus fazem esse tipo de coisa.

A esposa sorridente serviu a cada um de nós uma caneca bem cheia de *chang*. Apesar de ter mais de setenta anos, seus cabelos longos e lisos ainda eram da cor de carvão. Antes de começarmos a beber, o marido mais novo abençoou as tigelas e aspergiu uma porção do líquido sobre o ombro, uma oferenda simbólica aos deuses. O mais velho, de semblante digno e grave, estava calado num canto. Ele acompanhou tudo o que era dito, atentamente e sem esboçar reação, mas não interferiu na conversa. Alguns anos antes, teve câncer e precisou amputar uma perna.

— Você devia se tornar um xamã — disse o mais novo a Tsering, acariciando o turbante branco que tinha na cabeça. — Como seu pai é um xamã, é seu dever dar continuidade ao legado.

Tsering fez um esgar e entornou a caneca de *chang*. A esposa imediatamente lhe serviu mais.

— Casei quando tinha catorze anos — disse ela. — Embora estivesse feliz por estar casada, no começo tentei fugir de casa várias vezes. Sentia falta da minha família.

Mas meu marido mais velho sempre me achava e me trazia de volta para cá!

— Quantos anos você tinha quando se casou? — perguntei curiosa ao marido mais novo.

— Eu só tinha onze anos, mas ela era muito bonita! — respondeu ele aos risos.

— A poliandria é a melhor solução — disse a esposa. — Dois maridos são muito melhores do que um. Quando o irmão mais velho ficou inválido, o mais novo ainda pôde ir para a China trabalhar.

— Como você sabe quem é o pai das crianças? — perguntei.

Visivelmente constrangido, Tsering traduziu a pergunta.

— É a mulher quem decide isso — respondeu o marido mais jovem, sem rodeios. — As mulheres sabem quem é o pai de quem. Mas, seja como for, nós tratamos todos os filhos como nossos.

— Às vezes o ciúme não dificulta as coisas?

— Sim, claro que sim! — Ele riu e esvaziou a caneca de *chang*. — Mas temos de lidar com isso!

Antes de partirmos, o marido xamã colocou um *khata*, um lenço cerimonial branco, em volta do meu pescoço em despedida.

— Me prometa que vai assumir o legado de seu pai e se tornar um xamã — repetiu ele enquanto enrolava o lenço no pescoço de Tsering.

— Sim, sim, prometo — resmungou Tsering, que saiu da cozinha e desceu a escada até o celeiro, onde uma opulenta vaca malhada ruminava.

Na manhã seguinte, rumamos na direção do Tibete. Seguimos pela nova estrada, ainda sem trânsito, pois faltavam alguns quilômetros cruciais para chegar à fronteira chinesa. Pela manhã cruzamos com dois sujeitos carregando um compressor laranja. O trator dos operários estava com os pneus murchos, eles explicaram; o compressor acabara de chegar de Nepalgunj, no sul, a cidade mais próxima. O mais novo tinha traços faciais redondos e infantis, os lábios eram grossos e a boca estava mais entreaberta do que fechada. Ele parecia uma criança, mas já era pai de dois filhos. O primogênito acabara de fazer cinco anos, o pai tinha dezenove.

— O casamento foi arranjado? — perguntei.

— Claro — disse Tsering. Ele nem se deu o trabalho de traduzir a pergunta. — Nas famílias hindus nestas áreas, todos os casamentos são arranjados.

A estrada descia mais do que subia; o sol queimava no céu de um azul pálido. No final da tarde, saímos da estrada e margeamos uma encosta íngreme ao longo de um rio espumante, o Karnali. A água esverdeada tinha sua origem no planalto tibetano e seguia para o sul, em direção às poluídas planícies indianas, a uma velocidade vertiginosa.

Do outro lado do rio havia um casarão. O carregador já havia armado minha barraca amarela atrás da casa —lá dentro a quantidade de moscas era tal que era melhor dormir fora. Mas mesmo ali a praga dos insetos negros zumbidores não dava descanso. Havia moscas por todos os lados, rastejando nos braços e sapatos, nas roupas, nos copos d'água, pousando no rosto e nas mãos, era inútil enxotá-las, pois segundos depois estavam de volta.

Uma jovem subiu numa escada e jogou lama na parede de pedra. Outra pisoteava um solo arenoso enquanto adicionava água. Uma terceira sentou-se sob a torneira e lavou-se na água corrente, parcialmente coberta por uma cortina de algodão amarela. Por onde olhávamos se viam crianças, bebês chorando, meninos de um ano que tinham acabado de aprender a andar e marchavam instáveis, menininhas de seis ou sete anos, adolescentes.

— Acabaram de inaugurar uma escola aqui, mas quase ninguém manda os filhos para lá — suspirou Tsering.

À noite, Sarwati, a mulher que estava na escada cobrindo a casa com lama fresca no início do dia, serviu-nos o jantar na cozinha enfumaçada e escura. Não havia tela na porta, que estava aberta, e lá dentro as moscas cobriam todas as superfícies de preto. Sarwati tinha trinta anos e uma beleza radiante, apesar das moscas que rastejavam em volta de seu rosto como sardas inquietas. Ela já nem se dava o trabalho de espantá-las. A comida estava morna, devia ter sido feita havia muito tempo. Meu estômago roncava de fome.

Me dei conta de que teria de correr o risco e previ que aquilo não terminaria bem — era só apurar a vista para reparar nas larvas rastejando nos ovos esturricados. Mas a alternativa era passar fome por mais seis dias, até chegarmos ao Tibete. Fiz o melhor que pude para manter as moscas ao largo e comi. Meu organismo se rebelou; não consegui engolir as folhas macilentas de chapati. Resolutamente, mandei tudo goela abaixo com ajuda do chá com leite fumegante na esperança de que o calor tratasse de eliminar pelo menos uma certa porcentagem das amebas. Enquanto isso Sarwati amamentava a filha mais nova.

— Eles já têm seis filhas, mas ainda querem tentar ter um filho! — disse Tsering, indignado. Agora que não estávamos na companhia de budistas embriagados, ele parecia outra pessoa, responsável e intensamente presente. — As filhas dela são maravilhosas, por que já não se contentam com elas? Eu também tenho duas filhas e não me passa pela cabeça trocá-las por filhos! Filhas são a maior dádiva!

— Não quero ter mais, mas meu marido insiste em ter um filho homem, então continuamos tentando — disse Sarwati.

Tsering tentou muito convencê-la mudar de ideia, mas não teve êxito.

— Você quer uma das minhas filhas? — Sarwati lhe perguntou enquanto guardava nossos pratos gordurosos de volta na prateleira, sem lavá-los. — Não estamos conseguindo dar conta de todas.

— As crianças devem ficar com os pais — repreendeu Tsering severamente. Sarwati sorriu tristemente e saiu com o bebê, que precisava ser trocado.

A tempestade que desabou à noite foi tão violenta que mal conseguimos dormir. Os relâmpagos iluminavam o tecido da tenda como flashes; os trovões ressoavam impetuosos pelas encostas das montanhas, um cheiro de borracha queimada tomou conta do ar. A chuva formou um verdadeiro paredão de água, e pequenos riachos se infiltravam pela lona da tenda. Se eu tivesse uma conexão com a internet, teria digitado «um raio pode atingir uma barraca?» no Google.

A certa altura devo ter adormecido, cercada de poças d'água.

Em algum momento da manhã, voltamos a nos encontrar com os dois operários; eles agora estavam voltando para Simikot com o compressor. Tsering e eu seguimos em frente, passando por casebres de adobe e pequenos campos de cevada nos quais a colheita estava em pleno andamento. Do outro lado do rio Karnali, duas aldeias se equilibravam na encosta da montanha. Numa delas, as casas eram próximas umas das outras, e os arrozais nos flancos pareciam intrincados quebra-cabeças, divididos em pedacinhos. Na outra, as casas eram esparsas, e cada família tinha acesso a grandes lotes de terra contíguos.

— Isso ilustra a vantagem da poliandria — explicou Tsering. — Os budistas não precisam dividir a terra com os filhos. Os hindus repartem tudo com os herdeiros e os lotes vão diminuindo, diminuindo, a ponto de ninguém poder viver neles. Daqui até a fronteira chinesa, só vivem budistas — acrescentou.

A divisão da terra para a próxima geração é um problema universal nas sociedades agrícolas: se cada filho herdar a mesma porção, eventualmente não sobrará terra para ninguém. Em muitos países, inclusive na Noruega, o problema foi resolvido com leis que regulamentam a herança: o primogênito — eventualmente a primogênita — tem a precedência na herança. E quanto aos demais filhos? Na Europa, como no Himalaia, o monasticismo foi por muito tempo parte da solução: pelo menos um herdeiro tornava-se monge. Quando a industrialização ganhou impulso, muitos migraram para as metrópoles, e, mais tarde, no século XIX, milhões de europeus cruzaram o oceano Atlântico para tentar a sorte na América. A pressão sobre a terra diminuiu. A solução de permitir o matrimônio dos filhos com uma mesma esposa é original, mas sobretudo prática, para um problema no fundo insolúvel. Esse modelo tem a vantagem inerente de manter naturalmente baixo o crescimento populacional, mas também traz suas desvantagens.

— E quanto às mulheres que sobram? — perguntei.

— Elas ficam em casa com os pais ou são enviadas para um mosteiro — explicou Tsering. — Mas hoje em dia a poliandria já não é tão popular. Meu pai queria que eu me casasse com a esposa do meu irmão, mas me neguei. É melhor ter uma só para mim.

A paisagem que percorremos lembrava os Alpes. As encostas das montanhas eram cobertas de pinheiros, damasqueiros, nogueiras, macieiras e flores silvestres coloridas, e acima do cinturão verde erguiam-se picos de montanhas brancas — sob o sol, pareciam feitas de cristal.

— É como estar na Suíça — comentei extasiada, e comecei a tirar fotos.

— Eu bem que queria que *estivéssemos* na Suíça — retrucou Tsering. — Aqui, a vida é uma luta. No inverno, neva um metro e meio e ficamos isolados por semanas a fio. Parece exuberante, mas não há muitas plantas comestíveis que resistam ao solo seco e ao clima frio. Batata, espinafre, cevada, trigo-sarraceno e, em poucos lugares, também arroz. Não é fácil sobreviver aqui.

Um pouco mais adiante, a estrada estava fechada, e tivemos de fazer um longo desvio. Operários empoeirados e maltrapilhos, todos oriundos da capital, carregavam pedregulhos pesados, cercas de arame retorcido e cavavam o solo com pás enferrujadas. A maior parte do trabalho era braçal. As obras na estrada estavam paradas havia quase dois anos, porque não havia dinamite para abrir caminho pela encosta da montanha. Agora só restava um último trecho de maior complexidade, um quilômetro, talvez dois, então a passagem livre de Simikot ao Tibete seria uma realidade.

Quando a noite caiu, acampamos no jardim de dois irmãos casados com duas irmãs. Ambos os casamentos foram por amor, asseguravam os quatro cônjuges, mas não se podia negar o lado prático de viver juntos e não ter de repartir a propriedade. Antes, eles mantinham uma pousada e um acampamento mais abaixo, mas, quando começaram as obras da nova estrada, anos antes, perderam tudo.

Na encosta da montanha acima da casa corria um rio termal com água a quarenta graus. O rio brotava de fontes subterrâneas e abastecia todo um internato com água quente. Ocupei um cubículo inteiro sozinha; a água fumegante jorrava sobre mim de uma cascata, fiquei ali por meia hora, enquanto sobrou tempo, até a noite cair. A vazão era perfeita. Quilos de suor, poeira e cocô de mosca foram carregados pela água morna montanha abaixo.

Foi o melhor banho da minha vida.

Apesar de daqui haver uma estrada até a China, a maioria das pessoas ainda viajava a pé, como nós. Nos quatro dias subsequentes, não cruzamos com nada além de dois caminhões e um jipe. A estrada era plana e larga, o sol imperava no céu sem nuvens e chegamos a Yalbang, a parada seguinte, já por volta do meio-dia. Uma parcela considerável da população masculina do lugar sentava-se amontoada na pequena loja da aldeia, equipada com uma pequena TV que exibia gratuitamente partidas de futebol e lutas de boxe. Em prateleiras improvisadas atrás do balcão, um bom sortimento de produtos chineses estava à venda: doces, batatas fritas, macarrão, cerveja Lhasa. De vez em quando, crianças monges apareciam na porta, empunhando notas de cinquenta rúpias que trocavam por doces, e saíam apressadas, aos risos.

O mosteiro Namkha Khyung Dzong é o maior de todo o distrito de Humla, com mais de trezentos monges. Dentro da área do mosteiro, equipado com uma grande cozinha, banheiro comunitário, lavanderia e duas quadras de vôlei, havia roupas penduradas para secar por toda parte.

Era sábado, dia de folga; os monges que terminaram de lavar a roupa passeavam em trajes civis, ao som de música pop de seus celulares.

— Abriram uma escola nova aqui — disse Tsering. — Venha, vou lhe mostrar. — Ele atravessou determinado pelas quadras de vôlei, mas estancou de repente. — Sua Santidade, o fundador do mosteiro, está de visita! Não devemos incomodá-lo, então é melhor voltarmos amanhã.

Um homem de cabelos grisalhos, rosto redondo e rechonchudo estava assistindo à partida de vôlei do pátio da escola. Ele vestia um traje de monge e um simples suéter roxo. Numa das mãos segurava uma japamala.

— Que coincidência! Vamos bater um papo com ele — eu disse.

Tsering olhou para mim horrorizado.

— Não, não, não, não podemos ir até ele, temos de agendar primeiro!

Marchei decidida em direção ao lama. Tsering veio apressado atrás de mim.

— De qualquer forma, não podemos ir até ele sem levar um lenço branco, e não tenho nenhum comigo — disse ele, aflito.

Correu tudo bem, mesmo sem lenço. O lama falava um inglês ruim e respondeu às minhas perguntas gentilmente, gaguejando aqui e ali. Seu nome era Pema Rigtsal Rinpoche e, se bem entendi, seu avô havia fundado um mosteiro com o mesmo nome deste, Namkha Khyung Dzong, no Tibete ocidental. O mosteiro fora construído em homenagem a Dudjom Lingpa, um monge que vagara pelo Tibete havia mais de cem anos e alcançara o Nirvana, mas depois voltara à terra para transmitir seus conhecimentos. Em 1959, o mosteiro foi destruído durante a invasão chinesa, e o avô foi forçado a fugir para a Índia. Um quarto de século depois, em 1985, ele próprio, o neto, fundou este mosteiro no lado nepalês da fronteira.

— As pessoas aqui em Humla são fortes em sua fé — disse o lama. — Não há o que temer pelos próximos cem anos. Mas o que será depois disso, eu não sei.

Antes de partirmos, ele pediu que voltássemos cedo na manhã seguinte para assistirmos ao ritual matinal.

— Correu tudo bem! — sorriu Tsering quando retornávamos para a aldeia. — Ganhei até uma bênção, mesmo não tendo um lenço de seda comigo!

Nós nos acomodamos no galpão da lojinha e ficamos sentados assistindo boxe, tênis e futebol pelo resto da noite. Quanto tempo se passou desde a última vez que me senti tão relaxada? Não tinha de ir a lugar algum, não tinha compromissos, não tinha nada para fazer, porque aqui nada acontecia, nada era urgente. Em Humla, faça como os humlanos, pensei comigo, corando de vergonha do trocadilho infame.

No dia seguinte, bem cedo, voltamos ao mosteiro. Dentro do templo, os monges mais velhos sentavam-se curvados sobre volumosos alfarrábios tibetanos. No trono, na parte mais interna do salão, sentava-se Pema Rinpoche, revirando os olhos de sono. De vez em quanto, ele tinha de reprimir um bocejo.

— Devem estar celebrando algo muito especial — comentou Tsering.

Ele interpelou um jovem monge e perguntou qual era o motivo da cerimônia. O monge apenas deu de ombros e seguiu seu caminho apressado. Tsering não desistiu e agarrou um monge idoso que vinha do salão do templo.

— É o aniversário de Degyal Rinpoche, o monge que fundou o mosteiro original no Tibete, e alcançou o Nirvana — disse o monge. Ele explicou que a reencarnação de Degyal Rinpoche, ou seja, Degyal Rinpoche ii, era o pai de Pema Rinpoche, o fundador do mosteiro de Humla. — A terceira reencarnação, Degyal Rinpoche iii, vive em Catmandu e tem cerca de trinta anos — afirmou o monge, com precisão. — Ele é filho do irmão de Pema Rinpoche.

— Agora compreendi! — comentou Tsering. — Eu não fazia ideia de nada disso, mas agora entendo como tudo se encaixa!

De minha parte, estava tão confusa quanto antes, mas sempre fui de me perder em explicações sobre relações familiares intrincadas. Quando reencarnações entram na equação, então, não tenho a menor chance.

O pátio do mosteiro estava cheio de meninos atarefados em hábitos monásticos. Com sacolas pesadas sobre os ombros e blocos de anotações abraçados ao peito, eles desceram a colina em direção ao novo prédio da escola. Tambores e trombetas soavam de dentro do templo e acompanhavam a ladainha dos monges.

Retomamos nossa jornada em direção ao Tibete, agora pela antiga rota pedonal ao longo do rio Karnali. A trilha era estreita e o abismo era íngreme: um passo em falso e o caminhante corria o risco de despencar no rio lá embaixo. Mas ninguém de nós deu um passo em falso e chegamos inteiros a Muchu, um pitoresco vilarejo de casinhas rodeadas por grandes pomares. Diante da maior construção do vilarejo estava sentado um homem alto e magro vestindo um uniforme engomado.

— Alto lá! — ordenou ele. — Todos os estrangeiros precisam se registrar! — Ele folheou um caderno puído e apontou para uma linha em branco.

Eu era a primeira estrangeira do dia, mas na véspera quatro suíços haviam passado por lá, e na antevéspera um grupo de cinco holandeses havia registrado seus nomes. O assistente do policial, que também era alto e magro e vestia um uniforme impecável, andava inquieto de um lado para o outro em frente à delegacia.

— Existe muito crime aqui? — perguntei. Alguns dias antes, encontrei um guia aos prantos: haviam entrado em sua barraca e roubado todo o dinheiro da expedição. Os valores subtraídos correspondiam a um ano inteiro de salário.

— *No problem!* — sorriu o policial.

— Nem um pouco de contrabando da China?

— *No problem! Don't worry!* — O policial fechou o caderno e fez um gesto para que continuássemos nosso caminho.

Já era tarde e meu estômago roncava de fome, mas nenhum café ao longo do caminho estava aberto.

— *No problem, don't worry!* — brincou Tsering. Ele foi até a porte de uma casa e bateu. Um homem na casa dos quarenta anos abriu a porta; ele e a esposa concordaram nos servir um prato de comida por uma modesta quantia. O homem ia sempre à China, explicou ele, porque lá era mais fácil conseguir trabalho. Às vezes trabalhava na lavoura, às vezes na construção civil, às vezes comprava tapetes para revender em Humla, em aldeias ainda mais remotas.

— A vida é mais fácil na China — constatou ele. — Aqui é difícil. Muito difícil. Tudo é sofrido e não temos dinheiro. Mas — acrescentou, me encarando nos olhos — temos *liberdade*. Isso a China não tem.

Fiquei impressionada com a frase formulada de maneira tão simples e clara. Parecia um trecho extraído do célebre relato do poeta norueguês Henrik Wergeland sobre o queijo de Hans Jakobsen: o operário Hans Jakobsen estava sentado na beira da estrada comendo com grande apetite sua fatia de pão e nada mais quando Wergeland apareceu. O poeta percebeu que Hans não tinha mais o que comer naquele dia. «Oh», retrucou Hans Jakobsen sabiamente, «estou comendo uma bela fatia de queijo com meu pão.» Wergeland não viu queijo algum, mas Hans Jakobsen fez um gesto com a cabeça na direção dos prisioneiros acorrentados que faziam trabalho forçado do outro lado da estrada. «O queijo do meu pão é uma delícia. Eu sou *livre*.»

O queijo de Hans Jakobsen, sempre e em qualquer lugar, é muito saboroso e especial.

Yari, a última aldeia antes da fronteira, consistia numa fileira de umas quinze ou dezesseis casas simples ao longo da estrada. O Tibete estava agora a apenas três horas de marcha rápida de distância, enquanto Simikot tinha ficado dias atrás e Catmandu estava tão longe que podia estar noutro continente. Todos em Yari viviam do trabalho sazonal na China, os homens muitas vezes se ausentavam durante meses. A paisagem já não era verde e exuberante, mas marrom e resseca; as árvores frutíferas em flor deram lugar a arbustos. Não estávamos mais nos Alpes suíços, mas no planalto tibetano, à sombra do Himalaia.

Uma senhora preparou bolinhos de espinafre para nós numa cozinha apertada e sem janelas. Seu cabelo nigérrimo estava preso em duas tranças que eram prolongadas com fios verdes e roxos e amarradas na parte inferior das costas. Até os penteados eram tibetanos agora.

Quando a terminamos de comer, a pequena sala de jantar estava cheia; guias e carregadores de todo o Nepal vinham em peregrinação até a fronteira para desembarcar dos helicópteros as bagagens dos peregrinos indianos. Subi por uma escada simples e deslizei para dentro da tenda amarela, que havia sido montada no telhado plano de uma casa abandonada, na falta de um lugar mais adequado. A azáfama das vozes masculinas bêbadas e risadas continuou noite adentro. À medida que as vozes diminuíam, eram substituídas pelos ganidos dos cachorros.

Eu estava longe, muito longe de casa, rumo à estranha terra de ninguém entre dois Estados-nação, já a meio caminho do Tibete. A cobertura celular nepalesa se perdera havia muito tempo; eu me encontrava numa *terra nullius* eletrônica, sozinha no interior de uma barraca amarela em cima de um telhado plano sob um infinito céu estrelado.

Entre nós e a fronteira chinesa estava a o passo Nara La e seus 4.500 metros de altura. Primeiro mil metros subindo e depois descendo. Eu ofegava, mas Tsering estava radiante e caminhava cantarolando baixinho, animado pela ideia de que logo poderia voltar para casa para suas filhas, de quem sentia cada vez mais saudade a cada hora que passava.

— Quantos dias você gasta na viagem de volta? — perguntei.

— Meia hora. — Ele sorriu. — Vou de helicóptero.

O ruído ensurdecedor dos helicópteros sobre nós era constante. No ponto mais alto do desfiladeiro, eles quase raspavam nas nossas cabeças. Na face norte ainda se viam montes de neve apodrecendo depois do inverno; começamos a descer pela encosta. Montanhas pontiagudas serpenteavam pelo Tibete e em direção ao Kailash, o último vestígio do Himalaia.

A estrada de cascalho que descia em direção a Hilsa estava bloqueada por grandes desmoronamentos. Um jipe encalhou no meio de uma curva; os passageiros e o motorista desistiram e continuaram a pé. Do outro lado do rio, a estrada de asfalto se retorcia como uma enguia futurista e brilhante.

Hilsa era um fim de mundo. Cidades fronteiriças não costumam ser exatamente charmosas, mas Hilsa era uma categoria à parte. O assentamento na margem do rio era cercado por montanhas marrons e nuas. As casas baixas, fossem de pedra e barro ou de concreto, pareciam implorar por mais um ou dois pavimentos. Novos hotéis de concreto brotavam em todos os lugares para acomodar as hordas de peregrinos que embarcavam nos helicópteros a caminho do sagrado Kailash.

Indianos estropiados perambulavam pelas ruas empoeiradas, encobertos em grandes jaquetas acolchoadas, balaclavas, cachecóis e luvas.

As jaquetas acolchoadas, por sinal, agora faziam parte do enxoval de todo peregrino, pois todos estavam vestidos com as mesmas roupas acolchoadas amarelas e azuis, mais parecendo pirulitos gigantes. Mais helicópteros pousavam e decolavam, decolavam e pousavam, e de deles desembarcavam mais indianos de amarelo e azul.

Os homens debruçados atrás das grades vestiam roupas finas e tinham rostos impassíveis. Eles aguardavam que a fronteira fosse aberta novamente para os nepaleses, muitos dos quais estavam ali havia semanas. Recentemente, uma mulher havia sido assassinada por um nepalês no lado chinês da fronteira, e entre 2 mil e 3 mil operários de Humla foram sumariamente deportados ao seu país de origem. Ninguém sabia quando a fronteira seria reaberta para os trabalhadores nepaleses. Rumores davam conta de que talvez fosse no dia seguinte, mas ninguém sabia ao certo.

Cruzei os dedos na esperança de que os guardas de fronteira chineses ao menos deixassem a professora particular norueguesa passar.

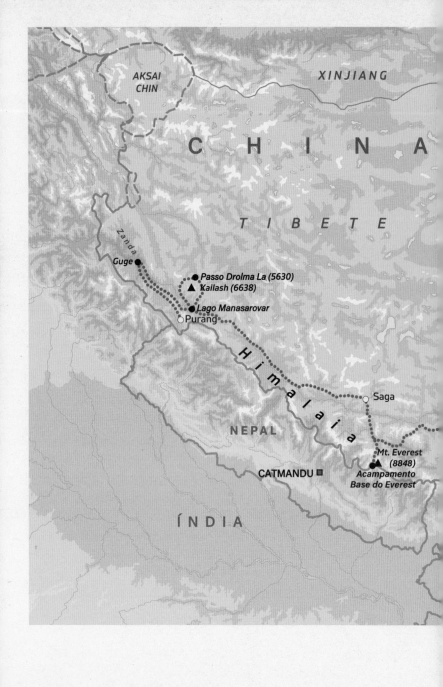

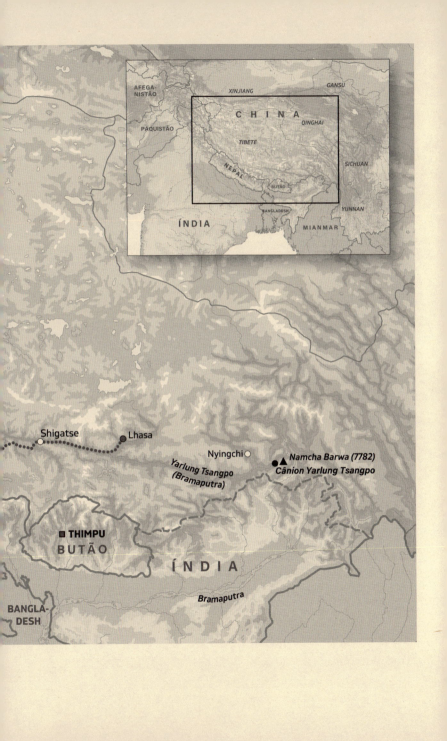

A paróquia perdida

Transpor uma fronteira é o rito de passagem do viajante; deixamos para trás uma realidade que mal começamos a conhecer e nos atiramos num novo e estranho mundo. No trajeto de uma estação fronteiriça para outra, exibindo no passaporte o carimbo de entrada, mas não o de saída, o viajante se encontra no limbo, algo que os antropólogos sociais chamam de «fase liminar», a vulnerável etapa intermediária em que ainda não se completou a transição, quando nada está definido e tudo pode, então, acontecer. Em algumas sociedades, o indivíduo liminar é considerado perigoso, às vezes até sagrado. O viajante que cruza uma fronteira também é considerado suspeito, embora dificilmente sagrado: quem é você, o que quer conosco e o que carrega na sua mala?

Por muitos anos, quase nenhum norueguês foi admitido no Tibete. Depois que o Comitê Norueguês concedeu o Prêmio Nobel da Paz ao dissidente preso Liu Xiaobo, em 2010, a Noruega foi parar no infame freezer diplomático chinês. O contato político entre os dois países foi reduzido ao mínimo, as empresas norueguesas passaram a enfrentar dificuldades para exportar seus produtos para a China e o ingresso de cidadãos noruegueses no Tibete foi sistematicamente negado. Em 2016, após seis anos de friúme, Noruega e China firmaram um chamado acordo de normalização pelo qual as autoridades norueguesas se comprometeram a «dedicar grande atenção aos interesses e preocupações mais relevantes da China e não apoiar ações que prejudiquem esses interesses».[26] Desde que o acordo foi firmado, a China se tornou um dos maiores importadores do salmão de cativeiro norueguês, choveram turistas chineses pela fronteira norueguesa e os noruegueses foram novamente autorizados a ingressar no Tibete. Dois anos após a normalização das relações bilaterais, sabia-se que Liu Xiaobo estava à beira da morte. Enquanto o chefe das Relações Exteriores da União Europeia verbalizava ao governo chinês a demanda pela libertação do vencedor do Nobel, a [então] primeira-ministra norueguesa Erna Solberg se recusava a comentar o assunto. Em 13 de julho de 2018, Liu entrou para a história como segundo vencedor do prêmio a morrer em cativeiro sem ter sido autorizado a ir a Oslo recebê-lo. Seu crime? Ele foi coautor da *Carta 08*, um manifesto político que exigia reformas democráticas básicas na China.

Jornalistas ainda não têm permissão para entrar no Tibete. No requerimento do visto, portanto e como sempre, declarei que era professora particular.

Antes do carimbo de entrada, porém, eu precisava do carimbo de saída. A sede do Nepal Immigration era numa grande casa de pedra com telhado vermelho. Pessoas não autorizadas não podiam sequer entrar no prédio e eram confinadas num beco estreito do qual, durante o horário de funcionamento, podiam se comunicar com os burocratas por uma pequena escotilha, a uma boa distância da parede.

---

26   Disponível em: <https://www.regjeringen.no/globalassets/departementene/ud/vedlegg/statement_kina.pdf>.

Uma bisca de uma mulher de uns quarenta anos estudou meus papéis meticulosamente.

— Você tem de pagar uma multa — sentenciou ela. — Sua licença de excursão expirou ontem.

— Mas consta a data de hoje no visto de turista, a outra licença — argumentei.

A mulher foi inflexível. Tive de pagar, mas a multa foi reduzida de catorze para sete dólares. Quando a dívida foi saldada, a mulher arrumou cuidadosamente os papéis em pastas de plástico; não se via um só computador ao redor. Então, solenemente, após o carimbo, mas não havia tinta suficiente, a estampa não ficou legível. Ela pressionou o carimbo com força contra o papel, uma vez, duas, três, a cada vez a tinta ficava mais desbotada.

— Volte em meia hora — vociferou a burocrata.

Três quartos de hora depois, recuperei meu passaporte, devidamente carimbado com contornos exemplarmente nítidos, e atravessei a ponte para a China.

Do outro lado do rio, o guia tibetano e o motorista estavam parados ao lado de um micro-ônibus cinza. Todos os estrangeiros que visitam o Tibete devem estar acompanhados por guias autorizados. Jinpa, o guia, tinha quarenta anos, era magro e musculoso, com um rosto estreito e vincos profundos quando sorria. O motorista, Palden, era dez anos mais novo, vestia uma jaqueta de couro e jeans, com uma quantidade generosa de gel no cabelo.

A estação da fronteira chinesa parecia uma fortaleza: cinza, vazia e altamente tecnológica. Como única estrangeira no local, todas as atenções foram voltadas para mim. Dois guardas de fronteira vasculharam ansiosamente minha bagagem e encontraram os livros que eu carregava com uma eficiência impressionante. Um deles tinha um aplicativo de tradução à mão e digitalizou os títulos. *Yeti: Legende und Wirklichkeit*, de autoria um veterano do Himalaia, o italiano Reinhold Messner, escapou do radar da suspeita sem ressalvas, embora o livro basicamente se constitua num delito: Messner entra furtivamente em território tibetano, onde vagueia sozinho por semanas. A trilogia de romances *Gutten*, do islandês Jón Kalman Stefánsson, foi, por razões desconhecidas, recebida com muito mais ceticismo, e os guardas de fronteira discutiram o assunto por um longo tempo até finalmente me devolverem o grosso volume. Para minha surpresa, não pediram para examinar meu celular, apesar de eu ter passado horas apagando todas as imagens que pudessem indicar que eu não era professora. Em vez disso, fui encaminhada para o equipamento de identificação, que com paciência mecânica me guiou no passo a passo da coleta de impressões digitais e fotografia. De repente, zás, as formalidades foram concluídas e eu não me encontrava mais no limbo, mas, sim, de volta à República Popular da China.

Quinze minutos depois chegamos a Purang, a cidade mais próxima. Purang tem sido um importante entreposto comercial desde o século VI, mas todos os vestígios de seu apogeu foram apagados; tudo era novo, moderno e mediano. A cidade era tão nova que as ruas ainda não estavam terminadas, mas esburacadas e empoeiradas, propensas a engarrafamentos. Nas calçadas havia indianos congelados em jaquetas de peregrinos amarelas e azuis, operários nepaleses, policiais chineses e um ou outro tibetano. Toda essa modernidade repentina era avassaladora.

— A bem dizer não há nada para ver aqui — avisou Jinpa.

— E quanto ao antigo mosteiro lá no alto? — Apontei para um prédio vermelho e branco que quase se confundia com a encosta da montanha. Por detrás do mosteiro mal se avistavam as ruínas de um antigo forte.

— Esqueça — disse Jinpa. — Não podemos ir até lá.

— Mas a estrada vai até lá — insisti.

— Esse mosteiro não está na lista de atrações para visitar.

— E não podemos ir até lá mesmo assim?

— Não sem uma autorização especial, e, como o mosteiro não está na lista de atrações, não adianta nem tentar.

Depois, à noite, entrei no wi-fi do hotel por meio de um servidor estrangeiro para contornar os bloqueios chineses da internet e pesquisei o mosteiro no Google. Chamava-se Simbiling e um dia foi um dos mosteiros mais importantes da região, abrigando centenas de monges. O forte, Tegla Kar, era do século XII, quando Purang era a capital do reino de Guge. Tanto o forte quanto o mosteiro foram bombardeados sem piedade durante a Revolução Cultural. Após a virada do milênio, o mosteiro havia sido parcialmente reconstruído e agora abrigava um punhado de monges.

O resto do dia foi gasto organizando as formalidades.

— Primeiro temos de ir à delegacia de polícia para os carimbos necessários. — Jinpa acenou com uma pilha grossa de papéis. — Vai ser assim em qualquer lugar: a primeira coisa que temos de fazer é passar na delegacia e obter os carimbos.

Uma vez que os carimbos estavam nítida e devidamente apostos, todos sem exceção, fui levada para a alfândega, que por alguma insondável razão ficava no centro, a quilômetros da estação de fronteira. O prédio da alfândega era impressionantemente grande e estava vazio. Jinpa deu um rápido telefonema, e, cinco minutos depois, dois policiais chegaram esbravejando ordens. Um deles carregou minha mala e mochila para fora do prédio e desinfetou as bagagens com spray de um grande tanque que ele havia prendido às costas. Depois, calçou luvas de borracha, abriu a mala e logo encontrou os livros. Folheou-os, sacudiu-os e conferiu as fotos minuciosamente. Chegava a ser comovente a seriedade com que os funcionários públicos chineses encaram a literatura. Aqui também ninguém se preocupou em checar meu celular ou laptop; livros de papel obviamente chamavam mais a atenção.

Depois que os livros foram minuciosamente inspecionados, os funcionários da alfândega os colocaram cuidadosamente de volta na mala e fecharam o zíper. Luz verde. Eu havia passado pelo buraco da agulha.

Embora Purang parecesse impressionante à primeira vista, pelo menos em comparação com as aldeias pobres do lado nepalês da fronteira, rapidamente se revelou o que realmente era: uma cidade provinciana bastante modorrenta. Jinpa estava coberto de razão — não havia nada para ver nem para fazer aqui. Na calçada, sob lonas plásticas azuis, jovens jogavam bilhar. A velha guarda gravitava em torno das casas de chá, nas quais era possível apostar dinheiro e esquecer a crueza dos dias com bebida barata. De qualquer forma, as moscas de Humla começaram a cobrar seu preço e fui obrigada a passar a noite nas imediações do banheiro, que tem seu lugar de destaque como triunfo indiscutível da civilização moderna.

Quando as placas continentais colidiram, há milhões de anos, a massa de terra que compõe o Tibete foi gradualmente empurrada quilômetros para o alto. O planalto tibetano tem hoje uma altura média de 4.500 metros. O arenito e o calcário aqui em cima estão recheados de fósseis marinhos do fundo de um mar que já não existe.

A estrada era estreita e abençoadamente reta, sem lombadas e sem tráfego. Ao sul, o Himalaia erguia-se como uma cerca de estacas branca e irregular — uma barreira eficaz contra as monções. Na face sul, as montanhas eram verdes e cobertas de flores; aqui no norte, a paisagem era marrom e estéril. O clima nesta parte do Tibete está entre os mais secos da Ásia, e no inverno a temperatura cai bem abaixo de zero. A paisagem que nos rodeava era tão vasta que era como se estivéssemos no meio do oceano, imersos num mar de ondas geladas e agrestes. Os desfiladeiros tinham rachaduras e diferenças de cor tão nítidas que pareciam artificiais, construídas pela mão humana; a cobertura de gelo no alto dos vales dos rios se assemelhava notavelmente aos pagodes. Essas formações se desdobravam para onde quer que olhássemos, em tons de marrom, amarelo, vermelho ferrugem, bronze, prata e ouro, aparentemente sem fim.

De vez em quando passávamos por fileiras bem-ordenadas de casas baixas e uniformes — a tentativa incansável do governo central de organizar, controlar, regular. Bandeiras chinesas vermelhas tremulavam ao vento nos telhados. As casas foram construídas para os nômades, para que tivessem uma moradia fixa pelo menos parte do ano. Originalmente, os nômades compunham cerca de um terço da população do Tibete, mas esse modo de vida agora enfrenta forte pressão: dezenas de milhares de nômades foram deslocados de suas áreas de pastagem tradicionais e fixados à força em aldeias artificiais. O governo chinês cita a ecologia e a proteção do meio ambiente como pretexto, mas a verdadeira razão é que as pastagens deram lugar à mineração.

À tarde, rodamos por ruas ladeadas por casas brancas pré-fabricadas com fachadas de vidro.

3.660 m

— A última vez que estive em Zanda, havia poucas casas aqui — murmurou Jinpa. — O lugar está irreconhecível...

Embora as construções fossem numerosas, todas as lojas e cafés eram como pequenos galpões apertados; no interior comprido e escuro do restaurante, quatro a cinco mesas ficavam enfileiradas ao longo da parede. Homens em jaquetas de couro, operários trazidos até ali, engoliam macarrão enquanto olhavam fixamente para seus telefones celulares.

Formações montanhosas castanho-acinzentadas erguiam-se atrás dos prédios de concreto. Do hotel simples em que nos hospedamos, um caminho estreito subia a encosta da montanha em direção a uma miríade de cavernas feitas pelo homem.

— Podemos subir e dar uma olhada nelas? — perguntei.

— Não. — Jinpa balançou a cabeça determinado. — Não temos autorização.

— Precisamos mesmo de permissão por escrito para dar um passeio a pé nos arredores do hotel?

— Precisamos de permissão para tudo — suspirou Jinpa.

Não houve visita às cavernas, mas felizmente tivemos autorização para visitar as ruínas de Tsaparang, a última capital do outrora vasto reino de Guge. O reino de Guge durou mais de seiscentos anos e abrigou a primeira igreja do Tibete.

Até o século IX, o Tibete era um dos maiores e mais poderosos reinos da Ásia e se expandia muito além das fronteiras atuais. Nem mesmo elas dão uma boa medida da disseminação da língua e cultura tibetanas: cerca de metade de todos os tibetanos na China vivem fora das fronteiras da Região Autônoma do Tibete (ou RAT), que inclui apenas uma das três regiões que abrangiam o Tibete original, a saber: Ü-Tsang. Grandes porções das duas outras regiões tibetanas, Kham e Amdo, integram hoje as províncias chinesas de Gansu, Sichuan, Qinghai e Yunnan. A influência cultural do Tibete, consequentemente, se estende por uma área muito maior do que o mapa político deixa transparecer; além disso, dezenas de milhares de tibetanos também vivem ao sul da fronteira chinesa, nas altas áreas montanhosas do Nepal e da Índia.

O império tibetano conheceu o auge no final do século VIII, quando o rei tibetano governou áreas longínquas do atual Afeganistão, Uzbequistão e Cazaquistão, e assim pôde controlar as caravanas ao longo da Rota da Seda. Os reis tibetanos eram uma ameaça à combalida fronteira ocidental da dinastia Tang.

Os tibetanos em si remontam ao ano 127 a.C., quando seu primeiro Nyatri Tsenpo, «rei-deus», desceu do céu à terra numa corda. Quando o rei divino morreu, ascendeu novamente ao céu, e seu filho mais velho, ele também uma divindade, tomou seu lugar. O sistema funcionou sem problemas até o oitavo rei-deus irritar seu mestre cavalariço, que, furioso, vingou-se cortando a corda que levava ao céu. O oitavo e último Tsenpo da linhagem real foi enterrado em algum lugar no sul do Tibete, e substituído por reis mais mundanos.

O budismo chegou ao Tibete no século VI, mais de mil anos depois de Sidarta Gautama, o Buda, morrer de velhice no norte da Índia. Os seguidores da nova fé acabaram entrando em conflito com os seguidores do *bön*, o antigo culto a espíritos, demônios e deuses locais. O *bön* é praticado até hoje, mas budismo e *bön* já conviveram lado a lado por tantos séculos que já não há uma diferença tão nítida entre as duas crenças: o *bön* inspirou-se no budismo, que se inspirou no *bön*, de tal sorte que é difícil saber com certeza como o *bön* era praticado antes do advento do budismo. Para complicar ainda mais as coisas, praticamente toda a historiografia oficial no Tibete teve lugar nos mosteiros budistas. Aliás, os próprios tibetanos chamam o Tibete de «Bod», expressão que provavelmente se origina da época em que o *bön* era a fé predominante, e que pode ser encontrada, entre outros, no nome do Butão.

O primeiro mosteiro budista foi construído no final do século XVII sob o rei Trisong Detsen, quando o império tibetano esteve no ápice do tamanho e do poder. Trisong Detsen introduziu o budismo como religião oficial e trouxe eruditos e mestres da Índia para popularizar a fé entre os tibetanos. O Padmasambhava, o mestre tântrico que deixou sua marca nos Himalaias, era um deles. Ele foi incumbido de lidar com os poderosos e indômitos deuses e espíritos tibetanos para que o budismo pudesse florescer em paz. Segundo a lenda, o Padmasambhava conseguiu subjugar os espíritos rebeldes, mas fez muitos inimigos na corte ao longo do processo e terminou sendo convidado a deixar o Tibete. Correram séculos para que ele se tornasse a destacada figura religiosa que caracteriza o budismo tibetano até hoje.

No século VIII, o enorme império tibetano começou a ruir, e, ao mesmo tempo, a posição privilegiada do budismo como religião estatal se desfazia. Diz-se que Langdarma, o último rei do Grande Império Tibetano, era um seguidor do *bön*, a antiga fé, e iniciou uma perseguição em larga escala aos budistas em todo o reino. Em meados do século VIII,

Langdarma foi morto por um monge eremita. O monge é hoje aclamado como um herói no Tibete, e a caverna em que ele meditava tornou-se um concorrido local de peregrinação.

Após a morte de Langdarma, houve uma disputa sobre a ordem de sucessão. A rainha mais velha ainda não havia produzido um herdeiro para o trono, mas a mais nova, sim. A família da rainha mais velha deu-lhe então um filho, o qual ela alegava ter dado à luz, e uma disputa acirrada se seguiu sobre qual dos dois bebês deveria se tornar o próximo rei. A disputa pela sucessão coincidiu com colheitas ruins em todo o reino, o que reacendeu antigos conflitos entre clãs rivais. Anos de guerra civil e lutas pelo poder se seguiram, o outrora poderoso império tibetano se desintegrou e os expansionistas tibetanos de outrora recuaram para uma vida de elevado confinamento no planalto montanhoso.

No final do século IX, Nyima Gön, um dos netos de Langdarma, fundou um novo reino no oeste. Quando Nyima Gön morreu, esse imenso reino foi dividido entre seus três filhos. Um tornou-se governante de Ladakh, o outro de Zanskar — ambas as regiões estão no atual norte da Índia — enquanto o terceiro filho tornou-se governante de Guge, no noroeste do Tibete. Não conhecemos a fé que Nyima Gön ou seus filhos professavam, mas Yeshe-Ö, o neto que por fim herdou o trono de Guge, era um budista profundamente devoto e se tornou uma das principais forças motrizes à frente da disseminação do budismo no Tibete. Yeshe-Ö despachou vários eruditos através do Himalaia para a Índia para trazer o conhecimento e a sabedoria budistas de volta ao reino. Apenas dois sobreviveram à árdua jornada — um foi Lochen Rinchen Zangpo, o Grande Tradutor. Ele traduziu um grande número de textos budistas do sânscrito para o tibetano, e essas traduções são a principal razão pela qual o idioma tibetano predomina nos monastérios budistas do Himalaia até hoje. No entanto, o budismo não foi difundido exclusivamente com conhecimento e traduções, mas também com força bruta: Yeshe-Ö proibiu a prática do *bön* e ordenou a destruição das escrituras da antiga religião e a perseguição e o assassinato de seus praticantes.

O reino de Guge já contava mais de seiscentos anos, mas ninguém na Europa tinha ouvido falar da sua existência. No verão de 1624, dois jesuítas portugueses atravessaram os Himalaias pelo lado da Índia e, quase por acaso, foram dar nesse reino até então desconhecido, onde foram calorosamente recebidos. O jesuíta mais velho era o padre António de Andrade, de 44 anos, já veterano na profissão missionária. Andrade estava acompanhado de seu compatriota mais jovem, Manuel Marques, além de dois criados indianos cristãos e um punhado de carregadores locais.

Andrade primeiro fez uma tentativa de cruzar o temido passo de Mana sem Marques, e, numa das duas cartas que foram preservadas da expedição, ele descreve as dificuldades que teve para respirar ao longo do caminho. Os nativos acreditavam que o ar nas montanhas era venenoso e contavam histórias de pessoas que gozavam de boa saúde, mas que repentinamente adoeciam e morriam em menos de quinze minutos. Não foi só o ar da montanha que trouxe problemas para Andrade: era início do ano, havia muita neve acumulada e, no meio do caminho, ele foi surpreendido por uma tormenta e forçado a dar meia-volta.

Um mês depois, quando a neve derreteu e o clima deu uma trégua, Andrade fez nova tentativa de cruzar o desfiladeiro, dessa vez acompanhado de Marques. Na segunda tentativa, os dois jesuítas conseguiram transpor o desfiladeiro de 5.632 metros de altura e se tornaram os primeiros europeus conhecidos a atravessar o Himalaia. Os jesuítas estavam na verdade em busca da «congregação cristã do rei-sacerdote João», sobre a qual corriam histórias e lendas havia séculos. De acordo com essas lendas, houve uma vez um grande governante cristão no Extremo Oriente. Muitas foram as expedições que partiram na busca da congregação perdida, mas até então nenhuma tinha conseguido encontrá-la.

Andrade deve ter rapidamente se dado conta de que os budistas devotos que encontrou do outro lado das montanhas não eram a paróquia cristã perdida que ele procurava. Os missionários portugueses foram, no entanto, acolhidos pelo rei e pela rainha de Guge. O casal real deixou-se impressionar pela profunda devoção dos dois estranhos, que tanto se assemelhava como não se parecia com a sua própria. Andrade, por sua vez, ficou comovido com a gentileza e hospitalidade dos tibetanos, mas menos impressionado com o costume dos lamas de beber em caveiras. O rei nomeou Andrade «lama chefe» e autorizou os estrangeiros a retornar no ano seguinte para erguer uma igreja na capital, Tsaparang. Os portugueses não se fizeram de rogados e, já no verão seguinte, regressaram pelo mesmo dificultoso caminho do desfiladeiro de Mana, acompanhados por quatro congregados jesuítas, e sem demora começaram a trabalhar na construção de um posto missionário. O próprio rei lançou a pedra fundamental da primeira igreja do Tibete no primeiro dia da Páscoa, na primavera de 1626.

Quando Andrade deixou Guge, alguns anos depois, estava convencido de que as igrejas que fez construir iriam prosperar, apesar de ele e os irmãos missionários não terem conseguido converter mais do que algumas centenas de habitantes do vasto reino. Em 1634, pouco tempo depois de regressar, Andrade morreu em Goa. Ele estava então investigando uma acusação de heresia, e se especula que teria sido envenenado pelo filho do acusado, o que jamais foi provado.

O destino não foi menos cruel com o irmão missionário Marques, muito pelo contrário. Alguns meses após Andrade retornar à Índia, um grupo de lamas em Tsaparang se revoltou contra o indulgente rei e os missionários estrangeiros, e para isso contou com a ajuda de guerreiros muçulmanos do reino vizinho de Ladakh. O rei foi deposto, a cidade, saqueada, e os cinco jesuítas ainda em Guge, incluindo Marques, foram presos e depois escoltados até a fronteira e expulsos do reino. Marques não se deixou intimidar e, alguns anos mais tarde, no verão de 1640, organizou uma nova expedição sobre o passo de Mana. O objetivo era reabrir o posto missionário em Guge, mas, antes que chegasse tão longe, o grupo foi atacado e Marques, preso. Um ano depois, o quartel-general dos jesuítas em Agra recebeu uma carta do infeliz missionário, dando conta de que havia sido torturado pelos tibetanos e perdido toda a esperança de ser salvo. Desde então, ninguém mais ouviu falar dele.

Depois de um curto período sob o jugo de Ladakh, o reino de Guge sujeitou-se a Lhasa e ao poderoso quinto Dalai-Lama, no final do século XVII. Tsaparang, a capital do outrora poderoso reino, já estava em ruínas e nunca mais foi habitada.

*

A velha capital está esculpida num rochedo poroso, sendo quase impossível dizer onde termina a montanha e começa a construção humana. No fundo, estão as cavernas e casas onde vivia a gente comum. Elevados acima das cavernas da ralé, mas bem abaixo do palácio do rei, estão dois templos budistas, um branco e outro vermelho, com paredes decoradas com centenas de Budas meditando. As pinturas estão surpreendentemente bem conservadas, mas todas as estátuas de barro foram esmagadas, completa e sistematicamente, apenas um ou outro tronco de madeira, o esqueleto por assim dizer, permanecem. Uma única cabeça resistiu para a posteridade e está simbolicamente pousada sobre uma pilha de cacos de argila.

As estátuas sobreviveram à devastação dos mercenários muçulmanos de Ladakh e à invasão da rival Lhasa, mas não tiveram a menor chance contra os Guardas Vermelhos dos anos 1960, os libertadores do povo.

Um labirinto de passagens subterrâneas e escadas conduz à residência real no alto, onde apenas as grossas paredes do palácio de verão sobreviveram até hoje. Lá de cima, avistam-se leitos de rios secos e cânions; a paisagem seca, inóspita e castanha é tão monumental que até o céu dela se colore.

A igreja que os padres jesuítas construíram com tanto esforço aqui em cima não deixou vestígios senão nos livros de história.

O centro do mundo

Uma paisagem totalmente diferente. O lago azul claro brilhava diante dos meus olhos, refletindo na superfície as montanhas circundantes. O vento matinal não soprava e o sol já estava esquentando. Duas mulheres em sáris vermelhos agacharam-se na margem para encher garrafas de plástico com água sagrada; mais tarde soube que elas passaram anos poupando dinheiro para chegar aqui. Um velho magro estava sentado na posição de lótus na beira da água, vestindo apenas cuecas. Na praia, a poucos metros da orla, havia uma longa fila de peregrinos, as mulheres de roupas coloridas e os homens de cuecas brancas, esperando que baldes de água gelada fossem derramados sobre eles, rápida e impiedosamente. *Om Shiva om!* Salve, Shiva!, proclamava a multidão extasiada enquanto os baldes eram esvaziados sobre os peregrinos, um atrás do outro. Antes os peregrinos podiam mergulhar no lago, mas recentemente o banho passou a ser proibido. Os baldes pareciam ter o mesmo efeito.

Para os hindus, a água do lago Manasarovar é tão sagrada que tem o poder de eliminar todos os pecados, não apenas os cometidos nesta vida, mas os pecados acumulados em até cem vidas anteriores. *Manas* vem do sânscrito e significa «pensamento» ou «mente», enquanto *sarovar* significa «lago» — segundo os textos hindus, o lago surgiu primeiro na mente do Criador, Brahma; o lago Manasarovar e a alma de Brahma são, dito de outra maneira, a mesma e uma só coisa. O lago também é sagrado para budistas, jainistas e bönpas. Segundo a lenda, Sidarta Gautama, o Buda, foi concebido aqui, embora Lumbini, o local onde nasceu, esteja centenas de quilômetros ao sul, do outro lado do Himalaia. Ele também disse ter meditado à beira do lago em várias ocasiões, assim como o Padmasambhava, o mestre tântrico do vale do Swat que teria meditado por todo o Himalaia durante sua vida. No pequeno mosteiro encarapitado no penhasco logo acima do lago se pode ver a prova: uma enorme pegada, como a de um iéti, preservada para a eternidade numa gruta claustrofóbica. Pouco se sabe sobre a aparência do Padmasambhava, mas ele devia ter pés excepcionalmente grandes.

Tibetanas encurvadas, vestindo seda, trotavam ao longo da margem enquanto recitavam o mantra sagrado de seis sílabas, *om mani padme hum*, repetidamente, cem vezes, mil vezes, cem mil vezes. O lago sagrado tem uma circunferência de quase noventa quilômetros; levariam dias para dar a volta inteira.

Na margem oposta, um pico piramidal levemente inclinado, branco de neve fresca, erguia-se das montanhas muito mais baixas que o cercavam: o Kailash, conhecido entre os hindus como Meru, a casa de Shiva, e pelos budistas coimo *Kang Rinpoche*, o Precioso Monte Nevado, a alma do Tibete, o Centro do Mundo.

Perto da montanha sagrada, brotam quatro rios sagrados e vivificantes: o Indo, o Bramaputra, o Sutlej e o Karnali, que nas planícies indianas se unem ao Ganges. Não é de admirar que o Kailash tenha sido adorado desde que os humanos chegaram ao planalto tibetano, muito antes de as grandes religiões serem fundadas, muito antes de levas de povos arianos migrarem desde o Oriente.

*

No início da manhã, uma multidão de tibetanos em festa se aglomerava no altiplano. Floquinhos de neve faziam piruetas pelo ar rarefeito. No meio do terreno havia um poste ligeiramente inclinado, sustentado por estacas, coberto com peles de iaque e bandeirolas votivas coloridas. Milhares de pessoas reuniam-se ali, muitas delas após dias cruzando o planalto tibetano de ponta a ponta para chegar à montanha mais sagrada em pleno *saga dawa*, o mês mais sagrado.

Lentamente, o mastro foi subindo, ajudado pelos braços vigorosos e pelos dois caminhões. Quando ereto, minutos depois, os peregrinos explodiram em êxtase, *ki-ki-so-so!* Uma chuva de bandeirolas votivas de papel tomou conta do lugar, junto com *tsampa*, farinha de cevada torrada.

Parei para tirar uma última foto antes de reencontrar Jinpa, meu guia, que estava esperando sob as bandeirolas do templo. Saquei a câmera, fiz a foto e consegui imortalizar o poste em queda livre.

Fez-se um silêncio sepulcral. Os flocos de neve pareciam suspensos no ar, até os policiais pararam de patrulhar e se voltaram para o poste caído, totalmente mudos. Ninguém mais gritava, ninguém mais arremessava *tsampa* nem bandeirolas votivas pelo ar. Alguns estavam aos prantos. Outros apenas olhavam para frente, aturdidos.

Encontrei Jinpa, que estava de joelhos.

— Venha — disse ele com um olhar vazio. — Precisamos ir. Temos um longo caminho pela frente.

O comprido poste foi deixado no chão, possivelmente quebrado, possivelmente inteiro; de qualquer maneira, levariam horas para erguê-lo novamente.

E nós tínhamos de fato um longo caminho a percorrer.

Nenhum ser humano jamais escalou o Kailash. Não porque seja uma montanha tecnicamente difícil ou particularmente alta — eleva-se 6.638 metros acima do nível do mar —, mas porque seria um sacrilégio perturbar os deuses que nela habitam. Em vez disso, os peregrinos *circundam* a montanha — 54 quilômetros ao todo.

A primeira etapa do *kora* ocorre sobre uma estrada de cascalho num terreno bastante plano. Jinpa e eu não estávamos sozinhos, de forma alguma, o caminho tanto à nossa frente como atrás de nós estava lotado de gente. Milhares de peregrinos partiam em sua jornada, moças e rapazes de jeans e blusões, mulheres de cabelos grisalhos em vestidos tradicionais, homens barbados em casacos longos e grossos, crianças cambaleantes de macacão; todos com japamalas entre os dedos e semblantes graves. Nunca antes o poste tinha caído.

Um jipe carregado de indianos passou por nós.

— Quem não percorre o caminho por si não alcançará nenhuma graça — comentou Jinpa. — Nós, tibetanos, fazemos isso com vistas à próxima vida, fazemos isso para não acabar no inferno.

— Achava que não havia inferno no budismo — retruquei.

— Oh, sim — continuou Jinpa —, não apenas um, mas temos muitos infernos! Temos um onde faz calor e outro que é frio, dezoito níveis diferentes ao todo. Qualquer um tem pavor de ir parar lá.

— Quer dizer, eu me lembro de ter lido que, segundo o Buda, o inferno deve ser considerado um estado de espírito — eu disse.

— Você quer dizer que não existe inferno de verdade? — Jinpa me olhou incrédulo. — Mas então para que dar a volta no Kailash?

No final da tarde chegamos a Drirapuk, o mosteiro mais alto do mundo. Exausta e sem fôlego por causa da altitude, subi as escadas e entrei no templo pintado de vermelho, que, para minha decepção, tinha sido restaurado recentemente. Até aqui eles vieram, os Guardas Vermelhos, movidos por um desejo fanático de destruir, um zelo revolucionário insano, cumprindo ordens da mais alta hierarquia. Devem ter vagado um dia inteiro a pé, pelo menos, de machados em riste, com o único intuito de derrubar, esmagar, vandalizar.

Dos mais de 6 mil templos e mosteiros do Tibete, apenas treze permaneceram de pé em 1976, quando o frenesi de destruição finalmente amainou.

Albergues foram construídos sob o templo, mas as camas eram poucas e os peregrinos, numerosos. Muitos deles não tinham escolha a não ser continuar sobre o traiçoeiro passo Drolma La, ainda que a noite começasse e cair.

Assim que o sol desapareceu, a temperatura despencou e a ventania soprou forte. Me arrastei para dentro do saco de dormir, tomei alguns analgésicos para enfrentar a dor de cabeça, que havia piorado durante o dia, e adormeci.

Ainda estava escuro lá fora quando Jinpa me acordou. De alguma forma ele tinha conseguido um saco de pães embalados a vácuo e me entregou o lanche com orgulho. Em vez dos pães, ele preferiu comer a farinha de *tsampa* misturada com manteiga que trouxera consigo. Eu provei um bocado;

era seco e não tinha gosto de nada, mas o chá de manteiga fumegante que Jinpa serviu me aqueceu até os dedos dos pés. Lá fora a neve caía. Deve ter nevado muito a noite toda, porque o chão estava coberto por uma espessa camada branca. Minha cabeça ainda estalava e tomei mais dois analgésicos. Não havíamos caminhado nem dez minutos quando fui tomada por náuseas e vomitei todo o meu desjejum.

— Acho que seria melhor voltar — eu disse num fio de voz.

— Vamos insistir um pouco — disse Jinpa, mais preocupado com a próxima vida do que com a atual. — Seria uma pena desistir agora que você está tão perto!

Eu não tinha forças para contradizê-lo, então engoli um comprimido para o mal da altitude e fui me arrastando pela neve. A montanha sagrada estava envolta em névoa e neve, invisível; eu mal conseguia enxergar os próprios pés. À minha frente, vislumbrava apenas as silhuetas dos peregrinos como sombras cinzentas — inclinados para a frente, curvados. A neve não dava trégua, mas todos continuaram implacáveis pelo desfiladeiro, levando rodas e japamalas nas mãos, *om mani padme hum*. O chão sob nossos pés estava congelado, e debaixo da neve fresca havia um tapete de gelo vitrificado; as pessoas escorregavam como se caminhassem sobre sabão. Um grupo de indianos teve de apear dos cavalos, que deslizavam e caíam no impossível chão.

— *Cavalgar* em volta do Kailash não traz benefício algum — murmurou Jinpa. — Os animais cansam e sofrem; dar a volta no Kailash a cavalo *prejudica* seu carma, não tem absolutamente *nenhum* sentido.

De vez em quando passávamos por fiéis bönpas. A montanha também é sagrada para os seguidores do antigo credo, mas por um motivo ou outro eles caminham na direção oposta, no sentido anti-horário.

— Só assim você distingue bönpas de budistas — explicou Jinpa, sem esclarecer muita coisa. — Eles fazem o caminho inverso.

A intervalos irregulares, passávamos por peregrinos congelando, vestindo luvas e aventais, que se prostravam no chão e se levantavam, davam três ou quatro passos à frente e voltavam a se estender no chão e a se levantar, enquanto murmuravam mantras, profundamente concentrados e visivelmente exaustos.

— Eles demoram três semanas para dar a volta no Kailash — explicou Jinpa. — Alguns deles vêm caminhando assim desde o Tibete oriental. É possível que estejam na estrada há um ou dois anos, talvez três. Eles fazem isso para ganhar bênçãos, muitas bênçãos.

Perdi a noção do tempo. Tudo o que conseguia sentir eram a dor de cabeça e o peso dos meus pés, que lentamente se arrastavam para cima, passo a passo, pela superfície escorregadia e traiçoeira. Eu ofegava, não conseguia inspirar, o ar nunca era suficiente; meu coração queria saltar pela boca. Quando chegamos ao topo do passo Drolma La, eu já não conseguia sentir mais nada no corpo. Já não estava cansada ou com frio, apenas entorpecida. Ainda nevava forte, e o que já era um vendaval transformou-se numa borrasca. As bandeirolas votivas, deviam ser milhares delas, agora estalavam ao tremular.

Os peregrinos, jovens e velhos, iluminaram-se com sorrisos felizes, enquanto continuavam a murmurar o mantra sagrado, repetidamente; alguns se ajoelhavam.

Na descida, ninguém conseguia parar em pé. As pessoas deslizavam gritando alto; braços e pernas se enganchavam, os peregrinos tombavam uns nos outros como dominós.

— Segure a minha mão — disse Jinpa.

Fiz como ele disse, e em seguida ele tropeçou e escorregou, uivando.

De alguma forma, descemos, de alguma forma todos desceram e, abrigados numa tenda lotada, pedimos chá de manteiga e macarrão para comemorar que o pior havia passado. Ao nosso lado, sentava-se um jovem casal, entre o qual estava um senhor idoso, enrugado, magro e cego. Não faço ideia de como conseguiram atravessar o desfiladeiro, mas em nenhum momento o cego pensou em desistir.

Continuamos montanha abaixo, agora por uma estrada de terra. Nevava mais forte do que nunca.

— Quanto mais trabalho e mais dificuldades, mais bênçãos — sorriu Jinpa enquanto filmava os grandes e espessos flocos de neve que dançavam ao nosso redor.

A luz estava diminuindo e ainda tínhamos um longo caminho a trilhar.

Na manhã seguinte, acordamos com o céu azul. Tudo o que restou da tempestade foi uma fina camada de neve fresca, aspergida sobre as montanhas como pó. Outra longa etapa nos aguardava, quinhentos quilômetros ao todo, uma distância impossível de ser percorrida num só dia em países como Nepal ou Paquistão, mas aqui aceleramos rumo ao poente em estradas retas e asfaltadas. Encostei o rosto na janela, absorta pelo jogo de cores lá fora. A grama mudou de amarelo-mostarda para verde-iridescente em minutos; manadas de iaques desfilavam vagarosamente, pastando um pouco aqui, outro tanto ali, de longe pareciam asteriscos na paisagem. As montanhas que se erguiam no fundo eram marrons, vermelhas, laranjas, douradas, coroadas de picos brancos contra um céu ridiculamente azul.

Palden, o motorista, e Jinpa estavam de ótimo humor cantarolando canções pop tibetanas. Ambos num falsete estridente.

— Ele esqueceu a cueca de novo na última cidade — riu Jinpa.

— Não consegui encontrar no escuro! — As bochechas de Palden estavam salpicadas de vermelho.

— Ele tem uma garota em cada cidade do Tibete — continuou Jinpa, incorrigível. — Ele perde a cabeça com as mulheres!

— E você, então, o que fez ontem à noite? — provocou Palden.

— Eu disse a ela que estava ocupado — Jinpa olhou para baixo. — Eu a conheço há muito tempo, mas agora ela está quase com trinta anos. Ela deveria me esquecer e se casar. Eu mesmo estou casado há quinze anos e, nesse tempo todo, tive apenas três mulheres além da minha esposa. Não é tão ruim, é?

A certa altura, passamos por um carro acidentado. A carroceria esmagada jazia solitária sobre a grama, cercada por dezenas de ovos quebrados. Logo depois, passamos por outro acidente de carro, tão recente que a polícia ainda estava ocupada fazendo o rescaldo. Mais de setecentas pessoas perdem a vida no trânsito na China todos os dias — andar de bicicleta na China há muito tempo se tornou coisa do passado.

Em intervalos irregulares, cruzávamos com aglomerados de pequenas tendas brancas. As tendas geralmente estavam vazias; só os enormes cães de guarda estavam de plantão. Com uma média de dois habitantes por quilômetro quadrado, o Tibete é uma das áreas mais ermas e despovoadas da Terra. A maioria dos tibetanos vive nos vales férteis do sudeste; aqui, no oeste, transcorrem-se quilômetros sem se ver alguém. Só à tarde voltamos a avistar um ser humano, na verdade dois: duas mulheres, sozinhas no campo, recolhendo esterco de ovelha para queimar.

Ambas eram nômades, cada uma tinha um rebanho de cerca de duzentas ovelhas. O inverno anterior havia sido rigoroso, disseram, a quantidade de neve foi excepcional e metade do rebanho morreu.

— Mas é assim mesmo — conformou-se a mais velha, encolhendo os ombros. Ela havia enrolado um xale de lã verde em volta da cabeça para se proteger do vento e aparentava ter uns cinquenta anos. — Continuaremos a viver como sempre fizemos. — Ela deu uma risada seca. — O que mais podemos fazer e onde mais poderíamos viver? Somos nômades. Continuar vivendo como nômades é tudo que podemos fazer.

— O inverno passado foi extraordinariamente rigoroso — repeti. — O clima mudou muito ultimamente?

— Se o clima mudou? — A mulher riu novamente. — O clima não para de mudar, isso eu posso lhe dizer! O clima é assim!

Dei à mulher um pouco de dinheiro como agradecimento pela conversa. Assim como no Butão, é considerado um bom costume no Tibete, quase obrigatório, dar uma lembrancinha em retribuição, por menor que tenha sido o esforço.

— Por que você não deu dinheiro para a outra também? — Jinpa perguntou irritado quando voltamos para o carro.

— Mas nem conversei com ela — eu disse.

— Não importa! No Tibete temos de retribuir a quem estiver presente. Por exemplo, se houver um bando de mendigos sentados diante de um templo, você deve dar a todos ou a ninguém. Você tem mais dinheiro aí?

Fiz que não com a cabeça. A carteira estava vazia. Jinpa suspirou e rapidamente encontrou um chocolate e um pacote de biscoitos na mochila e correu para entregá-los à outra mulher.

— Elas estavam com medo, você percebeu? — perguntou Jinpa quando seguimos viagem. — Talvez achassem que você fosse uma espiã do Nepal ou da China. Todos aqui estão amedrontados. Por que você precisa falar com as pessoas o tempo inteiro? Não pode falar só comigo? Eu posso esclarecer todas as suas dúvidas!

Acontece que quem mais tinha dúvidas e queria uma resposta para elas era o próprio Jinpa. A conversa rapidamente enveredou para a homossexualidade. Jinpa tinha ouvido falar que tal coisa existia, ele disse, até conheceu alguns turistas que eram, dois homens, duas mulheres, que dividiam a cama.

— Mas no Tibete não temos isso — acrescentou confiante.

— Claro que têm — disse eu —, a homossexualidade existe em todo o mundo, as pessoas é que disfarçam bem.

— Não, no Tibete não temos homossexuais — insistiu Jinpa. — Pode até ser comum noutros lugares, mas não aqui.

— Claro que têm — repeti eu, pegando o celular. Digitei homosexual + *Tibet* e imediatamente surgiram inúmeros resultados. — Olhe aqui, uma entrevista com um homossexual tibetano.

Mostrei a ele o site em que tinha acabado de clicar e rolei a tela para baixo.

— Você quer me ver preso? — gritou Jinpa.

A matéria era ilustrada com uma foto do Dalai-Lama. Jinpa silenciosamente apontou para o GPS instalado no painel do carro. Recentemente, o governo chinês decidiu que as agências de viagens no Tibete não podem mais dispor de carros próprios, mas apenas dos veículos das locadoras estatais, supostamente por razões de segurança no trânsito. Os carros do governo estão todos equipados com GPS, câmeras e microfones de última geração, também supostamente por razões de segurança nas estradas.

Pelo resto da viagem, Jinpa discorreu sem parar sobre homossexuais.

— Eu me pergunto como dois homens podem fazer sexo um com o outro — admirou-se ele, resmungando. — Enfiando nos sovacos, talvez?

Quando a noite chegou e o sol coloriu a paisagem de rosa-dourado, ele ainda remoía o assunto:

— Prefiro me atirar num rio a ficar com um homem! — concluiu ele quando chegamos em Saga, onde passaríamos a noite. Apesar do nome promissor, Saga acabou por ser uma cidade fronteiriça sem personalidade, lotada de guardas de fronteira chineses e turistas indo ou vindo do Kailash, Everest ou Nepal.

Cedo na manhã seguinte, seguimos para o sul em direção à versão tibetana do Acampamento Base do Everest. Lagos verde-esmeralda se estendem como enormes joias na paisagem marrom e seca, todos devidamente fotografados por chineses de uma excursão em grupo. De quando em quando, passávamos por aldeias com casas brancas idênticas; nos telhados tremulava a bandeira chinesa. Em intervalos ainda mais regulares, passamos por placas vermelhas gigantes que transmitiam mensagens edificantes em chinês e tibetano em letras amarelas:

Juntos construiremos um Tibete mais belo!
Fortaleça a comunidade nacional e ajude a construir um bom Tibete!
Mobilize as massas!

A mensagem que se repetia com mais frequência era uma recomendação aos cidadãos para identificar forças obscuras e criminosas e promover a integração social. Como se não bastasse, ainda passamos por operários de macacão que estavam instalando mais placas com essas mensagens, no acostamento, ao longo das cercas, em prédios. Mesmo em casas de chá pequeninas e remotas, as paredes estavam forradas com dizeres assim. No canto inferior, em destaque, três ou quatro números de telefone recebiam informações de quem estivesse disposto a denunciar as forças das trevas.

Os protestos em curso em Hong Kong, cada dia mais violentos, devem ter tirado o sono das autoridades chinesas.

No final da tarde chegamos ao mosteiro de Rongbuk. Este também foi recentemente restaurado, pois os zelosos Guardas Vermelhos também passaram por aqui. Naquela época, na década de 1970, não havia estrada, e tiveram de vir a pé.

Agora, com uma rodovia pavimentada em todo o percurso, qualquer um poderia vir. Grandes tendas foram montadas para receber os muitos turistas chineses, e promissores hotéis estavam em construção. Fiquei numa hospedaria simples e tive direito a quarto com lençóis brancos, edredom e travesseiro — puro luxo em comparação com as barracas amarelas da versão nepalesa do Acampamento Base. Daqui também se podia contemplar o monte Everest.

O mirante ficava a dez minutos a pé da pousada e do refeitório, com asfalto em todo o trecho. Na minha frente, acelerava um casal chinês de meia-idade, envolto em jaquetas grossas, cada um com uma câmera pendurada no pescoço. Na primeira curva, a mulher precisou fazer uma pausa e vergou, enquanto o almoço, o lanche e tudo o mais que trazia no estômago vinham à tona. O marido também registrou esse instante idílico e continuou sozinho pelo caminho.

O céu estava extraordinariamente claro, e ali, bem na nossa frente, entre os dois contrafortes marrons, despontava o monte Everest, Sagarmatha, Chomolungma, a Santa Mãe. Eu o avistei tão nitidamente, a cordilheira suave elevando-se até o topo, a pequena fenda no lado nordeste antes do próprio cume, as encostas azul-escuras da montanha, a neve varrida pelo vento ao longo das laterais, eu jamais me cansaria dessa visão.

Aqui, aparentemente bem diante dos meus olhos, erguia-se a montanha mais alta do mundo: uma imensa rocha triangular.

A concubina chinesa

Lhasa, a mítica capital tibetana, acabou por se revelar uma metrópole chinesa contemporânea em miniatura. Nos últimos anos, os agricultores foram deslocados da periferia para dar lugar a arranha-céus; havia guindastes e andaimes por onde se olhava. Todas os prédios pareciam novos, com janelas de vidro reluzentes e grandes letreiros de néon. Chineses da etnia han passeavam entre os prédios com roupas baratas produzidas em massa; dificilmente se via algum tibetano. Se não fosse pelos caracteres tibetanos nas placas das lojas — sempre em tamanho bem menor do que os caracteres chineses —, Lhasa se confundiria com qualquer outra cidade chinesa provinciana. Essa deprimente homogeneização lembra a devastação que o governo promoveu na vizinha província de Xinjiang. Curiosamente, são essas duas províncias mais periféricas e pouco povoadas que mais têm causado problemas ao governo central chinês nas últimas décadas, e é aqui, nas zonas periféricas, que estão em vigor as medidas de controle mais draconianas. Os construtores de impérios estão sempre com receio de que sua obra comece a esboroar nos extremos, de que o reino se desintegre de fora para dentro, de perder o controle.

Restavam algumas horas de folga antes de o programa turístico começar e escapei para o spa do hotel. Além dos habituais tratamentos, como massagem esportiva sueca, massagem aiurvédica indiana e pedras quentes, eles ofereciam uma massagem com a tradicional manteiga de iaque tibetana e a massagem *tsampa*, especialidade do spa. Decidi arriscar e fui coberta por uma montanha de manteiga e farinha de cevada torrada.

— Você precisa ficar seis horas sem tomar banho — advertiu a recepcionista quando terminamos.

No saguão, Tashi, a nova guia, esperava por mim. Ela era alta, com rosto comprido e estreito, lábios carnudos e maçãs do rosto proeminentes. Nas costas carregava uma mochilinha; guias de todo o mundo podem ser facilmente identificados pelas mochilas pequenas e práticas que carregam.

Um cheiro de mofo e ranço empesteou o ambiente; o carro fedia como as cozinhas fechadas das casas labirínticas de Humla.

— Que cheiro é esse? — perguntei. No momento seguinte me ocorreu que eu era a culpada. Eu fedia como um condutor de iaques que não se banhava desde o último verão.

— Não tem problema! Eu gosto do cheiro da manteiga — garantiu Tashi. Alguns minutos depois, discretamente, ela pediu ao motorista que abrisse as janelas.

A velha Lhasa não havia desaparecido por completo. Paramos em frente ao icônico Palácio de Potala, residência de inverno do Dalai-Lama e chancelaria do governo tibetano até 1959, o próprio símbolo de Lhasa. O imponente templo-fortaleza erguia-se diante de nós em todo o seu esplendor de conto de fadas, com treze andares e mais de mil quartos ao todo; o palácio literalmente brotava do rochedo Marpori, o Penhasco Vermelho. A construção continuava onde a pedra terminava — branca, vermelha e incomparável.

Milhares de turistas chineses, todos acompanhados por guias com guarda-chuvas, aglomeravam-se em filas bem organizadas do lado de fora da entrada. Os ingressos haviam sido reservados com antecedência e tínhamos um horário determinado de entrada e saída.

— Não está tão ruim hoje — concluiu Tashi. — Às vezes, temos de ficar na fila por horas para entrar. Mas temos tempo de sobra para visitar o novo museu antes de chegar a nossa vez.

O ingresso era, sim, gratuito, mas o suntuoso prédio do museu deve ter custado uma fortuna. No hall de entrada estava pendurado um grande retrato de Songtsen Gampo, o 38º rei, fundador do império tibetano. A homenagem era adequada, pois foi Gampo quem mandou construir as primeiras salas do Palácio de Potala. Partes do edifício original, incluindo a gruta de meditação do rei, ainda estão intactas.

Na historiografia *chinesa*, Songtsen Gampo é conhecido principalmente como o rei que se casou com a princesa chinesa Wencheng, filha de Taizong, um dos imperadores da dinastia Tang. O rei tibetano já tinha várias esposas quando enviou seu primeiro-ministro à capital da dinastia Tang, Chang'an — hoje conhecida como Xi'an —, para trazer para casa uma princesa chinesa. O imperador Taizong recusou categoricamente o pedido: o Tibete de então era uma região remota e insignificante, homens mais poderosos haviam pedido a mão de suas filhas. O rei Songtsen Gampo ficou tão ofendido com a recusa que enviou um exército ao vizinho do norte para conquistar a região de Amdo. Embora os soldados tibetanos estivessem praticamente diante dos portões do Império Tang, o imperador ainda se recusava a ceder uma de suas filhas em casamento ao rei do Tibete. Somente depois que os soldados tibetanos bateram os soldados do imperador em campo aberto, Taizong concordou em enviar uma princesa para Lhasa.

Não se sabe muito mais sobre a princesa Wencheng, nem mesmo se seu prenome nome era Wencheng. Tudo o que sabemos é que ela não teve filhos com o rei tibetano, enviuvou no ano 650, nove anos depois de chegar ao Tibete, que viveu mais trinta anos, era budista e nunca regressou à China. Apesar do pouco que se sabe sobre ela, a concubina de Songtsen Gampo, oriunda de Changan, tem enorme importância na história chinesa. A ela se atribui a chegada do budismo e da civilização ao Tibete, ela é a testemunha de que o Tibete subjugou a China já em meados do século VI e, sobretudo, é ela quem melhor simboliza a extensa e profunda conexão entre a China e o Tibete.

O tom estava dado e rapidamente percorremos os salões bem curados do museu. Os tibetanos eram retratados como nacionalistas e honrados, mas sempre que estavam em apuros, como durante o ataque dos Gorkhas ao Tibete no final do século XVIII, os chineses vinham em seu socorro, de novo e sempre.

À medida que nosso horário se aproximava, saímos do museu e fomos para o Palácio de Potala. Após um rigoroso controle de segurança, fomos admitidas no mais sagrado dos palácios. Assim que entramos, Tashi acelerou o passo.

— Você precisa me acompanhar! — Ela corria na minha frente subindo os degraus. — Só temos cinquenta minutos. Se passarmos disso teremos de pagar uma multa. Precisamos correr, não podemos parar até terminarmos, entendeu?

Esbaforida, segui o fluxo de grupos de turistas chineses pelos corredores protegidos e acarpetados, pelos pequenos e íntimos templos, pelas estátuas antigas, pela sala de recepção e pela sala de estudos do Dalai-Lama, pelas estupas funerárias dos antigos Dalai-Lamas.

O nome do 14º Dalai-Lama, que fugiu do Palácio de Potala e do Tibete em 1959, não era mencionado em nenhum lugar, assim como não havia fotos suas.

A tradição dos Dalai-Lamas remonta a um governante mongol do século XVI. Os povos vizinhos ao norte exerceram grande influência sobre o Tibete desde o surgimento do enorme Império Mongol no século XVII, do qual o Tibete também se tornou parte. Quando o império foi dividido em vários reinos menores, em meados do século XIII, o Tibete era, para fins administrativos, parte integrante do reino oriental de Kublai Khan. Kublai Khan estava interessado no budismo tibetano e fez questão de convocar um erudito tibetano a Pequim. Três séculos depois, quando o império de Kublai Khan já havia se desintegrado, um de seus descendentes, Altan Khan, retomou a tradição do ensino religioso tibetano. Seu mestre foi Sonam Gyatso, abade do influente mosteiro de Drepung, no Tibete central, e líder dos guelupas, mais conhecidos como Chapéus Amarelos por causa dos acessórios e hábitos amarelos que os monges dessa seita usam. Pouco depois da chegada do abade, Altan Khan adotou o budismo tibetano como religião oficial na Mongólia. O abade recebeu o apelido de Dalai, que em mongol significa «mar», uma tradução direta de *gyatso*, a palavra tibetana para mar. O epíteto também foi dado postumamente aos dois predecessores do abade Sonam Gyatso; o primeiro Dalai-Lama foi, portanto, o terceiro da fila.

Com o apoio dos mongóis, os Chapéus Amarelos gradualmente superaram as três seitas mais antigas do budismo tibetano. Depois da morte de Sonam Gyatso, na Mongólia, em 1588, foram necessários anos de busca para encontrar um menino que preenchesse todos os requisitos para reencarná-lo. O menino, que se chamava Yonten Gyatso e, por acaso, era bisneto de Altan Khan, tornou-se o quarto Dalai-Lama na linha sucessória — e único dos catorze que não era tibetano.

Somente com Lobsang Gyatso, o quinto Dalai-Lama, às vezes chamado simplesmente de Grande Quinto, o Dalai-Lama se tornou uma figura de reconhecido poder no Tibete. Com a ajuda dos mongóis, o Grande Quinto reunificou o Tibete num reino, tendo Lhasa como capital. Em 1645, alguns anos depois de ter superado todos os potenciais rivais, ele teria escalado o rochedo Marpori, nos arredores de Lhasa. Lá, nas ruínas do palácio de Songtsen Gampo, fundador do primeiro império tibetano, ele declarou que Avalokiteshvara, o bodisatva da misericórdia, finalmente voltara para casa. Logo depois, foi iniciada a construção de um palácio de grande porte no local. Sete mil trabalhadores teriam sido convocados para construir o palácio, que recebeu o nome do monte Potalaka, o mítico lar de Avalokiteshvara, que, segundo a lenda, se localiza em algum lugar do oceano Índico. Cinco anos depois, o palácio ficou pronto e Lobsang Gyatso fez dele sua residência. A crença de que o Dalai-Lama é uma reencarnação de Avalokiteshvara, o bodisatva da misericórdia, progenitor e patrono do Tibete, popularizou-se sob o Grande Quinto.

Quando morreu, em 1682, o quinto Dalai-Lama deixou um vácuo de poder maior do que o palácio que havia construído. Por incrível que pareça, o regente, Desi Sangye Gyatso, conseguiu manter a morte em segredo durante quinze anos: o povo foi informado de que o Grande Quinto meditava em solidão, e, em ocasiões solenes, suas vestes cerimoniais eram colocadas no trono. Era crucial que ambos os vizinhos, o imperador da Manchúria, em Pequim, e o cã da Mongólia, não soubessem da morte. Quando os emissários destes vinham visitá-lo, Desi Sangye Gyatso se valia de monges idosos cuja aparência lembrava a do falecido, e os pressionava — e até subornava — para que fingissem ser o Dalai-Lama. Ao mesmo tempo, uma busca secreta pelo sexto Dalai-Lama ocorria perto das fronteiras do Butão, longe dos olhos e ouvidos da Manchúria e, particularmente, da Mongólia. Um garoto adequado, Tsangyang Gyatso, acabou sendo encontrado. Ele foi criado e educado em segredo. Somente em 1697, aos dezesseis anos, o novo Dalai-Lama foi apresentado ao povo — e aos regentes da Mongólia.

O sexto Dalai-Lama revelou-se mais interessado em poesia, esportes, bebidas fortes e mulheres do que em meditação e oração. Ele costumava ser visto nas estalagens de Lhasa e levava para casa tantas moças quantas havia. Não era fácil conciliar tantos interesses mundanos com a vida monástica, e, para consternação da liderança tibetana, o jovem Dalai-Lama renunciou a seus votos para viver uma vida livre como leigo. Ele se mudou para uma tenda ao norte do Palácio de Potala, mas continuou a ser o Dalai-Lama — ninguém pode simplesmente desistir de uma reencarnação assim. O bodisatva da misericórdia queria mesmo era aproveitar sua encarnação sem que lhe enchessem o saco.

Em 1703, um novo cã mongol chegou ao poder no Tibete, Lhabzang Khan. Desde a reunificação do país pelo quinto Dalai-Lama, um ramo dos cãs nômades da Mongólia passou a gozar do status de realeza no Tibete. Seus predecessores se contentaram em ser reis apenas no nome, mas Lhabzang Khan, que matou o próprio irmão para assumir o trono, tinha ambições maiores. Depois de garantir os favores do poderoso imperador manchu em Pequim, ele decidiu agir: primeiro mandou matar o regente do Palácio de Potala, Desi Sangye Gyatso, depois providenciou o sequestro do salaz rei-deus. O plano era levá-lo ao imperador em Pequim, mas ele morreu no caminho, com apenas 24 anos. Os poemas de Tsangyang Gyatso, o heterodoxo sexto Dalai-Lama, são bastante populares no Tibete até hoje.

Um novo Dalai-Lama, apresentado como «o verdadeiro sexto Dalai Lama», foi instaurado no trono por Lhabzang Khan, que tinha assumido o poder no Tibete.

Tanto Lhabzang Khan quanto seu «verdadeiro» Dalai-Lama eram extremamente impopulares. Em segredo, os monges da ordem dos Chapéus Amarelos pediram ajuda aos dzungares, outro grupo nômade de etnia mongol, para se livrar do lama e do cã. Os dzungares não titubearam e vieram em socorro dos monges guelupas, e fizeram sua parte para que Lhabzang Khan fosse morto e o novo Dalai-Lama, o sexto, fosse deposto. Mas então a ajuda fugiu do controle: os dzungares passaram a assassinar monges que pertencessem a qualquer outra seita budista, destruíram mosteiros e saquearam e devastaram toda Lhasa.

Nesse ínterim, a sétima reencarnação do Dalai-Lama havia sido encontrada, mas o menino acabou sob a proteção do imperador manchu, o que complicava um pouco as coisas. O imperador, o poderoso Kangxi, o mais longevo governante da China, enviou ao Tibete um numeroso exército para expulsar os dzungares. Para o júbilo dos tibetanos, levando consigo o sétimo Dalai-Lama para Lhasa. Os manchus reergueram o Palácio de Potala das ruínas e introduziram uma abrangente reforma política em Lhasa.

Após esses eventos, o Tibete tornou-se efetivamente um protetorado chinês sob os imperadores da Manchúria, e um *amban*, um alto-comissário chinês, assumiu o cargo em Lhasa.

Nem o sétimo nem o oitavo Dalai-Lama demonstraram um particular interesse pela política e pela vida social durante seus anos de regência, deixando a cargo disso seus industriosos ministros. Os quatro Dalai-Lamas seguintes morreram jovens, em circunstâncias mais ou menos misteriosas; o mais velho só viveu até os 21 anos de idade.

O 13º Dalai-Lama, por outro lado, Thubten Gyatso, conseguiu governar por quase quarenta anos, desde sua maioridade, em 1895, até morrer, em 1933, deixando um legado duradouro.

Nessa época, o Tibete estava hermeticamente fechado para estrangeiros, exceto para chineses e mongóis. Uma exceção interessante foi o monge budista russo Agvan Dordjiev. Ele vinha de uma aldeia a leste do lago Baikal, na Buriácia, uma parte da Rússia dominada pelos buriates, de língua mongol. Dordjiev foi ao Tibete estudar o budismo na década de 1870 e acabou se tornando um dos conselheiros mais importantes do 13º Dalai-Lama.

Ao mesmo tempo que Dordjiev transitava pelo Palácio de Potala, outro estrangeiro passeava secretamente pelas ruas de Lhasa. Incógnito, o monge budista Ekai Kawaguchi foi o primeiro japonês a entrar no Tibete. Auxiliado por sua aparência japonesa, bom domínio da língua e profundo conhecimento do budismo tibetano, ele conseguia se passar por um monge tibetano, chinês ou mongol — a depender das circunstâncias. Suas memórias de viagem, intituladas *Três anos no Tibete*, embora ele tenha estado lá por apenas dois anos, do verão de 1900 ao verão de 1902, fornecem um fascinante panorama do cotidiano de então no país. Muito pitorescos são os capítulos em que a higiene, ou a falta dela, melhor dizendo, chama a atenção. Um capítulo à parte, «A capital da imundície», é dedicado às condições sanitárias da cidade: «Muitas vezes ouvi dizer que as ruas das cidades chinesas seriam sujas, mas é difícil crer que possam ser tão sujas quanto as ruas de Lhasa, nas quais os habitantes desafiam todas as regras de higiene e decência»,[27] comenta o japonês, acrescentando que a única razão pela qual as pessoas não sucumbiriam à peste feito moscas só poderia ser o clima frio e saudável. Não apenas as ruas eram sujas, mas também os moradores, pois «um tibetano nunca se lava; muitos não tomam banho desde que nasceram». Muitos tibetanos acreditavam que remover a sujeira também levaria embora a sorte, portanto tanto as mulheres quanto os homens eram às vezes escuros «como negros africanos».[28]

Kawaguchi também ficou chocado com o padrão de papéis de gênero e, em particular, com o costume do casamento de uma esposa com vários irmãos. De acordo com o monge budista, as mulheres tibetanas eram tão formosas quanto suas irmãs japonesas, mas fisicamente muito mais robustas, e, sendo assim, concluiu que era justo e razoável que elas recebessem o mesmo salário que os homens, o que de fato recebiam. Além disso, os maridos tinham de dar às esposas tudo o que ganhavam, e mantinham apenas uns trocados para se haver. Se os homens não ganhassem dinheiro suficiente aos olhos das esposas, corriam o risco de receber uma severa reprimenda. Além disso, o sistema penal era brutal: de acordo com Kawaguchi, havia mendigos sem

---

27   Ekai Kawaguchi, *Three Years in Tibet*. Project Guthenberg Ebook, 2016, p. 409.

28   Kawaguchi, *Three Years in Tibet*, op. cit., p. 265.

olhos ou com mãos ou narizes decepados perambulando pelas ruas de Lhasa. O que mais o chocou foi o tratamento dos condenados à morte, que eram afogados no rio e depois decapitados. Em seguida, os cadáveres eram esquartejados e as cabeças expostas ao público por uma semana. A pior parte, no sentir de Kawaguchi, era o fato de que as cabeças eram exibidas num prédio com o sugestivo nome de «Danação eterna», para que as almas dos criminosos não pudessem renascer neste mundo. Um castigo terrível, sem um pingo de misericórdia, por toda a eternidade.

Por intermédio da carta de Kawaguchi a um comparsa indiano em Darjeeling, os britânicos ouviram falar das atividades do monge russo Dordjiev em Lhasa. Segundo Kawaguchi, Dordjiev teria persuadido o Dalai-Lama a crer que o tsar russo era um deus budista, que a Rússia era o mítico paraíso budista Shambala e que o tsar não tardaria a transformar o mundo inteiro num enorme império budista. Além disso, sempre de acordo com Kawaguchi, Dordjiev teria retornado a Lhasa como um homem abastado após ter feito uma viagem à capital russa, carregando uma bagagem repleta de presentes, incluindo uma cáfila inteira de camelos equipados com armas estadunidenses...

Essa informação provocou fortes emoções no recém-nomeado vice-rei da Índia britânica, o lorde George Nathaniel Curzon. Desde a morte de Pedro, o Grande, em 1725, corria o boato de que o tsar em seu leito de morte teria ordenado a seus sucessores que fizessem tudo que estivesse ao alcance para concretizar a verdadeira vocação da Rússia: dominar o mundo. Isso, é claro, só poderia ser alcançado se os russos conquistassem Constantinopla e Índia. Em 1807, os ressabiados ingleses confirmaram suas dúvidas quando Napoleão propôs ao tsar Alexandre I que os dois unissem seus exércitos e marchassem juntos para o sul, em direção à Índia. É fato que a planejada unificação das forças russas e francesas jamais se materializou, mas, durante a segunda metade do século xix, os russos subjugaram grandes porções de terra na Ásia Central, e agora estavam perigosamente perto do Raj britânico, a joia da a coroa: no início do século xix, mais de 2 mil quilômetros separavam a Rússia da Índia britânica, mas, quando lorde Curzon assumiu o cargo de vice-rei, em 1899, os russos haviam acabado de capturar o Pamir, no atual Tadjiquistão, e em certos trechos a distância entre as fronteiras de ambos os impérios não chegava a meros vinte quilômetros.

E agora, graças à carta de Kawaguchi, além de outros relatórios de inteligência da China, Curzon tinha boas razões para acreditar que os russos também se arriscariam a subjugar o Tibete.

A princípio, Curzon agiu diplomaticamente, enviando uma carta lacrada ao endereço do 13º Dalai-Lama, Palácio de Potala, Lhasa, em que expressava sua consternação com tal estado de coisas. A carta foi devolvida ao remetente semanas depois, com o selo intacto. Curzon então enviou outra correspondência, em tom mais áspero, mas esta também foi devolvida sem ser aberta. O vice-rei deixou de lado a diplomacia das palavras e decidiu enviar uma delegação armada a Lhasa para pressionar o Dalai-Lama, olho no olho. A primeira delegação que marchou sobre as montanhas foi escorraçada pelos tibetanos, que fizeram saber sua indignação em negociar com os britânicos dentro de seu próprio território. Pouco antes do Natal de 1903, Curzon respondeu enviando uma delegação ainda maior — uma brigada composta de 3 mil homens armados e 7 mil soldados auxiliares. À frente da brigada estavam o brigadeiro-general James R. L. Macdonald e o tenente-coronel Francis Younghusband, que catorze anos antes fora enviado ao emir de Hunza para pôr fim aos ataques às caravanas comerciais a caminho de Kashgar.

A rota mais simples para o Tibete era via Siquim, mas mesmo ela implicava soldados e carregadores atravessando um desfiladeiro de mais de 4 mil metros de altitude. Nunca antes soldados britânicos estiveram em missão num terreno tão elevado, e o destino para onde rumavam era ainda mais elevado. A princípio, os nativos foram amigáveis e ofereceram comida aos soldados, mas, quanto mais se aproximavam de Lhasa, mais hostis os tibetanos se tornavam. Em determinado ponto, Macdonald ensaiou recuar — a altitude e o frio extremos estavam cobrando seu preço, e a comida já escasseava —, mas Younghusband se recusou a dar meia-volta de mãos abanando.

Na aldeia de Guru, uma boa distância ao norte de Siquim, mas ainda a quilômetros de Lhasa, os britânicos resistiram: milhares de tibetanos, armados com espadas, armas de fogo primitivas e fotografias desbotadas do Dalai-Lama, recusaram-se a deixar os britânicos passarem. Os soldados britânicos tinham ordens de não atirar primeiro, e o mesmo valia para tibetanos. No entanto, quando os britânicos fizeram carga para desarmá-los, os tibetanos abriram fogo e o massacre se consumou: os tibetanos não tinham a menor chance, mas resistiram durante horas. Lentamente, cabisbaixos, finalmente abandonaram o campo de batalha. Edmund Candler, correspondente do *Daily Mail*, telegrafou para casa que «o impossível havia acontecido. Preces, amuletos e mantras, e o mais sagrado de seus homens santos, lhes falharam... Eles marchavam de cabeça baixa, como se seus deuses os tivessem traído».[29]

Restaram centenas — talvez até dois milhares — de tibetanos mortos e feridos. Para espanto dos tibetanos, os britânicos montaram um hospital de campanha e fizeram o possível para salvar os feridos, inclusive entre as fileiras inimigas. Então os britânicos partiram para Lhasa e, quatro meses depois, cavalgaram pela prometida capital tibetana, que tantos aventureiros ocidentais haviam tentado em vão alcançar antes. Os britânicos ficaram devidamente impressionados com o majestoso Palácio de Potala, mas ficaram tão chocados com as condições sanitárias quanto Kawaguchi: «Achamos a cidade indescritivelmente pobre e suja, sem sistema de esgotos e sem pontes. Nenhuma das casas parecia estar limpa ou bem conservada», anotou Candler.[30]

O Dalai-Lama, que Younghusband tanto esperava conhecer, havia desaparecido sem deixar vestígios. Mais tarde, os britânicos descobriram que ele havia fugido para a Mongólia acompanhado do monge russo. Em todo caso, também não encontraram vestígio de nenhum acordo secreto com os russos, tampouco cidadãos ou armas russas pelo lugar. A única forja de armas que encontraram era tão primitiva que Younghusband decidiu que nem sequer valia a pena destruí-la.

A expedição britânica foi em grande parte um sucesso. Younghusband voltou para a Índia com um acordo pelo qual os tibetanos concordavam em pagar reparações de

---

29   A citação é repetida em Peter Hopkirk, *Trespassers on the Roof of the World. The Secret Exploration of Tibet*. Nova York: Kodansha USA, 1995 [1982], p. 175.

30   Hopkirk, *Trespassers on the Roof of the World*, op. cit., p. 184.

guerra aos britânicos (uma exigência que os pobres tibetanos nunca foram capazes de atender), permitiam o comércio com os ingleses em três cidades assinaladas e prometiam não ter negócios com nenhuma outra potência estrangeira (isto é, com a Rússia). No papel, o Tibete era agora um protetorado britânico, mas esse status não durou muito: dois anos depois, os britânicos firmaram um acordo com o governo chinês comprometendo-se a não anexar nem interferir nos assuntos internos do Tibete, enquanto os chineses, por sua vez, garantiram que nenhum outro país estrangeiro (novamente a Rússia) interferiria nos assuntos internos do Tibete.

Assim, com um golpe de caneta, os britânicos formalmente abriram mão dos direitos especiais duramente conquistados no Tibete e reconheceram a dinastia Qing da Manchúria como os verdadeiros senhores do Teto do Mundo. Nenhuma das partes se dignou de informar os tibetanos sobre o acordo que tinham acabado de firmar.

Para Younghusband, a vida nunca mais foi a mesma. Na viagem de volta de Lhasa, ele fez um solitário passeio a cavalo pelas montanhas circundantes. Ao se virar para lançar um último olhar para a cidade na qual jamais mais voltaria a pôr os pés, foi assaltado por um amor forte e intenso pelo mundo inteiro e por uma epifania que lhe fez perceber que o ser humano tem um coração divino, que a natureza e humanidade estavam «banhadas por um tom rosa brilhante... Esta precisa hora em que deixamos Lhasa valeu o repouso de uma vida inteira».[31] Younghusband teve seu momento de Paulo em Damasco. O tenente-coronel britânico, que até então havia escrito best-sellers sobre suas expedições radicais, passou a dedicar cada vez mais tempo

---

31   Hopkirk, *Trespassers on the Roof of the World*, op. cit., p. 193.

ao seu lado espiritual. Já em avançada idade, publicou títulos como *Mother World (in Travail for the Christ that is to be)*, *Life in the Stars*, *The Light of Experience* e *The Living Universe*. Em seus livros, bem como em palestras e na prática, explorava temas como telepatia, alienígenas e êxtase sexual, que considerava imprescindíveis para entrar em contato com o «Espírito da Natureza».

A invasão britânica de 1903-04 foi um alerta para o aparato estatal em Pequim: eles haviam perdido o controle do Tibete. Pressa, todavia, eles não tinham. Apenas seis anos depois, em 1910, os chineses enviaram uma expedição militar a Lhasa para restabelecer o controle em armas. O 13º Dalai-Lama, que acabava de voltar para casa depois de cinco anos no exílio, foi mais uma vez forçado a fugir, e dessa vez não teve escolha a não ser ir para o sul, para a Índia. Com duzentos soldados chineses em seu encalço, cavalgou dia e noite, muitas vezes sem saber ao certo o rumo, mas acabou chegando são e salvo a Siquim.

Os imperadores Manchu restabeleceram o controle sobre o Tibete por um curto período, mas a dinastia Qing havia muito tempo vacilava, e, dois anos depois, em 1912, a monarquia entrou em colapso. A primeira república chinesa foi proclamada e o último imperador, ainda criança, foi exilado dentro da Cidade Proibida, em Pequim. Equipados com armas caseiras primitivas, os tibetanos iniciaram a luta pela independência, e, no inverno de 1913, os últimos chineses foram expulsos de Lhasa.

O 13º Dalai-Lama voltou ao Palácio de Potala, dessa vez para sempre. O Tibete estava seguro por enquanto, mas essa condição era por demais instável. Pouco antes de morrer, Thubten Gyatso, o 13º Dalai-Lama, alertou que sua nação corria grande perigo: «Se não formos capazes de proteger nosso próprio país, todo seguidor dos ensinamentos do Buda, seja ele uma pessoa comum ou de alto escalão, e do Dalai--Lama e do Panchen Lama em particular, serão exterminados com tal vigor que nem mesmo seus nomes persistirão. As propriedades e os bens dos mosteiros e dos monges serão confiscados».[32]

O Grande Décimo Terceiro não viveu para testemunhar seu sombrio vaticínio sendo realizado. Ele morreu em 1933, aos 57 anos. Anos depois, numa família pobre no nordeste do Tibete, foi encontrado um menino que preenchia todos os critérios e passava em todos os testes, e, em 1940, Tenzin Gyatso foi proclamado o 14º Dalai-Lama. Dez anos depois, logo após a invasão do Exército Popular de Libertação, ele foi nomeado chefe de Estado do Tibete. Pouco depois, a legação do Tibete em Pequim foi forçada a assinar um acordo de dezessete pontos. No ponto um lê-se: «O povo tibetano deve reunir-se e expulsar as forças imperialistas do Tibete; o povo tibetano deve retornar à família da pátria da República Popular da China».

Reuniões familiares sob coação raramente terminam bem, e essa não foi exceção. A princípio, o Dalai-Lama tentou negociar com os chineses, mas a força de ocupação era cada vez mais brutal. A resistência e a rebelião foram impiedosamente reprimidas, e as impopulares reformas agrárias foram aprovadas. Na primavera de 1959, quando a agitação chegou para valer a Lhasa, o 14º Dalai-Lama também foi forçado a escapar através do Himalaia para a Índia.

Quase 90 mil tibetanos foram mortos durante o levante de 1959.

---

32 Sam van Schaik, *Tibet. A History*. New Haven: Yale University Press, 2011.

O 14º Dalai-Lama nunca foi autorizado a retornar ao Tibete, mas o Partido Comunista Chinês ensaiou assumir o controle de sua reencarnação. Tradicionalmente, é o Panchen Lama, o segundo na hierarquia, que nomeia o novo Dalai-Lama. O Dalai-Lama, por sua vez, designa a reencarnação do Panchen Lama. Em 1923, o nono Panchen Lama fugiu para a China devido a uma desinteligência sobre certas questões fiscais. Ele morreu em 1937, e duas buscas paralelas por sua reencarnação foram postas em curso. O resultado foram dois candidatos diferentes. Os emissários do Dalai-Lama selecionaram um menino de Xikang, a noroeste da Região Autônoma do Tibete, enquanto os partidários do Panchen Lama escolheram um menino chamado Lobsang Trinley Chökyi Gyaltsen, do Tibete oriental. O governo chinês apoiou a candidatura de Chökyi Gyaltsen e quis usar o menino na luta contra os comunistas. No entanto, Chökyi Gyaltsen desertou para os comunistas e, em 1952, foi escoltado de volta ao Tibete por uma coluna militar do Exército Popular de Libertação e instalado como monge superior do mosteiro Tashilhunpo, em Shigatse, do qual o Panchen Lama é tradicionalmente o abade. Ele apoiou as reformas comunistas e permaneceu no Tibete quando o Dalai-Lama fugiu para a Índia. Com o tempo, o décimo Panchen Lama tornou-se cada vez mais crítico do comportamento dos chineses no Tibete e, em 1964, foi preso. Amargou treze anos no cárcere, até 1977, e depois passou mais cinco anos em prisão domiciliar. Enquanto esteve confinado em casa, casou-se com uma chinesa, e o casal teve uma filha. Morreu em 1989, aos 51 anos.

Após um longo processo de seleção, o Dalai-Lama declarou, na primavera de 1995, que Gedhun Chökyi Nyima, de seis anos, do nordeste do Tibete, era a 11ª reencarnação do Panchen Lama. Logo depois, o menino e sua família foram sequestrados pelas autoridades chinesas e nunca mais foram vistos em público. Em vez dele, a China nomeou um dos demais candidatos, Gyancain Norbu, como o 11º Panchen Lama. Ele atualmente vive num mosteiro budista em Pequim e raramente viaja para o Tibete.

Na primavera de 2020, numa rara declaração, o governo chinês afirmou que Gedhun Chökyi Nyima, agora com 31 anos, concluiu a escolaridade obrigatória, formou-se na universidade, tem um emprego estável e não quer ser incomodado.

Tenzin Gyatso, o 14º Dalai-Lama, agora é um ancião. Em 2019, aos 83 anos, ele foi hospitalizado com uma infecção no peito, e um representante do ateu Partido Comunista Chinês declarou que «as reencarnações de Budas vivos, incluindo o Dalai-Lama, devem obedecer às leis e regulamentos chineses e seguir rituais religiosos e tratados históricos».[33] Doze anos antes, em 2007, foi introduzida uma lei segundo a qual a reencarnação de Budas vivos «está sujeita a aprovação».

O Dalai-Lama vivo, por sua vez, afirmou várias vezes que é bem possível que ele seja o último, que não haja mais reencarnações, que o tempo desses sistemas feudais acabou. Também disse que seria natural que uma eventual reencarnação nascesse no país em que ele mora, não no Tibete.

---

33   Ben Westcott, «Dalai Lamas reincarnation must comply with Chinas laws, Communist Party says». CNN, 11 abr. 2019. Disponível em: <https://edition.cnn.com/2019/04/11/asia/dalai-lama-beijing-tibet-china-intl/index.html>. Acesso em: 26 maio 2020.

Se assim for, não é improvável que o Partido Comunista Chinês nomeie seu próprio candidato e o mundo tenha dois Dalai-Lamas.

Foi um alívio deixar os salões lotados do museu e sair ao sol novamente. Tashi olhou para o relógio.

— Quarenta e sete minutos. Por pouco não fomos multadas — afirmou ela alegremente, e correu até o guichê para formalizar a façanha.

Agora sem nenhuma pressa, descemos as escadas e atravessamos um grande parque. Em vários lugares, palcos e alto-falantes foram montados, e velhos e jovens dançavam ao som da moderna música pop tibetana.

— As pessoas vêm aqui todos os dias para dançar — disse Tashi. — Somos bastante sossegados aqui em Lhasa. Ninguém tem muita pressa.

A atmosfera podia até ser relaxada, mas de forma alguma era livre. Em apenas algumas décadas, o Tibete deixou de ser uma sociedade medieval atrasada, governada por monges e lamas, sem estradas, eletricidade ou escolas, para se tornar uma sociedade de vigilância de alta tecnologia, controlada remotamente de Pequim. Os turistas estrangeiros que visitam a Região Autônoma do Tibete devem, como mencionado, viajar com um guia autorizado, mas, na minha estadia em Lhasa, pude andar livremente, e em segredo conversei com pessoas críticas ao regime. Não era tão difícil assim encontrá-las.

— O Tibete é uma prisão a céu aberto — suspirou uma das mulheres com quem falei. — Eles expulsaram todas as organizações estrangeiras e agora há oito chineses para cada tibetano em Lhasa. Eles os atraem com hipotecas gratuitas e assistência médica, e o chinês é agora a língua principal nas escolas. Os chineses estão tomando tudo. Nós nos tornamos uma minoria em nosso próprio país.

— Não podemos nem falar abertamente com nossos amigos — sussurrou um dos homens que encontrei. Ocupamos juntos a mesa de café no centro da cidade, cercados por jovens chineses olhando fixamente para as telas de seus celulares. — Eles apertaram o cerco e já não sabemos mais em quem podemos confiar. Eles também controlam nossos telefones. Antes, podíamos ter uma foto do Dalai-Lama em nosso telefone, mas isso já não é possível. Tudo ficou mais rígido, tudo é monitorado. Durante a revolta de 2008, centenas morreram e milhares foram presos e torturados. Os que foram soltos tremem dos pés à cabeça só de ver um policial. Provavelmente vai demorar muito até a próxima rebelião... Enquanto isso, estamos aqui, como sapos numa poça d'água. Não temos direito nem a um passaporte. O Tibete inteiro é uma grande prisão.

— Nós, tibetanos, acreditamos na impermanência de todas as coisas — explicou um homem de sessenta anos. — Nada dura para sempre. Mas também acreditamos em carma, em causa e efeito. Talvez o que está acontecendo agora seja a manifestação de uma culpa coletiva? Pensar assim ajuda. Que talvez haja uma razão. E que não vai durar para sempre.

— Meu único filho, que era monge, tentou fugir para a Índia alguns anos atrás — disse uma idosa que conheci num apartamento de um prédio modesto nos arredores de Lhasa. — Ele sabia que, se conseguisse, nunca mais reencontraria a família, mas tudo o que queria era ser um monge num país livre. Dei-lhe algum dinheiro para a fuga, mas ele foi capturado perto da fronteira. Para mim, de certa forma, é bom, porque assim podemos continuar nos vendo. Ele trabalha numa fábrica agora. Ele não tem permissão para retornar ao mosteiro.

Tigelas de iogurte caseiro, leite morno, batatas-doces cozidas e pão macio recém-assado se materializaram na mesinha à minha frente.

— Agora temos escola, estradas e eletricidade — continuou a mulher. — Não existia nada disso quando eu era jovem. Só frequentei a escola por três anos, mas nós, mulheres da vizinhança, tentamos nos educar sozinhas. No inverno, quando tínhamos tempo de sobra, costumávamos nos reunir no salão de reuniões da rua para ler juntas os textos budistas. Era assim que fazíamos para ajudar os longos invernos a passar. Mas, há algumas semanas, fomos informadas pelo conselho do bairro que não podemos usar o salão de reuniões para isso, ou seja, para ler textos religiosos, então agora não sei o que faremos neste inverno. Quando Xi assumiu a presidência, achei que as coisas fossem melhorar, porque ele vem de uma família budista, afinal de contas. Mas o rigor só aumentou...

Uma garotinha, uma de suas netas, pulou no sofá e começou a maltratar o gato da avó. Ele pacientemente aceitava tudo que ela fazia, sem se incomodar.

— Fiquei grávida quando tinha dezenove anos — continuou a mulher. — Eu queria esperar, mas minha mãe me disse para ter pressa, porque meu marido era muito bonito e as meninas tinham um fraco por ele... Agora eu tenho um monte de netos, mas não os vejo com tanta frequência. Todo mundo anda tão ocupado esses dias...

— Se a fronteira com a Índia estivesse aberta, você iria para lá? — perguntei antes de ir embora.

A resposta veio sem hesitação, sem tempo para refletir:

— Claro.

Na porta da frente estava pendurado o calendário deste ano, ilustrado com um grande retrato do presidente Xi. O presente do conselho do bairro não era apenas prático e útil. Num simbolismo inconfundível, o calendário também servia como lembrete de que, desde tempos imemoriais, o imperador da China detém o título de Senhor do Tempo e Governante dos Dez Milênios.

*

Da mesma forma como os chineses evocam as histórias de Xiang Fei, a Concubina Perfumada, como a personificação do amor mútuo entre uigures e chineses, a princesa Wencheng, que no século VI se casou com o rei tibetano Songtsen Gampo, materializa o símbolo do excelente e não menos duradouro relacionamento entre o Tibete e a China. Como Xiang Fei, Wencheng também inspirou filmes, séries de TV e livros, e em 2016 a ópera «Princesa Wencheng» estreou em Lhasa. Um teatro externo foi construído para a apresentação, com direito a restaurantes, lojas e estacionamentos adjacentes, um enorme e luxuoso complexo nos arredores de Lhasa.

A arquibancada está longe de estar lotada, diria que talvez esteja pela metade, e parece que sou a única estrangeira presente. Quando o relógio marca dez e meia e o show começa, todos os turistas chineses pulam de seus assentos e correm para os assentos VIP no meio da plateia. Os guardas efetivamente os mandam de volta aos seus assentos originais, mas são tolerantes com outros desvios: o homem na minha frente faz longas videochamadas com a namorada durante a apresentação, e a mulher ao meu lado filma metade das músicas com o celular e, em seguida, as reproduz em alto e bom som, na íntegra, enquanto outras canções são executadas no palco.

A música vem do playback, e os cantores sobem ao palco apenas para dublar, mas, exceto por isso, não se pouparam despesas: mais de mil atores, dançarinos e figurantes atuam no palco, todos vestindo figurinos caríssimos. O libreto, por outro lado, é dos mais ordinários, mesmo para um musical de propaganda: um mensageiro do Tibete visita o imperador de Tang na capital e informa que o rei tibetano quer pedir a mão da princesa Wencheng em casamento. Depois que as abelhas mágicas do mensageiro conseguem identificar a princesa entre dezenas de outras mulheres (a princesa lava o cabelo com néctar de flores), o pai consente no casamento e manda a filha para o Tibete. A bela princesa viaja léguas e léguas, atravessa montanhas e rios (encenados por centenas de figurantes sob faixas de tecido azul e branco). Ao longo do caminho, várias vezes ela é acometida por uma intensa saudade da vida no civilizado Tang, mas segue em frente destemida, e o tempo todo sonha com um futuro em que ninguém passará fome, em que ninguém padecerá de senilidade, em que a morte virá docemente para os moribundos. Em nenhum momento a pobre princesa é informada de que o rei já tem uma esposa nepalesa e uma tibetana.

À medida que a princesa se aproxima do planalto tibetano e a jornada finalmente chega ao fim, dezenas de cavalos galopam pelo palco. O casal ao meu lado ergue os olhos da tela do celular por um momento e faz um esforço heroico para registrar o galope, mas não são tão rápidos quanto os cavalos e logo voltam a atenção novamente para as telinhas. Entrementes, a princesa Wencheng continua sua jornada para o sul, sentindo saudades e frio, e não é que começa mesmo a nevar, não só no palco, mas também nas arquibancadas: as máquinas de neve despejam no ar uma espuma que mancha nossas roupas. Mais da metade dos espectadores se levantam de seus assentos e tentam procurar abrigo, mas a rocambolesca princesa Wencheng é corajosa e perseverante, e chega ao Tibete, onde é recebida humildemente por um bando de monges budistas. Se algum espectador quisesse apontar inconsistências no enredo, poderia argumentar que o primeiro mosteiro budista no Tibete foi fundado mais de um século após a chegada da princesa Wencheng, mas aqui não há espaço para pedantismo mesquinho, e os monges são sem dúvida um belo artifício cênico, curvando-se sob a espuma para a princesa chinesa, que finalmente, na última cena, conhece seu futuro marido, o 38º rei do Tibete. Os dois se dão as mãos e se unem no sonho de que ninguém passará fome, de que ninguém padecerá de senilidade, de que a morte chegará docemente para os moribundos.

Assim, de acordo com a máquina de propaganda chinesa, os laços eternos entre o Tibete e a China foram selados.

A dar crédito às versões mais novelescas da história, diz-se que a princesa Wencheng trouxe consigo várias plantas úteis para o Tibete, e também ensinou os tibetanos a moer farinha e fazer vinho.

No entanto, tanto os historiadores chineses quanto os tibetanos concordam que ela trouxe, sim, uma valiosa estátua de Buda para o Tibete, tão antiga que o próprio Buda a teria abençoado enquanto caminhava pela terra. O rei Songtsen Gampo mandou construir um templo para suas esposas estrangeiras, o Templo Jokhang, e lá está a estátua que a princesa Wencheng trouxe consigo, inteiramente coberta de ouro. Muitos peregrinos que visitam o templo levam oferendas de ouro, que os monges derretem para recobrir a estátua. A estátua representaria o Buda aos doze anos de idade, mas agora está tão coberta de ouro que dificilmente é possível distinguir os contornos de um corpo sob a massa dourada.

Quem quer que queira entrar na praça do templo deve passar por uma verificação de segurança completa. Bolsas, mochilas, jaquetas, tudo é revistado. Também no interior da praça do templo há policiais e soldados, todos fardados; atentos a tudo, eles rondam cada centímetro do lugar. Um fluxo constante de peregrinos, de longe e de perto, vagueia pelo mosteiro, vestidos com mantos de lã coloridos e adornados com joias grandes e elaboradas. Com base em suas vestimentas e penteados, , Tashi facilmente consegue identificar de onde vêm: Kham, Kailash, Lhasa, Amdo... Encurvados, segurando bastões, rodas e japamalas, eles caminham desde o início da manhã até o final da tarde, constantemente murmurando o mantra sagrado para si mesmos.

Dezenas de peregrinos estão reunidos na entrada. Devotamente, eles se ajoelham em frente ao templo e se prostram no chão com as mãos na frente da cabeça, depois se levantam num movimento suave, e repetem tudo cinquenta vezes, mil vezes, dez mil vezes.

— Muitos peregrinos ficam em Lhasa por dois a três meses para completar o número de prostrações que o lama lhes pediu para fazer — explica Tashi.

O interior do templo está apinhado de gente. Um grupo de mulheres se reuniu em torno de uma banheira e se revezam derramando água sobre suas cabeças.

— A água é sagrada, é abençoada pela estátua do Buda — diz Tashi. — Talvez elas sofram de dores de cabeça.

Uma velha senhora senta-se e esfrega os joelhos contra uma pedra gasta incrustada no chão.

— Essa deve sofrer de dores nos joelhos — observa Tashi.

Os peregrinos seguem uma rota própria que serpenteia por todas as capelas a caminho da estátua de Buda. O tempo todo eles murmuram mantras, exultantes, reverentes e profundamente concentrados. Três guardas chineses em trajes laranja quase luminescentes garantem que nenhum peregrino fique muito tempo em frente à estátua de ouro. Dois monges se ajoelham e despejam ainda mais ouro derretido no corpo disforme.

Admirar a estátua do Buda no Templo Jokhang é considerado uma experiência sublime para um tibetano, e a maioria tenta vê-la pelo menos uma vez na vida. Tashi, que já esteve ali centenas de vezes, deposita uma cédula diante da estátua e inclina a cabeça em fervorosa oração.

— Cinco anos atrás eu fiz Os Cinco Votos — diz ela enquanto voltamos para o pátio. — Foi meu mestre quem me aconselhou. Prometi não matar, não roubar, não mentir, não usar drogas e não estar com outros homens a não ser meu marido. Esses votos não podem ser quebrados. É melhor morrer do que quebrá-los.

— Não mentir? Parece difícil — eu comento. — E se uma amiga perguntar o que achou do vestido novo dela e você não quiser magoá-la?

— Nesses casos tudo bem se eu mentir — Tashi responde pragmaticamente. — Mentiras que não fazem mal aos outros não são perigosas.

— E se você pisar numa formiga sem perceber?

— Também não tem problema. Não foi de propósito.

— E se você engravidar e os médicos a aconselharem a fazer um aborto para salvar a própria vida?

— Não existe motivo bom o suficiente para matar. Então é melhor arriscar e ver no que dá.

— E se você for atacada por um urso e sua vida estiver em jogo, é ele ou você?

— Nesse caso então é melhor que eu morra — insiste Tashi. — Quebrar promessas tem consequências terríveis, tanto nesta vida quanto na próxima. Estou muito feliz por ter feito os votos — acrescenta. — Alcancei uma paz completamente diferente.

*

No último dia, visitamos um templo nos arredores de Lhasa. Numa colina a uma certa distância, uma dúzia de monges está prestes a realizar um ritual. Uma coluna de fumaça sobe pelo céu azul, notas melancólicas das trompas sobem e descem no ritmo dos tambores. Uma pequena tenda branca foi erguida ao lado dos monges.

— Eles estão realizando um funeral celestial — explica Tashi. — Primeiro eles retalham o corpo inteiro e dão a carne para os pássaros. Depois, esmagam os ossos e os misturam com farinha de *tsampa*, para que os animais também os comam. É brutal, mas também bonito, porque é assim que se devolve tudo à natureza. Os pássaros são alimentados, você sacrifica o próprio corpo, nada fica para trás, você não ocupa espaço e não polui. É um sepultamento muito ecológico.

— Fazem isso até com crianças pequenas? — pergunto.

— Não, crianças pequenas costumam ser enterradas embaixo das casas — responde Tashi. — Acreditamos que suas almas retornarão na próxima criança que nascer. Lamas de alto escalão também não são enterrados assim, geralmente são cremados ou enterrados dentro de uma estupa. Exceto por isso, os funerais celestiais são comuns aqui.

Um monge vem caminhando em nossa direção, e Tashi troca algumas palavras com ele.

— Eu me enganei — afirma ela quando o monge segue em frente. — Não é um funeral celestial. Para ser sincera, fiquei um pouco surpresa ao ver a barraca, porque geralmente não há barraca. Os monges estão realizando uma cerimônia para pedir chuva para os agricultores e os animais selvagens. A chuva atrasou, faz muito tempo que não chove. A seca está afetando todo o Tibete. Precisamos desesperadamente de chuva.

Mekong
Yangtzé
TIBETE
C H I N A
SICHUAN
Shangri-Lá
Lago Lugu
Gargantas do
Salto do Tigre
Montanha de Neve
Dragão de Jade
Shigu
Lijiang
MIANMAR
Mekong
Yangtzé
Yangtzé
YUNNAN
AFEGA-
NISTÃO
XINJIANG
GANSU
C H I N A
QINGHAI
PAQUISTÃO
TIBETE
NEPAL
SICHUAN
BUTÃO
BANGLADESH
YUNNAN
ÍNDIA
MIANMAR

Via aérea para Shangri-Lá

Encontrei o portão 42, de onde partiria o voo programado para Shangri-Lá, e me sentei para esperar. Devido a restrições que ninguém conseguia explicar direito, estrangeiros não tinham permissão para seguir pela estrada principal da Região Autônoma do Tibete para a vizinha região de Yunnan, então só me restou cruzar a fronteira provincial pelo ar.

Perto do portão de embarque havia um Starbucks. Sempre fico muito feliz quando avisto um Starbucks na China. Em nenhum outro lugar aquele letreiro verde e branco exerce esse efeito em mim, longe disso, mas a China não é um lugar qualquer. Na China, sou analfabeta, surda e muda ao mesmo tempo, e mesmo a coisa mais simples, como pedir uma xícara de chá, às vezes parece uma missão impossível. Me vejo tateando um mundo tecnológico que se assemelha ao meu, porém não o compreendo direito. Mas no Starbucks sou capaz de compreender. Há algo seguro e familiar naquele logotipo verde e branco e naquele café travoso e aguado. Estava sozinha pela primeira vez desde que cruzei a fronteira do Nepal, e a primeira coisa que fiz foi pedir um *americano*. Nunca um café tão ruim foi tão gostoso.

Enquanto o avião taxiava pela pista, a aeromoça fez um longo discurso sobre tudo o que era estritamente proibido: não era permitido abrir as saídas de emergência.

Em nenhuma hipótese era permitido abrir as saídas de emergência. Não era permitido destruir nada, nadinha mesmo, nem o assento, nem o colete salva-vidas, nem o banheiro, principalmente o banheiro! Não era permitido fumar. Em nenhum lugar: nem no assento, nem no corredor, nem no banheiro. Principalmente no banheiro. Não era permitido manter o celular ligado; ele tinha de estar desligado ou em modo avião. Você era obrigado a sentar quando lhe dissessem para sentar e, fora isso, não podia zanzar pelo corredor, a menos que fosse estritamente necessário. Às instruções seguiu-se uma enorme lista de possíveis multas e penalidades caso alguma das regras mencionadas fosse descumprida.

Nas últimas décadas, mais de 200 milhões de chineses ascenderam para a classe média, e todos os dias muitos deles embarcarão numa aeronave pela primeira vez. Todos os meses, voos atrasam ou precisam fazer um pouso de emergência, pois, por algum motivo, às vezes até na intenção de tomar um pouco de ar fresco, passageiros de primeira viagem puxam a maçaneta vermelha. Recentemente, aumentaram as restrições sobre quem pode ocupar assentos próximos às saídas de emergência.

Pouco mais de uma hora depois, as rodas tocaram o solo. Mesmo os passageiros mais velhos e frágeis saltaram de seus assentos e começaram a pegar suas bagagens de mão, ignorando as reiteradas admoestações dos comissários de bordo pelos alto-falantes.

Estávamos em Shangri-Lá.

Em maio de 1931, oitenta residentes brancos tiveram de ser evacuados de Barkul, no Afeganistão, onde estourou uma revolução, para Peshawar, na Índia britânica. Quatro deles, Conway, o cônsul britânico, Mallinson, o vice-cônsul, bem como uma missionária e um vigarista estadunidense, foram resgatados no luxuoso avião particular do marajá. Os quatro passageiros descobriram rapidamente que seguiam um curso diferente do planejado; o avião tomou o rumo noroeste, sobre os picos gelados do Karakoram, voou até ficar sem combustível e cair em algum lugar do planalto tibetano, ao norte do Himalaia. Possivelmente, Conway supôs, eles estavam nas proximidades das menos conhecidas montanhas Kunlun.

Pouco antes de morrer, o piloto ainda conseguiu dizer aos passageiros que procurassem ajuda num mosteiro próximo chamado Shangri-Lá. O terreno era íngreme e difícil de percorrer, mas por fim os quatro sobreviventes chegaram a um vale fértil com um microclima surpreendentemente ameno. Lá, foram muito bem recebidos pelos monges locais e alojados no mosteiro, que, apesar da localização remota, era mobiliado com bom gosto e modernidade, e dispunha de aquecimento central, banheira, biblioteca e piano de cauda. Com exceção de Mallinson, obcecado em encontrar carregadores e voltar para casa, todos se sentiram à vontade no mosteiro surpreendentemente luxuoso. A vida no vale era harmoniosa e pacífica, e nada faltava a ninguém.

Depois de algum tempo em Shangri-Lá, Conway teve uma audiência com o lama superior — uma deferência inimaginável. O lama superior contou que o mosteiro foi fundado no início do século XVIII por um monge católico de Luxemburgo, padre Perrault. Conway logo se deu conta de que o velho lama grisalho sentado à sua frente *era* o padre Perrault. Graças a uma dieta composta de bagas locais, levemente narcóticas, e uma rotina baseada em meditação, exercícios de ioga e moderação, Perrault havia descoberto o segredo da eterna juventude. Agora, porém, o homem de

250 anos estava morrendo, afinal, e queria que Conway tomasse seu lugar. O mundo, previu o lama superior, estava enfrentando uma catástrofe sem precedentes, os homens iriam destruir a si mesmos e à terra que habitavam, e a destruição viria de cima, dos aviões. Apenas a afortunada Shangri-Lá, com sua biblioteca, seus muitos tesouros acumulados do mundo civilizado e sua filosofia cristã-budista, sobreviveria.

Conway, naturalmente, gostaria de ficar em Shangri-Lá, mas Mallinson não deu ouvidos à razão e quis escapar do vale com uma mulher manchu por quem havia se apaixonado. Conway também estava apaixonado pela estonteante «jovem» e acabou sendo persuadido a ir embora de Shangri-Lá. Ele então passou o resto de sua vida tentando encontrar o caminho de volta ao paraíso perdido.

É mais ou menos assim que o enredo de *Horizonte perdido — O mito de Shangri-La*, escrito pelo anglo-estadunidense James Hilton, pode ser resumido. O romance foi publicado em 1933, quando o Tibete ainda estava fechado para estrangeiros, e impressionou com sua mensagem pacifista de um paraíso escondido e harmonioso nas enigmáticas montanhas asiáticas. Essa versão moderna da *Utopia* de Thomas More se tornou um grande best-seller, e, quatro anos depois, o filme de Hollywood, dirigido por Frank Capra, foi lançado com um orçamento igualmente utópico de 2 milhões de dólares — quatro vezes o valor previsto. O filme tinha originalmente seis horas de duração, mas foi limitado a um terço disso. A versão reduzida foi premiada com o Oscar de melhor cenografia — só os interiores modernos do mosteiro de Shangri-Lá, bem ao estilo de Beverly Hills, já valem o preço do ingresso.

Franklin D. Roosevelt batizou de Shangri-Lá a residência de verão presidencial nas colinas de Maryland (hoje conhecida como Camp David), iniciando assim uma tendência internacional. O mundo de hoje está inflacionado de Shangri-Lás, nome que se tornou sinônimo de um paraíso terrestre inatingível, uma espécie de resposta do Himalaia ao Jardim do Éden. Em 1953, vinte anos após a publicação do livro de Hilton, quando Carl Barks mandou o Tio Patinhas ao isolado vale montanhoso de Tra-Lá-Lá, no Himalaia, isso era, naturalmente, uma alusão ao já desgastado termo Shangri-Lá. *Ri* significa «montanha» em tibetano, e *la* significa «desfiladeiro», enquanto *shang* é o nome dos címbalos usados pelos monges budistas durante os rituais. O nome foi inventado por Hilton, que possivelmente se inspirou em *Shambala*, o mítico reino budista mencionado em vários textos tibetanos que talvez remeta a um lugar real na terra, possivelmente a um paraíso espiritual. Embora lamas e tibetólogos tenham debatido por muito tempo o que realmente significa Shambala, assim como sua possível localização, a Shangri-Lá de Hilton é, portanto, comprovadamente artificial. O próprio Hilton nunca visitou a Ásia, mas afirmou ter se inspirado na *National Geographic* e nos livros de sua biblioteca. No entanto, houve um intenso debate sobre onde o romance de fato transcorre. Existem muitas teorias, e é possível percorrer todo o Himalaia, desde o vale de Hunza, no norte do Paquistão, passando por Ladakh e Siquim, na Índia, até o Butão, Nepal e Tibete, e dormir exclusivamente em hotéis chamados Shangri-Lá.

Em 2001, as autoridades chinesas puseram um ponto final na discórdia e renomearam a pequena cidade de Zhongdian, na província de Yunnan, como Shangri-Lá.[34]

---

34   Em tibetano, a cidade é chamada de Gyalthang, «Planície Real», e pertencia originalmente à região tibetana de Kham.

O truque de relações públicas excedeu todas as expectativas, e a cidadezinha montanhosa no noroeste de Yunnan começou a receber turistas aos milhões. A cidade velha, de mais de mil anos, se expandiu descontroladamente, e, em 11 de janeiro de 2014, um incêndio se alastrou pelas amontoadas construções de madeira. Mais de 240 foram completamente incineradas e mais de 2.500 pessoas perderam suas casas, mas, graças à rápida evacuação, não houve vítimas fatais. O combate ao fogo, porém, não foi tão eficaz. Os carros de bombeiros chegaram com os tanques vazios e tiveram de se abastecer no rio mais próximo.

A cidade velha foi reconstruída em velocidade expressa, o que deixou suas marcas. Nenhuma das novas casas parece mais velha do que é, embora tenham sido reconstruídas no estilo antigo. As ruas pedonais da cidade velha estão repletas de lojas que vendem lembranças tibetanas, *Made in India*. No mercado, os turistas podem fantasiar-se de princesas tibetanas e posar para a posteridade montando iaques brancos.

A cidade nova, com suas casas térreas de concreto, está ainda mais distante do paraíso terrestre de Hilton, assim como o Ganden Sumtseling, maior templo budista da região. O prédio era originalmente do século XVII e foi construído sob o quinto Dalai-Lama, mas foi destruído durante a Revolução Cultural. O mosteiro totalmente reformado de hoje tem pouco mais de trinta anos.

Quantos templos budistas eu visitei nas últimas semanas? Percorri diligentemente todas as salas do templo e salões de reunião e admirei sistematicamente as paredes recém-pintadas e as estátuas douradas do Buda, mas havia chegado ao ponto de saturação, o equivalente budista à síndrome de Stendhal, nas minhas lembranças não conseguia mais distinguir um templo do outro, eles eram uma coisa só. Desnorteada, arrastei-me de Buda em Buda, de salão em salão, rodeada de enxames de turistas chineses, os Budas a esvoaçar com seus sorrisos enigmáticos.

Exausta, peguei o ônibus de volta para a novíssima cidade velha de Shangri-Lá.

Alguns quilômetros ao sul dali, o destino da China está sendo decidido. Aqui a placa tectônica indo-australiana curva-se para o sul, rumo à baía de Bengala, e as montanhas e os rios seguem o mesmo curso.

Onde começa e termina uma cordilheira, afinal? Enquanto o Nanga Parbat, no Paquistão, é tradicionalmente considerado a âncora ocidental do Himalaia, o Namcha Barwa, no leste do Tibete, tende a ser considerado o extremo da cordilheira no leste. Ambas as montanhas são contornadas por rios formidáveis: o Indo faz uma curva de 90 graus ao norte do Nanga Parbat, e o Yarlung Tsangpo descreve um arco de 180 graus, uma meia-volta, em torno do Namcha Barwa, que dessa forma é enlaçado pelo rio. No ponto mais ocidental dos Himalaias, o Indo muda de direção e corre para sudoeste, rumo ao mar da Arábia, enquanto o Yarlung Tsangpo contorna completamente o ponto mais oriental da cordilheira e corre para o sudoeste, em direção a Arunachal Pradesh, no norte da Índia, onde é conhecido como Dihar, para então terminar seus dias no vasto delta de Bengala sob o nome de Bramaputra.

Em ambas as extremidades, os Himalaias são circundados por rios colossais. A pergunta que surge naturalmente é: o que veio primeiro, os rios ou as montanhas?

Não há respostas inequívocas, mas pesquisas geológicas recentes sugerem que o Yarlung Tsangpo foi um dos maiores responsáveis pelo grande e rápido crescimento do Namcha Barwa. Com seus 7.782 metros, o Namcha Barwa está entre as montanhas mais altas do mundo, e também é uma das mais jovens: enquanto as montanhas do Himalaia levaram em média 50 milhões de anos para atingir sua altura atual — algo bastante recente do ponto de vista geológico —, o Namcha Barwa aflorou em apenas 2 milhões a 3 milhões de anos, possivelmente ajudado pelo rio Yarlung Tsangpo.

O Yarlung Tsangpo é o rio mais longo do Tibete e um dos mais turbulentos do mundo, com uma cachoeira de mais de 3 mil metros. Ao longo de milhões de anos, cortou a paisagem como uma navalha, e no Namcha Barwa, onde faz um laço, a diferença de altura é mais dramática: quase 2.500 metros em meros cinquenta quilômetros. Aqui, as massas de água escavaram um cânion de cinco quilômetros de profundidade, o mais profundo do mundo. Enormes quantidades de massas rochosas foram carregadas pelo rio, o que aliviou a pressão na crosta terrestre e justificaria o crescimento tão rápido do Namcha Barwa. Como todas as montanhas altas, o Himalaia tem uma raiz profunda que penetra o manto sob a crosta terrestre. A exemplo dos icebergs, quanto mais alta é uma montanha, mais profunda é sua raiz. Quando um rio arrasta grandes quantidades de massa rochosa da superfície, a montanha sobe para manter o equilíbrio. Muitos geólogos acreditam que processos semelhantes ocorreram no Nanga Parbat, no oeste. Uma combinação de elevação e erosão, criada pela colisão de placas tectônicas e milhões e milhões de litros de chuva e água derretida, pode ter ajudado a criar o começo e o fim do Himalaia.

No Tibete Oriental, na fronteira com Yunnan, onde a fenda entre as placas continentais aponta para o sul, tanto as montanhas quanto os rios fazem uma curva. Todos acompanham obedientemente a dobra em direção à Índia, em direção à Baía de Bengala.

Todos exceto um.

O Yangtzé, o rio mais longo da Ásia, nasce no nordeste do Tibete e, como os demais cursos d'água, inicialmente corre direto para a baía de Bengala. Na pequena cidade de Shigu, ao sul de Shangri-Lá, faz um desvio abrupto. Aqui ele se volta para o norte, quase numa curva fechada, e então cruza toda a China antes de desaguar no mar da China Oriental, em Xangai.

O que seria da China sem o Yangtzé, também conhecido como Dri Chu, rio dos Iaques, Jinsha Jiang, rio das Areias Douradas, Chang Jiang, rio Comprido, ou simplesmente *Jiang*, que significa «rio»? Em extensão, o Yangtzé é superado apenas pelo Nilo e pelo Amazonas. Mais de 200 milhões de pessoas vivem às margens do Yangtzé, enquanto mais do que o dobro desse contingente depende inteiramente dele.

Sem o Yangtzé, não há China, pode-se argumentar. No entanto, quase nenhum turista visita Yun Ling, a Montanha das Nuvens, alguns quilômetros ao sul de Shangri-Lá, onde o Yangtzé faz seu desvio tão abrupto. Em vez disso, o tráfego de ônibus turísticos é intenso para as Gargantas do Salto do Tigre, um pouco mais ao norte, onde o Yangtzé literalmente jorra para o norte, rugindo energicamente.

Por razões insondáveis, o cânion Yarlung Tsangpo, próximo do Namcha Barwa, está fechado para estrangeiros, mas a visita às Gargantas do Salto do Tigre é gratuita. Com seus 3.790 metros, não são tão profundas quanto o cânion, mas não deixam de ser igualmente monumentais. Reza a lenda que, no trecho mais estreito entre as encostas íngremes da montanha, um tigre certa vez saltou para escapar do caçador que o seguia, daí a poética denominação.

Antes, os turistas tinham de percorrer toda a extensão do vale, e suar, para fazer valer a visita à paisagem tão espetacular, mas recentemente barragens e linhas elétricas foram instaladas ao longo do despenhadeiro, que agora também está totalmente adaptado para turistas, com acesso rodoviário e outras comodidades. Como chovia a cântaros e as trilhas eram escorregadias e traiçoeiras, optei pela maneira mais popular de visitar as Gargantas do Salto do Tigre: sendo conduzida de carro até a plataforma de observação.

No meio de 15 mil chineses de classe média, todos munidos de capas e guarda-chuvas, acompanhei o fluxo da multidão pelos degraus que conduziam à beira do penhasco, onde uma enorme estátua kitsch de um tigre havia sido erguida em memória do animal que um dia teria saltado sobre o rio exatamente aqui, e tirei uma selfie com o leito marrom e espumoso ao fundo.

Ao meu redor, o ruído dos cliques das câmeras era ensurdecedor. Exceto pelo fato de eu não ser chinesa, me dei conta de que no fundo pouca coisa que me distinguia deles. Rápida visita a um dramático desfiladeiro com tigre: *clic.* Quarenta e cinco minutos num templo budista centenário: *clic.* Mercado da cidade velha: *visitado na mesma manhã.* Iguarias locais: *consumidas antes de dormir.* Noite de dança folclórica: *já vi demais, não fui.* Ímãs de geladeira: *comprados.* Visita à casa de chá: *em Darjeeling era melhor.* Dessa forma, experiências inicialmente únicas, tradições e histórias antigas e intrincadamente entrelaçadas são instantaneamente transformadas em commodities palatáveis; o mundo está se tornando um parque de aventuras para a classe média, e a classe média está crescendo. Shangri-Lá? Nunca existiu, mas *been there, seen that*, eu também. «*Auch ich in Arkadien!*», escreveu Goethe em sua *Viagem à Itália*, duzentos anos atrás: «Eu também, eu também», essa é a ideia. Eu também posso ver de perto, mesmo que viajando num trem em alta velocidade, o distante e o exótico, as Shangri-Lás e Samarcandas deste mundo, os atóis dos mares do Sul e os cimos mais altos das montanhas, todos únicos, lugares que antes só poderiam ser alcançados por poucos, privilegiados e persistentes, agora tudo isso pode ser um pouco meu, um pouco seu.

Por que viajamos, afinal? Por que eu viajo? De repente, me senti cansada. Mas ainda faltava uma parte importante do programa.

A Cidade Velha de Lijiang, a oeste de Shigu, estava, em contraste com a Cidade Velha incendiada de Shangri-Lá, intacta. Grandes porções da cidade nova foram destruídas por um grande terremoto em 1996, mas a cidade velha, construída para resistir a abalos intensos, sobreviveu ao terremoto praticamente ilesa. Embora a cidade nova tenha se tornado ainda mais nova, a cidade velha de Lijiang ainda é uma das mais belas e pitorescas da China, com ruas estreitas de paralelepípedos, canais, pontes de pedra e casas de madeira cobertas pelos tradicionais telhados curvos. Ao fundo, como um cenário fotogênico, ergue-se a Montanha de Neve Dragão de Jade.

No mercado local de hortaliças, as barracas estavam lotadas, e era possível comprar quase *tudo*: cogumelos secos e frescos, vegetais de formatos e cores estranhas, pernas de rã, pele de cobra, ervas, pêssegos, figos — uma cacofonia de cheiros e sons.

Com antecedência, fui advertida da quantidade imensa de turistas, mas passeei sozinha por becos desertos e tive a cidade velha inteira ao meu dispor até, inadvertidamente, sair numa das ruas mais movimentadas e, de repente, me ver no meio da multidão de turistas chineses, milhares deles, espremidos por barracas de lanches e espalhafatosas lojas de suvenires. Lijiang está se tornando cada vez mais popular: em 2007, cerca de 2 milhões de turistas visitaram a cidade. Mais de uma década depois, em 2018, esse número havia saltado para 45 milhões — de novo, composto sobretudo de chineses que passaram a descobrir as belezas do próprio país.

Embora a riqueza de Lijiang hoje venha principalmente dos turistas, sua origem é o comércio: a cidade era um importante entroncamento na antiga Estrada do Chá e dos Cavalos, o correspondente himalaio à Rota da Seda. O chá de Yunnan era trocado por cavalos tibetanos, e uma série de rotas de caravanas ligava Lijiang a Sichuan, Birmânia, Nepal, Tibete e norte da Índia.

Num centro cultural de Lijiang, conheci uma das últimas pessoas que havia percorrido as antigas rotas de caravanas. Minha intérprete local, Apple, anotou seu nome em caracteres chineses no meu caderno, mas se recusou a transcrevê-lo em caracteres latinos, pois achava que o nome não poderia ser traduzido para o inglês; portanto, nunca consegui saber como ele se chamava. Era um artista, impecavelmente vestido num terno e quepe *sixpence*, de olhar afável e sorriso caloroso.

— Ele é de uma antiga família de Lijiang — disse Apple. — O pai dele é mencionado na Wikipedia chinesa. Ele foi um homem muito poderoso e importante em Lijiang em sua época, um dos poucos que tinha instrução, e desempenhou um papel importante durante o comércio de chá e cavalos.

Dessa vez não tinha atravessado nenhuma fronteira nacional, apenas a divisa provincial entre o Tibete e Yunnan, e no entanto era como se me encontrasse num outro país, diante de outra realidade, quase tudo era novo: as referências, as pessoas, o idioma — mais uma vez estava sem um norte. Como a Índia, a China não é um país, mas vários: a província de Yunnan, que faz fronteira com Mianmar, Laos e Vietnã, é tão grande quanto o Iraque e tem mais de 46 milhões de habitantes. Pode-se dizer que Yunnan por si não é um país, mas muitos. Vinte e seis diferentes grupos étnicos vivem aqui — nenhuma outra província chinesa abriga tanta diversidade étnica — e apenas aqueles registrados oficialmente são contabilizados nesses 26 grupos étnicos; os subgrupos são ainda mais numerosos.

— A partir daqui, em Lijiang, as caravanas comerciais iam para o Tibete, Nepal e Índia — disse o venerável ancião. — A nossa velha cidade é o resultado da troca de ideias, estilos e materiais que esse ofício trouxe consigo. Aliás, não é que todo o percurso fosse feito a cavalo, ainda que se chame Estrada dos Cavalos — acrescentou, professoral. — Daqui os mercadores seguiam para o oeste, até Sichuan, a cavalo, mas de lá a jornada continuava em camelos. A viagem para o leste, para o Tibete e o Nepal, era no lombo de iaques. Era uma rota comercial complicada: os viajantes precisavam de passaporte, e a rota era perigosa e sujeita às intempéries. Havia bandidos por toda parte. Podia levar anos para chegar ao destino, e muitos nunca voltavam para casa. Caravanas pequenas não davam conta sozinhas, e foi aí que a empresa do meu pai entrou em cena: ele negociava com os bandidos e oferecia proteção. Na década de 1950, logo depois que nasci, as antigas rotas de caravanas foram substituídas por autoestradas e as fronteiras foram fechadas. Meu pai foi o último da família a lidar com comércio, e eu fui um dos últimos a percorrer as antigas rotas de caravanas.

Ele sorriu gentilmente.

— Infelizmente não me lembro de nada da viagem, porque ainda estava no ventre de minha mãe. Ela acompanhou meu pai ao Tibete quando estava grávida de mim. Quando eu era pequeno, Lijiang era um lugarejo pobre e remoto — continuou ele. — Eu tinha nove anos quando a cidade ganhou sua primeira lâmpada. Ela funcionava a energia hidrelétrica Minhas irmãs me levaram para ver e eu lembro que todo mundo estava lá, todos comentando fascinados aquele fenômeno. Diziam que as pessoas no Ocidente usavam aquilo até no banheiro.

Xuan Ke é uma lenda viva em Lijiang. Ele fundou e até recentemente regia a famosa orquestra naxi da cidade. Os naxi, cerca de 300 mil, são uma das minorias de Yunnan, com trajes, língua, sistema de escrita próprios e, não menos importante, uma rica tradição musical que remonta a séculos.

Apple, a intérprete, conseguiu que um simpático senhor de setenta anos, que aprendeu russo sozinho, amigo próximo de Xuan Ke, se juntasse a nós na visita.

— Na China, você não pode simplesmente aparecer na casa de um estranho, você tem de chegar pelas mãos de algum conhecido, do contrário não poderá entrar — explicou ela. — Aqui tudo gira em torno de contatos. Sem bons contatos, você não tem a menor chance.

Xuan Ke morava numa casa grande nos arredores da cidade. Ele estava sentado numa poltrona da sala assistindo a um concerto da Sinfônica de Viena quando chegamos.

Numa mesinha lateral estava o cinzeiro, e, a seus pés, um baldinho no qual esvaziava as bitucas quando o cinzeiro estava cheio. Nas paredes estavam pendurados poemas, escritos em bela caligrafia, fotografias de vivos e de mortos, principalmente mortos, e diplomas e prêmios. As prateleiras estavam abarrotadas de livros em inglês e chinês. Sobre a caixa de som ao lado da TV havia uma cruz.

O velho maestro tinha uma saúde surpreendentemente boa para seus quase noventa anos. Falava um bom inglês, mas rapidamente emendava com o chinês, muitas vezes sem perceber. Não se via um só fio de cabelo branco em sua cabeça, e o rosto era surpreendentemente semelhante às fotos aos cinquenta e sessenta anos de idade que eu tinha visto.

— Haroldo Quinto, meu bom amigo! — disse ele quando soube que eu era norueguesa. Acendeu outro cigarro e diminuiu o volume da TV. O rei Haroldo e a rainha Sônia da Noruega passaram por Lijiang durante visita oficial à China em 1997, e, como chefes de Estado e dignitários em visita, foram levados a um concerto de Xuan Ke e sua Orquestra Naxi.

Xuan Ke não tinha um histórico familiar qualquer: era filho de um músico que se converteu ao cristianismo na idade adulta. Quando criança, frequentou uma escola missionária em Kunming.

— Havia muitos pianos na escola — disse ele. — Talvez doze ao todo. Nenhuma outra escola tinha tantos pianos. Foi assim que comecei a tocar piano.

Tanto sua fé quanto sua música lhe trouxeram uma série de problemas ao longo dos anos. Quando ele era pequeno, o pai acabou preso por causa da religião, e ele próprio foi preso duas vezes.

— Em 1948 fui preso pelos nacionalistas, mas já no ano seguinte fui libertado pelos comunistas — disse ele. — Passaram-se oito anos e fui preso de novo, dessa vez pelos comunistas. Fiquei 21 anos preso. Você pode dizer sem medo de errar que passei meus melhores anos no cárcere.

Quando perguntei, Xuan Ke me disse que não havia sofrido muito na prisão. Muitos passaram por coisas piores, enfatizou ele. Como sabia pintar, acabou sendo contratado para pintar quadros de propaganda em todo o país.

— Pintei fazendeiros e soldados e acrescentei a mitologia chinesa — disse ele. — Não tinha nenhuma relação pessoal com as pinturas, porque não acredito na ideologia comunista, mas elas ficaram muito populares.

Em sua autobiografia, que adquiri mais tarde naquele dia, Xuan Ke também conta detalhes dos primeiros anos no campo de prisioneiros, antes de começar a pintar quadros de propaganda: «Esses preciosos anos em que o poder do pensamento está no auge foram gastos em trabalho árduo, sem Beethoven, Bach, Haydn ou piano, longe dos gramados primaveris ou flores silvestres, sem a Beatrice de Dante. Minha única e constante companhia era o terrível som raspado do moinho de bolas, outra música não havia. No moinho de bolas são colocadas várias esferas de aço, menores que uma bola de vôlei, dentro de um recipiente, e então o metal é pulverizado pelo atrito entre as bolas. O ruído avassalador dos impactos pode matar alguém mais sensível ou com problemas cardíacos. Desde o início da manhã até tarde da noite, as batidas preenchiam todos os cantos e recantos, não havia como escapar».

Quando saiu da prisão, tinha quase cinquenta anos.

— Você se amargura por ter perdido seus melhores anos preso? — perguntei.

— Não, não sou uma pessoa amarga — Xuan respondeu brandamente. — Também não sou uma pessoa teimosa, sigo o fluxo. Quando saí da prisão, conheci minha esposa e começamos uma família.

— Acho que ele está tentando dizer que esse período o transformou em quem ele é — explicou Apple. — Todo mundo estava traumatizado naquela época.

— É preciso levar em conta que esse foi um período muito especial na história da China — acrescentou o amigo que falava russo.

— Naquela época, qualquer um que tivesse algum tipo de talento ou formação era um alvo — elaborou Xuan Ke. — Mas a vida humana é curta. Os tempos vão mudar. É preciso erguer a cabeça, olhar para frente. Na prisão eu não tinha liberdade. Eu me sentia entorpecido, não conseguia pensar normalmente. Não podia ter sentimentos, não podia ter minhas próprias opiniões. Tive de desligar tudo. Não tinha sequer noção do que estava em cima e do que estava embaixo, do que estava à direita ou à esquerda, tais referências deixaram de existir.

Quando se tornou um homem livre novamente, conseguiu um emprego como professor de música numa escola secundária em Lijiang.

— Também compus algumas sinfonias e fundei a Orquestra Naxi — acrescentou ele, sobriamente. — Nossas tradições musicais são extremamente antigas, remontam à dinastia Tang. Lijiang é uma área fronteiriça a leste do Himalaia, aqui estamos muito longe de tudo. Mais próximo do centro da cidade, muitas tradições morreram durante a Revolução Cultural, mas aqui elas sobreviveram. Quando Lijiang foi reaberta, na década de 1980, quis mostrar essa rica tradição para o mundo. Dei à música meu toque pessoal, é claro, mas antes de mais nada a Orquestra Naxi trata de preservar a música tradicional que sobreviveu aqui. Venha ouvir você mesma, ainda fazemos concertos todas as noites!

Acendeu outro cigarro e esvaziou o cinzeiro cheio no baldinho.

— Tenho muito orgulho mesmo é das 21 canções que compus para as 21 escolas de Lijiang – disse ele. — Cada escola tem sua própria canção.

— Ele também pode se orgulhar de ter colocado Lijiang na Lista do Patrimônio da Humanidade da Unesco — acrescentou o amigo. — As pessoas aqui consideram Xuan Ke o farol de Lijiang. Quando a Revolução Cultural acabou, ele foi o único que restou com educação e qualificações. O que ele legou a Lijiang não tem preço. Para nós, ele é como um messias, ele construiu uma ponte entre Lijiang e o mundo e tornou nossa velha cidade conhecida! Caso não constasse na Lista do Patrimônio da Humanidade da Unesco, Lijiang seria uma pobre cidadezinha qualquer nas montanhas.

Conversamos longamente e sobre assuntos variados; o maestro estava cansado.

— A China é uma nação estranha e imprevisível — disse ele pouco antes de partirmos. — Historicamente, fomos governados por um imperador. Se a pessoa no comando for habilidosa, o povo se beneficia disso. Xi Jinping não tem fé, mas sua esposa é cristã. Ela foi minha aluna há muitos anos. Ela veio para Lijiang, e 20 mil pessoas compareceram para vê-la ajoelhar-se diante de mim para me reconhecer como seu maestro. Minha esperança é que ela possa influenciar o marido com seus valores cristãos. Só assim a China avançará, acredito eu. Caso contrário, ficaremos estagnados.

— Como era a esposa de Xi Jinping? — perguntei, curiosa.

— Faz tanto tempo que fui seu professor que não quero dizer nada sobre como ela era naquela época — respondeu diplomaticamente o venerável maestro. — Ela é uma pessoa diferente agora, está numa posição completamente diferente.

O amigo de Xuan Ke que falava russo nos acompanhou para o almoço. Nunca descobri como se chamava, porque, segundo Apple, seu nome também não podia ser expresso no alfabeto latino.

— Por favor me diga se está cansado demais para conversar — eu disse depois que pedimos a refeição.

— Não, tenho só 71 anos, sou muito jovem — disse, gentilmente. Ele tinha o rosto pontiagudo, a boca pequena e a voz rouca. Me lembrou meu avô.

Enquanto esperávamos pela comida, me mostrou o livro que havia traduzido, *Rozovye rozy*, «*Rosas rosas*», da escritora russa Viktoria Tokareva. Carregava duas edições, uma velha e gasta e uma um pouco mais nova. A tradução nunca foi publicada, mas ele a trazia consigo e exibia com orgulho, página por página.

— Um dia, enquanto eu ainda consertava bicicletas na cidade velha, uma jovem russa, uma turista, veio até mim e ficamos amigos — disse ele. — Depois, quando ela voltou para casa, em seu país, me enviou um exemplar de *Rozovye rozy* pelo correio.

Ele também trazia consigo uma cópia de uma carta manuscrita que havia escrito ao presidente Putin, na qual propunha estabelecer uma cidade geminada na Rússia, bem como uma descrição de si mesmo, também em russo, escrita com uma caligrafia elegante e precisa.

— Tolstói! — gritou ele excitado, gesticulando ansioso. — Pushkin! A literatura russa é a maior!

Tigelas de comida foram colocadas à nossa frente, repolho, arroz, cebolinha, tofu, carne frita, e comemos em silêncio.

— Minha geração é a geração que Mao sacrificou — disse ele quando as tigelas ficaram vazias. Ele desistiu de falar russo, que não praticava havia anos, e deixou Apple interpretar.

— Quando eu tinha dezoito anos, fui mandado para o interior, para a área onde hoje fica o aeroporto. Não era muito longe, mas a vida lá era difícil. As pessoas viviam melhor nas cidades. Eu tinha de arar a terra com ferramentas simples, minhas mãos estavam sempre cheias de bolhas. Fiquei três anos lá, trabalhando duro e passando muita fome. Os fazendeiros tinham de mandar quase toda a comida para o governo, então nunca tínhamos o suficiente para comer. Eu nunca tinha o suficiente para comer. A certa altura, eu estava absolutamente desesperado para comer presunto... Quando surgiu uma oportunidade de obter quinhentos gramas de presunto como ração extra, fiz tudo ao meu alcance para conseguir, mesmo que isso significasse trabalhar ainda mais. Eu estava completamente obcecado por conseguir aquele tantinho de presunto, ele passou a ser mais importante que todos os problemas e desafios. Durante uma semana, trabalhei o máximo que pude. A peça de presunto tinha dois quilos e eu fiquei com um quarto. Ainda tenho pesadelos com aquele presunto e com a obsessão que senti por ele.

Ele engoliu em seco e olhou para o tampo da mesa.

— Muitos morreram de fome naquela época. Como membro da Guarda Vermelha, sofri menos do que a maioria. Ficávamos entre as pessoas e o partido, como uma cerca.

Mas minha alma ficou machucada. Aquele presunto deixou uma cicatriz permanente na minha alma. Tudo que minha geração teve de passar...

Seus olhos ficaram lívidos e ele engoliu em seco mais uma vez.

— Cresci numa época em que os jovens chineses finalmente podiam estudar. Poderíamos ter tido um futuro completamente diferente, mas em vez disso fomos mandados para o campo para ser torturados e sofrer. Muitos sucumbiram. Eu era bom na escola, o melhor! Sempre tirava a melhor nota, poderia ter tido uma vida completamente diferente. Mas as escolas eram o puro caos naquele período. Terminei o primeiro ano do ensino médio e ia mesmo entrar na universidade, mas tudo era um descalabro, tudo estava em ebulição, ninguém fazia o que devia. Todos tinham enlouquecido. Eu vi professores sendo torturados e mortos diante dos meus olhos. Se a Revolução Cultural tivesse durado mais dez anos, a China não existiria mais. Todos nós, que tínhamos frequentado escola, quem quer que soubesse ler e escrever, éramos alvos ambulantes. Naqueles dias, nada era constante. Tudo mudava. Os ricos empobreciam, os pobres enriqueciam, preto era branco e branco virava preto, os rumos mudavam o tempo todo ao sabor de quem estava no poder, as pessoas não sabiam mais o que estava acontecendo nem o que estava para acontecer, ninguém entendia nada. As pessoas delatavam umas às outras. Eis o que foi a Revolução Cultural!

Ele sacou de novo o livro que havia traduzido e falou mais sobre ele, sobre a jovem turista russa e sobre a literatura russa, a maior de todas. Foi como se tivesse tomado um impulso para prosseguir.

— Minha família não é daqui. Eles vieram para Lijiang durante a dinastia Qing para trabalhar para o governo central. Quase todos os meus parentes eram pequenos camponeses, mas, como minha tetravó era proprietária de algumas terras, que havíamos herdado, éramos vistos como ricos. Não éramos nada ricos! Não tínhamos criados, e meus irmãos e eu andávamos com sapatos feitos de capim. Trabalhava duro de manhã até a noite. Não éramos ricos! Mas, por causa das terras da minha tetravó, éramos rotulados de «capitalistas», de «kulaks», que eram sinônimos de criminosos. Nossa formação, nossa ficha, não era *limpa*, portanto muitas portas se fecharam para nós. Podíamos simplesmente esquecer conseguir um emprego público.

— A família conseguiu manter a terra ou ela foi expropriada? — indaguei.

Apple olhou para mim com os olhos arregalados.

— *Claro* que o governo confiscou as terras! — respondeu ela.

— Sim, a terra nos foi tirada durante a reforma agrária e repartida com outros agricultores — confirmou o velho. — O pior é que as pessoas ao redor falavam muito mal de nós. Nossa família adquiriu uma péssima reputação, e muitas inverdades foram ditas sobre nós. Se não fosse por minha tetravó, não teríamos tido esse destino. Seríamos representantes da classe trabalhadora, receberíamos medalhas e prêmios.

Ele suspirou profundamente.

— Depois de três anos na lavoura, fiquei com os cabelos grisalhos. Esses anos arruinaram minha saúde. Eu não aguentava mais, meu corpo não aguentava mais. Eu estava completamente destruído e decidi me tornar mecânico. Por trinta anos trabalhei como mecânico reparando bicicletas na cidade velha. Muitas pessoas diziam que eu deveria ter me tornado professor, porque vários parentes meus haviam sido professores, mas os professores tinham má reputação na época. Era melhor ser operário. Os operários eram respeitados. Minha vida é o resultado da ironia do destino, mas ninguém pode escapar do destino... Pelo lado positivo, nenhuma das provações que enfrentaria mais tarde na vida se comparou àquelas pelas quais tive de passar quando jovem. Adquiri uma vontade de ferro.

Ele me encarou.

— Quero enfatizar que, a meu ver, o presidente Xi é um bom líder. Ele viveu a mesma coisa que nós, ele mesmo foi enviado para o campo quando jovem. Xi não trata mal as pessoas que estão na base da pirâmide. Ele nos compreende. Também tenho grande respeito pelo secretário Mao. Quando jovem, fui até visitar a casa em que ele nasceu. Foi o secretário Mao quem disse duas coisas que mudaram meu destino: ele disse que os mais instruídos deveriam ir para o campo ajudar, e disse que os mais instruídos deveriam liderar o esforço para erradicar as classes sociais. Essas duas frases mudaram minha vida. O que veio a seguir estava além do meu controle.

— Como você aprendeu russo? — perguntei.

Ele sorriu.

— Quando estudava para me tornar mecânico, recebia livros e fitas cassetes de Pequim. Eram essas as oportunidades que tinham os operários daquela época, e foi assim que aprendi russo sozinho.

Pouco antes das oito horas, tomei meu lugar na fila diante das portas da tradicional Orquestra Naxi de Xuan Ke, na cidade velha. Para minha surpresa, o velho falante de russo estava ali esperando por mim.

— Eu só queria lhe dar isso aqui — disse ele, me entregando dois saquinhos cheios de chá verde. — Um é para a sua intérprete. Pode entregar a ela por mim? Ela deveria ter vindo buscá-los na minha casa, mas não teve tempo, então resolvi entregar eu mesmo os presentes. Eu sabia que você estaria aqui.

Fiquei muito comovida. O velho mecânico de bicicletas pegou o gorro, despediu-se com um respeitoso meneio de cabeça e saiu apressado.

Não é a maldade das pessoas que faz alguém vergar; dar-se conta do quão podem ser boas, porém, é uma experiência que, às vezes, dilacera o coração da gente.

Lá dentro, na penumbra do foyer, fui recebida com um pedido de desculpa:

— A senhora foi a única que comprou ingresso, então infelizmente não haverá concerto hoje à noite — disse a bilheteira. — As pessoas não estão mais interessadas em música tradicional — suspirou ela. — Preferem ir a um bar ou ao shopping.

As ruas do lado próximas à sala de concerto fervilhavam de turistas, 45 milhões deles, mas ninguém parava, ninguém se interessava em ouvir jovens de vinte e poucos anos tocando a centenária música naxi.

Por que viajamos? Não sei. Minha única certeza é que jamais na vida me arrependeria de ter vindo até aqui, a meio mundo de distância, dar com a cara na porta de um concerto cancelado.

O reino das mulheres

Onde termina uma viagem?

Minha longa jornada terminaria no lago Lugu, lar do povo mosuo, a maior sociedade matrilinear do mundo. A viagem de carro de Lijiang levou mais de quatro horas; cruzamos o rio Yangtzé e continuamos para o norte, em direção às montanhas cobertas de verde. Apple tinha alertado que a estrada estava ruim, mas, comparada com as estradas nas montanhas do Paquistão, Índia, Butão e Nepal, era um verdadeiro tapete.

Apple era alguns anos mais nova que eu e trabalhou como professora de inglês durante anos até desistir do sistema escolar chinês e se tornar guia e intérprete em tempo integral.

— Eu era muito impaciente — explicou. — Ficava irritada quando os alunos não obedeciam, e havia muitas crianças em cada classe. Além disso, os professores são punidos quando as crianças não se saem bem nas provas. Resolvi dar um basta.

Ela mancava um pouco e não usava maquiagem; o cabelo liso descia até os ombros.

— Meus pais querem que eu me case e tenha filhos, mas não quero — continuou ela. — Quero ser livre. Viajar. Ver o mundo. São tantas coisas para viver. Tudo que eu quero é viver do jeito que eu quero. Mas, ainda assim, é melhor ser uma mulher na China do que em vários outros lugares do mundo — acrescentou. — Anos atrás, fiz uma viagem pela Índia. Os homens indianos são terríveis! Só fui sofrer assédio sexual pela primeira vez em Calcutá. Quando voltei para casa, passei a ver a China com novos olhos.

— Também nunca sofri assédio sexual na China — comentei. — Parece um país igual a muitos outros, mas ainda fico com impressão de que a maioria das pessoas em cargos de chefia são homens. Quantas ministras do governo são mulheres?

— Por que a pergunta se você já sabe a resposta? — retrucou Apple, irritada.

— Não sei a resposta — disse eu. — Por isso perguntei.

— Por quinhentos anos, a China resistiu à influência ocidental — reclamou Apple. — Por que devemos mudar agora? Por que a China tem de ser como o Ocidente?

— Eu não disse que a China tem de ser como o Ocidente — respondi, perplexa. — Mulheres em cargos de chefia não é algo especificamente ocidental, é?

Nos dias que passamos em Lijiang, Apple concentrou-se no trabalho de intérprete. Agora que tínhamos mais tempo para conversar, comecei a entender por que ela desistiu da carreira de professora.

— As diferenças entre o Oriente e o Ocidente são intransponíveis — afirmou Apple. — Sempre achei isso. Vocês simplesmente não conseguem entender como nós pensamos. Orientais e ocidentais jamais se entenderão, somos muito diferentes.

Seguimos nosso caminho num silêncio tenso. Colinas verdes passavam zunindo. Passei o tempo lendo as notícias no meu celular. Todos os jornais on-line ocidentais traziam os protestos em Hong Kong como assunto principal; centenas de milhares de manifestantes estavam nas ruas, a situação tinha se agravado. Aproveitei para perguntar a Apple sobre o que a mídia chinesa noticiava a respeito de Hong Kong.

— Não sei, porque nunca leio o noticiário — ela respondeu secamente do banco da frente, sem se virar para mim. — Mas posso perguntar ao motorista, se quiser.

O motorista tinha muito a dizer sobre o assunto, ao que parecia.

— A mídia escreve que os protestos foram iniciados pelos britânicos e norte-americanos na tentativa de impedir ou influenciar as eleições em Taiwan no próximo ano, quando Taiwan será devolvida à China — traduziu Apple. — Ele diz que acha que isso soa como uma explicação plausível.

— O que a mídia chinesa escreve sobre a situação em Xinjiang, então, e sobre os campos de detenção de lá? — perguntei em seguida.

Mais uma vez, Apple teve de consultar o motorista.

— Ele nunca ouviu falar dos campos de detenção, disse ele, mas acha natural que haja mais segurança em Xinjiang depois do ataque com faca ocorrido na estação de trem de Kunming, alguns anos atrás. A segurança não estava funcionando direito e a população precisava ser protegida.

Senti que Apple estava ficando impaciente, mas arrisquei fazer mais uma pergunta:

— O que vocês aprendem sobre o Tibete na escola?

— Como assim? — perguntou Apple cautelosamente.

— O que vocês aprendem sobre a invasão chinesa ao Tibete em 1950?

— É um capítulo pequeno, muito curto, tão curto que não faz sentido — ela respondeu, medindo as palavras.

Não me atrevi a fazer mais perguntas e mergulhei novamente no noticiário on-line. De repente, Apple se virou para mim.

— Por que você quer saber tudo isso? — perguntou ela, furiosa. — É como se você tivesse uma opinião e só estivesse em busca da confirmação. Você está ciente de que há coisas muito políticas sobre as quais você está perguntando, certo? Nós, chineses, não falamos sobre essas coisas, e aí vem você e expõe suas próprias opiniões, é como se você estivesse nos julgando, por que você está me perguntando isso?

Seus olhos estavam vidrados, sua voz tremia.

— Passei vinte anos longe dessas coisas, e agora tudo está voltando, *você* está trazendo tudo de volta! Vivemos num país comunista, como você acha mesmo que as coisas funcionam aqui? Não importa o que pensemos sobre uma coisa ou outra! Achei que o combinado era eu ajudar você a conversar com as pessoas, não você me perguntar sobre coisas muito pessoais!

— Desculpe se a ofendi, mas honestamente não achei que era nada pessoal perguntar sobre o que a mídia chinesa diz sobre vários assuntos — defendi-me. — Não sei falar chinês, de que outra forma vou descobrir?

— Você só pergunta! — gritou Apple. Uma lágrima rolou pelo seu rosto. — Pare com isso, pode parar!

Percorremos o resto do caminho em silêncio. Ditaduras bem-sucedidas sempre funcionam assim: a ditadura penetra na cabeça das pessoas. Lá faz sua morada e se entrincheira contra quaisquer dúvidas. Lidar com o cotidiano fica mais fácil assim.

Quando paramos na entrada de lago Lugu para comprar ingressos — o lago Lugu é, segundo as autoridades chinesas, um *scenic spot* e, portanto, exige a cobrança de ingressos —, Apple virou-se para mim novamente.

— Sinto muito, eu não deveria ter ficado com raiva — disse ela bruscamente. — Posso devolver o dinheiro que você me pagou e ajudá-la a encontrar outra pessoa que possa ser sua intérprete, se quiser.

— Deixe de bobagem, não é necessário — assegurei. A fim de mudar de assunto, e na esperança de descontrair o clima ao mesmo tempo, comecei a perguntar a ela sobre a diferença entre os vários grupos étnicos que viviam na área, yi, bai, naxi e mosuo, mas às vezes me expunha perguntando algo sobre o que já havia perguntado, outras vezes revelando minha ignorância infinita.

— Você não leu antes de vir para cá? — perguntou Apple, mais surpresa do que irritada.

Pegamos os ingressos e seguimos para a atração turística, passando por hotéis, casas simples e ônibus de turismo estacionados. O lago estava claro e convidativo à esquerda da estrada, cercado por montanhas azuis decorativas. Grandes placas amarelas informavam que nadar era rigorosamente proibido. Depois de uma hora, chegamos ao pequeno hotel familiar onde ficaríamos.

— Sadama, uma grande amiga minha, mora ao lado — explicou Apple. — Ela nos convidou para jantar.

— Que gentil! — comemorei.

— Você não entende — disse Apple, frustrada. — Como disse, Sadama é minha amiga. Ela *precisa* nos convidar para jantar. É obrigação dela.

Na cozinha de Sadama havia um pôster com fotos dos últimos cinco líderes do Partido Comunista, incluindo o presidente Xi Jinping, além de um grande pôster de Mao. No altar do Buda, na sala de estar, estava uma foto emoldurada do 11º Panchen Lama, a reencarnação proclamada pelas autoridades chinesas, que agora vive em Pequim. Foi a primeira vez que vi uma foto dele numa residência.

Sadama tinha 29 anos e estava grávida de oito meses. Ela serviu tigelas de saborosos pratos vegetarianos e perguntou sorridente se queríamos cerveja ou aguardente com a refeição. Seu pai, que estava em visita, e seu marido, um tibetano alto e incrivelmente bonito, não precisaram ser perguntados duas vezes.

Depois de comermos, nos acomodamos em cadeiras de plástico no quintal. Com exceção das cigarras ziziando e do ruído da TV falando sozinha na sala, o silêncio era total; o ar da noite era fresco e suave. Sadama viveu com uma família norte-americana em Lijiang por vários anos, então falava um bom inglês, apesar de nunca ter ido à escola.

— Podíamos escolher se queríamos ir ou não para a escola, então a escolha foi fácil — disse ela, rindo. Ao contrário de Apple, Sadama era paciente e respondeu a todas as minhas perguntas sobre os costumes mosuo e a vida no lago Lugu com gentileza e às vezes entre risadas.

— Dizem que vivemos no reino das mulheres — sorriu Sadama. — Gosto do nome, embora não tenhamos uma rainha. Aqui quem manda são as *avós*. São elas quem determinam o que deve ser feito e quem deve fazer o quê; as avós organizam os rituais e cuidam da economia doméstica. Quando uma avó se aposenta, ela delega essa responsabilidade para uma de suas filhas, geralmente a primogênita. Mesmo sendo uma sociedade matrilinear, isso não significa que as mulheres decidam tudo. Os tios também são importantes! O tio mais velho, geralmente o irmão mais velho da avó, é o número dois da casa. Os homens são fortes, mas nós, mulheres, podemos fazer tudo o que os homens fazem e também podemos dar à luz. Homens não podem fazer isso. Por isso é que respeitamos as mulheres.

Os mosuo não costumam se casar, mas praticam os chamados *casamentos ambulantes*.

— O homem visita a mulher à noite e vai embora de manhã — explicou Sadama. — Os filhos ficam com a mãe, junto com os irmãos e irmãs da mãe. Apenas pessoas que compartilham o mesmo sangue vivem juntas. É mais fácil assim, não se criam tantos problemas. Você não tem de lidar com sogros e sogras e agregados. Além disso, é mais fácil se separar. Ele pode não aparecer ou ela pode trancar a porta. No começo, ele costuma chegar tarde da noite para evitar o encontro com os irmãos da moça. Nós, mosuo, somos muito reservados. Nunca falamos com nossos irmãos sobre amor ou sexo. Nunca! Já disseram muitas coisas absurdas sobre nós, que temos muitos maridos e somos devassas, mas nada disso é verdade. Algumas mosuo têm dois maridos, talvez três, durante a vida. Mesmo três não é tão comum. Também dizem que não sabemos quem são nossos pais, mas é claro que sabemos! Tenho uma relação próxima com meu pai, mas tenho uma relação ainda mais próxima com minha mãe e minha avó.

Sadama morava com a mãe, que quando jovem optou por se mudar de casa para morar com o marido. Sadama também morava com o marido.

— Meu marido vem de um vilarejo distante, então não podemos viver da maneira tradicional, temos de coabitar — explicou ela. — Agora o governo também decidiu que precisamos ter uma certidão de casamento. Para nós não significa nada, é apenas um pedaço de papel que somos obrigadas a ter. A festa é mais importante! Costumamos fazer uma grande festa de casamento com amigos e parentes, geralmente com muitas brincadeiras envolvendo a bebida. Eu estava ansiosa para a festa e para beber e me divertir, mas depois descobri que estava grávida... Todos ficaram muito felizes, claro, porque, afinal, você não precisa fazer uma festa de casamento antes de ter filhos, mas não pude participar das brincadeiras etílicas na festa.

Sadama se remexeu na cadeira tentando encontrar uma posição mais confortável, sem sucesso.

— Muitos guias chineses vêm aqui e dizem aos turistas que temos um marido novo a cada noite — ela suspirou. — Alguns até dizem para os turistas experimentarem nosso método conjugal! Os turistas devem achar que é assim que funciona. Há alguns anos, as chinesas vinham para cá com trajes mosuo para se prostituir em bordéis... Os turistas começaram a vir há cerca de vinte anos, quando Lijiang se tornou uma cidade da Unesco. Agora que temos um aeroporto aqui, o turismo explodiu. Os mais velhos acham tudo melhor agora, porque quando eles eram jovens esse lugar era muito pobre, mas perdemos muitas das nossas tradições. Quando se ganha algo novo, se perde algo velho, é assim.

Ela sorriu melancolicamente e deu um tapinha em sua enorme pança.

— Não sentamos mais para conversar à noite, ficamos no WeChat ou assistindo à TV — ela continuou, pensativa. — Acho que nossa cultura vai desaparecer. Somos tão poucos, nós mosuos, apenas 30 mil. Nos últimos anos, muitas mulheres mosuo se casaram com chineses han e se mudaram do lago. A propósito, você gostaria de visitar minha avó? Ela adora receber visitas!

A avó de Sadama, Kumu, morava numa grande e tradicional residência mosuo, a cinco minutos de caminhada da casa de Sadama. Ela morava com três dos sete filhos, mas estava sentada sozinha perto da lareira em seu próprio quarto quando chegamos. Quando nos viu, estalou as mãos animadamente por receber visitas.

— Todas as casas mosuo tradicionais têm o quarto da avó — explicou Sadama. — No quarto da avó há sempre uma pequena lareira onde a família faz sacrifícios ao espírito do fogo, e ao lado dorme a avó.

A anciã estava vestida com roupas tradicionais. Usava um cinto rosa grosso na cintura, uma blusa preta, saia plissada azul-clara e, na cabeça, um grande turbante preto. O quarto tinha um pé-direito alto e era espaçoso, construído em madeira. Kumu havia perdido quase todos os dentes, mas ainda tinha um corpo flexível, boa audição, olhos atentos e uma risada linda e contagiante. Sadama trouxe chá verde e tigelas de iogurte caseiro fresco para nós.

— É muita responsabilidade ser a chefe de toda a família? — perguntei a Kumu.

— Ah, não é mais tanta responsabilidade. — A velha riu tanto que todo o seu corpo sacudiu. Ela não falava chinês, apenas mosuo; Sadama traduzia para Apple e para mim. — Estou velha agora, e na casa não mora mais tanta gente.

— Como era quando você era jovem? — perguntei em seguida.

— Oh! — Kumu soluçou de tanto rir. — Não fale desse tempo! Aqui antigamente era terrível. Trabalhávamos muito e não tínhamos o que comer. Está muito melhor agora do que antes! Antes, tínhamos de fazer tudo à mão, tínhamos de moer nós mesmos a farinha de milho, e não tínhamos arroz. Também não tínhamos estradas, tudo era sujo e empoeirado.

Agora é tudo muito limpo e arrumado em todos os lugares, e muitas pessoas vêm aqui visitar. Não existe comparação possível entre antes e agora, devo dizer.

— Quantos anos você tinha quando se casou?

— Eu nem sei quantos anos tenho agora, como vou saber quantos anos eu tinha quando me casei? — disse Kumu, rindo tanto que exibia as gengivas desdentadas.

— Nem eu sei minha data de nascimento — interrompeu Sadama. — Meus pais não sabem ao certo quando nasci.

Junto com a avó, ela calculou que seu filho mais velho tinha nascido no ano do macaco, mas quando foi mesmo? Ninguém sabia exatamente.

— Além disso, eu tive vários maridos — Kumu gargalhou. — Como vou me lembrar de quando tive filho com quem?

— Quantos maridos você teve? — perguntei.

— Só dois, não foi um rebanho inteiro, hahaha! Um meus pais arranjaram para mim, o outro eu mesma encontrei. Um está morto agora e o outro vive noutro lugar.

— Houve alguma mudança aqui depois que os comunistas chegaram ao poder? — perguntei.

Kumu me olhou sem compreender.

— Ela não sabe o que quer dizer a palavra «comunista» — explicou Sadama. — Quando falamos sobre isso antes, ela disse que todos trabalhavam para o governo na época e o governo se metia em tudo. Quando matavam um porco, tinham de dar metade para o governo, então as pessoas matavam porcos em segredo e ficavam com medo de serem descobertas. Agora todo mundo tem seu próprio pedacinho de chão.

— O que você acha de todos esses turistas que vêm aqui hoje em dia? — perguntei a Kumu.

— Ah, que bom que as pessoas vêm aqui! — ela exultou. — Fico muito feliz de receber visitas, sabe. Mas às vezes fica um pouco cheio demais — acrescentou. — Às vezes é muita gente. — Ela sorriu. — Mas não tenho motivos para reclamar. Todos os meus netos cresceram e estão bem.

— Sempre achei que ela teve sorte — disse Sadama. — Vejo como ela fica feliz quando tem filhos e netos por perto. Todos a respeitam. Estou preocupada em como vou conseguir me virar sozinha, porque tudo está mudando agora. Uma vez visitei um lar de idosos, foi uma experiência terrível. Os parentes não se importavam com os velhinhos, nunca iam visitá-los. Fiquei tão triste que comecei a chorar.

— Você teme que a cultura mosuo desapareça, agora que tudo está mudando tão rapidamente? — finalmente perguntei a Kumu.

— Desde que as pessoas estejam felizes, não é tão importante se a cultura mosuo esteja aqui ou não — ela respondeu. — Meus netos falam chinês. Eu não sei falar chinês, mas fico feliz por eles saberem!

Ela começou a rir novamente. Todo o corpo, envelhecido e jovial ao mesmo tempo, sacudia.

— Você está me perguntando sobre coisas que aconteceram há muito tempo, garota! Como vou me lembrar de tudo isso?

No dia seguinte, a aldeia deu adeus a uma anciã. A mãe de Sadama nos convidou, Apple e eu, para acompanhar. Sadama não podia participar porque estava grávida; morte e o nascimento tinham de ser mantidos separados.

— Estão *todos* lá! — reclamou Sadama. — Gostaria tanto de ir!

— Mas não vai ser muito triste? — perguntei.

— Não, é uma mulher velha quem morreu. Nesses casos não ficamos tristes. Vemos a morte como um recomeço.

A casa onde a mulher morava estava lotada de gente. A mãe de Sadama apresentou Apple como amiga de Sadama e eu como amiga da amiga de Sadama, e fomos recebidas calorosamente. Seguindo instruções da mãe de Sadama, havíamos comprado óleo de cozinha, cigarros, uma garrafinha de aguardente e bolos. Deixamos os presentes no quarto da avó, onde aconteciam os rituais. O cômodo, pequeno e quadrado, tinha no canto um altar com incenso, flores, lamparinas de manteiga acesas, bolos de oferenda coloridos feitos de farinha de *tsampa* e tigelas de doces, nozes e pêssegos. As paredes eram cobertas com pinturas budistas sagradas trazidas pelos monges, e do teto pendiam guirlandas e estandartes com mantras tibetanos.

Apple curvou-se diante do altar e severamente me instruiu a fazer o mesmo. Depois que depositamos os presentes, fomos acomodadas numa das mesas no quintal e nos serviram comida e bebida. Grandes tigelas de carne assada foram colocadas diante de nós. No dia anterior, a família havia abatido uma vaca para garantir comida suficiente para todos os convidados.

— Este é o nosso almoço — declarou Apple. — Não vamos comer mais nada hoje.

— Mas são só nove horas — argumentei.

— Como eu disse, este é o nosso almoço — repetiu Apple, contrariada.

Uma espécie de altar também fora erguido do lado de fora, no quintal. Dentro da colorida moldura caseira, que lembrava uma flor de lótus, estava pendurada a fotografia de uma sorridente senhora de cabelos grisalhos.

Quando voltamos ao quarto da avó, os monges estavam amontoados no banco ao lado do altar. Aos meus olhos destreinados, ali estavam monges budistas comuns, com suas trombetas, tambores e textos de oração tibetanos, mas descobri que eram monges *bön*, da antiga crença.

— O *bön* remonta a 10 mil anos — explicou um dos monges, Rinzhen Dorje, um jovem sério de 24 anos. — Em comparação, a seita dos Chapéus Amarelos tem apenas seiscentos anos. Nossas escrituras são diferentes e nossas cerimônias também são diferentes. Nós, seguidores do *bön*, acreditamos que o mundo é influenciado pelas forças das trevas e da luz e tentamos equilibrar essas forças. Como todos os budistas, também acreditamos em carma, reencarnação e iluminação, mas nossas tradições são mais antigas. Como o lago Lugu está tão isolado, já que as estradas só chegaram aqui na década de 1980, as tradições *bön* são mais bem preservadas aqui do que no Tibete. Ainda sacrificamos cabras e vacas, por exemplo.

Ele pegou o celular e começou a procurar livros que pudéssemos ler para entender melhor. Franzindo o cenho, rapidamente rolou a tela.

— Infelizmente, todos os livros são em chinês ou tibetano. — Ele encolheu os ombros com pesar. — E o que eu acabei de dizer, sobre o *bön* estar mais preservado aqui no lago Lugu, não é exatamente assim. Aqui as tradições *bön* se misturaram com as tradições locais. As pessoas ainda recorrem aos *dabas*, xamãs, por exemplo. Sim, um *daba* está vindo aqui esta tarde. A missão dele é abrir uma passagem para que a alma dos mortos possa se reunir com os espíritos ancestrais. *Nossa* tarefa é abrir a passagem para os seis estágios diferentes pelos quais a alma deve passar para entender que está morta, para que possa entrar no paraíso ou nascer de novo.

Num cordão preso ao altar pendia um conjunto de roupas coloridas, e num dos mastros que sustentavam o teto estava amarrado um enfeite caseiro feito de penas, corda e flores de tecido.

— É a sela do cavalo — explicou Rinzhen Dorje. — Amanhã eles prenderão o enfeite num cavalo, e o cavalo será enviado montanha acima, como um presente para a divindade da montanha. É uma antiga tradição mosuo. O cavalo vai voltar, é claro, mas nós, mosuos, acreditamos que a alma a caminho do paraíso precisa vagar pela floresta e subir a montanha. A roupa é um presente para a alma da falecida. Quando as mulheres mosuo se casam, ganham roupas novas de presente. É parecido com isso. A morte é um novo começo. O corpo é cremado em posição fetal, como símbolo de que a morte é uma transição para outra coisa.

A cozinha fervilhava de mulheres. Algumas estavam atarefadas cortando carne e preparando comida, outras estavam concentradas comendo. Na parede estavam pendurados os mesmos pôsteres da casa de Sadama, de Xi Jinping e seus antecessores.

— Eu moro numa casa tradicional — disse uma jovem vestida com um agasalho preto. O código de vestimenta não era rigoroso; a maioria dos presentes usava jeans ou calça de moletom. — Uma residência tradicional mosuo consiste em quatro casas — explicou ela. — A casa da avó, o prédio das flores, que é das mulheres, a casa da grama, para quem não tem um companheiro, e o templo.

A jovem chamava-se Bima e partilhava a casa, ou as casas, com a avó, a mãe, os tios, os irmãos e os próprios filhos.

— Esse arranjo é bom para as crianças — enfatizou ela. — Elas ficam com a família, não importa o que aconteça. Se o casamento terminar, não precisam passar pelo trauma de ver a família ser dividida. Elas ficam com a mãe e tudo continua como antes. Se o homem se comportar mal, basta trancar a porta à noite para que ele não entre. Mas não temos muitos divórcios aqui — acrescentou. — Não temos casamentos trágicos, como noutros lugares. Muitos chineses han têm amantes, mas isso não é comum aqui. Isso não é aceito, o clã inteiro se volta contra as pessoas que se comportam mal.

Quando Apple e eu voltamos para o quarto da avó, os monges estavam sentados tomando chá. Um lama estava deitado banco, roncando. No chão, em frente ao fogareiro, sentava-se um homem de calça preta, camisa branca e paletó cinza, modelando estatuetas com massa de *tsampa*.

— É o *daba*, o xamã — sussurrou Apple.

Algumas pareciam cabras ou cavalos, outras tinham a forma de pequenas pirâmides, decoradas com pedacinhos de manteiga branca. Uma vez terminadas, as estatuetas eram colocadas numa bandeja coberta com areia, arroz e grãos de milho.

Os parentes entraram na sala carregando tábuas de madeira, largas e gastas, nas quais haviam colocado carne e arroz. Depositaram as tábuas com as oferendas no altar, curvaram-se até quase tocar o chão repetidas vezes e saíram.

— As tábuas vêm das casas onde moram — explicou Apple. — Cada parente deve trazer uma tábua. Amanhã elas serão incineradas.

A sala inteira recendia à carne do porco que os parentes haviam sacrificado. Os monges sentaram-se com as costas eretas e começaram a recitar mantras, o vozerio cadenciado pelo toque dos címbalos subia e descia. De quando em vez eles umedeciam a garganta com uma lata com chá de ervas. Um punhado de moscas esvoaçava lentamente pela sala; ocasionalmente, uma delas pousava na cabeça de um monge e caminhava pelo crânio nu até levantar voo novamente.

— Os mosuo acreditam que a alma da pessoa morta pode retornar num neto, então a morte é tanto um fim quanto um começo — disse Apple em voz baixa.

O nome do *daba* era La'nji e ele tinha 46 anos.

— De manhã cedo cantarolei um texto especial para a falecida, para que ela possa se reunir com seus ancestrais — disse ele. Tínhamos saído para um campo logo atrás da casa, porque ele achava que não era apropriado falar de assuntos religiosos na casa da família da morta. O xamã acendia um cigarro atrás do outro enquanto conversávamos.

— O *daba* desempenha um papel importante em todos os grandes eventos da cultura mosuo — disse ele entre nuvens de fumaça. — Quando nascem crianças, quando as meninas fazem treze anos, quando alguém morre. O *daba* também deve comparecer quando alguém constrói uma casa, quando a lareira no quarto da avó deve ser consagrada e quando duas pessoas vão se casar. Enquanto os lamas e monges fazem as preces em tibetano, nós, *dabas*, fazemos os rituais em mosuo, nossa própria língua, para que todos possam entender o que está acontecendo.

Ele apagou o cigarro e acendeu outro.

— Os doentes também me procuram. Não posso curar doenças, mas posso descobrir por que as pessoas estão doentes e, quando sei por que estão doentes, posso eliminar a causa. Se, por exemplo, tiverem ofendido o elemento terra, posso abrir uma passagem para o elemento terra e restaurar o desequilíbrio invisível. Também faço contato com os espíritos ancestrais e com todos os outros espíritos que nos cercam. Nós, mosuos, acreditamos que tudo na natureza tem um espírito e que tudo tem um protetor.

— Por que você se tornou um *daba*? — perguntei.

— Eu tinha um parente distante que era *daba* e aprendi com ele — La'nji respondeu resumidamente.

— É preciso ter habilidades especiais para ser um *daba*?

— Claro. — Ele apagou o cigarro, esfregando o pé na terra preta, e acendeu outro.

— Como você realiza os rituais? — perguntei em seguida.

— Eu canto e faço bonecos de *tsampa*. — Ele fez um anel de fumaça e o seguiu com os olhos até desaparecer. — Uma figura pode simbolizar muitos espíritos diferentes. Como *daba*, cuido de toda a comunidade aqui no lago Lugu; auxilio todos que precisam de mim. No final da tarde farei uma cerimônia para os mortos longe da aldeia, na natureza. Pode vir acompanhar, se quiser.

Horas depois, seguimos a estrada para fora da aldeia, até o local onde seria realizado o ritual. O percurso não levou mais do que cinco minutos. Na encosta de uma montanha, La'nji estava sentado sobre uma lona, e bem diante dele, na mesma lona, sentavam-se sete jovens bebendo cerveja, jogando cartas e fumando. Ao lado, uma pequena fogueira ardia intensamente.

O *daba* recitou os textos e deu voltas em torno do fogo segurando as miniaturas feitas de *tsampa*. Não parecia nem um pouco incomodado com o barulho dos jovens completamente deslocados do ritual, que bebiam cerveja e pareciam ocupados apenas consigo mesmos. De tempos em tempo, um assistente movia uma das miniaturas alguns metros encosta acima e a colocava num local qualquer sobre o gramado.

— Estou abrindo a passagem para a casa dos ancestrais — explicou La'nji ao fazer uma pausa nas récitas. — Os bonecos de *tsampa* representam os vários espíritos, o espírito da montanha, o espírito do rio, o espírito do vento e assim por diante. Avisamos a todos que a avó está a caminho e pedimos que a recebam e a ajudem a encontrar a casa dos ancestrais amanhã. Segundo a tradição, pelo menos sete meninos ou meninas devem estar presentes quando isso acontecer e devem estar bêbados ao chegar em casa. Essa é a tradição.

A cremação aconteceria na manhã seguinte, mais ao alto na encosta da montanha.

Uma fumaça espessa se desprendia da pequena fogueira. Um pouco mais adiante, uma fogueira maior estava pronta para ser acesa. As oferendas dos parentes estavam dispostas sobre a lenha; cada presente era destinado a um determinado espírito ancestral. Na grama ao lado havia três tiras de tecido: uma preta, uma verde e uma azul. Se o morto tivesse vivido uma vida pecaminosa, a alma deveria seguir o caminho negro. O caminho verde era para as almas que viveram uma vida mediana, enquanto a faixa de pano azul simbolizava o caminho das almas que viveram uma vida «diferente», seja lá o que isso fosse.

Uma garoa caiu do céu e pousou como orvalho fresco na grama e nas miniaturas de *tsampa* e no xamã e seu ajudante e nos sete jovens e nas latas de cerveja vazias.

Mais tarde, antes de dizer adeus ao lago Lugu e às montanhas e embarcar no novo aeroporto num voo para o Ocidente, para casa, fiz uma escala na casa da falecida uma última vez. O céu estava azul-escuro, o sol estava quase se pondo.

O lama mosuo mais importante, um homem idoso com um grande chapéu amarelo na cabeça, estava defronte ao altar, cercado por monges e parentes ajoelhados. O lama recitava devotamente. Sua tarefa era abrir a passagem pela qual a alma da falecida deveria passar para alcançar o paraíso ou, possivelmente, renascer.

Ao mesmo tempo, na encosta de uma montanha a alguns quilômetros de distância, o *daba* estava abrindo outra passagem para o lar dos ancestrais.

Duas passagens estavam, portanto, sendo abertas simultaneamente, o que não parecia causar estranheza em ninguém. A alma da morta possivelmente já estava a caminho do lar ancestral, possivelmente a caminho do paraíso, ou talvez reencarnasse num corpo minúsculo, nas margens do lago Lugu.

Pela janela oval do avião, tive um último vislumbre do Himalaia. Daqui de cima, as montanhas eram azuis como o céu, cobertas de neve, gelo e de uma fina camada de nuvens. As pessoas lá embaixo eram invisíveis, tudo que eu conseguia ver eram rochas, água e ar.

As montanhas pareciam infinitas, permanentes, imutáveis. Mesmo assim eu sabia, elas estão se encaminhando para o mar, pedra por pedra. Disso eu sabia muito bem, pois tinha visto as enxurradas arrastando areia e cascalho para os desfiladeiros profundos. Daqui do alto não era possível ver a neve eterna derretendo, os glaciares encolhendo, cada vez mais rápido. Mas eu vi. E lá embaixo, nos vales, vi rodovias serpenteando como cobras de asfalto preto, levando a reboque a modernidade. Eu vi. Assim como vi as migrações e os telefones celulares reluzindo o mesmo brilho estéril e sedutor nas noites escuras nas aldeias das montanhas do Himalaia como fazem em qualquer outro lugar quando jovens estão reunidos. Tudo está em permanente mudança, sempre.

O pequeno é engolido pelos grandes, os pequenos reinos desaparecem; vales estreitos e fechados se abrem e o mundo flui, aqui como em qualquer outro lugar. Num desses vales, os interesses de um império mundial de repente se chocam com os interesses de outro, e o que é feito dos habitantes ali? Eu vi opressão e desejo de liberdade, pessimismo e otimismo, compulsão religiosa e devoção profunda, intolerância e esclarecimento, desespero e êxtase.

O pequeno pode vir a ser engolido pelo grande, mas até lá continua vivendo como pode. Há tantas maneiras de viver! Isso não era possível perceber aqui do alto, mas eu sabia, porque tinha visto. As muitas, inúmeras vidinhas no meio dos gigantescos maciços de rocha. Também não é possível ver as montanhas crescendo e erodindo num ritmo tão vagaroso, tampouco o lentíssimo deslocamento das placas tectônicas chocando-se umas contra as outras.

Daqui de cima, só o que se podia ver eram as montanhas e as nuvens.

Agradecimentos

Este livro não teria sido criado sem toda a ajuda que recebi ao longo do percurso, tanto das viagens quanto da escrita em si.

O maior agradecimento vai para todas as pessoas que encontrei nessa jornada, que compartilharam abertamente suas histórias comigo. Aonde quer que eu fosse, fui recebida com gentileza, abertura e curiosidade comoventes. Este livro é o resultado de todos esses encontros. Alguns dos que contaram suas histórias o fizeram sabendo que, se as autoridades do país em que vivem descobrissem que falaram com uma escritora, corriam o risco de, no pior dos casos, ser condenados à prisão. Nesses casos, alterei o nome e outras informações que ajudariam a identificar o indivíduo em questão. Às vezes, também tive de alterar nomes e informações biográficas para proteger aqueles que falaram comigo de represálias de familiares ou de membros da comunidade local. Um pequeno número de pessoas mencionadas nestas páginas não foram informadas de que eu estava escrevendo um livro, em nome tanto da segurança delas quanto da minha. Isso vale especialmente para aquelas que conheci no Tibete. Estas, naturalmente, também foram anonimizadas.

Devo um grande agradecimento a Anne Christine Kroepelien. Sem a intervenção dela, temo que ainda estaria retida em Kashgar esperando o visto paquistanês. Muito obrigada à correspondente da NRK na Turquia, Sidsel Wold, pela ajuda com os contatos no Paquistão. Também gostaria de agradecer ao meu prestativo guia de Hunza, Akhtar Hussain, pelas muitas portas que abriu para mim no norte do Paquistão.

Na Caxemira, devo um sincero agradecimento aos três proprietários de fábricas de água mineral por me permitirem enxergar uma realidade diferente das casas flutuantes e dos belos jardins. Quando cheguei a Kargil, Anayat Ali Shotopa fez um giro pelo lugar e me mostrou as consequências humanas de todas as guerras entre o Paquistão e a Índia.

Agradeço à filha do rei, Hope Leezum Namgyal Tobden, mais conhecida como Semla, que tão generosamente compartilhou sua história comigo e me ciceroneou por Gangtok.

No Butão, recebi uma inestimável ajuda da incomparável equipe do Heavenly Bhutan. O proprietário, Raju Rai, se esforçou ao máximo para viabilizar os meus muitos pedidos de entrevista.

Tasang Tage moveu céus e terras durante as semanas em que viajamos juntos em Arunachal Pradesh e Nagaland. Sem a ajuda que tive dele, mal teria saído do lugar.

Se não pudesse contar com a admirável Savitri Rajali, os capítulos do Nepal não teriam sido tão variados. Não havia nada que ela não pudesse resolver ou ninguém com quem não pudesse falar, sempre com um grande sorriso no rosto, e sem jamais reclamar, por mais cansativos que fossem os dias. Muito, muito obrigada! Agradeço também a Apple, que me ajudou a entender melhor Yunnan e os mecanismos da ditadura.

A viagem de pesquisa de oito meses no Himalaia não teria sido possível sem o generoso apoio financeiro da

Fundação Fritt Ord e do Fundo Literário de Não Ficção da Noruega: muito obrigada!

Comecei a escrever durante minha estada na residência literária do Letterenfonds, em Amsterdã, e sou profundamente grata por isso.

Muitas pessoas sabem mais sobre o Himalaia do que eu, e tive a sorte de ter contado com uma boa ajuda de profissionais qualificados durante o processo. Agradeço muito à colega escritora Mah-Rukh Ali, que leu os capítulos sobre Paquistão e Caxemira. Um grande agradecimento também vai para a professora Heidi Fjeld, que fez comentários pertinentes sobre o manuscrito como um todo, e para o professor Jens Braarvig, que gentilmente se prontificou a ler e comentar os capítulos sobre o Tibete e o budismo. O geólogo e escritor Reidar Müller fez comentários úteis sobre a geologia da região, e o professor Gunnar Hasle garantiu a qualidade dos trechos sobre o mal da altitude: meus sinceros agradecimentos a ambos!

Um caloroso agradecimento também vai para minha tradutora para o inglês, Kari Dickson, que meticulosamente revisou e conferiu os fatos de todo o manuscrito. Quaisquer falhas que possam permanecer — sempre haverá alguma! — são de minha inteira responsabilidade. Desde já envio meu muito obrigada a meus outros tradutores, que provavelmente me chamarão a atenção para eles. Muito obrigada também à minha fantástica agente, Anneli Høier, que dá asas aos meus livros.

Dificilmente existe uma pessoa mais entusiasmada, culta e viajada em toda a Noruega do que Jens A. Riisnæs: apreciei muito as nossas boas conversas ao longo do caminho, e agradeço o generoso empréstimo de mapas, livros e filmes, assim como por todas as boas contribuições para o próprio manuscrito.

Meus agradecimentos, é claro, vão também para minha atenta e entusiástica editora, Tuva Ørbeck Sørheim, por sua grande e sempre constante ajuda com o manuscrito e todos os outros aspectos da publicação, bem como para meu editor, Erling Kagge, por suas excelentes contribuições de alguém com experiência no Himalaia — e para mamãe, minha primeira e única leitora experimental.

Os *maiores* agradecimentos vão, como sempre, para meu marido, Erik. Ele tem sido a minha base tanto quando estou viajando como quando estou em casa, sempre me apoiando integralmente. Desta vez, como das outras, ninguém leu o manuscrito mais vezes do que ele. Sou infinitamente grata por sua paciência, seus sólidos conselhos sobre estilo e conteúdo, e por sempre estar ao meu lado quando preciso. Ninguém ao lado, ninguém acima: você é meu monte Everest.

Amsterdã, Oslo, Moorea, Hiva Oa
2019-2020

Bibliografia

Para preservar a fluência do texto, não incluí fontes exceto em citações diretas. Eis aqui uma relação de livros que me foram úteis ao longo do caminho:

ALI, Tariq et al. *Kashmir. The Case for Freedom*. Londres: Verso, 2011.

ALLEN, Charles. *A Mountain in Tibet. The Search for Mount Kailas and the Sources of the Great Rivers of Asia*. Londres: Abacus, 2013 [1982].

_____. *The Search for Shangri-La*. Londres: Abacus, 1999.

ANDRADE, António de. *More Than the Promised Land: Letters and relations from Tibet by the Jesuit Missionary António de Andrade (1580–1634)*. Org. Leonard Zwilling; trad. ingl. e apresent. Michael J. Sweet. Boston: Institute of Jesuit Sources, 2017.

BARTH, Fredrik. *Political Leadership Among Swat Pathans*. Oxford: Berg, 2004 [1959].

BELL, Thomas. *Kathmandu*. Londres: Haus, 2016.

BOLINGBROKE-KENT, Antonia. *Land of the Dawn-Lit Mountains. A Journey Across Arunachal Pradesh — Indias Forgotten Frontier*. Londres: Simon & Schuster, 2017.

BROPHY, David. *Uyghur Nation. Reform and Revolution in the Russia-China Frontier*. Cambridge: Harvard University Press, 2016.

CLARK, John. *Hunza. Lost Kingdom of the Himalayas*. Londres: Hutchinson & Co., 1957.

CONEFREY, Mick. *Everest 1953. The Epic Story of the First Ascent*. Londres: Oneworld, 2012.

COOKE, Hope. *Time Change. An Autobiography*. Nova York: Simon & Schuster, 1980.

CROSSETTE, Barbara. *So Close to Heaven. The Vanishing Buddhist Kingdoms of the Himalayas*. Nova York: Vintage, 1995.

DALAI-LAMA; STRIL-REVER, Sofia. *My Spiritual Journey*. Trad. ingl. Charlotte Mandell. Nova York: HarperCollins, 2009.

DATTA-RAY, Sunanda K. *Smash & Grab. Annexation of Sikkim*. Nova Délhi: Westland, 2016 [1984].

DAVID-NÉEL, Alexandra. *Grand Tibet et Vaste Chine*. Paris: Plon, 1994 (ed. coligida).

DEVASHER, Tilak. *Pakistan: At the Helm*. Noida: HarperCollins, 2018.

DUFF, Andrew. *Sikkim. Requiem for a Himalayan Kingdom*. Edimburgo: Birlinn, 2015.

FOX, Robert Lane. *Alexander the Great*. Londres: Penguin, 2004 [1973].

FRENCH, Patrick. *Younghusband. The Last Great Imperial Adventurer*. Londres: Penguin, 2011 [1994].

FÆRØVIK, Torbjørn. *Kina. En reise på livets elv*. Oslo: Cappelen Damm, 2014 [2003].

HANNIGAN, Tim. *Murder in the Hindu Kush. George Hayward and the Great Game*. Gloucestershire: The History Press, 2011.

HARRER, Heinrich. *Sieben Jahre in Tibet. Mein Leben am Hofe des Dalai Lama*. Berlim: Ullstein, 2017 [1952].

HERZOG, Maurice. *Annapurna. Premier 8.000*. Paris: Arthaud, 1952.

HILLARY, Edmund. *High Adventure*. Londres: Hodder & Stoughton, 1955.

HILTON, James. *Lost Horizon*. Londres: Vintage, 2015 [1933].

HOPKIRK, Peter. *Trespassers on the Roof of the World. The Secret Exploration of Tibet*. Los Angeles: Kodansha, 1995 [1982].

_____. *The Great Game. On Secret Service in High Asia*. Londres: John Murray, 2006 [1990].

KAWAGUCHI, Ekai. *Three Years in Tibet*. Benares; Londres: Theosophical Publishing Society, 1909 (ed. Kindle 2016).

KEANE, Fergal: *Road of Bones. The Siege of Kohima 1944. The Epic Story of the Last Great Stand of the Empire*. Londres: William Collins, 2010.

KEAY, John. *The Gilgit Game*. Londres: John Murray, 1979.

KHAN, Yasmin. *The Great Partition. The Making of India and Pakistan*. New Haven; Londres: Yale University Press, 2017 [2007].

KOEHLER, Jeff. *Darjeeling. A History of the Worlds Greatest Tea*. Nova York: Bloomsbury, 2015.

KRAKAUER, Jon. *Into Thin Air. A Personal Account of the Mt. Everest Disaster*. Nova York: Anchor, 1999 [1997].

KUMAR, Radha. *Paradise at War. A Political History of Kashmir*. Nova Délhi: Aleph, 2018.

LIEVEN, Anatol. *Pakistan. Et besværlig land*. Trad. norueg. Christian Rugstad. Oslo: Font, 2013.

MACFARLANE, Robert. *Mountains of the Mind. A History of a Fascination*. Londres: Granta, 2003.

MALLET, Victor. *River of Life. River of Death. The Ganges and India's Future*. Oxford: Oxford University Press, 2017.

MATTHIESSEN, Peter. *The Snow Leopard*. Nova York: Penguin, 2008 [1978].

MCLYNN, Frank. *The Burma Campaign. Disaster into Triumph*

732

1942-45. New Haven: Yale University Press, 2011.

MITCHELL, David. *Tea, Love and War. Searching for English Roots in Assam.* Leicestershire: Matador, 2011.

NOTOVITCH, Nicolas. *The Unknown Life of Jesus Christ.* Trad. ingl. J.H. Connelley e L. Landsberg. Nova York: R.F. Fenno, 1890.

PALIN, Michael. *Himalaya.* Londres: Weidenfeld & Nicolson, 2009 [2004].

PHUNTSHO, Karma. *The History of Bhutan.* Nova Délhi: Penguin Random House India, 2018 [2013].

PIERRE, Bernard. *Ils ont conquis l'Himalaya.* Paris: Plon, 1979.

RAMPA, T. Lobsang. *The Third Eye. The Autobiography of a Tibetan Lama.* Londres: Secker & Warburg, 1956.

SALISBURY, Richard; HAWLEY, Elizabeth. *The Himalaya by the Numbers. A Statistical Analysis of Mountaineering in the Nepal Himalaya.* Catmandu: Vajra, 2011.

SCHAIK, Sam van. *Tibet. A History.* New Haven; Londres: Yale University Press, 2011.

SEARLE, Mike. *Colliding Continents. A Geological Exploration of the Himalaya, Karakoram, & Tibet.* Oxford: Oxford University Press, 2017 [2013].

SHAKYA, Tsering. *The Dragon in the Land of Snows. A History of Modern Tibet Since 1947.* Londres: Penguin Compass, 2000 [1999].

SHIPTON, Diana. *The Antique Land.* Oxford: Oxford University Press, 1987 [1950].

SHIPTON, Eric. *Mountains of Tartary.* Londres: Hodder & Stoughton, 1953.

SKREDE, Wilfred. *Veien over verdens tak.* Oslo: Gyldendal Norsk, 1949.

SNELLING, John. *Buddhism in Russia. The Story of Agvan Dorzhiev, Lhasas Emissary to the Tsar.* Dorset: Element, 1993.

SPITZ, Bob. *The Beatles. The Biography.* Nova York: Little, Brown and Company, 2005.

STRITTMATTER, Kai. *We Have Been Harmonised. Life in China's Surveillance State.* Trad. ingl. Ruth Martin. Exeter: Old Street, 2019.

SVENSEN, Henrik. *Bergtatt. Fjellenes historie og fascinasjonen for det opphøyde.* Oslo: Aschehoug, 2019 [2011].

SÆBØ, Sun Heidi. *Kina. Den nye supermakten. Jakten på Xi Jinping og det moderne Kina.* Oslo: Kagge, 2019.

TALBOT, Ian. *Pakistan. A New History.* Londres: Hurst & Company, 2015 [2012].

THEROUX, Paul. *The Great Railway Bazaar.* Boston: Mariner, 2006 [1975].

THUBRON, Colin. *To a Mountain in Tibet.* Londres: Chatto & Windus, 2011.

TREE, Isabella. *The Living Goddess.* Haryana: Penguin Random House India, 2014.

WAIHONG, Choo. *The Kingdom of Women. Life, Love and Death in China's Hidden Mountains.* Londres: I.B. Tauris & Co., 2017.

WARD, Michael. *Everest. A Thousand Years of Exploration.* Cumbria: Hayloft, 2013 [2003].

WHELPTON, John. *A History of Nepal.* Cambridge: Cambridge University Press, 2012 [2005].

WINCHESTER, Simon. *The River at the Centre of the World. A Journey up the Yangtze, and Back in Chinese Time.* Londres: Penguin, 1996.

WOODMAN, Dorothy. *Himalayan Frontiers. A political Review of British, Chinese, Indian and Russian Rivalries.* Londres: Barrie & Rockliff; The Cresset Press, 1969.

YOUNGHUSBAND, Francis. *Kashmir.* Londres: Adam and Charles Black, 1909.

_____. *The Heart of a Continent. A Narrative of Travels in Manchuria, across the Gobi Desert, through the Himalayas, the Pamirs, and Hunza 1884-1894.* Nova Délhi: Rupa, 201

À margem
volumes publicados

1. Erika Fatland
   Nas alturas
   Uma viagem pelo Himalaia
2. Didier Eribon
   Vida, velhice e morte
   de uma mulher do povo
3. Francesca Mannochi
   Eu, Khaled,
   vendo homens e sou inocente

Dados Internacionais
de Catalogação na Publicação (CIP)
(Câmara Brasileira do Livro, Brasil)

Fatland, Erika
    Nas alturas : uma viagem pelo
    Himalaia / Erika Fatland ;
    tradução Leonardo Pinto Silva.
    -- 1. ed. -- Belo Horizonte :
    Editora Âyiné, 2024.
Título original: Høyt : en reise i
Himalaya kagge.
Isbn 978-65-5998-147-2
1. Alpinismo - Himalaia,
Montanhas do 2. Himalaia,
Montanhas do 3. Himalaia,
Montanhas do - Descrições e
viagens
I. Título.
    24-220862
    CDD-915.942

Índices para catálogo sistemático:
1. Montanhas do Himalaia :
Relatos de viagens :
Descrição e viagens 915.942
Aline Graziele Benitez
    Bibliotecária CRB-1/3129
Nesta edição, respeitou-se
    o Novo Acordo Ortográfico
    da Língua Portuguesa.